大数据背景下
中小微企业征信体系研究：

理论与实践

池仁勇 汤临佳 等 著

科学出版社

北京

内 容 简 介

大数据时代背景下,中小微企业面临的征信问题尤为复杂和多变。本书是针对我国中小微企业面临的信用信息不对称和融资难题的一部包含创新性理论与实践研究的著作。本书深入分析了大数据背景下中小微企业征信体系建设和完善对于我国经济高质量发展的重要作用,通过大量的数据收集与实证研究,展示了大数据技术在优化征信体系、改善企业融资环境、提高金融服务效率等方面的独特作用。特别地,书中结合长三角地区大样本的问卷调查和新三板等挂牌中小微企业数据,构建了评价企业信用的新模型,并从理论与实践两个维度,对比分析了国内外征信体系的演化过程与模式,为我国中小微企业征信体系建设提供了宝贵的经验和策略。

本书适合于相关政策制定者、金融科技领域的专业人士、金融机构的决策者,以及对中小微企业征信体系建设和大数据应用感兴趣的学者。

图书在版编目(CIP)数据

大数据背景下中小微企业征信体系研究:理论与实践 / 池仁勇等著. -- 北京:科学出版社,2025.3. -- ISBN 978-7-03-080157-9

Ⅰ.F832.4

中国国家版本馆CIP数据核字第20245XK025号

责任编辑:魏 祎 / 责任校对:姜丽策
责任印制:张 伟 / 封面设计:有道设计

科学出版社 出版
北京东黄城根北街16号
邮政编码:100717
http://www.sciencep.com

北京中科印刷有限公司印刷
科学出版社发行 各地新华书店经销

*

2025年3月第 一 版　开本:787×1092　1/16
2025年3月第一次印刷　印张:28
字数:560 000
定价:298.00元
(如有印装质量问题,我社负责调换)

国家社会科学基金重大项目（17ZDA088）研究成果

浙江工业大学中小微转型升级协同创新中心科研成果

浙江省新型重点专业智库

——浙江工业大学中国中小企业研究院重点资助项目研究成果

浙江省哲学社会科学重点研究基地

——技术创新与企业国际化研究中心资助项目科研成果

前　言

  中小微企业征信是我国企业征信体系的重要组成部分，同时也是我国征信体系建设的关键。据新华社 2022 年 5 月 8 日的报道，我国市场主体总数已达到 1.58 亿户（含个体工商户），年增长比率达到 10.5%。其中占市场主体总数 99% 以上的是中小微企业，长期以来，民营经济贡献了 50% 以上的税收，60% 以上的 GDP，70% 以上的技术创新成果，80% 以上的城镇劳动就业。但是，中小微企业量大面广，普遍存在融资难、融资贵等信用问题，这成为制约我国中小微企业高质量发展、创业创新以及实体经济发展的一个重要因素。要想解决我国中小微企业融资难与信用信息不对称问题，必须开展中小微企业征信体系建设。企业征信体系建设的重点和难点就是中小微企业征信体系的建设，因为中小微企业生产经营的自有特性决定了信用信息收集、加工和利用的难度。因此，开展中小微企业征信体系的理论和方法研究刻不容缓，且具有十分重要的学术意义和应用价值。尤其，在以互联网为代表的信息技术高速发展的背景下，数据挖掘技术、大数据技术等为中小微企业征信体系建设提供了新的思路与方法，蚂蚁金服实践、温州金融综合改革试验区、台州小微企业金融服务改革创新试验区等国家级综合改革试验区等为本书的调查研究和理论成果产出提供了丰富的实践素材。

  通过对长三角地区中小微企业大样本的问卷调查，本书探索了征信体系建设对于中小微企业信用能力的影响机理，剖析了大数据征信对于中小微企业和金融机构的信用建立问题，解释了降低征信体系主体之间信息不对称性程度的作用机制等。利用新三板等挂牌中小微企业数据，构建了评价具有持续创新能力的中小微企业信用画像的模型方法，并全方位刻画其信用信息，有利于及时准确地反映中小微企业信用状况，有利于中小微企业获得金融机构的信用支持，拓宽中小微企业融资渠道。大样本实证研究证明，大数据征信体系建设不仅赋能中小微企业信用能力，而且有利于企业与相关组织间的信任建立，促进中小微企业与大型企业的协同创新，提升中小微企业的创新能力。同时，本书的实证研究结果表明，大数据征信体系建设为落后偏远地区弱势群体创业创新提供了技术上的支撑，能充分及时地反映包容性创业者的软信息和硬信息，有利于包容性创业者获得金融机构的小额信用贷款。此外，本书通过对美国、日本、德国等征信体系及其演化的过程进行研究，分别刻画了其征信体系的构成要素及网络演化过程，同时总结出私营机构主导模式、公共机构主导模式和混合型模式三种模式。本书利用世界银行企业调研项目数据，共采集 69 个样本国家的 36 425 家企业数据，对不同国家征信体系进行了系统描述和定量分析，证明了征信体系的完善程度有利于促进企业融资能力提升。同时，本书进一步从理论上归纳分析了征信体系的构成要素，对我国不同区域的征信体系展开实证讨论，研究了征信体系建设与中小微企业融资能力、信用能力等的关系。

  本书在大数据背景下，建立了覆盖中小微企业的征信体系，快速响应中小微企业分散化的需求，精准动态了解中小微企业的信用，有针对性地控制风险，并构建了与征信体系相匹配的保障体系。依据上述思路，本书包括如下问题（总体研究思路图见附图 A-1）。

1. 具有中国特色的中小微企业征信体系建设的基础理论架构

推进中小微企业征信体系建设已经成为我国未来很长一段时间发展的战略重点与布局方向，但理论界对中小微企业征信的理论基础尚未达成共识，尤其在大数据背景下中小微企业征信发展路径仍在摸索中。本书以中小微企业为研究对象，总结归纳整理中小微企业征信体系建设的内涵特征、动因、理论框架构建等问题，从对比视角出发按照征信产品、征信服务、征信评价体系、企业征信数据库等角度分析中小微企业征信体系建设的理论特性，并分析大数据背景下中小微企业征信的机遇与挑战，进而为我国中小微企业征信体系建设奠定一定理论基础，为政府决策提供政策参考与启示。

2. 发达国家中小微企业大数据征信体系建设的比较研究

经过上百年发展与演化，美国、德国、日本等已经基本形成了较为完善的企业征信体系，尽管各国对于中小微企业的扶持政策和法律框架具有一定的趋同性，但由于社会经济文化的不同，中小微企业征信体系运作模式也有所不同，主要有以中央信贷登记为主体的德法模式、以商业性征信公司为主体的美国模式和会员制征信机构与商业性征信机构协同的日本模式。本书对上述三种模式征信体系的发展与演化、构成与运行机制进行了系统分析，揭示了中小微企业征信体系在整个国家金融生态网络中的功能和地位，解剖了征信体系构成要素中的政府、协会、法律法规、金融机构、中小微企业、市场等的功能与作用，为我国大数据背景下中小微企业征信体系建设提供国际经验与相关启示。

3. 大数据背景下中小微企业征信体系建设的模式选择和构成要素等研究

本书在调查分析全国和试点地区中小微企业征信体系建设的现状、特点以及存在的问题等基础上，从征信制度建设、公共信用信息平台、多主体信息共享机制、大数据应用与信息安全、征信市场发展与征信监管等五个方面总结中小微企业征信体系建设的先行先试经验，为我国中小微企业征信体系建设提供启示。本书对大数据背景下中小微企业征信体系发展的内在机制进行分析，从中小微企业信用信息共享的创新机制、大数据+中小微企业征信数据挖掘和提升机制、全国统一平台和数据库建设模式、中小微企业信用评价指标体系构建、中小微企业征信服务市场培育机制等关键要素入手探索大数据背景下中小微企业征信体系建设的实现路径。

4. 国家征信体系与区域征信体系对企业融资的作用机理研究

本书采用 2010—2014 年 69 个国家 36 425 家企业以及我国 31 个省区市的横截面样本数据，对企业及国家征信体系进行跨层分析，运用分层线性模型，分析征信体系与企业融资约束之间的关系，结合一些其他变量的交互作用进行深入探讨，研究结果如下。首先，征信体系与企业融资约束存在显著负相关关系，即征信体系发展程度越高，企业融资约束程度越低，企业获取银行等金融机构信贷的可能性越大。其次，研究发现规模较小、透明度较低的企业的融资约束更大，且征信体系能够调节这一影响。再次，在征信体系对企业的融资约束产生影响时，债权人保护与征信体系有显著的互补作用，也就是说债权人保护机制越完善，征信体系的作用越显著，无论是银行还是企业，它们对征信体系的依赖性都很强。最后，公共征信体系与私营征信体系在缓解企业融资约束方面存在相互依附的作用，也就是说，公共征信体系和私营征信体系具有不同定位、功能和作用，是整个国家征信体系的组成部分，共同服务于企业融资。

5. 中小微企业大数据征信与企业信用形成机制的研究

本书通过多层线性回归模型分析了大数据征信体系应用能力与组织间信任的关系，得到以下结论。首先，将大数据征信体系应用能力进行量表开发，将应用能力分为搜索能力与惩戒能力，且基于对称性考虑，将惩戒能力又分为惩戒己方与惩戒对方。分析发现，大数据征信体系搜索能力与惩戒能力都能显著提升组织间计算信任与关系信任，这说明大数据征信体系在企业合作过程中起到了"润滑剂"的作用。其次，无论是计算信任还是关系信任，大数据征信体系惩戒能力对两者的推动作用都大于搜索能力。这说明对于企业经营者来说，大数据征信体系最大的作用是惩戒能力，然后才是搜索能力，它促使企业时刻保持诚信初衷、对信用保持敬畏。因此大数据征信体系建设在保持目前惩戒能力的同时，还需要进一步提升其搜索能力，包括大数据信用信息的全面性、准确性、及时性等数据硬实力，以及大数据征信体系应用推广效果。此外，通过分析市场不确定调节效应，发现市场不确定加强了大数据征信体系应用能力对组织间信任水平的促进作用；通过分析行为不确定调节效应，发现行为不确定加强了大数据征信体系应用能力对组织间信任水平的推动作用。

6. 大数据征信和中小微企业融资效率的关系研究

本书以世界银行数据库中2013—2017年103个国家的面板数据作为样本，构建理论模型，深入分析征信体系发展对私营企业信贷的影响，得出研究结论：第一，完善的征信体系能够显著扩大私营企业信贷规模；第二，企业信息透明度在征信体系发展与私营企业信贷之间起到完全中介作用；第三，信息技术发展对中介效应的前半段路径起到正向调节作用；第四，经济发达国家更适合通过提升征信广度来扩大私营企业信贷规模，相反地，经济发展中国家则更适合提升征信深度的路径。另外，本书以2013年至2017年我国30个省区市为研究样本，运用多层线性模型研究了大数据征信、金融市场化以及两者协同对中小微企业信贷能力的作用机制，总结出以下内容。第一，大数据征信借助大数据技术开展信用信息收集和应用，使得信贷市场中信用信息共享效率大幅度提升，进而减少了逆向选择和道德风险，中小微企业信贷可得率低和信贷成本高的问题由此得以改善，整体信贷能力也得以提升。第二，软硬信息都显著影响了中小微企业的信贷能力，且大数据征信建设在该影响过程中起到部分调节作用。第三，大数据征信建设与金融发展相辅相成，协同影响中小微企业信贷能力。

7. 大数据征信和中小微企业创新创业绩效的关系研究

本书通过对 536 家制造业企业进行问卷调研，运用结构方程模型从网络合作中的信任角度分析大数据征信赋能企业合作创新发展的实现路径，分析发现：首先，大数据征信体系应用能力能促进企业间合作创新绩效的提升，主要表现在，大数据征信体系搜索能力与惩戒能力都能显著提升企业间合作创新绩效；其次，组织间计算信任在大数据征信体系应用能力与企业间合作创新绩效之间起到中介作用，即大数据征信赋能企业合作创新能通过组织间计算信任实现；最后，组织间关系信任在大数据征信体系应用能力与企业间合作创新绩效之间起到复杂中介作用，即大数据征信赋能企业合作创新能通过组织间关系信任实现。当关系信任发展到一定程度后，买方对供应商的行为与动机的监督将会大大减少，询问的问题也会减少（Gargiulo and Ertug，2006）。较少的监督与保护措施将会导致供应商的机会主义行为（Goel et al.，2005），即使大数据征信能对这种机会主义行为有一定的惩戒作用，但只是让这种机会主义行为发生的概率下降，并不能从根本上杜绝其发生。

本书利用网络演化理论，系统分析了国内外征信体系的演化过程、构成要素、模式，以及其对中小微企业信用能力的作用机制：①较为系统地分析了我国征信体系发展面临的主要问题和主要障碍，为后续的改革突破提供基础；②开创性地在大数据背景下研究中小微企业征信体系，丰富了我国中小微企业征信理论体系；③以中小微企业大数据征信为切入口研究大数据赋能中小微企业融资，丰富了我国中小微企业融资理论体系；④较为前沿地研究了大数据背景下我国加快建设中小微企业征信体系的政策制度和政策框架，为完善我国征信制度提供理论支持。本书形成了比较完整的征信理论成果，研究成果具有重要的理论意义。

此外，本书针对大数据发展背景下征信体系的管理实践问题开展了富有成效的应用研究，取得了关于国家征信体系建设政策、征信机构管理对策、中小微企业征信能力构建等多视角下的应用研究成果：①较为系统地总结了大数据背景下中小微企业征信建设的实践方法，为我国探索大数据征信新模式提供理论支持；②系统阐述了我国开展中小微企业征信体系建设的理论与方法，为我国中小微企业征信体系的持续建设和优化完善提供指导；③充分对标了发达国家中小微企业征信体系建设的实践与模式，为我国中小微征信体系建设提供国际经验借鉴；④充分研究了中小微企业金融服务改革创新试验区的实践经验，为浙江等地信用体系建设和中小微企业征信体系建设试点工作提供指导；⑤深度挖掘了大数据技术赋能中小微企业征信体系建设的路径与方法，为在新技术条件下中小微企业提升信用水平和拓展融资渠道工作提供理论支持；⑥较为系统地研究了大数据背景下中小微企业征信体系监测的新工具、新方法和新模式，为进一步推进我国中小微企业征信体系建设提供了较强的应用价值。

目　　录

第一篇　大数据背景下中小微企业征信体系建设的基础理论

第一章　征信体系的基础概念与内涵 ………………………………………… 3
　　第一节　征信的内涵与外延 ………………………………………………… 3
　　第二节　征信体系的概念与构成 …………………………………………… 4
　　第三节　大数据征信的概念与内涵 ………………………………………… 7
　　第四节　征信机构、平台与数据库 ………………………………………… 16

第二章　大数据征信与中小微企业融资的理论研究 ………………………… 22
　　第一节　信息不对称与中小微企业融资难 ………………………………… 22
　　第二节　中小微企业信息不对称成因 ……………………………………… 27
　　第三节　大数据背景下中小微企业信息透明度 …………………………… 31
　　第四节　征信体系对中小微企业融资的影响 ……………………………… 34

第三章　大数据征信体系创新的理论研究 …………………………………… 39
　　第一节　大数据征信的理论基础与模式创新 ……………………………… 39
　　第二节　大数据征信的体系演进与场景应用 ……………………………… 48
　　第三节　大数据征信的体系建设与制度创新 ……………………………… 55

第四章　大数据征信与中小微企业高质量发展的理论研究 ………………… 65
　　第一节　大数据征信影响中小微企业高质量发展的理论基础 …………… 65
　　第二节　大数据征信影响中小微企业高质量发展的关键构念 …………… 69
　　第三节　大数据征信赋能中小微企业高质量发展的关键机制 …………… 73

第二篇　大数据背景下中小微企业征信体系建设的
　　　　比较分析与中国实践研究

第五章　不同国家和地区征信体系建设的比较分析 ………………………… 85
　　第一节　美国征信体系及其演化的实证研究 ……………………………… 85
　　第二节　德国征信体系及其演化的实证研究 ……………………………… 98
　　第三节　日本征信体系及其演化的实证研究 ……………………………… 108
　　第四节　国外中小微企业征信体系建设的典型模式 ……………………… 113
　　第五节　美国、德国和日本征信体系建设的经验借鉴 …………………… 115

第六章　国家征信体系建设的模式选择及国际实证研究 …………………… 117
　　第一节　国家征信体系建设的主要模式与国际比较 ……………………… 117

第二节 国家征信体系模式对中小微企业融资的影响机制 ………………………… 124
第三节 国家征信体系对中小微企业融资约束的影响效应——基于跨国
微观数据的实证研究 ………………………………………………………… 127
第四节 国家征信体系对中小微企业信贷的影响效应——基于跨国
面板数据的实证研究 ………………………………………………………… 142

第七章 中国区域征信体系与中小微企业融资的实证研究 ………………………… 162
第一节 中国区域征信体系建设的关键影响因素与历史回顾 …………………… 162
第二节 中国区域征信体系建设及其融资增信效果评价 ………………………… 165
第三节 中国区域征信体系赋能中小微企业融资的理论机制 …………………… 173
第四节 中国区域征信体系赋能中小微企业融资的实证研究 …………………… 176

第八章 中国大数据征信与企业信用画像的实证研究 ……………………………… 185
第一节 大数据征信背景下中小微企业信用画像的理论基础 …………………… 185
第二节 大数据征信背景下中小微企业信用画像的理论机理 …………………… 187
第三节 大数据征信背景下中小微企业信用画像的实证研究 …………………… 190
第四节 大数据征信背景下中小微企业信用画像的进一步讨论 ………………… 205

第九章 中国大数据征信与中小微企业间信任的实证研究 ………………………… 208
第一节 大数据征信增强中小微企业间信任的研究前沿 ………………………… 208
第二节 大数据征信增强中小微企业间信任的理论机理 ………………………… 210
第三节 大数据征信增强中小微企业间信任的实证研究 ………………………… 214
第四节 大数据征信增强中小微企业间信任的进一步讨论 ……………………… 230

第三篇 大数据征信赋能中小微企业发展的实证研究与大数据征信平台及数据库建设

第十章 大数据征信对中小微企业融资能力影响的实证研究 ……………………… 235
第一节 大数据征信、金融市场化与中小微企业信贷能力 ……………………… 236
第二节 大数据征信促进中小微企业信用评价升级的实证研究 ………………… 251
第三节 大数据征信改善中小企业融资结构的实证研究 ………………………… 261

第十一章 大数据征信赋能中小微企业合作创新的实证研究 ……………………… 283
第一节 大数据征信赋能中小微企业合作创新的研究前沿 ……………………… 283
第二节 大数据征信赋能中小微企业合作创新的理论机理 ……………………… 284
第三节 大数据征信、组织间信任与企业合作创新 ……………………………… 288
第四节 大数据征信赋能中小微企业合作创新的进一步讨论 …………………… 299

第十二章 大数据征信赋能中小微企业包容性创业的实证研究 …………………… 301
第一节 大数据征信赋能中小微企业包容性创业的研究前沿 …………………… 301
第二节 大数据征信赋能中小微企业包容性创业的理论机理 …………………… 303
第三节 大数据征信、信用能力与包容性创业 …………………………………… 307
第四节 大数据征信赋能中小微企业包容性创业的进一步讨论 ………………… 325

第十三章　中小微企业大数据征信平台及征信数据库建设研究……………331
　　第一节　大数据征信平台及征信数据库建设的理论基础……………331
　　第二节　国内外大数据征信平台及征信数据库建设现状与发展趋势……………335
　　第三节　中小微企业大数据征信数据库建设框架……………347
　　第四节　中小微企业大数据征信数据库建设的关键措施研究……………354

第四篇　大数据背景下加快中小微企业征信体系建设的政策研究

第十四章　国外中小微企业征信体系的建设经验和启示对策……………363
　　第一节　国外中小微企业征信体系发展动态与趋势……………364
　　第二节　典型国家和地区中小微企业征信体系的建设经验……………368
　　第三节　大数据背景下国外中小微企业征信体系发展的启示对策……………370

第十五章　大数据背景下中小微企业征信体系建设的对策研究……………373
　　第一节　完善大数据征信政策法规体系……………373
　　第二节　建设公共征信数据共享平台……………376
　　第三节　构建多层次的征信机构体系……………378
　　第四节　推进征信市场规范发展……………381

第十六章　征信体系建设与地区中小型实体经济发展的对策研究……………385
　　第一节　中小微企业发展迫切需要征信体系提供支撑……………385
　　第二节　借鉴浙江省"先行先试"所取得的经验……………386
　　第三节　完善浙江省中小微企业征信体系建设的几点建议……………387

第十七章　大数据背景下数据要素驱动中小微企业高质量发展的对策研究……………389
　　第一节　浙江省经济高质量发展迫切需要大数据支持……………389
　　第二节　对标国内外大数据发展的先进经验……………390
　　第三节　推动大数据赋能经济高质量发展的对策建议……………392

参考文献……………393
附录A　总体研究思路……………420
附录B　欧美日征信机构……………421
附录C　欧美日征信法律及行政监管……………425
附录D　机构名称中英文对照表……………431

第一篇

大数据背景下中小微企业征信体系建设的基础理论

第一章 征信体系的基础概念与内涵

第一节 征信的内涵与外延

一、征信的基本内涵

大部分学者从征信一词的来源出发，从不同的视角研究征信的内在含义。在我国，《左传》首次提到了"征信"的意义，"君子之言，信而有征"，君子（在古代指品德高尚、有文化修养的人）所说的话，都是真实可信的，同时也有证据可以证明其真实性。国外学者认为，征信是指一系列信息服务活动，这一观点逐渐被国内学者认可，激发了征信内涵的两个方面的研究（表1-1）。

表1-1 征信内涵研究现状

分类视角	概念
过程观	一种信用信息的采集、储存、整理、加工以及分析和评价的活动
系统观	系统调查与评估他人资信状况的工具和服务

过程观从征信过程中所涉及的内容出发，认为征信是围绕信息数据"采集—储存—整理—加工"，进行信用评价分析的综合活动，具有很强的动态性，主要用于信贷服务、信用管理、市场监管、合作背书等（杜金富，2004；赵志勇，2018；刘音露等，2019）。中国人民银行将征信纳入信贷、赊销、债务等经济活动和社会关系中，可以说征信业是金融市场的重要组成部分。2012年国务院第228次常务会议通过的《征信业管理条例》明确指明，征信业务，是指对企业、事业单位等组织的信用信息和个人的信用信息进行采集、整理、保存、加工，并向信息使用者提供的活动。

系统观认为征信是指对自然人和法人或其他社会组织的信用情况进行系统调查和评估的工具和服务（赵怀勇，2002；梁坚，2008；牛润盛，2014）。冯文芳（2016）认为征信是一种直接降低融资双方信息不对称程度的工具，该工具可促进小微企业信贷趋向均衡。王佳致和陶士贵（2022）提出，应运用大数据充分挖掘小微企业信息，形成统一的数字征信系统是征信的要义之一。

综上所述，本书认为征信是基于商业或非商业目的，对市场主体（包括个人和组织）的信用数据进行收集、整理、加工、利用、分析并出具分析结果报告的系统性活动。

二、企业征信的理论基础

企业征信是征信的重要外延。大量学者从不同视角分析了不同理论与企业征信的关系，研究视角主要分为三个视角——制度视角、经济学视角、管理学视角，具体如表1-2所示。

表1-2 企业征信的理论研究框架

研究视角	研究主题	理论内容
制度视角	政府干预理论	在市场失灵的条件下，政府干预理论强调政府运用货币政策和财政政策等工具，克服市场失败，提升经济活动效率，促进公平与稳定，对经济生活进行必要、合理的调节或管理。企业征信体系建设离不开政府的强力支持
	制度理论	制度理论主要从经济学视角和组织社会学视角分析，前者强调制度是约束组织行为及其相互关系的博弈规则，后者认为制度是满足合法性要求的社会规则和规范。企业征信系统是制度规范的重要表现形式
经济学视角	信息不对称理论	信息商品效用滞后的特征使得信息市场成为不对称市场，这种状况导致信息商品交易中的欺诈行为十分普遍，常常使信息市场陷入混乱和无序状态，严重妨碍了信息市场的有效运行。企业征信活动的开展对于降低不对称程度起到积极作用
	市场博弈理论	博弈论主要指非合作博弈论，即在一策略组合中，所有的参与者面临这样的一种情况，当其他人改变策略时，他此时的策略是最优的。也就是说，此时如果他改变策略，他的收益将会降低。企业征信是信用博弈的体现
	交易费用理论	交易费用理论认为交易费用的存在以及企业节省交易费用的努力是资本市场中企业结构演变的根本动力。企业征信降低了交易费用
管理学视角	信贷声誉理论	声誉是信用的外在表现，从文献梳理来看，声誉是在信息不对称条件下，由其他经济主体(利益相关者)基于认知及情感因素对企业特性及历史表现做出的综合评价。企业的声誉信息的传递能够限制信息扭曲，增加交易的透明度，降低交易成本。因此银行和企业之间保持良好的信用，是降低中小企业融资难度的有效途径
	大数据理论	大数据理论，"4V"理论，数据挖掘理论
	企业信用管理理论	将"企业信用风险管理制度"改为"企业信用制度"，系统地完善和规范信用信息，增加新型的征信产品与服务，提高量化指标的准确性，研发定量分析的新方法等

注：4V指variety（多样性）、volume（规模性）、velocity（速度）、value（价值性）

现有研究主要围绕信用对于企业的作用和影响来开展基础理论研究，并逐渐从单一理论研究发展到复合理论研究。伴随大数据等新一代信息技术的飞速发展，技术理论与经济管理理论相结合的跨学科研究成为企业征信基础理论研究的新方向。

第二节 征信体系的概念与构成

一、征信体系的概念

关于征信体系概念的研究，大部分学者倾向于从体系构成视角分析，总体上研究结论趋于一致。

将征信体系看作各经济主体参与征信的制度框架，主要包括公共征信体系、征信法律体系、征信管理体系、征信文化背景、征信机构，以及金融和其他机构需要的信用信息。大多数学者都沿用该定义,认为征信体系涵盖制度建设部分,如法律法规、监管体系、信用机构等(黄丰伟,2013);工具建设部分,如数据库标准、金融科技手段等(吴晶妹,2015);市场环境建设部分,如教育、科研、市场化等。

二、企业征信体系的构成

关于企业征信体系构成的研究主要集中于基本构成要素与市场和教育、技术研发因素的叠加,具体如表1-3所示。

表1-3 企业征信体系构成的研究框架

构成特点	主要内容
基本构成要素	企业征信数据库、企业征信法律法规、企业征信机构、企业政府监督
侧重市场和教育	企业征信机构、企业征信数据库、企业征信市场、企业征信法律法规、企业征信行业标准、企业征信监督和管理体系、企业征信教育和研发体系
侧重技术研发	企业征信机构、企业征信法律法规体系、企业征信监督和管理体系、企业征信市场、企业征信教育和研发体系、大数据技术、应用场景

张燃(2014)认为企业征信体系主要包括企业征信法律法规体系、企业征信监督和管理体系、企业征信机构、企业征信教育和研发体系、企业征信数据库等。叶治杉(2021)提出,我国的征信体系涵盖征信基础链条(数据流程和产品)、核心要素(机构、评级、环境、市场等)、商业模式、监管体系等。综合以上观点,本书提出了企业征信体系基本框架,见图1-1。

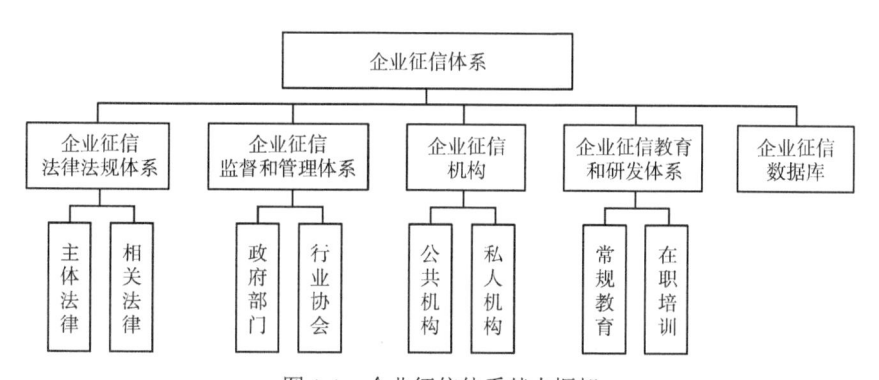

图1-1 企业征信体系基本框架

企业征信法律法规体系是指一切与征信相关的法律规章制度,完善的法律法规体系起到维持市场秩序、规范征信服务、保障征信业健康发展的作用。企业征信监督和管理体系不仅要加强政府对市场的监管,还要发挥征信业的组织自律性,规范其业务标准、人员培训,同时在保护企业隐私方面发挥作用。企业征信机构作为企业信用信息处理的载体,负责依法采集、整理、储存、加工企业信用信息,同时针对不同的市场需求来提供相应的征信产品与服务,以此获取利润。此外,企业征信教育和研发体系可以提高征信业的专业素质,开发新型征信产品,与征信业最新技术接轨,助力市场形成良好的信用环境。企业征信数据库是收集和保存企业信用数据的集合，也是建立社会信用体系不可或缺的基础设施。

三、区域征信体系的构成

区域征信体系是区域实践国家征信体系的具体表现形态（李士涛，2012）。不同区域的经济发展水平、自然人文环境和中小企业数量等差别巨大，这势必影响区域信用数据采集和监管等法律法规的落实。通常情况下，区域征信体系由地方政府主导，政府发挥建设者和实践者的双重作用（孙肖远，2014）。国家征信体系属于宏观顶层设计和国家系统性建设，而区域征信体系是国家征信体系的子系统，既要符合国家整体发展要求，又要根据地方经济和社会发展水平与特色，建立适合本区域发展的征信体系（姚洁，2010）。

（一）征信机构

张燃（2014）认为征信机构作为独立的第三方组织，通过收集和处理信用信息，对外提供征信报告等服务产品，能帮助客户进行商务资信判断以降低潜在风险。在区域征信体系中，征信机构是信用交易的中介主体，能有效解决交易主体信息不对称的问题，有助于扩大交易范围与规模。当前，我国公共征信机构由中国人民银行负责建设、运作和监管，强制要求区域征信分中心报送相关数据资料；私营征信机构大多通过销售相关征信产品和服务获得利润（耿得科和张旭昆，2011；唐明琴，2012）。

（二）征信法律法规体系

征信法律法规体系是一切征信活动的基石，由所有与征信业、征信机构、征信主客体、征信活动等相关的法律法规组成，其主要功能包括规范征信活动、约束主客体行为、保护信息及隐私安全等（赵雯，2016）。区域征信法律法规体系是基于国家宏观政策建立的符合地方发展水平和特色，与征信活动直接或间接相关的地方法律法规体系。2012年国务院通过了《征信业管理条例》，正式立法明确了我国征信的基本条例，构建了行业标准以及不同层级的法律法规。在此之前我国各区域因地制宜，征信相关的法律法规依据当地的经济水平与生产力而制定，实施程度也各不相同。

随着2012年温州获批"金融综合改革试验区"，2015年台州成为"小微企业金融服务改革创新试验区"，我国地方逐步探索中小微企业征信新路径，特别是在法律和制度层面开展了破冰行动。但是，至今地方征信法律法规体系建设在方法、标准、安全等方面尚未形成大规模复制、推广的成熟经验举措（王韵，2011）。

（三）征信监督和管理体系

有力的征信监管和管理体系可以改善区域信用环境，促进征信体系稳中求进，具体措施为监督区域征信准入标准、数据标准的制定与实施，区域征信数据采集规范性，征信报告精准性等。健全的征信监督和管理体系可以促进征信活动良性开展，有利于区域内资源优化和信用风险规避。本书选取了一些具有代表性的区域征信监督和管理体系，其对比如表 1-4 所示。

表 1-4　区域征信监督和管理体系对比表

地区	监管部门
上海	政府和中国人民银行共同监管
深圳	政府、征信机构、企业共同组成征信评级监督委员会
江苏	政府信用管理机构
浙江	政府组织建设的信用监管体系和平台

（四）征信市场

征信市场是征信产品和服务生产和交易的场所总和，它为征信体系持续发展提供活力。根据区域内服务对象和市场主体的不同，征信市场可以分为商业市场、消费市场和资本市场，具体差异见表 1-5。

表 1-5　征信市场的分类

征信市场类型	征信主体	征信服务	数据来源
商业市场	企业	企业征信	商业银行、法院、税务机关、海关、供应商等
消费市场	自然人	个人征信	商业银行、法院、税务机关、通信服务供应商等
资本市场	上市公司、金融机构	信用评级、资信评估	商业银行、外汇管理局、非银行金融机构等

（五）征信教育和研发体系

区域征信体系的发展离不开诚信环境和文化的形成。良好的征信教育和科研发展能够带动征信人才培养和征信产品/服务创新；良好的诚信文化建设能使征信业蓬勃发展，并通过基础教育、知识竞赛、文艺演出、评奖评优等丰富多样的形式宣传诚信在社会生活的重要意义（沈良辉等，2014）。

综上所述，区域征信体系是基于地方社会经济发展水平、以解决内部征信问题为导向的国家征信体系的子系统。征信机构的工作对象是各类信用信息数据，征信机构通过收集和处理信用信息数据形成征信产品和服务，并在征信市场上进行交易，全方面参与到社会经济活动中去。各地政府在国家宏观政策大框架下制定了符合地区特色的法律法规，通过加强监管和维护行业自律促进各地征信市场健康有序地发展。征信教育和科研通过技术创新和产品创新，扩大征信从业人员队伍，加强诚信宣传，形成良好的信用环境。

第三节　大数据征信的概念与内涵

一、基于 CiteSpace 分析的大数据征信研究图谱

本书基于 CiteSpace 软件分别对 CNKI（China National Knowledge Infrastructure，中

国知网）与 WoS（Web of Science，科学网）数据库中有关大数据征信的相关论文进行分析。首先，以"大数据征信"与"企业"为关键词，时间跨度为 2000 年至 2020 年，共搜索出 514 篇中文文献，经过对会议、报告、报纸等无关文献进行筛查，剔除 67 篇，剩下 447 篇文献。其次，在 WoS 数据库中，以 "credit investigation"（信用调查）、"credit reporting"（信用报告）等词为关键词，论文类型为 article（论文）或 review（评论），语种选择 English（英语），时间跨度为 2000 年至 2020 年，共搜索出 3581 篇英文文献。

从图 1-2 中可以看出，CNKI 数据库中有关"大数据征信"的研究始于 2013 年，且在 2015 年至 2017 年发文量大幅度增长，而在 2018 年大幅度减少，之后又有所回升。在 WoS 数据库中，"大数据征信"相关研究文献发文量呈波动增长态势。由此说明"大数据征信"相关研究近些年受到国内外学者的广泛关注。

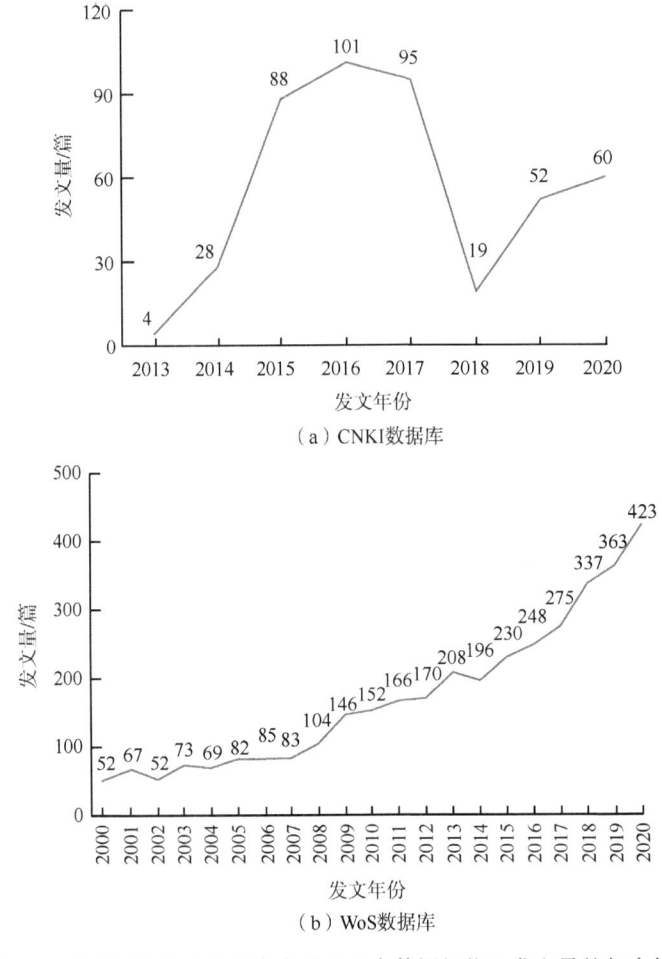

图 1-2　CNKI 和 WoS 数据库中关于"大数据征信"发文量的年度趋势

（一）研究作者分布

CNKI 数据库中"大数据征信"相关研究的作者较多，其中发表文献最多的为 14 篇，其次为 4 篇。在合作发表方面，团队合作作者最多有 5 人，且 5 个人中都有过两两合作发表文章。WoS 数据库中"大数据征信"研究发表量也同样较多，众多学者通过合作构建起庞大的学术合作网络，说明"大数据征信"受到国内外学者的关注。

（二）研究机构分布

在发文机构来源方面，CNKI 数据库中发表"大数据征信"相关论文的研究机构较多，且较多是银行机构，发表最多的机构是中央财经大学法学院，达到 17 篇，其次是中国人民银行武汉分行，发表了 5 篇论文。在团队合作方面，机构间合作多以两两合作的形式开展，其中参与机构较多的是北京大学与中国人民银行不同地区支行间的合作网络。在 WoS 数据库中，不同机构的论文发表情况比较均衡，其中发表最多的是伊利诺伊大学，其他如斯坦福大学、哈佛大学、墨尔本大学等世界著名大学也发表了较多论文。在团队合作方面，不同机构间的合作网络比较紧密，不仅团队内的合作较多，而且不同团队间的合作也很多，说明"大数据征信"研究得到学界的大量关注。

（三）关键词分析

图 1-3 显示的是 CNKI 数据库中"大数据征信"相关文献的关键词词频图与聚类图。在关键词词频方面，出现较多的关键词是大数据、互联网金融、大数据征信、征信体系、普惠金融（inclusive finance）、小微企业融资、信息不对称等词。关键词聚类结果是征信、征信业务、区块链、大数据征信、征信业、银行、金融消费者、信息不对称、芝麻信用、大数据分析、小微信贷。

由此可见，国内期刊文献对"大数据征信"的研究主要体现在三方面：一是征信体系建设本身，关键词有征信业务、征信体系、征信等；二是大数据技术，如云计算、区块链、互联网征信、大数据分析等；三是融资方面，如商业银行、小微信贷、互联网金融监管等。

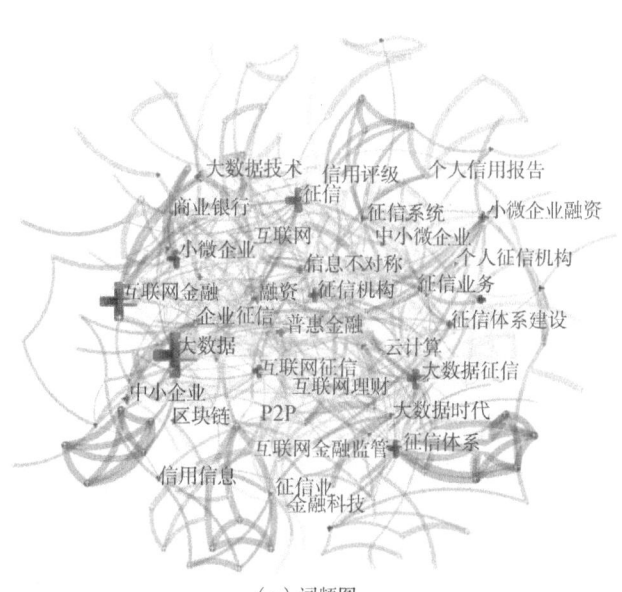

(a) 词频图

（b）聚类图

图 1-3　CNKI 数据库中"大数据征信"相关文献的关键词词频图与聚类图

P2P 为 peer-to-peer，个体到个体

如图 1-4 所示，在 WoS 数据库中，出现较多的关键词是信用风险、信息、管理、决策、绩效、政策、金融、投资等，关键词聚类分别是项目反应理论、信用评分、数据隐私、感知、心理健康、数据模型、商业信用、信贷渠道、银行破产。由此可知，外文期刊有关"大数据征信"研究的热点问题主要集中在三方面：一是信贷与商业信用融资方面，如金融、投资、商业信用、信贷渠道；二是数据模型方面，关键词有数据模型、数据隐私、信用评分等；三是微观主体心理感知，如企业管理、项目反应理论、感知、心理健康等。

通过对 CNKI 与 WoS 数据库关键词的时间趋势分析，能够得到热点问题的演进趋势，从而识别出未来研究热点问题。在 CNKI 数据库中，2013 年出现的关键词有互联网金融、大数据、小微企业、大数据技术、征信体系等，到 2014 年，商业银行、信用评级、信息不对称等词出现，到 2015 年，金融类词汇出现得更多，如互联网公司、普惠金融、P2P 等，到 2016 年，大数据技术开始兴起，出现了区块链、人工智能、大数据金融，到 2017 年，出现了数字普惠金融、信用评价等，直到 2019 年，金融科技出现。这说明"大数据征信"研究发展经历了征信到金融，再到"征信+金融"，最后到"大数据技术+征信+金融"的发展过程，因此大数据技术发挥着越来越重要的作用。

在关键词连接方面，不同年份的关键词联系紧密，其中前期的互联网金融、大数据技术、征信体系等词以及中期的普惠金融、区块链、人工智能等词都与后期的金融科技等核心词汇息息相关。这进一步表明科技、金融、征信是国内期刊"大数据征信"研究的主要趋势与热点问题。

在 WoS 数据库中，2000 年出现的是信息、风险、模型等关键词，而后 2001 年至 2006 年，出现较多的是市场、银行破产、投资、增长、信用风险、决定因素等词，从 2007 年开始，学者开始关注决策、管理、知识、竞争等企业战略管理词汇，到近年来，出现较多的词汇是商业信用、公司治理、绩效、数据模型等词。这说明国外期刊文献有关"大

(a)词频图

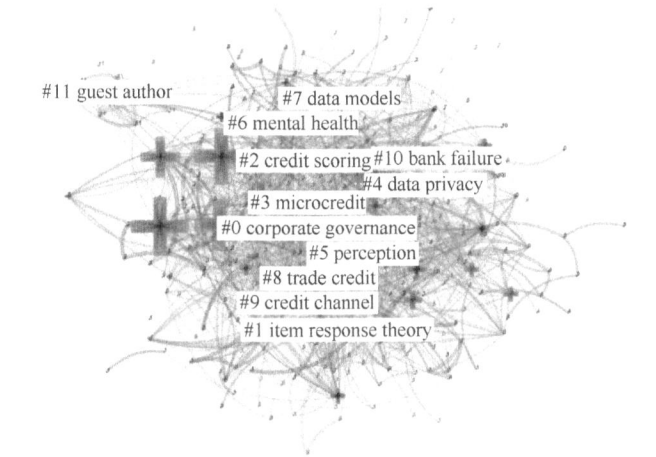

(b)聚类图

图1-4 WoS数据库中关于"大数据征信"相关文献的关键词共现图

investment 为投资, choice 为选择, experience 为经验, competition 为竞争, business 为商业, bankruptcy 为破产, consumption 为消费, quality 为质量, risk 为风险, model 为模型, liquidity 为流动性, performance 为绩效, agriculture 为农业, internet 为互联网, information 为信息, credit risk 为信用风险, knowledge 为知识, credit impact 为信贷影响, market 为市场, growth 为增长, determinant 为决定因素, cost 为成本, constraint 为约束, crisis 为危机, policy 为政策, behavior 为行为, firm 为公司, management 为管理, gender 为性别, education 为教育, debt 为债务, system 为体系, validity 为有效性, care 为关心, validation 为生效, banking 为银行业, finance 为金融, attitude 为态度, health 为健康, decision 为决策, data models 为数据模型, mental health 为心理健康, credit scoring 为信用评分, bank failure 为银行破产, data privacy 为数据隐私, microcredit 为小额信贷, corporate governance 为公司治理, perception 为感知, trade credit 为商业信用, credit channel 为信贷渠道, item response theory 为项目反应理论

数据征信"研究的热点问题逐渐由投资、银行等融资方面转向企业可持续发展的内生动力机制方面,再到大数据技术、信用、企业发展相结合方面。

在关键词连接方面,不同年份的关键词联系非常紧密,主要的核心词汇有早期的信用、市场、绩效、投资等,中期的教育、知识、金融、竞争、战略等,后期的债券、消费者信用、中小企业、信息技术等。这说明企业战略、金融、信息技术、征信一直是紧密相关的核心词汇。因此，大数据技术如何帮助征信行业为企业发展提供助力成为国际未来研究热点。

二、大数据征信的定义

（一）大数据的定义

目前学术界关于大数据的定义尚未有统一定论，不同学派有不同的理解。Gartner（高德纳）是一个专门研究大数据的机构，它指出大数据是一项资产，囊括丰富的信息，该项资产需要用特定的模式进行分析才能产生强大的决策能力、洞察力和流程优化能力。在《大数据时代》一书中，关于大数据的定义，作者维克托·迈尔-舍恩伯格和肯尼思·库克耶将其定义为对所有的数据进行处理分析的流程，通过抽样调查的方法收集数据，运用新型的技术手段对所有信息进行分析的数据集合，Kusnetzky（库斯尼茨基）在《什么是大数据》一书中认为大数据涉及的信息，是一种数量规模巨大并且无法合理通过人工处理的信息。鉴于大数据概念尚不存在标准的定义，本书在借鉴之前学者的研究的基础上，认为大数据是对样本主体包括的信息进行全面收集调查和对数据进行处理分析并得出具备使用价值的信息的一项资产。

（二）大数据的特点

Bryant等（2008）基于大数据的特点，提出了"3V"的观点，即大数据具有多样性、规模性、速度三种特征，而后提出大数据具有价值性的特征。首先是多样性，随着社会时代的变迁和数字技术的发展，数据信息的内容和种类越来越丰富，不仅包含数据内容等结构化信息，还包含图画、音频、视频等非结构化信息，数据结构复杂，使用传统的处理技术难以有效利用数据内容，得出有价值的信息，海量的数据内容对处理技术的发展提出了全新的要求。其次是规模性，顾名思义数据的规模大到一定程度才能称为大数据，该种规模难以使用人工和传统的信息技术对数据进行分析处理，但是何种规模的数据才能称为大数据，目前并没有统一标准，学者认为传统处理技术无法应对的具有新的研究价值的数据集合称为大数据。再次是速度，传统数据产生、传输的速度比较慢，而大数据内容产生的速度极快，通过卫星等传输渠道快速传输，全球的信息以EB（exabyte，艾字节）的速度诞生，并且大数据的信息处理速度也在快速提升。最后是价值性，该特征是大数据最为显著的特征，规模巨大的数据包含具有丰富价值的信息，目前大多数关于大数据的研究，是从海量的数据信息中提炼出有价值的内容，但是大数据的价值并不是随着数量的增加同步增加的，在得出有价值的信息之后，数据量的增加反而会稀释数据的密度，降低数据集合的价值。

（三）大数据征信的概念

现有对大数据征信概念的研究主要基于两方面：一方面主要从互联网大数据技术给征信业带来的全新模式、体系上的变化来定义大数据征信；另一方面从对比视角出发分析大数据征信与传统征信的区别，从而给出大数据征信的内涵与特征。

第一种观点的研究主要认为大数据征信是指将大数据技术运用于传统征信（王勇和王蒲生，2016）。大数据征信业务基于大数据的"4V"特性，其信息采集内容、数量、方式、渠道均与传统征信信息采集有着显著区别。具体表现为传统征信在网络上的延伸，涵盖数据采集、存储、加工、挖掘、按需报告等环节。

持这种观点的学者认为大数据征信就是大数据技术与征信业务的融合，虽然极大地增加了信息维度并提升了数据处理效率，但是并没有从根本上改变其业务的基本逻辑，主要风险点在于保障信息主体权益和数据质量，核心竞争力在于征信服务的成熟度（李辰，2016）。

陈志（2016）从大数据定义出发，认为大数据征信就是运用这些海量数据集合，经挖掘分析后用于证明自然人或社会组织的信用情况。通过大数据征信，可以帮助授信机构掌握这些群体的信息，增加评价维度，更好地了解其信用状况。麻文奇（2016）认为大数据征信是充分利用大数据技术收集和整理信用数据，并通过数学模型分析和计算信用数据得到科学结论，它可以搭配风险预警手段，降低违约风险，一体化解决中小微企业贷款低效、高价、信息不对称等征信顽疾，完善金融体系建设。孔德超（2016）在"4V"的基础上增加了真实性（veracity），认为大数据征信具有"5V"特性。

第二种观点的研究是从大数据征信与传统征信比较的视角出发，阐述大数据征信的内涵与特征。持这种观点的大部分学者认为大数据征信是对传统征信体系的一次重新定义与改革，而不仅是简单的征信方式的变化。本书通过回顾相关文献，将大数据征信特征与传统征信特征进行对比。

冯文芳和李春梅（2015）认为大数据征信是指运用大数据技术重新设计征信评价模型和计算方法，通过多维度的信用信息分析、整合和挖掘，对包括财务数据在内的结构化数据和地址信息、行为数据、社会关系等非结构化数据进行采集和分析，最终形成对个人、企业、社会团体的信用评价。饶大海（2016）认为大数据征信是利用数据分析和模型进行风险评估，依据评估分数，预测还款人的还款能力、还款意愿，以及欺诈风险，从而利用数据实施科学风控措施。魏强（2015）通过将大数据背景下的征信体系与传统征信体系进行对比，认为大数据征信更具有系统性，更接近对象本质特征以及更着重预测未来趋势，以全新的服务理念和先进的信息处理方式，推动传统信用评分模式的转变，进而推进完善整个社会的信用体系建设。孔德超（2016）认为从大数据征信本质上来看，大数据征信突出强调的是海量数据、多维信用、动态性。赵海蕾等（2015）认为大数据征信依托多样化、高频率和高体量的非结构化数据，通过收集和处理能够反映主体行为习惯的全方位、多维度信息，构建反映其性格特征、身份特质、履约能力等多维度的定量模型，利用各种算法推断其信用特征，并获得量化信用评估结果。

三、大数据背景下的征信发展与特征

互联网技术的发展推动了传统征信行业的大数据转型，有学者针对这一现象进行了

系统的理论阐述，主要的研究主题是互联网背景下的传统征信模式与大数据征信模式的区别。本书从数据来源、产品服务、技术方法、应用场景这四个维度归纳现有文献（表1-6）。

表1-6 大数据背景下的征信发展研究框架

维度	传统征信模式	大数据征信模式	参考文献
数据来源	以财务数据为核心 授信机构 供应链或交易对手	数据获取广泛化 数据获取精确化 数据获取深度化	刘爽（2016）；刘新海（2014）；Crosman（2012）；范铁光和刘岩松（2014）；龙海明等（2014）；赵志勇（2018）；Mohammadi和Zangeneh（2016）
产品服务	产品种类少 即时性较差 获取不够便利	信息数据来源渠道多 市场应用广泛 征信产品更为丰富 提供更为即时、有效、便利的产品服务	苗苗（2014）；杨亚仙和庞文静（2020）；姜俊琳（2016）；Angelini等（2008）；Alloway（2015）；Brabazon等（2008）；Gustafson等（2005）；Kronimus和Schagen（1999）
技术方法	一种人工为主的单维度收集整理的数据处理范式 数据应用以财务数据风控为核心	利用互联网平台能多维度采集信用信息数据 及时运用互联网大数据分析技术处理信息	尹丽和罗威（2016）；Friedman（2008）；程建国（2012）；吴晖等（2020）
应用场景	企业应用场景少 个人应用场景少	应用场景更加广泛 用户更加多元 需求多元	方增平和叶文辉（2015）；牛润盛（2014）；李辰（2016）；王斯坦和王屹（2016）；周雷等（2022）

（一）数据来源

相对于传统征信模式，互联网背景下的大数据征信模式会使征信评估更有优势（Crosman，2012）。优势主要表现在以下几方面。首先，大数据征信模式运用互联网技术不仅能获取线上交易信息，还能通过数据挖掘、数据跟踪等技术获取线下交易信息，从而能为信用信息评估提供多维度的指标数据，摆脱过去以财务数据为核心的传统征信模式的限制，极大破除了征信评估桎梏（范铁光和刘岩松，2014；龙海明等，2014；赵志勇，2018）。其次，大数据征信模式能够自动归纳整理大量信息数据，过滤掉重复无用的繁杂信息，将真正有用的数据精确地识别到不同指标体系中，这不仅能提高数据处理效率，还能提升数据匹配评估的精确度（刘爽，2016）。最后，大数据征信模式能够在法律框架下通过数据挖掘、数据爬虫等技术获取很多分散但彼此关联的数据，且能通过数据模拟的方式将数据整合到一起，构建起一条完整的数据分析链，大大提升了企业信用信息收集深度（刘新海，2014；Mohammadi and Zangeneh，2016）。

（二）产品服务

在以往传统征信模式下，征信机构与征信平台提供的征信产品主要以纸质版征信报告为主，产品种类较少，且及时反馈效果差，获取渠道少，仅能从中国人民银行获得征信报告（苗苗，2014；杨亚仙和庞文静，2020；姜俊琳，2016）。互联网、区块链等大数据技术为金融业的发展带来革命性转变，包括支付端、贷款、理财产品等业务都提升了办理效率并更新了产品设计理念，传统依赖于人工评估的征信方式已经逐渐无法满足互联网时代下金融业的发展需求（Angelini et al., 2008；Alloway, 2015），而大数据征信的发展为互联网金融发展提供了全面有效的征信服务，主要表现在大数据征信能获取信息数据来源的渠道多，不仅能为企业提供更加丰富的征信产品，还能为企业提供一种实时、有效、便利的产品服务，可供企业随时查询。因此，大数据征信模式下的征信市场应用更为广泛（Gustafson et al., 2005；Kronimus and Schagen, 1999）。

（三）技术方法

现有文献通过对传统征信与大数据征信的技术方法进行对比分析，发现传统征信模式下的技术方法主要是一种人工为主的单维度收集整理信用数据的方式，而信用信息评估的方法主要是以传统的财务数据风控技术为主，因此获得的征信评级报告比较片面，仅能在一定程度上反映企业的财务绩效（吴晖等，2020）。大数据征信模式下，征信机构可以使用互联网、数据挖掘等技术多维度采集信用信息数据，并能通过数据模型模拟仿真的方式分析不同信用信息的比较权重，得到非常全面的企业信用信息数据，包括企业财务实力、企业履约状况、企业家个人信用等（程建国，2012），从而挖掘出借款人的信用软信息，有利于补偿信用硬信息的不足，从而解决信息不对称的问题（尹丽和罗威，2016）。

（四）应用场景

现有文献对比分析了传统征信与大数据征信的应用场景，发现过去传统征信模式的应用场景比较单一（方增平和叶文辉，2015；牛润盛，2014；周雷等，2022），主要用于银行与企业之间的借贷业务以及企业承办国家项目等场景。随着互联网平台和金融机构的科技化发展，信息采集的范围将不断扩大，既有从电子商务平台采集的非银行信用信息，也有政府和事业单位的社会公共信息。同时，信用信息的应用范围也将不断扩大。一是应用于企业融资服务平台，通过采用线上报送融资信息、线下达成融资交易，再回到线上反馈成交信息的业务流程方式，实现信息共享和反馈；二是应用于第三方支付平台；三是应用于新兴金融机构报数平台，如以村镇银行、小额贷款公司、融资性担保公司为代表的新兴金融机构接入金融信用信息基础数据库；四是应用于民间借贷机构共享平台，如上海资信有限公司推出的首个网络金融征信系统（李辰，2016；王斯坦和王屹，2016；Cifuentes and Pagnoncelli, 2014）。

通过对相关文献进行回顾可知，现有大数据背景下征信发展与特征研究成果很丰富，大部分学者从数据来源、产品服务、技术方法、应用场景等方面与传统征信进行对比分析，从而总结出我国大数据征信发展的现状与特征。但现有研究较少分析大数据征信的内涵与维度特征，更鲜有研究从实证视角对大数据征信进行概念操作化，从而不能在广泛的经验主义背景下对大数据征信的重要性以及作用机理进行实证检验。基于此，本书将在整合大数据理论与征信理论的基础上，对大数据征信的感知与应用情况进行概念操作化，从而丰富大数据征信理论。

第四节 征信机构、平台与数据库

一、征信机构的类型

根据所有权性质不同，征信机构可分为公共征信机构和私营征信机构，两者在制度类型，信用信息数据来源、采集方式、采集范围，提供信息范围方面存在差异，具体见表1-7。

表1-7 公共征信机构和私营征信机构对比

项目	公共征信机构	私营征信机构
制度类型	政府建立	组织或个人建立
信用信息数据来源	渠道较少，主要来自银行、证券、保险等体系	渠道较多，如商业银行、信用卡公司、企业、财务公司
信用信息采集方式	强制采集	自愿采集
信用信息采集范围	企业或个人的贷款规模、抵押品价值、担保情况	企业或个人具体的身份信息、财务信息、纳税信息等
提供信息范围	对非成员保密	依法对外提供

资料来源：世界银行，http://www.worldbank.org

国外大多数研究者认为，公共征信机构与私营征信机构两者具有互补性，不具有替代性（Pagano and Jappelli，1993；Miller，2003）。

孙志伟（2013）将西方国家的征信模式分为市场化征信模式、公共信息征信模式和行业合作式征信模式。三种模式各有利弊：市场化征信模式促进信用业发展充分，但建立时间较长且容易形成寡头垄断；公共信息征信模式具有较强权威性，建立时间较短但容易滋生腐败；行业合作式征信模式介于市场化征信模式和公共信息征信模式之间，兼具两者优势，但是两者平衡和行业外竞争力维护是难点。耿得科和张旭昆（2011）认为公共征信机构能否与私营征信机构并存主要取决于二者在市场定位、功能定位上的差异程度。我国必须建立以公共征信机构为主导的征信模式。

二、征信平台与数据库建构

征信平台与数据库建构是企业征信体系中最关键的核心要素，也是体系构建中最困难的部分，现有研究主要从以下四个方面展开（表1-8）。

表 1-8 征信平台与数据库建构研究框架

研究主题	主要内容	参考文献
征信平台	现状对策分析 平台搭建路径 国外经验分析	张九春等（2021）；方增平和叶文辉（2015）；李德红（2016）；马小林（2016）；李新功和刘粮（2014）；琚春华等（2018）；汪继宁（2013）；关伟（2010）；杨柳（2012）；雷耀明和耿丽（2016）；李阳（2017）；牛勋（2012）；孙文娜等（2019）；唐明琴（2012）；Jappelli 和 Pagano（1993）；耿得科和张旭昆（2011）；孙志伟（2013）；常路等（2011）；黄速建和王钦（2006）；胡媛和胡昌平（2013）
征信数据库	数据库建设意义 数据库建设现状与对策 数据库建设路径	袁宏伟（2015）；刘伟林等（2015）；李丹和王鸿雁（2016）；湛维明和王佳（2017）；彭伟和符正平（2013）；李仲飞和黄金波（2016）；陈为民等（2012）
征信法律体系	征信法律制度框架 征信法律环境 征信法律国内外经验对比	赵雯（2016）；贾利平（2021）；李曙光和张艳（2007）；龙海明和王志鹏（2017）
征信监督与管理	监督体系建设的重要性	王韵（2011）；干春晖和姚瑜琳（2002）；金碚（2006）；李慧聪等（2015）；肖兴志和韩超（2008）；钟春平和徐长生（2006）；田丰和夏远航（2019）

（一）征信平台

关于征信平台的研究颇多，通过梳理相关文献发现现有研究主要集中在现有征信平台发展现状与对策研究、征信平台搭建路径选择、国外征信平台发展经验三个方面。具体如表 1-9 所示。

表 1-9 征信平台研究现状

研究主题	主要观点	参考文献
征信平台发展现状与对策研究	①法律法规不健全、准入限制和监管标准不明确、隐私数据不安全、信用数据难以实现共享 ②完善法律规制，加强政府窗口指导与信息公开，拓宽企业征信信息应用范围，转变征信机构发展方式，建立多层次、立体化监管体系等	Brown 和 Zehnder（2007）；方增平和叶文辉（2015）；李德红（2016）；马小林（2016）；张九春等（2021）
征信平台搭建路径选择	①建立互联网征信信息共享机制 ②严格控制征信机构的准入门槛 ③构建市场化信用评分模式 ④推动金融业统一征信平台建设 ⑤建立相应领导和沟通协调机制 ⑥制订建设规划、实施步骤和技术标准	李新功和刘粮（2014）；汪继宁（2013）；关伟（2010）；杨柳（2012）；雷耀明和耿丽（2016）；李阳（2017）；常路等（2011）；黄速建和王钦（2006）；胡媛和胡昌平（2013）；琚春华等（2018）
国外征信平台发展经验	①对比分析不同国家的征信平台建设现状 ②总结不同国家征信平台建设原则、机制与作用 ③研究企业征信平台内容 ④总结平台建设模式、经验与特点 ⑤对标国外经济发展水平与社会体制背景 ⑥与我国国情相结合提出对策	牛勋（2012）；唐明琴（2012）；耿得科和张旭昆（2011）；孙志伟（2013）；孙文娜等（2019）

在征信平台发展现状与对策研究中，私营征信平台的透明化优于公共征信平台，公共征信平台更利于宏观调控，其公信力有助于扩大市场信贷规模，而私营征信平台侧重于信息数据采集，有助于征信数据库建构。方增平和叶文辉（2015）指出我国互联网征信平台存在法律法规不健全、准入限制和监管标准不明确、隐私数据不安全、信用数据难以实现共享等问题。李德红（2016）认为应建立适应大数据时代征信发展的法律法规和规范标准，加强监管，减少干预，鼓励创新，促进征信市场自由化发展。马小林（2016）认为当前新型企业征信机构存在信息采集困难、征信产品单一、监管方式落后等问题，提出应完善法律法规，加强政府窗口指导与信息公开，拓宽企业征信信息应用范围，转变征信机构发展方式，建立多层次、立体化监管体系等。张九春等（2021）在调研的基础上，提出促进征信平台建设的建议：强化新兴技术应用，全力推动信息公开共享；建立全新的数据管控体系，推进中小微企业信用融资产品创新；大力发展征信市场，激发平台活力；构建多方参与的市场化风险共担机制。

在征信平台搭建路径选择中，一类研究着重于通过博弈论模型克服信息共享约束条件，如成本、规模、人员流动、征信机构约束性等，或者讨论不同类型征信平台合作演化条件；一类研究侧重于从第三方机构平台视角出发，分析征信主体、客体、程序等在运营模式（李新功和刘粮，2014）、法律法规建设（常路等，2011）、网络机制等方面的建设思路；一类研究集中于辩证看待证券、保险、银行、外汇等征信数据共享的实例，构建统一的具有中国特色的征信平台（汪继宁，2013；关伟，2010；杨柳，2012；雷耀明和耿丽，2016）；还有一类研究开始探索利用新兴信息技术在征信平台的运用（胡媛和胡昌平，2013；琚春华等，2018），特别是弥补中小微企业征信平台建设不足的方法（李阳，2017；黄速建和王钦，2006）。

在国外征信平台发展经验中，许多学者认为不同国家和地区经济、文化、社会发展阶段不同，其征信机构发展的路径、模式和侧重点必然不同，如以市场自由化为前提的欧洲建立公共征信平台主要是为了金融监管和债权人保护（孙文娜等，2019；唐明琴，2012）。我国学者在借鉴国外征信平台发展经验的基础上，提出了我国在网络信用数据共享、市场准入、模型选择、法律法规等方面的建设对策（牛勋，2012；唐明琴，2012）。

（二）征信数据库

征信数据库的建立是中小微企业征信体系建设过程中至关重要的一个环节，但现有对征信数据库的研究较少，通过综述发现大部分研究集中在征信数据库建构意义、征信数据库建构现状和对策与征信数据库建构路径三个方面。主要研究框架见表1-10。

表1-10 征信数据库研究框架

主要内容	主要观点	参考文献
征信数据库建构意义	①架起企业与授信单位之间的桥梁 ②减少信息不对称 ③降低道德风险	袁宏伟（2015）；彭伟和符正平（2013）；李仲飞和黄金波（2016）

续表

主要内容	主要观点	参考文献
征信数据库建构现状和对策	存在问题：①征信数据库信用信息管理机制不完善；②征信信息采集主体缺少法律约束；③企业征信系统建设存在技术性问题等；④信息主体缺少维权渠道 对策：①建立冗余信息注销机制，提高征信数据库数据质量；②完善立法，提高信息采集主体自主约束力；③建立信息主体法律追偿援助机制，提高征信服务水平；④加强队伍建设	袁宏伟（2015）；刘伟林等（2015）；李丹和王鸿雁（2016）；陈为民等（2012）
征信数据库建构路径	①结合国外先进经验，提出我国企业征信数据库建构路径 ②基于数据挖掘的动态信用评分方法 ③建立独立的信息数据库 ④与互联网金融协同发展	湛维明和王佳（2017）

"数据仓库之父" Wiliam Inmon（威廉·因曼）在《数据仓库》一书中提出"数据仓库"的概念。书中给出的定义是，数据仓库是一个面向主题的、集成的、相对稳定的、反映历史变化的数据集合。彭伟和符正平（2013）构建了企业间的动态数据库，有利于社会网络视角下企业管理的有效开展。陈为民等（2012）提出由于信用数据飞速增长，基于数据挖掘的动态信用评分方法是发展的必然趋势，而且其需要扎实的数据支撑，所以我国应全方位采集信息，建立独立的信息数据库。李仲飞和黄金波（2016）提出大数据与信贷业务相结合，可以削减业务成本，其平台发展获得的海量数据，能有效解决信息不对称问题。

袁宏伟（2015）从企业征信数据库对借贷项目风险控制的重要程度的视角出发，分析了建立征信数据库的动因，并提出基于征信数据库来构建我国保险与P2P网贷的合作。刘伟林等（2015）从完善征信系统用户管理工作视角出发，认为当前在信息基础数据库用户管理工作中，制度建设、用户行为管控、用户管理系统三个方面仍存在问题，应结合四大用户管理原则，从加强行为管控、完善系统功能和规章制度、加强队伍建设几个方面，进一步完善征信系统用户管理工作。李丹和王鸿雁（2016）认为金融信用信息基础数据库是征信体系建设的基石，目前数据库建构过程中仍存在管理机制、技术伦理等方面的问题，提出建立冗余信息注销机制，以法治提高信息采集主体的自主约束力，建立信息主体法律追偿援助机制等。湛维明和王佳（2017）分析了移动互联环境下科技型中小企业的征信数据特征，初步讨论了科技型中小企业的征信数据采集方法和存储整合方案。

综上所述，针对征信数据库建构的研究大部分从概念内涵界定、发展现状、运用逻辑推理等视角提出建构企业征信数据库的建议，鲜有研究从实证分析视角出发分析征信数据库建设背后的机制与优化路径。同时，大部分学者都只是从静态视角分析数据库的建构，较少有研究从动态视角来审视征信数据库建构过程。基于此，本书将运用质性分析与实证分析相结合的方法从动态视角重新审视大数据背景下中小企业征信平台与数据库接口的机制设计与优化路径，为征信数据库建构提供理论指导与实践建议。

(三) 征信法律体系

关于征信立法方面的研究主要围绕法律制度框架、法律环境与法律国内外经验对比三个方面。具体研究框架见表 1-11。

表 1-11　企业征信法律体系研究框架

主要内容	主要观点	参考文献
法律制度框架	①征信服务机构的资质认定 ②征信市场的准入与退出 ③征信市场的宏观调控与管理 ④征信市场主体的权益保护 ⑤失信行为的制裁	赵雯（2016）
法律环境	①修改现行的法律法规 ②尽快出台征信数据开发和征信数据使用规范的新法案 ③制定关于数据保密的法律法规	邹芳莉（2012）
法律国内外经验对比	①在征信监管方面，美国比欧洲更为严格到位，但法律环境较为宽松 ②在主体信息保护方面，欧洲体系更为完善全面 ③我国征信法律仍然存在诸多不足之处	李曙光和张艳（2007）；龙海明和王志鹏（2017）

征信法律体系的研究主题主要集中在征信立法的必要性与立法路径选择方面，学者分别从法律制度框架、法律环境、法律国内外经验对比展开研究。但仍存在不足之处，现有研究较少将法律保障体系建设与政策支持体系建设结合分析，从而不能系统分析征信法律体系建设。同时很少有研究聚焦于中小微企业征信合法化问题。基于此，本书将从法律立法层面与政府扶持管理层面综合系统地分析中小微企业征信法律政策体系建设。

(四) 征信监督与管理

企业征信监督与管理是中小微企业征信体系建设的保障，现有研究主要从监督体系建设的重要性出发，分析我国征信体系建设现状，并提出完善我国征信业监督与管理的政策建议。

Milesi-Ferretti 和 Moriyama（2006）反思了英国的征信监管环境，认为现行法律应该在隐私权、歧视问题和征信业的需求之间找到一个平衡点。干春晖和姚瑜琳（2002）认为互联网金融、线上交易发展快速的原因在于对于交易双方的信用程度要求不高，但是同时引发了支付安全，以及税收、货币、金融监督等一系列问题。金碚（2006）指出我国一些产业对债务支付拖欠高度依赖，使债务支付拖欠高度依赖成为合法信用的恶性"替代"，从而造成经济运行的扭曲，这是一种信用缺失的行为，也是社会信用度低的表现，所以，进行宏观政策调控时要充分考虑到拖欠行为对实际效果的影响，提高社会整体的信用度。钟春平和徐长生（2006）认为监管局出于宏观风险防范和自身监管能力不足的考虑，限制了商业银行扩展相关金融业务。肖兴志和韩超（2008）对银行发展和监管的相关数据进行了实证检验,并对银行监管维度进行了细分,结果表明监管总体上有效果,降低了银行面临的风险水平。李慧聪等(2015)提出企业监管体系应推动以治理结构为核心的"合规监管"向以治理机制为核心的"有效监管"转变。孙文娜等(2019)通过分析美国征信机构的发展趋势、业务特征,提出征信机构提供的信息不是一成不变的,其演变的过程和监管流程可以为中国征信机构发展提供借鉴。

虽然,从企业征信监管作用角度分析其存在意义,并通过国内外比较提出企业征信监管体系政策建议的研究内容比较丰富,但是仍然存在不足。首先,对如何建设我国企业征信监管体系的研究在方法上使用较为单一,大部分都使用比较分析法;其次,现有研究较少对企业征信监管体系建设框架展开深入分析,从而无法系统分析我国企业征信监管体系存在的深层次问题;最后,现有研究缺乏对中小微企业征信监管问题的细致分析。基于此,本书将以中小微企业为研究对象,尝试运用历史、逻辑分析法与实证分析相统一的研究方法深入分析现有企业征信监管体系存在的问题,探索建设我国中小微企业征信监管体系的路径和措施。

第二章 大数据征信与中小微企业融资的理论研究

第一节 信息不对称与中小微企业融资难

一、中小微企业融资难的成因

中小微企业的融资渠道有很多,如内源融资、银行贷款、金融机构借贷、民间借贷、融资租赁、债权融资、股权融资、海外融资等,但是对于中小微企业而言,内源融资无法满足自身经营发展所需的资金,债权股权等融资对企业的资质有较强的资格限制,中小微企业无法通过此渠道获得金融支持,以上种种限制使得中小微企业主要通过国有银行借贷、中小金融机构借贷、民间借贷的方式来获取融资。

作为我国正规的资金融通机构,国有银行在中小微企业的借贷中占据着举足轻重的地位,但是从银行的角度看,中小微企业的借贷具有金额小、周期短、频次高的特点,而且中小微企业的营业利润较低,风险较高,银行的风险控制机制也会在中小微企业的贷款申请中发挥较大的影响,进而导致银行做出"惜贷"选择,此外,银行本身也是商业机构,其本质也在于盈利,以股东价值最大化为目标,而中小微企业的普惠融资具有较强的公共属性和政策属性,与银行的经营目标存在较大的冲突。因此,中小微企业贷款具有商业性和安全性不足的双重缺陷,国有银行缺乏为中小微企业提供信贷支持的内生动力。

对中小金融机构的界定因国情而异,国内外的学者大部分都是从金融机构的规模以及服务对象的规模来进行界定的,资产总额在 3500 亿美元以下的中小银行为中小金融机构,彭建刚和王睿(2005)基于服务对象来界定中小金融机构,中小金融机构主要包括地方性商业银行等各地从事非银行业务的中小金融机构。本书中的中小金融机构是指银行业中小金融机构,即中小商业银行以及农村中小金融机构,根据国家金融监督管理总局的划分标准,具体包括股份制商业银行、城市商业银行(含城市信用合作社)、农村合作金融机构(农村信用合作社、农村合作银行和农村商业银行)、农村新型金融机构(村镇银行、贷款公司和资金互助社)。由于中小微企业缺乏足够的抵押品,因此在向大型金融机构进行贷款申请时,被拒绝的概率更高,大型金融机构更青睐于大型企业,Berger 和 Udell(1995)通过实证研究发现,中小金融机构在经营中会更多地选择中小微企业客户,其中小企业贷款占比要明显高于大型金融机构。

民间借贷是指自然人之间或自然人与法人、其他组织之间的资金融通行为。中小微企业的融资渠道主要是银行,但是国有银行遵循的安全性原则使得其在审核中小微企业的贷款上更加注重保护机制的完整性和严格性,因此中小微企业从国有银行融资面临较大的限制,学者郑威和陆远权(2019)表示国内小微企业的融资环境具有典型的"双轨制"的特征,具体体现在政府和金融监管部门的金融抑制政策上,正规金融的资金供给难以满足中小微企业的发展需求,难以达到商业银行授信要求的企业会选择进入民间金融市场进行融资。民间借贷作为正规金融的备选,能够扩充中小微企业的融资渠道,并且基于地域、亲缘等多重关系,民间借贷具有灵活设计契约的优势,是我国金融体系有效的补充,但是民间借贷意味着高的借贷利息,即常说的高利贷,这就意味着中小微企业要负担高昂的融资成本,其借贷利率普遍在 20%—30%,雷新途等(2015)在研究中指出,民间借贷并没有真正打破中小微企业的融资约束(financial obligation,FO),反而增加了中小微企业的财务风险。因此尽管民间借贷更加方便快捷,但是其具备的高风险性引起了诸多社会问题,在我国,民间借贷一直游离于我国规制的金融体制之外,中小微企业主要通过半公开甚至秘密交易从私人那里借钱,借贷双方靠外界相传的信誉来维持,信用评价的来源不可靠,真实性有待考究,还存在手续不完整等许多漏洞,违约率较高,极易引起纠纷甚至刑事犯罪,严重扰乱了经济金融秩序和社会秩序,增加了中小微企业的融资难度。

综上所述,中小微企业融资渠道,如图 2-1 所示。

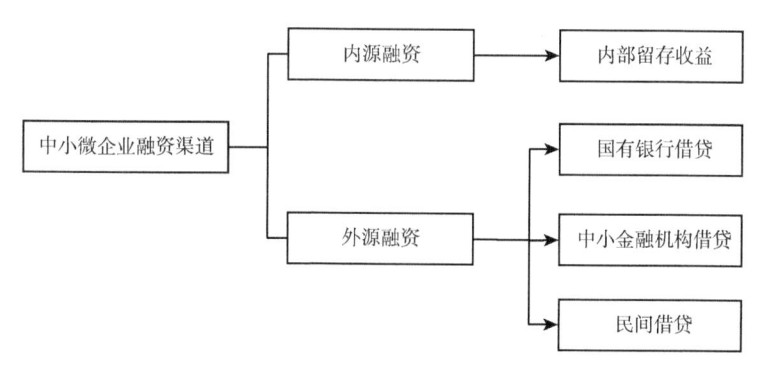

图 2-1 中小微企业融资渠道

关于中小微企业融资困难的成因,学术界进行了广泛的探讨。早在 1929 年,就有学者意识到中小微企业融资问题对中小微企业生存与成长的影响,"麦克米伦缺口"(Macmillan gap)曾指出,中小微企业在发展过程中需要筹集资金,虽然它们拥有担保物品但仍然存在融资困境。其后,越来越多的学者针对这一问题展开研究,他们认为信息不对称、信贷配给、政府过度干预、金融抑制等问题是造成中小微企业融资难的主要原因,如图 2-2 所示(谭智佳等,2022;尚蔚和李肖林,2015)。

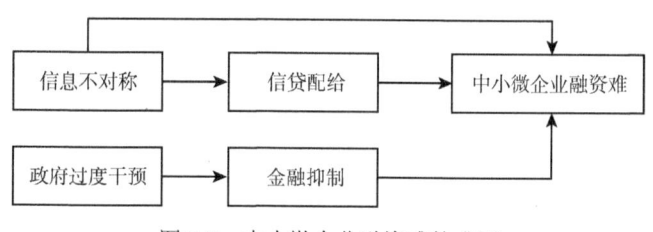

图 2-2 中小微企业融资难的成因

进一步地,有学者探讨了不同类型的企业其融资能力的相同点与不同点,中小微企业与大型企业融资能力的相同之处在于这两种企业都可以利用融资来实现企业的日常运营继而提升企业的价值；不同之处在于由于企业规模、资源禀赋以及政策环境等方面的制约，中小微企业与大型企业相比在融资过程中受到的限制与歧视更多。本书总结并归纳现有学者关于中小微企业融资能力研究的观点，主要从信息不对称、企业规模、政策环境、银企关系四个方面分析其融资能力的影响因素，具体如表 2-1 所示。

表 2-1　中小微企业融资能力的影响因素

影响因素	主要观点	参考文献
信息不对称	中小微企业管理制度混乱、财务报表真实性低，银行等金融机构难以对其经营状况进行评估，不愿意放贷给中小微企业	谭智佳等（2022）；张九春等（2021）
企业规模	信贷市场对中小微企业存在"规模歧视"，规模越小，融资成本越高	刘斌等（2015）
政策环境	干预性的政策环境会限制中小微企业的外源融资	李万超等（2022）；杨冕等（2022）；孙骏可等（2019）
银企关系	中小微企业与银行建立长期的合作，更有利于其融资。但与多个银行建立合作关系可能会造成既有关系的断裂，继而影响其融资	张一林等（2021）

从信息不对称的视角来看，Akerlof（1970）提出，银行等金融机构在与那些信息不清晰、资料不透明的中小微企业合作时会更加慎重，它们更倾向将资金借贷给信息透明且更为熟悉的大型企业。因为相较中小微企业而言，大型企业的信息更透明，更容易获得银行等金融机构的信任，彼此的信息不对称程度较低，因而更容易获得贷款。银行的贷款额度有限，它们更倾向于将资金借贷给信用状况良好、自有资金较为充足、偿债能力较高的大型企业，而那些缺乏抵押物，且财务报表真实性与透明度较低的中小微企业，银行等金融机构可能无法满足它们的融资需求。进一步地，有学者指出，部分中小微企业为了获得融资，甚至会利用信息不对称在借贷过程中瞒报、谎报企业的重要信息，或者改变融资的用途等，进而产生逆向选择问题，增加道德风险（谭智佳等，2022）。

从企业规模的视角来看，中小微企业普遍存在规模小、偿债能力弱、融资缺口大、抵押物少等问题，而银行作为营利性机构，贷款需要保证资金的回笼与安全性，中小微企业存在的问题恰巧是银行等金融机构希望规避的，因而银行等金融机构天然地对中小微企业的融资赋予更多的限制。有学者提出了"规模歧视"的概念，意在表明企业规模与融资能力的正相关关系，他们认为企业规模越大，企业的融资能力越强，这是因为大型企业的信息透明度高，与银行之间的信息不对称程度较低，银行借贷给大型企业的风险程度也低，因而大型企业更易获得银行的融资，且融资额度也高于中小微企业（Rajan，1992；Jean，2001）。国内学者刘斌等（2015）指出，企业在实际发展过程中势必要解决融资约束的问题，企业规模会影响融资约束。谭之博和赵岳（2012）运用中国工业企业数据进行研究，指出企业规模越小，融资占总资产的比例也就越小，其融资约束问题就越严重。

从政策环境的视角来看，法律政策等方面的因素也会造成中小微企业的融资约束问题。中小微企业的经营状况不稳定，经常出现贷款逾期等问题，部分企业在面对这一现状时会通过申请破产的方式减少自身债务，这不仅会降低银行日后对中小微企业的融资需求的准可度，也会导致政府加强对金融市场的政策管制。一直以来，中国政府对金融市场都是采取干预以及金融抑制的政策，这会限制中小微企业的外源融资（黄惠春等，2022）。地方政府更多的是出台针对中小微企业的金融扶持政策，通过不断完善金融市场化制度以及监管法律法规等方式以降低中小微企业的融资成本，并通过构建良好的政策环境来为中小微企业提供一个更好的融资环境（杨德勇和代海川，2020），但受限于宏观的金融政策，中小微企业的融资环境并不会因为地方政府的扶持而有很大改善。

从银企关系的视角来看，有学者指出，中小微企业与银行等金融机构保持长期合作关系，有利于降低贷款利率与抵押率（杨德勇和代海川，2020），进而提高了中小微企业的融资能力（Berger and Udell，1995；Boot，2000）。此外，还有学者表明，良好的银企关系可以通过提高中小微企业的短期偿债能力、减少用户成本费用黏性，来降低中小微企业的融资成本（张一林等，2021；翟胜宝等，2015）。因为中小微企业通过与银行等金融机构的长期合作，会减少彼此的信息不对称程度，更有利于银行深入了解企业的困境与发展情况，信息不对称造成的逆向选择与道德风险等问题将得到解决。然而，由于中小微企业的资金链断裂风险较高，它们为了保证资金的流动性，不一定会只与一家银行建立信贷关系，往往会寻求多方资助，这种行为可能会减少贷款利息但同时也会造成企业"贷无可贷"的风险。这是因为，当中小微企业向多家银行申请融资时，银行会对该企业的信息价值进行评估，企业贷款越多其偿债能力越不稳定，银行对该企业的重视程度也就越低，这可能会导致中小微企业与既有银行的借贷关系破裂，进而影响其融资能力。

二、信息不对称与中小微企业融资的关系

事实上，中小微企业融资难的本质原因在于信息不对称问题（Berger and Udell，2006）。Akerlof（1970）较早意识到信息不对称会对市场交易产生影响。他以二手车交易市场为例，指出在交易过程中售卖者往往比购买者拥有更多的信息，二者的信息结构并不对称，购买者出于资金的考虑通常更愿意以市场的平均价格而非根据二手车的价值进行交易，这就导致高质量的二手车价值贬值，而低质量的二手车价值增值，"劣币驱逐良币"之后，造成交易市场的萎缩。这种观点受到信贷市场相关学者的关注，他们提出信息不对称问题也会影响信贷市场的交易，信息不对称带来的道德风险与逆向选择问题会阻碍信贷市场的信贷配给。有学者将借款人分为诚实与不诚实两种类型，探讨了银行等金融机构在遇到不同类型的借款人时会通过贷款规模以及借款人信息真实度来进行信贷配给，从而规避信息不对称导致的逆向选择问题，这是理论界首次将信贷配给与信息不对称问题结合起来（Jaffee and Russell，1976）。其后，Stiglitz 和 Weiss（1981）在前人研究的基础上，进一步拓展了信息不对称理论在信贷市场上的理论边界。他们认为，在信贷市场中银行等金融机构作为贷款方以及企业作为借款方，双方的信息并不对称，与贷款方相比，借款方更清楚自身的经营状况以及项目的风险收益情况，为了能够及时地获得融资，借款方可能会选择谎报、瞒报自身的资金使用情况以及企业发展状况，进而导致道德风险以及逆向选择等问题。进一步地，学者将信息不对称分为事前与事后信息不对称两类，他们提出信贷市场的事前信息不对称将产生逆向选择问题，事后信息不对称将产生道德风险问题，事前和事后信息不对称会对中小微企业的融资产生不同的影响。从事前信息不对称来看，银行等金融机构在与企业进行信贷交易时，往往无法充分掌握

企业的真实经营状况以及过往违约记录等，因此它们在放贷前会要求企业支付一笔"风险补偿金"，这会导致企业的融资成本上升，对于那些风险承担能力较强的大型企业来说，它们可以承担这一压力，而那些风险耐受度较小的中小微企业本就面临着融资困难的问题，还需要承担利率增加带来的高融资成本，它们更可能放弃向银行借贷，这就造成了逆向选择问题。从事后信息不对称来看，在贷款后，银行等金融机构受限于监管成本，不可能对所有借款方进行全周期监管，它们无法了解借款方如何使用贷款以及是否利用贷款从事合同以外的项目，而那些接受了高融资成本的中小微企业为了企业的生存与发展，不得不利用融资进行高风险战略行为甚至是高风险的败德行为，这就导致了道德风险问题。这两种情况导致了银行会在信贷交易的过程中进行信贷配给，当信贷市场需大于供时，银行会基于非价格角度来筛选客户，并通过降低融资成本来鼓励那些信息真实、偿债能力强的企业进行借贷。信贷市场上借贷双方的信息不对称程度越强，信贷配给的概率越大，越不利于中小微企业进行融资。

事前和事后信息不对称问题制约了借贷双方的合作，但银行可以通过实地考察、与企业的法人面谈以及通过从企业的其他合作方收集信息等方式来解决信息不对称带来的逆向选择与道德风险等问题。同时，银行也可以通过长期观察来加深对借贷方的了解。在获取中小微企业的相关信息后，银行可以通过信息部分共享以及不与任何机构共享这两种方式来处理信息。在前一种情形下，银行与其他金融机构没有打通有关中小微企业信贷信息的共享机制，其他金融机构要想使用信息则需要支付信息租金，但通过信用信息的共享机制，不同金融机构的信息不对称问题以及金融机构与企业之间的信息不对称问题都将得到缓解。在后一种情形下，银行等金融机构收集的企业信用信息相关数据仅为己所用，这不仅会使得银行面对信息范围不全面、信息不透明、用户覆盖度较低等问题，也会使得中小微企业面对融资成本较高的问题。因而，银行只有与其他金融机构保持信用信息共享等合作，才能互利互赢。

信用信息共享的成因引起了国内外诸多学者的讨论。Klein（2004）通过博弈模型分析了信用信息共享如何影响信贷市场上的逆向选择和道德风险等问题。他提出市场规模、贷款流动性以及信用信息共享成本是影响金融机构选择信用信息共享的重要因素，并指出征信机构是实现信用信息共享、平衡信贷市场的重要环节，也是约束借贷方不利用信息不对称造成逆向选择和道德风险的重要手段。Pagano 和 Jappelli（1993）进一步研究了信用信息共享的成因，他们认为宏观经济越发达，借贷市场越大以及信用信息共享成本越低，就越容易产生信用信息共享的合作机制。同时，Pagano 和 Jappelli（1993）还指出信贷市场的竞争强度会影响信用信息共享的程度，当信贷市场的竞争强度越高，银行等金融机构相比其他银行更具信息优势时，出于获取利润与占领市场份额的考虑，该银行不会自动与其他银行进行信息共享。进一步地，Brown 和 Zehnder（2007）结合前人的研究，提出了多阶段博弈模型。他们将信贷市场的竞争强度与信息不对称结合起来，探讨了二者的联合作用对信用信息共享的影响，结果显示高竞争强度的信贷市场与高信息不对称的环境下，银行与银行之间共享部分信息，而高竞争强度的信贷市场与低信息不对称的环境下，银行与银行之间不进行信息共享，低竞争强度的信贷市场与高信息不对称的环境下，银行与银行之间共享全部信息，低竞争强度的信贷市场与低信息不对称的环境下，银行与银行之间共享部分信息，如表 2-2 所示。

表 2-2 银行间的信息共享

项目	高竞争强度的信贷市场	低竞争强度的信贷市场
高信息不对称	共享部分信息	共享全部信息
低信息不对称	不进行共享信息	共享部分信息

第二节 中小微企业信息不对称成因

一、微观层面成因

中小微企业的财务报表不规范、不透明,管理制度混乱等因素是导致其与银行等金融机构信息不对称的一大直接原因。中小微企业可能会利用信息不对称这一特性来谎报、瞒报企业偿债能力,造成逆向选择和道德风险等问题,银行等金融机构也会向企业索求"风险补偿费"(屈文洲等,2011)。这种败德行为导致了"劣币驱逐良币",信用好、偿债能力强、经营状况好的中小微企业被金融市场一并排斥。实际上,微观层面的信息不对称成因,主要可以从软信息和硬信息两方面来探讨。有学者认为可以通过公开渠道获得并且具有特定结构的信息称为硬信息,如企业财务指标、企业规模、企业年龄等;而无法通过公开渠道获得并且容易受到情境影响的非结构化信息称为软信息,包括企业高管的专业素质、企业施行的债权人保护措施、企业承担的社会责任、企业的内部控制等(Boot,2000;宋徐徐和许丁,2012)。两者关系类似于一般知识和特定知识的关系,前者是后者的基础,后者与前者补充(胡倩倩,2020)。硬信息与软信息的比较,如表 2-3 所示。

表 2-3 硬信息与软信息的比较

角度	硬信息	软信息
收集渠道	年报、网页专栏等公开信息	人工通过非公开渠道获得的信息
传递性	规模化,易传递	依赖情境,不易传递
自身属性	独立性、客观性	私有性、不可核实性
数据结构	定量信息,一般为客观数字	定性信息,一般为主观描述性文本信息
应用人群	较为广泛,不受收集主题的影响	仅限于特定收集主体使用

就硬信息而言,企业规模、股权结构、资产结构等因素是衡量企业融资能力的主要指标,而硬信息不规范将导致事前信息不对称。首先,林毅夫和李永军(2001)提出目前市场上普遍存在"规模歧视"现象,中小微企业在融资时会面临各种歧视以及较为严重的融资约束,学者张捷和王霄(2002)从商业信用融资的角度提出了"规模歧视"理论,认为企业规模传递出一种信号,大型企业即使经营失败,也会拥有较多的资产进行抵押,比小型企业更容易获得融资,对应的融资成本更低,正是这种"规模歧视"导致的高融资成本,使得中小微企业不得不利用信息不对称来隐瞒自身实际经营状况以及企业规模等信息来获取银行的贷款,因而造成了信贷市场的逆向选择。其次,中小微企业股权不稳定,市场不透明,会导致硬信息受到歧视,从而使得银行对不同的中小微企业产生逆向选择,还有学者认为中小微企业的管理人员和财务人员综合素质能力相对较弱,

判断能力和决策能力较为不足，其财务信息的质量无法保证（胡倩倩，2020）。

就软信息而言，软信息的难以度量是导致事后信息不对称的直接原因。非结构化软信息包括个体性格、行为方式、管理规章制度、市场声望等，其依靠具有特殊经验的专业人员根据特定的目的进行收集，具有较强的灵活性以及私有性的特征，借款人和贷款人之间频繁的联系生成了专属信息，这些信息大部分是软信息，对银行很有价值，它的价值不仅在于它为银行的贷款决策提供信息，而且在于降低在银行之外复制和传送信息的难度，银行在进行贷款决策会对企业的还款能力和还款意愿进行多重考察，其中还款意愿具有较强的主观性和无法描述性，给银行的贷款决策带来了较大的阻碍。还款意愿指的是借款人对偿还银行贷款的主观态度，较难定量分析，以往多数研究用"信誉"或者"信用"来代表借款者的还款意愿，其中信誉反映的是个人的形象，内生于个人的道德品质。本书借鉴 Gounopoulos 和 Pham（2016）通过用企业家专业技能代表企业家道德素质的方式，利用企业的高管专业素养来度量"信誉"，了解企业是否愿意将信息披露给银行以及其他金融机构；同时，利用内部控制能力来度量"信用"，探讨企业为了提高"信用"是否会避免利用信息不对称来获取融资。首先，从企业高管的专业素养视角出发，大型企业的规模较大，企业高管的专业素养在一定程度上代表了该企业的专业能力，企业高管的学历越高，职称越高，代表高管拥有越丰富的知识储备和社会资本。扎实的知识储备和丰富的从业经验使得企业高管能够更好地了解投资者以及金融机构的信息需求，充分认识到何种信息能够极大地影响公司价值，并且能够更好地掌握信息披露的尺度和有效性（Gounopoulos and Pham, 2016），在专业知识的支撑下，企业信息披露的要求也会提高，将企业的信息高效传递，能够有效降低企业与贷款机构之间的信息不对称程度。中小微企业的高管专业素养有限，学历不高，他们认为即使披露了真实的信息，银行等金融机构也可能会因为企业规模以及企业年龄等因素不愿意借贷放贷，因而未必会愿意将真实的偿债能力等信息告知给银行等金融机构，造成信息不对称。其次，从企业内部控制能力视角出发，内部控制是由企业董事会、监事会、经理层和全体员工共同执行的实现组织目标的活动（胡倩倩，2020）。Elyasiani 等（2010）研究发现，内部控制能力差的企业在融资时的融资成本比内部控制能力强的企业高出28%。当企业的内部控制存在严重缺陷时，银行、债权人等资金供给方会加大以安全性为基础的定价条款而减少以财务比率为基础的定价条款，对中小微企业而言无疑是雪上加霜。赖丽珍和冯延超（2016）以中小板上市企业为研究样本进行实证检验，发现内部控制能力高的企业能够对企业的管理层形成有效的约束与监督，贷款方为了保障与这些优质企业的长期合作机会，会降低企业的融资成本以及扩大企业的融资规模来提升企业的融资能力，而那些内部控制能力差的中小微企业，管理制度不规范则更会引起借贷市场上的信息不透明、不对称，进而导致更高的融资成本。

二、宏观政策成因

（一）货币政策对信息不对称的影响

在信息不对称的宏观实证研究中，学者重点考察了货币政策对信息不对称的影响，进而解决了中小微企业的融资约束的问题。

有学者提出，货币政策的紧缩会影响金融机构的信贷配给，也将增加企业对未来政策导向判断的难度，在这种情形下，金融机构获取中小微企业实际发展状况的信息更加容易失真，因而金融机构会降低中小微企业的企业信贷率（谭智佳等，2022）；同时，货币政策的不确定性会通过影响市场经济来影响企业的融资能力（张新，2019）。宏观经济政策的变动会导致企业处于一个不稳定、难以预测的经营环境中，中小微企业面临的信息噪声更多，因此在信息缺失的情况下做出的决策可能会产生道德风险问题。同时，在变动的宏观经济政策环境下，金融机构获取准确信息以及搜索中小微企业的软硬信息的成本将增加，且信息传播也将受控，在这种情形下信息不对称程度将被放大，中小微企业的融资环境变得更加不利。

（二）货币政策对信用风险的影响

货币政策的变动性导致的信息不对称现象会加剧信用风险的产生引起了学者的广泛关注。Borio 和 Zhu（2012）首次提出了货币政策风险承担渠道的概念，引起了学术界和实务界的广泛关注，这一概念帮助我们理解货币政策与信用风险的关系至关重要。依照 Borio 和 Zhu（2012）首次提出的定义，货币政策银行风险承担渠道主要是指，货币政策能够先通过影响资本市场中企业的资产价值、融资成本和信贷定价等因素，进而影响商业银行等金融机构在资本市场中对风险的感知和容忍能力，在此基础之上进一步影响金融机构的信贷和投资决策并最终作用于金融稳定和总产出。自从提出这一概念，学术界对于货币政策风险承担渠道的认识取得了长足的进步（江曙霞和陈玉婵，2012）。

在资本市场的货币政策传导渠道中，商业银行等金融机构是最为重要的中间环节之一，中国人民银行能够通过调节资本市场中货币资金的价格和供给量，进而影响资本市场中商业银行等金融机构的信贷审批行为、风险偏好的选择甚至是信贷的业务模式，在此基础之上改变实体部门的消费和投资等决策，最终对整个国家的长期和短期的产出生产都会造成影响。特别需要指出的是，当国家或地区的金融体系核心是商业银行等金融机构时，货币政策传导和调控的路径几乎都是在信贷市场上起作用的，信贷市场的重要性毋庸置疑（闫先东和朱迪星 2020）。

目前，国内外学者普遍持有的观点是宽松的货币政策会鼓励银行承担更多的信用风险（张强等，2013；李双建和田国强，2020）。在经济危机之后政府部门一般会持续采用宽松的货币政策，大多数的商业银行都有增加持有资产及衍生资产的意愿，以期降低因贷款收入下降带来的损失，同时，商业银行会尽可能地使用财务杠杆，减少现金持有，这些行为对资本市场金融体系的稳定性造成了损害。张强等（2013）利用我国商业银行的面板数据检验我国货币政策银行风险承担渠道是否存在，结果表明宽松的货币政策对我国商业银行的风险承担水平具有显著的正向影响，同时，商业银行风险承担意愿的上升对商业银行的信贷投放量也有显著的正向影响。申琳等（2019）发现，长期持续宽松的货币政策会鼓励商业银行承担更多的信用风险，具体来说，信贷市场中商业银行会降低借款企业的信贷标准，从而使得具有高信用风险的借款企业获得贷款审批的可能性大大增加。李双建和田国强（2020）的研究指出，宽松的货币政策会鼓励商业银行在信贷市场中承担更多的信用风险,这说明了我国货币政策银行风险承担渠道是存在的,而且具有异质性,不同类型的银行主体的风险承担水平对货币政策的敏感性具有显著的差异。冯玉梅和任仪佼(2019)的研究发现,宽松的货币政策的确会对商业银行的风险承担水平起到一个激励作用,适度严格的流动性金融监管能够有效地降低这种激励作用。当然,也有学者对此持有不同的观点。金鹏辉等(2014)的实证研究没有发现长期宽松的货币政策会鼓励商业银行承担更多的信用风险的证据,甚至得到的是相反的结论,研究结果显示随着长期宽松的货币政策实施的时间不断延长,商业银行在信贷市场中提高了借款企业的信贷标准。

(三)货币政策对融资成本的影响

现有研究还关注了货币政策的变动性导致的信息不对称会提高融资成本的现象。大量实证研究在货币政策对融资成本的影响上具有一定的共识,认为货币政策对于企业的融资成本有显著的影响,宽松的货币政策能够使得各类企业抵押、质押和担保的意愿更强,从而能够普遍降低融资成本和减少融资约束,而紧缩的货币政策则会使得企业的融资成本显著上升(李向前等,2014;钱雪松等,2015;徐寿福等,2016a;张成思和张步昙,2016;徐珊和黎洁婷,2022)。更进一步,有学者指出考虑企业所有制的异质性,货币政策对于企业融资成本的影响存在着背景歧视:一方面,对于那些享有融资优待的借款企业如国有企业而言,它们的借款利率对货币政策变化的敏感性很强,宽松的货币政策能够显著降低其借款利率;另一方面,对于那些不享有融资优待的企业如体制外的民营企业而言,宽松的货币政策对它们的借款利率没有显著影响(钱雪松等,2015;贺妍和罗正英,2017;梁斯,2018)。但是,研究货币政策对于企业融资成本的影响中的研究样本大多都是上市公司数据,鲜有小微企业研究样本,小微企业的融资议价能力相比于国有企业、大中型企业较弱,货币政策对于其融资成本的影响效果与其他企业是否有差异,值得进一步探讨。

三、市场环境成因

中小微企业的发展主要受到市场环境水平高低的制约,尤其是受到金融市场发展水平的影响,金融市场发展水平越高,中小微企业的融资成本控制能力越强,信息不对称程度越低。现有学者认为金融市场的发展水平能够通过影响企业的信贷能力从而缓解企业与银行之间的信息不对称程度。首先,良好的金融市场有利于强化市场主导地位,有利于改善信息不透明程度,提升信息在银企双方的传播速度,降低企业融资成本,从而使得更多的中小微企业也能够通过正规方式获取银行等金融机构的融资。其次,良好的金融市场代表着金融体系的完善,中小微企业在这样的市场环境下将更容易也更有能力获取融资,这将有效缓解其融资压力,同时可以避免其通过道德风险和逆向选择这一信息不对称的特性来获取融资。相反,不完善或者过度竞争的金融市场将加深中小微企业的融资困境,可能会导致银行等金融机构的信息收集成本增加进而使得信息甄别动力不足、中小微企业融资成本增加,从而加剧银企之间的信息不对称程度。同时,金融市场的发展伴随着资本的积累以及技术的进步，这一特性将使得宏观经济上行、市场信息更加透明，进而提升中小微企业的软硬信息透明度，也会使得银行等金融机构重新配置信贷资源，由此，帮助了银企之间的信息流通，降低了信息不对称水平。同时，中小微企业的信息不对称问题还受到信用环境的影响。首先，银行等金融机构在做信贷决策前，势必要将企业的信用状况作为信贷交易过程中的评估标准。良好的信用环境表明市场上整体经济较好，中小微企业的经营状况也较为稳定，银行等金融机构在做信贷决策前就更愿意信任自身收集到的有关企业的软硬信息，中小微企业也就更能实现融资，因而它们不会在这种情形下利用信息不对称做出逆向选择和道德风险等行为。同时，良好的信用环境更有利于激发银行等金融机构向中小微企业进行借贷的意愿，市场环境会更透明，信息流通更畅快，中小微企业的融资成本也会更低，因而能够降低信息不对称程度。

第三节　大数据背景下中小微企业信息透明度

一、大数据与市场透明度

近年来，以区块链、大数据为代表的数字技术与以供应链金融、全流程标准为代表的新业态逐步与金融业务深度融合（张海云和陆本立，2021），这冲击了现有金融机构的服务方式以及风险控制能力，也为提升市场透明度提供了机会。其中，以大数据为代表的数字技术是金融市场提升市场透明度最有效的手段之一，它的"3V"特征也对提升市场透明度产生了助力，即多样性、规模性、速度。多样性是指随着数字技术的发展，资本市场上的数据信息内容和种类越来越丰富的同时，数据结构也会趋于复杂，这会对数字技术的发展提出新的要求，大数据越能处理多样性的数据，市场透明程度就越高；传统处理技术无法应对的具有新的研究价值的数据集合称为大数据，大数据的规模性反映了其量大面广的特点，这也是现阶段中小微企业发展的特征之一，大数据能容纳那些银行等金融机构无法收集与获取的中小微企业经营信息，这极大地改变了现有金融机构的信息状况，提升了市场透明度；速度是指传统数据产生、传输的速度比较慢，而大数据通过卫星等传输渠道快速传输数据内容，极大地提升了信息处理速度（池仁勇和石雨露，2021）。数据信息的处理速度越快，不同机构之间的信息差越能得到缓解，因而市场透明度也会相应提高。

大数据的特性能使得市场更加透明，通过对海量的金融业数据进行筛选、分析、整合以及处理，可从源头提升资产池的可信程度与真实程度，并使得这些数据能在交易欺诈识别、风险定价、信贷风险评估、供应链金融等领域发挥作用（张海云和陆本立，2021）。李佳硕（2017）从会计市场出发指出，中国进入大数据时代，将海量数据投放到市场中，可以借由大数据高效率与多样化的信息资产来提升市场透明度，从而缓解会计市场的信息失真情况。钟原（2018）关注了大数据时代垄断协议的法律困境，他认为大数据的规模性特征以及信息交流工具的进步与成熟，是提升市场透明度的重要因素。市场透明度的提升不仅会影响企业管理者对市场动态环境变化的反应，还会影响金融市场的结构特征以及市场竞争强度的稳定性，这将有利于金融市场上企业与金融机构之间的信息交流与互动,从而实现整个行业的向上发展。借助大数据,银行能够轻易地获取中小微企业的软硬信息,不仅能获取中小微企业的财务报表等内部数据,还能获取关联信息、评价信息,以及通过中小微企业与同行业其他企业的发展情况来判断行业整体繁荣状况等多维外部数据,并依据这些全面的数据信息来为中小微企业绘制信用画像,从而构建出真实的、可信度高的风险名单数据库,最终保证银企交易之间的透明以及信贷市场的真实可靠。

二、大数据与中小微企业信息透明度

企业信息透明度这一概念兴起于 20 世纪 90 年代,在"高质量会计准则的重要性"的演讲中信息透明度被定义为会计信息的一部分,其需要具备清晰及可理解这两项基本特征。魏明海等(2001)以普华永道的"不透明指数"为依据,将信息透明度解释为高质量的信息能准确和及时地传递到利益相关者的手中。葛家澍和杜兴强(2004)则提出了独特的见解,认为信息透明度具有狭义和广义两种不同解释。其中狭义解释更偏向于会计信息的充分披露,而广义解释则偏向于高质量的披露信息。马文婴(2015)则将企业信息透明度的组成要素分为四个模块,分别为公司治理结构、财务状况、外部监督以及控制人动机,如图 2-3 所示。

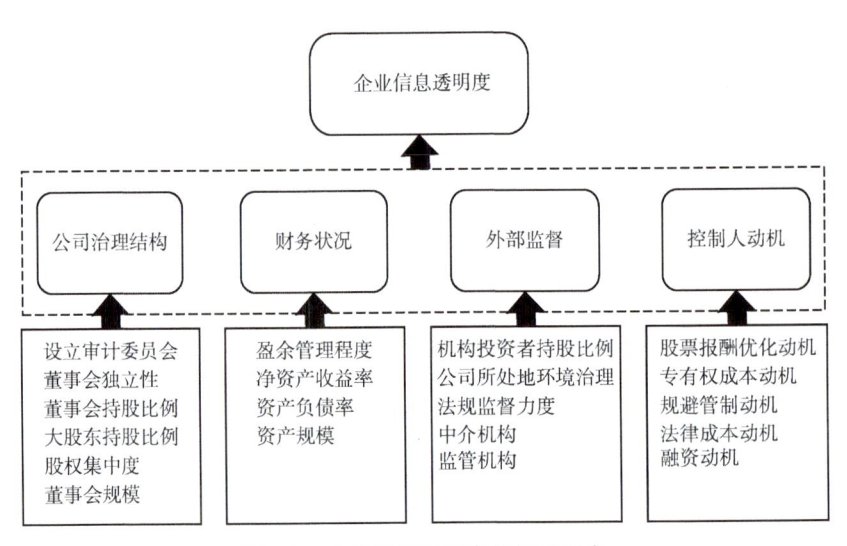

图 2-3 企业信息透明度的组成要素

现今,简单来说,信息透明度更多地与信息披露的完整性和准确性相关联。如果企业能将市场规定的披露信息完整及准确地呈现出来,则认为其具有良好的信息透明度,若其能披露规定之外的更多有效信息,则认为其具有更高的信息透明度。综上所述,我们可以发现信息透明度的概念是在不断演变,从会计信息的局部质量特征到公司信息的全面质量特征,再到系统整合的输出产物。其涵盖内容也从仅包含财务会计信息过渡到了包含所有的企业信息。因此,本书将企业信息透明度定义为企业在相关制度、环境、公司信息披露策略等因素下的综合产物,是公司披露水平的体现。

信息不对称是影响市场资源配置效率的重要因素，Diamond 和 Verrecchia（1991）曾提出提高信息披露质量即提高企业信息透明度的观点，并认为这可以有效降低信息不对称带来的不利影响，这一观点也被多数学者认可（Healy and Palepu，2001；苗娜娜，2021）。之后，信息透明度更多是作为解决企业融资成本过高问题的关键点而被学者广泛关注。有学者以深圳证券交易所上市公司为样本，也得出了同样的结论，并认为盈余平滑度是产生影响的主要因素（曾颖和陆正飞，2006）。此外，周中胜和陈汉文（2008）则通过对我国上市公司的研究，发现企业信息透明度与企业规模和营利性均存在显著的关系，并认为其具有提高市场资源配置效率的作用。

在关于征信系统与信息透明度的相关研究中，张海燕等（2020）认为征信系统作为我国重要的金融基础设施，具有提升中小微企业信息透明度的作用。崔振国（2016）在对新三板挂牌企业的研究中发现，征信系统的发展有利于促进新三板挂牌企业真实、准确、完整地披露公司的相关会计信息，从而有效提升企业的信息透明度。田丰和夏远航（2019）则从信息披露制度的角度出发，认为征信系统的发展可以有效解决金融市场的信息不对称问题。另外，征信系统的发展也会带来信息过度泄露的问题，李贞彩（2016）认为需要扩大征信产品的监管范围，做出不同种类负面信息的保留期限规定，从而保护中小微企业的知情权与隐私权。张蔚和陈燕（2018）则从立法的角度进行探讨，认为亟须加强对互联网征信的监管，从而使隐私信息得到有效保护。

在针对企业信息透明度与银行信贷的关系研究中，学者普遍认为较高的企业信息透明度可以有效提升企业信贷获批率，缓解企业的融资约束（雷宇和杜兴强，2011；翟光宇和张博超，2017），反之，较低的企业信息透明度会引起道德风险问题，进而增加企业的信贷成本（Guidara et al.，2016）。其中，廖秀梅（2007）对其进行了更深入的研究，发现私营企业相对于国有企业，更依赖于通过提升企业信息披露来获取银行信贷。此外，张亮和孙兆斌（2006）从信息不对称的角度进行研究，发现企业信息透明度不足是造成中小私营企业不能获取银行贷款的根本原因。徐玉德等（2011）基于我国特殊的制度环境，发现信息披露水平与企业融资约束之间的关系会受企业产权性质和制度环境的影响，而 Bharath 等（2011）则认为这种效应还受到市场环境的影响。另外，从交易成本和监督成本的角度出发，蒋伏心和周春平（2009）认为信息不对称程度过高会显著提升交易成本及信贷风险，降低交易双方的交易意愿，从而抑制企业信贷的增长。

大数据的多样性、速度、价值性等特性，为我们弥补企业信息透明度不足提供了全新的思路。①大数据通过与信贷市场的金融业务相结合来重塑信息、数据结构，减少金融机构的信息收集与获取的业务成本。通过大数据对中小微企业的信息进行挖掘、分析、整合、处理，能获得更具逻辑性、可操作性与规律性的数据，能更精准地预测企业发展的情况，减少信息不对称导致的企业信息透明度不足。②大数据可以通过云计算等量化模型来自动分析中小微企业的信用评级与贷后管理，利用风险定价和违约概率分析结果，来降低银行等金融机构的风险管理成本，使得企业的信息透明，并降低信用程度高的中小微企业的融资难度。③大数据的发展能使得银企之间的交易天平逐渐摆正，其作为重要的金融发展工具，可以提高银行等金融机构收集并处理信息的能力，包括中小微企业的社交数据以及企业财务数据，并通过整合这些软信息、硬信息来对企业进行整体、全面的分析评估，得到更准确的企业信用，从而有效提升企业信息透明度（张海燕等，2020）。

第四节　征信体系对中小微企业融资的影响

一、征信体系结构对中小微企业融资的影响

征信系统结构主要从四个方面影响中小微企业融资。

（一）扩大信用信息来源范围，实现交叉检验

传统征信主要使用结构化硬信息评估企业的信用等级，这些硬信息主要来源于企业的财务报表和历史借贷信息，这使得数据来源较为单一，无法全方位地对企业的信用形象进行完整的刻画（池仁勇和石雨露，2021；贾拓，2018）。但是现有征信体系不仅可以获得传统征信拥有的财务数据，还可以根据企业在互联网上留下的行为痕迹，获取企业的交易行为、社会资本等半结构化甚至是非结构化的数据，更加全面地评价企业的信用等级。通过对多方来源的数据进行不同层次、不同维度的发掘和分析，能够进行交叉检验，进而可以获得新的信息。由此可知，现有征信体系囊括丰富而复杂的信息数据，能对征信的信用评估产生强大的渗透力和影响力。

（二）延长信用信息使用时间，深层对比分析

传统征信能够对企业的信息数据进行保存，但是保存的时间具有一定的局限性，无法为企业的发展提供长期的信息支撑和信息监督，企业一旦变更领导人，无法对企业过往的交易信息进行深层次的理解，就会极大地阻碍了企业的发展（Cifuentes and Pagnoncelli，2014；Connelly et al.，2012），但是现有征信体系利用大数据技术能够延长数据的保存时间，为企业的战略决策提供有价值的历史信息，同时征信机构根据长期数据的发展趋势可以客观地对企业的未来发展做出可靠的预测，并且长周期的数据寿命会对企业形成监督，不良记录难以被消除，潜在的惩戒机制会降低企业的违约率（Ortiz de Guinea and Raymond，2020；Dyer and Chu，2003）。

（三）提高信用信息内容精度，精确预测风险

传统征信使用的是离线数据，进行的是事后分析，这固有的缺陷使得传统征信陷入数据缺乏、时效性差的泥潭中（吴楠，2018）。在如今这个以互联网为主要载体的信息社会中，数据时刻在发生变化，只关注历史信息已经无法有效地预测企业的信用水平，风险预测模型使用滞后的数据大大地降低了预测的精确性，而现有征信体系结构可以在事前事中事后同步收集数据，进行及时的线上分析处理，不仅可以考察目标的历史交易记录，而且能在时间的横向维度上加入当前的信息，使得信息的处理、信用评价在速度和效率方面具有强大的优势（吴楠，2018；贾拓，2018）。

（四）降低信用信息收集成本，简化借贷流程

企业在进行贷款申请时会产生两种交易费用，一是贷款合同签订之前发生的信用搜

寻、贷款审批费用，二是贷款合同签订之后发生的监督履约费用和坏账损失等（杨畅和庞瑞芝，2017）。贷款机构会更加倾向于选择大型企业进行贷款，根据交易成本理论，贷款机构为了最大化自身利益，降低交易费用，会选择拥有良好信用、信息透明度较高、财务管理较规范的大型企业，这能够有效地降低事前搜寻费用。而对于中小微企业而言，其规模较小，经营年限也较短，贷款记录相对而言较为缺乏，拥有的可抵押的固定资产也较少，违约风险较大，因此事前的搜寻费用以及事后的监督费用都较为高昂，并且随着信贷系统的成熟，交易主体越来越多，空间距离的扩大、复杂的组织架构都会使得软信息的收集成本越来越高，信息失真问题也逐渐突出，随着互联网的发展和大数据征信的应用，软信息的收集成本降低，银企之间的合作也越来越透明化，接待流程简化，能够极大地提高企业信用信息的透明度（秦志华等，2018；宋徐徐和许丁，2012）。

二、征信方式对中小微企业融资的影响

事实上，经过梳理，征信系统可以理解为由征信数据库、征信法律法规、征信机构和政府监管共同组成。其主要功能是服务信贷市场，规范信贷市场经济活动。从其运行情况来看，征信系统在有效解决借贷双方信息不对称问题、降低商业银行不良贷款方面发挥了积极的作用，优化了社会信用环境。同时，征信系统的框架极为广泛，参与主体众多，从企业到个人、政府以及市场，是一项包含社会各个方面的巨大工程。另外，征信系统还可根据运营模式的不同进行细致的划分，分别为私营征信系统、公共征信系统及混合征信系统三大类别。公共征信系统是指由政府运营的征信机构组成的系统，一般是由银行监管机构进行管理，而私营征信系统则是由政府以外的征信机构组成的系统，混合制征信体系则是由政府端征信机构和其他非政府征信机构所组成的综合性系统。因此，本书对其进行了详细的分类说明，具体内容如表2-4所示。

表 2-4 主要征信方式比较表

类型	简要定义	典型国家	主要特征
私营征信系统	私营征信机构为主	美国、英国	主要由私人投资建设的私营征信机构组成，其以营利为目的，并按市场化方式运作，具有投入保障机制良好、市场渗透率高等特点，但也缺乏行政性手段的支撑
公共征信系统	公共征信机构为主	法国	主要指向银行监管当局提供个人及公司相关的银行负债的信息系统。其信用信息来源于银行等金融机构，具有覆盖面全、数据质量高等特点，同时也包含运行成本高、服务范围窄等缺点
混合征信系统	私营征信机构及公共征信机构共同运行	德国	指中央银行与其他信贷机构共同合作，分别建立公共征信系统与私营征信系统，使两者之间相辅相成，共同发展

不同的征信方式对中小微企业融资的影响程度不同。私营征信系统主要由私人投资建设的私营征信机构组成，并以营利为目的，按市场化方式运作，具有投入保障机制良好、市场渗透率高等特点，但也缺乏行政性手段的支撑，如美国、英国等国家主要以私营征信系统为主（池凤彬和刘力臻，2018；朱永亮，2007）。这种方式的征信系统的制度

逻辑是市场主导,因为中小微企业倾向于信息收集成本更低的市场服务。因为相对于大型企业而言,中小微企业的信息不透明、不清晰,管理制度混乱,获取这种类型的企业信息往往比大型企业要承担更多的压力、付出更多的时间等,它们认为这种盈利方式不可持续,继而不愿意为中小微企业服务。这就导致在这种征信方式下,银企之间的信息不对称问题无法解决,中小微企业的融资难等问题也无法根治。

公共征信系统主要指向银行监管当局提供个人及公司对银行体系负债情况的信息系统。其信用信息来源于银行等金融机构,具有覆盖面全、数据质量高等特点,同时也具有运行成本高、服务范围窄等缺点,如法国等国家主要以公共征信系统为主。这种方式的征信系统其制度逻辑是以政府为主导,它们会针对国有企业进行服务赋能,而中小微企业多为民营企业,公共的征信资源无法满足"面大量广"的征信需求,受制于运行成本,它们不得不对征信主体进行选择,那些小且散的中小微企业往往得不到公共征信系统的服务。因而,在这种方式下,中小微企业与银行等金融机构的信贷合作也存在一定的断裂可能性,其融资能力将受到影响。

混合征信系统指中央银行与其他信贷机构合作,分别建立公共征信系统与私营征信系统,使两者之间相辅相成,共同发展,主要运用于德国等国家。与德国相一致的是,中国作为一个制造大国,也拥有庞大的中小微企业群体。这种公共与私营相结合的征信方式能较大范围地覆盖到中小微企业。对于想要降低融资成本的中小微企业而言,如果得不到公共征信机构的征信服务,也可以寻求私营征信机构的帮助,从而打通与银行等金融机构之间的信息沟通渠道,降低信息收集成本以及融资成本,最终实现融资与发展。

会员制征信系统一般指银行业协会牵头建立的征信系统,并向协会会员提供信用信息查询服务,采取浮动制定价,具有非营利性的特点,主要运用于日本等国家。作为较早开始运用征信来解决融资问题的国家,日本发展的会员制征信系统帮助不少中小微企业实现了融资,但对于中国而言,要构建会员制征信系统并不容易,一是中国的中小微企业数量庞大,非营利性征信可能会导致征信机构信息甄别动力不足,二是银行与银行之间的信息尚未全部共享,在市场竞争的情况下,无法做到彼此之间互相提供查询服务,进而限制了中小微企业的融资能力。

三、征信内容对中小微企业融资的影响

(一)大数据征信对中小微企业信贷的作用流程

中小微企业向银行等贷款机构进行贷款申请时,银行会利用大数据征信建设模式对贷前、贷中、贷后这三个阶段贷款申请者的信息进行收集分析处理,以便银行做出合理的贷款选择和风险管理的方案。

在贷前审核环节,银行会根据申请贷款的企业的经营情况、销售情况、风险状况、借贷历史的信息进行综合考量,从各种数据收集渠道对信息内容进行收集,不仅包括从政府机构、金融机构获得的公开信息,还包括从第三方机构获得的非公开信息,然后对收集的信息数据进行分析处理;在贷中审查环节,银行会考虑授信产品、授信额度、企业的担保方式等,根据贷前的调查结果,为不同信用水平的企业提供不同的授信产品,

定制个性化服务,采用直接授信或者间接授信的方式,在授信额度的考量上也会更加科学合理,对企业的还款能力进行合理的预估,提供合适的授信额度,在担保方式上会更加宽松,对企业的实物资产要求不再那么严格;在贷后管理环节,银行会考虑企业的资金使用情况,大数据征信建设可以实现实时线上动态监控,对不合理的资金使用情况进行监督预警,合理减弱道德风险带来的负面影响。信贷市场中大数据征信体系作用流程如图2-4所示。

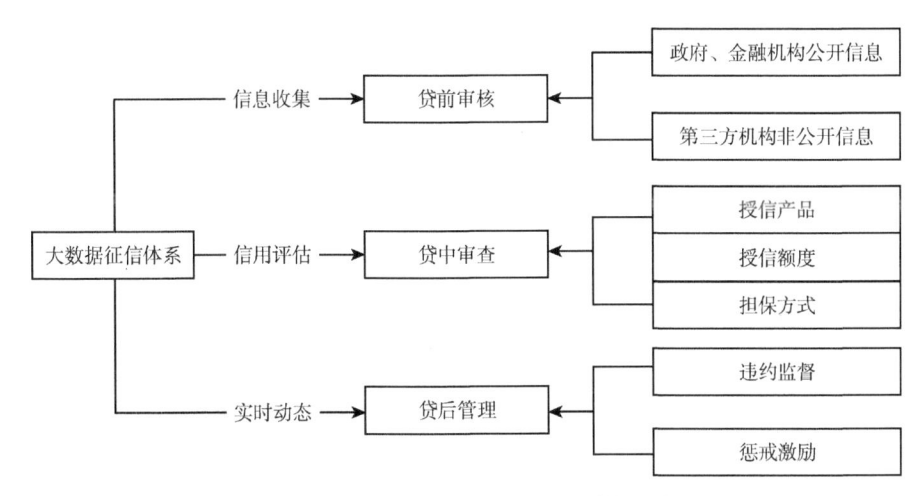

图2-4 信贷市场中大数据征信体系作用流程

(二)大数据征信对中小微企业信贷的作用对象

大数据征信模式能够极大地缓解信贷双方的信息不对称程度,对严重干扰信贷市场的逆向选择和道德风险问题有了全新的解决方式,不仅能惠及借款者,让真实被隐藏的优质信息被挖掘出来,改善企业的信用形象,对风险较高善于伪装的企业形成监督惩戒作用,改善融资难等问题;而且能够惠及贷款者,极大地降低贷款者的风险水平,专属定制化地提供贷款项目,获得合理收益,最终对整个信贷市场产生积极的作用,促进市场健康良性的发展,优胜劣汰,对"劣币驱逐良币"的现象进行改善(Love,2003)。

1. 借款人视角

本书的借款者从中小微企业视角进行探究,大数据征信建设对中小微企业产生影响离不开中小微企业对大数据征信建设的利用能力,当中小微企业感受到大数据征信建设的发展对自身具有促进作用时,中小微企业更有可能使用该系统,因此大数据征信建设对中小微企业产生影响与企业的感知能力和大数据征信系统本身的特性有关。大数据征信建设系统对中小微企业具有惩戒作用,传统征信模式下贷款者无法监控贷款资金的使用情况,中小微企业容易发生过度投资行为,但是在大数据征信建设模式下,贷款者可以实时动态地监控贷款资金的走向,及时规避掉违约风险高且具有过度投资倾向的中小微企业(Bennardo et al.,2015);大数据征信建设系统对借款者同样具有激励作用(张鹏,2013),大数据征信建设能够实现信用信息实时共享,中小微企业在融资时应用大数据征信建设系统能够感知到大数据征信建设的规诫机制，会努力提高自身的经营水平，提高自身的信息透明度，进而缓解借贷双方的信息不对称导致的信贷歧视，能够进一步降低信息收集成本，减少融资成本，提高融资效率。

2. 贷款人视角

大数据征信建设的发展能够降低信贷双方的信息不对称程度，对贷款者而言具有非常重要的意义。首先，大数据征信建设能够降低贷款者的信息收集成本，贷款机构能够利用大数据技术从海量的数据信息中获取有用的信息，不仅可以收集借款者公开的硬信息，还可以收集一些借款者未公开且难以有效利用的软信息，再利用大数据技术独特的分析能力对数据信息进行分析处理得出有价值的信用信息报告，而这一过程的收集成本要远低于传统征信的收集成本，并且数据信息的质量较高，使得企业能够做出合理的信贷选择；其次，大数据征信建设能够提高贷款者的获益能力，贷款者使用大数据征信建设系统能够对借款者的信用形象有更加全面深入的了解，因此可以根据不同的借款者设计不同的借贷产品，提供差异化专属化服务，提升自身的竞争优势，获得更有价值的收益回报；最后，大数据征信建设能够降低贷款者的风险水平，大数据征信建设收集海量信息能够极大地提升借款者的信息透明度，贷款者能够对借款者的贷款申请进行更加合理有效的审核和评估，对于风险水平高的企业要求更高的利率，对于风险水平低的企业提供更加优惠的利率，使贷款者预估的风险水平处在可控的区域。

3. 信贷市场视角

大数据征信建设的发展不仅对借贷双方具有促进作用，而且对整个信贷市场的发展有积极影响。大数据征信建设能够降低信贷市场上信贷双方的信息不对称程度，降低市场上出现逆向选择和道德风险的概率，传统征信模式下"劣币驱逐良币"的现象能够极大地减少；大数据征信建设能够对贷款者形成规范效应，减少关系型贷款者利用信息优势向借款者收取信息租金的情形，促进各类贷款者之间积极竞争，对贷款市场的健康发展具有积极的推动作用（Hauswald and Marquez，2006）；大数据征信建设能够根据不同信用情况的企业制定"白名单"和"黑名单"，进而对借款者起到激励和惩戒作用，能够对不同贷款机构的信贷产品出具有效的分析建议，避免借款者盲目选择，促进双方的信用信息实时共享，扩大信贷市场的接待规模，吸引更多的借款者和贷款者，促进资金的有效流动，使货币发挥更大的效用，进而促进金融市场的发展，对当地的经济发展具有积极影响。

第三章　大数据征信体系创新的理论研究

近年来，随着互联网、云计算、大数据等技术的兴起，各行各业都加快与新兴技术深度融合的数字化转型步伐。大数据作为最热门的数字技术之一，在市场需求、技术发展和政策支持的推动下（王秋香，2015），逐步展现出广阔的应用前景和巨大的商业价值，如金融领域的大数据征信。虽然大数据征信与传统征信的底层逻辑基本一致，但两者在数据范畴和内涵、信用评价思路、覆盖范围和应用领域等方面都存在显著差异，大数据征信较传统征信拥有更加及时、准确、低成本、高效率的技术优势（Ahlln and Jlang，2008），能有效弥补传统征信过程中存在的不足。

"大数据"一词最早来源于麦肯锡在 2011 年 5 月发布的报告，此后国内外学者从大数据的不同特征出发对大数据的概念进行了不同程度的梳理和归纳，国际数据公司 2011 年的报告从技术和应用体系角度，指出大数据应当具备能够从海量异构和多样化的数据中，快速发现、分析和挖掘数据的能力和价值。有学者从数据构成角度发出，认为大数据是指由数量巨大、类型众多、结构复杂、有一定联系的各种数据构成的数据集合，从而表现出"4V"的特点——多样性、规模性、速度以及价值性。大数据作为一种基础工具逐渐融入生产制造、金融服务、商业经营等行业的方方面面，已经被越来越多的企业视为重要的生产要素，大数据的应用也为征信体系建设带来了全新的思路，使得"一切数据皆信用"成为可能。

有学者从不同角度解读了大数据与征信相结合的模式。吴晶妹（2015）从三维信用论角度出发，强调大数据征信是一种基于互联网汇聚信用主体数据的活动，它通过现代测量方法来记录和描述主体的社会互动和经济交易情况。大数据征信利用大数据技术建立企业机构或个人用户的信用评级体系，通过重新分析和设计征信系统的算法和模型，对企业或个人信用信息进行宽领域、多方位的搜查。大数据征信也可以说是科技信贷，例如，大科技公司（Big Tech）利用由电子商务平台、消息传递应用程序、搜索引擎等产生的网络效应和人工智能等大数据技术，通过机器学习模型向客户提供信贷服务（Frost et al.，2019）。

第一节　大数据征信的理论基础与模式创新

一、大数据征信的理论基础

大数据征信作为大数据与传统征信相结合的新型征信模式，凭借其动态性、时效性、精准性、全面性等特征，获得了各行各业较高的关注，成为学者研究的热点。通过文献分析发现，现有的研究对大数据征信的探讨偏向理论建设问题，主要涉及三个方面的内容，一是大数据征信给传统征信带来的变革与进步，二是大数据征信面临的挑战，三是为应对大数据征信挑战采取的措施，如表 3-1 所示。

表 3-1 大数据征信研究

观点	具体阐述
大数据征信给传统征信带来的变革与进步	大数据征信在征信模式、数据来源、征信方法等方面存在优势，能弥补传统征信的不足
大数据征信面临的挑战	大数据征信在与传统征信融合的过程中，面临很多挑战，如信息泄露、数据共享等问题
为应对大数据征信挑战采取的措施	主要涉及信用信息数据服务来源、信息标准化与共享机制、信用技术创新发展三个方面

关于大数据征信给传统征信带来的变革与进步方面，有学者认为大数据征信规范了信用信息采集机制，优化了信用信息管理与评估评价模式，推动了信用产品与服务的创新与完善（杨涛，2015）。大数据征信的到来，将软硬信息与多种评估模型相结合，使个人与企业信用信息更加具体与完善（Freedman and Jin，2011）。同时大数据征信的发展给中小微企业带来更多的生机，中小微企业在银行信贷与金融借贷中处于劣势地位，由于信息制度的不完善，借贷双方信息不对称，中小微企业发展往往受限于资金需求量不足，大数据征信在一定程度上缓解了信息不对称，给予中小微企业发展空间。大数据征信带来的一系列征信方式的改变，提高了我国征信体系完善度，提升了征信渗透率，促使征信体系进一步对大数据征信发挥支撑作用，大数据征信与传统征信互为补充，共同发展。

关于大数据征信面临的挑战方面，有学者认为，随着信息时代的到来，信息收集从传统领域延展到公共领域，涉及共享、非敏感和公共的信息，因此，信息被当作商品收集、使用和传播，这可能会导致大数据征信在数据采集、挖掘和利用的过程中存在新的隐私风险（吕耀怀，2014；安宝洋和翁建定，2015）。此外，大数据征信尚处在起步阶段，信息标准和共享机制尚未建立，不同征信机构可能会有不同的标准，企业无法确定需要共享的信息，且信用信息涉及企业核心竞争力，企业也不愿意共享信息，这仍会导致征信覆盖范围方面的问题。更值得重视的是，在互联网时代，大数据征信防御系统时常遭到破坏，黑客行为与病毒进犯引发了信息泄露等安全问题，给企业或个人造成重大威胁。

关于为应对大数据征信挑战采取的措施方面，学者主要从以下几个方面入手，着重促进大数据征信的健康平稳发展。一是明确金融机构信用信息数据服务来源。市场中商业征信机构繁多，部分信用信息数据服务来源不规范，可能导致信息泄露。为了减少信用信息安全问题，亟须对征信相关方做出"金融机构或是信息使用者应从合法合规渠道（持牌征信机构）获取信用信息"的明确规定。二是规范信息标准化与共享机制。大数据征信数据具有多样化、复杂化的特征，因此应规范采集数据的格式及结构，确保数据准确性与完整性，确立信用信息共享机制，打破各平台间的信息屏障，增强数据流通性。三是加快信用技术创新发展，维护企业信用信息的安全，加强对信用信息系统的保护。

关于大数据征信的研究主要集中在上述三个方面，学者根据研究落脚点的不同，采取的研究方法也存在差异。在大数据征信的推广及应用方面，我国征信起步较晚，征信体系尚未成熟，我国已出台的《征信业管理条例》距今也有十多年的历史，难以满足现阶段企业征信的需求，学者针对大数据征信推广及应用领域的问题，进行了案例研究，主要有两条路径：一是学习欧美国家的征信优势，借鉴FICO（Fair Isaac Corporation，费埃哲公司）征信模式、ZestFinance[①]信用评估方法等，尝试探索出我国大数据征信的模式与路径；二是分析国内大数据征信平台，如芝麻信用、腾讯征信等，尝试探索国内大数据征信内在的统一模式。在大数据征信与企业融合研究方面，学者多采用实证研究方法，虽然现阶段大数据征信的实证研究尚少，但依然有学者发现大数据征信对企业研究的重要性。池仁勇和石雨露（2021）采用分层线性模式分析了大数据征信对企业软硬信息的影响，进而缓解中小微企业的融资困境；胡倩倩（2020）从大数据征信角度探讨了对中小微企业信贷能力的影响。

二、大数据征信与传统征信的比较

目前学界并没有就大数据征信形成统一的定义，根据大数据征信建设涉及的内容，可以认为大数据征信指利用信息技术优势、风险控制模型对海量信用信息进行多维度考察，形成对信用主体的信用评价。换言之，这是一项基于大数据技术的活动，信用信息提供者对海量结构化和非结构化数据进行捕获、清洗和处理，将最终分析结果反馈给需求者。与传统征信相比，大数据征信具有以下几点优势。第一，大数据征信依托互联网，覆盖范围大。第二，大数据征信获取的数据较为广泛。第三，大数据征信根据横向时间展开，具有数据实时性。第四，大数据征信采用多元变量，量化全面而精确。第五，大数据征信体现了人性化思路，使用场景多元化。

（一）传统征信的基本问题

"征信"一词起源于春秋战国时期，《左传》云"君子之言，信而有征，故怨远于其身"。现如今，中文情境下的"征信"以信息可获性来定义，相对应的英文为"credit investigation""credit reporting"，即"信用调查""信用报告"，这是根据征信业的基本职能来界定的，即为信用信息使用者提供相关服务。征信的主要功能和目的在于解决信贷市场上的信用信息不对称问题。

具体而言，各国的征信模式各有特色，国际上比较主流的征信模式的代表国家和地区有欧洲、美国和日本。在欧洲，信用信息由中央公共信用信息系统采集，信用评级体系由中央银行设立，形成以政府为主导的征信管理体系；在美国，政府对征信业务不加干预，形成征信企业直接处理信用业务的企业征信管理体系；在日本，信用信息由会员或相关机构共享，形成行业会员制与商业征信机构共存的征信管理体系。

我国征信体系经过几十年的基础建设与再发展，形成了一些典型的传统征信发展模式。例如，先建设个人征信系统而后建设企业征信系统、由政府和中国人民银行共同推动和建设的上海模式；授权委托中介公司筹建、按市场化机制运作、提供服务收取费用的深圳模式；由政府牵头、各有关部门参加建设社会征信联合体系的浙江模式；等等。任兴洲（2003）指出应综合考虑中国征信业发展的历程以及未来的目标，可以说征信业发展的模式将会逐步演变为市场化的"民营模式"。

---

① 现改名为Zest AI。

征信工作的一大重点工作是根据信用评分模型来评价信用状况，即运用预测模型进行复杂的统计和经验验证，以评估向个人或企业提供信贷的风险（Chen and Åstebro，2012）。传统的信用评估指标体系有"5C"指标，即能力（capacity）、品格（character）、资本（capital）、抵押品（collateral）、经营条件与状况（condition），"5P"指标，即个人（personal）、目的（purpose）、偿还（payment）、保障（protection）、前景（perspective），LAPP 指标，即流动性（liquidity）、活动性（activity）、营利性（profitability）、潜力（potentiality），主要侧重于评价信用主体的财务资产状况。

尽管各国不同的经济发展水平与国情使各国的征信系统形成了具有各自特色的模式，但征信系统的出现与不断完善对于整体经济都起到积极的促进作用。有学者在比较欧美社会信用体系时，讨论了两者在不同信用体系法律环境下，对各国信用市场深化和欧洲信用市场整合的影响；还有学者的研究表明征信系统的存在、信用消费与信用交易方式提高了经济运行效率，推动了整体经济与金融业的发展。

认识到征信系统建设成效的同时也必须认识到传统征信在数据层、管理层、体系层等方面仍然存在较多不足：在我国，传统征信体系长期由中央银行主导，市场化的征信机构发展相对不足，仅起到辅助作用，征信数据多来源于工商登记、法院、质量技术监督、银行等政府和业务部门或征信企业自身掌握的结构化数据，外部征信渠道较少且处于相对闭塞的状态；此外我国在征信立法、征信数据库管理、商业银行内部评级体系、信用评分产品技术等方面也存在不少需要完善的方面。就连征信系统建设相对发达的美国，其传统的 FICO 评分模型的参考要素也主要侧重于付款历史、未偿债务、信贷时长、某一期间的财务指标等，因此也无法避免地存在着时滞性、覆盖面窄和单一维度等缺陷（刘新海，2014）。由于社会征信体系尚不完善，造假诈骗和风控失效现象也时有发生，这使得升级社会征信体系成为迫在眉睫的问题，此时大数据技术的出现与应用为我国创新信用征信体系提供了更多可能。

（二）传统征信与大数据征信的主要区别

征信根据技术环境的不同，可划分为传统征信和大数据征信。贾拓（2018）指出传统征信主要应用于风控、贷款管理和资产评估等领域，数据处理人员在信息整合全过程中起到无可替代的作用，依靠手工收集信用信息，并根据固定的模式对信息进行记录、加工和处理。由于传统信贷渠道窄且少、数据来源不足、评价方法不完善等问题日益增多，传统征信出现"长尾效应"，无法满足 P2P 等新兴市场庞大的业务需求，促使传统征信转变发展模式（贾男和刘国顺，2017）。在大数据技术不断发展和互联网金融引入各种业务应用场景的契机下，诞生了"大数据技术+传统征信"的模式（刘征驰等，2018）。基于技术优势、数据优势和风控优势的大数据征信，有效填补了传统征信的空白，解决了长尾客户信用信息不对称的问题。大数据征信指利用大数据技术实时收集、挖掘、处理和分析大量结构化与非结构化数据，向信息用户呈现信用主体的违约率和信用状态的活动（赵志勇，2018）。

传统征信与大数据征信的区别体现在以下几个方面。

在征信方式和信用内容方面，传统征信严重依赖人工向金融机构、公共部门和其他机构采集财务和金融交易信息，并手动对信息进行加工、处理、报告，大数据征信利用大数据收集技术，强调数据量广、刻画维度宽和信贷状况动态互动等特点，扩大了信息来源和覆盖面（Angelini et al.，2008；刘新海和丁伟，2014）。

与传统征信的信息收集和传播系统不同，大数据征信将第三方征信机构纳入信息收集和传播系统中，而传统征信主体的信息收集和传播系统依赖于政府的征信信息系统。

在信用应用和结果分析方面，传统征信覆盖范围有限，仅为大企业和个人提供完整的信用报告，对离线数据的跟踪分析使得信用报告结果滞后，数据狭窄且模型单一导致结果准确性较低，而大数据征信覆盖范围扩大到大多数个体和中小微企业，广泛的数据收集和分发系统允许使用不同的模型进行动态实时数据分析，信用调查报告的及时性和准确性较高（Crosman，2012；Pérez-Martín et al.，2018）。由此看出，大数据征信具有时效性、互动性、精确性、信息多元化、智能化等多方特征。然而，在征信部门治理条例中，大数据征信活动的范围仍然是征信实体数据的收集、比较、存储、处理和分析，与传统征信的区别在于借助的技术和工具不同，只是作为传统信用报告领域的有益补充。

在数据特征方面，现有文献将传统征信模式下和大数据征信模式下的数据特征进行对比分析，研究表明，在征信数据方面，传统的征信数据主要来源于个人或者金融机构的交易、借贷、担保、租赁等经济活动，交易守约记录、行政处罚信息、缴纳的各类社保等数据信息具有客观性和规模性，由于传统征信获取的大多是离线数据，并且进行的是事后分析，而事物是向前发展的，所以传统征信具有一定的落后性。大数据征信能够利用互联网技术获取线上的交易记录、评价信息和社交信息等，还可以利用数据挖掘、数据跟踪和网络爬虫等技术获取更广泛的线下交易记录，将这些信息进行处理后进行及时有效的线上分析，提升数据信息的使用效率，能够更加全面多元地综合分析客户的信用水平。

在营销服务方面，大部分学者对传统征信和大数据征信的营销服务进行了对比分析，研究结果表明，在营销服务上，传统征信模式下的征信机构主要以纸质征信报告为主，包含信用评分、信用评级、信用报告、信用风险管理等产品，产品种类较少并且反馈效果较差，而在大数据时代，利用区块链、云计算等互联网技术可以提供效率更高的新产品，能更加满足互联网时代下金融业的发展需求。此外，传统征信的服务对客户的识别具有同质性，针对不同的客户采用同一种服务，大大降低了征信效率，而大数据征信模式可以利用获得的差异化数据针对不同的客户提供针对性服务，提高征信效率。

在客户维护方面，传统征信显得更加被动，只能用固定单一的结构化数据进行分析服务，服务标准化、传统化，但大数据征信可以及时、有效地收集客户对征信产品的建议和需求，更加有效地解决客户的问题，提供差异化服务，提升客户忠诚度。

在评估模型方面，现有文献对传统征信和大数据征信的评估模型进行了对比，发现传统征信下的评估模型主要以财务数据为核心，数据主要以人工收集为主的单维度形式存在，信用评级结果较为片面，分析方法主要是简单的线性分析，仅能在一定程度上反映企业的财务绩效。在大数据征信下，大数据征信不仅可以利用征信机构的数据如企业的财务信息、企业的违约历史等，还可以结合互联网上的数据如企业承担的社会责任、企业参与的公益活动，通过对多维度的数据进行收集和对比，利用多种数据处理模型对数据进行分析和处理，再通过数据模型模拟仿真的方式分析不同信用信息的权重，得到较为准确且全面的信用评级结果，解决信息不对称带来的问题。

在征信应用方面，对比传统征信和大数据征信发现，传统征信的服务对象范围较窄，服务场景也更加单一化，主要服务于大型企业以及信贷记录完整的个人，用于银行和企业之间的借贷业务等场景。但是随着互联网信息技术的发展，在大数据征信下，信息收集的渠道更加丰富，信息来源不仅包含从官方征信机构获取的信用信息，还包含第三方交易平台的信用信息，能更加准确地勾勒出征信主体的信用画像，服务对象覆盖的范围更广，包含大多数个体和中小微企业，服务的场景也更加多元化，不仅可以应用到银企之间的借贷业务，还可以应用到新兴的金融机构服务平台如小额贷款机构、融资担保公司、村镇银行等，第三方支付平台如微粒贷等，以及民间借贷机构平台，拓展了征信产品的应用场景。

回顾相关文献发现，大数据和征信体系发展的研究成果很丰富，大部分学者从数据特征、营销服务、评估模型和征信应用这四个维度来对传统征信和大数据征信进行对比，进而对大数据征信建设模式的发展进行总结，但较少有学者从大数据征信建设的重要性和作用机制进行实证验证。基于此，本书在总结大数据理论和征信理论的基础上，对大数据征信如何赋能中小微企业发展的作用机制进行实证检验。传统征信与大数据征信的主要区别，如表3-2所示。

表3-2 传统征信与大数据征信的主要区别

角度	传统征信	大数据征信
征信主体	中央公共征信机构	第三方征信机构+中央公共征信机构
征信内容	主要以结构化信息数据为主	结构化信息数据+非结构化信息数据
数据来源	金融机构、政府部门等	互联网以及金融机构、政府部门等
数据时效	离线数据事后分析，缺乏时效性	线上数据实时动态分析，时效性高
科技逻辑	混合型互联网贷款、搭建信用信息共享平台	关系型信贷、财务报表型贷款、资产保证型贷款、信用评分技术模型
评估模型	简单线性分析，模型指标受限	大数据和云计算应用，评估模型多元
征信精准性	数据狭窄、模型单一，精准性低	数据丰富、模型多元，精准性高
征信成本	数据收集成本和人工成本为主	大数据技术成本为主
服务对象	覆盖范围偏小，主要包括大型企业以及信贷记录完整的个人	覆盖范围小，包括个体、中小微企业、大型企业
作用机制	对信息主体的行为习惯和链条信息进行全方位综合性整理；建立针对性的数据模型，推演信息主体的信用特征与信用等级；预测信用主体未来的成长性和安全性；信用服务包容性更强	以第三方征信机构收集的财务数据、借贷历史信息等为基础；运用特定评分模型预测信用主体的履约概率；进行信用评级和信用管理
应用场景	金融信贷、消费金融、普惠金融、风险防范、公共服务领域等	信用融资借贷

三、大数据征信的模式创新

大数据征信作为一种新生事物，目前尚未形成十分完善的运作体系，但国内外众多机构都在不断探索大数据技术在信用领域的应用。当前已经出现了许多值得研究的征信模式，如美国著名的科技金融公司——ZestFinance，利用其强大的数据挖掘能力，不断开发更新现有的信用评估模型和基于机器学习的信用风险评估分析模型（刘新海，2014）。

国内比较成熟的有以芝麻信用为代表的基于电商平台的征信模式，以腾讯征信和闪银为代表的基于社交平台的征信模式，以上海资信的网络金融征信系统、百行征信等为代表的基于同业共享的大数据征信模式（王秋香，2015）。从大数据源和业务创新两个维度，可以将大数据征信划分为四种典型的商业征信模式，即公共征信数据中心模式、企业大数据征信外嵌模式、大数据征信嵌入模式和大数据会员征信模式。在国内外征信发展过程中，起步较早的欧洲、美国、日本、韩国、德国等发达国家和地区，都推出了极具自身特色且较为完善的征信体系。其中，以美国为代表的市场主导型征信模式、以欧洲为代表的政府主导型征信模式及以日本为代表的混合型征信模式被国际公认。

市场主导型征信模式主要集中在英国、美国、加拿大等国家，此模式由第三方信贷机构主导，以合同制为基础，在法律范围内履行信用服务的相关业务职能。在此模式下，政府负有维护相关主体权益、规范市场秩序的特殊责任，自愿向数据需求者提供数据，但不得过多干扰信用信息数据的收集、处理和分析，信用报告由信贷机构整理得出。市场主导型征信模式可以有效地扩大信贷规模，有效地刺激信贷消费需求的增长，充分调动民间资本的积极性。美国作为世界上信用管理最发达的国家，已建立了一个完善的信用参考体系，包含企业、个人和第三方资本市场评级机构合作主体，孕育了以邓白氏（Dun & Bradstreet，D&B）为代表的信用评估机构，以益博睿（Experian）、环联公司（TransUnion）为代表的个人信用评估机构，以标准普尔（Standard & Poor's）、惠誉为代表的资本市场信用评估机构。其中，国际信用产品最大的供应商——D&B，为确保数据达到高质量的标准，从 30 000 多个数据源和 2.4 亿家公司收集信贷数据，并经过 2000 次的自动化和手动检查，将多源数据转换为多种类型的评级信息，整体运营模式具有鲜明的特点，颇有成效，成功开发了其特有的 DUNSRight（邓白氏信用）信息质量管理流程，如图 3-1 所示。

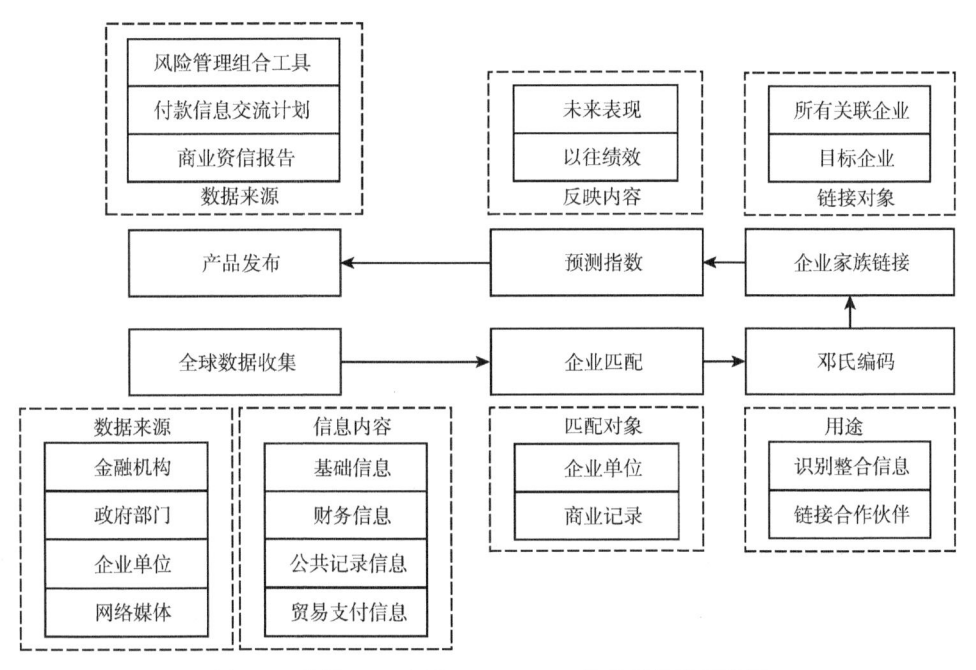

图 3-1 美国 D&B 征信 DUNSRight 信息质量管理流程

政府主导型征信模式主要集中在法国、比利时、德国、意大利等国家，该模式由政府出资建立和管理中央公共信贷机构，通过法律或决议形式来强制政府及所有金融机构参加公共信用登记系统，以提高金融系统安全性，防范信用风险。该模式和市场主导型的征信模式最大的区别就在于参加公共征信机构的强制性。以十分注重隐私保护的法国为例，通过强制大型商业银行定期提供贷款、金融交易和其他相关信用信息来进行数据收集，全国只设有一家中央集权的非竞争性政府信用服务机构，该机构由中央银行信用部设立和监管，信用数据也只提供给金融机构，而不提供给其他社会债权人，主要运用于商业银行防范自身信用风险、中央银行金融监管及货币政策决策。法国中央征信机构运营流程如图3-2所示。

图3-2　法国中央征信机构运营流程

采用混合型征信模式的国家主要是日本和韩国，该模式既存在公共征信机构，也允许私人征信机构运营，双方独立经营或相互协作，在信贷立法的限制范围内以不同的经营原则开展信贷报告业务。混合征信发展模式的优点在于征信机构对市场需求、信息采集等问题可方便地达成一致，扩大信用信息共享的范围。在日本，征信业主要由行业协会和私人征信机构等构成，企业征信由帝国数据银行（Teikoku DataBank，TDB）和东京工商所（Tokyo Shoko Research，TSR）垄断，个人征信业由三家个人征信机构主导，分别为JICC（Japan Credit Information Reference Center Corp，日本信用情报机构）、CIC（Credit Information Center，信用信息中心）、PCIC（Personal Credit Information Center，全国银行个人信用情报机构）。从运营方式上来看，日本个人征信中心主要由行业协会设立，为协会会员提供个人和企业的信用信息交流平台，并通过内部信用信息共享机制实现收集和使用信用信息的目的。企业征信主要采用单向信息采集机制进行征信调查，征信机构积极搜寻、收集和获取有关企业的信用信息，然后通过信息处理形成增值服务产品并获取利润（池凤彬和刘力臻，2018）。日本个人征信业和企业征信业业务运营流程如图3-3所示。

对比而言，市场主导型征信模式的优势在于其市场化程度高、信用信息收集方式多样和服务对象广泛，通过提供信用报告和咨询服务，有助于降低社会信用交易的风险，但对于法律环境和执法水平的要求相当高，发展周期较长。政府主导型征信模式得益于完善的法律法规与宏观政策把持，数据质量与信贷效率较高，但建立数据库及维护系统的成本很高，给国家财政带来了一定的负担。同时，面向市场的业务范围和服务对象有限，不利于各类信用信息的整合，阻碍信息渗透到社会的更多方面（王晓明，2015）。综上所述，市场主导型征信模式不能取代政府主导型征信模式，反之，两者应该相辅相成、协调发展。三种征信模式的比较如表3-3所示。

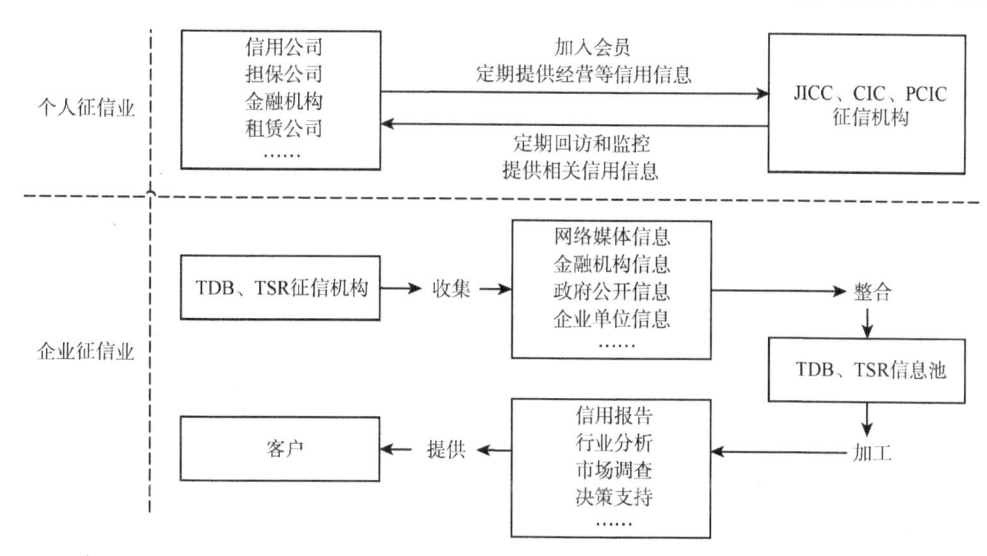

图 3-3　日本个人征信业和企业征信业业务运营流程

表 3-3　征信模式比较

角度	市场主导型	政府主导型	混合型
信息来源	金融机构等自愿提供，信息类型丰富	政府强制要求金融机构等提供，信息类型狭窄	自愿与强制相结合，信息类型丰富
产品类型	市场导向性较好，产品多元	市场导向性较差，产品单一	市场导向性较好，产品多元
发展效率	发展缓慢，周期长	推进效率高，周期短	介于两者之间
服务对象	金融机构、企业单位、个体	金融机构	金融机构、企业单位、个体
代表国家	英国、美国、加拿大等	法国、比利时、德国等	日本、韩国等

互联网技术的快速发展给传统征信业带来了新的发展机遇，使其逐渐向大数据时代过渡，呈现多元化、多维度的发展模式。2013 年，根据《征信业管理条例》和《征信机构管理办法》，以及相关法律法规，征信业走上规范化发展道路。2015 年《国务院办公厅关于运用大数据加强对市场主体服务和监管的若干意见》提出要积极培育和发展社会化征信服务。2016 年，中国人民银行征信管理局向各大征信机构下发《征信业务管理办法（草稿）》，对征信机构的各个业务环节进行规范，涉及信息采集、整理、保存、加工、对外提供、征信产品、异议和投诉以及信息安全过程。

我国的征信模式为政府主导型，征信体系以中国人民银行个人和企业征信系统为基础，此模式广泛运用于上海、深圳及浙江等地区。随着市场化不断加深，我国开始打造"政府+市场"的一体两翼征信发展模式。

一方面，以政府主导的信用信息中心建立了庞大的金融信用信息基础数据库，迄今为止，它的数据规模最大，覆盖范围最广。以中国人民银行金融信用信息基础数据库为例，截至 2021 年 6 月，数据库已经接入了 4600 多家银行和其他金融机构的信用信息数据，征信系统共收录 11 亿自然人、6092.3 万户企业及其他组织，其中，收录小微企业 3656.1 万户、个体工商户 1167 万户。自二代征信系统上线以来，全国年度个人信用调查日均查询量达到 866 万次，单日最高查询量达到 1445 万次，企业信用调查日均查询量达到19万次，单日最高查询量达到117万次，且在不断上升。

另一方面，拥有多个数据收集渠道和多维数据结构的第三方征信机构已成为大数据征信体系中不可缺少的组成部分。截至2021年，市场上80%的第三方征信机构由民营资本投资开办，中国人民银行数据显示，2021年9月已有131家第三方征信机构和55家信用评级机构。

第二节 大数据征信的体系演进与场景应用

20世纪，随着互联网技术的快速发展，传统征信业迎来新的发展机遇，逐渐向大数据时代过渡，呈现多元化、多维度的发展模式。2013年，根据《征信业管理条例》和《征信机构管理办法》，以及相关法律法规，征信业走上规范化发展道路。同年，各地政府部门相继出台有关政策，为大数据征信体系建设高质量发展奠定夯实基础。

一、大数据征信的体系演进

我国征信发展对比国外征信发展而言起步较晚，主要分为四个阶段：探索阶段、起步阶段、发展阶段和深化阶段。我国征信发展历程如图3-4所示。

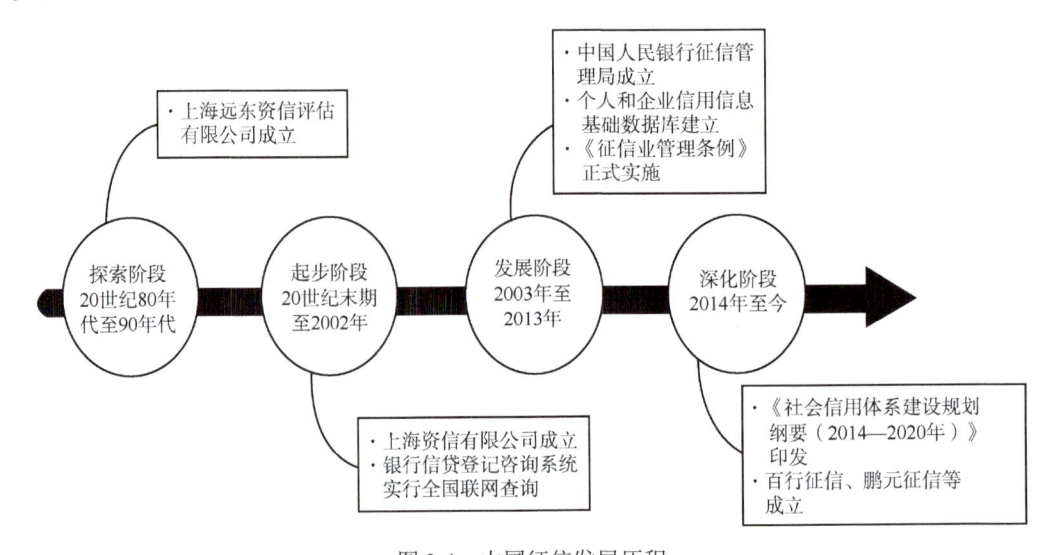

图3-4 中国征信发展历程
资料来源：根据《中国征信业发展的历史沿革》等资料整理得出
上海远东资信评估有限公司2018年更名为远东资信评估有限公司

探索阶段主要为20世纪80年代至90年代。1988年，为适应企业债券发行和管理，上海远东资信评估有限公司应运而生，填补了我国信用评估企业的空白。

起步阶段主要为20世纪末期至2002年，中国人民银行和政府机构在信贷调查领域制定了初步发展计划。1999年上海成为个人征信试点，个人征信正式起步，同年上海资信有限公司成立，推行银行信贷登记咨询系统，建立地、省、总行三级数据库，以实现全国范围的在线查询。

发展阶段主要为2003年至2013年。2003年中国人民银行担负起"管理信贷征信业，推动建立社会信用体系"的职责，中国人民银行征信管理局正式成立，同年，上海、北京、广东等地率先开展区域社会征信业发展试点并涉及企业征信业务。2004年，中国人民银行在推动个人征信体系建设方面取得突破性进展，建立全国统一的个人信用信息基础数据库。2006年，个人信用信息基础数据库全国联网正式运行。2013年，《征信业管理条例》正式实施，全国征信机构受到中国人民银行的监管。

深化阶段主要为2014年至今。为进一步深化社会信用体系，国务院印发了《社会信用体系建设规划纲要（2014—2020年）》，标志着我国征信业步入深化阶段。之后百行征信、鹏元征信等成立，意味着大数据技术开始与征信结合，深化了征信发展模式。

我国征信体系逐渐向"政府+市场"的一体两翼发展模式靠拢，即以中国人民银行征信为核心，民营征信机构为补充。随着在互联网金融发展过程中征信需求的不断增加，而中国人民银行征信系统覆盖人群主要为拥有银行信贷账户的人群，传统的长尾客户依旧无法涉及。因此，互联网与征信结合成为必然的发展趋势。阿里巴巴的芝麻信用、腾讯征信等都是以用户互联网数据作为征信和服务的基础，并拥有自身独特的数据获取与挖掘能力。之后在中国人民银行的监管下，按照共商、共建、共享、共赢原则，中国互联网金融协会联合鹏元征信、芝麻信用、腾讯征信、中智诚征信、前海征信、中诚信征信、华道征信、考拉征信八家市场机构组建起我国首家市场化的个人征信机构——百行征信。百行征信在进行业务服务时就是采用大数据征信模式，数据提供商为社交平台、网贷平台、支付平台、电商平台等，并对数据进行采集、挖掘、加工、汇总、分析，对外开出信用报告、信用评分等征信产品。百行征信流程如图3-5所示。

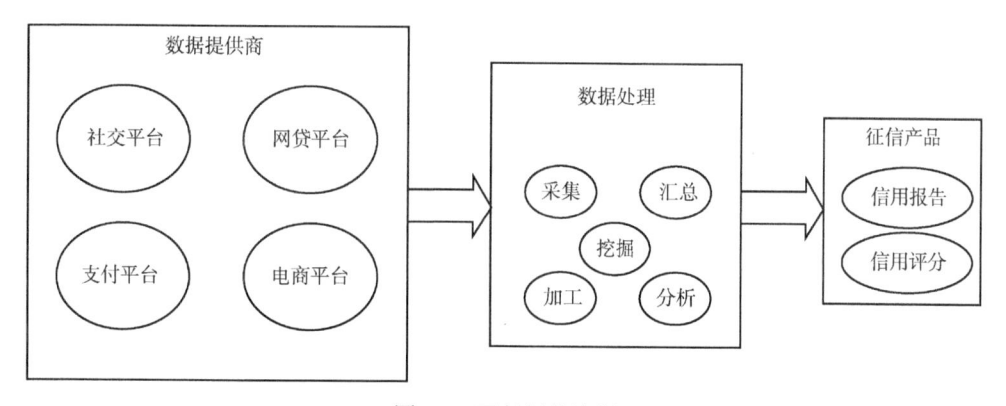

图3-5 百行征信流程

由于我国不断鼓励企业信用信息平台的建设与推广，近年来征信平台的社会影响力逐渐扩大。本节以全国信用信息共享平台、国家企业信用信息公示系统、中国执行信息公开网、百行征信、信用交通，芝麻信用等网站为例，逐步分析我国信用平台的建设情况。芝麻信用征信模式如图3-6所示。

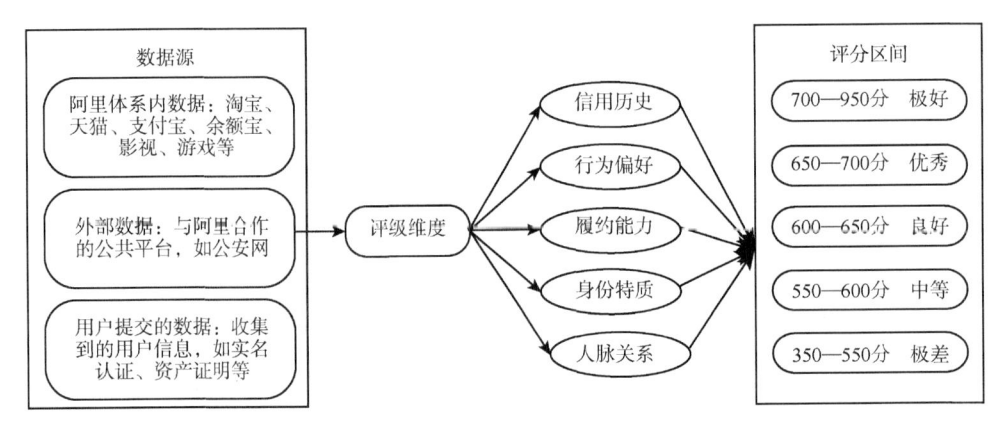

图 3-6 芝麻信用征信模式

（一）全国信用信息共享平台

全国信用信息共享平台经过不断建设完善，现已成为我国信用信息共享的"总枢纽"，在支撑"放管服"改革、优化营商环境、助力普惠金融等方面发挥了重要作用，可打破信息孤岛，解决信息不对称的问题。全国信用信息共享平台实现了信用信息和信用记录查询、异议处理和联合奖惩等功能。归集的联合奖惩"红黑名单"等信用信息，包括并不限于重大税收违法信息、失信被执行人信息、企业经营异常名录信息、统一社会信用代码信息、行政许可和行政处罚信息等。在开展数据服务方面，全国信用信息共享平台经常为各部门提供数据叠加、校核比对、名单拆分等服务。2021 年，国家发展改革委会同中国银保监会[①]等有关部门研究制定了《加强信用信息共享应用促进中小微企业融资实施方案》（以下简称《实施方案》），对 37 项信息逐一明确了共享信息的内容、方式、责任单位和完成时间，更具可操作性。《实施方案》不仅注重共享数据规模，更注重共享数据质量。截至 2022 年 1 月，该平台已经联通 46 个部门，各省区市企业信用信息披露系统、金融信用信息基础数据库和法院、运输、海关等不同部门的信用信息系统相互关联。平台内包含 77 家市场机构，收录信用信息数据达 618.42 亿条，累计推送数据 1313.64 亿条，初步建成安全集约的全国性信用信息网络。

（二）国家企业信用信息公示系统

2016 年，国家工商行政管理总局[②]启动国家企业信用信息公示系统，重点解决企业信用信息碎片化、分散化、区域化问题。通过提供更加丰富便捷的企业信息服务功能，相关市场方可以更好地了解交易信息，促进交易行为，提高交易效率，保护交易安全，这会对促进市场公平竞争产生积极影响，并且可以维护正常的市场秩序。公示系统实现了涉企信息统一归集、公示、共享、应用，为深化商事制度改革和"放管服"改革、推进供给侧结构性改革、培育壮大经济发展新动能、推动社会信用体系建设、加强政府信息公开提供了有力支撑。国家市场监督管理总局的数据显示，截至 2020 年 5 月底，公示

---

① 中国银保监会全称为中国银行保险监督管理委员会，2023 年改为国家金融监督管理总局。
② 2018 年我国组建国家市场监督管理总局和国家知识产权局，不再保留国家工商行政管理总局。

系统访问量累计达到1268.85亿人次,查询量已达108.16亿人次,日均访问量1.09亿人次,日均查询量860.46万人次。2021年11月26日起,公示系统的用户实名认证查询正式上线,进一步满足了社会公众的个性化访问体验。下一步,国家市场监督管理总局将立足建立健全政府信息公开协调落实机制,不断优化公示系统功能,更好地发挥公示系统服务企业、服务社会、服务监管的重要作用。

(三)中国执行信息公开网

中国执行信息公开网是全国法院司法公开平台之一,作为全国法院展示"基本解决执行难"工作成效的权威平台。2013年,全国法院失信被执行人名单信息公布与查询平台面向社会开通,可输入被执行人姓名或名称来查询该失信被执行人的信息。2018年该网站已完成新一轮升级,网站内容得以全面改善,规范了公开标准,扩展了服务范围,提高了监管力度。截至2021年12月底,因失信而被强制执行的人数超过400万,限制近3200万人次乘坐高铁或飞机出行。

(四)百行征信

百行征信由八家市场机构共同发起组建,于2018年5月正式揭牌,2020年7月百行征信完成了企业征信业务经营备案,成为中国首家同时拥有个人征信和企业征信双业务资质的市场化征信机构。中国人民银行推动设立百行征信的初衷,意在发挥市场化机构优势,与中国人民银行征信中心进行"优势互补、错位发展",并鼓励适度竞争,特别是辐射此前未被覆盖的"信用白户"群体。截至2022年5月22日,百行征信个人征信系统收录信息主体超4.8亿人,同比增长141%;累计拓展法人金融机构2526家,与主要金融机构搭建服务,并基本实现全国银行服务范围的全覆盖;个人信用报告和增值征信产品调用量分别超过6.8亿笔和25.6亿笔,同比涨幅达到113%和556%。

(五)信用交通网站

交通运输部推出的信用交通网站,已经成为国家信用体系建设不可或缺的部分。以建成全国性交通信用信息共享平台为目的,截至2020年底,我国31个省、自治区、直辖市以及新疆生产建设兵团均已完成地方信用交通网站建设,有效加强了全国范围内交通运输领域的行业信息数据收集,为从业人员、社会公众、从业企业、从业管理人员等提供交通运输行业在信用信息上的查询服务,并在大数据信用生态下对所有个人或企业实行可视化监测。2021年4月,交通运输部印发《交通运输政务数据共享管理办法》,规范交通运输政务数据遵循以共享为原则、不共享为例外,需求导向、无偿使用,统一标准、平台交换以及建立机制、保障安全四条原则,提出了行业政务数据共享工作的监督考评机制,明确了共享安全要求。

二、大数据征信的场景应用

大数据征信依靠大数据信息处理技术与建模分析,通过横向采集关联数据、纵向垂直整合信息资源、深入挖掘数据内涵，因地制宜开展各种征信活动，帮助解决传统征信无法解决的问题，渗透到传统征信无法渗透的地方。更进一步来看，大数据利用全面多维、高效率的信用数据构建信息沟通桥梁，通过信用主体一贯的行为模式数据，发挥预测信用主体未来的成长性和安全性的作用，达到信用信息的全生命周期全覆盖。大数据技术极大地拓展了信用信息的来源和使用范围，国内外现有文献分别从传统信贷改善和当前新兴业态应用两个角度分析了大数据征信的作用机制。

第一，在传统征信基础上的改善创新。大数据征信的创新主要体现在征信范围全民化、征信信息多元化及信用评估全面化等方面，由此带来征信成本的降低和征信效率及信用评估水平的提高。国外学者多从信息共享的角度分析大数据征信，研究表明企业间信用信息共享大大提高了违约预测的质量（Dierkes et al.，2013），信贷登记平台实现的信息共享可以有效减少信息不对称情况、提高贷款绩效，特别是对于重复借款者和竞争较弱的地区（Behr and Sonnekalb，2012）。国内研究从金融信贷角度出发，证明了其不仅具有缓解企业的信息不对称、提高融资效率和信贷质量、降低征信和融资成本、增强借贷的风险可控性等功能，还能够优化金融资源配置，改善经济增长结构，促进更客观的信用评价体系的建立（刘芸和朱瑞博，2014）。长远来看，大数据征信还会带来更为广泛的社会影响，有助于互联网金融行业普惠金融的发展以及提高金融平等性和金融服务包容性（李真，2015）。

第二，拓展社会信用机制的作用边界。可以说，大数据征信相较于传统征信的优势毋庸置疑，但需要强调的是，其作为数字化时代下的重要情景变量，并不仅仅只充当了信用评估和风险预测的功能角色。其核心价值在于有效感知并应用大数据征信带来的信用奖励和失信惩戒作用，尤其在包容性创业的情景中具有重要意义。大数据技术基于数据源的多样性和综合性，不断拓展社会信用机制的作用边界，不断开辟新的价值领域，在我国普惠金融、创新创业、公共服务及社会治理等方面起到重大作用，表 3-4 对大数据征信背景下信用分及其应用场景进行了梳理。

表 3-4　大数据征信背景下信用分及其应用场景

城市或机构	信用分名称	指标设计	应用场景
厦门	白鹭分	基础信息、守信正向、失信违约、信用修复、信用行为五大维度，涉及 57 个大类指标、750 多项数据要素	信用借阅、信用免押、信用后付、信用停车、信用就医、政务优先办理等
苏州	桂花分	基于基础信息、稳定信息、品德信息、资产信息、其他信息，归集个人评分体系五大维度，再根据户籍、年龄、婚姻状况、文化程度、社保缴纳情况等 22 个大类 243 个评分指标项建立评分体系	信用借阅、信用交通、信用医疗、公共事业、人才引进等
宿迁	西楚分	自然人基本信息、社会管理信用信息、商务信用信息、司法信用信息、荣誉信息等维度，设置 69 个指标项	信用交通、景点优惠等
福州	茉莉分	个人能力、职业、公共信用、金融信用、行政信用、司法信用六大维度	信用旅游、信用医疗、信用教育、信用金融、文化娱乐、信用交通、行政服务等

续表

城市或机构	信用分名称	指标设计	应用场景
杭州	惠信分	社会关系、公益服务、遵纪守法、用信活动、公共缴费、职业违规六大维度	信用借阅、信用课堂、信用共享、信用企业、信用医疗、信用金融、社会保障
蚂蚁集团	芝麻信用分	依据用户在互联网上的各类消费及行为数据，区分信用历史、行为偏好、履约能力、身份特质、人脉关系五大维度	信用免押、信用贷款、消费分期、数码产品租赁、婚恋交友、分类信息、学生服务、公共事业等

在数字技术与现实社会虚实交互、协同演化的智慧社会中，以大数据和复杂数学算法为基础的新型社会信用机制，已实现对信用主体的精准画像和分析，其应用范围已从经济金融领域扩展到日常生活的各个方面，并在政府监管、数字经济发展以及惠民便企等社会领域中发挥了广泛作用，不断丰富完善的全国信用信息共享平台作为全社会信用信息共享枢纽，将正面引导与负面惩戒相结合，相较于传统征信"优者更优"的资源配置功能进一步强化了对于社会征信体系整体发展的包容性支持作用；在提高失信惩戒的精准执行效率和社会诚信意识的同时，为进一步改善我国金融生态环境、提高社会治理现代化能力、构建信用治理新模式增添动力。

第三，大数据征信相对于低收入人口的包容性作用。以上的研究明确了大数据征信作用边界已经得到有效拓展，更完善的信用表征以及更多的信用接口与信用应用使得大数据征信在社会、经济各个领域中的渗透更加广泛，为低收入人口带来包容性的数字信用，为普惠金融的普及与发展奠定基础。大数据征信为普惠金融提供了技术支持，使信用沉淀成为可能。借助更加广泛的信用信息接入渠道和更为科学、全面的信用评价模型，大数据征信能够捕捉低收入人口的行为数据和身份信息等传统征信较少关注的软信息，从而弥补其在硬信息上的不足。

此外，大数据征信能够接纳低收入人口进入丰富的信用场景。大数据征信较传统征信提供了除信用贷款之外更多的应用场景，特别是这些应用场景在未获得大数据征信赋能加持之前会对低收入人口产生较为严重的排斥，低收入人口可以在大数据征信的技术框架和应用场景下有效参与到包括信贷、保险等在内的金融市场、电商交易等生产经营活动以及数字政务、数字生活之中（Gambacorta et al., 2019），从而获得更加丰富的信用利益。同时，在信用使用的过程中，大数据征信使授信双方的信息不对称程度有所减轻，特别是受信方能够较为清晰地知晓信用的提升路径（任务），低收入人口可以通过简单、少量的互联网交易和金融服务，以及学习、工作、社交乃至娱乐等活动留存行为数据、交易数据，其行为数据、交易数据等以及不被传统征信收集的软信息都可以转化为信用评价，进而在数字平台上更加频繁使用信用、积累信用，可以有效地提升信用的使用效率、效果，包容性强。在大数据征信背景下，这一机制旨在有针对性地解决信用应用场景中需求与供给之间的张力及信用损耗问题，实现信用增强或修复。

吴晶妹（2015）认为大数据信用报告作为一种现代信用评级机制，其实质是借助大数据技术，基于互联网海量数据对信用主体的价值进行评估。作为市场中的活跃主体，企业对大数据征信的作用尤为依赖和重视。有学者指出，大数据征信使得企业信用画像更具灵活性、动态性和精准性。企业信用画像的灵活性体现在大数据征信包括非结构化数据，如企业交易、社交网络、人际关系和企业行为偏好数据，这与传统企业信用画像的结构化数据不同，大数据征信不仅可以进一步分析企业信用行为，且数据的多样性可以根据需求的不同灵活调整，从而全面刻画企业信用主体的经济效益、行为特征与信息价值（贾拓，2018；孔德超，2016）。企业信用画像的动态性发生了转变，传统的企业信用画像主要利用离线数据进行事后分析，导致传统的企业信用画像缺乏时效性，而在大数据的背景下，对企业信用画像的刻画转移到全历史、弱相关的数据上，实时记录与刻画，之后通过对数据的全面建模分析，对企业信用画像相关信息进行全方位信息挖掘与评判，动态分析企业信用画像，这具有较高的时效性，能解决时间滞后问题。企业信用画像的精准性发生了转变，传统的企业信用画像模型分析单一，且信息时代企业碎片化的非结构信息特征较强，传统的数据分析技术已不能够满足信息处理需求，大数据技术的发展使得海量数据存储与分析成为可能，大数据征信中，企业信用画像可以纳入更多的特征变量，为企业信用量化提供更全面、更精准的保证，从而促使企业更高效地适应互联网金融时代的发展。大数据征信背景下企业信用画像刻画的转变如表3-5所示。

表3-5 大数据征信背景下企业信用画像刻画的转变

角度	说明
灵活性	大数据征信背景下，企业信用画像可利用的数据资源丰富多样，根据外部人员需求的不同，可以灵活调整信用画像刻画维度
动态性	在大数据征信的背景下，企业信用信息被实时记录在互联网平台上，可以动态跟踪企业的信用状况，并及时更新企业的信用画像
精准性	大数据征信背景下，企业信用画像分析模型多样，变量特征增多，利用大数据技术可以提供更精准的信用画像

大数据征信对企业信用画像的影响不仅体现在最终呈现的结果上，还体现在其在整个画像生成过程中对渠道的深远影响上。学者对此有以下三个观点。①大数据征信能够及时共享企业信用信息。数据孤岛一直是企业信息不对称的重要原因之一，互联网各平台之间信息闭塞，企业信用信息可能散落在不同的平台，大数据征信在一定程度上能使得不同平台达成相同的信用共享标准，通过各个平台的互相合作，对企业信用画像产生一定的影响（王庆顺，2019）。②大数据征信融合了中央征信与市场征信。中央征信机构数据规模大，主要适用于大中型企业，由于数据缺失，中小微企业在此就会处于信用画像缺失的被动局面。市场征信则因服务范围广泛，涉及大量中小微企业，与中央征信在数据需求上形成了互补。大数据征信通过整合两者的优势，使信息共享成为可能。例如，企业是否被列入税务局的白名单或黑名单，市场征信可以从中央征信机构获取此类信息；而中央征信机构则可通过市场征信了解企业的供销存动态，从而完善企业的信用画像。③大数据征信促使企业完善信用风险管理。大数据征信最重要的特点之一是反应迅速，企业信用在某方面出现问题，可以通过大数据征信查出具体情况，大数据征信又是动态的，企业一旦出现信用风险，可以采取规避措施，那么企业的信用画像也会随之改变（胡倩倩，2020）。

大数据征信促使企业信用管理发生转变，传统的企业信用管理偏向于企业硬信息：一是注重企业基本信息，如企业财务管理情况、企业基本信息等；二是注重企业借贷关系，这样的信用管理方式适合传统信用画像的刻画。在大数据征信背景下，企业经营的动态性增强，企业信用管理更加注重软信息，如企业交往诚信度、企业行为偏好等。企业信用管理的变革，随之带来大数据征信背景下，企业信用画像度量的改变。信用画像的度量不再是单一维度指标，而是多维度指标融合，指标的选取不具有随意性，根据研究目标，需要从企业杂乱无章的数据中挖掘出合理的数据资源，且具有一定的全面性与可操作性，在大数据的加持和应用场景的多样化的前提下，需要根据行业信用画像指标数据情况，灵活选择模型，以满足企业各种应用场景下的不同需求（徐鑫，2016）。大数据征信对企业信用画像的影响如表3-6所示。

表3-6 大数据征信对企业信用画像的影响

渠道影响	参考文献	度量方式	参考文献
及时共享信息，打破平台壁垒	王庆顺（2019）；胡倩倩（2020）	企业硬信息向软信息转变，将结构化数据与非结构化数据结合	徐鑫（2016）
将中央征信与市场征信融合，突破企业限制		由单一模型向多模型转变，应对市场需求，采用多种模型计算方式以提高适应性和准确性	
完善企业信用风险管理，保护企业信用画像质量			

第三节　大数据征信的体系建设与制度创新

我国征信的制度建设与机构发展相对缓慢，直至改革开放后才取得长足发展。因此我国早期的征信研究多侧重于对国外征信模式的研究，希望借鉴参考国际上金融业发达国家的征信经验，来完善我国征信信息收集与使用、信息服务、失信惩戒等征信基础建设方面的工作（陈文玲，2004）。

一、大数据征信的关键要素

征信模式的不同并不会改变大数据征信的内核，通过对信用主体的行为习惯和链条信息进行全方位的收集和综合性的整理，同时基于相应的信用评价模型，演算评价信用主体的信用特征与信用等级，最终可得到较为精确的信用评估结果。通过大数据征信甚至能够预测信用主体未来的成长性和安全性（李真，2015；张心月，2017）。图3-7为大数据征信的科技逻辑。

人工智能、区块链、云计算等大数据技术作为新型征信模式的底层核心技术，与征信相结合的优势已经逐渐凸显。区块链、云计算技术与大数据相辅相成，它们的出现让海量信用数据的存储、处理和共享成为可能，为实现更加全面准确的信用评估、完善我国征信系统的建设提供了强有力的技术支撑。区块链以全数据获取机制、核心数据安全机制、数据自我验证机制及防伪造机制，在最大程度上解决信息不对称难题。琚春华等

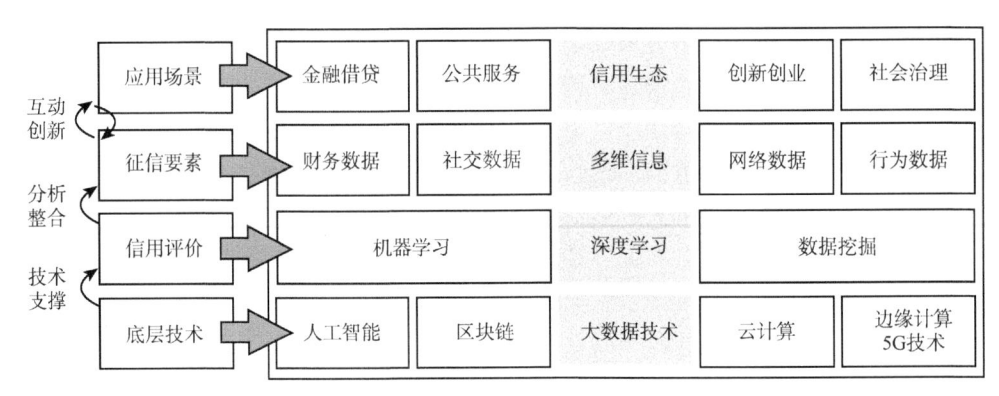

图 3-7 大数据征信的科技逻辑

5G 即 5th generation mobile communication technology，第五代移动通信技术

（2018）将区块链技术与征信系统融合，利用数据挖掘、人工智能、智能合约等方法将大数据与各种异构数据结合起来，建立起覆盖面更广、数据渠道更多的大数据征信平台。云计算在云端提供的大型服务器集群、各类应用软件信息共享平台和数据层安全保护机制等虚拟资源，能够有效地实现信用数据全面共享和安全共享，保证数据真实有效（卢芮欣，2015；Zhang et al.，2020）。有学者主张采用联盟链形式，即以已经建立起来的各个中心数据库为基础，利用区块链技术对其进行连接，实现由线下到线上的信息共享，实现真正意义上的大数据征信。除更加丰富的征信要素外，大数据征信与传统征信的不同还体现在其对数据的处理运用方面。机器学习和数据挖掘作为大数据征信重要的评价技术，可以高效的计算机性能和庞大的数据量来实现深度学习，从而弥补传统征信模型在当前大数据时代下多方位、不平衡数据分析处理方面的不足（Alam et al.，2020），例如，Ma 等（2018）应用现代机器学习算法发现 LightGBM 算法在多观测数据集分类预测结果中的表现良好。

在大数据征信背景下，征信要素在广度和深度上都发生了变化，除传统征信的财务数据要素之外，征信要素还包括信用主体的网络行为数据，有但不限于图片、视频、音频等半结构化和非结构化的数据，如个人的电商平台交易数据、社交平台行为数据等行为习惯和链条信息，为评估信用主体的信用水平提供了更丰富的信息数据。本书按照征信主体的不同将征信分为个人征信与企业征信两大类对征信要素进行梳理。

（1）个人征信要素。我国公民个人的信用关联信息主要来自以下途径：中国人民银行个人征信信息、信用服务机构的个人信用评分信息、地方的个人信用评分信息和电信运营商提供的个人信用评分信息。其中不仅包括个人基本身份信息和信贷交易信息，如个人信用记录、信用消费、通信信息等信息，还包括个人的社交网络信息、社会行为活动，如从社交媒体活动中获得的见解（Jagtiani and Lemieux，2018）和用户的数字足迹等。《中国征信行业市场发展前瞻与投资战略规划分析报告》（2019 年）中将日常生活、社交、社会行为、政务办理和经济行为等要素相结合，尝试建立更具合理性和实践性的信用评估体系。部分学者利用不同实证数据集，探索验证具体征信因素下不同信用模型的有效性，如 Gambacorta 等（2019）使用了一个包含传统银行信息和通过手机及电子商务平台数字应用程序获取的非传统信息在内的综合数据集，来对比分析机器学习方法与传统征信程序的差异。

(2) 企业征信要素。在企业征信要素研究中，早期学者多着眼于企业以财务信息为核心的信息，利用盈利信用、债务信用、纳税信用、质量及服务信用等要素，或者主张财务指标与非财务指标的结合。在结合大数据技术后，学者开始强调网络获取信息的重要性，重点提出网络信息、融资平台信用与要素创新能力等相关指标（吕秀梅，2019）。对于拥有现有平台的大科技公司，数据收集则可以扩展到订单、交易和客户评论方面（Frost et al.，2019）；刘瑛和周浩（2020）则主张将知识产权纳入企业信用评估体系。

比较两种征信要素可以看出，大数据征信改变了传统征信产品的设计理念和运作经营模式，重新定义了征信体系。它通过大数据和人工智能技术为行业赋能，强调对信用主体的实时、动态信息进行全方位交互。此外大数据征信更看重对于信用要素所得数据的处理与应用方式，与依赖评分卡模型的传统银行风控模型相比，大数据风控模型对违约的预测更加准确，也更稳健。在对征信要素的整合分析方法上，有不少学者做出进一步研究。例如，Zhang 等（2021）等利用 bagging（引导集聚）算法策略对局部离群因子算法进行了改进，提出且检验了一个新的多阶段集成模型，来减少充满噪声的信贷数据集中存在的异常值的不利影响，张云起等（2017）采用主客观相结合的办法，改进传统模糊综合评价法，在信息联网商务信用评估流程和现用度量方法的基础上建立了信息联网商务信用评估模型。郑建华等（2020）针对中小微企业的特性构建了多维数据信用评级模型等。

简单来说，信用评估是指使用数据模型有效地处理和分析信用信息。20 世纪初，美国穆迪公司开始公开发布信用评级结果，创立穆迪信用评级，是美国信用评级的起点。1956 年，工程师 Bill Fair（比尔·费尔）和数学家 Earl Isaac（厄尔·艾萨克）在旧金山成立了第一家信贷行业的咨询公司——Fair Isaac，共同发明了著名的 FICO 评分体系，该方法实质是应用数学模型对个人信用报告包含的信息进行量化分析，美国三大信用管理局至今仍采用此方法为信贷机构服务。在我国，常见的信用评级方法有层次分析法、模糊评估法、专家评价法、超主权信用评估法等。结合上述方法，有学者从企业市场环境、经营业绩和信用状况等方面为中小微企业建立了信用评级指数，评价体系得以不断改进和优化。

随着互联网、P2P 等的兴起，国内外关于网贷借款人信用评估的研究主要集中在评估指标和评估方法两个方面。一方面，部分研究人员认为仅包含硬信息的信用评级系统存在不足，可能会导致客户信用贷款申请失败，评级指标应包括在线行为数据，如互联网上的客户信用交易，以便创建灵活的信用补充数据集（Freedman and Jin，2011）。另一方面，有学者提出传统征信业中的绝大多数借款人信用风险评估是基于静态分析给出的结果，而大数据技术可以从整体性角度，对客户信用风险进行实时分析、跟踪监测（Crosman，2012）。所以，利用大数据技术不断优化信用评估模型已是必然的趋势。

二、大数据征信建设指标度量

随着经济社会的发展，诚信激励与失信惩罚并存机制逐步建立，征信影响着金融活动、行政管理、行政执法、司法审查等各个领域。为进一步观测征信发展效用，在国家发展改革委的领导下，各个领域通过信用监测平台，监测分析报告等，指导征信业的发展，如《中国城市信用状况监测评价报告》《中国城市信用建设年报》《中国企业信用建设报告》《浙江省建筑施工企业信用评价的实施意见》《中国城市商业信用环境指数（CEI）蓝皮书》[①]（以下简称《CEI蓝皮书》）等。

以《中国城市信用状况监测评价报告》为例，全景式、多维度地展现城市信用建设发展情况。该报告在现有基础上不断完善城市信用监测分析的办法，迭代优化监测指标和评价模型，从信用事件、信用信息透明度、信用市场、重大失信事件、重大失信事件的政府反馈、联合奖惩等10个维度，全面、科学、及时地评价城市的信用状况。研究表明，我国整体信用状况在不断改善，信用制度体系建设得以持续推进。中国城市信用状况监测预警指标体系如图3-8所示。

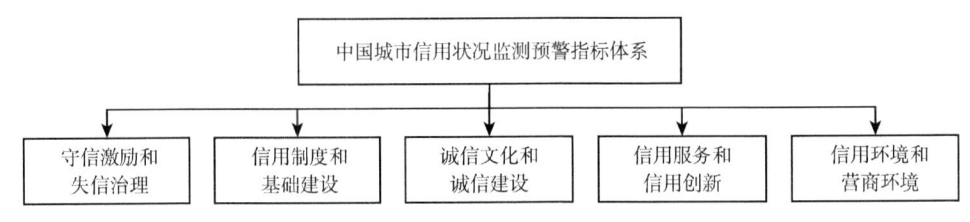

图3-8　中国城市信用状况监测预警指标体系

资料来源：根据《中国城市信用状况监测评价报告》整理得出

大数据技术为征信业发展带来了革命性的转变，这种转变不是简单的技术升级，而是一种全方位的征信模式转型，是互联网与金融及信息技术共同跨界融合创新而形成的，大数据征信是将大数据技术应用到征信业进而形成的一种征信模式，既包含征信业的发展又包含大数据技术的应用。国外对征信的研究较早，拥有非常丰富的学术成果。首先，对征信的历史进行研究回顾，从征信系统出发，对征信机构的历史起源、发展现状以及征信产品进行了研究，对征信业进行研究时，对征信机构出具的信用报告以及在市场上投放的信用工具进行了综述；其次，从信用监管的角度对征信相关理论进行了回顾和聚焦，有学者在研究中提出征信机构在信息收集中面临严重的道德风险，这导致债务的违约率较高，征信机构要承担更大的风险，Pagano和Jappelli（1993）提出政府对信用进行监管能够增强信息共享的安全性；再次，对现存的主要征信模式进行了梳理，国际上公认的征信模式主要有三种——市场主导型、政府主导型以及混合型，市场主导型和政府主导型征信模式各有特点，各有优势，市场主导型征信模式有利于信息共享，提高数据的质量，政府主导型征信模式能够有效调控市场风险；最后，进入互联网时代之后，大数据能够无限扩大数据维度，推动商业模式变革，大数据技术逐渐渗透到征信业，Crosman（2012）通过对美国ZestFinance公司利用大数据进行风险管控的案例进行分析，提出以大数据技术为基础的征信服务要优于传统征信，大数据技术能够迎合多种征信需求，提高企业的信息保护能力，但是随着大数据技术逐渐渗透到征信业，大数据征信建设逐渐完善，用户的信息透明度被提高的同时，用

---

① CEI为credit environment index，信用环境指数。

户隐私问题以及道德伦理的考量也逐渐得到社会的关注，中国城市信用状况监测预警指标体系中对信用制度问题着重强调，因此在衡量大数据征信建设时要将制度建设问题考虑在内。

根据一些学者的学术观点和现代管理实践，本书从征信系统、信用投放、信用监管、制度建设以及大数据技术建设五个维度构建大数据征信。基于胡倩倩（2020）的研究，从《CEI 蓝皮书》中选择合适的指标，用以衡量大数据征信建设中征信业的发展。该书从七个维度构建城市商业信用环境指标，包括信用投放、企业信用管理、征信系统、政府信用监管、失信违规行为、诚信教育以及企业感受等维度，全面反映了我国信用交易水平和社会信用体系运行成果，为政府监管决策提供支撑，为城市文明建设贡献依据。从研究大数据征信建设角度出发，本书认为该指数过于综合，且缺乏针对性。而后将重心放在三大核心体系建设上——市场征信服务、信用投放和政府征信监管，最终选取了信用投放建设、征信系统建设、政府征信监管建设、制度建设以及大数据技术建设五个维度构建指标体系。

此外，从大数据技术的视角出发，大数据征信利用大数据技术以电子商务交易中产生的大量结构化硬信息和非结构化软信息为基础，再利用专业的数据挖掘与分析方法，为资金需求者提供融通资金的信用凭证，这说明大数据技术的应用起着至关重要的作用。大数据征信模式的兴起正是在大数据技术不断发展和成熟的基础上实现的。此外，在中国城市信用状况监测中，大数据技术评估工具与预警指标体系相结合，所以本书在度量大数据征信指标时将大数据技术考虑在内。但是，有学者对不同城市的信息化发展水平进行了分析比较，所以本书借鉴工业和信息化部赛迪研究院发布的《中国信息化发展水平评估报告》，根据不同城市的信息化发展水平来衡量各区域的大数据技术建设力度。

为了全面地反映大数据征信建设指标，本书在测度大数据征信建设水平时将制度建设问题考虑在内，根据各个政府网站和信用中国公布的制度建设信息，通过手工计算进行统计，对不同省份的制度建设情况进行了排名。

大数据征信建设利用互联网上的海量数据，使用精确度较高的信用评估模型对个人、企业的信用进行评估，并为信用主体提供信用画像，为相关金融机构提供信用查询、风险预测等服务，如通过企查查、天眼查等软件可以查询到企业的不良交易记录和违约历史，为企业构建较为全面的信用画像。自身风险是指该企业因为自身的失信行为遭到各方限制，因合同纠纷案、借款纠纷案或者未按时履行义务被强制执行的风险，关联风险是指该企业投资的公司遭遇破产重整、被列为失信执行人的风险，历史风险是指该企业在过去经历的破产重整、因民间借贷纠纷被起诉、在其他企业持有的股权被冻结的风险，司法案件是指企业现在因各种合同债务问题遭到起诉正在执行的案件，这些信息较为全面地体现了一个企业的守约能力和信用形象，在大数据征信时代，企业的各方信息能被及时统计分析，信用画像时刻展现在公众的视野中。

根据一些学者的研究，本章绘制了大数据征信建设流程图（图 3-9）。

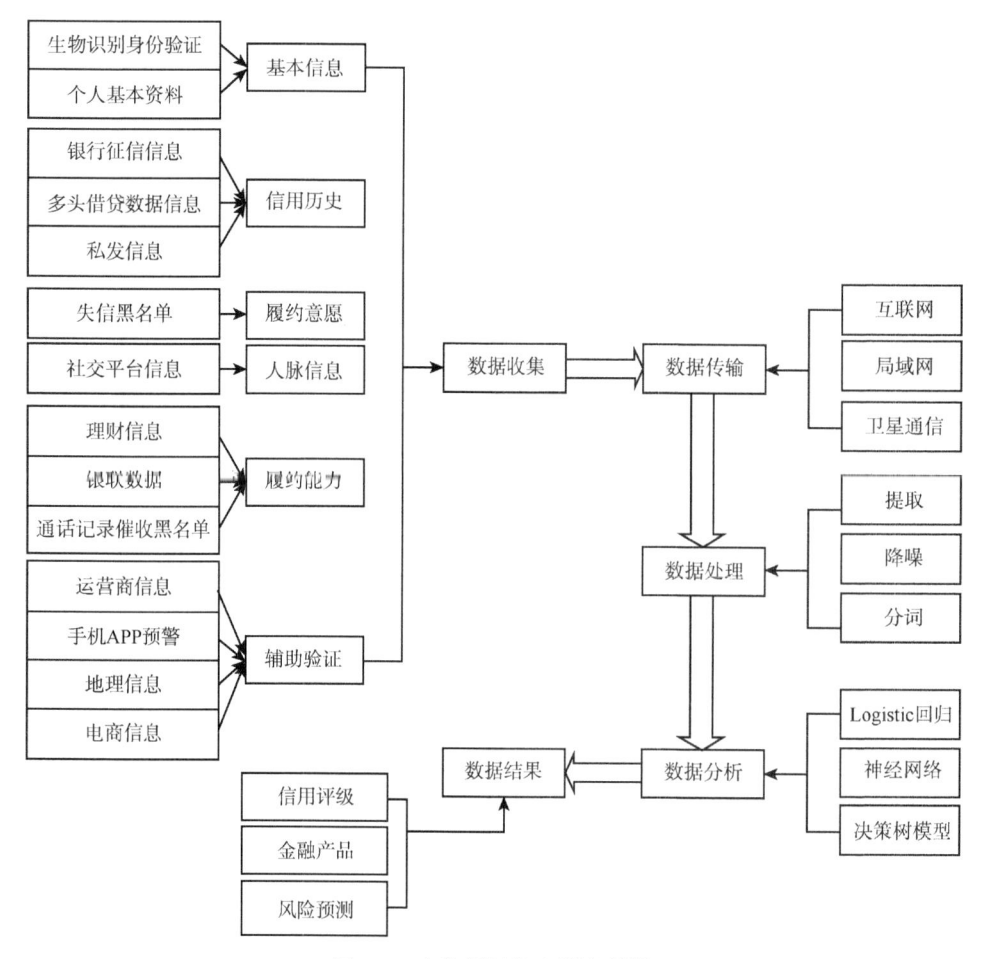

图 3-9 大数据征信建设流程图

结合《CEI 蓝皮书》的信用投放建设、征信系统建设、政府信用监管建设和《中国信息化发展水平评估报告》的政府官网中各省份的制度建设以及大数据技术建设，本书利用熵值法构建中国城市商业信用环境指数评价指标体系，如图 3-10 所示，大数据征信指标构成如图 3-11 所示。

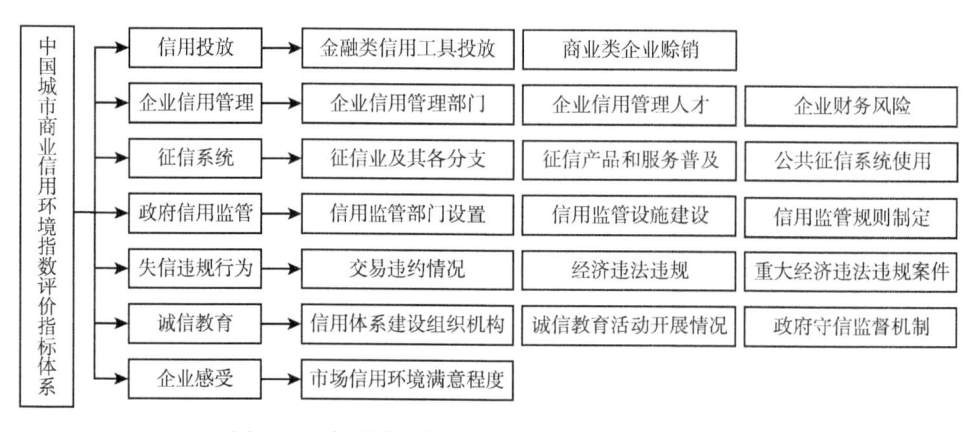

图 3-10 中国城市商业信用环境指数评价指标体系

资料来源：根据《CEI 蓝皮书》整理得出

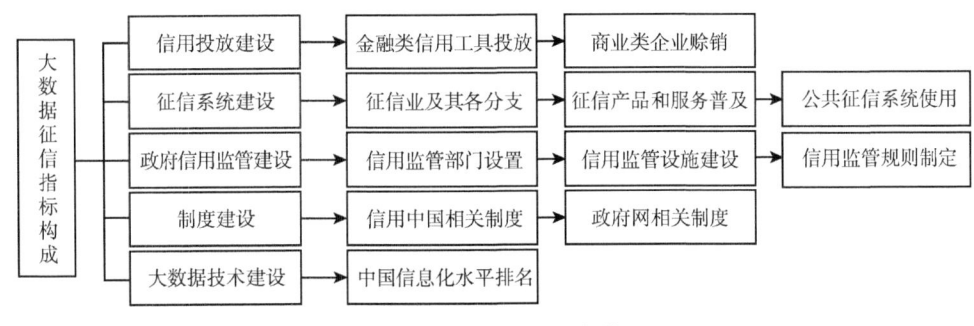

图 3-11 大数据征信指标构成

三、大数据征信的制度创新

在信用制度和监管体系建设过程中，大数据征信政策亟待完善，监管相对薄弱，监管方式与手段较为单一，做好国家大数据征信建设工作需要各级政府部门与各主体单位协同发力，落实信用立法，加强对征信活动的监管，保障大数据征信健康有序地发展。

（一）信用制度

（1）从国家层面来看。"中华人民共和国社会信用法"的制定，能够健全中国信用管理法治体系，"公共信用信息管理条例""统一社会信用代码管理办法"等一系列配套法规均已形成定稿，不仅满足了国家治理、市场良好发展的需求，也标志着我国信用立法取得实质性进展。2022年3月，中共中央办公厅和国务院办公厅印发《关于推进社会信用体系建设高质量发展促进形成新发展格局的意见》，明确完善的社会信用体系是供需有效衔接的重要保障，是资源优化配置的坚实基础，是良好营商环境的重要组成部分，对促进国民经济循环高效畅通、构建新发展格局具有重要意义，提出以健全的信用机制畅通国内大循环、以良好的信用环境支撑国内国际双循环相互促进、以坚实的信用基础促进金融服务实体经济、以有效的信用监管和信用服务提升全社会诚信水平等方针政策具体举措，是新时代国家层面信用制度的纲领性政策。

（2）从地方层面来看。自上海制定第一部地方综合性信用法规以来，北京、上海、江苏、浙江等各级地方部门相继出台相关法律制度，实现由中央指导、地方推动的自上而下的信用体系建设，共同打造信用中国。各级地方部门的信用法规如表3-7所示。

表3-7 地方性法规一览表

地方	法规名称	主要内容
上海	《上海市社会信用条例》	界定社会信用的概念，将社会信用体系建设纳入国民经济和社会发展规划，注重信息主体信息安全等
浙江	《浙江省社会信用体系建设"十四五"规划》	提出以数字化改革为统领，以建成信用"531X"工程2.0为重点，健全科学化公共信用指标体系等
湖北	《湖北省社会信用信息管理条例》	对信用信息的归集、披露、应用、安全管理等进行规范，界定公共信用信息范围

续表

地方	法规名称	主要内容
河北	《河北省社会信用信息条例》	公共信用信息实行目录管理,明确目录的信用主体、制定和变更的程序,列举应当纳入公共信用信息目录的信息类别
杭州	《杭州市社会信用体系建设"十四五"规划》	提出信用法治化、信用数字化、信用产业化三大发展目标,明确依法依规、规范有序、政府引导、社会共治、数智支撑、释放价值、传承接续、开拓创新的发展原则
南京	《南京市社会信用条例》	为南京市社会信用体系建设、社会信用信息管理、社会信用信息应用、社会信用主体权益保障、社会信用行业发展等方面规范方针政策

资料来源:信用中国等网站

(二)监管体系

近年来,以《社会信用体系建设规划纲要》为顶层设计,由国家发展改革委主导、多部门协同制定了一揽子地方社会信用建设制度,逐步形成完善的信用监管体系。2015年《国务院关于实行市场准入负面清单制度的意见》,为企业信用建设及监管体系提供了有力支撑,明确提出要建立健全与市场准入负面清单制度相适应的社会信用体系和激励惩戒机制,填补了信用监管的空白,为企业信用建设及监管体系提供了有力支撑。此后,各部门签署的失信联合奖惩备忘录达30余部,2017年,国家发展改革委联合各大部门出台十余部相关信用法律规定,社会信用奖惩一体化大格局初步形成。2018年国家发展改革委对失信主体加强信用监管发布公告,加快构建以信用为核心的新型市场监管机制。"十四五"时期,国家发展改革委为创新和完善市场监管,推进市场监管现代化,编制了《"十四五"市场监管现代化规划》。2021年,有关部门提出要在大幅削减行政审批的同时,探索设定合理标准,创新事前监管。2022年,国家市场监督管理总局提出构建以信用为导向的营商环境,强化基础制度供给,提高商事服务水平,推进信用监管建设。此外,互联网智能监管体系利用区块链、云计算、人工智能等各种技术,提高了不同行业的市场监管水平。2017—2022年监管相关制度如表3-8所示,征信中心建设规范;如表3-9所示。

表3-8 2017—2022年监管相关制度

时间	文件名称
2017年1月	《关于加强交通出行领域信用建设的指导意见》
2017年3月	《关于加强涉金融严重失信人名单监督管理工作的通知》
2017年5月	《政务信息系统整合共享实施方案》
2017年5月	《关于进一步做好法人和其他组织统一社会信用代码信息回传和校核纠错工作的通知》
2017年8月	《关于对石油天然气行业严重违法失信主体实施联合惩戒的合作备忘录》
2017年8月	《关于对保险领域违法失信相关责任主体实施联合惩戒的合作备忘录》
2017年10月	《关于加强对外经济合作领域信用体系建设的指导意见》
2017年10月	《国家发展改革委办公厅 住房城乡建设部办公厅关于开展商品房销售价格行为联合检查的通知》
2017年11月	《关于加强和规范涉电领域失信联合惩戒对象名单管理工作的实施意见(征求意见稿)》
2017年11月	《国家发展改革委办公厅关于进一步做好政府出资产业投资基金信用信息登记工作的通知》

续表

时间	文件名称
2017年11月	《关于进一步规范行业协会商会收费管理的意见》
2017年11月	《招标公告和公示信息发布管理办法》
2017年11月	《关于对盐行业生产经营严重失信者开展联合惩戒的合作备忘录》
2017年12月	《国家发展改革委办公厅关于印发实施〈公共信用信息标准体系框架〉等六项工程标准的通知》
2017年12月	《国家发展改革委办公厅 人民银行办公厅关于印发首批社会信用体系建设示范城市名单的通知》
2017年12月	《涉税专业服务信用评价管理办法（试行）》
2018年1月	《社会组织信用信息管理办法》
2018年3月	《证券期货市场诚信监督管理办法》
2018年3月	《中华人民共和国海关企业信用管理办法》
2018年6月	《长三角地区环境保护领域实施信用联合奖惩合作备忘录》
2018年7月	《国家发展改革委办公厅 人民银行办公厅关于对失信主体加强信用监管的通知》
2018年11月	《关于对社会保险领域严重失信企业及其有关人员实施联合惩戒的合作备忘录》
2018年11月	《关于对科研领域相关失信责任主体实施联合惩戒的合作备忘录》
2018年12月	《国务院办公厅关于对真抓实干成效明显地方进一步加大激励支持力度的通知》
2018年12月	《旅游市场黑名单管理办法（试行）》
2018年12月	《中国（海南）自由贸易试验区商事登记管理条例》
2019年2月	《浙江省公共信用修复管理暂行办法》
2019年2月	《关于加强金融服务民营企业的若干意见》
2019年5月	《河北省住房城乡建设行业信用信息管理办法》
2019年7月	《国家发展改革委关于进一步降低中国人民银行征信中心服务收费标准的通知》
2019年12月	《广东省水利厅关于水利建设市场信用的管理办法》
2020年3月	《地方政府债券信用评级业务自律规范指引》
2020年4月	《北京市公共资源交易担保金融服务管理办法（试行）》
2020年8月	《中国银保监会等七部门关于做好政府性融资担保机构监管工作的通知》
2020年12月	《公司信用类债券信息披露管理办法》
2020年12月	《工业和信息化部关于印发证明事项告知承诺制实施方案的通知》
2021年1月	《防范和处置非法集资条例》
2021年3月	《关于进一步深化税收征管改革的意见》
2021年4月	《海南省服务业扩大开放综合试点总体方案》
2021年6月	《成渝地区双城经济圈综合交通运输发展规划》
2021年7月	《市场监督管理行政处罚信息公示规定》
2021年8月	《公路施工企业信用评价规则（试行）》
2021年10月	《国家标准化发展纲要》
2021年11月	《深化"证照分离"改革实施方案》
2021年12月	《司法鉴定机构诚信等级评估办法（试行）》

续表

时间	文件名称
2022年3月	《国家发展改革委办公厅关于重点开展"征信修复"问题专项治理的通知》
2022年3月	《中共中央 国务院关于加快建设全国统一大市场的意见》
2022年3月	《关于推进社会信用体系建设高质量发展促进形成新发展格局的意见》
2022年3月	《农业农村部关于进一步深化"放管服"改革的意见》
2022年4月	《住房和城乡建设部2022年信用体系建设工作要点》

资料来源：根据《中国企业信用建设报告》和信用中国相关政策及行业信用规范整理得出

表3-9　征信中心建设规范

层面	制度名称
金融机构接入和数据报送	《企业征信系统数据采集接口规范》《地方性金融机构申请并退企业信用信息基础数据库查询权限的流程》
用户管理和信用信息查询	《个人信用信息基础数据库数据金融机构用户管理办法（暂行）》《企业征信系统用户管理规程》《金融信用信息基础数据库企业信用报告查询业务规程》等
信息安全保护和运维	《数据安全管理办法》等

资料来源：根据《征信系统建设运行报告（2004—2014年）》整理得出

（三）征信建设规范

为保护信息主体的合法权益，确保信息安全，规范各大征信平台的征信业务及其相关活动，相关监管制度成为其执行依据。以征信中心为例，根据《中华人民共和国中国人民银行法》《征信业管理条例》《中华人民共和国个人信息保护法》等法律法规，从金融机构接入和数据报送、用户管理和信用信息查询、信息安全保护和运维三大层面制定了一系列相关制度规范，促进征信业健康发展。

第四章　大数据征信与中小微企业高质量发展的理论研究

前面章节分别征信体系创新与融资角度研究了大数据征信体系的理论，本章将从中小微企业高质量发展角度进一步分析大数据征信的相关理论，具体来说，本章分别从大数据征信影响中小微企业高质量发展的理论基础、关键构念和关键机制等方面展开研究。

第一节　大数据征信影响中小微企业高质量发展的理论基础

诞生于计划经济向市场经济转型过程中的中小微企业，贡献了80%的城镇就业岗位、70%的GDP、60%的利润和50%的税收。但由于受疫情与贸易逆全球化等因素的影响，目前普遍存在融资难、融资贵等信用问题，这成为制约我国中小微企业高质量发展的重要因素。为了解决我国中小微企业融资与信用信息不对称的问题，中小微企业征信体系建设刻不容缓。

信息征集技术的不足以及信用信息评价机制的不完善，是征信过程中面临的重要挑战。首先，以往信用信息征集方式一方面通过以往多次交易互动形成累积性历史数据（Benmelech and Dlugosz，2010；赵美，2020），另一方面通过实地线下调查获取具有高价值难披露的隐形数据信息（Bongaerts，2014；张璐昱和王永茂，2018）。这种信息征集方式对信息技术要求不高，比较容易施展，但同时也具有以下几点缺陷：第一，容易造成客户群体范围锁定，难以开拓新市场（Griffin and Tang，2011；张路，2019）；第二，征信效率较低，难以满足日益变化的信贷需求（贾拓，2018）；第三，市场信息相对割裂，信息征集方信息共享程度低（Xing et al.，2012；陈萌，2020；刘叶婷等，2016）；第四，信息征集方具有完全信息主导优势，容易造成道德风险（刘少波等，2020）。其次，以往信用信息评级大部分是根据获得的信息进行人为主观打分，或者根据自身情况建立信用评级模型得到看似较为客观的信用评级得分。这种信用信息评级方式存在几点问题：第一，人为主观打分容易造成寻租行为，导致信用评分失效（McAfee and Brynjolfsson，2012）；第二，人为建立评价模型难以全面考虑到大量评价指标因素，导致信用评分失真（Zhou et al.，2019；叶征等，2020；张云起等，2017）。征信业呼唤一种全新的第三方征信技术与评价机制来弥补传统征信的不足。

大数据技术的兴起为征信业的发展提供了一个绝佳窗口，因为大数据技术是征信业天然的推进剂与润滑剂。首先，基于互联网、区块链等技术可以自动挖掘、储存海量数据，并自动对数据进行归纳分析，不仅节约了大量人工搜索数据的时间成本，还提高了数据对接精准度（Zhang et al.，2020；Tsai and Chen，2010；McAfee and Brynjolfsson，2012；郑建华等，2020；贾拓，2018）。其次，大数据技术能够根据数据特征与企业需求建立不同的信用评价模型，也具有一致性标准接口，便于推广与共享（Shi et al., 2019；张路，2019；刘叶婷等，2016）。最后，大数据技术能够统一大部分企业信息接口，便于政府或第三方机构实时获取数据，且能够借助征信平台共享信用信息，打破数据信息孤岛困境（Wu et al., 2014；王霞等，2020）。因此，由大数据技术与征信业融合产生的大数据征信模式正受到各行各业的关注。

因此，大数据征信赋能主要从信息和资源等角度出发，支持和推动中小微企业实现高质量发展，本章回顾了相关理论，为后续机制分析奠定了理论基础。

一、资源基础理论

大数据征信的快速发展一方面能够极大提升企业资源搜索能力，另一方面能为企业提供声誉激励机制，进一步拓宽资源获取渠道。中小微企业高质量发展亟须外界资源持续大力的支撑，因此大数据征信赋能中小微企业高质量发展的理论机制离不开资源基础理论，本章从大数据征信角度阐述资源基础理论。资源基础理论在于探讨资源产生持续绩效差异的机制，将对竞争优势的关注点由产业组织理论关注的组织外部环境转向企业资源的内部组织特质。Wernerfelt（1984）在 *Strategic Management Journal*（《战略管理期刊》）上发表的"A resource-based view of the firm"（《公司资源获取渠道》）一文首次提出资源基础观，试图发展一种基于企业拥有的资源来实施产品市场战略的竞争优势理论，作为波特基于企业产品市场地位的竞争优势理论的补充（或双重）视角。该研究的首要贡献在于认识到企业间基于资源及资源组合的竞争对企业在实施产品市场战略中获得优势的能力具有重要意义。Wernerfelt（1984）、Rumelt（1984）、Barney（1986）以及 Dierickx 和 Cool（1989）的四项重要研究在早期勾勒出资源基础理论的基本轮廓，揭示了正是企业拥有的独特资源使企业获得并保持卓越绩效。此后，广大学者对资源基础理论在各领域中的运用报以巨大的热情，如今资源基础理论已成为管理学领域最具影响力的理论之一。本章进一步从理论内涵、理论前身等方面介绍资源基础理论。

（一）资源基础理论的理论内涵

资源基础理论的核心在于资源的占有和价值的获取，很好地解释了一个企业比其他企业能够更好地提供产品和服务的原因。该理论认为，若企业的目标是实现持续的竞争优势，就必须获取和掌握珍贵、稀缺、有限且难以模仿的资源和能力，并通过适当的组织结构来有效运用和吸收这些资源。除了特性外，资源这一资源基础理论的核心构念可以从有形资源和无形资源理解。其中，有形资源可以从物质资源、财务资源、人力资源以及组织资源等方面认识（Hall，2002），是企业发展的关键；而无形资源可以从知识（Nonaka，1994）、诚信（Barney and Hansen，1994）等方面认识。可见，资源基础理论对于资源的认识视角较为广泛，也为认识资源相对匮乏的低收入家庭的资源提供了更多接口。

Barney（1991）关于资源基础理论的研究及其构建起的框架受到后续研究的广泛引用。Barney（1991）指出资源基础理论建立在同一个产业内的企业拥有的战略资源具有异质性并且在企业之间不能完全流动两个基本假设之上,能够使企业取得持续性竞争优势的资源必须满足有价值(valuable)、稀缺(rare)、不完全可模仿(imperfectly imitable)和难以替代(non-subsuitable)等四个特性,即资源基础理论的 VRIN 框架。之后,Barney 等(2011)进一步整理前期研究,在资源异质性和非流动性的基础加上组织(organization),将 VRIN 框架重构为 VRIO 框架,即有价值、稀缺、不完全可模仿、组织,见图 4-1 和表 4-1。基于这个框架,我们可以理解开发企业资源、能力与盈利潜力之间的关系。

图 4-1 资源基础理论的解释路径

表 4-1 资源基础理论的 VRIO 框架

是否有价值	是否稀缺	是否容易模仿	是否难以替代	对竞争力的影响
否			否	竞争劣势
是	否			竞争均势
是	是	否		暂时的竞争优势
是	是	是	是	持续的竞争优势

基于 VRIO 框架,如果企业掌握的资源或能力并不具有价值,则该资源不能帮助企业选择和实施利用环境机会或化解环境威胁的战略,企业将会处于竞争劣势;如果某项资源是有价值但不是稀缺的,则在构建和实施战略中开发此类资源会给企业带来竞争均势;如果某项资源是有价值且稀缺,但是模仿成本低,则会为企业带来暂时的竞争优势;如果某项资源是有价值、稀缺且难以模仿的,则会创造持续的竞争优势。在该框架中,组织起着调节作用,可以说即使资源是有价值、稀缺且难以模仿的,但如果未能得到有效地开发和利用,潜在的竞争优势将无法实现甚至丧失掉(Barney et al., 2011)。

(二)资源基础理论的理论前身

巴尼和克拉克在其著作《资源基础理论:创建并保持竞争优势》中主要从传统关于独特能力的研究、李嘉图对地租的分析、彭罗斯的研究以及对反托拉斯的经济学研究等四个方面对资源基础理论的起源进行了梳理。本章按照此框架对资源基础理论的理论前身进行梳理。

第一,传统关于独特能力的研究。独特能力被认为是那些可以使企业比其他企业更有效率地实现战略目标的特质。在此之中,综合管理能力尤其是企业高管的能力最为受到关注。一般而言,高管对企业的整体盈亏负责,对企业绩效的好坏具有显著影响,检验企业领导者的能力与素质及其对企业绩效的影响一直是领导行为与领导能力领域的重要议题(周杰和薛有志,2008)。但是从该视角认识企业的竞争优势仍然存在局限,包括总经理的"高素质"标准难以细化、总经理的"高素质"并非决定企业竞争优势的唯一要素(Barney et al., 2011)。

第二，李嘉图对地租的分析。李嘉图对地租的分析更加关注"原始的、不可扩增的和不可毁灭的自然禀赋"产生的经营影响。这方面的早期研究聚焦于土地的经济效果分析。与其他生产要素相比，土地的供给相对固定，可以被认为是完全无弹性的生产要素，拥有这种无弹性供给能力和高质量的土地生产要素的所有者就可能获得经济租金。但是李嘉图忽视了获取土地资源所需支付的成本（Barney et al.，2011）。

第三，彭罗斯的研究。彭罗斯的《企业成长的理论》在探索企业成长的过程以及限制因素上具有重要意义。她反对将企业视为一个抽象的概念，企业应该是一个联结和协调众人以及团队活动的管理平台。这种从企业内部视角审视企业成长能力的理论，与科斯在其交易成本理论中将企业视为价格机制替代品的观点存在显著区别。除此之外，彭罗斯的研究对资源基础理论的贡献还在于认识到资源的差异性、从广义上认识生产性资源、企业异质来源分析等方面。

第四，对反托拉斯的经济学研究。被用来分析社会福利和反托拉斯的方法逐步发展成"结构—行为—绩效"的 SCP（structure-conduct-performance）范式，即一个企业所处的产业结构决定了其所能从事的活动范围，也会影响该产业中的企业绩效，一个企业要想拥有持久卓越的绩效就必须采取非竞争性企业行为。而后，Demsetz（1973）等一部分反托拉斯学者质疑 SCP 范式，认为产业结构并非企业绩效的唯一决定因素，这一观点也是资源基础理论的重要原则之一（Barney et al.，2011）。

二、大数据理论

Alvin Toffler（阿尔温·托夫勒）于 20 世纪 80 年代出版的《第三次浪潮》中着重提到大数据技术的重要性，自此大数据开始逐渐进入公众视野。在实践应用中，21 世纪初，Apache（阿帕奇）公司应用 Java 程序开发出搜索引擎 Nutch 进行大数据分析，到 21 世纪 10 年代，大数据开始在互联网等行业被广泛讨论，同时《大数据：下一个创新、竞争和生产力的前沿》专题报告正式发布，代表大数据受到官方媒体的正式认可。迄今为止，国外对大数据的认知都集中在技术与软件的应用管理上，国内举办的相关会议更多体现在大数据开发、挖掘等方面。总之，大数据技术相关研究已经成为学术界与实践界的研究热点。

近年来，大数据相关研究受到越来越多学者的关注，但对其概念内涵没有形成统一的认识。一些学者从与传统数据的对比角度出发，认为大数据是一种在数据抓取、管理、整合、分析等方面远超传统的数据处理方式。还有部分学者从数据角度出发，认为大数据是一种兼顾海量数据集、复杂运行模式的数据集成模式。随着研究的不断深入，学者对大数据的认知也逐步明朗，普遍认为大数据具有四方面特征，分别是多样性、规模性、速度、价值性。

本书认为在大数据背景下，丰富的数据资源、广泛的应用市场、不断涌现的互联网创新企业、信息技术快速迭代更新，为企业征信体系的完善提供了充足的便利条件。一方面，可以利用数据挖掘技术为市场提供企业信用信息服务，防范企业信用风险。另一方面，还可以根据市场需求及自身状况，与有关部门通力合作，应用不同计算模型和数据处理方法，灵活开发征信增值产品，提供多样化、个性化服务。

三、信用管理理论

信用管理理论的起源有两种不同的观点——学院派观点与实践派观点。学院派认为20世纪20年代于美国出版的《信用和追账的理论与实践》最早揭示了信用需求与供给问题，并强调信用基础薄弱、供给不足等问题是影响信用发展的关键因素。实践派认为信用管理理论萌生于征信机构实践中，如美国征信机构D&B于20世纪40年代在实践中开发出一套课程"Credit and financial analysis"（信用和金融分析），该课程影响深远，21世纪初都还在发售，受到学界与企业界的一致好评，故从征信实践中产生的信用管理理论也一直被广泛认可。

从理论发展角度来看，信用管理理论经历了三次迭代。20世纪20年代出版的《信用和追账的理论与实践》第一次将信用管理从实践层面上升到理论层面，自此标志着信用管理理论开始被外界认知。这本书系统地阐述了企业通过信用来进行客户筛选和管理应收账款的实践过程。但遗憾的是尚未对企业信用管理全过程提出系统性的实践操作方案。随后，《消费者与商业信用管理》一书成为系统阐述企业信用管理全过程的重要里程碑，进一步推动了这一领域的发展。该书具有五大特点，一是系统提出企业信用管理的五大功能，二是从风险控制角度全方位全过程提出信用管理实践操作，三是从技术层面提出征信业的外部技术支持与实践管理，四是提出以征信报告为基础的成套客户信用档案体系，五是建立以5C与5C1S[①]理论为基础的信用管理理论。虽然《消费者与商业信用管理》系统全面地介绍了信用管理理论，但仍然囿于风险管理领域。21世纪初，第三代信用管理理论逐渐形成，突破传统风险管理领域到信用制度领域来探讨企业信用管理问题，主要有四方面变化：第一，更加完整系统的成套信用信息档案；第二，更多更全面的征信服务品种；第三，更加健全的信用市场规范系统；第四，更加精确的信用量化分析方法。到了21世纪，大数据技术推动大数据征信业蓬勃发展，信用管理理论也与大数据理论有了融合趋势，在整个信用管理过程中大数据技术都有所体现，如信用信息数据的挖掘、整合、分析，信息评价体系的大数据智能管控，信用分享机制的实时动态调整，等等。因此，大数据背景下信用管理理论发生了根本性变化，有必要对其展开进一步的理论研究。

第二节 大数据征信影响中小微企业高质量发展的关键构念

一、大数据征信应用能力

大数据征信是一种将大数据技术嵌入征信业的新型征信模式，这意味着大数据征信模式将同时具有大数据技术赋予的信息深入挖掘、实时动态共享、智能整合归类等计算能力（Devereaux and Peng，2020；McAfee and Brynjolfsson，2012；Wu et al.，2014）以及征信业附带的信用信息透明化、信用"黑名单"等规范惩戒引导能力（张鹏，2013；

---

① "5C"代表communication（交流能力）、creativity（创新能力）、collaboration（合作能力）、critical thinking（批判性思维能力）、cultural competency（文化理解与传承），"1S"代表study skills（学习能力）。

Weber and Bauman，2019）。在以往的研究中，学者大都将大数据征信体系作为一种由政府与第三方信息中介机构建设的信息监管中心（Elkhoury，2008；何宏庆，2020），并以此分析其对整个社会稳定（Devereaux and Peng，2020；Pinto，2005；马小琴等，2018）、经济金融发展活力（Wang et al.，2011；Migiro and Wallis，2006；何培育，2017）的影响。虽然学者一致认为大数据征信体系对整体宏观经济发展具有支撑作用，但缺乏从微观企业层面分析大数据征信建设对企业生产经营的影响机制，而企业作为创新主体，在整个国家经济体系中占据极其重要的地位，大数据征信如何更好地赋能企业发展是一个非常值得深入探究的问题。要解决这个问题就必须要转变以往从宏观层面以及体系建设角度分析的观念，应该更加关注企业层面对大数据征信的应用感知价值，这样才能为大数据征信体系制度建设提供来自企业层面的宝贵实践经验。

当感知到大数据征信体系对企业发展具有促进作用时，企业会更有可能接受并使用该系统。企业应用大数据征信体系的能力主要是由企业应用能力与大数据征信体系自身特性决定的。首先，从企业应用能力角度出发，大数据征信体系以互联网、区块链等大数据技术为手段，以海量信用数据为样本，全面描述信用主体的信用画像（Hung et al.，2020；Du et al.，2021；吴晶妹，2015），故具有评估企业可信度、交易机会以及预测未来交易等功能（Zhang et al.，2020；Tsai and Chen，2010；刘叶婷等，2016）。因此，企业在交易过程中"主动"应用大数据征信体系不仅能搜索合作方信用信息以大幅度减少企业交易成本，提高交易效率，还能搜索潜在竞争对手的信用信息，并根据自身发展情况做出战略调整，提高交易中标率，避免不必要的损失。在相同大数据征信体系建设水平下，企业对大数据征信体系的搜索应用能力是由企业应用能力决定的。

其次，从大数据征信系统特性角度来看，征信是为了消除市场信息不对称，提高企业间交易信息透明化，同时还会根据企业的信用情况制定"白名单"与"黑名单"，以起到惩戒或激励作用（张鹏，2013；Weber and Bauman，2019），而大数据技术能让信用信息实现实时传递（Wu et al.，2014；王霞等，2020），故大数据征信体系能充分利用信息时效性与动态性，让这种惩戒与激励措施发挥出更大作用。当企业应用大数据征信体系时，自然也会感知到这种规诫机制，从而"被动"改变自身生产经营方式，努力提升自身信用，然而不同企业所处环境不同，自身信用情况也不尽相同，因此对这种规诫机制的行为反应也会表现出差异性。基于此，本章按照"主动接受—被动倒逼"的分类方式，将大数据征信对企业的影响能力分为大数据征信搜寻能力以及惩戒激励能力。

二、组织间信任概念内涵与分类

组织间信任（inter-organizational trust）（Lewis and Weigert，1985；Lewicki and Bunker，1996）作为一种特殊的社会心理事实，不仅受到理性因素的影响，还受到感性因素的影响。因此现有研究主要从理性视角和感性视角展开，进一步将其分为计算信任（calculative trust）和关系信任（relational trust）（Rousseau et al.，1998；Mcevily et al.，2003），但仅从其中一方面分析难以对各交易主体的特征进行协调统一，故需要将其整合到一起才能全面理解组织间信任的概念内涵。

组织间计算信任与关系信任的假设和决策规则具有明显差别。从计算性视角来看，其行为主体的前提假设是"有限理性"和"机会主义"（Williamson，1993），其核心逻辑建立在对结构合理的奖惩机制的准确衡量与评价上，指的是在诚实原则的基础上通过奖励的方式达到激励效果。这就使得计算信任主要遵循的是前瞻性决策规则（Poppo et al.，2016）。由此可见，计算信任指的是焦点组织通过对前瞻性条件综合考虑的基础上，对交易主体产生的预期认知（Gulati and Sytch，2008），如若行为主体采用欺骗等机会主义行为导致交易失败则会受到惩罚，故计算信任的关键在于焦点组织认为守信行为带来的收益大于风险。由此可见，在组织开展长期交易行为的过程中，计算信任能够规范交易环节，避免机会主义行为的出现，同时还能进一步深化交易双方的合作关系。

关系性视角主要以心理学和社会学领域为基础，侧重于组织间信任的社会属性方面。关系信任假定所有的经济活动均嵌入在复杂的社会关系中，经济活动的主体及制度环境与社会关系或情境限制有着直接联系（Lewicki and Bunker，1996）。基于此，通常将关系信任定义为焦点组织基于历史交易和社会互动，对交易伙伴保持的信任程度，即焦点组织认为交易伙伴会选择合理、公平的行为并且能够为自身任务的完成做出相应的贡献（Poppo et al.，2016）。实际上，关系信任主要依赖于回顾性或启发式的决策规则，该决策规则的形成在很大程度上取决于历史关系的质量（Gulati and Sytch，2008）。因此关系信任能够有效避免不确定性和复杂性，提高信息处理效率，降低交易成本。

综上所述，虽然诸多学者认为组织间信任是一种在风险状态中焦点组织对交易伙伴动机与行为保持的积极态度，具有二元关系对称的整体结构，但现有研究却多关注组织间信任的关系嵌入或关系规范，缺乏对基于理性计算的信任和基于社会关系的信任的综合分析。事实上，基于信任的交换关系不仅来源于纯粹的善意，同时包含计算预期（Gulati and Sytch，2008；Krishnan et al.，2016），组织间信任通常依托于计算和关系形成，两者并不是矛盾对立关系，而是各自保持张力。由此可见，虽然组织间信任下计算性视角与关系性视角的假设和逻辑存在一定的差异，但从总体角度对两者进行分析是很有必要的（Rousseau et al.，1998）。只有将计算性视角与关系性视角相整合，才能真正全面理解组织间信任的概念内涵。

三、不确定环境分类

当今外部市场环境充满了动荡与不确定性，对不确定环境的划分也因人而异，其大致可以分为以下三种。第一，从获取信息的角度出发，外部环境不确定性的重要表现是信息的不充分性，信息匮乏和资源稀缺时，环境充满了动荡和不确定性，该视角重点强调主观因素，可被观察到（Ndubisi et al.，2020；Alexopoulos and Cohen，2009）；第二，从管理者自身能力的角度来看，个人的感知能力是有限的。当管理者无法预测外部环境时，就无法判断环境会对组织的影响，且在做决策时无法预测风险后果，这些都体现了环境的不确定性（Milliken，1987）。环境的不确定性主要分为环境状态不确定性（Jaworski and Kohli，1993；Slater and Narver，1994）、组织效应不确定性（Jung and Kwak，2018；de Vasconcelos Gomes et al.，2018；Jaworski and Kohli，1993）和决策回应不确定性

(Atuahene-Gima et al., 2006); 第三, 从不确定性的来源视角出发, 不确定环境可以分为两大类, 一是管理者对环境的认知程度, 具体有政策 (Amore, 2020; Bhattacharya et al., 2003; 陈胜蓝和刘晓玲, 2018; 崔维军等, 2019; He et al., 2020)、技术 (Jiao et al., 2019; Bolli et al., 2020; Larsen, 2017; Lichtenthaler and Ernst, 2007; Paladino, 2008)、市场 (Chu et al., 2018; Baley and Blanco, 2019; 刘玉荣等, 2019)、经济 (Jin et al., 2021; Goel and Nelson, 2021; Manela and Moreira, 2015)、竞争 (Covin and Slevin, 1989; Slevin, 1997) 等自然状态知识, 二是其他行为主体行为的不确定性 (Parkhe, 1993; Schneckenberg et al., 2017; Schepker et al., 2014; Cannon and Perreault, 1999; Jung and Kwak, 2018)。

由此可知, 不确定环境既与外部环境有关, 也与决策者的能力、知识有关, 它们共同影响公司决策和绩效。通过对现有文献进行回顾, 发现在研究不确定环境时, 虽然现有文献对不确定环境的研究较多, 但大部分研究从单方面展开分析, 如研究政策不确定性、技术不确定性、市场不确定性等, 较少有研究将不确定环境的两种附着源整合到同一个研究中, 然而不同附着源的不确定环境 (如行为不确定与市场不确定) 对企业创新的影响机制也不尽相同, 因此有必要将两者纳入到同一个研究框架中展开分析, 从而全面洞悉不确定环境影响大数据征信与组织间信任关系的作用机理。

四、中小微企业创业与包容性创业

包容性创业是在包容性增长理念下发展而来的, 强调为包括农民、女性、弱势青年人、老年人、少数民族和残疾人在内的 BOP (bottom of the pyramid, 金字塔底层) 群体提供公平参与的机会 (Prahalad and Fruehauf, 2010; Weidner et al., 2010), 目的是降低 BOP 群体在发展过程中面临的排斥性、脆弱性以及不平等性 (吴晓波和姜雁斌, 2012)。因此, 包容性创业可以界定为以公平分享经济发展成果、实现可持续发展的创业活动 (梁强等, 2016), 在包容性创业中, BOP 群体能够与普通群体一样有效参与, 甚至能够受益更多 (彭瑞梅和邢小强, 2019)。包容性创业实际上是某一区域里面普通民众进行的创业活动, 属于自主创业的一种 (杨怀印和曲国丽, 2009)。Rindova 和 Kotha (2001) 将创业定义为通过个人或群体的行动创造经济、社会、制度和文化环境的努力, 是一个具有广泛变革潜力的解放过程 (Paulson and Townsend, 2004)。目前, 不少研究从机会型创业和生存型创业 (Woodson, 2016; Wierenga, 2019) 的不同作用认识包容性创业, 后者基于现有的资源、能力与机会, 致力于维持生计并扩展生产规模, 从而产生良好的脱贫效果 (Morris et al., 2020), 这种经营所有权并不一定经过工商管理部门的"合法性"认定, 这种情况在包容性创业情境下更为常见。因此, 从包容性角度考察中小微企业创业问题更具有现实意义。基于此以及数据情况, 本章以个体私营创业这一类门槛低、易操作的中小微创业形式认识包容性创业具有可行性、科学性。本章先考察个体私营创业是否能够产生良好的包容性创业绩效, 如果能够产生良好的包容性创业绩效则认定个体私营创业为包容性创业。

五、信用能力

信用指自然人及其家庭履行法定或者约定义务的心理态度及其行为能力的表现（杨文礼，2013；Anderson and Card，2013），是市场主体安身立命之本，对家庭的初始发展和后续发展起着积极支持作用，而不仅仅体现在提供政策资金和小额授信上（江曙霞和严玉华，2006）。因此，信用应从运用与配置的视角进行考察，突出其经济性和社会性。也就是说，在包容性创业下，更为关键的并不在于信用资源的存量而在于基于自身金融能力、金融素养运用与配置信用资源的能力。基于此，本章将信用能力定义为受信主体综合考虑资金供给、融资成本与收益以及自身发展状况，获取信用并有效开发、拼凑信用资源进而获取信用利益的能力，这对于家庭特别是 BOP 群体而言尤为重要（江曙霞和严玉华，2006），即"有信用，更要会用信用"。信用能力包含两层含义，即通过受信主体历史信用存量表征信用的获取能力，以及根据自身金融能力、金融素养运用与配置信用资源的能力。基于大数据征信的研究情景，本章主要考察银行等正规金融机构的融资授信渠道，将其运用、配置这些信用资源的能力定义为信用能力。

六、信用画像

受传统儒家文化的影响，我国社会自古以来就以一种"关系型"模式存在，并时刻遵循着儒家思想"五常"中"信"这一处事原则（李双建等，2020）。在当前信用经济时代，诚信不仅是社会运行的基础，还是企业在市场中保持自身承诺和行为的一致性不可或缺的重要品质（Kalshoven et al.，2011）。《国务院办公厅关于加快推进社会信用体系建设构建以信用为基础的新型监管机制的指导意见》进一步强调了信用的管理与建设工作。

企业信用是社会与经济等多层面的综合概念，从广义上可以定义为企业获得信任的资本，主要包含诚信资本、合规资本、践约资本这三种。其中，诚信资本主要强调的是道德文化，指信用主体即企业自身秉持的诚信思想等基础素养；合规资本则更侧重于体现企业在法律法规或社会惯例等方面的遵循程度；践约资本更关注企业在市场信用交易活动中的成交能力与履约能力。从狭义上看，企业信用可以定义为企业获得交易方信任的一种经济资本，主要体现在日常资金融通和信用贸易往来等交易活动中。综上所述，信用画像是在企业真实信用数据的基础上，建立模型将信用信息标签化、具象化、系统化，以方便进行信用多维度分析管理的一种评测工具。

第三节 大数据征信赋能中小微企业高质量发展的关键机制

立足发展新阶段，为聚力推动新时代中小微企业高质量发展新浪潮，大数据征信体系可以提供全方位的支持，涵盖内外部资金、技术创新能力以及社会创业机会等资源，故本书分别从融资、高质量创新与包容性创业三个角度阐述大数据征信赋能中小微企业高质量发展的影响机制。

一、大数据征信赋能中小微企业融资的影响机制分析

融资难与融资贵一直以来都是我国中小微企业高质量发展的"痛点"与"堵点",实地调研数据显示,我国超六成中小微企业实际获得的银行商业信用不到申请的70%,98%的中小微企业甚至没有获得过银行商业信用配给,可见如何获得银行商业信用成为突破中小微企业高质量发展融资瓶颈的重要机制。在实践中,征信机制是中小微企业获得有效信用配给的最有效方式,但由于传统征信方式主要采取人工方式收集整合企业信息,并采取主观打分等方式对企业进行信用评价,虽然能在一定程度上解决银企借贷方面的信用配给问题,但仍然存在两方面较大的缺陷:一是传统征信模式受到信息手段落后、征信范围狭小等客观因素影响,难以精确快速地获取企业的财务、交易等信用信息(Pan et al.,2017;鞠卫华,2017);二是传统征信业受到信用信息评价方法主观化、信用信息传递不及时等因素的影响,会导致信息评价方在企业信用信息评价过程中具有信息主导优势,继而引发评价寻租现象,从而难以保证企业信用评级的准确有效性(Saka and Orhan,2018;Cantor and Packer,1997;Alloway,2015),以至于征信业失去公共权威,无法为消除企业间的信息不对称提供更好的服务。因此传统征信难以从根本上解决银企之间、企业与企业之间、企业与顾客之间的信息不对称问题。

近年来,随着互联网、云计算、大数据等现代技术的兴盛,各行各业都加快了与新兴技术深度融合的数字化转型速度,其中大数据作为最热门的数字技术之一,在市场需求、技术发展和政策支持三股力量的推动下(王秋香,2015),展现出广阔的应用前景和巨大的商业价值,其在金融领域的一个重要应用就是大数据征信。虽然大数据征信与传统征信的底层逻辑并不存在显著差异,但两者在数据范畴和内涵、信用评价思路、覆盖范围和应用领域等方面都存在显著差异,大数据征信比传统征信拥有更加及时、准确、低成本、高效率的技术优势(Ahlin and Jiang,2008),因此有理由相信通过大数据技术改造的征信可以有效弥补传统征信存在的不足。本书分别从赋能的科技逻辑与金融市场两个视角阐述大数据征信赋能中小微企业融资的影响机制。

(一)大数据征信赋能中小微企业融资的科技逻辑

图4-2为大数据征信赋能中小微企业融资的科技逻辑。

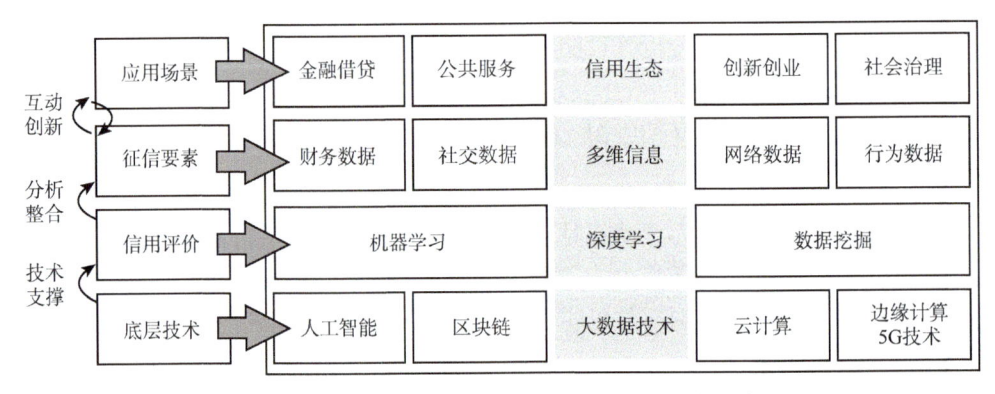

图4-2 大数据征信赋能中小微企业融资的科技逻辑

（二）大数据征信赋能中小微企业融资的金融市场配置机制

信息生产和组织交易是金融的核心功能，在信息不对称背景下，大数据征信本质上能够弥补由此带来的金融市场失灵风险，其建设发展始终离不开金融市场大环境（张新宜，2018）。总体上，金融市场化是强化市场主导地位、提升信贷配置效率，进而推动金融改革的重要手段，在很大程度上会对中小微企业信贷可得性产生影响（Neusser and Kugler，1998）。但相对地，金融市场化无法仅仅依靠自身市场调节来降低金融市场失灵风险，政府干预基础设施建设不可或缺。大数据征信在实践中的诸多障碍、金融市场化在促进中小微企业融资方面的局限性以及两者的内在关联性都体现了两者协同的必要性，过度强调某一领域可能会出现软环境和硬设施耦合效用低下的局面。换言之，探究区域大数据征信建设、金融市场化及其交互效应是解决中小微企业融资难问题的外部需求。

同时，企业信用评级是其融资能力的重要表征。一方面，大量研究表明，中小微企业规模较小，财务数据不全，缺乏银行能够接受的抵押物，这些硬信息是商业银行进行企业信用评级的硬性指标（朱冬琴和马嘉应，2012）。然而，中小微企业的成长性、企业家精神、市场灵活性等软信息难以被传统商业银行挖掘。究其原因，一种理论观点认为，软信息调查、甄别成本大，传统商业银行成本收益难以对等（Liberti and Petersen，2019）；另一种理论观点认为，软信息变化太快，商业银行无法监控等。随着大数据技术的发展与应用，社会信息越来越丰富，信息收集、甄别和监管费用大幅度降低，这就给中小微企业信用评价创造了新的途径。因此，从软硬信息综合层面探讨大数据征信对中小微企业信用评价的影响至关重要。另一方面，在金融市场化与大数据技术突飞猛进协同发展的背景下，以硬信息为基础的传统企业信用评级面临与时俱进的新挑战，而建立更加适应中小微企业发展趋势的信用评级体系势在必行。目前，企业信用评级更关注企业资金的投入产出情况，忽略了其融资结构的合理配置对企业经营发展的重要影响。实际上，科学的融资结构能够促进企业资金的合理运转，提高企业的偿债能力，并且是反映企业信用能力的一个重要组成部分。因此，在金融市场化的环境下，将企业融资结构纳入中小微企业信用评级体系，从企业融资结构改善来解决融资难的问题成为学术界的重要议题。

二、大数据征信赋能中小微企业高质量创新的影响机制分析

（一）信用画像视角下大数据征信赋能中小微企业的持续创新机制分析

自熊彼特时代以来，创新就一直被公认为是中小微企业持续发展的原动力（Rothwell，1994）。如今，快速动荡的外界环境对中小微企业创新提出了新要求（Goel and Nelson，2021；Prahalad，1998）。一方面，中小微企业难以仅靠自身资源与能力在日趋复杂的竞争环境中保持可持续发展，另一方面，技术迭代速度的加快以及技术复杂性的提高要求中小微企业打破传统封闭式内生创新模式，寻求一种整合企业内外部创新资源的开放式合作创新模式。在此背景下，中小微企业持续创新发展必须与外界市场主体合

作以规避环境不确定风险,因此,中小微企业间合作的紧迫性与必要性使得企业信用画像的重要作用进一步凸显。

从信用角度来看,诚信是企业之本(唐玮等,2020),企业信用是对外表征企业信誉、实力与品牌形象,获得融资便利,缓解研发过程中的资金不足问题的关键所在。企业信用对企业具有约束作用且可以增强企业的社会责任感,以对消费者负责及提高消费者满意度为出发点,企业信用可以驱使企业进行更多的技术投入与研发,紧跟市场需求,对产品进行升级换代,推陈出新,增强自主创新意识,提高创新效率。对内企业信用发挥着规范与引导作用,企业信用可以影响员工行为,增强员工对组织的认可度,提高员工合作效率,进而提高企业创新效率(左锐等,2020)。另外企业信用可以降低企业管理者的自利动机,促使企业管理者将更多的资源投入研发创新(张兆国等,2014)。从创新角度来看,企业创新利于企业信用的积累,企业开展创新活动可以显著提高企业财务绩效和给企业带来长期竞争优势,从而对企业经济实力和市场适应能力产生积极影响,对外展示企业发展活力。企业凭借优质的新产品、新技术,可以提高新市场占有率、市场盈利能力以及客户满意度,企业财务绩效随之提升,企业总资产增加、资产负债率降低,人均净利润和人均总资产增加,利于企业经济实力的提升。企业开展创新活动形成的长期竞争优势,有利于企业扩大经营,提高品牌知名度和品牌优势,赢取更多的客户,提升用户口碑,提高社会信任度和认可度,获取新的投资者与金融机构的青睐,进一步提升企业形象和实力。从创新理论出发,企业创新的目的是增强市场竞争力,扩大市场份额。但是创新意味着企业原有生产模式的改变,创新是一个跳跃、不连贯的过程。企业信用是稳定的、连贯的,它可以为企业创新提供时间支持,使企业创新趋于稳定,为企业顺利开展创新活动提供保障。市场需求发生了变化,企业为了生存与发展需要开展创新活动,以满足市场需求,然而,新产品和新技术的推出面临一个关键问题:市场是否给予足够的信任,是否接受这些创新。此时,企业信用可以向外界传递出企业一贯的承诺,获取市场信任,保障企业创新获得成功。另外企业创新与企业信用的研究会受到某些共同因素或相似因素的影响,如政商关系、政府政策、地区竞争活力等,表明企业创新与企业信用之间具有一定的关联性,两者不可分割。

事实上,信息不对称一直以来都是全面刻画企业信用画像的绊脚石,它影响了企业创新发展(Akerlof,1970;Stiglitz and Weiss,1981),而如何解决企业间信息不对称问题一直是学术界与企业界关注的热点,其中提到最多的解决方案便是通过征集企业各方面信用信息(包括企业财务绩效信息、企业担保信息、企业主个人信息等),并利用相应的评价模型对各个企业进行信用评级以确定企业的信用状态,从而最大程度上消除企业间信息不对称(Hirk et al.,2019;Diamond and Verrecchia,1991)。

同时,随着互联网、区块链、云计算等大数据技术的发展,一种具有数据深入挖掘、实时公开与查询功能的新型大数据征信模式正快速发展(Hung et al.,2020;Hájek,2012;Crosman,2012;Angelini et al.,2008)。这种全面运用大数据技术的新型征信方式一方面能利用大数据的自动深入挖掘技术和自动分类整理技术,从根本上解决传统征信难以解决的信用信息收集与整合等技术难题(Mujeeb et al.,2021;Chen et al.,2012;李辰,2016),另一方面能够利用大数据机器学习等算法为企业信用评级带来客观公正的评判以规避人为主观打分带来的效率低下、道德风险等弊端(Pan et al.,2017;Chen et al.,2014;

姜俊琳，2016）。

因此，大数据征信凭借大数据技术，对传统征信业务空白处进行补充，将对企业信用的关注从离线数据转移到全历史、弱相关的数据上，对企业信用进行全方位的评估与挖掘，使企业信用评估更加全面，从而利于扩展企业发展渠道，支持企业创新活动（贾拓，2018）。大数据征信数据来源非常丰富，涉及企业互联网消费数据、浏览数据、企业与利益相关者交往数据等，这就使得在对企业进行信用评估时，可以根据采集到的不同数据，有针对性地构建评价模型，企业信用精准度会更高。不论是银行还是其他金融机构，都可以根据企业信用授予企业应有的信用额度，缓解企业在资金短缺时的困境，减少企业获取资金的成本与负担，将更多的资源投入到企业创新活动中。此外，大数据征信不仅被用于事前评估，还被用于追踪企业动态信用，实时更新企业信用状况，促使企业保持良好的信用记录，避免违约，降低双方的损失，使企业不断创新成为可能，创新绩效在一定的程度上得到提升。

（二）组织间信任视角下大数据征信赋能中小微企业的合作创新机制分析

1. 组织间信任视角下大数据征信赋能中小微企业合作创新的动力机制分析

近年来，随着国际合作进入深水区，国际关系变得更加错综复杂，不管是中小微企业生产端所需的原材料与核心部件，还是市场销售端的产品销路都出现价格波动、供需快速变化等不确定的情况（Chu et al., 2018）。同时由于科技高速发展，技术迭代速度也不断加快，中小微企业外部技术变化的不确定程度也在不断增高（Bolli et al., 2020）。在这种外部市场与技术双重环境动荡的情况下，如何将不确定环境带来的危机转化为机遇成为中小微企业管理者奋斗的目标（Goel and Nelson, 2021；Prahalad, 1998），因此，快速获取外界信息和形成战略决策的能力成为企业可持续发展的核心竞争力之一，中小微企业要保证可持续发展，就必须不断提高动态能力（Teece et al., 1997）。当行业中企业都在提高自身动态能力时（Jiao et al., 2019），其财务、投资、战略等信息也都在快速变化，这对中小微企业的创新发展提出了较大挑战（Carson et al., 2006）。如何在快速变化的环境中保持竞争力成为企业面临的重大挑战。

根据社会资本理论和制度主义理论，企业在特定的制度环境中运作，进而形成了相应的组织场域（Uzzi, 1997）。在该组织场域内，中小微企业外部社会资本将直接决定企业的创新发展潜力（李靖华和黄继生，2017），而作为企业重要社会资本的外界合作网络能在一定程度上帮助中小微企业抵御外界环境动荡带来的负面效应。同时，现实经验告诉我们，当外界环境剧烈变化时，中小微企业会寻求合作伙伴的帮助，如2020年新冠疫情下，中小微企业大都利用供应链网络实现资金等创新要素的协同互助来渡过难关。因此，在不确定环境下，中小微企业加强与合作伙伴之间的联系以谋求发展不仅是现有制度主义观与社会资本观的理论要求，也是中小微企业实践得到的现实启示。

在企业日常经营过程中，合作策略是企业间交易的主要范式，其中风险、关系与信任是重要研究热点（Bozic et al., 2019；Dyer and Singh, 1998；Parmigiani and Rivera-Santos, 2011；Poppo and Zenger, 2002）。信任作为企业间交易的重要基础，能够促成"对未来合作的期望以及自愿承担风险的意愿"（Rousseau et al., 1998），这使得企业与合作方共同承担风险，减少不确定环境带来的负面效应。然而，信息不对称、关系锁定、机会主义行为等问题的存在，使得合作网络下组织间信任难以发挥出创新激励效应。同时，组织间信任下的计算信任与关系信任遵循不同决策逻辑，故信息不对称以及关系锁定等问题对计算信任与关系信任的影响也会不同，且两者对企业合作创新能力提升的影响机制也会存在差异。因此，能否缓解合作网络中普遍存在的市场信息不透明等棘手问题，针对性地改善不同类型的组织间信任，将会直接影响企业在合作网络中的资源获取能力。

大数据征信体系为合作网络下组织间信任的形成与加强提供机遇。在区块链、互联网等大数据技术快速发展的背景下，一项能够利用物联网技术实现物理信用与虚拟信用全面映射的大数据征信模式开始兴起（Du et al.，2021）。现有研究表明大数据征信技术不仅能够提升企业信用调查效率从而降低信息不对称程度（Hung et al.，2020），还能够通过非正式制度引导企业行为，提升企业信用资质，进而减少企业机会主义行为的发生（Salamon et al.，2017；Zakrzewska，2007；吴晶妹，2016；池仁勇等，2019）。因此，大数据征信体系不仅可以推动以预测评估为主的计算信任的形成与加强，而且可以促进以情感认知为主的关系信任的培养，继而能为中小微企业带来更加多元化的合作信任模式，从而提升中小微企业在合作网络中的合作创新绩效。

2. 中小微企业合作创新中组织间信任的驱动机制分析

第一，对于组织间计算信任而言，计算信任允许交易参与者之间相互交流，但需要采取谨慎态度，因为交易伙伴仅在违反规定受到惩罚时才会努力达到绩效目标，其中最严厉的惩罚就是终止交易并赔付违约金（Parkhe，1993；Gulati and Sytch，2008）。当交易双方认为对特定交易明确规定收益与惩罚时，完成该项目获得的收益将超过不参与项目的机会成本（Williamson，1993），这激励了交易各方履行其该尽的职责。作为一种前瞻式决策规则，计算信任意味着供需双方将精确评估每笔交易的报酬与惩罚，只有当能获得净收益时交易才会进行下去（Poppo et al.，2008；Williamson，1993）。正如 Parkhe（1993）指出的，当各方期望从一系列的交易中获得收益时，他们便会合作。因此，计算信任的核心是激励，隐含的前提假设是交易各方都是理性经济人（Poppo et al.，2016；Krishnan et al.，2016）。在前瞻性理性评估下，计算信任会激励各方参与其中并获得预期的收益，这要求中小微企业的产品具有一定竞争力，从而可以提高中小微企业的合作创新意愿，同时能改善企业的经营状况，为中小微企业合作创新提供资金保障；另外，通过与各方的交易，企业能够吸收和学习外部知识，进而提升自身的创新绩效。

第二，对于组织间关系信任而言，关系信任的核心是交易各方表现出"对合作伙伴行为的意图和可靠性具有强烈信心"（Krishnan et al.，2006；Yu et al.，2018），这能提升中小微企业交易绩效（Dyer and Chu，2003；Dyer and Singh，1998；Zaheer et al.，1998）。关系信任的核心是交易伙伴具有共同的信念与承诺，它可以减少双方冲突并降低谈判成本（Zaheer et al.，1998），促进合作，允许访问机密信息（Dyer and Chu，2003），并提高双方愿意承担更大风险的意愿（Uzzi，1997）。因此，关系信任提升中小微企业合作创新绩效的机制主要体现在以下两方面：首先，关系信任促进了双方的互动，作为供应商创新的关键参与者，客户将向供应商提供更多的市场情报和需求信息，以及可能服务于现有产品、改进现有产品和开发新产品的技术和知识，尤其是隐性知识（Chen and Jiang，2017；Wang et al.，2011；黄中伟和王宇露，2008）。其次，关系信任降低了中小微企业的交易成本（Wang et al.，2011；Poppo et al.，2016；潘镇和李晏墅，2008）并提升了中小微企业合作创新的风险接受能力（Yu et al.，2018；Jap，1999；王永贵和刘菲，2019），这不仅为中小微企业争取到更多创新资源，而且能够提升中小微企业合作创新失败的容忍度，由此增加创新成功的可能性并提升创新绩效。

当关系信任提高到较高水平时，可能会抑制中小微企业合作创新，这主要表现在以下三方面。第一，在高度信任的关系环境下，买方对供应商的行为与动机的监督将会大大减少，询问的问题也会减少（Gargiulo and Ertug，2006）。较少的监督与保护措施将会导致供应商的机会主义行为（Goel et al.，2005），并降低买方发现供应商违规行为的警惕性，这些都会额外增加中小微企业为挽回合作双方声誉而进行的资金投入（Villena et al.，2011；王永贵和刘菲，2019），从而导致中小微企业合作资源无法集中到合作项目中，抑制了合作创新绩效的提升。第二，信任水平较高的合作产生的启发式决策规则可能会产生系统偏差，从而出现重大交易决策失误（Ferrin and Dirks，2003；McEvily et al.，2003），如买方会接受来自其供应商的交易信息，而不会质疑其准备性或完整性（Krishnan et al.，2006），从而在一定程度上造成供应商的认知惰性，降低了其对外界信息的处理能力（Goel et al.，2005；Nahapiet and Ghoshal，1998），造成中小微企业的信息资源浪费，进而造成双方合作创新绩效下降。第三，随着关系信任水平的提高，买方更倾向于与其供应商建立多种联系。但是，这种多重性可能导致买方承担过多义务，从而束缚其资源使用抉择（Villena et al.，2011；Villena et al.，2019）。由于强烈希望继续与供应商保持现有关系，买方会减少寻找可能带来新鲜资源且更有能力的供应商（Kim et al.，2006；Poppo et al.，2008），由此减少中小微企业获得新颖知识的渠道，从而降低了中小微企业合作创新绩效。

三、大数据征信赋能中小微企业包容性创业的理论机制分析

（一）大数据征信对信用能力的影响机制分析

大数据征信作为数字化的情景变量，不仅充当了风险预测的功能角色，还发挥了于具体情景下充分感知大数据征信信用获益与失信排斥的作用，在中小微企业创业的具体情景下采纳与应用大数据征信，相较于传统征信"优者更优"的资源配置功能进一步强化了对信用发展过程的包容性支撑作用，也就是说即使受到传统征信信用排斥的中小微企业BOP群体也有机会融入现代信用社会。从资源基础理论出发，大数据征信不仅提供了更多包容性创业所需的信用产品，也为信用资源拼凑使用拓展了应用场景，表现出顾客拼凑、制度拼凑等特征，用以消除信息不对称和资源约束对于提升信用能力的不利影响。基于此，本章进一步探讨"大数据征信是否赋能信用能力提升"，考察大数据征信对私营企业信用能力的作用机制。

随着我国加快推进以5G、人工智能、工业互联网、物联网、数据中心等为代表的新型基础设施建设，数字化发展越发成为我国经济的新增长点和实现弯道超车的关键点。从信息不对称理论出发，由数字技术改造的大数据征信有利于将隐性信息显性化，一定

程度上改变了社会交往、经济贸易、金融服务以及信息展开的方式，降低了交易成本。具体来看，受数字技术催生的阿里巴巴、百度、腾讯等一系列涉及生活消费、日常出行、小微金融、社会交往甚至行政事项查询与审批的互联网平台，积累了无法估量的大数据并尝试基于此构建大数据信用，孕育出芝麻信用、腾讯信用、京东信用等大数据信用（何宏庆，2020），改变了信用信息表征的形式，补充完善了信用信息结构，更加强调包容性，产生了良好的涓滴效应（Ahlin and Jiang, 2008），进一步补充了传统信用表征，这也成为信用发展的趋势。也就是说在数字经济时代，数字技术改变了资源的获取方式，提供了更多的资源应用场景。在这一背景下，受到数字技术改造、重构的征信对信用、信用能力以及中小微企业包容性增长产生的影响值得关注。

同时，从资源基础理论出发，大数据征信提供了信用资源更加丰富的使用场景和信用教育场景，成为有效提升信用能力的重要手段。大数据征信为信用资源提供了信用沉淀体验的技术载体，更加广泛的信息接口、更加全面的信用评价、更加丰富的信用应用产生了更加包容的信用服务，特别是搭建了普惠金融接口、渠道以及应用场景，为创业主体提供了更具广度的金融服务，通过互联网交易，金融服务以及学习、工作、社交乃至娱乐等活动，创业主体行为数据、交易数据可以被记录，以帮助其接触更为先进的信用教育以及信用发展信息，提升信用能力。这也是动态能力视觉下的认识体现，即创业者需要进一步适应外部大数据征信带来的技术与制度环境的变化，提升信用能力。

所以，基于大数据征信的深化认知，搭建更加普惠的信用信息收集渠道和信用应用场景，并把握这些渠道与场景的使用边界和原则，创业者在适应这一外部环境的过程中，通过感知、采纳和应用信息，能够提升中小微企业的包容性创业绩效和信用能力。这一过程的理论基础可以从信息不对称理论、资源基础理论，特别是动态能力视角中找到支持。

（二）信用能力对个体私营创业绩效的影响机制分析

信用是企业生存和发展的核心要素，对家庭和企业的初始成长及其长期发展起到了重要的支持作用。企业长期发展的关键不在于单纯的资金投入，而是如何有效运用现有的信用资源，通过合理配置和管理信用来推动企业的可持续发展。在此背景下，政策应从直接资金支持转向强化信用管理和信用教育。特别对于那些面临融资困境的小微企业而言，有效利用手中的信用资源，获取信贷支持，进而提升信用状况，成为其突破发展瓶颈、实现包容性增长的关键。因此，除了拥有信用，如何科学地运用和管理信用，提升信用能力，也会影响企业的创新和发展。基于此，本章进一步探讨信用能力对中小微企业包容性创业的作用机制。

中小微企业 BOP 群体始终面临着资源短缺问题，包括人力资源、社会资源、职业资源、信用资源等，提高这些关键发展要素的利用率将有助于解决包容性创业过程中面临的问题。孟加拉国的格莱珉银行（Grameen Bank）凭借其在 BOP 群体中对创业贷款减负的贡献而荣获 2006 年诺贝尔和平奖（Chakravarty and Shahriar, 2015），20 世纪 80 年代以来小额信贷已成为 BOP 群体创业融资的重要工具（Bruton et al., 2011）。但是部分研究者质疑小额信贷的作用，他们认为小额信贷对财务结果的正向影响并不显著甚至会产生负向影响（Copestake，2002；张博等，2015）。一方面这与实证证据相对缺乏有关，另一方面这也与 BOP 群体的信用使用与信用存量之间的张力有关。

创业活动是在信用资源约束情景下开展的商业活动，对于个体私营创业而言，BOP 群体要想追求成长、摆脱信用资源约束困境，就必须积极寻求资源获取渠道和使用手段的创新，探索出创造性整合资源的新机制（蔡莉等，2019），从而实现包容性创业绩效。相关证据表明，授信机构通过开展信用教育来减少坏账风险。这些机构将小额信贷逻辑、金融逻辑与包容性增长逻辑相结合，采用逐步积累经验的方式（Sigalla and Carney，2012）提升合理使用信用的能力。在这个过程当中，授信机构通常会引导 BOP 群体创建提供基本生活必需品的企业，这可以帮助他们认识到自己作为创业者的潜力。从孟加拉国的格莱珉银行的小额信贷发放、过程监管与帮助、贷款回收等方面也可以看到授信机构对 BOP 群体开展的信用使用教育的支持作用（Calton et al.，2013）。

在中小微企业包容性创业中，信用资源的使用本质上是创业资源的整合与灵活运用（Baker and Nelson，2005）。基于创业拼凑观认识包容性创业，就是要为创业活动设立合适的目标，利用好手头信用资源推进创业活动，结合动态能力和资源能力的研究进展，我们应特别关注信用能力，即"不仅要拥有信用，更要善于运用信用"，也就是说，包容性创业的提升机制可以从 BOP 群体开展的个体私营创业的信用资源积聚、信用资源使用等视角考察，即考察信用能力在包容性创业当中的作用。这也是考察包容性创业、构建包容性创业理论分析框架的题中之义。所以，静态资源基础理论以及后续发展起来的动态资源基础理论下的动态能力、资源能力以及创业拼凑观为本书理解并形成信用能力这一变量，进而推进相关研究提供了理论基础。

第二篇

大数据背景下中小微企业征信体系建设的比较分析与中国实践研究

第五章 不同国家和地区征信体系建设的比较分析

信息交换是市场经济存在的基石，征信则是信息有效交换的保障。征信体系是先行国家数百年市场经济发展历程的经验凝结，作为防范和应对金融风险的有效工具普遍存在于国家金融系统中。美国、德国、日本等发达国家的征信历史可以追溯到19世纪，目前这些国家已经形成了较为完善的国家信用体系，早在20世纪60年代到80年代期间，美国就通过出台《公平信用报告法》（1970年）、《平等信用机会法》（1975年）、《公平信用结账法案》（1974年）、《信息自由法》（1966年）等17项系列信用管理法律，逐步形成了较为完备的征信管理体系，由独立于政府及金融机构的商业性征信公司在法律框架下收集各类信息，向社会提供有偿征信服务，在市场主导、信息自由的原则下实现对金融风险的监管与控制。欧洲国家多将征信服务作为金融监管的必要内容由中央银行设立的公共征信机构直接向社会提供。德国公共征信机构由德意志联邦银行监管，同样强制要求所有信贷机构、保险公司、风投机构等提供信息。20世纪90年代日本经济泡沫破裂导致信贷紧缩，日本政府投资13亿日元建设信用风险数据库（credit risk database，CRD），并组织信用担保公司及金融机构组成CRD协会，通过会员之间的信息共享满足社会对于信用信息征集考察的需求。一些国家在征信体系建设过程中已逐步形成相对完善的理论体系，其建设实践提供了丰富的操作模式和实战经验，能够为我国中小企业征信体系建设提供指导与借鉴。

第一节 美国征信体系及其演化的实证研究

一、美国征信体系的构成

（一）征信机构

由于美国没有公共信用调查机构，因此几乎所有的信用调查报告都出自私人征信机构。美国在20世纪80年代以前拥有着大量的信用调查公司，后期随着市场竞争加剧，以及电子信息技术的飞速发展，美国征信业进入了市场整合期，征信机构数量急剧减少。美国消费者数据行业协会（Consumer Data Industry Association，CDIA）的报告显示，消费者信用调查机构从2000余家减少到400家左右，极大提高了征信市场的集中度。当前美国的消费者信贷报告主要来自Equifax（艾可飞）、Experian、TransUnion三大征信机构，其他小规模的征信机构仅在特定的业务或某个较小的范围内提供服务。信用评级业务主要由穆迪、标准普尔和惠誉等评级机构垄断。在企业信用调查服务方面，D&B占据了美国大部分市场。

(二) 征信数据采集

除银行和相关金融机构之外,信用协会、金融公司和商业零售机构也提供消费信贷调查机构的信用信息,美国征信业务收集情况见表 5-1。美国的信用数据收集方式主要通过信用报告机构与多个参与方(如银行、信用协会、金融公司和商业零售机构)之间的合作来实现。这些机构自愿签署协议,并根据协议定期向信用报告机构提供消费者和企业的信用信息。通过这种方式,信用报告机构能够汇总不同来源的信用数据,进而构建全面的信用报告。值得注意的是,银行等金融机构通常不会公开企业的信用数据,以保护商业机密和出于竞争考虑,这也是为什么它们会通过协议形式与信用报告机构合作,而非公开披露所有信用数据。

表 5-1 美国征信业务收集情况

信息市场	征信对象	服务
资本市场	金融机构、上市公司	金融机构资信评级、股票评级、债券评级、公用事业评级
商业市场	中小型企业	企业资信调查、行业指数测算
个人消费市场	美国公民、在美国境内活动的外国人	个人信用调查、查询

(三) 征信数据完善

除了消费者的负面信用信息,美国私营征信机构也会收集其正面信息。美国征信业务具有地域性特征。原因主要有以下两点:一是当时受到经济发展和交通条件的限制,二是当时政府限制了银行分支机构的设立。这两点原因使得消费者获得贷款会采用就近原则,这导致了信息的提供者和使用者可能位于同一地方,因此,信息在地方征信机构之间变得更加集中。

随着美国高速公路的建设,美国人们的经济活动范围逐渐扩大,与此同时,信用卡公司在 20 世纪 70 年代也得到了迅速发展,信用规模和范围亟待扩展,征信市场也产生了大量的社会需求,进一步加速了征信业务量的增长和跨区域征信业务的发展。征信机构之间的并购重组减少了机构数量,使得核心业务更加聚焦并得到了进一步的发展。机构的减少提高了市场集中程度,使得信息数据处理变得更加集中,从而提高了信用信息的准确性。

(四) 征信业务链条

从征信企业业务流程看,信息采集、信息加工处理、信用产品输出、商业化应用是征信业务开展的四大关键环节。其中信息采集是征信业务开展的原料与基础,信息采集的数量和质量对信用信息的完整性与真实性起决定性作用,而征信机构覆盖的群体数量决定了征信机构的业务范围。信息加工处理环节中,征信机构按照标准的信息采集和交换格式,将分散、零碎的信息集中收集并进行结构化处理,从而形成完整的信用档案。信息采集需要花费大量成本,如时间、人力、金钱等。此外,征信机构开展业务需要根据用户的信用需求来确定其征信服务产品,进而制订符合实际情况的数据采集计划,这是征信企业开展业务的重要前提。因此资本市场征信及企业征信主要基于主动获取的信息，美国征信业务链条如图5-1所示。

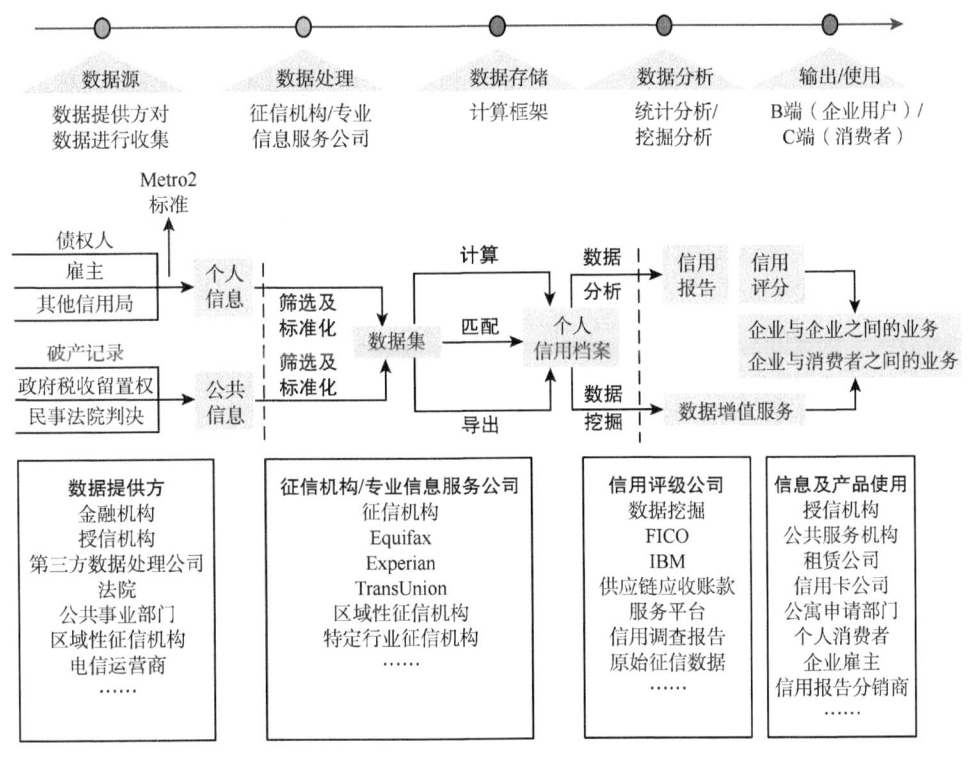

图 5-1 美国征信业务链条

Metro2 标准为美国 CDIA 创建的数据规范，IBM 为 International Business Machines Corporation，国际商业机器公司

（五）征信市场

美国征信市场主要由资本征信市场、商业征信市场以及个人征信市场三个主体构成，业务模块划分清晰。2015年美国征信市场交易额为151亿美元，其中资本征信市场、商业征信市场、个人征信市场约占征信业总市场交易额的66%、14%、20%。从占比上看，资本征信市场交易规模最大，约为100亿美元，个人征信市场交易额约为30亿美元，商业征信市场交易额约为21亿美元，规模相对较小。产生该现象的原因主要有以下几点：一是个人用户群体大且交易频率高；二是个人信用报告应用场景广泛。除了传统的信用报告和评分外，个人信用报告还被广泛应用于信贷、保险和消费等领域，并可衍生出营销、决策分析等增值业务；三是在为商业征信市场提供信用评级服务的过程中，收集的数据多为企业财务数据，数据维度单一且应用场景较少；四是美国经济稳步复苏，股市及债市相对平稳。综上所述，美国征信市场的结构受用户需求、应用场景和经济环境的影响，形成了资本市场主导、个人市场和企业市场相对补充的格局。

（六）征信监管及法律法规

1. 监管机构

美国监管体系呈现"双头多级"的特点。双头指的是政府监管机构和个人征信市场监管机构。目前美国的主要监管机构是联邦贸易委员会及其六个下属部门，即联邦储备委员会、货币监理署、联邦存款保险公司、美国国家信用联盟、储蓄监管办公室以及消费者金融保护局。企业信用市场和资本市场没有明确相关监管主体，而是根据业务类型进行监管。例如，企业债券融资等归为证券委员会监管。此外，行业协会也在监管中发挥了重要作用。这些协会吸纳了征信机构、银行和零售企业等相关机构，以便它们之间进行沟通，并维护征信行业的信誉和稳定。具体来说，CDIA和美国国际信用收账协会通过制定规范标准、提供行业信息和资源等方式促进行业内部的合作与发展。可以看出，美国监管机构在征信生态系统中扮演着"小政府"的角色，它们划定底线让征信机构之间充分竞争，并注重保护被征信人权利。

2. 监管法律

截至 2022 年，美国已经颁布了 17 部以《公平信用报告法》为核心的监管法律，对信用信息的使用从信用主体的信息安全方面做出了较为详细的规定。对于违反征信监管法规的行为，如种族歧视和信息泄露，监管机构将据此对征信企业给予高达数百万美元的重罚。图 5-2 为美国征信业的多层监管体制。美国的监管法律详见附录 C。

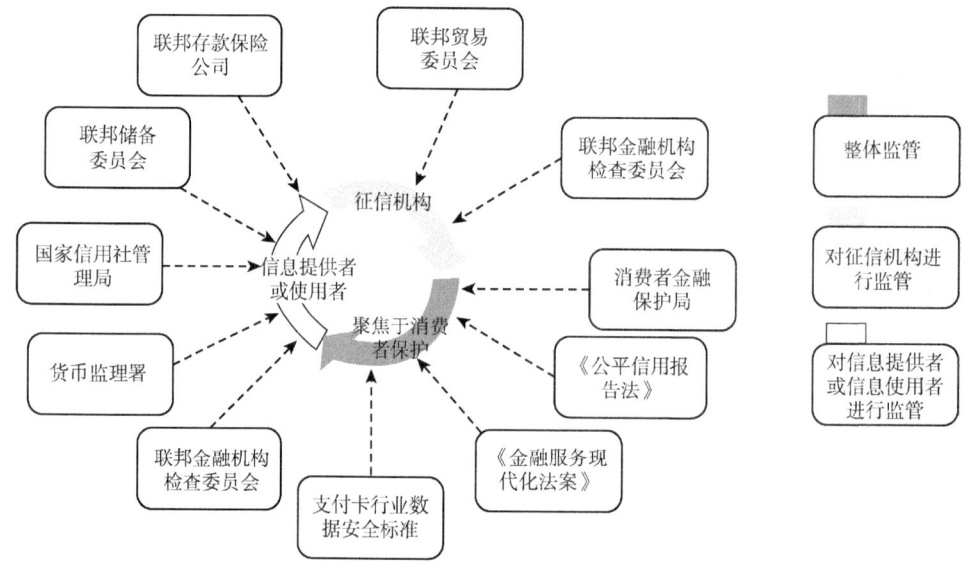

图 5-2 美国征信业的多层监管体制

（七）征信与商业应用

商业机构既能提供数据信息，又能使用这些数据信息，即商业机构可以同时作为数据信息的提供方和使用方。美国资本征信市场及商业征信市场数据合作一般采用委托方式，即从企业内部、合作伙伴、政府等部门获取相关信息，并进一步验证获取的数据信息，从而得出被征信对象的信用评分。

（八）征信模式

美国的征信模式为市场化模式，是一种主要依靠市场经济的运作机制以及行业自律的发展模式。美国征信拥有两大优势，一是拥有市场化运作完备的企业主体，二是拥有强烈征信需求的消费者。其特点主要是以营利为目的，收集并处理个人和企业的信用信息，并为消费者提供独立的服务。例如，美国的商业性征信行业、追账公司都是从营利目的出发，以市场为导向开展运作。目前，美国已经形成了由全国信用管理协会、D&B等著名公司为主体的信用调查体系，这些公司在全国乃至全世界都设有分支机构，为社会提供全方位的信用服务。

二、美国征信体系发展历程

历经100多年的发展，美国征信业由分散到集中、服务由基本到多元化、市场由国内走向全球，逐步形成了完整的产业体系和高度发达的市场，具有其自身的独特性。美国征信业已成为美国社会信用体系的重要组成部分，推动了社会经济的持续发展，因此本节梳理了美国征信生态体系发展的关键历史事件来分析其演化过程（图5-3），并引出表5-2 美国征信体系演化阶段、图5-4 美国征信体系演化动态分析图、图5-5 传统征信与大数据征信的对比。

（一）演化阶段

表5-2 美国征信体系演化阶段

项目	开拓期：布网	扩展期：织网	颠覆期：融网
时间范围	1841—1935年	1936—2007年	2008年至今
阶段战略	开放式战略	网络化战略	生态化战略
阶段特征	报告无标准 信息很少共享 区域属性明显 规模小、非营利目的	开始收费 仍为区域性公司 相继出台法律法规	开始布局海外市场，开展国际化业务 垂直领域的相关专业机构蓬勃发展
驱动力	商业需求推动了地方性征信机构的产生	频繁的信贷活动、政策及技术的支撑	海外市场需求

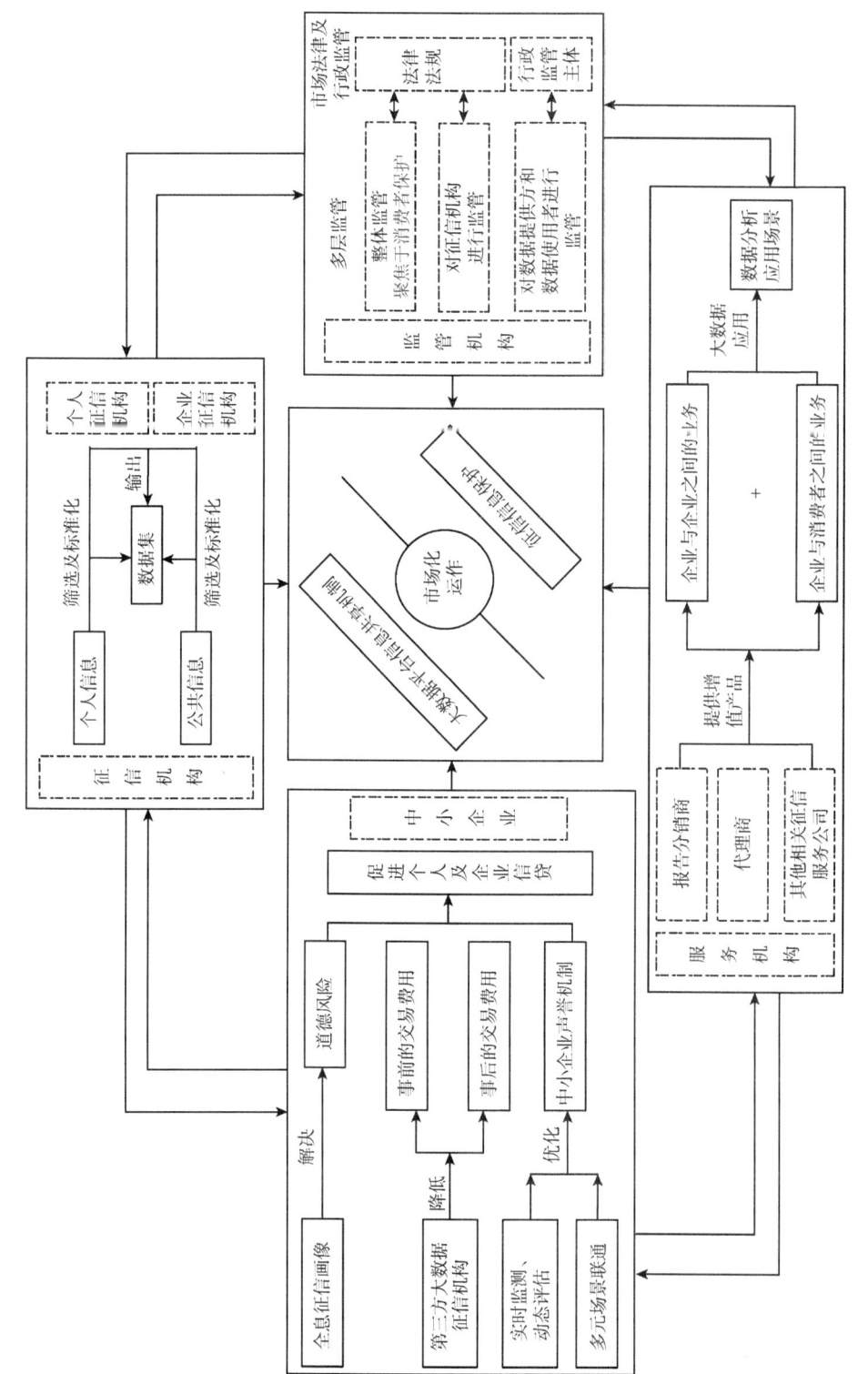

图5-3 美国征信生态体系

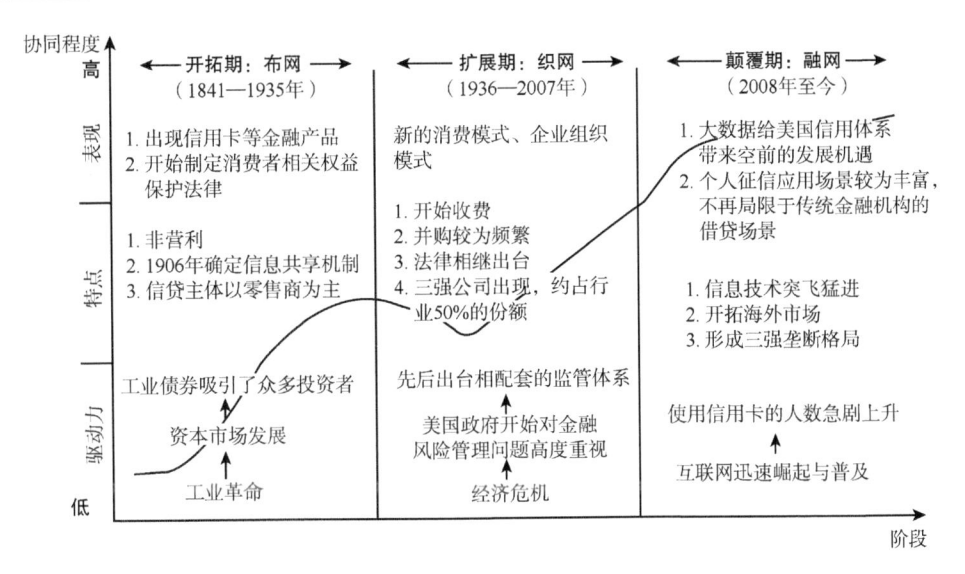

图 5-4 美国征信体系演化动态分析图

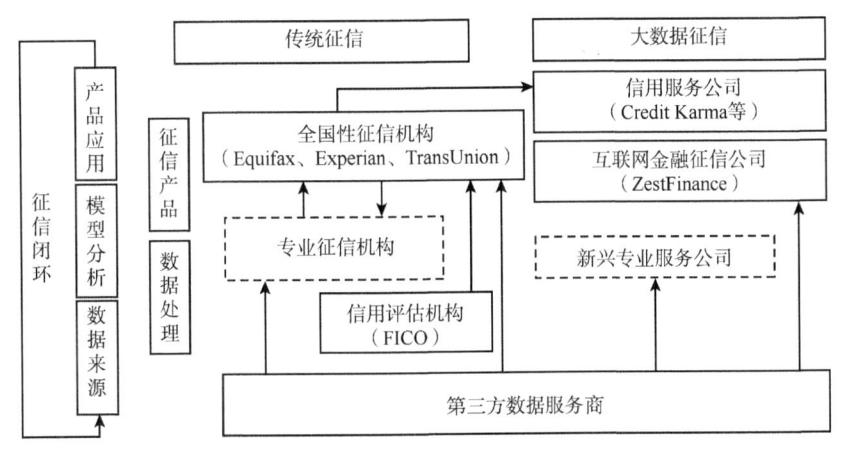

图 5-5 传统征信与大数据征信的对比

(二) 演化动力

本节将政府对征信产业的影响称为政府驱动逻辑。政府对于征信产业发展的影响主要表现在各项政策和法律法规的制定上。基于市场逻辑，企业在市场导向的指引下追求利益最大化，而消费者作为市场的主要主体，其需求和行为也反映了这一逻辑。因此，本节重点关注政府、消费者以及征信企业这三类行为主体。

究竟是"内求"还是"外求"的方式带来了美国征信机构的生态发展？现有文献研究了"内求"或"外求"的其中一种方式，但少有学者把"内求"和"外求"纳入同一个模型进行分析。本节通过分析和归纳，总结了在征信业务长期发展中，政府驱动逻辑和市场驱动逻辑各自的制度条件，以及它们在不同发展阶段的特征，并进一步阐述了政府驱动逻辑和市场驱动逻辑在内容上的演化机制。

1. 政府引导

美国联邦政府一系列法律的出台，规范了征信机构的职责、征信报告的使用范围、失信惩戒措施，平衡了个人隐私与征信刚需。具体来看，美国征信生态体系不断完善的一个重要现实体现是政府在创新发展历程中所起的作用，包括直接推动作用和间接推动作用。首先，政府在发育不完善的开拓期起到了重要作用；其次，政府的一系列法律的出台及监管机构的设立降低了信用风险，创造了良好的信息环境；最后，政府干预在市场失灵时发挥了调控作用，可以在一定程度上弥补市场力量的不足。总的来说，政府的作用在于通过不同手段推动征信业的发展和完善，确保市场运作的稳定性和效率，同时促进创新与公平竞争。

2. 市场驱动

市场驱动机制是基于市场竞争的机制，被认为是最有效的演进驱动机制。亚当·斯密强调，这种市场驱动机制促进了经济的增长。熊彼特增长理论将市场竞争作为演进的创新来源，因此赢得了获取超额利润的机会。以Nelson（纳尔逊）和Winter（温特）为代表的演化经济学派也认为竞争性市场环境催生了技术的变迁和创新，从而促进了经济增长。整体来看，从重视大企业的创新，到后来重视小企业的创新，再到如今基于平台模式的创新，市场机制都是演化的第一动力。图5-6展示了市场驱动经济增长的演化动力图。

其中，在美国征信业里，无论是个人征信，还是企业征信，都采用市场化运作模式，政府只负责依法监管。正是基于此模式，美国征信业极具活力，形成了成熟的征信体系。

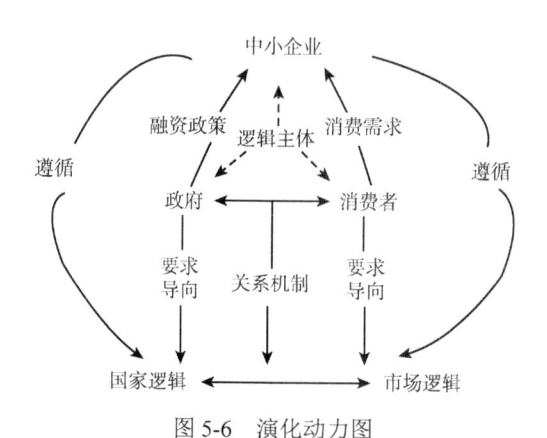

图 5-6 演化动力图

美国的市场驱动型征信体系经历了早期以政府及企事业单位为主体、中后期以私人消费者为主体的过程，其驱动逻辑的特征也由单一性逐渐转变为多元性。具体来说，在开拓期，消费者的信用规模及其范围得到了拓展。在扩展期，由于信用卡公司在20世纪70年代快速发展，征信市场产生了大量的社会需求，进一步促进了征信业业务量的增长和跨区域征信业务的发展。在颠覆期，美国征信业跨区域业务的并购重组逐渐成为一种趋势，征信机构的并购重组减少了机构数量，使得核心业务更加聚焦并得到了进一步的发展，数量的减少也提高了市场集中程度，使得信息数据处理变得更加集中，信用信息的准确性得到了提高。这种全面多元化的需求特征加剧了市场的竞争。

3. 双重主体动态驱动

截至20世纪90年代，美国征信业已达到完全市场化，从之前分散杂乱的完全竞争市场格局，逐步转变为多寡头甚至是单寡头垄断的市场格局。在这一发展过程中，虽然市场对征信服务的强烈需求和征信机构的创新推动了行业的进步，但真正起到关键作用的是监管体系。它在保障用户权益的同时，积极推动了市场的规范化和可持续发展。为了更深入了解政府和市场如何驱动征信体系完全市场化，本节构建了双重主体动态驱动图（图5-7）。

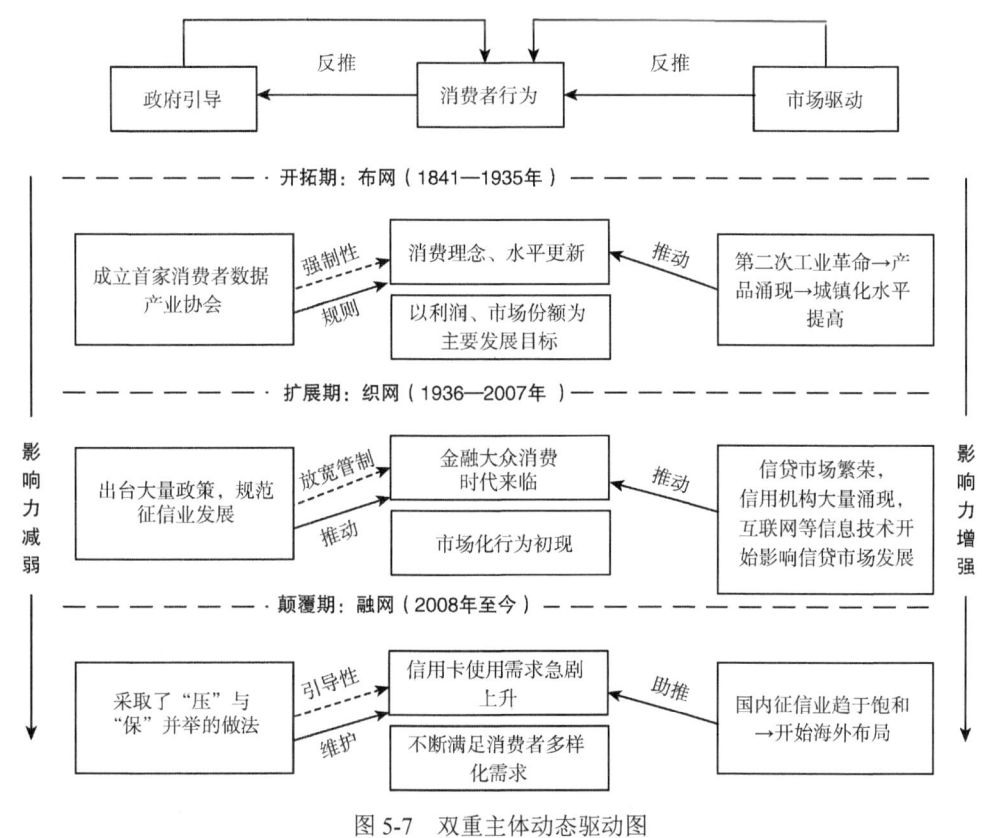

图 5-7 双重主体动态驱动图

"压"指迅速实施信用紧缩计划；"保"指加快信用立法步伐，每一项法律有明确的执法和辅助执法机构

三、美国征信体系网络演化分析

本节运用社会网络分析法对美国征信体系网络展开研究，将美国征信体系划分为五个主体，即金融机构、非银行金融机构、第三方征信机构、评级机构以及监管机构。这些主体被设定为网络节点，不同机构之间的业务往来及竞合关系被视为连线，从而构建

了美国征信生态网络。采用社会网络分析法，从网络拓扑图、网络整体结构、网络中心性、核心–边缘、凝聚子群五个视角切入分析 1841 年至今的美国征信体系的演化情况。

（一）网络拓扑图演化分析

基于社会网络分析法，将三个阶段的原始矩阵导入 UCINET 6.0 软件中，并使用集成可视化软件 NetDraw 绘制出三个阶段的美国征信体系网络图，以分析不同阶段美国征信体系网络的演化特征。其中节点大小表示节点连接的广度，节点越大表示直接连接的节点数量越多。

美国征信体系网络中各机构并不是单一、孤立地存在着的，而是相互影响、相互作用的。美国征信体系网络的演化过程为网络规模逐渐扩大，呈现出"零星"到"圆环形"的变化。由于社会网络图具有累积性，因此，网络节点数量每年呈现正向增长，美国征信体系的网络规模从开拓期的 42 个节点增长到颠覆期的 105 个节点。网络密度逐年增大，网络中心势呈扩大趋势，即网络内资源集中程度增强。

综上所述，美国征信体系网络经历了从单一到复杂、从局部到全局、从国内到国际、从弱联结到强联结的逐步扩展与逐步完善的演化过程。随着时间发展，不同核心之间建立了联系，核心子群周围开始出现不同的节点。除此之外，不同机构主体之间的合作联系更加密切，服务的覆盖面也逐渐扩大。从服务范围上看，征信机构伴随着全球化进程的加快，服务范围也不断扩大，呈现出与金融服务相同的趋势；从业务领域上看，征信服务已从报告查询、信用评分和评级服务，一步步发展到征信增值服务，并扩展到非金融领域；从服务对象上看，征信机构的服务对象从大型银行类金融机构，逐步扩展到证券类、保险类以及融资性担保类等小微金融机构；从服务市场来看，征信服务主要以信用市场为基础，并逐步扩展到金融市场、贸易市场、劳动力市场、电子商务等领域。

（二）网络整体结构演化分析

通过对三个阶段的原始矩阵数据进行"二值化"处理，将二值矩阵导入 UCINET 6.0 软件，可以计算出各阶段美国征信体系的网络规模、网络边数、网络密度、网络关联度、平均距离、平均聚类系数。网络规模指的是美国征信体系中彼此之间有业务往来的节点机构的数量。网络边数指的是美国征信体系中各机构之间业务往来的关系总量。网络密度指标反映了美国征信体系中各机构之间关系的疏密程度，密度越高说明各个机构之间的业务往来关系越密切。网络关联度指网络中节点之间的连接程度，指标越大说明各节点之间的联系越紧密。平均距离越小就说明美国征信体系中各机构节点间越容易开展合作。平均聚类系数是指两个机构与同一个机构之间存在合作关系，且这两个机构之间也恰好存在合作关系的概率，它用于衡量两者之间的聚集程度。三个阶段美国征信体系网络整体结构指标如表 5-3 所示。

表 5-3　三个阶段美国征信体系网络整体结构指标

结构指标	开拓期	扩展期	颠覆期
网络规模/个	42	54	105
网络边数/个	213	383	2286

续表

结构指标	开拓期	扩展期	颠覆期
网络密度	0.123 693 384	0.133 822 501	0.209 340 662
网络关联度	1	1	1
平均距离	2.347 851 276	2.212 788 343	1.801 465 154
平均聚类系数	0.148	0.167	0.223

由表 5-3 的测度结果可知，首先，网络规模由 42 个增加到 105 个，说明美国征信体系网络规模不断扩大且趋于稳定，网络规模越大，网络资源越丰富，越有助于资源整合及生态系统形成；同时，网络边数呈增长趋势，说明各机构之间的合作更加频繁，合作关系更加密切，协同合作也达到相对稳定的状态；从动态演化趋势来看，网络密度逐年递增，最高达到 0.209 340 662，但整体仍处于低密度网络状态。其次，三个阶段的网络关联度均为 1，说明网络通达性强，各机构之间的联系密切。再次，平均距离呈下降趋势，表明机构之间的通达性提高，信息传递和合作交流效率提高，可以进一步降低由信息不对称导致的信用风险。最后，平均聚类系数的范围为 0.148—0.223，说明聚类系数较低。由此可见，随着美国征信体系整合和一体化程度的加快，征信机构之间的联系与跨机构间的交流互动日益密切频繁，网络密度值将呈现逐渐增大的趋势。

（三）网络中心性演化分析

1. 网络中心度演化分析

在社会网络分析中，中心度表示某个节点处于网络中心位置的程度。美国征信体系网络的中心度指标通过 UCINET 6.0 软件直接计算得出。表 5-4 显示三个阶段美国征信体系网络中三类中心度指标排名前五的机构。通过比较发现，三类中心度指标值高的节点机构基本一致。表 5-4 中机构的中英文全称见附录 D。

表 5-4　三个阶段美国征信体系网络整体网络中心度指标排名

中心度指标	序号	开拓期	扩展期	颠覆期
度中心度	1	FICO	FICO	FICO
	2	Goldman Sachs	Goldman Sachs	DataX
	3	U.S. Bancorp	U.S. Bancorp	First capital
	4	Standard & Poor's	KBRA	U.S. Bancorp
	5	IBM	Standard & Poor's	Accurate Background
中介中心度	1	NCA	NCA	ZestFinance
	2	Life insurance company	FFIEC	NCUA
	3	ZestFinance	Charles Schwab	Real Page
	4	FFIEC	OCC	Truist Financial
	5	Fitch Ratings	Vantage Score	DBRS

续表

中心度指标	序号	开拓期	扩展期	颠覆期
接近中心度	1	FICO	FICO	FICO
	2	Goldman Sachs	Goldman Sachs	Bank of New York Mellon
	3	Standard & Poor's	EJR	HSBC Bank USA National Association
	4	IBM	Standard & Poor's	Accurate Background
	5	U.S. Bancorp	U.S. Bancorp	First capital

2. 网络中心势演化分析

表 5-5 显示，随着时间发展，美国征信体系网络整体中心势指标呈现降低的趋势。具体来看，度中心势指标值呈现"V"形反弹趋势；中介中心势呈现降低的趋势；接近中心势指标数值持续降低，说明网络中少数节点拥有更高独立性的趋势越来越弱。由此可见，美国征信体系网络中核心机构的权力逐渐减少，非核心机构之间的联系自由度逐渐增强，开展合作的可能性也呈现上升的趋势。

表 5-5 三个阶段美国征信体系网络整体中心势指标

中心势指标	开拓期	扩展期	颠覆期
度中心势	24.81%	17.12%	23.06%
中介中心势	17.52%	6.79%	1.67%
接近中心势	33.51%	24.46%	10.65%

（四）核心–边缘演化分析

核心–边缘演化分析的目的是研究社会网络中哪些节点处于核心位置，哪些节点处于边缘位置，以此来区分出网络的核心与边缘。由表 5-6—表 5-8 可知美国征信机构存在着明显的分层次现象，且呈现出较为明显的"核心–半边缘–边缘"结构。核心–边缘演化分析根据网络中节点之间联系的紧密程度，运用 UCINET 6.0 软件计算出三个阶段的不同机构的核心度，并参考黄勤和刘素青（2017）的划分方法，将每个阶段的机构按核心度的不同分为三类：核心区（核心度最高值）、半边缘区（核心度最高值＞核心度≥0.05）和边缘区（核心度最低值＜核心度＜0.05），具体见表 5-6—表 5-8。

表 5-6 美国征信机构开拓期的核心度划分

核心–边缘类型	开拓期
核心区	FICO（0.398）
半边缘区	Goldman Sachs（0.345）、Standard & Poor's（0.266）、U.S. Bancorp（0.266）、IBM（0.213）、Morgan Stanley（0.186）、J.P.Morgan Chase & Co（0.186）、PNC Financial Services（0.186）、Bank of America（0.159）、SAS（0.159）、Wells Fargo Bank（0.159）、Experian（0.159）、Herland Bank（0.159）、Solera（0.159）、PIRGs（0.159）、Kabbage（0.159）、D & B（0.133）、Equifax（0.133）、NCLC（0.133）、Savings and Loans Association（0.133）、FTC（0.133）、Citibank（0.106）、Credit Union（0.106）、Sai Shi（0.106）、CFPB（0.106）、Vantage Score（0.08）、Capital One Financial Corporation（0.08）、FRS（0.08）、Truist Financial（0.08）、Charles Schwab（0.08）、Mutual Savings Bank（0.08）、Moody's（0.08）、TransUnion（0.08）、FFIEC（0.08）、OCC（0.08）、FDIC（0.08）、Fitch Ratings（0.053）、Life Insurance Company（0.053）、ZestFinance（0.053）、NCUA（0.053）、NCA（0.053）
边缘区	

注：括号内数值代表各机构的核心度值

表 5-7 美国征信机构扩展期的核心度划分

核心-边缘类型	扩展期
核心区	FICO（0.281）
半边缘区	Goldman Sachs（0.246）、KBRA（0.246）、U.S. Bancorp（0.246）、Standard & Poor's（0.229）、EJR（0.211）、Solera（0.193）、IBM（0.176）、Kabbage（0.176）、Morgan Stanley（0.176）、PIRGs（0.158）、Emdeon（0.141）、FTC（0.141）、Experian（0.141）、Wells Fargo Bank（0.141）、PRBC（0.141）、NCLC（0.141）、SAS（0.141）、Sai Shi（0.141）、DBRS（0.123）、PNC Financial Services（0.123）、CDIA（0.123）、Herland Bank（0.123）、IMS Health（0.123）、J.P.Morgan Chase & Co（0.123）、Capital One Financial Corporation（0.123）、Verisk（0.106）、HR Ratings（0.106）、Equifax（0.106）、Bank of America（0.106）、FDIC（0.106）、Savings and Loans Association（0.106）、Truist Financial（0.088）、Credit Union（0.088）、Fitch Ratings（0.088）、CFPB（0.088）、D & B（0.088）、Moody's（0.088）、Life Insurance Company（0.088）、TransUnion（0.088）、ZestFinance（0.088）、NCUA（0.088）、Citibank（0.088）、OCC（0.07）、Mutual Savings Bank（0.07）、TFRS（0.07）、GAO（0.07）、Charles Schwab（0.07）、FFIEC（0.053）、FRS（0.053）、Vantage Score（0.053）
边缘区	NCA（0.035）

注：括号内数值代表各机构的核心度值

表 5-8 美国征信机构颠覆期的核心度划分

核心-边缘类型	颠覆期
核心区	FICO（0.162）
半边缘区	DataX（0.144）、First Capital（0.140）、U.S. Bancorp（0.135）、IBM（0.135）、CAG（0.135）、Accurate Background（0.135）、The Retail Equation（0.131）、LexisNexis Risk Solutions（0.131）、Bank of New York Mellon（0.131）、Fifth Third Bank（0.131）、Checkr（0.127）、Standard & Poor's（0.127）、Milliman IntelliScript（0.127）、Goldman Sachs（0.122）、Emdeon（0.122）、Savings and Loans Association（0.118）、Innovis（0.118）、CDIA（0.114）、ADP Screening & Selection Services（0.114）、HSBC Bank USA National Association（0.114）、Early Warning Services（0.114）、Certegy Check Services（0.114）、Dominion Bank（0.109）、MIB（0.109）、Morgan Stanley（0.109）、FRS（0.105）、MicroBilt（0.105）、Sai Shi（0.105）、CoreLogic Credco（0.105）、Drivers History（0.100）、TeleCheck Services（0.100）、SageStream（0.100）、CoreLogic Rental Property Solutions（0.100）、PRBC（0.100）、Experian（0.100）、Wells Fargo Bank（0.100）、GAO（0.100）、FTC（0.100）、Capital One Financial Corporation（0.100）、LexisNexis C.L.U.E（0.100）、Backgroundchecks.com（0.096）、FDIC（0.096）、State Street bank（0.096）、CrossCheck（0.096）、IMS Health（0.096）、U.S. Bancorp（0.096）、EJR（0.096）、ACB（0.096）、CIC（0.096）、ACA International（0.096）、D & B（0.096）、National Consumer Telecom & Utilities Exchange（0.096）、Herland Bank（0.092）、Kroll（0.092）、TriZetto（0.092）、KBRA（0.092）、Kabbage（0.092）、Clarity Services（0.092）、TransUnion（0.092）、NACM（0.092）、EmpInto（0.092）、Citibank（0.092）、First Advantage Corporation Resident Solutions（0.092）、PIRGs（0.087）、FFIEC（0.087）、CoreLogic Teletrack（0.087）、NCLC（0.083）、Verisk（0.083）、Experian RentBureau（0.083）、The Work Number（0.079）、Vantage Score（0.079）、Solera（0.079）、Charles Schwab（0.079）、OTS（0.079）、Life Insurance Company（0.079）、SAS（0.079）、HR Ratings（0.079）、VIP Preferred（0.079）、Inovaloni（0.074）、OCC（0.074）、TFRS（0.074）、CFPB（0.074）、Mutual Savings Bank（0.074）、Truist Financial（0.074）、Moody's（0.074）、PNC Financial Services（0.070）、J.P.Morgan Chase & Co（0.070）、Real Page（0.070）、Equifax（0.065）、Egan-jones Ratings（0.065）、Life Lock（0.065）、A.M. Best（0.065）、NCUA（0.065）、NCA（0.065）、Fitch Ratings（0.065）、Credit Union（0.065）、DBRS（0.061）、FactorTrust（0.061）、FDIC（0.057）、Bank of America（0.057）、ZestFinance（0.052）
边缘区	

（五）凝聚子群演化分析

在社会网络分析中，凝聚子群是指网络中具有相对直接、紧密、经常性的节点的集合。凝聚子群分析方法可以直观地反映出美国征信体系网络内部哪些机构间的关联强且联系紧密，并以此判断分析凝聚子群间的相关关系。如果该网络存在凝聚子群，并且凝聚子群的密度较高，则说明处于这个凝聚子群内部的这些行动者之间联系紧密，在信息分享和合作方面交往频繁。

第二节 德国征信体系及其演化的实证研究

一、德国征信体系的模式

德国征信体系的模式是"政府+市场"混合型征信模式，主要包括三种征信模式：以政府、中央银行、金融机构等公共机构为主体的公共征信模式，以私营机构为主体的市场征信模式，以及以行业协会为主体的会员制征信模式。德国征信体系建设模式如图5-8所示。

德国公共征信是指由德国中央银行、商业银行以及其他公共征信机构和监管部门提供公司及个人的信用信息的系统，主要包含两大系统。一是由德国政府主导，以德国中央银行建立的中央信贷登记系统为主体，组建的德国信用数据库。德国商业银行根据信用数据库提供的统一接口，将征信数据发送给德国信用信息局。二是由德国地方法院工商登记簿信息、法院破产记录以及地方债务人名单组成的行政司法系统。公共征信模式的目的是进行金融监管、防范金融风险，可有效提高银行等金融机构对企业经营状况与风险评估的准确性，具有强制性、非营利性、公开性等特点。

德国市场征信模式涉及个人信用与风险评估、信誉检查与风险识别、市场分析等业务。第三方征信机构通过购买数据、与其他征信机构积极开展数据合作，采集公共征信系统信息等方式获取信息。这些信息同时包含企业的正面、负面信用记录，存储在信用数据库中。德国的这一征信模式的信用信息为企业和消费者所用，信用信息流向金融机构，可有效缓解企业、消费者的信息不对称，降低征信机构收集企业、消费者信用信息的成本。

德国会员制征信模式主要依托于德国的商会、协会等行业协会，它们是德国社会经济中重要的组成部分，合作银行、部分征信机构都起源于商会和协会。商会和协会大多是非营利组织，也属于非政府组织，代表的是本行业或其成员的利益，受德国商法和民法保障。德国中小企业分布于各行各业，德国商会和协会不仅向有需要的部门提供德国中小企业的信息、咨询和服务，同时也向中小企业提供国内外商业信息、展览信息等，促进信息内外流动，在德国征信体系中扮演了重要角色。

德国公共征信机构和私营征信机构主要从中央银行建立的信贷登记中心和地方工商信息、法院诉讼信息、企业破产负债信息等中获取中小企业信用信息。中小企业信用信息主要分为四类。一是中小企业的属性信息，包括公司名称、地址、通信数据、结构数

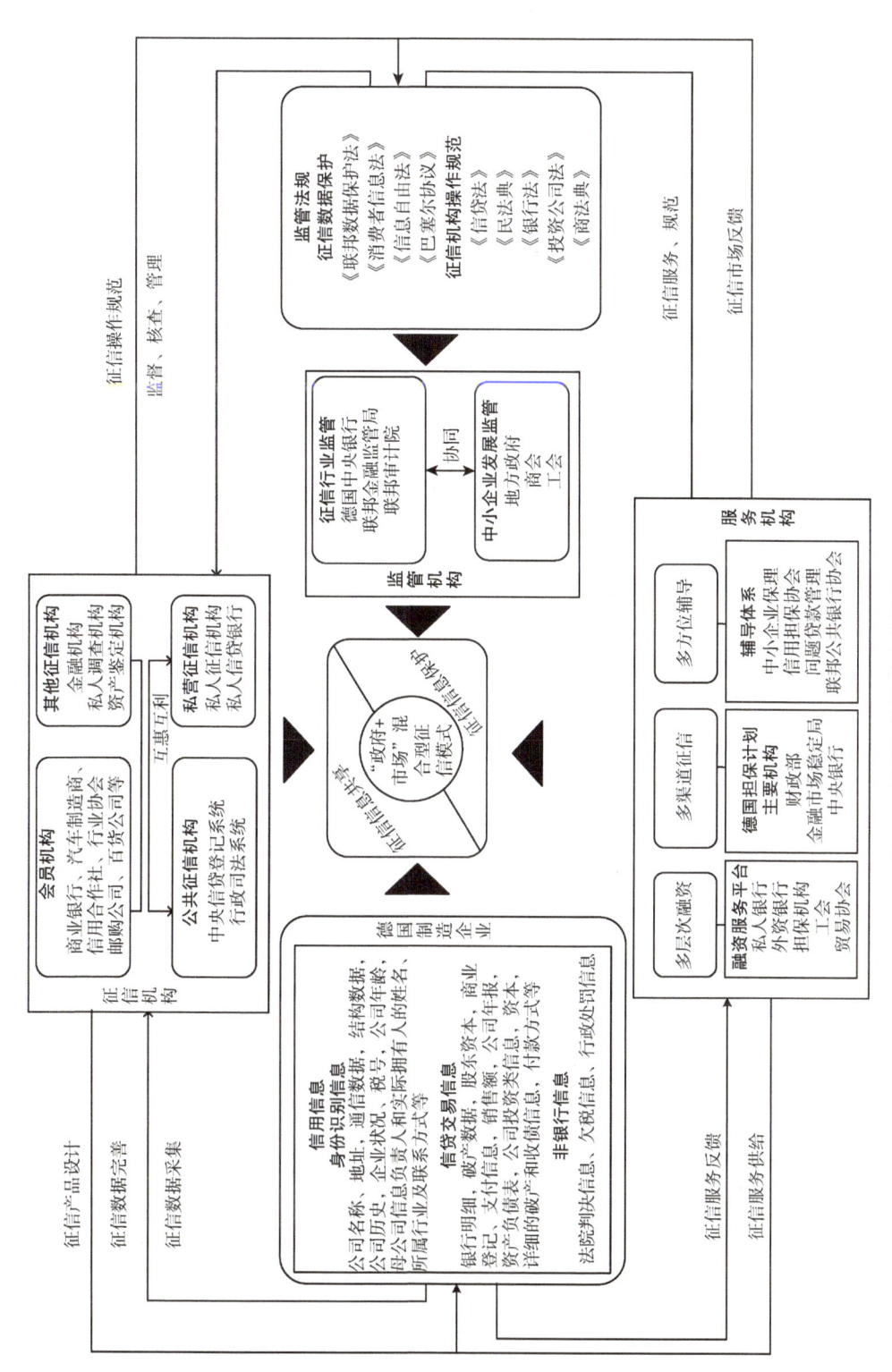

第五章 不同国家和地区征信体系建设的比较分析

图5-8 德国征信体系建设模式

据，公司历史，企业状况、税号。二是经营者相关的信用信息，包括公司年龄，详细的破产和收债信息，母公司信息、行业。三是中小企业财报类统计信息，包括银行明细，破产数据，股东资本，商业登记、支付信息，销售额，公司年报，资产负债表，公司投资类信息，资本。四是其他重要信息，包括电话数据、管理和代表权、搬迁信息、企业链接的关键数据、审查可能的执法措施、付款方式、行业风险。

总体来看，德国的三种征信模式是互为补充的关系。德国的公共征信系统仅采集个人和企业的基本信息，以及一定额度上的正面信贷信息，用于确认个人身份和了解企业的经营状况。私营征信机构同时采集个人与企业的正面及负面信息，利用其庞大的数据池为个人和企业提供个性化的信用信息服务。

一、德国主要征信机构介绍

（一）私营征信机构

德国的私营征信机构主要包括从事企业与个人信用调查、企业信用评级、信用保险、商账追收、资产保理等业务的机构。私营征信机构通过自主购买数据、与其他机构进行数据共享、采集公共征信系统信息等方式获取正负面信用记录信息，并建立数据库为企业和消费者提供服务。目前具有代表性的德国私营征信机构主要有 Creditreform（德国信用改革联合会）、SCHUFA（Schutzgemeinschaft für allgemeine Kreditsicherung，信用权益保护联合会）等。私营征信机构利用其庞大的数据池为个人和企业提供个性化的信用信息服务。

1. Creditreform

Creditreform 作为德国的著名的征信机构之一，是德国领先的商业信息、营销数据和应收账款管理解决方案的提供商。自 1879 年以来，该机构一直在保护公司免受付款违约的影响，如今，仅在德国就有 128 家独立分支机构。它们管理着大约 131 000 家各种规模和行业的成员公司，包括工业集团、银行、保险公司、手工艺企业。该机构的专家共同协助评估业务风险、识别客户潜力，并减轻客户在监控和执行收款方面的负担。全球约有 160 000 名会员依赖它们提供的解决方案并利用其完善和实时更新庞大的数据库。Creditreform 的征信发展历程如图 5-9 所示。具体的征信机构介绍可以参考附录 B。

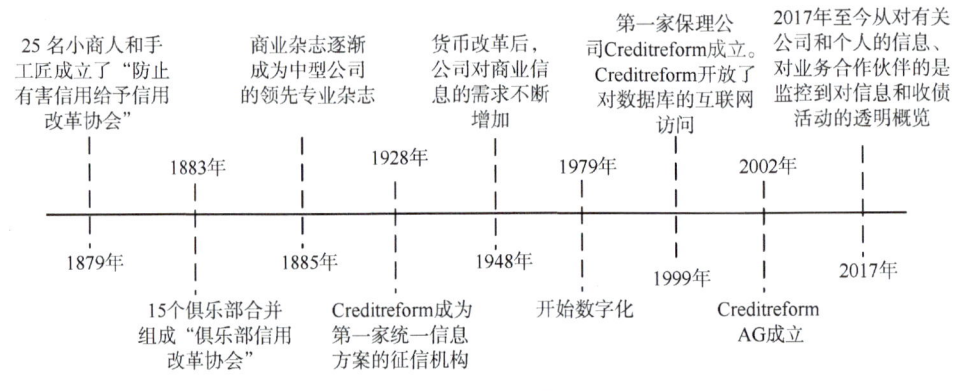

图 5-9 德国 Creditreform 的征信发展历程

2. SCHUFA

作为德国领先的企业和消费者征信与信息服务解决方案提供商,SCHUFA 拥有超过 10.52 亿条数据,涉及 600 万家企业和 6800 万自然人。SCHUFA 能够帮助客户快速、便捷、低廉地融资。SCHUFA 存储了德国几乎每一个活跃消费者的信息。这些信息是个人资料,如姓名、出生日期、地址,以及与信贷有关的资料,如支票账户、信用卡、正在进行的贷款、拖欠付款等。SCHUFA 向其附属公司(如银行、租赁公司、贸易或电信公司)提供有关业务所需的资料。作为回报,附属公司向 SCHUFA 报告有关其客户信贷行为的信息。具体的征信机构介绍可以参考附录 B。

(二)公共征信机构

中央信贷登记系统是德国最大的公共征信系统,为德国中央银行、银行监管机构、商业银行提供有关信用机构、公司、个人、公共部门的债务信息。所有的贷款(超过一定的绝对金额)都会上报至中央信贷登记系统。中央信贷登记系统收集和汇总了不同机构报告的个人借款人的债务数据。中央信贷登记系统会定期通知各机构这些借款人的债务总额。在有中央信贷登记系统的国家,该登记册通常属于中央银行。

三、德国中小企业融资与征信体系演化

(一)德国中小企业融资

德国中小企业融资体系由政府、商业银行、资助银行、担保银行、社会信用信息体系五个子体系构成。其中,商业银行是中小企业融资体系的首层机构,资助银行、担保银行和社会信用信息体系与商业银行相互配合,是次层机构。德国政府在中小企业融资体系中并未发挥直接作用,但间接促进了中小企业融资体系有效运转。商业银行、资助银行以及担保银行保证了制造业资金流,社会信用信息体系保证了企业信息流(赵小凡,2005)。德国中小企业融资体系如图 5-10 所示。

德国中小企业的持续经营、创新研发离不开其融资体系高效的资金供给与征信体系信息的高度共享。德国政府采取多项措施,建立完善的中小企业融资体系,引导资金流向中小企业,同时推动社会信用体系的建设与完善。德国制造业的融资来源分为内源融资和外源融资两种,资金来源有股东融资、银行贷款、资本市场、众筹和数字银行,其他来源包括保理业务、夹层资本业务等。内源融资主要依靠企业的盈利能力,占比较高,德国政府的经济政策、中小企业促进措施、对中小企业融资政策支持的整体架构等方面也对德国制造业的融资起到重要推动作用。根据 KfW 的研究,2015 年德国中小企业的外源融资中,主要以银行信贷为主,商业信贷、夹层融资、外部股权融资所占比重较低。银行信贷为德国企业增长提供了绝大多数的外部融资,它在德国中小型公司融资方面发挥着主导作用,是德国中小型公司主要的融资来源。在中小企业债券市场,融资成本太高,信用评级要求高,所以传统银行是中小型企业的主要融资来源。

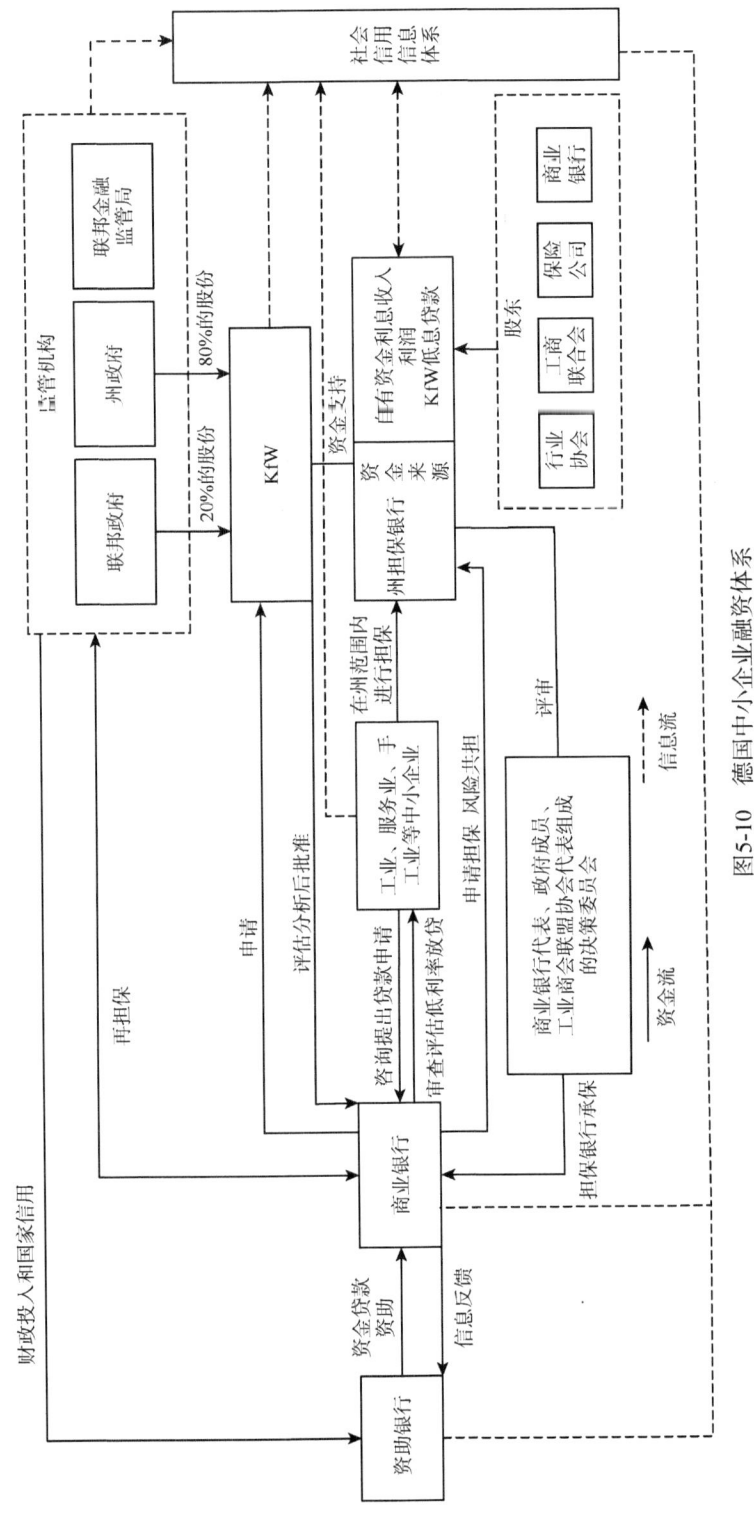

图5-10 德国中小企业融资体系

KfW为Kreditanstalt fur Wiederaufbau，德国复兴信贷银行

银行信贷在外源融资中占比较高，推动了德国社会信用体系建设与征信业的发展。德国的商业银行（包括储蓄银行与合作银行）专注于直接向中小企业提供零售融资服务。每个中小企业都有自己的主控银行，提高了融资透明度，降低了融资风险。德国储蓄银行是德国最大的中小企业银行，包括433家独立的中小型银行，21.5万个营业网点，约占中小企业贷款市场份额的43%。德国工商联合会提供一系列关于管理、生产、投资和融资计划等方面的培训，介绍各种政府支持项目，就融资和担保问题向银行提出建议。担保银行是非营利性的经济促进机构，不提供储蓄和放贷服务，受联邦金融监管局监督，服务中小企业，重点担保创业型、成长型中小企业。德国每个联邦州均有一家担保银行，只承保在该州范围内的中小企业。

KfW在中小企业融资业务中发挥着核心作用。KfW超90%的资金是从资本市场筹集的，KfW不吸纳存款，由于KfW拥有AAA较高评级，其发债利率较低，剩余资金来源于德国联邦政府提供的预算资金。KfW的中小企业融资业务主要由KfW中小企业开展，是KfW最大的业务领域。KfW提供长期贷款、夹层融资、股权投资服务。中小企业先向商业银行申请贷款，申请的贷款不能满足其贷款需求时，由商业银行向担保银行就资金缺口数额，提出担保要求。有关研究显示，担保行为为德国国内生产总值的增长平均每年贡献34亿欧元，同时年财政税收增加了10个亿，是运营成本和风险支出的7倍，对中小企业融资具有极大的促进作用。社会信用体系建设更能帮助德国克服信息不对称导致的市场失灵，实现"公共资金+私人信息"资金流与信息流的匹配。

（二）德国征信体系网络演化

基于社会网络分析法的特性及其应用，本节运用社会网络分析法对德国征信体系网络展开研究，将德国征信体系划分为五个主体，即金融机构、非银行金融机构、第三方征信机构、评级机构以及监管机构，并将这五个主体设为网络节点，不同机构之间的业务往来以及竞合关系为连线构建德国征信体系网络，采用社会网络分析法，从网络拓扑图、网络整体结构、网络中心性、核心–边缘、凝聚子群五个视角切入分析1930年至今的德国征信体系网络的演化情况。

1. 德国征信体系网络演化第一阶段

1934年之前征信网络处在协同演化萌芽期，企业规模较小，交易的空间和范围狭窄，企业参与交易产生交流需求，从而产生了大量的交易数据，企业间的信息相对不对称，企业想要收集更多交易企业的信用数据来决定是否进行交易，于是产生了征信需求，并成立了一些协会，用于收集协会成员等的信用信息数据，数据采集范围小，信息不全，局限于协会会员内部交流交易使用。从征信雏形可以看出，征信活动是在授信人之间形成的分享客户信用信息的机制。在1883年德国已经有了15个俱乐部，俱乐部合并组成"信用改革协会"，并在地区层面建立地区协会，以便更好地协调它们的工作。中央伞式组织以及区域性的分散的公司结构是Creditreform的主要架构。前期从协同演化视角来看征信信息搜集由制造企业主导，商业发展驱动征信的发展，在这个过程中信用协会信用数据收集与应用在商业交易中起到了催化剂的作用。第一阶段德国征信体系网络参数如表5-9所示。

表 5-9 第一阶段德国征信体系网络参数

征信机构和企业	度中心度	接近中心度	中介中心度
Creditreform	100.000	100.000	7.222
CRIF	27.778	58.065	0.056
SCHUFA	40.741	62.791	0.279
BMW	100.000	100.000	7.222
Siemens	98.148	98.182	6.901
Gresheim	100.000	100.000	7.222
KSB	100.000	100.000	7.222
Lürssen	100.000	100.000	7.222
Leoni AG	100.000	100.000	7.222
General Electric Company	100.000	100.000	7.222

在社会网络分析中，中心度是一个核心概念，它反映了节点在网络中的影响力、权力或控制力。通过中心度的大小即可衡量行动者在社群网络中的重要性。中心度的相关研究一直是社会网络分析的重点，它代表着行动者在社群网络中的中心程度（或重要程度）。根据度量方法的不同，点的中心度可以分为度中心度、接近中心度和中介中心度。它们的侧重点各不相同。度中心度评估的是节点的局部中心指数，用来测量网络节点自身的连接能力。接近中心度研究的是节点在多大程度上不受其他节点的控制。一个节点的接近中心度越大说明该点越处于一个网络的中心位置。本节通过 UCINET 6.0 软件可直接计算征信网络中各节点的组合中心度。中介中心度衡量的是一个征信机构在整体网络中与其他征信机构进行交往的能力，即对信息资源进行调配的能力，因而是一种控制能力指数。

节点的度中心度主要通过测量与该节点直接相连的节点数来计算，是描述节点网络位置最直接的指标。若一个节点在网络中具有最高的度中心度，那么该节点有最大可能处于网络中心位置。由表 5-9 可以看出在第一阶段德国征信体系网络中，制造企业的度中心度普遍高于征信机构的度中心度，说明其与其他节点的联系较多，在征信体系网络中占据中心位置，1928 年初，Creditreform 成为第一个具有统一信息方案的信贷机构，所以私营征信机构 Creditreform 的度中心度也较高。接近中心度描述网络中行动者之间彼此连接建立关系的难易程度，以及对其他节点的影响力的大小。制造企业规模普遍大于信贷机构规模，其对其他节点的影响力更大。比较中介中心度发现制造企业的中介中心度明显高于征信机构，说明其更能控制网络中信息和资源的流动。

2. 德国征信体系网络演化第二阶段

随着商业版图的扩大以及科技的发展，交易需求大范围扩张，中小企业交易建立在一定的授信基础上，协会式会员制的信用数据交换已经不能满足企业跨区域跨协会外成员的交易需求。企业在商业交易过程中与信用协会频繁交流，科技和商业的发展催生了多样化的交易需求，导致信用需求多样化，企业使用征信产品的目的不尽相同，对信用信息的需求不仅仅局限于之前简单的信息收集，而是逐渐扩大到更大的范围。不同征信机构收集的信用数据具有差异性，企业越多，收集的企业信息也越多，导致需要信用检查，同时需要对信用信息进行统一和区分归纳。1930年初，Creditreform成为第一个具有统一信息方案的信贷机构，从而将信息数据清晰地组合在一起。SCHUFA早期区分了向其报告贷款和负面信息的合作伙伴（信贷机构、贷款零售商，后来还有租赁公司和信用卡公司）和仅报告负面信息的合作伙伴（零售和服务公司）。在1959年，德国小额银行贷款开始普及，SCHUFA发布了550万条信用信息。在1965年，SCHUFA的业务几乎覆盖了信贷市场，信贷市场信息量突破了1000万大关。在中期阶段，制造企业商业交易和互换信用数据的能力与征信机构收集整理数据的能力比较弱。因此从协同演化视角来看，这个时期的征信模式是制造企业和征信机构协同主导的建设模式。第二阶段德国征信体系网络参数具体见表5-10。

表5-10 第二阶段德国征信体系网络参数

征信机构和企业	度中心度	接近中心度	中介中心度	特征向量
Creditreform	100.000	100.000	3.909	26.473
CRIF	77.215	81.443	1.700	22.173
SCHUFA	98.734	98.750	3.908	25.885
BMW	97.468	97.531	3.368	26.165
Siemens	97.468	97.531	3.358	26.148
PCR	100.000	100.000	3.909	26.473
Volkswagen	97.468	97.531	3.753	25.666
Gresheim	96.203	96.341	3.212	25.923
KSB	97.468	97.531	3.358	26.148
Lürssen	96.203	96.341	3.212	25.923
Leoni AG	97.468	97.531	3.361	26.166
General Electric Company	97.468	97.531	3.361	26.166
Getrag	98.734	98.750	3.511	26.390
Behr GmbH&Co.KG	98.734	98.750	3.511	26.390
Deutsche Post DHL Group	98.734	98.750	3.750	26.230

德国在1934年建立了第一家公共征信机构，用来收集信用信息。相比第一阶段，第二阶段征信体系网络的度中心度、接近中心度与中介中心度有了较大幅度的提升。CRIF的度中心度由27.778上升到77.215，接近中心度由58.065上升到81.443，中介中心度由0.056上升到1.700。SCHUFA的度中心度由40.741上升到98.734，接近中心度由62.791上升到98.750，中介中心度由0.279上升到3.908，征信机构之间存在竞争。

3. 德国征信体系网络演化第三阶段

伴随着信息技术的发展，企业与征信机构的联系更加紧密，征信机构开始步入电子数据时代。1979年，Creditreform征信机构将108个本地档案与大量的数据库合并到一个数据系统中，开启了它的数字化时代。随着科技的发展与网络的普及，制造企业与征信网络的合作更加密切,征信机构对制造企业开放数据库,企业拥有自己的信用账户,可以更加便捷地采集征信数据并及时更新数据库。征信机构的核心业务也随大数据的发展对原有的业务进行了补充且更加多样化、细节化。制造企业可以通过征信机构提供的在线平台更方便、快捷、高效地访问相关公司、个人和业务合作伙伴的信息及收债活动的透明概览。征信机构从单一的信息提供商向综合解决方案提供商发展。在大数据时期,征信网络通过与制造企业进行交易、沟通、合作等方式参与制造企业的价值创造过程。征信机构利用企业的核心数据发展核心业务,开展价值创造活动。随着科技、环境、交易方式等的变化,制造业与征信网络相互演进。在大数据时期,企业生产数据的能力低于征信机构收集数据、处理数据、利用数据的能力,因此在这个时期,征信机构在征信网络中相对来说占据主导地位。第三阶段德国征信体系网络参数如表 5-11 所示。

表 5-11 第三阶段德国征信体系网络参数

征信机构和企业	度中心度	接近中心度	中介中心度	特征向量
Creditreform	98.230	98.261	2.272	22.064
CRIF	98.230	98.261	2.272	22.064
SCHUFA	98.230	98.261	2.269	22.100
BMW	94.690	94.958	2.209	20.988
Siemens	93.805	94.167	2.148	20.812
Analytik Jena AG	100.000	100.000	2.375	22.423
Volkswagen	96.460	96.581	2.367	21.225
Gresheim	93.805	94.167	2.127	20.868
KSB	93.805	94.167	2.127	20.868
Lürssen	93.805	94.167	2.127	20.868
Leoni AG	93.805	94.167	2.127	20.868
General Electric Company	94.690	94.958	2.196	21.001
Getrag	94.690	94.958	2.191	21.009
Behr GmbH&Co.KG	94.690	94.958	2.191	21.009
Deutsche Post DHL Group	94.690	94.958	2.191	21.009
Arburg	94.690	94.958	2.196	21.001

第三阶段的征信体系网络密度为 0.418,观察表 5-11 可得,在第三阶段,征信机构的度中心度、接近中心度与中介中心度都略高于制造企业,说明在这个阶段征信机构更居于网络中心位置,与其他节点的联系更加紧密,控制信息流动的能力更强,相对来说占据主导地位。Creditreform 在德国就有 128 家独立分支机构,SCHUFA 拥有超过 10.52 亿条数据,涉及 600 万家企业和 6800 万自然人。每天平均向公司提供约 490 000 条信息,从而支持快速、简单的商业交易,保存了 90%以上的人的正面信息。进入数字化时代,征信机构收集数据的能力强于企业生产数据的能力。

德国征信机构经历了三个阶段,其核心能力也发生了相应的演化,如图 5-11 所示。总体来看,第一阶段的网络密度为 0.338,第二阶段的网络密度为 0.380,第三阶段的网

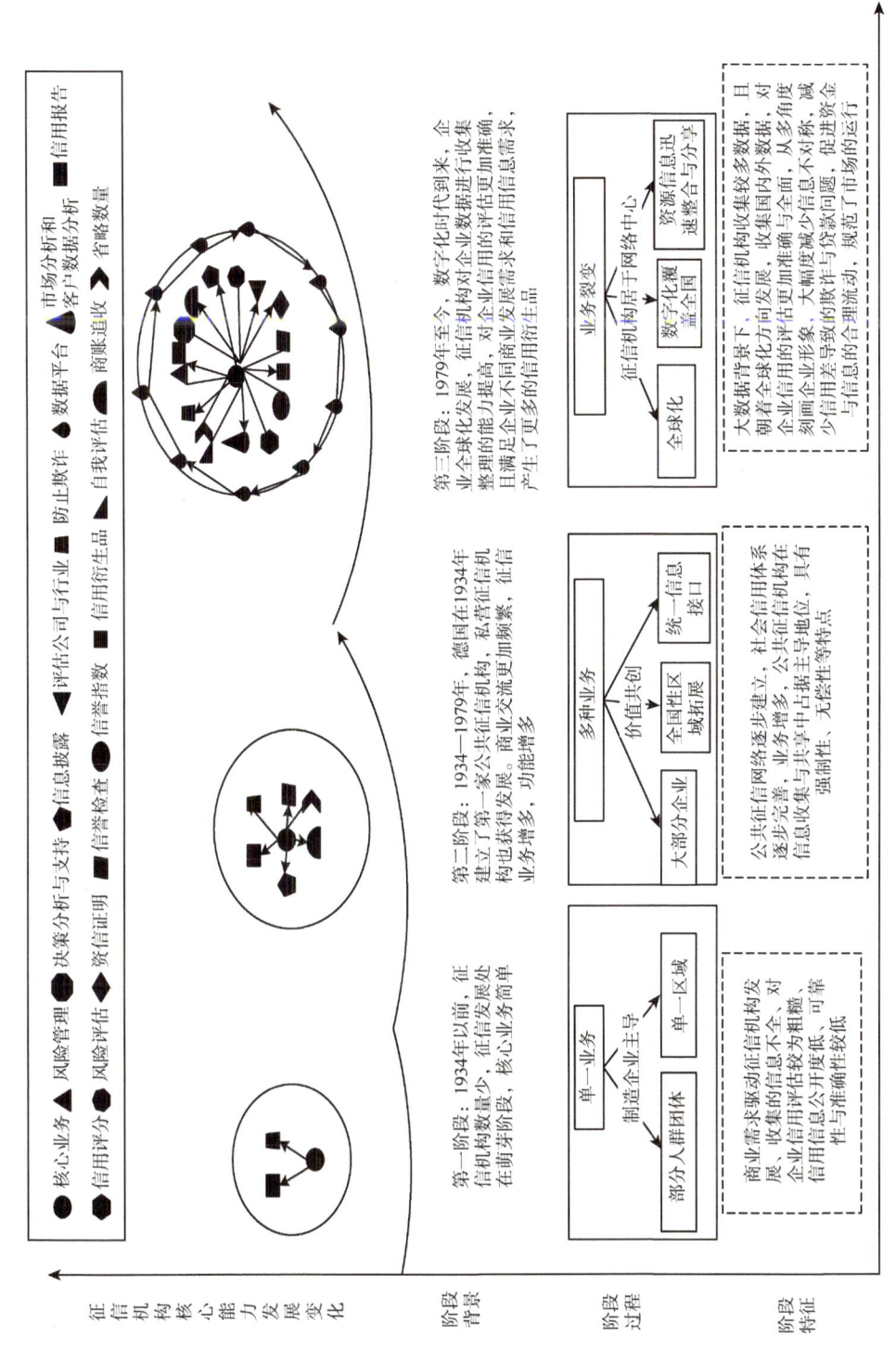

第五章 不同国家和地区征信体系建设的比较分析

图5-11 三个阶段德国征信机构核心能力的演化

络密度为 0.418，说明在征信体系网络演化过程中，各个节点之间的联系越来越紧密，资源与信息共享程度提高。征信机构的存在减少了征信体系网络的信息差，而大数据的应用与普及更是提高了德国企业创新和抵御风险的能力。伴随着大数据的发展，德国征信体系网络有效帮助了德国企业充分获取外部资金等创新资源，帮助其跨越内部资金的融资瓶颈，合理使用内外融资有助于提高企业的绩效与创新能力。

第三节 日本征信体系及其演化的实证研究

一、日本征信体系的构成

日本征信业的发展可以追溯到 17 世纪，经过百余年的发展，日本形成了较为成熟的征信体系。作为金融体系的一部分，征信体系的制度安排与国家的宏观特征相匹配，且相较于欧美国家的市场主导型或政府主导型征信模式，日本的混合型征信模式对于我国征信改革更有借鉴意义。

日本的征信体系起源于 19 世纪末，在第二次世界大战后发展速度加快，那时日本已有三家征信机构——帝国数据银行、东京商工所和商业兴信所。第二次世界大战后，日本征信需求开始增加，征信业适逢其时。经过多年的整合，企业征信呈现双巨头现象——帝国数据银行和东京商工所常年占据市场份额的 60% 到 70%。

目前，日本征信采用会员制模式，兼有市场型和政府型模式的特征。相比而言，日本的个人征信并没有采取市场竞争模式，反而由行业协会成立的非营利机构负责。对于征信市场，日本政府的监管并不严格，而且政府的信息透明度较高，信息完全公开使得征信的成本降低。总而言之，日本的企业征信由市场主导，个人征信由行业协会主导，而政府只负责提供有序的市场环境，并不过多干预具体操作。日本征信体系如图 5-12 所示。

日本从事企业征信业务的征信机构主要有帝国数据银行、东京商工所、日本风险数据银行等。帝国数据银行成立于 1900 年，目前是亚洲最大的企业资信数据库，其年销售额突破 500 亿日元，主要从事企业信用调查、信用风险管理服务、数据库服务、营销服务、电子商务支持服务等业务。东京商工所成立于 1892 年，主要从事企业信用调查、市场调查、各类经济调查、数据库业务、互联网信息服务、出版业务等。日本风险数据银行成立于 2000 年，它是由大型银行、大型地区金融机构等 22 家企业共同投资成立的数据库联盟，主要从事各类信用分析、中小企业金融评级等业务。具体的征信机构介绍可以参考附录 B。

日本从事个人征信业务的征信机构以相关协会为主，如日本消费者金融协会、日本金融服务协会、日本投资信托协会等。

二、日本征信体系发展历程

本章通过归纳推理的方法，形成了日本中小企业征信生态系统演化路径的理论模型，如图 5-13 所示。

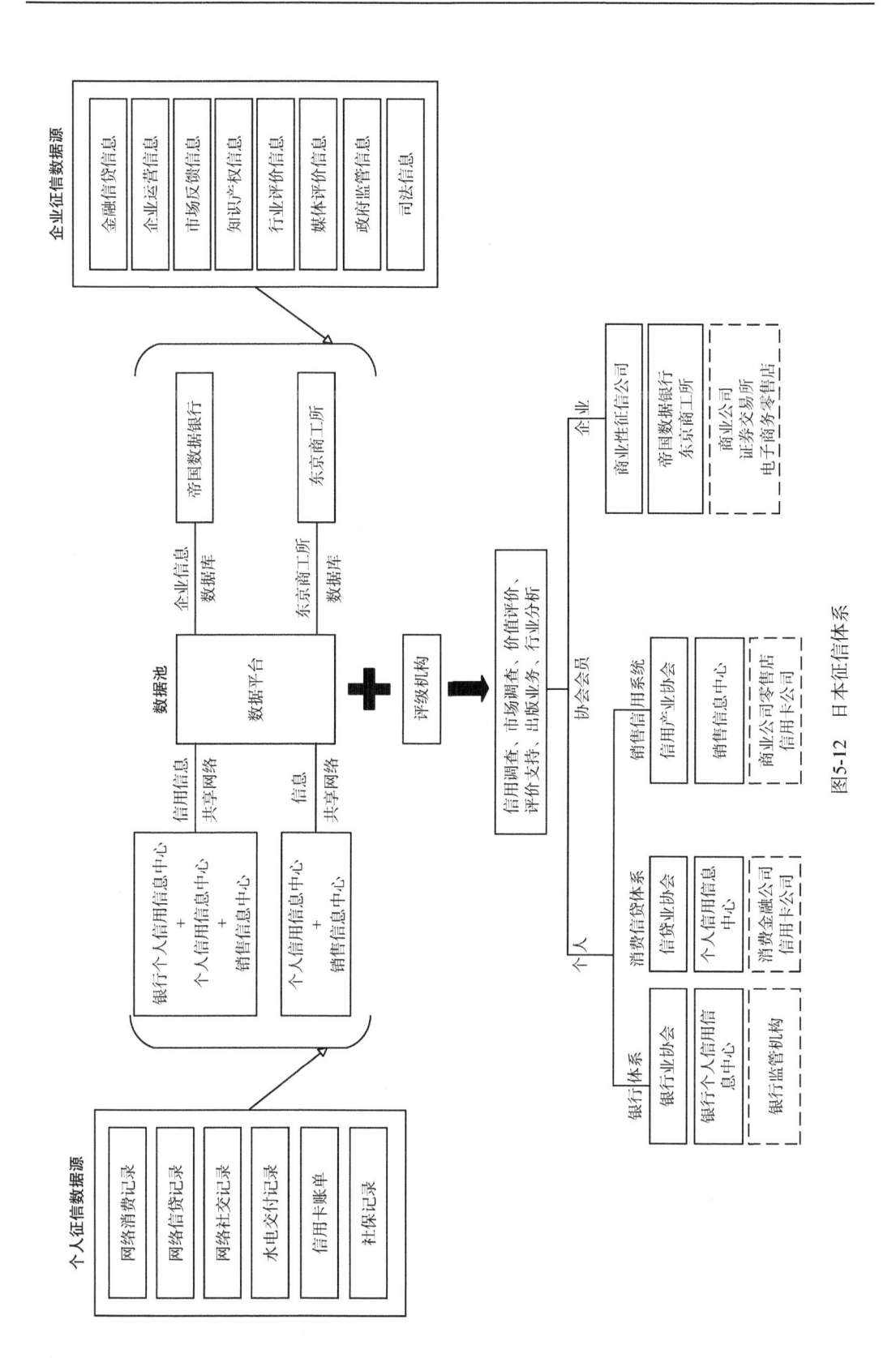

图5-12　日本征信体系

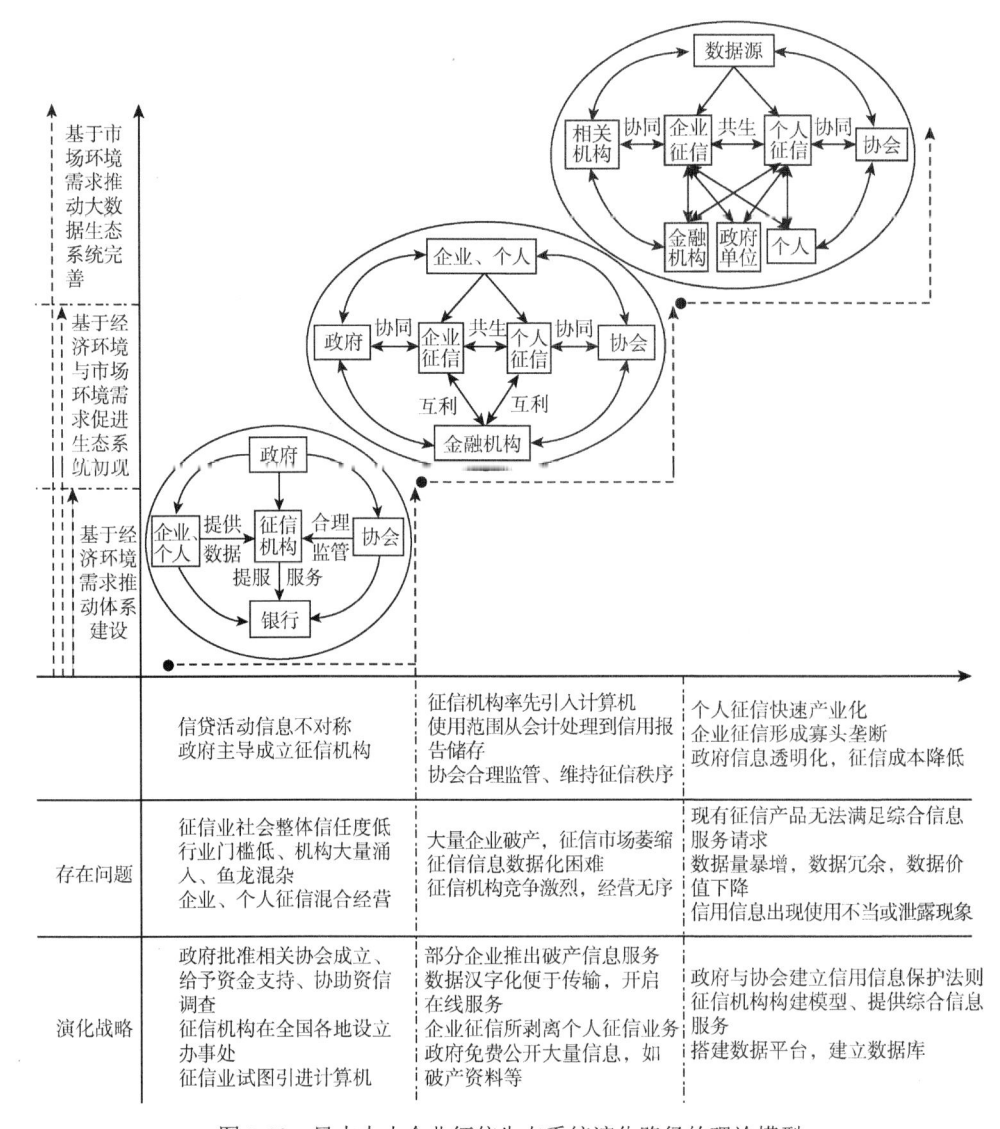

	信贷活动信息不对称 政府主导成立征信机构	征信机构率先引入计算机 使用范围从会计处理到信用报告储存 协会合理监管、维持征信秩序	个人征信快速产业化 企业征信形成寡头垄断 政府信息透明化，征信成本降低
存在问题	征信业社会整体信任度低 行业门槛低、机构大量涌入、鱼龙混杂 企业、个人征信混合经营	大量企业破产，征信市场萎缩 征信信息数据化困难 征信机构竞争激烈，经营无序	现有征信产品无法满足综合信息服务请求 数据量暴增，数据冗余，数据价值下降 信用信息出现使用不当或泄露现象
演化战略	政府批准相关协会成立、给予资金支持、协助资信调查 征信机构在全国各地设立办事处 征信业试图引进计算机	部分企业推出破产信息服务 数据汉字化便于传输，开启在线服务 企业征信所剥离个人征信业务 政府免费公开大量信息，如破产资料等	政府与协会建立信用信息保护法则 征信机构建模型、提供综合信息服务 搭建数据平台，建立数据库

图 5-13 日本中小企业征信生态系统演化路径的理论模型

（一）第一阶段：建设初始体系

在日本征信生态系统形成之初，日本征信机构成立的目的是缓解当时信贷活动中的信息不对称，调查企业与个人的信用情况，解决银行"调查部不胜其任"的问题，开启了以服务金融为主题的征信生态系统演化第一阶段，具体分析如下。

商业兴信所成立于 1892 年，是日本第一家企业征信公司。该公司从筹备到设立历经 5 年时间，这一期间内经历了社会认知度不高、调查需求前景不明等诸多波折。商业兴信所成立后初期业务的开展较为坎坷，仅有会员 31 家，年调查件数为 1200 件，主要为银行提供资信调查服务。此外，当时的日本企业对于早期的信用调查普遍采取警惕、排斥、拒绝的态度，使得日本国内征信机构的发展步履蹒跚。

在第二次世界大战结束后，困难的局面有所改善，伴随着日本经济的复苏，企业对征信机构的需求开始出现，征信机构的规模也随之高速扩张。在战后五年内，全国的企业征信所已有 200 余家。伴随顾客认知度的提高、潜在社会需求的挖掘，特别是由于进入门槛低，这一阶段的发展特点表现为征信机构大批出现、鱼龙混杂、经营无序、竞争激烈。日本征信机构开始混业经营企业和个人征信业务，企业征信所也可开展个人信用调查业务，个人信用登记模式初步进行探索践行。

由于征信业初期步履艰难，日本政府在这一阶段对征信业给予资金支持。例如，最早成立的商业兴信所和东京兴信所，都是基于日本银行的补贴和财政支持以及当地主要金融机构的投资成立的。此外，由于拥有共同的背景，两家初创公司像兄弟公司一样是相互补充的关系。

（二）第二阶段：构建生态系统

在这一演化阶段，企业征信市场形成了寡头集中的格局，帝国数据银行和东京商工所这两大征信公司的市场份额超过了 60%。此外，个人征信业务逐渐兴起，日本信用产业协会、信贷业协会等协会负责的个人信用信息中心相继成立。日本征信业的社会分工更加细化，企业征信所开始剥离个人征信业务，日本个人征信业快速产业化。1972 年，消费金融信息行业中心成立。1983 年，日本分期付款协会的信用信息交换所与日本信用信息中心合并。

20 世纪 90 年代，日本经济泡沫破裂，经济迅速衰退，这虽然造成日本企业征信市场整体萎缩，但也为日本企业征信业寡头垄断的竞争格局提供了机遇。东京商工所和帝国数据银行在经济危机中抓住机会，针对大量企业破产的现象，及时推出了破产企业信息服务产品，这一经营策略的调整使得两家机构逐步垄断了日本企业征信市场。市场和日本政府也开始认可企业破产信息产品，尤其是东京商工所的破产数据。东京商工所对私人破产情况进行制表，并每月公布，破产信息是判断日本经济状况的主要经济指标之一，并在政府、机关、媒体和研究机构等各个领域使用。

（三）第三阶段：完善生态系统

到 21 世纪初，日本征信业已清晰地分化为个人征信业和企业征信业，均形成了寡头垄断的稳定格局。日本个人征信业则呈现以日本信用情报机构、信用信息中心为代表的寡头格局。日本信用情报机构、信用信息中心等机构垄断了日本个人征信市场，企业征信市场则被帝国数据银行、东京商工所两家企业征信机构垄断。日本征信市场的规模开始逐渐恢复到经济危机前的水平。日本社会对征信业的信任感也有所提升，认同其在经济活动中的重要性。

经过征信生态系统三个阶段的演化，日本个人征信业务和企业征信业务都已建成大规模的信用信息数据库，日本征信机构利用计算机与大数据技术建设了数据平台与数据库，便于征信机构间开展信用信息交互活动。此外，利用基于数据库构建的模型进行预测，可大大降低企业融资与交易的风险。企业征信报告中描述的所有文字和数字信息都可以进行数据挖掘，充分利用大数据挖掘技术，可深入挖掘海量数据之间的关联，不断扩大信用数据的应用范围。数据库不仅存储了财务报表和其他数字信息，还储存了完整的企业信息，如公司间的关联关系，其不仅可以作为高度准确的销售目标清单，还可以作为企业活动中各种数据分析的材料。利用计算机对大量数据进行综合分析和评价的方法，适用于使用定量数据和一般信息进行初步评价，可以说是一种适用于小批量业务信用管理的方法，对中小企业经济活动的进行起到了助推作用，征信生态系统不同阶段的特征见表 5-12。

表 5-12 征信生态系统不同阶段的特征

征信生态系统	信任方式	信用信息搜集方式	征信服务产品
第一阶段	交易式	手工操作	基础信用信息
第二阶段	数据式	收集客观数据	信用调查
第三阶段	计算式	资料探勘、机器学习	信用风险管理、数据库服务、评分服务

三、日本征信体系网络演化

基于社会网络分析法的特性及其应用，本节运用社会网络分析法对日本征信体系网络展开研究。本节以日本征信体系（包含政府、银行、非银行金融机构、第三方征信机构、评级机构、相关协会）为研究对象，基于网络中各主体间关系型二值矩阵数据，借助 UCINET 6.0 软件构建日本中小企业征信体系网络，典型的网络结构特征使得征信体系网络研究可以通过相关机构的数量、体系网络的密度、核心−边缘分析等网络结构变量来进行操作化实证研究，勾勒出日本中小企业征信体系网络的演化路径。

在日本征信体系发展的第一阶段，体系网络规模相对较小，网络中的参与主体数量较少且分布分散，导致体系网络密度和关联度均较低，增长速度也较为缓慢。此阶段为单核模式，政府作为主导征信体系初始建设的主体，占据核心地位，但其与其他参与主体，尤其是非银行金融机构等互动较少，主体间联系较弱。此外银行信贷活动中的信息不对称问题严重，为了帮助征信业发展，政府主动给予了扶持，支撑与推动作用明显。总体而言，在此阶段日本征信体系发展缓慢，进入壁垒较低。

在日本征信体系演化第二阶段，企业遵循优胜劣汰的市场原则，部分参与主体退出征信体系，总体征信体系网络规模依旧呈现扩大的趋势，参与主体数量和体系网络密度呈现快速增长趋势，同时体系网络核心−边缘逐渐清晰。此阶段为核心−外围模式，核心主体地位不如第一阶段凸显，第三方征信机构、银行、非银行机构等的作用逐渐显现，子群间互动较多，参与主体间联结数量增多，征信业逐渐标准化、正规化，系统内存在激烈的资源竞争现象。总体而言，在此阶段，日本企业征信体系发展迅速，体系内合作与竞争现象并存。

在日本征信体系演化第三阶段，行业规范化，参与主体总数量增加，但增长速度开始放慢，征信体系规模达到近饱和状态。但体系网络密度、体系网络关联度仍在增加，平均最短路径的数据显示征信体系网络在此阶段的凝聚性与连通性不断增强。此阶段为多核模式，各子群的核心主体相互协作，征信体系逐渐趋于平衡状态，进入壁垒较高。

第四节 国外中小微企业征信体系建设的典型模式

一、发达国家和地区中小微企业征信体系

（一）美国模式

美国是全球中小微企业征信模式的主要代表，私营和商业化是其最显著的特色。中小微企业征信市场的关键要素具体如下。一是服务对象主要是商业银行、私人信用机构和其他各类企业的模式，征信产品主要涵盖企业概况、所有者、经营者、关联交易情况、无形资产情况、财务状况和资信等级以及其他非基础信息；二是数据来源于政府部门、公众媒体、商业银行等金融机构，信贷等各类协会，租赁公司，财务公司，信用卡公司以及商业零售机构；三是政府职责包括征信立法和征信监管，出台了《公平信用报告法》《公平和准确信用交易法》等系列法律。为解决中小微企业基础征信信息不全的难题，政府还与商业征信机构合作，资助建设非营利性中小微企业金融信息平台以促成信息共享。图 5-14 展示了美国中小微企业信贷征信体系。

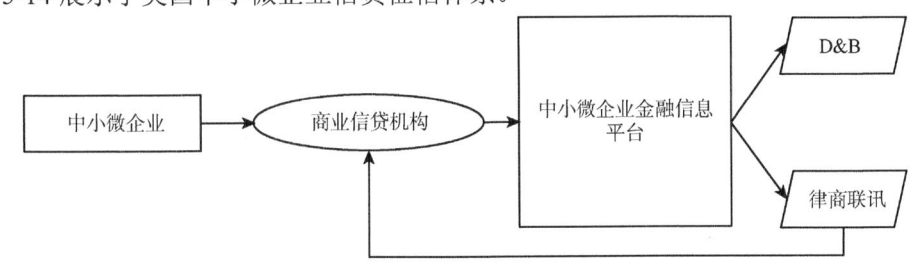

图 5-14 美国中小微企业信贷征信体系

（二）欧盟模式

欧洲大陆中小微企业征信体系的发展遵循政府主导模式，其主要征信部门主要由政府部门组织和成立，其他商业银行等金融机构被强制性地要求定期向公共征信机构提供信用主体信息。欧盟征信体系的主要特点包括以下几点：①征信制度的载体和征信业务规制均由中央银行负责，通过建设公共征信系统，强制要求各类金融机构通过固定频率随时提交信息。②数据获取渠道比较窄，只收集超过最低金额限制的贷款相关信息，一些来源于司法部门、税务部门、公共租赁公司和资产登记系统的非金融机构信息以及商业零售机构的信贷信息并未汇集到该系统中。③市场服务严格，只有那些被授权的中央银行职员以及商业银行等金融机构的职员才可以通过公共征信系统查询相关信息。表 5-13 比较了德法两国企业征信体系。

表 5-13 德法两国企业征信体系比较

国家	主体银行	信息内容	法律保障	私营征信机构情况
德国	德意志联邦银行	工商登记簿、债务人名单、企业破产记录	《商法典》《联邦数据保护法》	Creditreform 针对企业应收账款提供资信调查报告

续表

国家	主体银行	信息内容	法律保障	私营征信机构情况
法国	法兰西银行	上报企业信用信息，合法布告栏、地方法院和新闻媒体有关企业及管理者的信用信息	《数据处理、数据文件及个人自由法》	没有私营征信机构

（三）日本模式

日本中小微企业征信体系主要由会员制机构和商业征信机构运作。日本征信模式的主要特点有以下两个。一是会员制机构不以营利为目的，通过会员信息互换来换取征信服务。信用担保公司及金融机构组成的CRD协会，由日本政府经济产业省和中小企业管理局进行指导，主要提供中小企业征信服务，其建设采取"半公半私"模式（政府投资，市场化运营）。征信机构主要提供：①统计信息服务，将中小企业分为违约和不违约两类，并据此产生盈利性、安全性和成长性参考指数；②样本数据服务，以匿名方式提供企业原始数据，金融机构可用以开发自己的信用评分模型；③信用评分服务，利用自身信用评分模型，金融机构可用以评估借款人违约风险，是中小企业快速获取贷款的核心基础。二是商业征信机构以帝国数据银行为代表，但是难以获取政府的公共信息，如企业和个人的纳税情况，因此需要大量调查员按照评分手册进行间接调查，提供催收账款、授信决策、行业分析报告等征信资料。

（四）韩国模式

韩国的中小微企业征信体系遵循两级行业构架和三种共享模式。韩国模式具体拟研究的内容如下。①1+4+多层级，即一家中央信用信息集中登记机构[韩国银行联合会（Korea Federation of Banks，KFB）]和四家行业信用信息集中登记机构进行非营利企业数据库建设，其他以营利为目的的私营征信局或征信公司从上述机构采集信息，通过协议从其他金融机构和百货公司等债权人处收集其他信用信息，再对外提供信用评级和信用报告等服务。②三种共享模式，一是强制金融机构将信用信息报送KFB，再由KFB提供给私营征信公司；二是通过协会或公司集团实现行业内部信息共享；三是征信公司通过商业合同收集其他信息。KED（Korea Enterprise Data Co., Ltd，韩国企业数据有限公司）是韩国最大的中小企业数据库，数据主要来自股东机构，KED存贮企业概况、财务、经理人背景、金融机构信誉、基金使用等信息，并用于三个领域：①B2B（business to business，企业对企业）交易，提供准确的企业实时数据，提高商业交易透明度；②信贷市场，帮助金融机构获得准确的信用信息，有效管理信贷风险，降低成本；③公共项目，提供投标者信息，为政府项目选择符合资质的公司。

二、新兴市场国家中小企业征信体系

（一）巴西模式

巴西已经形成征信机构形式多样、覆盖广泛、层析分明、功能定位明确的中小微企业征信体系。巴西模式具体拟研究的内容如下。①公共信用信息登记机构，主要包括巴西中央银行的无效支票登记中心（Central Cheque Stub File，CCSF）、财政部主管的违约者登记中心以及巴西中央银行 1998 年组建的信用信息登记中心，弥补 CCSF 的不足。②行业合作式征信机构，代表机构是 Serasa（咨询和服务公司）和斯派克。斯派克是联结全国 130 多个城市网络的非营利性征信机构，其主要信息来源于商业批发/零售企业、制造企业、信用卡公司、消费信贷等零售金融机构。Serasa 几乎涵盖了所有银行的信息，且与斯派克对接。③私营征信机构，大多数是以营利为目的的中小征信机构，通常不在全国范围内经营，而主要是在圣保罗这类金融中心城市提供特定市场的细分服务。

（二）马来西亚模式

2007 年 7 月，马来西亚信用担保公司和 D&B（马来西亚）有限公司共同建立马来西亚信用局，下设马来西亚中小企业征信局，并依托公共征信数据库和马来西亚公司委员会注册信息系统两大公共数据源以及其他数据源，为金融机构会员、中小微企业、公众提供信用报告和增值服务。具体运行模式如下。①马来西亚中小征信局运营情况，简而言之即从其授信者处获得中小企业信用信息，形成集中的数据库，并以数据库中数据为基础，评估中小企业信用价值、财务健康度，形成独立的信用报告。②数据收集，马来西亚中小企业征信局主要从三个渠道获取中小企业数据：马来西亚中央银行的公共征信数据库、中央银行提供的拒付支票信息和企业自愿提供的非银行企业信用信息。③提供的增值服务，包括信用风险报告、商业信息报告和信用评分。两大增值服务涵盖中小企业信用监测服务（能够帮助中小企业了解其债务人在银行信贷信息、企业注册和贸易信用信息与信用评级等方面的变化）以及中小企业自身信用监测服务（能够帮助中小企业同步了解自身银行信贷信息、企业注册和贸易信用信息与信用评级的变化，面向中小企业和中小企业主/合伙人/管理层个人）。图 5-15 展示了马来西亚中小企业征信局的运营情况。

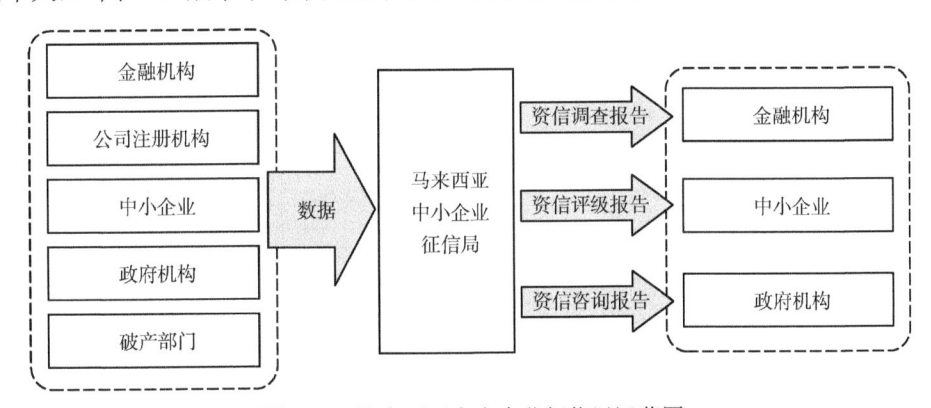

图 5-15 马来西亚中小企业征信局运营图

第五节　美国、德国和日本征信体系建设的经验借鉴

本章通过对美国、德国、日本的征信体系进行深入研究，总结归纳出值得借鉴的经验。

一、美国征信体系经验借鉴

美国征信体系中并没有公共信用调查机构，完全由私营征信机构开展征信业务，表现出发达的市场化特征，政府只负责依法监管。此外，美国的私营征信机构的信用数据库建设发达，与各行各业有密切的业务往来，再加上发达的计算机技术辅助，使得信用数据的获取与分析更加高效。美国联邦政府出台了一系列法律，规范了征信机构的职责、征信报告的使用范围、失信惩戒措施，平衡了个人隐私与征信刚需。

二、德国征信体系经验借鉴

德国征信体系采取的是"政府+市场"混合型征信模式，主要包括三种征信模式：以政府、中央银行、金融监管机构等公共机构为主体的公共征信模式，以私营机构为主体的市场型征信模式以及以行业协会为主体的会员制模式。德国会员制征信模式主要依托于德国的商会、协会等行业协会，行业及协会内部不仅向有需要的部门提供德国中小企业的信息、咨询和服务，同时也向中小企业提供国内外商业信息、展览信息等，促进信息内外流动。

三、日本征信体系经验借鉴

日本征信采用会员制模式，兼有市场型和政府型模式的特征。相比而言，日本的个人征信并没有采取市场竞争模式，反而由行业协会成立的非营利机构负责。对于征信市场，日本政府的监管并不严格，而且政府的信息透明度较高，信息完全公开使得征信的成本降低。总而言之，日本的企业征信由市场主导，个人征信由行业协会主导，而政府只负责提供有序的市场环境，并不过多干预。我国应该在发展征信体系的同时，推动征信机构之间的信息互联互通，建立相关的征信行业协会组织，此外还应该出台相关法律法规提升信息透明度，改善征信服务，进一步实现市场化改革，挖掘征信数据的市场价值。

第六章　国家征信体系建设的模式选择及国际实证研究

融资约束是中小微企业转型升级面临的重要瓶颈之一。根据世界银行的一项中国企业调查，遭遇融资问题的企业占比最大。OECD 研究报告 "Financing SMEs[①] and entrepreneurs 2022：an OECD scoreboard"《中小企业融资和创业 2022：一个 OECD 主题》认为，中小微企业融资难、融资贵问题是世界性难题，但中国中小微企业融资环境改善已取得一定成效。但根据《中国中小企业发展报告 2020》，中小微企业与大型企业的贷款利率相差 30%以上，且 80%以上的中小微企业仅能依靠高成本的民间借贷。

Myers 和 Majluf（1984）提出，外部投资者因信息不对称而降低风险证券的购买价格，这会增加外部融资成本，并导致内部与外部资金成本之间的差异，进而造成融资困难。信用信息共享机制是解决这一问题的重要手段之一，也是建立完善的征信体系的基础和前提。2018 年，有 21 家全国性银行机构通过征信体系应用，在贷前审核环节驳回高风险客户申请 9117 亿，对 13 028 亿存量贷款进行风险预警，清收不良贷款 1594 亿，这意味着我国银行业已经初步建成了覆盖全社会信用的体系。截至 2022 年底，中国人民银行征信系统收录 11.6 亿自然人、1 亿户企业和其他机构。由政府主导的全国统一市场已经形成，市场主体数量庞大，截至 2022 年 8 月末，全国共有 136 家备案企业征信机构。在国内信用交易不断发展与拓展、金融体制改革不断深入、对外经济交往不断增多、社会信用体系建设进一步完善的情况下，中国征信业获得了快速发展，并逐步走向成熟。尽管征信体系在中国的发展得到了国际社会的认可，但是整体而言征信体系仍处于发展阶段，仍有许多不足之处，如存在私营征信机构发展缓慢、数据联通对接难、信息共享难、相关法律法规有待健全、隐私保护制度缺乏、安全性不高等问题。

第一节　国家征信体系建设的主要模式与国际比较

征信体系是信用信息共享的组织机构，包括贷款合同信息和合同履约信息的归集和互通等功能，是信用体系的基础（李稻葵等，2016），同时也是专业化的第三方机构为个人或法人机构建立信用档案和基础数据库，依法采集、客观记录信用信息，并依法对外提供信用报告的机构的总称（龙海明和王志鹏，2017）。因此，我们也可以将征信体系理解为由这些征信机构组成的一个结合体，是对一个国家征信发展程度的直接反映。此外，也有学者将征信体系的概念具体化，将其定义为国家金融信用信息基础

---

① SMEs 为 small and medium enterprises，中小微企业。

数据库（王便芳和周燕，2019）。事实上，经过梳理，征信体系由征信数据库、征信法律法规、征信机构和政府监管四方面共同组成（图6-1）。其主要功能是服务信贷市场、规范信贷市场经济活动。从其运行情况来看，征信体系在有效解决借贷双方信息不对称问题、减少商业银行不良贷款方面发挥了积极的作用，优化了社会信用环境。同时，征信体系建设参与主体众多，从企业到个人、政府以及市场，征信体系是一项包含社会各个方面的巨大工程。

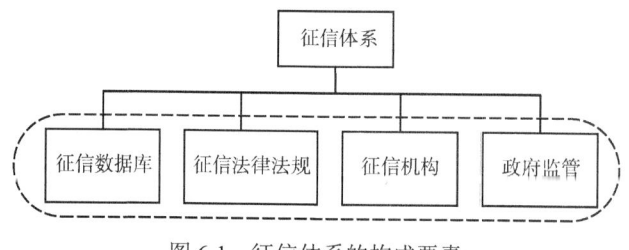

图6-1 征信体系的构成要素

一、国家征信体系建设的主要模式

国家征信体系可以划分为公共征信体系和私营征信体系两种。玛格里特·米勒将金融系统中借款人信息数据库定义为信用信息登记系统，其核心数据是一名借款人以往的借还款记录。系统可以提供信息给单个消费者或（和）公司，可能只提供如逾期付款、违约违规等负面信息，也可能提供如及时偿付款等正面信息，还可能提供其他类型的信息，如公司（个人）基本信息，以及从法院或其他公共或政府得到的信息。据此，由政府运营的信用信息登记系统被称为公共征信体系，它通常由银行监管机构进行管理。那些由非政府机构运营的系统，通常被称为私营征信体系，也就是我们通常所说的社会化征信机构。

关于公共征信体系与私营征信体系之间的关系，理论界存在着两种不同的观点。Jappelli和Pagano（2002）认为公共征信和私营征信既存在互补性也存在替代性，总的来说是替代性大于互补性。所以已经建有私营征信体系的国家，再建立公共征信体系，其效果就会大打折扣。随后Brown和Zehnder（2007）补充，只有在没有私营征信机构，且债权人保护较弱的国家，才易于建立公共征信体系。玛格里特·米勒针对拉丁美洲国家征信体系的调研发现，许多国家在建立公共征信机构前已经有私营征信机构。他认为公共征信体系与私营征信体系之间有显著的差异，它们不是简单的替代关系，而是相互补充的关系。许多国家设立公共征信机构的首要目的并非提供征信服务，而是加强银行业监管，防范金融风险。私营征信体系的主要功能是帮助贷款机构识别优质客户，以低成本发放信贷。如果私营征信体系与公共征信体系之间有清晰的业务界线，那么两者是可能共存的，且更能发挥征信体系的积极作用。根据这两类体系之间的关系，可以将国家征信体系建设的模式划分为三种：市场主导型、政府主导型、复合型。表6-1比较了国家征信体系建设的主要模式。

表 6-1 国家征信体系建设的主要模式

类型	简要定义	典型国家
市场主导型	只有社会化征信机构	美国、英国
政府主导型	只有公共征信机构	法国
复合型	公共征信机构和社会化征信机构并存	德国

资料来源：王晓明（2015）

采用市场主导型征信模式的国家中不存在公共征信机构，它是以社会化征信机构为主导，以自愿和契约为主要原则，进行商业化运作。政府部门主要起到保护信息主体权益、规范征信市场的作用。其运营机制比较灵活，收集的信息也比较丰富。采用政府主导型征信模式的国家中只存在公共征信机构，其运作是以政府强制为原则，主要目标是防范系统性金融风险和信用风险，政府承担征信管理和征信服务职责。采用复合型征信模式的国家中公共征信机构和社会化征信机构并存，根据两者之间的关系，这一模式又可以细分为两种征信方式：一种是公共征信机构和社会化征信机构在各自的领域内发展，独立运营业务，不存在信息交互的情况；另一种是公共征信机构集中采集数据，既面向金融机构提供征信服务，又面向社会化征信机构提供基础数据，供社会化征信机构在此基础上进行深度的征信产品开发。此外，社会化征信机构除了采用来自公共征信机构的信息，还广泛从社会上收集各类信息。

二、国家征信体系建设模式的国际比较

回顾各个国家的征信体系发展历程，我们可以发现，西方征信体系建设要早于中国征信体系建设一百多年。最早的征信机构于 1830 年在英国伦敦问世，随后，1841 年的美国也出现了第一家征信机构。在亚洲，日本于 1892 年建立了第一家征信机构，中国于 1932 年 6 月建立了第一家专业征信机构。

美国市场主导型征信体系已具有一百多年的发展历史，其起源于消费的盛行，在经过了萌芽、发展、兼并等历程后，现已形成较为完善的运作和法律体系。

美国最早的征信事务所为刘易斯·大班于 1841 年所成立的 D&B，且第一家个人信用局也于 1860 年在纽约布鲁克林成立。此时，美国的资本市场欣欣向荣，导致投资者的数量快速增长，相应地，其对征信的需求也不断增加，为征信的初期发展提供了一个良好的契机，征信业也顺利地步入了萌芽阶段。非营利性为这段萌芽时期的主要特点，信贷主体以零售商为主。紧接着，由于受到 1929—1933 年经济危机的影响，信贷资源供不应求，信用违约率也居高不下。政府为控制信贷风险，相继出台了多项关于征信服务的政策，使征信业获得了快速发展的机会。

20 世纪 70 年代至 80 年代为美国征信业的法律完善期，同时，这一时期也是美国征信业发展的关键时期。在此期间，美国接连出台了《诚实信贷法》《公平信用报告法》《信用控制法》《房屋贷款人保护法》等 17 部相关法律，并以《公平信用报告法》为核心，形成了征信业初期的法规雏形，维持着美国征信业的健康发展。另外，20 世纪 70 年代，MasterCard（万事达卡）等银行卡联盟的出现进一步促进了消费信贷的发展，为个人征

信的发展注入了新的动力。随后，在20世纪80年代，银行开始了跨区经营与并购整合，并对征信服务提出了全国性的要求。同时，信息技术的快速发展拉开了征信公司之间的差距，使得两极分化的情况进一步加剧。部分小规模的征信公司无法满足时代的需求，成为被收购的对象，而大规模的征信公司则得到了强化。

最后的稳定发展期为21世纪初至今，此时美国的个人征信市场已经形成Experian、Equifax、TransUnion三家独大的局势，发展趋于稳定，使得其开始为开拓海外市场做准备，全球化征信也在此阶段下逐渐形成。

政府主导型模式下，法国征信体系建设以中央银行为主导，其最大的特色是只有国营的公共征信体系，而没有私营征信机构，同时其发展历史可追溯到19世纪中期。1946年，法国中央银行——法兰西银行成立了"风险联合会"，帮助银行识别过高的风险，法国也由此开始正式建立由中央银行主导的公共征信体系。随后，法兰西银行于1982年创建了法国企业信贷登记系统，帮助企业判断自身的信用风险状况，进一步加强了公共征信体系的建设。

作为复合型征信体系建设模式的代表，日本征信业最早起源于1892年，第一家民间信用调查机构"商业兴信所"成立，大量企业和个人涌入征信业，使得该行业呈现分散经营的状态。但在20世纪30年代至40年代，由于受到战败的影响，企业对于涉及自身的征信调查普遍保持排斥态度，使得日本征信业遭到了巨大的打击。随后，20世纪70年代信息技术的发展以及80年代多家信用信息中心的成立成为征信业发展的转折点，征信机构开始整合，由分散走向集中。同时，在征信业发展过程中，日本政府相继颁布了《贷款业规制法》《分期付款销售法》《行政机关保有的电子计算机处理的个人信息保护法》等法律制度，为个人信息提供了法律保护。20世纪90年代，日本经济结束了高增长的态势，三大行业个人信息中心（日本信用情报机构、信用信息中心、全国银行个人信用情报机构）与帝国数据银行以及东京商工所都在各自领域实现了垄断，行政改革委员会也于2003年颁布了《个人信息保护法》，对个人信息保护措施的基本事项予以明确，日本征信业也逐渐步入了稳定发展阶段。

同时，为了研究其他国家征信体系建设的情况，本书对80个国家的征信体系发展程度指标的多年均值进行了分析，可以发现巴西、韩国、斐济、圭亚那、马来西亚、塞舌尔、秘鲁、尼加拉瓜等国家的征信体系建设发展都较为迅速，其中塞舌尔、秘鲁的征信体系建设速度更是名列前茅，体现出了国家对于征信方面的重视程度。表6-2展示了其他国家征信体系发展程度。

表6-2 其他国家征信体系发展程度一览表

国家	征信体系发展程度	国家	征信体系发展程度
阿尔巴尼亚	1.7688	巴基斯坦	0.6456
阿根廷	11.0736	巴拉圭	5.2102
埃及	2.2688	巴林	2.2502
阿曼	1.3716	巴西	9.1168
阿塞拜疆	1.9104	白俄罗斯	4.2926
澳大利亚	7.0000	保加利亚	3.2980

续表

国家	征信体系发展程度	国家	征信体系发展程度
北马其顿	8.8690	纳米比亚	4.1560
冰岛	7.0000	南非	4.3266
波斯尼亚和黑塞哥维那	2.8076	尼加拉瓜	4.9962
玻利维亚	4.0516	尼日利亚	0.3724
博茨瓦纳	3.7940	日本	6.0000
多米尼加	8.2128	瑞士	1.8242
俄罗斯	4.9420	塞尔维亚	7.0000
菲律宾	0.5536	塞舌尔	2.1440
斐济	2.3420	圣多美和普林西比	0.4530
佛得角	1.0968	斯里兰卡	2.7120
哥伦比亚	6.2454	泰国	3.4796
哥斯达黎加	9.0020	坦桑尼亚	0.2032
格鲁吉亚	5.7872	毛里求斯	5.5034
圭亚那	1.1072	汤加	0.4258
韩国	9.0544	特立尼达和多巴哥	4.1760
洪都拉斯	5.0944	危地马拉	2.1424
吉尔吉斯斯坦	2.0118	文莱	3.7292
捷克	5.9262	乌干达	0.2562
津巴布韦	1.4030	乌克兰	2.8042
卡塔尔	1.3672	乌拉圭	14.8220
科威特	2.6856	新加坡	4.1426
克罗地亚	6.0000	新西兰	7.8000
黎巴嫩	1.2996	匈牙利	4.3396
卢旺达	1.6792	牙买加	1.0984
罗马尼亚	4.5304	亚美尼亚	6.6784
马达加斯加	0.0612	以色列	5.7596
马拉维	0.3290	印度	1.8074
马来西亚	10.1460	印度尼西亚	3.2852
美国	8.0000	英国	8.0000
蒙古国	2.8798	约旦	0.2100
秘鲁	9.8672	越南	3.4474
摩尔多瓦	0.5352	赞比亚	0.7966
莫桑比克	0.1920	智利	3.9312
墨西哥	8.0000	中国	4.8172

三、国家征信体系建设模式的主要特征

采用市场主导型征信体系模式的国家以社会化征信机构为主导，由于有盈利的压力，一般社会化征信机构服务都较为多元化，且能较快地响应市场需求，但也存在信息分割以及在服务金融监管方面存在不足的现象。典型的国家有美国、日本等（池凤彬和刘力臻，2018；朱永亮，2007；任兴洲，2003）。此外，Yan 等（2014）根据结构安排将社会化征信机构细分成五类。表 6-3 展示了社会化征信机构的分类。

表 6-3 社会化征信机构的分类

项目	分类				
参股形式	无直接股权或分散持有少数股权	集中持有少数股权	行业协会持有多数股权	分散持有多数股权	集中持有多数股权
实例	美国征信机构	澳大利亚 Experian	新加坡征信机构	印度信用信息有限公司	墨西哥征信机构

资料来源：根据 Yan 等（2014）、王晓明（2015）等相关资料整理

Yan 等（2014）进一步指出征信机构的股权结构会发生变化，一些国家征信机构的股权结构一直在变动，这与一国征信发展水平、信贷市场以及其他信用市场的整体格局有很大关系。他们还将社会征信机构股权演变划分为三个阶段。具体见表 6-4。

表 6-4 社会征信机构股权演变的阶段

阶段	描述
早期/初期建立阶段	数据提供者持有股权有助于促进数据共享并提高收入
中期/规模化阶段	开始扩展数据来源，提供更多增值服务，股权持有人的数据不再是核心数据，数据提供者持有的股权减少
成熟期/优化阶段	社会征信机构成为独立的征信机构，服务所有数据使用者的动力最强，数据提供者和客户遍布多个行业，大多数收入来自增值服务

资料来源：根据 Yan 等（2014）、王晓明（2015）等相关资料整理

政府主导型征信模式的主要优点在于由于是中央银行或金融监管机构出面强制进行信息分享，因此信息共享推进效率很高，而且可以有效解决信息泄露和利益冲突问题。但这一模式存在服务范围较窄、市场形态单一等问题。最典型的实行政府主导型征信模式的国家是法国，由于格外注重隐私保护，因此法国只有一个集中的、非竞争性的负面信息分享机制。表 6-5 详细比较了不同征信体系建设模式的优缺点。

表 6-5 不同征信体系建设模式的优缺点比较

类型	主要特征	优点	缺点
市场主导型	产权私有、市场化运作，以自愿和契约为主要原则	运营机制灵活，能快速响应市场需求；收集的信息较为丰富，产品和服务更多元化，不需要政府进行投资	发展缓慢，且可能存在信息分割现象，对金融监管部门服务不足

续表

类型	主要特征	优点	缺点
政府主导型	中央银行或金融监管机构强制进行信息分享，主要采集商业银行的信贷信息	信息共享推进效率高，且能够实现监管服务和征信服务相结合	服务范围和内容相对较窄，政府需要耗费大量资金
复合型	强制与自愿相结合	同时包含市场主导型和政府主导型的优点	对政府管理能力要求较高

资料来源：王晓明（2015）

复合型征信模式主要特征为强制与自愿相结合，这样既可以确保信息在更大范围内实现共享，有效地满足监管部门的需求，又可以提升征信服务的市场效率。但这一模式对政府管理能力的要求较高，很容易造成公共征信"挤出"社会征信等问题。

四、国家征信体系建设的模式适用性与模式选择

一国征信体系建设模式的选择受多方面因素的影响。债权人保护水平较高的国家，发展私营征信模式的比较多，而多数大陆法系的国家则倾向于选择公共征信模式，作为对债权人权利保护制度的有益补充。政策上鼓励消费信贷的国家倾向于私营征信模式；理念上对个人隐私、企业商业机密保护高度重视的国家，多采用公共征信模式（赵小凡，2005；王海妹，2005）。金融机构的私有化程度越高、市场集中度越低，越有利于私营征信模式的发展（刘骁，2007）。采用复合型征信模式的国家一般市场经济比较发达、金融结构以间接融资为主，政府部门对经济的影响力较强（王晓明，2015）。

此外还有研究者从功能视角上对征信体系建设模式进行了划分。石晓军（2008）基于 Namer 等（1975）提出的金融体系的"功能-结构"思想，提出以功能为主线的征信模式分类方式。他们认为宏观层面上，征信体系的功能主要是服务于监管，促进金融稳定；微观层面上，征信体系的功能主要包括促进和惩罚。促进功能主要体现在降低融资约束和提高信贷水平方面，而建立"黑名单"制度，则会增加失信者的融资成本，甚至将其排除在信贷市场之外，以此来实现惩罚功能。而后研究人员以世界银行全球征信体系调研数据为基础，通过聚类得到了四种主流功能模式，即惩罚型、惩罚监管型、促进型、促进监管型。这一结果一方面表明现实中几乎不存在单纯的监管型征信模式，另一方面表明一国征信体系很难同时兼顾惩罚功能和促进功能。而后，Kappa（卡帕）检验将征信体系模式与国家宏观因素进行匹配分析，发现征信体系功能模式的选择和形成，很大程度上取决于一国融资约束程度、银行融资依赖性、法律起源以及经济发达程度。征信体系功能模式有以下几种。

（1）经济不发达且属于大陆法系的国家更倾向于实施惩罚型征信模式。

（2）经济发达、信贷市场发达且属于普通法系的国家更倾向于实施促进型征信模式。

（3）经济发展程度不高、融资约束问题较为突出，且银行融资依赖程度较高的国家倾向于实施促进监管型征信模式。

（4）高度依赖银行融资，且道德风险问题较为严重的国家，更倾向于采用惩罚监管

型征信模式。

第二节　国家征信体系模式对中小微企业融资的影响机制

中小微企业是信贷市场最重要的参与个体，融资行为受信用信息共享影响。中小微企业缺乏对于财务工作的系统性管理，财务工作专业性不强，进而造成财务数据存在真实性以及财务制度不够健全等问题，直接影响金融机构贷款发放（朱晓光，2017），公司规模较大往往意味着外部融资的可得性较高（Rajan，1992；谭伟强，2006）。当规模较大的公司陷入经营困境时，跳出困境的途径更多，即便经营不善，足够多的资产也会保证贷款机构的一部分利益，因此，贷款机构更倾向于将规模较大的公司作为借贷对象（谭伟强，2006）。由于贷款机构需要保证自身利益，其对于小微企业的借款金额较低，同时产生的成本较高，对于贷款机构来说向大型企业发放贷款要优于向小型企业发放贷款。但是，企业规模只是影响外部融资的因素之一，企业信息透明度也会对外部融资产生影响。信息透明度高可以缓解公司与外部的信息不对称，及时释放公司良好财务状况的信号，降低外部融资成本。信息透明度高的企业，投资人与企业获取的信息差别不大，因此，投资者收集信息的成本较低，可以更有效地评估企业与投资项目的风险度，信息透明度高的企业的融资成本相较于信息透明度较低的企业更低（李雁柯，2016；顾群和翟淑萍，2013）。

现有研究将信贷分为财务报表型、资产抵押型、关系型、信用评分型以及商业型五种，其分类标准是主要信息来源（Berger and Udell，2002）。财务报表型及资产抵押型信贷，其主要的信息来源是财务报表以及企业负债表等，这两种信贷主要的服务对象是大中企业，小微企业由于报表审计不严格、信息透明度低等因素，不适合这两类信贷决策的条款。但关系型信贷主要服务于信息透明度低的小微企业，关系型信贷拥有与借贷方长期合作积累的企业状况、信用记录等信息，对于信息透明度的要求不高。信用评分型信贷的主要功能是发放小额贷款，主要审查机制是对借贷方的信用记录进行分析，这种方法具有低成本、高效率的特性，但其缺点是受到数据获取、质量或完整性等方面的限制。对于商业型信贷，其主要关注点在于行业的未来发展、特征以及双方长期合作积累的信息。

征信机构对上述几种信贷有重要影响。信用评分型和商业型信贷为借贷方的基本评估提供了低成本的征信报告。此外，关系型信贷中的信息租金也会被降低，征信机构获取信息租金的前提便是没有征信体系的产生，因为征信体系的形成伴随着信息共享机制，处在系统中的机构会获取同样的信息，进而通过竞争获取行业平均利润，将部分信息租金返回借方手中。关系型信贷、信用评分型信贷以及商业型信贷为非大型企业以及信息透明度较低的企业提供了重要的外部融资来源（石晓军和张顺明，2010；张捷，2002），征信机构在大型企业等信息透明度较高的企业融资过程中扮演的角色不如在中小型企业等信息透明度较低的企业重要。

已有文献研究验证了征信体系发展可以促进信贷规模的扩大，但现有的研究更多聚焦于征信体系对信贷规模的直接影响，而忽略了探究两者关系的内在作用机理，同时也未能充分探讨征信体系建设模式对中小微企业融资的影响效应，仍存在"黑箱"。Djankov 等（2007）使用 129 国跨国面板数据进行研究，结果表明不管是发达国家还是发展中国家，征信体系设置都会显著增加私人部门所获贷款总量。私营征信机构可以有效地减少企业融资约束，提高企业融资效率，债权人保护和信息共享机制对私营征信机构的发展起决定作用。此外，Love（2003）的研究结果表明，企业规模以及国家法规健全度都在私人征信机构对融资约束的影响中起着中介效用。企业规模越大，私营征信机构对融资约束的影响越小；法制越健全的国家，私营征信机构对降低企业融资约束的效果越明显，而公共征信机构的影响并不显著。

一、国家征信体系模式的基本属性：深度与广度

征信的深度与广度是征信体系模式的两种基本属性，能直观地反映出征信体系的发展程度，但两者的作用机理存在着一定的差异。征信广度的提升主要依靠征信覆盖范围的扩大，能有效增加征信体系的收录企业数和人数。征信深度的提升较大程度上依赖于征信制度以及技术的发展，这两者能够进一步帮助获取更深层次的信息，并提升获取信息的有效性。两种截然不同的作用方式使得它们适用的场景也会有所不同。在经济较落后的国家，征信的覆盖面还不全面，仍存在许多企业或个人的基本数据无法获得的现象，导致信贷供给方与私营企业之间存在过度的信息不对称，因此，征信广度的提升可以大幅度增加征信覆盖企业，有效降低信贷双方的信息不对称性程度，对增加企业信贷产生更显著的作用。另外，在经济较发达的地区，相对而言，征信建设已得到较好的发展，征信覆盖面已较为全面。此时，信贷供给方对企业的基本信息已较为了解，征信广度的提升并不会对信贷规模产生太大的影响，信贷供给需要的是更深层面的信息来决定自身的投资意愿，因此，征信广度的发展会为信贷供给方带来更有参考价值的信息，进而使得信贷规模得到扩大。

二、国家征信体系模式的交互组合：公共与私营

已经建立了私营征信体系的国家不太可能建立公共征信体系，而对于没有私营征信体系的国家，国家有意向建设公共征信体系（Jappelli and Pagano，2002）。根据这一观点，有学者认为公共征信体系和私营征信体系之间存在一种替代关系。有学者的研究结果表明，仅有私营征信体系的国家的融资约束低于两者并存的国家。但 Miller（2003）针对拉丁美洲国家的调研表明，公共征信体系与私营征信体系不是简单的替代关系而是一种互补关系，在考虑征信体系对融资约束的影响时应该充分考虑其交互的作用。尽管公共征信体系与私营征信体系的交互对信贷规模并无显著影响，但其对信贷风险有着显著的降低作用，因此，公共征信体系与私营征信体系并存仍是最优选择，划分好两者的业务边界，两者可以共存并可以发挥征信体系的积极影响（龙海明和王志鹏，2017）。

三、国家征信体系模式的叠加效应：债权人保护与企业透明度

债权人保护与征信体系会对企业融资约束产生影响。当债权人保护充足时，企业可以获得更好的资金供给，筹得更多的外部融资，降低融资成本，从而促进企业发展（陈超和李镕伊，2014），而信息共享促进了信贷市场扩张，从而可以更好地保护债权人的利益，减少企业的融资约束（Djankov et al.，2007）。Brown 等（2009）对 1996—2004 年跨国企业层面的面板数据进行测算，结果表明银企之间信用信息共享显著降低了企业融资成本，增加了企业融资可得性，并且这种影响在债权人权益保护薄弱的国家更明显。另外，进一步的研究发现，债权人保护水平的提升会积极影响企业从正规机构获取商业信用和长期借款的数量，而产生这一影响的根本原因在于提高了企业的违约成本。

有研究表明债权人保护的强弱与国家征信体系的完善度有直接关系，投资者保护不健全的经济体更依赖完善的征信体系（张世林和才国伟，2012）。征信体系的建立是为了增强对债权人的保护，弥补该领域的法律缺失，令征信体系与信贷市场产生直接影响（Padilla and Pagano，1997）。债权人对法律保护强度的感知虽然可以使机构降低贷款利率，但同时可能会降低征信体系对借贷方的审查强度。因此，征信体系与债权人保护是存在替代作用的，信贷市场的发展需要良好的债权人保护机制来保护债权人权利，债权人保护在其中起到中介作用，对融资约束产生影响，强制性的惩罚手段在征信体系中一般不会出现，其惩罚措施主要是通过共享违约人的负面信息，以达到警示作用，增加违约成本（龙海明和王志鹏，2017）。因此，二者相辅相成，可能会减少在企业融资约束方面的积极作用。

在以往的征信文献中，学者普遍认为征信体系的发展会有效提升企业的信息透明度，改善借贷双方信息不对称的局面。同时，在信息透明度与信贷规模的相关文献中，大部分学者都认为较高的企业信息透明度能改善企业的融资环境，使企业以更低的成本与更简单的方式获得信贷。事实上，私营企业相对于国有企业更容易受到信贷配给的约束，而这一约束产生的根本原因就是企业信息透明度过低，导致双方信息不对称。由于私营企业存在信息不对称，因而信贷供给方无法对私营企业获得信贷之后的履约行为进行有效的动态跟踪监管，同时又无法对违约后的私营企业实行严厉的惩戒，这使得交易双方站在了不平等的交易天平上，导致信贷交易很难成功。但征信体系的发展能使得该交易天平逐渐摆正，其作为重要的金融基础设施，主要职责就是收集并处理信息，包括企业社交数据以及企业财务数据，并通过这些信息对企业进行分析评估，得到更准确的企业信用，有效提升了企业的信息透明度。在征信体系的发展过程中，其覆盖范围的增加可以收录更多私营企业的基本信息，掌握其基础的财务情况。征信深度的提升可以有效获得私营企业更详细的内部信息，以此提高私营企业信息透明度，进而缓解信息不对称。同时，在信息不对称这一局面得到缓解的情况下，信贷供给方能对企业的贷前信用以及贷后用途进行充分了解，降低了信贷风险，使得其更愿意为私营企业提供信贷资助，减少了信贷配给的发生概率，有效扩大了信贷规模。

四、大数据背景下国家征信体系模式的创新

在传统的征信模式中,信贷供给方主要依靠客户主动提供的信用信息、商业银行内部的历史交易数据以及国家征信中心提供的数据来进行风险评估。这些数据虽然具有很强的针对性,但数据的维度较为狭窄,信用信息过于单一,这使得金融机构很难通过这些数据对企业的风险进行度量。同时,传统征信模式缺乏时效性和连续性,监管难度较大,很难达到预期效果。首先,信息技术发展带来的大数据征信有效地解决了这一方面的问题,相对于传统征信模式,大数据征信模式带来的数据具有更广泛的维度与更丰富的内容,如社交网络平台以及政务服务网的日常信息,对企业的真实面貌进行描绘,信贷供给方能对企业有一个更为全面的了解。另外,大数据征信具备的热数据的特征使数据保持一种在线实时更新的状态,有效地保证了数据的时效性,提升了企业信息透明度。随着企业信息透明度的提高,银企之间的信息不对称得到缓解,信贷风险得到有效的控制,信贷供给方愿意提供更多的信贷,私营企业的信贷规模也得到相应的扩大。

其次,信息技术发展带来的区块链技术也为征信体系的发展提供了很大的帮助,其数据溯源机制可以提高数据的可信度,让数据获得信誉,保证了数据分析结果的正确性。此外,区块链技术可以在征信数据不泄露的基础上实现征信数据的共享,解决了借款者多头借贷的难题。因此,其提高征信数据质量以及实现征信数据共享的功能为征信信息的准确性与可得性提供了有效保障,进一步强化了征信体系的能力,从而影响了私营企业的信贷规模。

综上所述,当征信体系辅以信息技术的支持后,银行获取企业信息的成本和银企之间的信息不对称程度降低,这使信贷供给方对私营企业的经营情况有了更清晰的认知,增加了其对私营企业的放贷意愿。

第三节 国家征信体系对中小微企业融资约束的影响效应——基于跨国微观数据的实证研究

信贷市场中逆向选择与道德风险问题产生的直接原因是借贷双方的信息不对称。逆向选择中的一个重要规律是:信息不对称使得贷款机构难以掌握借款人的全面信息,从而促使部分借款人采取不正当手段以获取贷款或更有利的条款。这样就会使优良的借贷人退出市场,最后使市场逆向发展(Akerlof,1970)。当企业出现资金问题时,企业需要获取贷款才能满足生产经营活动对资金的需求,而贷款是一种具有高成本特征的投资行为。在此过程中,借贷方面临着较大的信用风险。同时,贷款机构为了规避风险以及确保自身利益最大化,其为借贷方设立了相应条款进行甄别,从而出现信贷配给现象,导致企业融资约束加剧(Pagano and Jappelli,1993;Stiglitz and Weiss,1981)。这加剧了企业融资约束,征信体系征信机制具体有以下三点特征:

第一,征信体系可以通过系统内的信用信息共享为征信机构带来更多信息,提升机构对贷款方的识别能力,进而保证机构信用风险最小,同时也可以帮助信用良好的借款方得到贷款(Yan et al.,2014;Jappelli and Pagano,2002)。在此基础上,贷款机构可以

根据自身对借款人信用风险的估计情况来决定是否放贷,即贷款机构可以根据贷款需求决定是否发放贷款。

第二,征信体系是降低违约概率的一种方式,研究表明学历、综合收入水平高的借贷方,违约概率越低,个人基本属性越稳定,违约概率越低。因此,通过建立系统化的征信体系来共享借款方的信用状况和风险水平,可以确保维护借贷机构自身利益的同时帮助借贷方减少风险溢价和风险补偿,从而降低贷款方的借贷成本以获得更多的借款(de Janvry et al.,2010;Padilla and Pagano,1997)。

第三,征信体系的征信机制有助于解决由信用信息缺失导致的过度借贷问题(Bennardo et al.,2015)。当贷款机构无法获得与借款方自身能力相匹配的数据时,可能难以判断借款者是否存在过度投资的现象。而征信体系通过提供全面的信用信息共享,包括借贷方的总负债、信用记录等关键信息,使得贷款机构能够更准确地评估借贷方的风险状况,并据此制定特定的贷款条款。这既保证了贷款机构的利益,又降低了借贷成本,同时也有助于减少借贷方的违约风险。

此外,关系型借贷可以通过征信体系减少贷款机构的信息租金。虽然已有多项研究表明,关系型借贷有助于帮助企业在经营出现问题时降低违约风险,提高盈利能力(李昊骅等,2020)。但此类型的贷款机构可以通过更多借款方的私有信用信息获得更强的信息优势,进而帮助贷款机构减少信息租金。虽然关系型借贷一定程度上缓解了信息不对称,但银行仍存在在信息不对称情况下对企业进行抽贷、断贷的情况(张一林和樊纲治,2016)。而征信体系的建立可通过减少关系型贷款机构对借款方信息的独有性来减少信息租金的产生。

综上所述,征信体系可以缓解信贷配给问题、关系型贷款机构的信息独有问题,其根本在于征信体系的信息公开性可以为借贷双方提供较为平等的信息,缓解双方的信息不对称,从而降低企业的融资约束。随着征信体系可以减轻借贷双方信息不对称程度进而降低企业融资约束逐渐被证实,征信体系也越来越受关注。国内外学者的实证研究大多集中在征信体系对于银行信贷的影响,现有的对于征信的研究很少对微观企业进行定量研究,本节的实证研究基于2010—2014年多国横截面样本数据,从企业层面及国家层面的征信体系进行跨层分析,运用分层线性模型(hierarchical linear model,HLM),分析征信体系与企业融资约束之间的关系。

一、研究设计

(一)样本选取与数据来源

本书主要使用世界银行官方数据库中的统计数据,这一统计数据包含宏观和微观两个层面的指标,涵盖企业、金融和社会三个方面的信息,统计范围包括企业、金融机构以及个人等多个层次。世界银行营商环境项目评估是由世界银行与中国国家开发银行联合开展的一项旨在提高国际投资便利化水平、提升营商环境质量的政府间合作项目。因此,数据的可靠性得到了保证。

为保障本节研究的准确性和规范性,本书参考相关研究,对数据作如下处理:①剔除数据不完整的样本；②剔除数据异常的样本，如柬埔寨等；③研究区间内有多次调研的，使用最新一次的调研数据；④剔除国家经济社会较为动荡的样本。通过处理，本节研究样本为69个国家36 425家企业数据。

（二）核心变量选取与说明

本节实证研究的被解释变量为企业融资约束。学者对融资约束的衡量方法并未形成一致的意见。有学者采用企业规模、股利支付率等单一指标进行衡量（Fazzari and Petersen，1993；张悦玫等，2017；Abor and Bokpin，2010）。也有学者采用现金流敏感性等测量融资约束情况（Kaplan and Zingales，1997；Lamont et al.，2001；杨沛璋和李英，2022）。考虑到数据可得性、单一指标测量的局限性等问题，本书参考Love（2003）的方法，根据企业对于问卷中"融资问题在多大程度上阻碍了当前企业发展"问题的回答构建解释变量。

国家层面的核心解释变量为征信体系发展情况和债权人保护情况。征信体系发展情况用信用信息深度指数衡量，与此类似，债权人保护情况用债权人保护指数衡量。该指数用来评估担保法和破产法对借款人和债权人的保护情况，指数越大表明越有效。为了消除内生性，参考Brown等（2009）的做法，采用滞后四年的平均数据。例如，世界银行在2014年对瑞典的企业进行了调研，因此在测量瑞典征信体系发展情况和债权人保护情况时，采用的是2010—2013年信用信息深度指数与债权人保护指数的平均值。企业层面的核心解释变量为企业规模以及透明度，通过构建企业规模和企业透明度两个虚拟变量来进行衡量。

为了排除各国宏观经济情况以及企业自身情况对研究的影响，参照现有研究（Love，2003），在企业层面选取所处行业、企业所有制、运营年数等作为控制变量，在国家层面选取通货膨胀率、人均GDP和GDP增长率等作为控制变量。其中国家层面控制变量采用的是滞后一年的数据。变量选取及说明见表6-6。

表6-6 变量选取及说明

层面	变量名称	符号	变量定义
企业层面	企业融资约束	FO	序数变量：取值1—5，数值越大表明企业融资约束越严重
	企业规模	SME	虚拟变量：如果企业是中小企业记为1，是大型企业记为0
	企业透明度	LT	虚拟变量：如果上一财年企业年度财务报表未进行外部审计记为1，反之记为0
	制造业企业	MANU	虚拟变量：如果企业属于制造业记为1，属于零售业或服务业记为0
	出口企业	EXPO	虚拟变量：如果直接或间接出口额占企业销售额10%以上记为1，否则记为0
	外资企业	FORE	虚拟变量：如果外资比例超过50%记为1，否则记为0
	国有企业	GOVE	虚拟变量：如果国有资产投资比例超过50%记为1，否则记为0
	企业运营年数	AGE	从企业开始运营的年份计算到2014年的运营年数，模型实际运算时取自然对数

续表

层面	变量名称	符号	变量定义
国家层面	信用信息深度指数	DCI	根据对6项征信体系内容进行打分，指数取值范围为0—6，分值越高信用信息分享程度越高，对信贷决策的帮助越大
	债权人保护指数	SLRI	该指数包含10项内容，范围由0至10共11个等级，等级越高表明担保法和破产法越有利于获得信贷
	通货膨胀率	INFL	用GDP平减指数计算
	人均GDP	GDPPC	以购买力平价计算GDP，在模型实际运算时对人均GDP取自然对数
	GDP增长率	GDPG	基于不变价本币计算GDP增长率
	公共征信体系	PCR	虚拟变量：如果公共征信机构覆盖率大于10%记为1，否则记为0
	私营征信体系	PCB	虚拟变量：如果私营征信机构覆盖率大于10%记为1，否则记为0

（三）研究方法介绍

分层结构经常被应用于社会研究中，本节对征信体系与企业融资约束进行实证分析，将企业层面与国家层面的征信体系都视为分析单元，在企业与国家两个层次上对变量进行测量。这类数据往往是以一个层面的数据嵌套在另一层面中的形式出现（赵小风等，2012），即企业与国家具有从属关系。

针对跨层面研究，有几种常规的分析方法。

第一种方法忽略群体层面的影响，而只针对个体层面，导致遗漏关键变量，在假设检验中，虚无假设被拒绝的概率增加，造成第一类错误膨胀问题。

第二种方法是聚合分析，其只针对群体层次而忽略组内个体之间的差异，会造成信息损失。

第三种方法为解构分析，其关键在于赋予群体变量个体属性，这会导致总体变量标准误估计值偏低，造成第一类错误膨胀问题。此外，后面两种分析方法在总体推论时还会产生表6-7中的推论谬误。具体来讲，把个体层面的因果/相关关系直接推广到总体层面，则犯了"原子谬误"（atomistic fallacy），也就是说抽取的变量是不全面的。反之，如果以样本群体的结论推断总体的个体则犯了"生态谬误"（ecological fallacy），因为自变量的非独立性，导致出现残差序列等问题。

表6-7 分析单位与推论总体单位不一致的推论谬误

分析单位	推论谬误	
	个体层面	总体层面
个体层面		原子谬误
总体层面	生态谬误	

对于跨层次研究，有一些学者采用了针对集群调整标准误的方法（Love，2003；Yan et al.，2014）。这类方法的优点为产生拒真错误的概率要小于普通最小二乘法回归，但与分层线性模型方法相比，其要更不精确一些。

分层线性模型是一种用于分析嵌套结构数据的统计方法，对于社会科学的跨层研究具有普适性，一个子模型对应一个层面，它们既体现该层变量间的相互联系，又能界定某一层变量对其他层变量间关系的影响，与常规回归方法相比，分层线性模型方法在改善个体效应估计效果的同时还可以建立各层次间效应模型（郭志刚和李剑钊，2006），但在模型构建初期，由于技术限制，多线性模型对于复杂问题的分析能力不足，但 Dempster 等（1977）解决了这一问题，自此，多层线性模型开始得到广泛应用。

本节对征信体系与企业融资约束进行了实证分析，将企业层面与国家层面的征信体系都视为分析单元，变量来自企业与国家征信体系两个层面，这是典型的跨层研究。因此基于上述讨论，为克服传统计量分析存在的数据层次性，本书采用分层线性模型对各层次变化进行估计，并对各层次变量间的相互关系进行分析。

二、实证结果与分析

（一）变量的描述性统计

表 6-8 提供了本节实证研究主要变量的描述性统计。本节的研究样本中 82%是中小企业，平均企业年龄为 19.36 年；55%是制造业企业；出口及外资企业较少，分别占总样本数的 18%和 6%；41%的企业年度财务报表未进行外部审计；企业融资约束总体较大，平均融资约束为 2.44。国家征信体系发展普遍较好，信用信息深度指数平均值为 5.79；债权人保护程度则较差，平均值为 2.96。另外，样本中 33%的国家存在公共征信体系，51%的国家存在私营征信体系。

表 6-8　主要变量的描述性统计

层面	变量	观测数	平均值	标准差	最小值	最大值
企业层面	企业融资约束	36 419	2.44	1.28	1	5
	企业规模	36 419	0.82	0.38	0	1
	企业透明度	36 419	0.41	0.49	0	1
	制造业企业	36 419	0.55	0.5	0	1
	出口企业	36 419	0.18	0.39	0	1
	外资企业	36 419	0.06	0.24	0	1
	企业运营年数/年	36 419	19.36	15.83	1	210
国家层面	信用信息深度指数	69	5.79	2.48	0	10
	债权人保护指数	69	2.96	2.36	0	6
	通货膨胀率	69	4.28	3.84	−3.01	13.16
	人均 GDP	69	11 600.55	9 113.40	719.82	45 673.17
	公共征信体系	69	0.33	0.47	0	1
	私营征信体系	69	0.51	0.50	0	1

从表 6-9 的变量组间差异分析可知，各变量的组间差异均在 1%的水平上显著，适合使用分层线性模型。

表 6-9 企业层面变量 ANOVA 分析

变量		平方和	df	均值	F	显著性
企业规模	组间	235.413	68	3.462	24.741	0.000
	组内	5 086.451	36 350	0.140		
	总数	5 321.863	36 418			
企业透明度	组间	1 980.016	68	29.118	155.525	0.000
	组内	6 805.541	36 350	0.187		
	总数	8 785.557	36 418			
制造业企业	组间	1 334.954	68	19.632	92.864	0.000
	组内	7 684.499	36 350	0.211		
	总数	9 019.454	36 418			
出口企业	组间	336.328	68	4.946	35.447	0.000
	组内	5 072.055	36 350	0.140		
	总数	5 408.383	36 418			
外资企业	组间	149.664	68	2.201	41.402	0.000
	组内	1 932.377	36 350	0.053		
	总数	2 082.041	36 418			
国有企业	组间	0.170	68	0.002	1.722	0.000
	组内	52.753	36 350	0.001		
	总数	52.923	36 418			
企业运营年数	组间	944 822.800	68	13 894.450	61.719	0.000
	组内	8 183 235.000	36 350	225.123		
	总数	9 128 057.000	36 418			

注：ANOVA 为 analysis of variance，方差分析；df 为 degree of freedom，自由度

（二）模型设定与实证结果分析

1. 空模型与随机系数模型

本节实证研究采用序次数据的分层模型对征信体系与企业融资的关系进行分析，层-1 反映企业特征，层-2 反映企业所属国家特征。

与一般分层线性模型相比，序次数据的分层模型更为复杂，因此将层-1 模型分为抽样模型、连接函数和结构模型三部分进行阐述。为了估计在没有协变量情况下国家之间的差异，先构建一个各层方程中都不包含自变量的空模型。

1）层-1 抽样模型

本节实证研究的因变量企业融资约束（FO）有 5 种排序类别，$m=1, 2, 3, 4, 5$。当 FO 取 m 值时概率可记为

$$\varphi_m = \text{Prob}(\text{FO} = m)$$

累计概率:

$$\varphi_m^* = \text{Prob}(\text{FO} \leq m) = \varphi_1 + \varphi_2 + \cdots + \varphi_m$$

其中，φ_5^* 是冗余的，恒等于 1。

2）层-1 连接函数

由于抽样模型采用累计概率，本书采用累计 logit 函数进行连接：

$$\eta_m = \log\left(\frac{\varphi_m^*}{1-\varphi_m^*}\right) = \log\left(\frac{\text{Prob}(\text{FO} \leq m)}{\text{Prob}(\text{FO} > m)}\right)$$

其中，η_m 为 FO 小于 m 为真的发生比的对数，可以看出虽然 φ_m^* 取值在 0 到 1 之间，但 η_m 却可以取任意实数。

3）层-1 结构模型

$$\eta_{mij} = \beta_{0j} + \sum_{m=2}^{4} D_{mij}\delta_{mj}$$

其中，η_{mij} 为 FO 小于 m 为真的发生比的对数；β_{0j} 为不同类别之间共同的截距；D_{mij} 为类别 m 的标识变量；δ_{mj} 为"门槛"，代表不同类别之间的差异。

4）层-2 模型

$$\beta_{0j} = \gamma_{00} + \mu_{0j}, \; \mu_{0j} \sim N(0, \tau_{00})$$
$$\delta_{mj} = \delta_m m = 2, 3, 4$$

其中，β_{0j} 指某个特定国家（或）组别 j 的一个参数；γ_{00} 为样本国总体平均截距；随机效应 μ_{0j} 为各国之间的差异，服从期望为 0、方差为 τ_{00} 的正态分布；$\delta_{mj} = \delta_m m = 2, 3, 4$ 表示各国"门槛"值相同。

表 6-10 是采用 HLM 软件对空模型进行分析运算后的结果。从随机效应的结果可以看出，截距 τ_{00} 方差成分为 0.4341 且在 1%水平下显著，这再次表明各国之间具有显著差异。针对固定效应，截距 $\gamma_{00} = -0.8768$，各门槛值分别为 1.0163、2.1128 和 3.4589 且都显著。根据这些门槛值，可以计算出：对于一个"典型的"国家，即随机效应 μ_0 为 0 的国家，期望 FO≤1 的对数发生比–0.8768，对应的概率为 1/[1+exp（0.8768）]≈0.294；FO≤2 的对数发生比为-0.8768+1.0163=0.1395，对应的概率为 1/[1+exp（-0.1395）]≈0.535。同理，可以预测 FO≤3 和 FO≤4 的概率分别为 0.775 与 0.930，进一步可以计算出期望 FO 为 1、2、3、4、5 的概率。

表 6-10 空模型预测 FO 的概率

项目	FO				
	1	2	3	4	5
P	0.294	0.241	0.240	0.155	0.070

与空模型相比，随机系数模型在层-1加入了企业层面的变量，并且各自变量与因变量之间的关系，在层-2模型中随国家的变化而变化。由于序次数据的层-1抽样模型、连接函数都与空模型相同，因此后面分析中层-1只展示结构模型。模型构建如下。

层-1结构模型：

$$\eta_{mij} = \beta_{0j} + \beta_{1j}(\text{SME})_{ij} + \beta_{2j}(\text{LT})_{ij} + \beta_{3j}(\text{MANU})_{ij} + \beta_{4j}(\text{EXPO})_{ij}$$
$$+ \beta_{5j}(\text{FORE})_{ij} + \beta_{6j}(\text{GOVE})_{ij} + \beta_{7j}(\ln\text{AGE})_{ij} + \sum_{m=2}^{4} D_{mij}\delta_m$$

其中，β_{1j}—β_{7j}分别代表第一个到第七个自变量在组别j中的回归系数。

层-2模型：

$$\beta_{pj} = \gamma_{p0} + \mu_{pj}, \ \mu_{pj} \sim N(0, \tau_{p0}), \ p = 0,1,2,\cdots,7$$
$$\delta_{mj} = \delta_m \ m = 2,3,4$$

其中，β_{pj}为不同类别之间的截距；γ_{p0}为样本国总体平均截距；μ_{pj}为各国之间的差异，服从期望为0、方差为τ_{p0}的正态分布。

表6-11展现的采用随机系数模型进行运算后的结果。可以看出，SME、LT显著负相关，这表明信息透明度较低的中小型企业，面临更加严重的融资约束。与服务业相比，制造业企业融资约束更高。

表6-11 随机系数模型预测FO的概率

变量	FO				
	1	2	3	4	5
典型企业	0.363	0.254	0.215	0.119	0.049
典型中小企业	0.300	0.248	0.241	0.148	0.064
典型低透明度企业	0.337	0.253	0.226	0.130	0.054
典型制造业企业	0.324	0.251	0.231	0.136	0.057
典型外资企业	0.474	0.244	0.169	0.082	0.031

根据参数估计算出典型国家中的典型企业，可以计算出典型中小企业、典型低透明度企业、典型制造业企业和典型外资企业FO的概率。相对于透明度以及产业类型，企业规模对融资约束的影响更大，典型中小企业FO≥3的概率为0.453，相对于典型企业高了7个百分点。

当采用随机系数模型时，FORE（外资企业）、GOVE（国有企业）、lnAGE（企业运营年数）随机系数方差成分不显著。参考Stephen和Anthony（2016）的研究，本书在后续模型中将上述企业层面因变量设定为固定效应。表6-12为空模型与随机系数模型参数估计与检验结果。

表 6-12 空模型与随机系数模型参数估计与检验结果

效应	变量	空模型	随机系数模型
固定效应	截距，β_{0j}	-0.8768^{***}	-0.5632^{***}
	企业规模斜率，β_{1j}		-0.2862^{***}
	企业透明度斜率，β_{2j}		-0.1128^{**}
	制造业企业斜率，β_{3j}		-0.1716^{***}
	出口企业斜率，β_{4j}		-0.0115
	外资企业斜率，β_{5j}		0.4593^{***}
	国有企业斜率，β_{6j}		0.0695
	企业运营年数斜率，β_{7j}		0.0999^{***}
	门槛差异，δ_{2j}	1.0163^{***}	1.0393^{***}
	门槛差异，δ_{3j}	2.1128^{***}	2.1626^{***}
	门槛差异，δ_{4j}	3.4589^{***}	3.5350^{***}
随机效应	截距，μ_{0j}	0.4341^{***}	0.4109^{***}
	企业规模斜率，μ_{1j}		0.0739^{***}
	企业透明度斜率，μ_{2j}		0.1394^{***}
	制造业企业斜率，μ_{3j}		0.0984^{***}
	出口企业斜率，μ_{4j}		0.0630^{***}
	外资企业斜率，μ_{5j}		0.0674
	国有企业斜率，μ_{6j}		2.6387
	企业运营年数斜率，μ_{7j}		0.1481

***代表 $p<0.01$，**代表 $p<0.05$

2. 以截距作为结果的模型

以截距作为结果的模型是在随机系数模型基础上，将层-1 截距项作为层-2 结果变量，同时将层-1 FORE（外资企业）、GOVE（国有企业）、lnAGE（企业运营年数）斜率设定为固定效应。

层-1 结构模型：

$$\eta_{mij} = \beta_{0j} + \beta_{1j}(\text{SME})_{ij} + \beta_{2j}(\text{LT})_{ij} + \beta_{3j}(\text{MANU})_{ij} + \beta_{4j}(\text{EXPO})_{ij} + \beta_{5j}(\text{FORE})_{ij} + \beta_{6j}(\text{GOVE})_{ij} + \beta_{7j}(\ln\text{AGE})_{ij} + \sum_{m=2}^{4} D_{mij}\delta_{mj}$$

层-2 模型：

$$\beta_{0j} = \gamma_{00} + \sum \gamma_{0s}W_{sj} + \mu_{0j}, \quad \mu_{0j} \sim N(0, \tau_{00})$$

$$\beta_{pj} = \gamma_{p0} + \mu_{pj}, \quad \mu_{pj} \sim N(0, \tau_{p0}), \quad p=1,2,3,4$$

其中，γ_{0s} 为变量的回归系数；W_{sj} 为不同的层-2 变量。在多层模型中，截距与随机系数在层-1 和层-2 层次上的结构有所不同。在截距中，层-1 的截距项只是固定的平均值与随机误差项的组合。然而，在随机系数中，层-1 的截距项不平均值和误差的组合，而是受到层-2变量的影响,变成了由这些层-2变量预测的结果。这样,层-1的截距项就不再是静态的,而是随着层-2变量的变化而动态调整。以截距作为结果的模型参数估计与检验结果见表6-13。

表6-13 以截距作为结果的模型参数估计与检验结果

效应	变量	(1)	(2)	(3)
固定效应	截距,β_{0j}	−0.5453***	−0.5452***	−0.7562***
	征信体系	0.0739***	0.0539**	
	信用信息深度指数	0.1055***	0.0737**	
	征信体系×信用信息深度指数	0.1077*	0.1106*	
	通货膨胀率		0.0185	0.0139
	人均GDP		0.1787**	0.1506*
	GDP增长率		−0.0008	−0.0058
	公共征信体系			0.5016*
	私营征信体系			0.4240**
	公共征信体系×私营征信体系			−0.7700**
	企业规模斜率,β_{1j}	−0.2868***	−0.2870***	−0.2872***
	企业透明度斜率,β_{2j}	−0.1136**	−0.1127**	−0.1121**
	制造业企业斜率,β_{3j}	−0.1709***	−0.1706***	−0.1697***
	出口企业斜率,β_{4j}	−0.0175	−0.0200	−0.0185
	外资企业斜率,β_{5j}	0.4623***	0.4620***	0.4610***
	国有企业斜率,β_{6j}	0.1268	0.1278	0.1288
	企业运营年数斜率,β_{7j}	0.1072***	0.1070***	0.1067***
	门槛差异,δ_{2j}	1.0369***	1.0370***	1.0370***
	门槛差异,δ_{3j}	2.1575***	2.1577***	2.1577***
	门槛差异,δ_{4j}	3.5273***	3.5275***	3.5275***
随机效应	截距,μ_{0j}	0.3652***	0.3489***	0.3597***
	企业规模斜率,μ_{1j}	0.0682***	0.0680***	0.0671***
	企业透明度斜率,μ_{2j}	0.1431***	0.1435***	0.1430***
	制造业企业斜率,μ_{3j}	0.1039***	0.1029***	0.1031***
	出口企业斜率,μ_{4j}	0.0686***	0.0701***	0.0698***

***代表$p<0.01$,**代表$p<0.05$,*代表$p<0.10$

表6-13模型(1)仅将征信体系、信用信息深度指数以及二者交互项放入模型中进行运算。为了防止交互项与解释变量高度相关引起多重共线性问题而导致估计偏差,我们对征信体系及信用信息深度指数进行了中心化处理。可知债权人保护程度的提高,以及征信体系的发展,都能够有效降低企业融资约束(γ_{01}、γ_{02}都显著大于0)。两者交互项显著为正($\gamma_{03}=0.1077$,$p<0.10$),表明两者在影响企业融资约束方面存在相互促进作用,即征信机构可以提供的信用信息越丰富,征信体系对企业融资约束的缓解作用就越强。

征信体系通过收集和整理企业和个人的信用信息，使得这些信息在借贷双方之间更加透明和可获取，从而降低了借贷双方的信息不对称程度。而债权人保护则主要通过明确借贷双方的权利义务来减少交易过程中的道德风险，这两者相互补充，共同作用于降低企业融资约束。

模型（2）加入控制变量通货膨胀率、人均 GDP 和 GDP 增长率。在纳入其他控制变量后，模型系数及显著性并未发生实质性改变，表明前述结果的可靠性。模型（3）考察了征信模式对企业融资约束的影响，公共征信体系或私营征信体系均能显著降低企业融资约束（γ_{07}=0.5016，$p<0.10$；γ_{08}=0.4240，$p<0.05$），且两者交互项系数显著为负（γ_{09}=-0.7700，$p<0.05$），这表明两者共存削弱了征信体系缓解融资约束的作用，出现这一现象的原因可能是，未妥善处理好公共征信体系和私营征信体系之间的关系。

3. 跨层交互模型

与以截距作为结果的模型不同，跨层交互模型可将层-1 自变量回归系数作为层-2 的结果变量，进行跨层交互的研究。在对跨层交互模型进行设定时，仍将层-1 FORE（外资企业）、GOVE（国有企业）、lnAGE（企业运营年数）斜率设定为固定效应，其他设为随机效应。

层-1 结构模型：

$$\eta_{mij} = \beta_{0j} + \beta_{1j}(\text{SME})_{ij} + \beta_{2j}(\text{LT})_{ij} + \beta_{3j}(\text{MANU})_{ij} + \beta_{4j}(\text{EXPO})_{ij}$$
$$+ \beta_{5j}(\text{FORE})_{ij} + \beta_{6j}(\text{GOVE})_{ij} + \beta_{7j}(\text{lnAGE})_{ij} + \sum_{m=2}^{4} D_{mij}\delta_{mj}$$

层-2 模型：

$$\beta_{pj} = \gamma_{p0} + \sum_{s=1}^{s}\gamma_{ps}W_{pj} + \mu_{pj}, \quad \mu_{pj} \sim N(0, \tau_{p0}), \quad p = 0,1,2,3,4$$
$$\beta_{qj} = \gamma_{q0}, \quad q = 5,6,7$$
$$\delta_{mj} = \delta_m, \quad m = 2,3,4$$

与以截距作为结果的模型相比，跨层交互模型层-1 斜率也符合层-2 各变量的预测，跨层交互模型参数估计与检验结果见表 6-14。

表 6-14 跨层交互模型参数估计与检验结果

效应	变量	（1）	（2）
固定效应	截距，β_{0j}	-0.5398***	-0.5503***
	公共征信体系	0.0497*	0.0510*
	信用信息深度指数	0.0517	0.0535
	通货膨胀率	0.0185	0.0195
	人均 GDP	0.1729**	0.1741**
	GDP 增长率	0.0009	0.0020
	企业规模斜率，β_{1j}	-0.2987***	-0.2865***
	信用信息深度指数×企业透明度斜率	0.0394*	

续表

效应	变量	（1）	（2）
固定效应	企业透明度斜率，β_{2j}	−0.1125**	−0.1143**
	信用信息深度指数×制造业企业斜率		0.0438**
	制造业企业斜率，β_{3j}	−0.1704***	−0.1706***
	出口企业斜率，β_{4j}	−0.0224	−0.0219
	外资企业斜率，β_{5j}	0.4614***	0.4625***
	国有企业斜率，β_{6j}	0.1281	0.1289
	企业运营年数斜率，β_{7j}	0.1063***	0.1064***
	门槛差异，δ_{2j}	1.0370***	1.0369***
	门槛差异，δ_{3j}	2.1578***	2.1577***
	门槛差异，δ_{4j}	3.5278***	3.5277***
随机效应	截距，μ_{0j}	0.3263***	0.3296***
	企业规模斜率，μ_{1j}	0.0678***	0.0690***
	企业透明度斜率，μ_{2j}	0.1435***	0.1355***
	制造业企业斜率，μ_{3j}	0.1034***	0.1031***
	出口企业斜率，μ_{4j}	0.0710***	0.0701***

***代表$p<0.01$，**代表$p<0.05$，*代表$p<0.10$

表6-14中模型（1）和模型（2）使用信用信息深度指数来预测企业规模斜率与企业透明度斜率，可以看出在加入跨层交互项后，信用信息深度指数的估计变得不显著。本书认为信用信息深度指数与中小微企业以及不透明企业的交互项都显著为正（$\gamma_{11}=0.0394$，$p<0.10$；$\gamma_{21}=0.0438$，$p<0.05$）。这表明随着信用信息深度指数的增加，企业规模、企业透明度与η_{mij}的负相关性逐渐减弱，即征信体系的发展能够有效缓解中小微企业、信息不透明企业的融资约束。

三、稳健性检验

本节实证研究通过重新定义企业融资约束（记为HFO）进行稳健性检验。当FO≥3时，可以认为企业融资约束较高，HFO（重新定义的企业融资约束）记为1；反之，当FO<3时，我们认为企业融资约束较低，HFO记为0。

由于因变量是二分类变量，因此采用二分类结果的分层模型。与序次数据的分层模型不同，二分类结果的分层模型采用的是层-1抽样模型、层-1连接函数。

1. 层-1抽样模型

定义Y_{ij}为m_{ij}个企业中融资约束较高企业的数量，并定义φ_{ij}为每一个企业为融资约束较高企业的概率，则可以将Y_{ij}看成服从m_{ij}次试验、每一次试验的成功概率为φ_{ij}的二项分布，可以表示为

$$Y_{ij} \mid \varphi_m \sim B(m_{ij}, \varphi_{ij})$$

根据二项分布的性质，Y_{ij} 的期望值和方差分别为

$$E(Y_{ij} \mid \varphi_{ij}) = m_{ij}\varphi_{ij}, \quad \mathrm{Var}(Y_{ij} \mid \varphi_{ij}) = m_{ij}\varphi_{ij}(1-\varphi_{ij})$$

2. 层-1 连接函数

当层-1 抽样模型为二项分布时，采用 logit 连接函数最为方便，即

$$\eta_{ij} = \log\left(\frac{\varphi_{ij}}{1-\varphi_{ij}}\right)$$

其中，η_{ij} 为 HFO=1 的发生比的对数，同样可以看出虽然 φ_{ij} 取值在 0 到 1 之间，但 η_{ij} 却可以取任意实数。此外，二分类结果分层模型的层-1 结构模型以及层-2 模型设置与序次数据的分层模型完全相同。

由于抽样模型以及连接函数不同，两者在解释估计结果时有所差异。在序次数据的分层模型中，如果变量系数估计显著为正，那么该变量增大时，融资约束随之降低；而在二分类结果的分层模型中，若变量系数估计显著为正，则该变量增大时，φ_{ij} 也随之增加，即融资约束增加。

如表 6-15 所示，模型（1）的结果显示，国家层面关键解释变量公共征信体系、信用信息深度指数均显著为负，表明信用信息的提升以及征信体系的完善，有利于降低企业融资约束。企业层面解释变量企业规模斜率在 0.01 水平下显著，表明企业规模与融资约束成反比，与大企业相比，中小微企业融资约束更高。模型（2）信用信息深度指数与征信体系两者交叉系数在 0.10 的水平上显著，为 –0.0975，表明在降低企业融资约束上，债权人保护和征信体系存在互补作用。从模型（3）的结果可以看出私营征信体系能够显著降低企业融资约束（–0.3924，在 0.05 水平下显著），公共征信体系和私营征信体系的交互项在降低企业融资约束上替代效应明显（0.5883，在 0.10 水平下显著）。模型（4）的跨层交互系数如企业规模斜率在 0.01 水平下显著，结论也较为稳健。模型估计结果见表 6-15。

表 6-15 稳健性检验

效应	变量	（1）	（2）	（3）	（4）
固定效应	截距，β_{0j}	–0.4687***	–0.4785***	–0.3052**	–0.4841***
	征信体系	–0.0582**	–0.0595**		–0.0569**
	信用信息深度指数	–0.0612*	–0.0654**		–0.0381
	征信体系×信用信息深度指数		–0.0975*		
	通货膨胀率	–0.0184	–0.0181	–0.0143	–0.0175
	人均 GDP	–0.1545*	–0.1573*	–0.1465*	–0.1507*
	GDP 增长率	–0.0052	–0.0021	0.0018	–0.0038
	公共征信体系			–0.3082	

续表

效应	变量	（1）	（2）	（3）	（4）
固定效应	私营征信体系			−0.3924**	
	公共征信体系×私营征信体系			0.5883*	
	企业规模斜率，β_{1j}	0.3179***	0.3211***	0.3200***	0.3326***
	信用信息深度指数				−0.0407*
	企业透明度斜率，β_{2j}	0.0756	0.0764	0.0749	0.0755
	制造业企业斜率，β_{3j}	0.1757***	0.1761***	0.1752***	0.1764***
	出口企业斜率，β_{4j}	0.0249	0.0247	0.0234	0.0269
	外资企业斜率，β_{5j}	−0.4589***	−0.4578***	−0.4557***	−0.4577***
	国有企业斜率，β_{6j}	0.0839	0.0855	0.0840	0.0840
	企业运营年数斜率，β_{7j}	−0.0961***	−0.0964***	−0.0962***	−0.0957***
随机效应	截距，μ_{1j}	0.3011***	0.3158***	0.3328***	0.2979***
	企业规模斜率，μ_{1j}	0.0866***	0.0865***	0.0854***	0.0877***
	企业透明度斜率，μ_{2j}	0.1409***	0.1411***	0.1411***	0.1405***
	制造业企业斜率，μ_{3j}	0.1028***	0.1025***	0.1024***	0.1032***
	出口企业斜率，μ_{4j}	0.0701***	0.0707***	0.0707***	0.0722***

***代表 $p<0.01$，**代表 $p<0.05$，*代表 $p<0.10$

四、研究结论

本节实证研究基于2010—2014年多国横截面样本数据，对企业及国家征信体系进行跨层分析，运用分层线性模型，分析征信体系与企业融资约束之间的关系，并结合一些变量的交互作用进行深入探讨。通过实证研究分析，本节得出以下结论。

首先，征信体系与企业融资约束存在显著的负相关关系，即征信体系发展程度越高，企业融资约束程度越低。一方面，征信机构可以在征信体系内部共享信息，通过设定对借款人的评价体系等来减少逆向选择，提高违约成本；另一方面，征信机构可以在征信体系中共享借款人的违约信息，从而减少信息租金使借贷机构失去信息优势，从而产生机构间的竞争，降低道德风险。同时，违约信息可以帮助借贷机构识别出失信者。综上所述，健全的征信体系可以提升违约成本，降低违约风险，进而可以使企业获取更多贷款，降低了企业的融资约束。这一结论与Love（2003）、Brown等（2009）的研究结果一致。

其次，本节实证研究发现规模较小、透明度较低的企业融资约束更高，且征信体系能够调节这一影响。具体来说，信息不对称问题以及企业委托-代理问题都会对企业的对外筹资规模以及筹资成本产生影响，筹资规模不够大或筹资成本上升，都将增加企业经济负担并影响其发展。我国经济正处在转型时期，随着市场化进程的加快以及国家对国有企业改革力度的加大，大量中小企业开始涌现出来。中小企业由于自身发展规模较小，自有资本相对较低，在发展过程中对外部融资的依赖性比较强，面临着较为严峻的融资约束。本书采用了财务报表型、资产抵押型、关系型、信用评分型以及商业型信贷这五种分类方式。由于信息透明度低、规模小、抵押资产不足等原因,中小型企业以及信息透明度较低的企业所面临的融资约束远高于大型企业。具体而言,财务报表型、资产抵押型、关系型这三种信贷方式往往要求较高的信息透明度、资产抵押条款以及企业具备较高的附加价值,因此并不适用于中小企业。相比之下,信用评分型信贷和商业型信贷对信息透明度的要求相对较低,这两种信贷方式能够提升规模小且信息透明度较低的企业融资的可得性,进而降低这类企业的融资约束。

再次,公共征信体系与私营征信体系在降低企业融资约束方面存在相互抑制的作用,即在公共征信体系较为发达的国家,私营征信体系对企业融资约束的缓解作用较弱。一方面,先建立公共征信体系的国家由于追求信贷市场的稳定性,迅速引进了私营征信体系,而这类国家没有处理二者之间的关系的经验,也未做出足够的预防措施,导致二者不是互利互惠,而是相互竞争,同时,公共征信体系在政府支持下,在与私营征信体系的竞争中占据优势,私营征信体系只能发挥部分功能;另一方面,因为政府对私营征信体系的监管力度弱,导致公用征信机构只是起到应付监管需求的作用,而且公共征信机构是非营利性的,在改进数字技术以及提高处理效率上不如私营征信机构,尽管公共征信机构可能没有对企业融资施加约束,在与私营征信机构的激烈竞争下,也产生了"不进则退"的效果。因此,公共征信体系对企业融资约束的影响微乎其微。这一结论与 Love(2003)的研究结果一致。

最后,在征信体系对企业融资约束产生影响时,信用信息深度指数与征信体系有显著的互补作用。这一结论与相关研究的结果有所出入,龙海明和王志鹏(2017)通过实证研究发现,在征信体系完善、信用信息不足的情况下,企业更倾向于向银行申请贷款以获得资金支持,这就导致了企业对银行信贷的依赖程度越来越高,从而使银行信贷规模不断扩大,进而加剧了企业的信贷风险。这一结论看似与本书研究结果相悖,但企业融资约束及银行信贷规模是两种不同的概念,两者不一定成正比。此外,对于信用信息共享对企业信贷可得性的影响也与现有研究有所出入,Brown 等(2009)的研究表明,信用信息共享对企业信贷可得性的促进作用更大,我们认为出现这种出入的原因是样本选择问题。本节实证研究样本包含发达以及发展中国家,且大多数国家已经建立了信用信息分享机制,而 Brown 等(2009)的研究样本较本节的实证研究样本量较少,且大多数国家未建立信用信息分享机制,而且其样本国家缺乏处理征信体系与信用信息深度指数之间关系的经验。

五、国家征信体系建设模式选择的讨论

关于国家征信体系建设模式选择,本书认为进一步深化国家征信体系建设,应选择公共征信和私营征信协调发展的复合型建设模式。

第一,本节实证结果发现公共征信和私营征信存在一定的替代效应,但就如 Miller(2003)指出的那样,公共征信最主要的目的是防范信贷风险。因此,从整体来看,复合型征信体系建设模式仍是最为理想的选择。在建立和发展复合型征信体系的过程中,要着重处理好公共征信与私营征信的关系。公共征信应定位于国家征信基础设施建设,致

力于提高信用信息数据库的数据质量和效率，把创新增值性产品的市场空间留给社会征信机构。

第二，征信体系与债权人保护在降低企业融资约束方面具有相互促进的作用，但也有研究指出两者可能存在相互抑制的作用（龙海明和王志鹏，2017；Brown et al.，2009），这表明两种作用可能同时存在。因此，在选择征信体系建设模式时，应立足我国基本国情，明晰两者的功能定位和界限，同时给予征信市场更多自由决策权，以提升征信体系的创造力和活力。

第四节　国家征信体系对中小微企业信贷的影响效应——基于跨国面板数据的实证研究

在私营企业的组成体系中，中小微企业占据了很大一部分比例，且多数中小微企业财务信息缺失较多，信贷供给方很难从中获得需要的企业信息，使得其不愿为中小微私营企业提供信贷支持，因此造成了市场上私营企业信贷供给不足的现象。私营企业融资难的主要原因为双方信息不对称，信贷供给方不愿承担过多的信贷风险，而近年来征信体系的发展对此现象产生了有效的抑制作用，因此，这方面的研究就显得尤为迫切。征信体系的本质是授信机构之间有关授信合同信息和履约信息的共享平台，其可以对企业日常信息进行收集、整理和加工，有利于信贷供给方进行信息甄别，能以更小的代价来获取企业的信息，降低了信贷供给方的信贷风险与借贷成本，增加了其对私营企业放贷的意愿。征信体系的存在优化了信贷结构，使中小微企业和弱势群体以更低的价格和更便捷的方式获得贷款，降低了私营企业获得信贷的成本，提升了它们获取信贷的意愿。另外，征信体系的存在还可以减少企业多头借贷的现象，降低了信贷供给方的信贷风险，抑制了信贷配给现象的产生，从而扩大了私营企业信贷的规模。此外，征信体系带来的惩戒机制在很大程度上减少了信贷市场的违约行为，使得信贷供给方更倾向于发放贷款，导致信贷总额的增加（Klein，2004）。同时，Love（2003）通过分析世界银行的数据发现征信体系会降低融资约束并增加通过银行进行融资的比例。

本节实证研究以世界银行数据库中 2013—2017 年 103 个国家的面板数据作为样本，构建理论模型，深入分析征信体系发展对私营企业信贷的影响，得出如下实证研究结论：①完善的征信体系能够显著扩大私营企业信贷规模；②企业信息透明度在征信体系发展与私营企业信贷之间起到完全中介的作用；③信息技术发展对中介效应的前半段路径存在正向调节作用；④发达国家更适合通过提升征信广度/深度来增加私营企业信贷。本书认为征信体系发展会影响私营企业信息的披露，进而影响企业信息透明度，最终影响私营企业信贷。同时，本书发现，信息技术发展产生的大数据征信等手段会对征信体系发展与私营企业信贷之间的中介效应的前半段路径产生调节作用，且征信的深度与广度两种特性对信贷规模的影响不相同。

一、研究设计

（一）样本选取与数据来源

本节实证研究使用的各项数据均来自世界银行营商环境项目。世界银行对于征信深度指数和法律权利力度指数的计量方法在 2013 年发生了变更，此外，世界银行数据库中信息技术发展的衡量指标目前只更新到 2017 年，为了保证实证数据口径的一致，本节实证研究选取的样本时期为 2013—2017 年。同时，本节实证研究剔除了数据缺失的样本国家，此外，考虑到社会经济政治较为动荡的国家的企业信贷规模极不稳定，影响因素较多，因此剔除了社会经济政治较为动荡的国家（如索马里、刚果等国家）。

按上述条件筛选、整理后，本节实证研究最终选取了 2013—2017 年的 103 个国家的面板数据作为研究样本，随后使用 Excel 对数据进行整理，并使用 Stata 15.0 和 SPSS 23.0 进行统计分析和实证检验。

（二）变量的选取与说明

1. 被解释变量

本节实证研究的被解释变量为私营企业信贷规模。在银行层面，中国人民银行征信中心与金融研究所联合课题组（2014）以银行对外的贷款金额的对数来表示银行的信贷规模。在企业层面，李后建和刘思亚（2015）运用企业近期批准的人均贷款额度或信用额度的自然对数来度量企业银行贷款。本节实证研究基于国家层面进行分析，因此参考龙海明等（2015）的测度方式，以私营企业国内信贷金额占 GDP 的比重来衡量私营企业信贷规模。

2. 解释变量

本节实证研究的解释变量为征信体系发展程度。目前使用最广泛的为龙海明等（2015）提出的征信体系发展总指数，它的表公式为，征信体系发展总指数=（公共征信覆盖率+私营征信覆盖率）×征信深度指数。随后，其又基于上述公式进行概念改进，提出征信体系发展总指数=征信深度指数×征信广度指数。本节实证研究参考龙海明等（2015）提出的征信体系发展总指数来表示征信体系发展程度。在上述的公式中，征信深度指数反映的是一国从公共征信机构或私营征信机构获取信息的难易程度以及获取的信息的质量及范围。该指数从 0 到 8 共有 9 个等级，等级越高表明从征信机构获取的有助于贷款决策的信用信息越多。

3. 中介变量

本节实证研究的中介变量为企业信息透明度。在现有的企业信息披露制度中，最主流的企业信息披露为会计信息披露，Bhattacharya 等（2003）以盈余激进度、损失规避度和盈余平滑度三个指标来衡量企业信息披露程度。陈英梅等（2014）以深圳证券交易所的四个考核评分指标来度量企业信息披露程度。但以上的测量都是基于单个企业、公司进行的,与本书的研究内容并不相符,因此本节实证研究以世界银行数据库中各国企业总体信息披露程度为衡量指标,以信息披露指数来表示各国企业信息透明度,该指数范围为 0 至 10,数值越大表明信息披露程度越高。

4. 调节变量

本节实证研究的调节变量为信息技术发展水平。根据以往的文献,国内对信息技术发展水平的衡量通常是针对单个企业,并且依靠问卷来实现的,如王念新等(2010)从信息技术基础设施、技术性信息技术资源、管理性信息技术资源三方面来对企业信息技术发展水平进行衡量。另外张红历等(2010)参考《中国信息年鉴》,从信息技术发展基础设施、信息技术发展使用、知识水平、发展环境与效果和信息消费五方面来衡量信息技术发展水平。此外,在国家层面的行业发展中,行业服务出口与其发展程度之间存在着直接的联系。例如,医药(曾铮,2014)、纺织(姜延书等,2006)、钢铁(徐盈之和吴海明,2010)等产业的发展都与其出口量息息相关。因此,本节实证研究考虑到数据的可得性,以各国信息技术产业服务的出口占总出口的比重来表示各国的信息技术发展水平。

5. 控制变量

(1) 人均 GDP。人均 GDP 能较为直观地反映出一个国家的发展程度,而不同发展程度的国家,其信贷规模会存在差异(高杰英和杜正中,2013),发达国家的私营企业信贷规模会普遍高于发展中国家的私营企业信贷规模,因此,将人均 GDP 选为控制变量。

(2) 经济景气程度。经济景气程度会在一定程度上影响银行信贷的规模,更高的经济景气程度反映了良好的经济发展前景,会使得银行提高信贷意愿。因此,我们以 GDP 增长率来表示经济景气程度,并将其选为控制变量。

(3) 贷款利率。贷款利率会直接对私营企业信贷产生影响,较高的贷款利率会增加私营企业的信贷成本,减弱私营企业的信贷意愿。因此,将贷款利率选为控制变量。

(4) 货币增长率。根据吴培新(2008)的研究,国家宏观经济的变化,如货币增长率的改变会对信贷规模产生影响,因此将货币增长率选为控制变量。

(5) 国家市场开放程度。一个国家市场经济越发达,银行对企业的贷款规模就会越大。我们以外商直接投资占 GDP 的比重来衡量国家市场开放程度,并将其选为控制变量。

(6) 债权人保护力度。国家法律体系往往会对企业信息透明度以及信贷规模产生影响。因此,本节实证研究选取法律权利力度指数来表示债权人保护力度,法律权利力度指数是用来评估担保法和破产法通过保护借款人和贷款人权利而促进贷款活动的程度,指数由 0 至 12 总计 13 个等级,等级越高表明担保品法和破产法越有利于获得信贷。

(7) 年份。不同年份会相应地发生一系列事件,对金融圈产生一定的影响,从而改变信贷规模,因此,将年份选为控制变量。

变量的符号及定义见表 6-16。

表 6-16 变量的符号及定义

变量名称	符号	定义
征信体系发展程度	PPCDI	（公共征信覆盖率+私营征信覆盖率）×征信深度指数
私营企业信贷规模	LOAN	私营企业国内信贷/GDP
征信广度指数	CSI	公共征信覆盖率+私营征信覆盖率
征信深度指数	CDI	取值 0—8，分值越高，信用信息共享程度越高
企业信息透明度	LT	取值 0—10，数值越大，信息透明度越高
信息技术发展水平	DLIT	信息技术服务出口/总出口
债权人保护力度	SL	取值 0—12，数值越大，保护力度越高
贷款利率	LIR	银行向主要客户收取的贷款利率
货币增长率	MGR	（本年度 M0—上年度 M0）/上年度 M0
人均 GDP	lnPGDP	人均 GDP 的自然对数
经济景气程度	GDPG	GDP 增长率
国家市场开放程度	DNM	外商直接投资/GDP
年份	Year	虚拟变量，年份为 2013—2017 年

（三）模型构建

1. 征信体系与私营企业信贷的关系模型

在模型构建方面，本节实证研究参考龙海明（2017）的做法，在原有理论模型的基础上构建以下模型。

$$\begin{aligned}\mathrm{LOAN}_{i,t} = &\alpha_0 + \alpha_1\mathrm{PPCDI}_{i,t-n} + \alpha_2\mathrm{SL}_{i,t} + \alpha_3\mathrm{LIR}_{i,t} + \alpha_4\mathrm{MGR}_{i,t} + \alpha_5\mathrm{lnPGDP}_{i,t}\\ &+ \alpha_6\mathrm{GDPG}_{i,t} + \alpha_7\mathrm{DNM}_{i,t} + \mathrm{Year} + \varepsilon_{i,t}\end{aligned} \quad (6.1)$$

其中，i, t 为国家 i 在 t 年的各项指标；$n=0, 1, 2$ 分别为当年、滞后一年及滞后两年的征信体系发展程度，以检验征信体系发展的滞后性；α_0、α_1、α_2、α_3、α_4、α_5、α_6、α_7 为系数；$\varepsilon_{i,t}$ 为误差项。在接下来的实证分析中，如果 α_1 为正且显著，那么就说明征信体系的发展会扩大私营企业信贷规模。

2. 企业信息透明度的中介效应检验模型

式（6.2）中，本节实证研究引入 $\mathrm{LT}_{i,t}$（企业信息透明度），并将其设置为中介变量，以此来进行实证检验。

$$\begin{aligned}\mathrm{LOAN}_{i,t} = &\alpha_0 + \alpha_1\mathrm{PPCDI}_{i,t} + \alpha_2\mathrm{SL}_{i,t} + \alpha_3\mathrm{LIR}_{i,t} + \alpha_4\mathrm{MGR}_{i,t} + \alpha_5\mathrm{lnPGDP}_{i,t}\\ &+ \alpha_6\mathrm{GDPG}_{i,t} + \alpha_7\mathrm{DNM}_{i,t} + \mathrm{Year} + \varepsilon_{i,t}\end{aligned} \quad (6.2)$$

$$\begin{aligned}\mathrm{LT}_{i,t} = &\beta_0 + \beta_1\mathrm{PPCDI}_{i,t} + \beta_2\mathrm{SL}_{i,t} + \beta_3\mathrm{LIR}_{i,t} + \beta_4\mathrm{MGR}_{i,t} + \beta_5\mathrm{lnPGDP}_{i,t}\\ &+ \beta_6\mathrm{GDPG}_{i,t} + \beta_7\mathrm{DNM}_{i,t} + \mathrm{Year} + \varepsilon_{i,t}\end{aligned} \quad (6.3)$$

$$\begin{aligned}\mathrm{LOAN}_{i,t} = &\gamma_0 + \gamma_1\mathrm{PPCDI}_{i,t} + \gamma_2\mathrm{LT}_{i,t} + \gamma_3\mathrm{SL}_{i,t} + \gamma_4\mathrm{LIR}_{i,t} + \gamma_5\mathrm{MGR}_{i,t}\\ &+ \gamma_6\mathrm{lnPGDP}_{i,t} + \gamma_7\mathrm{GDPG}_{i,t} + \gamma_8\mathrm{DNM}_{i,t} + \mathrm{Year} + \varepsilon_{i,t}\end{aligned} \quad (6.4)$$

其中，β_0—β_7、γ_0—γ_8 均为系数。在式（6.2）—式（6.4）中，我们可以检验企业信息透明度的中介效应，依据温忠麟和叶宝娟（2014）的中介效应检验流程解释，在 α_1 显著的前提下，β_1 与 γ_2 都显著，若 γ_1 不显著，则表示存在完全中介效应，若 γ_1 显著，且 γ_1 与 β_1、γ_2 同号，则此中介效应为部分中介效应。

3. 信息技术与征信体系之间有中介的调节模型

为验证信息技术发展水平在征信体系发展程度与私营企业信贷规模之间具有调节作用以及信息技术发展水平在征信体系发展程度与私营企业信贷规模起调节作用是通过企业信息透明度实现的两个假设，本节实证研究将各国信息技术发展水平 $\text{DLIT}_{i,t}$ 作为调节变量引入模型，结合征信体系与私营企业信贷的关系，以及企业信息透明度的中介作用，构建以下式子进行实证分析。

$$\begin{aligned}\text{LOAN}_{i,t} = &\ \alpha_0 + \alpha_1 \text{PPCDI}_{i,t} + \alpha_2 \text{DLIT}_{i,t} + \alpha_3 \text{PPCDI}_{i,t} \times \text{DLIT}_{i,t} + \alpha_4 \text{SL}_{i,t} + \alpha_5 \text{LIR}_{i,t} \\ &\ + \alpha_6 \text{MGR}_{i,t} + \alpha_7 \ln\text{PGDP}_{i,t} + \alpha_8 \text{GDPG}_{i,t} + \alpha_9 \text{DNM}_{i,t} + \text{Year} + \varepsilon_{i,t}\end{aligned} \tag{6.5}$$

$$\begin{aligned}\text{LT}_{i,t} = &\ \beta_0 + \beta_1 \text{PPCDI}_{i,t} + \beta_2 \text{DLIT}_{i,t} + \beta_3 \text{PPCDI}_{i,t} \times \text{DLIT}_{i,t} + \beta_4 \text{SL}_{i,t} + \beta_5 \text{LIR}_{i,t} \\ &\ + \beta_6 \text{MGR}_{i,t} + \beta_7 \ln\text{PGDP}_{i,t} + \beta_8 \text{GDPG}_{i,t} + \beta_9 \text{DNM}_{i,t} + \text{Year} + \varepsilon_{i,t}\end{aligned} \tag{6.6}$$

$$\begin{aligned}\text{LOAN}_{i,t} = &\ \gamma_0 + \gamma_1 \text{PPCDI}_{i,t} + \gamma_2 \text{DLIT}_{i,t} + \gamma_3 \text{PPCDI}_{i,t} \times \text{DLIT}_{i,t} + \gamma_4 \text{LT}_{i,t} \\ &\ + \gamma_5 \text{LT}_{i,t} \times \text{DLIT}_{i,t} + \gamma_6 \text{SL}_{i,t} + \gamma_7 \text{LIR}_{i,t} + \gamma_8 \text{MGR}_{i,t} + \gamma_9 \ln\text{PGDP}_{i,t} \\ &\ + \gamma_{10} \text{GDPG}_{i,t} + \gamma_{11} \text{DNM}_{i,t} + \text{Year} + \varepsilon_{i,t}\end{aligned} \tag{6.7}$$

在式（6.5）—式（6.6）中，可以根据叶宝娟和温忠麟（2013）的有中介的调节效应检验来对以上两个假设进行检验，我们首先可以检验式（6.5）中的系数 α_3，若结果显示显著，则说明信息技术的调节效应显著，可以进行下一步的检验。其次对公式（6.5）和公式（6.6）中的 α_3 和 β_1、α_3 和 β_2，或者 α_1 和 β_2 进行检验，若这三组中至少有一组结果显示显著，则可以得出有中介的调节模型成立，说明信息技术对征信体系与私营企业信贷的调节效应是通过企业信息透明度这一中介实现的，最后再对式（6.7）中的系数 γ_3 进行检验，若 γ_3 结果显示显著，则可得出调节效应存在部分中介，若不显著，则可得出调节效应存在完全中介。

4. 征信体系深度与广度的影响模型

为探究征信体系的深度与广度是否会对私营企业信贷产生不同的影响，本节以各国的征信体系深度与征信体系广度为自变量，构建了式（6.8）进行实证分析，通过分析它们对私营企业信贷产生的直接影响，得出可靠的结论。

$$\begin{aligned}\text{LOAN} = &\ \alpha_0 + \alpha_1 \text{CSI}_{i,t} + \alpha_2 \text{CDI}_{i,t} + \alpha_3 \text{SL}_{i,t} + \alpha_4 \text{LIR}_{i,t} + \alpha_5 \text{MGR}_{i,t} \\ &\ + \alpha_6 \ln\text{PGDP}_{i,t} + \alpha_7 \text{GDPG}_{i,t} + \alpha_8 \text{DNM}_{i,t} + \text{Year} + \varepsilon_{i,t}\end{aligned} \tag{6.8}$$

在式（6.8）中，我们可以通过分析征信广度指数的系数 α_1，以及征信深度指数的系数 α_2 来判断两者产生的影响作用是否相同，此外，本节实证研究还会在式（6.8）中进行分组分析，来观测不同经济环境下的征信广度以及征信深度的作用效果。

二、实证结果与分析

本节实证研究以世界银行数据库中 2013—2017 年的 103 个国家的面板数据为样本，通过四组模型进行实证检验及分析，寻求征信体系与私营企业信贷之间更为明确的关系以及探究信息技术发展的调节作用。

（一）变量的描述性统计

为了解本节实证研究所使用数据的分布特征，运用 SPSS 23.0 统计软件对本节实证研究涉及的各项变量的指标进行描述性分析。结果如表 6-17 所示，从各个国家的征信体系发展程度的最小值、最大值以及标准差可得，各个国家的差异较大，说明各个国家的征信体系发展得并不均衡。征信体系发展程度的均值为 3.23，对比中国 2017 年的征信体系发展程度数值 7.62，可以看出中国的征信体系发展建设是领先于世界平均水平的。企业信息透明度的最值之差为 10.00，标准差为 2.65，可见各国的企业信息透明度差异明显。信息技术发展水平的均值和中位数分别为 0.08 和 0.06，最大值为 0.35，最小值为 0.01，最值之差为 0.34，说明不同国家的信息技术发展水平差距较大。私营企业信贷规模的均值为 0.58，可以看出世界范围内私营企业信贷规模的均值并不是很高。对于控制变量，债权人保护力度的均值为 5.15，可见各国的债权人保护力度较为可观，但标准差 2.96 表明各国的债权人保护力度分布较为离散，差异较大。贷款利率、货币增长率、经济景气程度以及国家市场开放程度这四项宏观经济指标的标准差都小于 0.1，表明这几项变量的分布都较为集中，差异较小。

表 6-17　关键变量的描述性统计分析表

变量	样本量	均值	中位数	最小值	最大值	标准差
征信体系发展程度	515	3.23	2.30	0.00	16.00	3.27
私营企业信贷规模	515	0.58	0.45	0.05	2.33	0.44
征信广度指数	515	0.46	0.37	0.00	2.00	0.43
征信深度指数	515	4.98	6.00	0.00	8.00	3.09
企业信息透明度	515	5.65	6.00	0.00	10.00	2.65
信息技术发展水平	515	0.08	0.06	0.01	0.35	0.07
债权人保护力度	515	5.15	5.00	0.00	12.00	2.96
贷款利率	515	0.11	0.09	0.01	0.60	0.09
货币增长率	515	0.10	0.09	−0.06	0.52	0.08
人均 GDP	515	8.60	8.60	5.55	11.37	1.33
经济景气程度	515	0.03	0.03	−0.21	0.21	0.03
国家市场开放程度	515	0.04	0.03	−0.37	0.59	0.07

（二）变量的相关性分析

为检验各变量间的相关关系，在表 6-18 中列出了本节实证研究主要变量的相关性分析检验结果。

表6-18 相关性分析检验结果

变量	征信体系发展程度	私营企业信贷规模	征信广度指数	征信深度指数	企业信息透明度	信息技术发展水平	债权人保护力度	贷款利率	货币增长率	人均GDP	经济景气程度	国家市场开放程度
征信体系发展程度	1											
私营企业信贷规模	0.365***	1										
征信广度指数	0.988***	0.371***	1									
征信深度指数	0.687***	0.314***	0.686***	1								
企业信息透明度	0.296***	0.297***	0.295***	0.286***	1							
信息技术发展水平	0.140**	0.209***	0.142**	0.133***	0.187***	1						
债权人保护力度	0.195***	0.201***	0.193***	0.131***	0.216***	0.118***	1					
贷款利率	−0.082	−0.425***	−0.105**	−0.096**	−0.138***	−0.133***	−0.175***	1				
货币增长率	−0.038	−0.307***	−0.060*	−0.024	−0.018	0.067	−0.131***	0.305***	1			
人均GDP	0.503***	0.635***	0.524***	0.394***	0.098**	0.002	0.108**	−0.468***	−0.332***	1		
经济景气程度	−0.089**	−0.115**	−0.100**	−0.029	0.092**	0.123***	−0.013	−0.034	0.208***	−0.271***	1	
国家市场开放程度	−0.036	0.182***	−0.031	−0.065	0.042	0.165***	0.053	0.010	0.014	0.027	0.051	1

***代表$p<0.01$，**代表$p<0.05$，*代表$p<0.10$

结合相关系数符号和大小可初步判断,征信体系发展程度与私营企业信贷规模在1%水平上显著正相关,征信体系发展程度与企业信息透明度在1%水平上显著正相关,企业信息透明度与私营企业信贷规模在1%水平上显著正相关。这说明征信体系发展程度会对企业信息透明度和私营企业信贷规模产生显著影响,企业信息透明度的增加会扩大私营企业信贷规模,与本节实证研究的预期一致。

本节实证研究选取的控制变量与因变量之间均存在显著相关关系,表明控制变量是有效的。各主要变量之间的相关系数大多低于0.4,说明解释变量间相关性不强,因此模型不会出现严重的多重共线性问题。

（三）回归结果分析

本节实证研究采用面板回归模型对面板数据进行多元回归分析来检验征信体系发展程度对私营企业信贷的影响。首先利用Stata15.0对样本数据进行检验,根据检验结果从混合普通最小二乘法回归模型、固定效应面板回归模型及随机效应模型中选择一种来进行回归分析。

1. 征信体系发展程度与私营企业信贷规模的固定效应回归分析

似然比检验结果显示应选择固定效应面板回归模型,Hausman（豪斯曼）检验结果表明样本数据存在显著的个体效应,所以本节实证研究选择固定效应面板回归模型进行多元回归分析，结果见表6-19和表6-20。

表6-19 征信体系与私营企业信贷规模的回归结果

变量	私营企业信贷规模
征信体系发展程度	0.014**
	(2.52)
债权人保护力度	0.012**
	(2.40)
贷款利率	−0.770***
	(−3.84)
货币增长率	−0.544***
	(−2.64)
人均GDP	0.159***
	(10.14)
经济景气程度	0.500
	(0.95)
国家市场开放程度	1.110***
	(5.23)
常数	−0.820***
	(−5.33)
年份	控制
F值	65.65***
个体效应	固定
样本量	515
R^2	0.47

注：括号内数字为t值

***代表$p<0.01$，**代表$p<0.05$

表6-20 征信体系的滞后效应回归结果

变量	私营企业信贷规模	
征信体系发展程度$_{t-1}$	0.007	
	(1.60)	
征信体系发展程度$_{t-2}$		0.005
		(1.00)
债权人保护力度	0.015***	0.013***
	(3.00)	(2.63)
贷款利率	−0.642***	−0.700***
	(−3.25)	(−3.54)
货币增长率	−0.533***	−0.524**
	(−2.58)	(−2.53)

续表

变量	私营企业信贷规模	
人均GDP	0.180*** (13.67)	0.177*** (13.35)
经济景气程度	0.575 (1.08)	0.546 (1.02)
国家市场开放程度	1.039*** (4.82)	1.098*** (5.10)
常数	−1.004*** (−7.26)	−0.955*** (−6.90)
年份	控制	控制
F 值	64.73***	63.85***
个体效应	固定	固定
样本量	412	309
R^2	0.47	0.47

注：括号内数字为 t 值

***代表 $p<0.01$，**代表 $p<0.05$

接着考察征信体系发展程度对私营企业信贷规模的影响，分析结果显示征信体系发展程度与私营企业信贷规模的系数为0.014（t 值为2.52），在5%的水平上显著，p 值小于0.05，说明征信体系发展程度能促进私营企业信贷规模的扩大。

征信体系的发展是一个长期、持续的过程，即从征信体系发展程度到私营企业信贷规模增加可能需要一定的传递时间。因此，从长期的角度来看，征信体系发展是面向未来的，对私营企业信贷规模的影响存在时间效应，既对当期的私营企业信贷规模产生影响，也会影响未来的私营企业信贷规模。为了分析征信体系发展程度对私营企业信贷规模的滞后影响，本节实证研究分别考察了征信体系发展程度滞后一期以及滞后两期的影响，若滞后模型中，征信体系发展程度与私营企业信贷规模的关系系数显著，则说明征信体系发展程度对未来期间的私营企业信贷规模仍有影响，具体分析结果如表6-20所示。

在表6-20中关于滞后性的回归结果分析如下：在私营企业信贷规模为被解释变量时，征信体系发展程度 $_{t-1}$ 的回归系数为0.007（t 值为1.60），并不显著。同时，在滞后两期的回归模型中，可以同样发现主效应的结果并不显著。因此，我们可以发现征信体系发展程度对私营企业信贷规模的影响主要体现在当期，对未来私营企业信贷规模的影响较小。

此外，控制变量中，贷款利率、货币增长率与私营企业信贷规模的相关性在1%水平上显著为负；债权人保护力度、人均GDP、国际市场开放程度与私营企业信贷规模的相关性在1%水平上显著为正；经济景气程度则对私营企业信贷规模的影响较小。

2. 企业信息透明度的中介效应回归分析

在已有的中介效应分析方法中，本节实证研究借鉴了温忠麟和叶宝娟（2014）的依次检验与 Bootstrap（自助抽样法）相结合的方法来。首先，我们先对式（6.2）中的 α_1 进行检验，根据其结果显著与否，分别以中介效应与遮掩效应处理。其次，对式（6.3）中的系数 β_1 与式（6.4）中的系数 γ_2 进行检验，如果两者的结果都显示显著，那么就可以认为间接效应显著。若至少有一个结果不显著，则需要进行 Bootstrap 检验，根据 β_1、γ_2 的结果来判断中介效应是否存在。最后，检验式（6.4）中的系数 γ_1，若其结果显示不显著，则表示只有中介效应。若结果显示显著，且 $\beta_1\gamma_2$ 与 γ_1 同号，则表示存在部分中介效应，中介效应占总效应的比重为 $\beta_1\gamma_2/\alpha_1$。

接着，可以按照上述方法对表 6-21 的回归结果进行分析。式（6.2）中，征信体系发展程度与私营企业信贷规模的回归系数为 0.014（t 值为 2.52），在 5%的水平上显著，也就是征信体系的发展会扩大私营企业信贷规模。在式（6.3）中，征信体系发展程度与企业信息透明度的回归系数 β_1 为 0.268（t 值为 6.48），在 1%的水平上显著，说明征信体系发展程度与企业信息透明度正相关，在式（6.4）中，企业信息透明度与私营企业信贷规模的回归系数 γ_2 为 0.033（t 值为 5.89），在 1%的水平上显著，根据温忠麟和叶宝娟（2014）的中介效应检验流程可知，当 β_1 与 γ_2 都显著时，说明中介效应显著。此时，再对 γ_1 进行分析，可以发现式（6.4）中，征信体系发展程度与私营企业信贷规模的回归系数 γ_1 为 0.005，并不显著，说明企业信息透明度存在完全中介作用。

表 6-21　企业信息透明度的中介效应回归结果

变量	私营企业信贷规模		企业信息透明度
征信体系发展程度	0.014**	0.005	0.268***
	(2.52)	(0.86)	(6.48)
企业信息透明度		0.033***	
		(5.89)	
债权人保护力度	0.012**	0.008	0.124***
	(2.40)	(1.62)	(3.20)
贷款利率	−0.770***	−0.624***	−4.407***
	(−3.84)	(−3.19)	(−2.86)
货币增长率	−0.544***	−0.540***	−0.110
	(−2.64)	(−2.71)	(−0.07)
人均GDP	0.159***	0.167***	−0.258**
	(10.14)	(10.99)	(−2.14)
经济景气程度	0.500	0.248	7.621*
	(0.95)	(0.48)	(1.87)
国家市场开放程度	1.110***	1.049***	1.853
	(5.23)	(5.10)	(1.14)
常数	−0.820***	−1.037***	6.550***
	(−5.33)	(−6.75)	(5.53)
年份	控制	控制	控制
F 值	65.65***	65.65***	12.00***

续表

变量	私营企业信贷规模		企业信息透明度
个体效应	固定	固定	固定
样本量	515	515	515
R^2	0.47	0.51	0.14

注：括号内数字为 t 值

***代表 $p<0.01$，**代表 $p<0.05$，*代表 $p<0.10$

3. 有中介的调节效应回归分析

在进一步的研究中，借鉴叶宝娟和温忠麟（2013）有中介的调节模型检验程序来检验信息技术发展水平对征信体系发展程度与私营企业信贷规模之间关系的调节作用是否是通过企业信息透明度这一中介实现，其检验流程如图 6-2 所示。

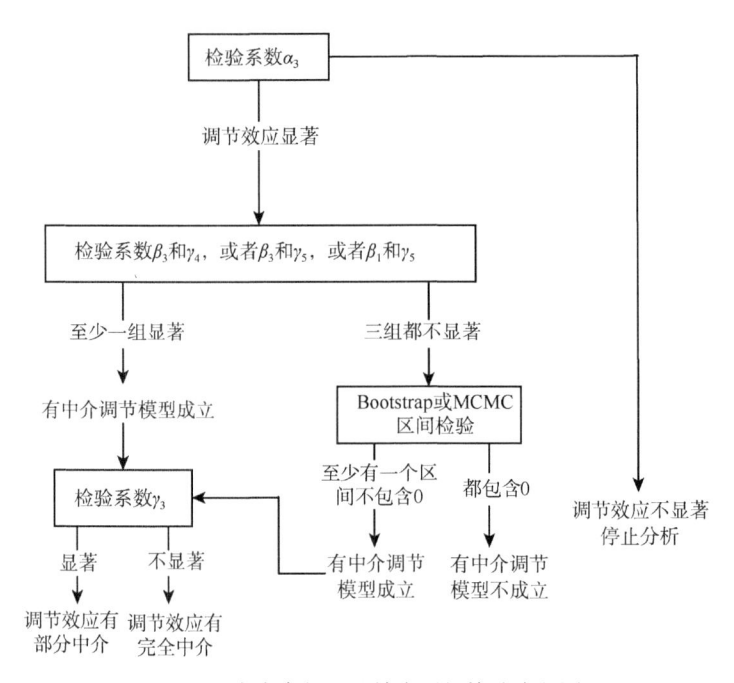

图 6-2 有中介的调节效应层级检验流程图

MCMC 为 Markov chain Monte Carlo，马尔可夫链蒙特卡罗方法；α_3、β_1、β_3、γ_4、γ_5 为式（6.5）—式（6.6）中的系数

根据上述检验流程，对表 6-22 中的回归结果进行分析。

表 6-22 信息技术调节效应回归结果

变量	私营企业信贷规模		企业信息透明度
征信体系发展程度	−0.015*	−0.012	0.238***
	（−1.78）	（−1.37）	（3.51）
信息技术发展水平	0.206	−1.810***	3.523
	（0.64）	（−2.71）	（1.38）

续表

变量	私营企业信贷规模		企业信息透明度
征信体系发展程度×信息技术发展水平	0.324*** (3.63)	0.196** (2.08)	0.179 (0.25)
企业信息透明度		0.003 (0.34)	
企业信息透明度×信息技术发展水平		0.363*** (3.22)	
债权人保护力度	0.011** (2.18)	0.006 (1.21)	0.118*** (3.06)
贷款利率	−0.620*** (−3.14)	−0.500*** (−2.62)	−3.798** (−2.43)
货币增长率	−0.626*** (−3.12)	−0.591*** (−3.06)	−0.380 (−0.24)
人均GDP	0.157*** (10.09)	0.165*** (10.96)	−0.232* (−1.88)
经济景气程度	0.267 (0.52)	−0.035 (−0.07)	6.960* (1.71)
国家市场开放程度	0.738*** (3.42)	0.544** (2.54)	1.083 (0.63)
常数	−0.794*** (−5.03)	−0.842*** (−5.22)	6.140*** (4.92)
年份	控制	控制	控制
F值	58.28***	55.30***	9.96***
个体效应	固定	固定	固定
样本量	515	515	515
R^2	0.51	0.55	0.15

注：括号内数字为 t 值

***代表 $p<0.01$，**代表 $p<0.05$，*代表 $p<0.10$

首先检验式（6.5）中的系数 α_3，征信体系发展程度与信息技术发展水平交互项的系数 α_3 为 0.324（t 值为 3.63），在 1% 的水平上显著，说明信息技术发展水平对征信体系发展程度与私营企业信贷规模的关系起正向调节作用，即拥有较强信息技术与征信体系的国家，其私营企业信贷的规模也会越大，可以进行下一步分析。

其次对 β_3 和 γ_4、β_3 和 γ_5、β_1 和 γ_5 这三组系数进行检验，由式（6.6）和式（6.7）的回归分析结果可以看出征信体系发展程度与企业信息透明度的回归系数 β_1 为 0.238（t 值为 3.51），在 1% 的水平上显著为正，企业信息透明度与信息技术发展水平交互项的系数 γ_5 为 0.363（t 值为 3.22），在 1% 水平上显著，有中介的调节模型成立，表明信息技术发展水平会加强征信体系发展程度与私营企业信贷规模之间的联系，同时信息技术发展水平的调节作用又是通过改变企业信息透明度来实现的。

最后再对 γ_3 系数进行检验，征信体系发展程度与信息技术发展水平交互项的系数 γ_3 为 0.196（t 值为 2.08），在 5% 的水平上正向显著，再根据上述流程图的判别标准可以发现信息技术发展水平的调节作用是通过部分企业信息透明度的中介实现的（间接效应占了 39.51%），即信息技术发展提高了征信体系的运行效率，增加了国家整体的企业信息透明度，降低了信贷供给方所需承担的潜在风险，从而相应地增加了私营企业信贷的规模。

4. 征信体系广度与深度的回归效应分析

本小节将通过式（6.8）研究征信体系深度与征信体系广度两者对于私营企业信贷规模的影响。式（6.8）经过豪斯曼检验，p 值为 0.000，支持固定效应。在表 6-23 中，可以发现，征信广度指数与私营企业信贷规模的系数 α_1 为 0.030（t 值为 0.60），并不显著，而征信深度指数与私营企业信贷规模的系数 α_2 为 0.013，在 5% 的水平上显著为正，这说明在总样本情况下，征信体系深度能更有效地促进私营企业信贷规模的增加。但各个国家的发展程度不同，征信体系发展的侧重点也会有所偏差。因此，在进一步研究中，本节实证研究将会依据人均 GDP 来反映各国的经济发展情况，从而将样本划分为低发展地区与高发展地区，继续探讨征信体系的深度属性与广度属性对两种地区产生的影响。

表 6-23 征信体系深度与征信体系广度效应回归分析

变量	私营企业信贷规模
征信广度指数	0.030
	（0.60）
征信深度指数	0.013**
	（1.98）
债权人保护力度	0.012**
	（2.49）
贷款利率	−0.749***
	（−3.75）
货币增长率	−0.547***
	（−2.66）
人均 GDP	0.159***
	（10.07）
经济景气程度	0.448
	（0.85）
国家市场开放程度	1.129***
	（5.32）
常数	−0.858***
	（−5.60）
年份	控制

续表

变量	私营企业信贷规模
F值	57.87***
个体效应	固定
样本量	515
R^2	0.48

注：括号内数字为 t 值

***代表 $p<0.01$，**代表 $p<0.05$

在进一步的研究中，本节实证研究以人均 GDP 的均值 8.60 为划分标准，将总样本划分为低发展组与高发展组。两组的差异检验如表 6-24 所示。根据表 6-24 可以得出，高发展组所占的比重小于低发展组，且差异检验结果显示 p 值为 0.000，说明两组存在显著的差异。

表 6-24 低发展组与高发展组均值差异检验

项目	变量	低发展组			高发展组			t 值	p 值
		样本量	占比	均值	样本量	占比	均值		
私营企业信贷	人均 GDP	293	56.89%	7.69	222	43.11%	9.81	−29.53	0.000

分组回归之后，具体回归结果如表 6-25 所示。在低发展地区中，征信广度指数与私营企业信贷规模的系数 α_1 为 0.124（t 值为 2.02），在 5%的水平上显著为正，而征信深度指数与私营企业信贷规模的系数 α_2 为 −0.002（t 值为 −0.37），并不显著。这说明在低发展地区，征信范围的扩大比征信深度的增加更能促进私营企业信贷规模的增长。在高发展地区中，征信广度指数与私营企业信贷规模的系数为 −0.027（t 值为 −0.28），并不显著，征信深度指数与私营企业信贷规模的系数为 0.048（t 值为 3.02），在 1%的水平上显著为正。这说明了在高发展地区，征信体系已实现了大面积覆盖，进一步扩大覆盖范围对私营企业信贷规模产生的影响微乎其微，而此时征信体系深度的增加就显得更有意义，其能使信贷供给方在原有信息的基础上进一步了解企业的情况，从而减轻信贷供给方的信贷风险，使得信贷规模得到有效的扩大。

表 6-25 分组回归结果

变量	低发展地区	高发展地区
	私营企业信贷规模	私营企业信贷规模
征信广度指数	0.124**	−0.027
	(2.02)	(−0.28)
征信深度指数	−0.002	0.048***
	(−0.37)	(3.02)
债权人保护力度	−0.002	0.020*
	(−0.38)	(1.87)

续表

变量	低发展地区	高发展地区
	私营企业信贷规模	私营企业信贷规模
贷款利率	−0.487***	−0.919*
	(−2.88)	(−1.75)
货币增长率	−0.201	−1.184**
	(−1.12)	(−2.55)
人均GDP	0.134***	0.243***
	(5.99)	(5.96)
经济景气程度	−0.090	0.504
	(−0.20)	(0.42)
国家市场开放程度	0.224	1.454***
	(0.80)	(4.65)
常数	−0.561***	−1.859***
	(−3.03)	(−4.41)
年份	控制	控制
F值	17.59***	21.38***
个体效应	固定	固定
样本量	293	222
R^2	0.33	0.45

注：括号内数字为 t 值

***代表 $p<0.01$，**代表 $p<0.05$，*代表 $p<0.10$

三、稳健性检验

通过变量替换，本书选用私营企业银行信贷规模与GDP的比值作为私营企业信贷规模的稳健性检验指标。

在表6-26中，稳健性检验回归结果与之前的分析一致，征信体系发展程度与私营企业信贷规模在5%的水平上正相关（系数为0.010，t 值为2.08）。另外，可以从表6-26中观察到，征信体系发展程度对私营企业信贷规模的一期滞后影响是存在的，但二期滞后影响并不显著，与表6-22所得出的结论基本一致。

表6-26　稳健性检验回归结果（主效应）

变量	私营企业信贷规模		
征信体系发展程度$_t$	0.010**		
	(2.08)		
征信体系发展程度$_{t-1}$		0.007*	
		(1.70)	
征信体系发展程度$_{t-2}$			−0.006
			(−1.67)

续表

变量	私营企业信贷规模		
债权人保护力度	0.004 (0.93)	0.006 (1.40)	0.006 (1.42)
贷款利率	−0.613*** (−3.53)	−0.517*** (−3.03)	−0.544*** (−3.19)
货币增长率	−0.465*** (−2.60)	−0.468*** (−2.62)	−0.469*** (−2.62)
人均GDP	0.148*** (10.90)	0.163*** (14.33)	0.163*** (14.27)
经济景气程度	0.866* (1.89)	0.911** (1.99)	0.991** (2.15)
国家市场开放程度	1.297*** (7.06)	1.239*** (6.65)	1.231*** (6.63)
常数	−0.769*** (−5.77)	−0.903*** (−7.56)	−0.862*** (−7.22)
年份	控制	控制	控制
F值	68.97***	68.64***	68.19***
个体效应	固定	固定	固定
样本量	515	412	309
R^2	0.49	0.49	0.49

注：括号内数字为t值

***代表$p<0.01$，**代表$p<0.05$，*代表$p<0.10$

表 6-27 为中介效应的稳健性检验回归结果，在式（6.2）中，征信体系发展程度与私营企业信贷规模在 5%的水平上显著正相关（系数为 0.010，t 值为 2.08），而在加入了企业信息透明度之后，两者之间的关系不再显著，说明存在完全中介效应。

表 6-27　稳健性检验回归结果（中介效应）

变量	私营企业信贷规模		企业信息透明度模型
征信体系发展程度	0.010** (2.08)	0.002 (0.52)	0.268*** (6.48)
企业信息透明度		0.027*** (5.53)	
债权人保护力度	0.004 (0.93)	0.001 (0.16)	0.124*** (3.20)
贷款利率	−0.613*** (−3.53)	−0.494*** (−2.90)	−4.407*** (−2.86)
货币增长率	−0.465*** (−2.60)	−0.462*** (−2.66)	−0.110 (−0.07)

续表

变量	私营企业信贷规模		企业信息透明度模型
人均GDP	0.148***	0.155***	−0.258**
	(10.90)	(11.69)	(−2.14)
经济景气程度	0.866*	0.660	7.621*
	(1.89)	(1.48)	(1.87)
国家市场开放程度	1.297***	1.247***	1.853
	(7.06)	(6.97)	(1.14)
常数	−0.769***	−0.946***	6.550***
	(−5.77)	(−7.08)	(5.53)
年份	控制	控制	控制
F值	68.97***	67.71***	12.00***
个体效应	固定	固定	固定
样本量	515	515	515
R^2	0.49	0.52	0.14

注：括号内数字为 t 值
***代表 $p<0.01$，**代表 $p<0.05$，*代表 $p<0.10$

根据表 6-28 的回归结果，式（6.5）中征信体系发展程度与信息技术发展水平的交互项的系数 a_3 为 0.324（t 值为 3.63），在 1% 的水平上显著为正，说明信息技术发展水平对主效应具有促进作用。同时，式（6.6）系数 β_1 与式（6.7）γ_5 都保持显著，说明有中介的调节效应模型成立。另外，交互项与私营企业信贷的系数 γ_3 为 0.217，在 1% 的水平上显著为正，表示部分中介效应存在（间接效应占比 33.02%）。

表 6-28 稳健性检验回归结果（调节效应）

变量	私营企业信贷规模		企业信息透明度
征信体系发展程度	−0.015*	−0.016**	0.238***
	(−1.78)	(−2.17)	(3.51)
信息技术发展水平	0.206	−1.898***	3.523
	(0.64)	(−3.36)	(1.38)
征信体系发展程度×信息技术发展水平	0.324***	0.217***	0.179
	(3.63)	(2.73)	(0.25)
企业信息透明度		−0.005	
		(−0.64)	
企业信息透明度×信息技术发展水平		0.394***	
		(4.13)	
债权人保护力度	0.011**	−0.002	0.118***
	(2.18)	(−0.45)	(3.06)
贷款利率	−0.620***	−0.349**	−3.798**
	(−3.14)	(−2.16)	(−2.43)

续表

变量	私营企业信贷规模		企业信息透明度
货币增长率	−0.626***	−0.523***	−0.380
	(−3.12)	(−3.21)	(−0.24)
人均GDP	0.157***	0.152***	−0.232*
	(10.09)	(12.01)	(−1.88)
经济景气程度	0.267	0.341	6.960*
	(0.52)	(0.81)	(1.71)
国家市场开放程度	0.738***	0.684***	1.083
	(3.42)	(3.79)	(0.63)
常数	−0.794***	−0.741***	6.140***
	(−5.03)	(−5.43)	(4.92)
年份	控制	控制	控制
F 值	58.28***	63.09***	9.96***
个体效应	固定	固定	固定
样本量	515	515	515
R^2	0.51	0.58	0.15

注：括号内数字为 t 值

***代表 $p<0.01$，**代表 $p<0.05$，*代表 $p<0.10$

在表6-29的稳健性检验回归结果中，可以发现，在低发展地区，征信广度指数与私营企业信贷规模的系数为0.116（t 值为2.48），在5%的水平上显著为正。在高发展地区，征信深度指数与私营企业信贷规模的系数为0.037（t 值为2.48），在5%的水平上显著为正。表明低发展地区更适合扩大征信覆盖范围，高发展地区更适合加强征信深度，分析内容与前文保持一致，增加了结果的稳健性。

表6-29 稳健性检验回归结果（分组回归结果）

变量	低发展地区	高发展地区
	私营企业信贷规模	私营企业信贷规模
征信广度指数	0.116**	−0.027
	(2.48)	(−0.29)
征信深度指数	0.001	0.037**
	(0.31)	(2.48)
债权人保护力度	−0.003	0.002
	(−0.87)	(0.17)
贷款利率	−0.454***	−0.733
	(−3.45)	(−1.50)
货币增长率	−0.115	−1.167***
	(−0.85)	(−2.71)

续表

变量	低发展地区 私营企业信贷规模	高发展地区 私营企业信贷规模
人均GDP	0.097*** （5.74）	0.197*** （5.20）
经济景气程度	0.189 （0.54）	1.380 （1.24）
国家市场开放程度	0.314 （1.47）	1.703*** （5.87）
常数	−0.356** （−2.53）	−1.361*** （−3.48）
年份	控制	控制
F 值	20.12***	17.43***
个体效应	固定	固定
样本量	293	222
R^2	0.37	0.40

注：括号内数字为 t 值

***代表 $p<0.01$，**代表 $p<0.05$

四、研究结论

本节实证研究以2013—2017年103个国家层面数据作为研究样本，以"征信体系发展程度—企业信息透明度—私营企业信贷规模"为研究路径，并引入信息技术发展水平作为调节变量，通过文献回顾、理论分析、模型构建，同时运用相关中介效应检验方法，深入探索征信体系发展作用于私营企业信贷的内在机制。通过以上回归得出以下结论。

（1）征信体系发展程度与私营企业信贷规模显著正相关，即征信体系发展会促进私营企业信贷规模的增加。征信体系的发展与完善能很大程度上降低债权人的风险，使他们愿意提供更多的信贷。另外，征信体系的存在缓解了信贷错配的现象，使得更多的私营企业能有效地获得信贷，增加了私营企业的信贷规模。

（2）企业信息透明度在征信体系发展程度与私营企业信贷规模之间发挥完全中介作用。征信体系的发展使得当地私营企业的信息透明度得到了有效的改善，信贷供给方能更简便地了解到私营企业的信息。同时，在充分掌握所需企业信息之后，信贷供给与需求双方的信息不对称得到了缓解，促进了信贷交易的进行，从而增加了私营企业信贷规模。这一结论解释了征信体系作用于私营企业信贷过程中的黑箱问题，有助于更好地认识二者之间的内在联系与传导机制。

（3）信息技术发展水平在征信体系发展程度与私营企业信贷之间起到了调节作用。研究结果表明，信息技术发展水平强化了征信体系发展程度与私营企业信贷规模的正向影响，且这种影响是通过改变企业信息透明度来实现的，存在有中介的调节效应。即在征信体系发展与信息技术发展较完善的国家，企业信息透明度会相对较高，因此，私营企业信贷的规模也相对较高。

（4）在按照经济发展水平分组之后，本节实证研究得出在经济发展较为落后的国家，征信广度的发展更能有效地促进私营企业信贷的增加。在经济发展较为发达的国家，征信深度的发展更能有效地促进私营企业信贷的增加。本节实证研究认为这是因为不同经济状况的国家，其面对的信息需求并不相同。发展较为落后的国家更需要大量的基本信息，因此，征信广度的发展会带来更大的影响。发展较为发达的国家已具备了较为良好的征信基础，其需要的是信息质量的提升，这就使得征信深度的发展变得更为重要。

五、国家征信体系模式选择的进一步讨论

基于上述结论，本书认为，本节研究内容可以在国家征信体系模式选择方面提供一定的启示与借鉴。

第一，应根据国家经济状况选择合适的国家征信体系建设模式与发展策略，并加强征信体系的建设。本节的研究发现，征信体系发展程度的提高会促进私营企业信贷规模的增加。此外，各国征信体系模式建设的侧重点会随经济状况的变动而产生差异。因此，在建设国家征信体系时，各国可以根据自身的经济状况选择合适的建设模式与发展策略。例如，经济发展较为落后的国家可以将发展侧重点放在征信覆盖范围的扩大上，而经济发展较为发达的国家可以将侧重点放在征信深度的发展上，使征信体系建设对私营企业信贷的促进作用达到最优化，有效提升私营经济的发展。

第二，加快基于大数据技术的征信体系建设模式创新。大数据技术发展为征信体系带来的增益是有目共睹的，大数据征信、供应链征信等不断涌现的新型征信方式正在不断推进征信体系建设的步伐。因此，各国在发展征信体系的同时，应加强大数据技术的发展，充分利用大数据技术的优势，对海量的信用信息进行规范化、标准化的深度挖掘，提高征信信息的多样化和个性化水平，从而促进私营企业信贷规模的增加。

第三，进一步加强国家征信体系创新，改善企业信息披露机制，提高企业信息透明度。企业信息透明度在征信体系发展程度与私营企业信贷规模之间起到了中介作用，因此，提高企业信息透明度尤为重要。企业信息透明度的提高能够有效减缓借贷双方信息不对称，使得信贷供给方能够及时有效地了解企业情况，减少信贷配给的发生。所以国家征信体系建设需要制定合理的信息披露机制，提高私营企业信息透明度，提升信贷供给方对企业的信任，以此增加信贷的可得性。此外，企业需要认识到自身信息披露的重要性，应积极配合征信体系建设的要求，合理披露自身的标准化基本信息。

第七章　中国区域征信体系与中小微企业融资的实证研究

征信既是区域信用环境的主要基石，又是中小微企业融资的重要环节。中国幅员辽阔，经济发展表现出较大的不平衡性与差异性，各省区市的征信体系存在着明显的差异。针对各区域征信体系开展综合评价，并实证分析区域征信体系是否会影响中小微企业融资能力变得尤为重要。

第一节　中国区域征信体系建设的关键影响因素与历史回顾

一、中国区域征信体系建设的关键影响因素

已有学者对区域征信体系的驱动因素进行了研究，认为影响区域征信体系的因素主要包括经济发展水平、法律制度与金融体制等。

一些学者从经济发展水平的视角来看待区域征信体系问题。征信业最初起源于经济贸易的发展，进而开始完善（Barro，1976）。征信问世之前，亲缘和社会交往是开展信息交流的主要形式。然而，随着贸易对象的增多，人口流速的加剧，仅依靠亲缘关系的信息交流不再适应经济发展，对交易伙伴相关信息的调查需求随之而生，这就催生了专门的信用调查机构。经济不发达的地区往往存在着行业集中度较高、人口流动性弱的特征，区域内企业、个人共享信用信息的意向较弱，缺乏促进征信体系建立的外部动力。池凤彬（2022）的研究发现征信数据跨境流动作为对外经济金融往来的重要组成部分，能够促进征信市场的完善和征信机构业务的发展。

还有一些学者认为区域法律制度的差异性也是影响区域征信体系的一个重要因素。如果一个地区内的司法部门出台了严格的隐私保护相关法规，则会不利于当地私营征信机构开展业务活动。石晓军（2006）发现若针对征信机构仅施以基础法规，那么相对宽松的制度环境就会激发征信机构及征信业的蓬勃发展，进而促进本地征信体系的完善。杨光（2016）研究发现当一个地区对债权人的保护力度不足时，其信贷市场产生道德风险问题的可能性更大，区域征信体系则能有效解决道德风险难题，为债权人保护提供额外的工具。

另外，金融体制对区域征信体系的影响也是学者考虑的重点。区域的银行业集中度越高，公共征信机构就会表现出越突出的主导地位，促使企业和个人向银行进行借贷，这会阻碍私营征信机构的发展。在国内金融体制实行改革日益加深的背景下，国有银行纷纷开始转型发展，同时出现了一大批区域特色鲜明的商业银行，金融市场的竞争性进一步增强，征信体系在降低金融风险、稳定金融秩序、降低市场交易成本、推动金融体

制改革等方面具有明显的促进作用（王斯坦和王屹，2016）。

在对区域征信体系的相关文献进行梳理后，发现区域的经济发展水平、法律制度以及金融体制是影响区域征信体系建设的重要因素。我国省区市的经济发展具有异质性特征，政府部门根据地区的不同制定了差异化政策。因此本章认为区域征信体系建设的影响因素主要包括经济发展水平、法律制度、金融体制，见表 7-1，它们使得区域征信体系的发展表现出地区差异，这也为本章研究区域间征信体系的发展提供了理论支撑。

表 7-1 区域征信体系建设的影响因素

影响因素	主要观点	参考文献
经济发展水平	地区经济发展水平高，商业贸易发达，人口流动加剧，对信用信息迫切需求，推动了征信体系的繁荣发展	Barro（1976）
法律制度	严格的隐私保护相关法规抑制了私营征信机构开展业务，相对宽松和稳定的法律制度会刺激该地区征信体系的完善	范铁光和刘岩松（2014）
金融体制	金融体制改革为征信体系建设提供途径，有效化解信用风险	Barro（1976）

二、中国区域征信体系建设阶段

我国征信体系经过探索、起步、发展、扩张四大阶段后，主要建成了三种形式的征信体系：银行业征信体系、公共征信体系、第三方征信体系。它们分别以中国人民银行、政府、市场为主体，共同形成社会征信体系基本框架（类延村和李玉玲，2021）。我国区域征信体系的建设历经了四大阶段。

第一阶段为探索阶段（1980—1995 年）。20 世纪 80 年代后期，伴随着金融市场的交易规模逐渐扩大，信用风险也随之成为一大重要问题。针对这一现象，1990 年印发的《国务院关于在全国范围内开展清理"三角债"工作的通知》将解决社会信用问题作为了金融市场的主要工作。

为了发行企业债券，中国人民银行在上海成立了首家征信机构——上海远东资信评估有限公司，开展早期的企业信用调查业务。该公司与境外一流征信机构开展合作，及时发布国内外企业的信用调查报告，这一阶段的征信机构仅仅开展资信评级业务，不涉及个人征信业务，标志着我国征信业正在初步探索中。

第二阶段为起步阶段（1996—2002 年）。20 世纪 90 年代，我国诞生了以中诚信、大公等为代表的符合市场需求的信用评估机构。1991 年，中国人民银行深圳分行为强化信贷管理，首次实施贷款证制度，之后在国内普及实施，这标志着企业征信制度在国内初步建立；中国人民银行于 1999 年在上海首次开展个人征信业务，而后各地地方政府也陆续建设信贷咨询系统及征信平台；2000 年之后，国外信用中介机构纷纷开拓中国市场，本土信用中介机构的数量也大规模增加，开发出一系列相关征信服务，标志着我国征信业发展取得一定的成果。

第三阶段为发展阶段（2003—2014 年）。2003 年到 2014 年，国务院和中国人民银行相继颁布出台一系列与征信相关的法律法规，并开展政策试点，建成了个人与企业信用数据库。

第四阶段为扩张阶段（2015年至今）。2016年，中国人民银行正式出台与个人征信相关的法规政策，积极将市场化制度引入个人信用业务市场。我国征信体系的发展阶段如图7-1所示。

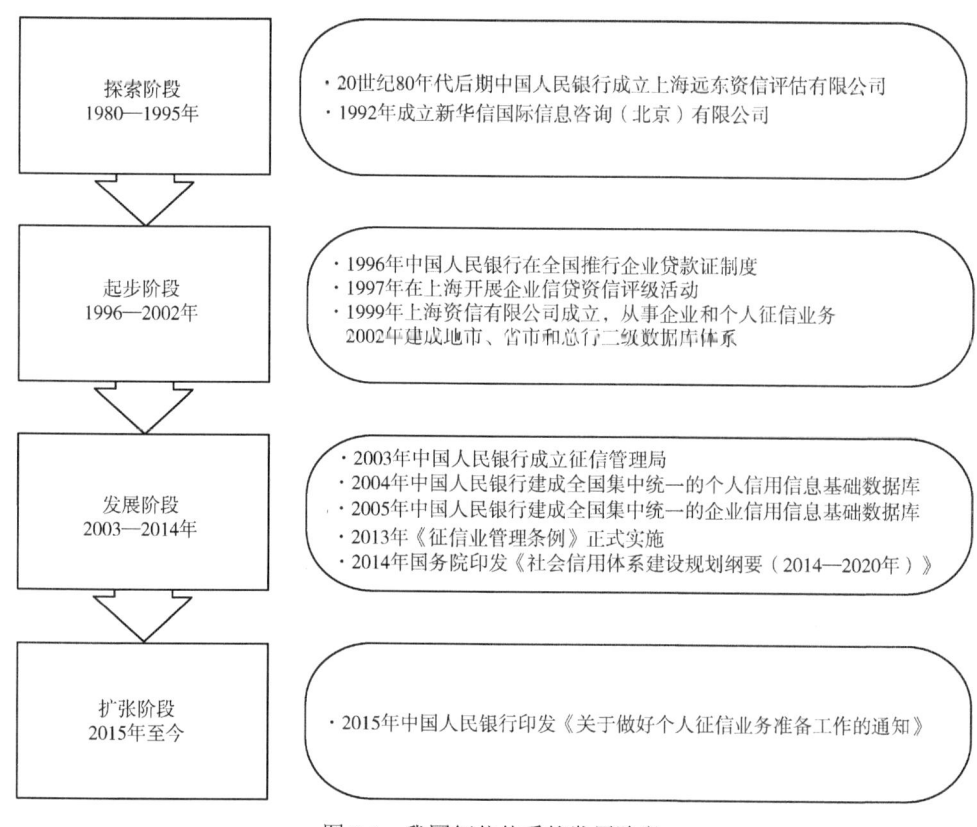

```
探索阶段            ·20世纪80年代后期中国人民银行成立上海远东资信评估有限公司
1980—1995年         ·1992年成立新华信国际信息咨询（北京）有限公司

起步阶段            ·1996年中国人民银行在全国推行企业贷款证制度
1996—2002年         ·1997年在上海开展企业信贷资信评级活动
                    ·1999年上海资信有限公司成立，从事企业和个人征信业务
                     2002年建成地市、省市和总行二级数据库体系

发展阶段            ·2003年中国人民银行成立征信管理局
2003—2014年         ·2004年中国人民银行建成全国集中统一的个人信用信息基础数据库
                    ·2005年中国人民银行建成全国集中统一的企业信用信息基础数据库
                    ·2013年《征信业管理条例》正式实施
                    ·2014年国务院印发《社会信用体系建设规划纲要（2014—2020年）》

扩张阶段            ·2015年中国人民银行印发《关于做好个人征信业务准备工作的通知》
2015年至今
```

图7-1　我国征信体系的发展阶段

我国征信体系建设得到了国务院、国家金融监督管理总局、中国人民银行等政府有关部门的高度重视，特别是近些年来在拓展征信市场、监管征信体制、普及征信知识等方面产生了积极影响，有力提升了人民群众的征信意识。在此背景下，我国形成了区域特色鲜明的征信发展模式。

三、我国区域征信体系典型案例

表7-2对我国上海、深圳、浙江三地的典型的征信体系模式进行了概括总结，得出了不同地区区域征信体系的差异化特征。

表7-2　区域视角下我国征信体系模式与特点

模式	推动者	建设方式	服务对象	监管机构
上海模式	当地政府和中国人民银行共建个人征信系统，企业征信由政府单独推动	政府投资建设上海远东资信评估有限公司	企业征信的服务对象包括企业自身、企业监督管理部门等；个人征信的服务对象包括参加个人征信的银行、单位、个人	政府和中国人民银行共同协作监管，并监管第三方征信机构的运行

续表

模式	推动者	建设方式	服务对象	监管机构
深圳模式	工商部门建立企业信用信息系统，个人征信和评价体系由政府授权第三方公司筹建	政府授权中证鹏元资信评估股份有限公司筹建	在初期仅限于各会员单位，后期扩大到法规授权机关和当事人授权的法人或公民等	由各会员单位联合成立深圳市个人信用征信及评级监督委员会负责
浙江模式	省政府牵头建设领导小组，省发展改革委开展全省的信用建设	政府投资成立省信用中心	与其他省区市建立信用信息合作共享机制，实现区域内的信用信息共享	政府部门组织建设信用监管体系

第二节 中国区域征信体系建设及其融资增信效果评价

一、区域征信体系建设的评价指标体系构建

（一）评价指标体系构建的原则

过少的指标无法综合反映区域征信体系的发展情况，具有局限性；过多的指标则会增加研究的复杂性。因此，在对征信体系进行评价之前，建立客观、详细的评价指标体系是重头戏，构建评价指标体系需要遵循以下原则。

1. 科学系统性原则

评价指标要能客观体现区域征信体系的情况，应对各区域征信体系组成部分进行划分，并针对各区域征信子系统特征分别进行评价，单个区域征信子系统也对应包含一组评价指标，各评价指标间不存在关系。每个评价指标要遵循科学、典型性的原则，选取准确地表示各子系统特征的核心组成部分。与此同时要考虑征信体系的实际现状，尽量选用可体现征信体系发展特征的指标，防止指标过度稀疏或密集，使征信体系评价有理有据。

2. 可操作性原则

在选择指标时，应甄选能反映区域间情况对比的指标，并且要确保指标数据的可获得性和可量化性。

3. 综合性原则

将征信体系各指标串联起来，从多角度进行区域征信体系评价。此外，在逻辑链的各环节要深入综合分析其影响因素，达到评价体系构建的全面科学性。

（二）评价指标体系的建立

1. 一级评价指标的选取

一般情况下，银行选取贷款对象时，会优先考虑大企业，原因有二：其一，大企业产权明晰，财务资料翔实可靠，资产和信用等相关信息易于查询，便于银行预估其还贷

能力。其二，大企业可将其实物资产转为抵押物，即便出现不良业务，银行也可以收回实物资本弥补损失。反观中小微企业普遍存在财务状况不透明和信用记录信息缺失的问题，还存在隐瞒真实信息的问题，金融机构既无法评估企业真实的经营状况，又不能预测还贷能力，再加上中小微企业资源稀缺，少有可供担保的物品及抵押物，若到期无法还清贷款，银行将会面临利益受损的情况。由此可见，银企信息不对称导致了中小微企业融资难这一局面的形成，信息不对称带来的高风险、强不确定性，会降低资源配置效率，解决中小微企业融资难的问题的重中之重在于破除信息不对称障碍。

仅仅依靠市场来消除信息不对称的难度较大，这就需要引入第三方专业机构，通过收集信用信息来降低信息不对称程度。当前时期正处于大数据背景下，信贷数据不仅包含银行、法院、税务机关等机构提供的传统线下结构化数据，还包含企业在互联网线上的消费、采购、社交点评等非结构化数据（张心月，2017）。这种线上线下相结合的数据收集方式，扩大了信用数据的可查范围，也让信用数据大规模储存和运用成为可能。

在大数据的作用下，征信体系可以凭借技术手段收集大量结构化和碎片化的信用信息，如传统的财务结构化数据、企业的非结构化数据等，在经过专业征信机构的数据加工和分析后，可以得到简明清晰的企业信用评级信息，生成详细的企业信用报告。除此之外，信用评级信息还被统一上传至数据平台，便于金融机构更轻松地获取并了解中小微企业相关的信用状况，有力地消除了银企之间的信息不对称障碍，公平公正地评价中小微企业的还贷风险及能力。

信息共享机制有助于交易双方通过征信平台查询到彼此真实的信息，使得交易更加透明。金融机构可以有的放矢，针对企业风险等级，采取差异化利率举措，选择出满足银行放贷要求的中小微企业，助力诚信优良的中小微企业顺利融资。综上可知，征信体系有利于打造公开透明的信用信息环境，消除信息不对称障碍，使交易双方了解彼此的信用状况，减少逆向选择现象。征信体系、信用信息共享机制与中小微企业融资能力之间的作用机制如图 7-2 所示。

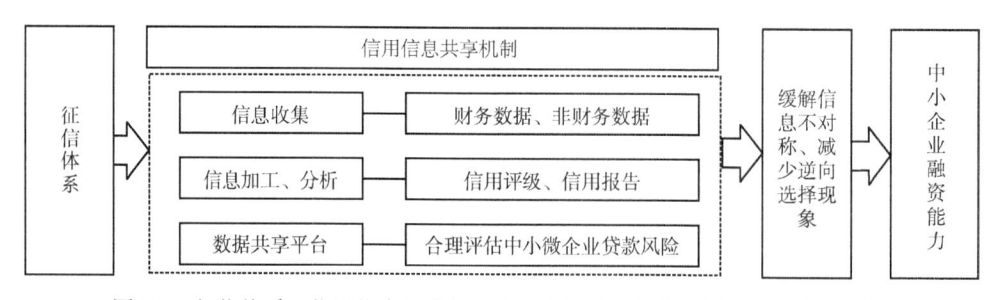

图 7-2 征信体系、信用信息共享机制与中小微企业融资能力之间的作用机制

基于此，本章认为征信体系通过区域征信市场提供相关征信产品与服务、信用信息共享两大途径来作用于中小微企业融资能力，因此本章分别选用征信市场和信用信息共享作为区域征信体系评价的一级指标。

信用可被视为经济资源，也能被用来当作商品进行交换，与其他商品一样享有同等效力。尽管单次信用交易对市场运行效率的提升作用较弱，然而经历过多次重复交易后市场则步入高效运转状态，这是因为不良信用会使得未来利益受损（Kreps et al., 1982）。

激励机制在信用交易中具有重要作用,一旦守信者不能因守信而获益,就会降低其继续守信经营的积极性。征信体系将此类信用交易与企业日常经营活动结合起来,一来助力企业融资,二来监管约束企业资金用途,起到防范风险的作用。

企业的日常生产经营往往需要开展贷款申请、申请担保等一系列金融服务。中小微企业因其特殊性,可供抵押贷款的财产寥寥无几,自然无法得到实力强、规模大的担保机构的青睐,然而借助征信体系,这些担保机构可以汇总收集中小微企业的各类信用信息,得到清晰明了的企业信用评级信息。征信体系中的信用记录可以帮助守信中小微企业在向银行等金融机构借贷时享受更多优惠的利息政策,在行业和社会层面创造守信环境,为更多中小微企业引入融资活水。

征信体系主要通过经济和道德两条途径对失信企业进行惩戒。当中小微企业不良的信用行为被征信系统发现时,银行随即会运用经济手段实质惩罚失信企业,如银行考虑到潜在的放贷风险,提高放贷利率,使得企业融资成本上升,甚至面临无法获得贷款的结局。在道德谴责方面,信用信息在征信系统中共享、公开流通,会使企业遭遇"一朝违规、日日受限"的窘境,最终面临在主流市场毫无容身之处的风险。失信企业惩戒举措有效降低了企业违约概率,促使企业养成内在的守信约束机制,为了保持企业自身信用度,企业必须按时偿还贷款,减小违约概率,降低其道德风险。

守信中小微企业在征信平台上展示良好的还贷记录,而失信中小微企业则会在市场上到处碰壁。在经历多笔信用交易之后,失信中小微企业最终会面临被市场淘汰的局面并遭受惩罚,守信中小微企业得以保留下来并得到激励。企业、银行和社会之间实现信用信息流通共享,在缓解中小企业融资约束的同时,也在社会层面普及了信用交易机制,这一良性循环过程如图 7-3 所示。

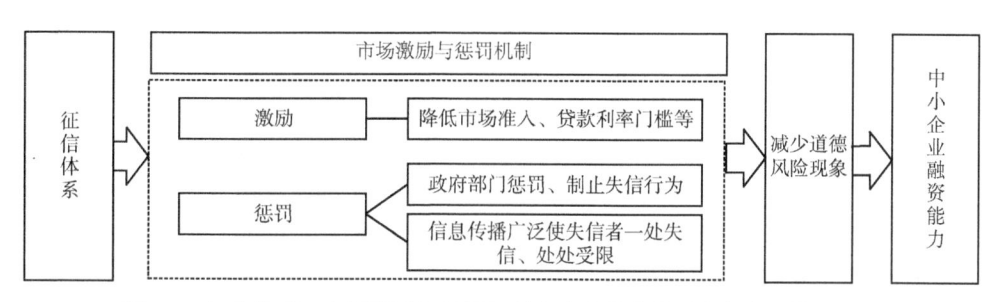

图 7-3 征信体系、市场激励与惩罚机制和中小微企业融资能力的作用机制

征信的激励与惩罚举措依赖于政府出台法律法规及监管来实现,本章将政府监管作为区域征信体系评价指标的一级指标。

戴加才(2007)运用博弈模型来研究单次及多次信息不对称情况,结果发现当考虑单次博弈时,发生信息不对称的情况更多,当考虑多次重复博弈时,交易双方会受到市场机制的影响做出改变。这种情况表明当市场中的经济活动只进行一次时,企业则无须在意失信违约会给其自身带来的损失,这也纵容了企业的违约行为,在经历多次重复交易后企业会顾及其利益损失,对自身行为产生约束作用。然而实际情况下的信用交易并非都是多次重复进行的,最后一次经济交易失信的可能性极大,当交易双方并不知道是否为最后一次交易时,就会不信任对方。周而复始,社会信用交易就会遭遇阻碍,仅仅通过信任关系来维持双方的交易行为的难度将会加大。

征信法规及其监督体系在某种层面上可以有效地规范征信市场，减小风险发生概率，促进交易双方长久稳定合作。然而，法律及其监督体系具有一定局限性，通常是在发生违约后对失信企业进行惩罚，以达到管制失信行为的目的。征信意识与信用文化以市场为切入点，侧重于信用违约发生前的管制与约束。优越的信用文化环境与法律监管对征信市场的规制产生互补作用的同时，也有助于稳定市场秩序（李曙光和张艳，2007）。

推广征信文化指的是在市场及社会层面普及相关征信知识，培养企业守德遵规的意识，达到企业自我约束和监督的目的。树立征信意识起到了让企业约束自己的作用，可以每时每刻对企业行为动机进行规划，起到了有效预防企业事前违约的作用，促使企业更加关注其长远利益。征信体系也扮演着传播社会信用文化的角色，推动了市场交易主体间长期合作信任机制的建立，从长远角度上助力中小微企业良好发展，如图7-4所示。

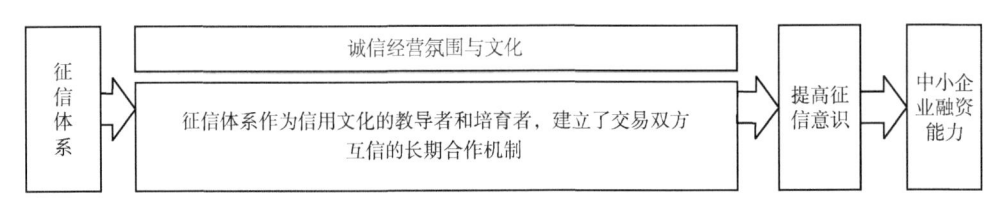

图7-4　征信体系、诚信经营氛围与文化和中小微企业融资能力的作用机制

征信宣传教育活动反映出区域征信文化氛围，因而可以作为征信文化氛围的测量指标。基于此，本章提取出行业宣传和征信意识两个指标。

经过以上理论分析的归纳总结，本节共选取以下五大指标作为区域征信体系评价的一级指标，分别为征信市场、信用信息共享、政府监管、行业宣传和征信意识。在确定一级指标之后，需要在此基础上细化分析，继续选择合适的二级指标。

2. 二级评价指标的选取

（1）征信市场。已有文献在测度征信市场时使用的指标主要有征信机构数量、征信产品种类、征信业务人员数量、征信业务培训次数等指标。考虑到数据的可获得性，本章主要从征信机构数量、征信产品种类、征信业务人员数量三个角度来体现征信市场的发展水平。征信机构依据所有权属性可以分为公共征信机构和私营征信机构两类，欧洲国家通常采用公共征信模式，美国则采用私营征信模式。中国人民银行征信中心是我国发挥征信作用的主体机构，伴随着市场经济的快速发展，我国区域征信机构的重要性逐渐显露，因此本章排除各省区市设有的中国人民银行分支机构的影响，只统计各省区市内的非公有第三方公共征信机构。

（2）信用信息共享。在互联网和大数据技术飞速发展的背景下，信用信息越来越多地以网络作为传播、获取途径。网站访问流量、网站注册人数等数据都可以作为信用信息共享的评价指标。还有学者将公共征信系统与私营征信机构的使用率以及信用信息的查得率作为评价指标。本章在参考已有文献的基础上，从信用网站建成率、信用信息公开数量两个二级指标来表征一级指标信用信息共享。信用网站建成率用省区市已建成信用网站的地级市数占该省区市地级市总数的比重表示；信用信息公开数量可以从"信用中国"网站查询到。

（3）政府监管。征信体系活动以信用信息为主要对象，若区域内缺乏完善的信用信息监管体系，就会引起市场秩序的混乱，不利于区域征信体系的构建。征信监管离不开法律的有力约束。因此，本章以征信法律法规数量、信用制度覆盖面、信用黑名单公开数量为二级指标来表征一级指标政府监管。

（4）行业宣传。内在自律性也关系着征信业未来发展的动向。征信业的自律性可以体现为公信力，有利于监督维护征信体系。征信业的内在自律性主要依靠外在的征信行业协会来实现。因此，本章选取行业协会数量以及征信宣传教育活动次数这两个二级指标来表征一级指标行业宣传。

（5）征信意识。良好的征信意识有利于创建公正健康的环境。提升工商企业和民众的征信意识，则更有利于征信产品在市场上的推广，使得征信体系拥有广泛的受众对象。本章分别以商业机构征信意识、个人征信意识两个二级指标来表征一级指标征信意识。区域征信体系评价指标如表7-3所示。

表7-3 区域征信体系评价指标

一级指标	二级指标	代号
征信市场（MAR）	征信机构数量	X11
	征信产品种类	X12
	征信从业人员数量	X13
信用信息共享（SHA）	信用网站建成率	X21
	信用信息公开数量	X22
政府监管（GOV）	征信法律法规数量	X31
	信用制度覆盖面	X32
	信用黑名单公开数量	X33
行业宣传（IND）	行业协会数量	X41
	征信宣传教育活动次数	X42
征信意识（AWA）	商业机构征信意识	X51
	个人征信意识	X52

（三）测算方法

1. 因子分析法

本节选用因子分析法来测算区域征信体系发展水平的原因在于：因子分析法能针对某个对象特征的多个指标变量通过降维缩小处理，提炼出主要指标的信息，可以有效解决指标间存在信息重叠的难题，达到更为客观真实地进行评价的目的。

2. 聚类分析法

在完成对区域征信体系的综合评价后，接着使用聚类分析法对区域征信体系发展水平进行归类。聚类分析法根据一定的特征把相似程度高的研究对象聚合成一类，便于发现变量的相似特征。

二、中国区域征信体系建设情况的定量评价

（一）数据来源

本章以我国省域为研究对象并测算其征信体系评分，使用的数据来自主流网站发布的城市信用报告（汇总各地级市数据得到省级数据）、网络公开信息等，选取的时间节点为2017年。

（二）基于因子分析法的区域征信体系评价

在评价测算之前，需要运用标准化法则处理原始数据，确保不同指标之间可以比较，以确保评价的质量和可靠性。本节使用Z-score（Z-分数）标准化法则处理数据，即先求出变量数据与其平均数之间的差值，再求出变量与标准差之间的商，公式如下：

$$Z_{ij} = \frac{X_{ij} - \bar{X}}{\sigma} \quad (7.1)$$

其中，Z_{ij}为i地区第j个指标标准化后的变量；X_{ij}为i地区第j个指标的原始数据；$\bar{X}$为算术平均数；σ为标准差。

在标准化的基础上对数据进行KMO（Kaiser-Meyer-Olkin，凯泽-迈耶-奥尔金）检验和Bartlett（巴特利特）球形检验，检验结果如表7-4所示，KMO检验是多元因子分析常见的检验方法，计算得到的KMO值通常处于0—1，若KMO值大于0.7则表示适用因子分析法，本节KMO值为0.814，说明样本适用因子分析法，Bartlett球形检验卡方值为274.615，显著性$p<0.01$，通过显著性检验，适用因子分析法。

表7-4 KMO检验和Bartlett球形检验结果

项目	KMO检验	Bartlett球形检验		
参数	KMO值	卡方值	自由度	显著性
结果	0.814	274.615	66	0.00

通过观察表7-5，提取出方差累计贡献率大于53.901%的两个因子组件1、组件2。

表7-5 总方差解释

组件	初始特征值			提取载荷平方和			旋转载荷平方和		
	总计	方差百分比	方差累计贡献率	总计	方差百分比	方差累计贡献率	总计	方差百分比	方差累计贡献率
1	6.468	53.901%	53.901%	6.468	53.901%	53.901%	5.615	46.788%	46.788%
2	2.058	17.153%	71.054%	2.058	17.153%	71.054%	2.912	24.266%	71.054%
3	0.802	6.683%	77.737%						
4	0.712	5.929%	83.666%						
5	0.495	4.129%	87.795%						

续表

组件	初始特征值			提取载荷平方和			旋转载荷平方和		
	总计	方差百分比	方差累计贡献率	总计	方差百分比	方差累计贡献率	总计	方差百分比	方差累计贡献率
6	0.410	3.414%	91.209%						
7	0.311	2.591%	93.800%						
8	0.233	1.938%	95.739%						
9	0.202	1.679%	97.418%						
10	0.172	1.431%	98.849%						
11	0.076	0.631%	99.480%						
12	0.062	0.520%	100%						

注：表中数据经过四舍五入修约

此外，为了能更好地解释组件1、组件2这两个公共因子，需要采用最大方差法进行正交旋转处理，旋转后的成分矩阵如表7-6所示，这既保持了原有指标结构的不变，又使有较高载荷的公因子突出分布在若干指标上。

表7-6 旋转后的成分矩阵

变量	组件	
	1	2
征信法律法规数量	0.910	0.231
信用黑名单公开数量	0.893	0.069
商业机构征信意识	0.852	0.214
信用制度覆盖面	0.805	0.088
信用信息公开数量	0.799	0.166
征信机构数量	0.748	0.201
信用网站建成率	0.654	0.299
个人征信意识	0.573	−0.067
征信宣传教育活动次数	−0.053	0.948
行业协会数量	0.072	0.921
征信从业人员数量	0.544	0.683
征信产品种类	0.598	0.651

由旋转后的成分矩阵可知，组件1（组件1数值大于组件2时）包括征信法律法规数量（X31）、信用黑名单公开数量（X33）、商业机构征信意识（X51）、信用制度覆盖面（X32）、信用信息公开数量（X22）、征信机构数量（X11）、信用网站建成率（X21）、个人征信意识（X52）这些指标。它们反映了征信体系发展的外部环境，因而将组件1定义为环境因子。

组件2（组件1数值小于组件2时）包括征信宣传教育活动次数（X42）、行业协会数量（X41）、征信从业人员数量（X13）、征信产品种类（X12）这些指标。它们反映了征信体系的发展规模，因而将组件 2 定义为规模因子。这两个指标均能体现原始指标的含义。最终将两个公共因子进行加权求和，建立式（7.2），Y 为地区综合得分，计算结果如表 7-7 所示。

$$Y=\frac{6.468}{8.526}\times 主成分1+\frac{2.058}{8.526}\times 主成分2 \tag{7.2}$$

表 7-7 主成分得分与排名

省区市	主成分 1 得分	主成分 1 排名	主成分 2 得分	主成分 2 排名	综合得分	综合排名
北京	6.663	1	0.714	11	5.227	1
上海	6.628	2	−0.463	16	4.916	2
浙江	3.055	4	0.824	10	2.517	3
重庆	3.732	3	−1.969	31	2.356	4
广东	2.143	7	1.926	5	2.090	5
江苏	2.473	5	0.176	13	1.918	6
福建	2.207	6	0.032	14	1.682	7
天津	2.033	8	−0.938	22	1.316	8
湖北	1.226	9	−0.104	15	0.905	9
山东	0.115	12	2.321	2	0.647	10
湖南	0.489	10	0.357	12	0.457	11
安徽	0.220	11	−0.914	21	−0.054	12
江西	0.046	13	−0.814	19	−0.162	13
四川	−1.014	16	1.572	7	−0.390	14
陕西	−1.291	18	2.229	4	−0.441	15
贵州	−0.286	14	−1.587	27	−0.600	16
辽宁	−1.424	21	1.628	6	−0.687	17
河南	−2.368	28	2.892	1	−1.098	18
河北	−2.165	26	2.247	3	−1.100	19
广西	−1.134	17	−1.170	23	−1.142	20
宁夏	−0.954	15	−1.800	29	−1.158	21
吉林	−1.353	19	−0.870	20	−1.237	22
山西	−2.021	25	0.873	9	−1.323	23
甘肃	−1.417	20	−1.195	24	−1.364	24
内蒙古	−1.716	22	−0.526	18	−1.429	25
黑龙江	−2.302	27	1.107	8	−1.479	26
云南	−1.820	23	−0.475	17	−1.495	27
海南	−1.938	24	−1.238	25	−1.769	28
青海	−2.593	30	−1.256	26	−2.270	29
西藏	−2.590	29	−1.845	30	−2.410	30
新疆	−2.642	31	−1.734	28	−2.423	31

注：综合得分进行了修约

经过以上方法测算得到各地区的征信体系综合得分及排名，发现征信体系发展水平区域差异较为突出，马太效应明显。北京、上海、浙江、重庆等地的征信体系得分和排名位居前列，征信体系发达，而青海、西藏、新疆等地的征信体系得分和排名位居末尾，征信体系薄弱。

（三）基于聚类分析法的区域征信体系分类

运用聚类分析法可以更加科学合理地对区域进行划分，清晰地反映区域的征信体系发展情况。依据上述测算得到综合得分与排名，采用聚类分析法中的系统聚类法，对我国 31 个省区市进行划分。聚类结果如表 7-8 所示。

表 7-8　我国 31 个省区市征信体系发展的聚类结果

分类	省区市	征信体系发展水平
第一类	北京、上海	高
第二类	天津、重庆、安徽、江西、湖北、湖南、福建、江苏、浙江、广东	一般
第三类	山东、陕西、四川、辽宁、山西、河南、河北、宁夏、贵州、青海、新疆、西藏、吉林、广西、甘肃、海南、云南、黑龙江、内蒙古	低

从征信体系综合排名来看，征信体系发展前十强省区市有八个东部省市，北京、上海位居前两名；湖北作为中部地区排名最高的省份，位列全国第九位；西部地区排名最高的为重庆市，位列全国第四位。从征信体系综合得分看，东、中、西部省区市的征信体系综合得分均值为 1.301、–0.602、–1.019，可以看出我国区域征信体系从东向西的发展表现出明显的梯度递减趋势。通过比较东、中、西三地区之间的差距发现，东、中地区间差距远高于中、西地区。征信体系呈现"东强西弱"的格局，存在明显的空间差异性。

第三节　中国区域征信体系赋能中小微企业融资的理论机制

一、中小微企业融资能力的概念

企业能力直接反映出企业是否可以提升价值、打造竞争优势，融资能力是衡量企业能力的一种体现。学术界对企业融资能力的见解不谋而合，一致认同融资能力是企业考虑其发展战略采取的一种特定融资方式，并获取持续稳定的资金来源的能力，即企业在融资活动中获取的资金能否满足企业的正常运营需要。企业融资能力正向影响企业价值，企业融资能力提高有利于企业运营。

部分学者根据融资的结构和期限，将企业融资能力进行了归类，具体内容见表 7-9，长期财务指标可以表示企业的长期融资能力，融资约束可以反映企业的短期融资能力。薛冬辉（2012）研究了政治关联与民营企业融资能力之间的关系，结果表明政治关联可以显著降低民营企业的融资约束，且拥有政治关联的企业成长速度较快。企业内源融资能力对企业投资支出有正向作用，而外源融资能力对企业投资支出的作用与企业成长性有关（魏亚平和宋佳，2013）。

表 7-9　企业融资能力的分类

研究视角	分类	主要内容
融资结构视角	外源融资能力	企业通过发行债券、股票等方式获取外部资金
	内源融资能力	企业通过自我组织，从自身内部融通资金，是企业首选的融资方式
融资期限角度	短期融资能力	满足企业短期资金需求使用的能力
	长期融资能力	满足企业扩充资本、经营管理需要的能力，反映企业财产安全和稳定程度

相比于大企业，中小微企业在融资方面存在较大差异，大企业可以直接依靠自身信用进行贷款和融资，因此表现出个体效应；中小微企业融资则有群体效应，同时也受到社会因素的影响，中小微企业的发展过程离不开政策、金融机构的扶持。

综合已有文献，本节指出融资能力受到中小微企业资源与外部融资环境的共同影响，是企业运营管理的必备条件，同时也关系到企业的成长与价值。

二、中小微企业融资能力的驱动因素

中小微企业和一般企业在融资方面同时具有共同性与差异性，共同性在于两者都需要通过融资维持企业的正常运营并提升企业价值；差异性在于中小微企业在融资过程中受制于自身规模、政府政策等方面的因素，影响了其融资成功率。

学术界普遍从信息不对称、企业规模、政策环境、银企关系等几个角度探讨中小微企业融资能力的驱动因素，主要观点如表 7-10 所示。

表 7-10　中小微企业融资能力的驱动因素

驱动因素	主要观点	参考文献
信息不对称	中小微企业财务报表缺乏透明度，银行无法对其信用状况进行判断，导致其融资能力下降	Stiglitz 和 Weiss（1981）
企业规模	企业规模越大，贷款可得性越大	Rajan（1992）；刘斌等（2015）
政策环境	优越的政策环境可以降低中小微企业的融资成本，提高融资能力	Berkowitz 和 White（2004）；尚蔚和李肖林（2015）
银企关系	银企关系越紧密，中小微企业融资能力越强，但是与多个银行建立信贷关系反而会降低中小微企业的融资能力	Berger 和 Udell（1995）；Boot（2000）

（一）信息不对称

众多学者分析了中小微企业与银行信贷间的关系，发现二者之间存在明显的信息不对称，中小微企业实际信用情况不能被银行精确评估，因而增加了中小微企业融资的风险敏感性，使得中小微企业融资能力受限。

银行内部的可供贷款金额存在相对稀缺性，注定无法贷款给所有企业，银行出于此种原因需要对申请贷款企业的自持资金、可抵押物、偿债能力、信用情况等多项指标进行详细评估，只有符合相应条件的企业才能获得贷款。然而，中小微企业在抵押物、财务信息准确性等方面相比于大企业具有一定的劣势,这使得银行对企业信息的了解极为有限,那么信息公开、体制完善的大企业的贷款需求自然会受到银行的青睐。这就说明了信息不对称为什么会降低中小微企业融资能力。

(二)企业规模

商业银行出于自身营利性的考虑,在放贷时更加注重考察企业资金的流动性和安全性的特征,中小微企业往往具有规模小、可抵押物不足等先天劣势,这类短板极大降低了中小微企业贷款的成功率。企业规模与其自身的融资能力是正向关系,具体表现为较大的企业规模会提高其贷款的成功率,这也就是"规模歧视"现象。"规模歧视"现象成为国内外企业面临的相同困境。刘斌等(2015)运用中国工业企业数据进行研究,实证发现"规模歧视"现象确实存在,并认为企业融资约束情况明显与企业自身特点息息相关,其中企业规模是主导因素。企业规模越小,融资相对于总资产的比重就越小,相较于大型企业,中小微企业面临着严峻的融资约束考验(谭之博和赵岳,2012)。

(三)政策环境

法规政策也是中小微企业融资能力不强的原因之一。Berkowitz 和 White(2004)认为中小微企业出现还贷逾期的概率较大,不少中小微企业只得通过破产保护这一途径减轻负债,基于此银行提升了中小微企业放贷门槛甚至拒绝放贷,极大地限制了中小微企业融资。我国政府长期以来对金融市场采取干预、抑制的政策,不利于中小微企业的外源融资,使众多中小微企业得不到连续投资。已有研究表明,地方政府出台有关中小微企业的扶持政策,有利于营造中小微企业良好发展的政策环境,可有效削减中小微企业的融资成本,适度宽松的监管以及完善的市场化制度可以为中小微企业营造优越的融资环境。

(四)银企关系

银行与企业保持长期合作关系,会使得银行放宽放贷利率和抵押要求,企业更易于从银行借贷。研究表明,银企关系有助于降低中小微企业的融资成本、降低成本费用黏性、提高企业短期借款能力。银行和企业保持长期稳定的合作关系,有利于银行对企业情况进行深入了解,缩小银企之间的信息不对称范围,提高企业获得贷款的成功率。

中小微企业面临较高的资金链风险,这迫使企业倾向于与多家银行构建信贷联系,维持资金的可供性,然而这一行为不仅会提高贷款利息,还会导致企业从多家银行获得的总贷款低于在相同银行获得的贷款。究其原因是当中小微企业同时从多家银行借款时,企业在其中一家银行的重视度就会下降,企业信息价值随之减弱,最终发生企业与银行贷款失之交臂的局面,因此维持较高的贷款集中度有助于提升中小微企业的融资能力。

综上所述,信息不对称是阻碍中小微企业获得融资的首要因素。信息不对称限制信息交流,不利于金融机构及时搜寻、整理和加工中小微企业信用信息。此外,企业规模、政策环境以及银企关系都是影响中小微企业融资能力的重要因素。征信体系可以有效缓解信息不对称,为解决中小微企业融资难题另辟蹊径。

第四节　中国区域征信体系赋能中小微企业融资的实证研究

一、区域中小微企业融资能力评价

（一）评价方法分析

中小微企业融资能力受到企业自身和外部环境两方面因素的影响，这两方面因素分别为以信用、财务及资金等为代表的企业自身因素和以金融市场、金融机构等为代表的外部环境因素。处于同一地区的中小微企业面临相同的外部环境，当资金需求和供给出现不平衡时，企业自身因素就决定了其融资能力。中小微企业的规模、绩效和发展潜力对其融资能力有着深远影响。考虑到融资能力的概念定义，本章着重从企业自身层面来评价其融资能力。

中小微企业融资渠道与融资成本会因其融资能力的差异表现出不同特征，从而对企业的资本结构产生影响，因此中小微企业的融资行为可以体现出企业的资本结构，而企业的资本结构也在一定程度上表征其融资能力。

学术界目前评价中小微企业融资能力的主流方法，总体上可为两类：一类从单维度视角入手，主要采用资产负债率以及短期借款占总资产的比重来衡量企业融资能力；另一类是从企业的盈利能力、管理能力、成长能力、偿债能力等多维度入手，采用相关方法分别计算各维度权重，对企业融资能力进行综合评价。

现有研究中通常采用研发人员比例、R&D（research and development，研究与开发）投入占比等指标表示企业创新能力；采用主营业务收入增长率、总资产增长率等指标表示企业成长能力；采用存货周转率、应收账款周转率等指标表示企业管理能力；采用流动比率、速动比率等指标表示企业保障能力。企业自身的发展因素和地区之间的发展水平，也可以用来评价中小企业融资能力。

结合已有文献观点，可知成长能力、保障能力和盈利能力是体现中小微企业融资能力的重要方面，并选取它们作为一级指标，然后选取相关二级指标，具体如下所示。

1. 成长能力

本章选取主营业务收入增长率、总资产增长率两个指标来衡量中小微企业成长能力。公式如下：

$$主营业务收入增长率 = \frac{本期主营业务收入 - 上期主营业务收入}{上期主营业务收入} \times 100\% \quad (7.3)$$

$$总资产增长率 = \frac{年末资产总额 - 年初资产总额}{年初资产总额} \times 100\% \quad (7.4)$$

2. 保障能力

本章选取流动比率、速动比率和资产负债率三个指标来衡量企业保障能力，其中短期偿债能力采用流动比率和速动比率表示，长期偿债能力采用资产负债率表示。公式如下：

$$流动比率 = \frac{流动资产合计}{流动负债合计} \quad (7.5)$$

$$速动比率 = \frac{速动资产合计}{速动负债合计} \quad (7.6)$$

$$资产负债率 = \frac{负债总额}{资产总额} \quad (7.7)$$

3. 盈利能力

盈利能力可以反映出一段时间内中小微企业获得收益的水平，是中小微企业取得利润的重要体现。本章选取总资产报酬率指标来衡量中小微企业盈利能力。总资产报酬率越高，说明企业的资产越能被合理充分地运用，企业表现出越强的盈利能力。具体计算公式为

$$总资产报酬率 = \frac{息税前利润总额}{平均资产总额} \times 100\% \quad (7.8)$$

本章构建的具体评价指标见表 7-11。

表 7-11 中小微企业融资能力评价指标

一级指标	二级指标	计算公式
成长能力	主营业务收入增长率	（本期主营业务收入−上期主营业务收入）/上期主营业务收入×100%
	总资产增长率	（年末资产总额−年初资产总额）/年初资产总额×100%
保障能力	流动比率	流动资产合计/流动负债合计
	速动比率	速动资产合计/流动负债合计
	资产负债率	负债总额/资产总额
盈利能力	总资产报酬率	息税前利润总额/平均资产总额×100%

本章对中小微企业融资能力的测量以我国 31 个省区市为研究对象，考虑到指标数据的可得性，本章选取工业中小微企业作为研究对象，将《中国工业统计年鉴》的中型工业企业和小型工业企业进行汇总作为指标的研究对象。本章选择工业中小微企业为研究样本的原因在于：首先，工业作为支柱型产业，在国民经济发展中起到了举足轻重的作用，工业中小微企业在中小微企业中占比很大，因此选择工业中小微企业作为样本，能较好地体现中小微企业的真实情况；其次，中小微企业的财务状况无法直接获得，将中型工业企业和小型工业企业的数据进行汇总，可以更为准确地对中小微企业的具体情况进行描述。

（二）评价结果

在建立指标体系并完成数据收集后，本章使用主成分分析法对我国 31 个省区市中小微企业融资能力进行测度。

KMO 检验和 Bartlett 球形检验结果表明样本数据适合主成分分析法，检验结果如表 7-12 所示。

表 7-12　中小微企业融资能力 KMO 检验和 Bartlett 球形检验结果

项目	KMO 检验	Bartlett 球形检验		
参数	KMO 值	卡方值	自由度	显著性
结果	0.614	191.98	15	0.00

由表 7-13 可以看出，初始特征值大于 1 的公共因子有两个，方差累计贡献率达到 85.279%，说明这两个因子可以包含原有指标的含义。

表 7-13　中小微企业融资能力总方差解释

组件	初始特征值			提取载荷平方和			旋转载荷平方和		
	总计	方差百分比	方差累计贡献率	总计	方差百分比	方差累计贡献率	总计	方差百分比	方差累计贡献率
1	3.498	58.301%	58.301%	3.498	58.301%	58.301%	3.415	56.919%	56.919%
2	1.619	26.978%	85.279%	1.619	26.978%	85.279%	1.702	28.360%	85.279%

由表 7-14 的成分矩阵可以看出，公共因子 1 包含流动比率、速动比率、总资产报酬率三项指标；公共因子 2 包含总资产增长率、主营业务收入增长率两项指标。进一步加权计算得出省份的综合得分及排名，如表 7-15 所示。

表 7-14　中小微企业融资能力旋转成分矩阵

变量	公共因子	
	1	2
流动比率	0.967	−0.086
速动比率	0.952	−0.043
资产负债率	−0.919	−0.133
总资产报酬率	0.812	0.340
总资产增长率	−0.112	0.895
主营业务收入增长率	0.243	0.871

表 7-15　中小微企业融资能力综合得分与排名

省区市	综合得分	综合排名	省区市	综合得分	综合排名
江苏	2.983	1	湖北	0.886	8
江西	1.875	2	安徽	0.840	9
湖南	1.675	3	广东	0.761	10
福建	1.076	4	山东	0.715	11
上海	1.056	5	重庆	0.674	12
北京	0.932	6	天津	0.544	13
浙江	0.922	7	河北	0.524	14

续表

省区市	综合得分	综合排名	省区市	综合得分	综合排名
吉林	0.242	15	内蒙古	−1.004	24
陕西	0.218	16	宁夏	−1.192	25
四川	0.155	17	甘肃	−1.514	26
广西	0.144	18	新疆	−1.709	27
贵州	0.122	19	辽宁	−1.983	28
河南	−0.238	20	云南	−2.034	29
西藏	−0.327	21	青海	−2.095	30
海南	−0.377	22	山西	−3.172	31
黑龙江	−0.687	23			

从表 7-15 可以看出中小微企业融资能力表现出明显的区域性差异。东部地区得分均值为 0.607，中部地区得分均值为 0.046，西部地区得分均值为−0.937，东、中、西三个地区总体呈现逐级递减的趋势。得分前五位的省市分别为江苏、江西、湖南、福建和上海，均位于东部及中部地区，西部地区相对落后。

由表 7-15 可知，中小微企业融资能力与区域征信体系完善程度在空间分布上具有相似点，均表现出"东强西弱"的格局，本章进一步通过实证分析来研究二者的关系。

二、征信体系与中小微企业融资能力的实证研究

（一）变量选择

1. 解释变量

本章以区域征信体系作为解释变量，区域征信体系受到诸多因素的影响，如区域经济发展水平、政府政策法规与监管机制、征信产品及服务等因素。将本章第二节区域征信体系评价指标中的五个一级指标，作为区域征信体系的五个解释变量，根据上述得到的主成分分析结果，确定各级指标权重如表 7-16 所示。

表 7-16 区域征信体系评价指标权重

一级指标	二级指标	二级指标权重
征信市场（MAR）	征信机构数量（0.2522）	0.0754
	征信产品种类（0.3749）	0.1121
	征信从业人员数量（0.3728）	0.1114
信用信息共享（SHA）	信用网站建成率（0.5109）	0.0788
	信用信息公开数量（0.4891）	0.0754
政府监管（GOV）	征信法律法规数量（0.3930）	0.0903
	信用制度覆盖面（0.2939）	0.0675
	信用黑名单公开数量（0.3130）	0.0719

续表

一级指标	二级指标	二级指标权重
行业宣传（IND）	行业协会数量（0.5157）	0.1024
	征信宣传教育活动次数（0.4843）	0.0962
征信意识（AWA）	商业机构征信意识（0.7098）	0.0842
	个人征信意识（0.2902）	0.0344

注：括号内数字为各指标主成分分析结果

2. 被解释变量

中小微企业融资能力为被解释变量，用 FIN 表示，数据来源于本节测算得到的各省区市中小微企业融资能力综合得分。

3. 控制变量

为排除遗漏变量对中小微企业融资能力的影响，本章选用经济发展水平（ECO）作为控制变量，使用地区生产总值增长率来表示该变量。原因在于，地区的经济发展水平越高，用于投资的资金就越多，中小微企业得到政府等相关机构扶持的概率就越大。

变量选择和具体符号如表 7-17 所示。

表 7-17 变量选择和具体符号

变量	变量	符号
解释变量	征信市场	MAR
	信用信息共享	SHA
	政府监管	GOV
	行业宣传	IND
	征信意识	AWA
被解释变量	中小微企业融资能力	FIN
控制变量	经济发展水平	ECO

（二）描述性统计分析

在进行实证分析之前，需要对本章中所有的解释变量、被解释变量和控制变量开展描述性统计分析，以知晓各变量样本的分布，变量描述性统计分析如表 7-18 所示。

表 7-18 变量描述性统计分析

变量	样本量	最小值	最大值	平均值	标准偏差
征信机构数量	31	0	38.00	4.42	8.93
征信产品种类	31	9.00	24.00	14.94	5.47
征信从业人员数量	31	0.82	63.90	23.83	16.55

续表

变量	样本量	最小值	最大值	平均值	标准偏差
信用网站建成率	31	0	1.00	0.81	0.27
信用信息公开数量	31	120.00	1 526.00	449.74	340.55
征信法律法规数量	31	1.00	26.00	3.29	4.82
信用制度覆盖面	31	17.00	86.00	48.10	16.74
信用黑名单公开数量	31	569.00	194 878.00	38 929.94	48 344.35
行业协会数量	31	0	8.00	2.90	2.04
征信宣传教育活动次数	31	9.00	25.00	16.45	4.56
商业机构征信意识	31	4.45	5.00	4.69	0.11
个人征信意识	31	3.84	4.60	4.26	0.20
经济发展水平	31	−0.22	0.13	0.08	0.06
中小微企业融资能力	31	−3.17	2.98	0	1.34

（三）相关性检验

表 7-19 反映的是解释变量、被解释变量、控制变量之间的 Pearson（皮尔逊）相关性分析结果，目的是判断各变量之间是否具有相关关系。

表 7-19 相关分析结果

变量	中小微企业融资能力	征信市场	信用信息共享	政府监管	行业宣传	征信意识	经济发展水平
中小微企业融资能力	1						
征信市场	0.365**	1					
信用信息共享	0.376**	0.490**	1				
政府监管	0.350**	0.569**	0.620**	1			
行业宣传	0.240	0.427**	0.240	0.162	1		
征信意识	0.400**	0.507**	0.516**	0.509**	0.069	1	
经济发展水平	0.419**	0.091	0.193	0.290	−0.077	0.437**	1

**代表 $p<0.05$

由表 7-19 可知，被解释变量与解释变量二者之间均呈正相关关系，在完成相关性分析之后，本章接下来需要运用回归分析来探究区域征信体系与中小微企业融资能力是否存在因果关系。

（四）回归结果分析

本章采用多元线性回归模型探究区域征信体系与中小微企业融资能力是否存在因果关系，具体模型设定如下：

$$FIN=\alpha_1 MAR+\alpha_2 SHA+\alpha_3 GOV+\alpha_4 IND+\alpha_5 AWA+\alpha_6 ECO+\beta+\mu$$

其中，FIN 为被解释变量；β 为常数项；α_i 为回归系数；MAR、SHA、GOV、IND、AWA 为解释变量；ECO 为控制变量；μ 为随机误差项。回归结果如表 7-20 所示。

表 7-20 区域征信体系与中小微企业融资能力回归结果

变量	（1）系数	t 值	（2）系数	t 值
征信市场	0.359**	2.827	0.402**	2.978
信用信息共享	0.514**	2.912	0.443*	2.684
政府监管	−0.552	−0.808	−0.210	−0.338
行业宣传	0.030	1.330	0.214	0.767
征信意识	0.714**	3.111	−0.044	−0.091
经济发展水平			11.019*	2.727
常数	0.06	0.005	−0.837*	−2.310
F	2.478**		3.825**	
R^2	0.330		0.489	
样本量	31		31	

**代表 $p<0.05$，*代表 $p<0.10$

本章首先在模型（1）上设定了被解释变量中小微企业融资能力和解释变量征信市场、信用信息共享、政府监管、行业宣传和征信意识五个解释变量；其次通过添加控制变量得到模型（2）。模型（1）和模型（2）均通过了 F 检验，回归结果可靠。

由模型（1）可得，征信市场对中小微企业融资能力的作用的回归系数为 0.359，通过 5%的显著性检验，说明征信市场可以正向促进中小微企业融资能力的提高，与此同时。信用信息共享变量的系数为 0.514，征信意识变量的系数为 0.714，通过 5%的显著性检验，对中小微企业融资能力具有正向影响。然而，政府监管变量的系数为−0.552，行业宣传变量的系数为 0.030，这两个变量是非显著的，说明政府监管和行业宣传对中小微企业融资能力的影响微乎其微。

添加控制变量后得到模型（2），征信市场变量对中小微企业融资能力的影响依旧通过了 5%的显著性检验；信用信息共享变量则降低为在 10%的显著性水平上显著；政府监管变量和行业宣传变量依旧未通过显著性检验；征信意识变量在模型（1）中通过了 5%显著性检验，但在模型（2）中不再显著；经济发展水平变量的系数为 11.019，通过 10%的显著性检验，相较于其他变量，它对中小微企业融资能力的影响最强。

由回归结果可知，发展并完善区域征信市场和提高信用信息共享程度有助于提升中小微企业融资能力。政府监管和行业宣传对中小微企业融资能力提升的作用微乎其微，究其原因可能是政府监管大多对中小微企业违约行为采取事后惩处的措施，政策法规的实施往往存在一定的迟滞性，也就对中小微企业融资能力的影响较弱。尽管行业宣传对政府监管起到了些许弥补作用，但我国许多省区市征信行业协会还不成熟，行业自律性欠缺，这些因素都会削弱行业宣传对中小微企业融资能力的促进作用。

紧接着，本章探究了区域征信体系对中小微企业融资能力影响作用的分解效应。首先根据本节的指标体系将中小微企业融资能力分解成六个被解释变量，分别为流动比率（Y1）、速动比率（Y2）、资产负债率（Y3）、总资产报酬率（Y4）、总资产增长率（Y5）、主营业务收入增长率（Y6）。其次将这六个被解释变量分别代入线性回归方程中，深挖区域征信体系在中小微企业融资能力的何种方面产生作用。这里依旧将经济发展水平作为控制变量，回归结果如表 7-21 所示。

表 7-21　区域征信体系与中小微企业融资能力的不同维度回归结果

变量	（1）Y1	（2）Y2	（3）Y3	（4）Y4	（5）Y5	（6）Y6
征信市场	0.163** (2.389)	0.130** (2.381)	−0.047** (2.823)	0.009 (1.310)	0.023 (1.542)	−0.055** (2.978)
信用信息共享	0.139** (3.559)	0.105** (3.283)	−0.038* (2.217)	0.013 (1.834)	0.018 (1.180)	0.038 (1.939)
政府监管	0.147** (3.855)	0.111** (3.557)	−0.030 (1.655)	0.006 (0.787)	−0.023 (1.572)	−0.059** (3.288)
行业宣传	0.099 (1.597)	0.081 (1.665)	−0.039** (2.512)	0.010 (1.604)	−0.026* (1.986)	−0.027 (1.446)
征信意识	0.160** (3.322)	0.125** (3.232)	0.018 (0.797)	0.007 (0.829)	−0.032 (1.790)	0.056** (2.420)
经济发展水平	0.779 (1.192)	0.646 (1.228)	−0.655* (2.236)	0.233 (1.836)	0.682 (2.575)	2.564** (7.783)
常数	1.041	0.818	0.615	0.063	0.080	−0.102
F	4.540**	4.389**	2.585**	1.939	2.412*	18.192*
R^2	0.532	0.523	0.393	0.326	0.376	0.820
样本量	31	31	31	31	31	31

注：括号内数字为 t 值

**代表 $p<0.05$，*代表 $p<0.10$

模型（1）表示区域征信体系与中小微企业流动比率之间的影响关系，模型（2）表示区域征信体系与中小微企业速动比率之间的影响关系。由模型（1）和模型（2）的结果可知，区域征信体系可以显著提升中小微企业的流动比率和速动比率，F 值分别为 4.540 和 4.389，通过了 F 检验。具体而言，征信市场、信用信息共享、政府监管、征信意识均对中小微企业的流动比率及速动比率产生正向效应，均通过 5%显著性检验。模型（3）表示区域征信体系与资产负债率之间的影响关系，从中可知征信市场、信用信息共享、行业宣传均负向抑制了中小微企业的资产负债率，政府监管和征信意识对资产负债率的影响作用不显著。中小微企业短期偿债能力可以用流动比率和速动比率表示，中小微企业长期偿债能力可以用资产负债率来表示，通过对比模型（1）、模型（2）和模型（3）的结果，发现区域征信体系对提升中小微企业的短期偿债能力的作用更加突出。模型（4）表示区域征信体系与总资产报酬率之间的影响关系，模型（5）表示区域征信体系与总资产增长率之间的影响关系。由回归结果可知，区域征信体系对中小微企业的总资产报酬率及总资产增长率均未产生显著作用。模型（6）表示区域征信体系与主营业务收入增长率之间的影响关系，由回归结果可知征信市场、政府监管均负向显著影响主营业务收入增长率，征信意识显著正向影响中小微企业的主营业务收入增长率。

三、区域征信体系影响中小微企业融资能力理论机制的进一步讨论

由以上实证结果可知，区域征信体系对中小微企业融资能力有明显的提升作用。从各区域征信指标的分解维度来看，征信市场和信用信息共享有助于提高中小微企业融资能力。鉴于其自身的特殊性，中小微企业目前存在两方面的问题，一方面是信用信息难以获取，另一方面中小微企业进行财务信息造假屡见不鲜。发达规范的征信市场孕育了第三方征信服务，有利于及时获取中小微企业信用信息，可以防止企业伪造相关信息。信用信息共享平台将守信违约的信用记录对外公示，这会使违约中小微企业面临融资困境，起到了惩戒作用，也可以满足信用良好的中小微企业的融资需求，改善企业融资能力。政府监管、行业宣传和征信意识虽然在区域征信体系中起到了一定作用，但是侧重于事后惩罚和事前预防，与相关信用机构和信用数据平台相比，对中小微企业融资能力的直接作用较弱。

从各中小微企业融资能力指标的分解维度来看，随着企业流动比率和速动比率的提升，企业短期偿债能力得到改善；资产负债率可以反映企业运用借贷资金开展运营管理的能力，较低的资产负债率表明企业长期偿债能力较强。总而言之，征信体系对中小微企业财务状况的改进有促进作用，进而提升了中小微企业长期与短期偿债能力。征信体系对企业总资产报酬率和总资产增长率的影响不明显，究其原因可能在于征信体系的建设目的为解决金融机构与中小微企业之间存在的信息不对称难题，给优质中小微企业解融资之渴，而总资产报酬率及总资产增长率除了与企业融资有关，还与中小微企业的日常经营管理息息相关，因而影响作用不明显。征信意识的提高也会令中小微企业对高风险的投资项目萌生退意，更加专注于企业日常经营的主营业务

本章在完成区域征信体系与中小微企业融资能力实证分析后，总结得出区域征信体系依赖三条路径来对中小微企业融资能力产生影响：第一，征信体系可以凭借信用信息共享这一路径，减轻银企信息不对称性程度，便于银行顺利选择满足自身放贷条件的绩优中小微企业；第二，征信体系给守信中小微企业提供放贷优惠的激励政策，同时也惩戒失信中小微企业让其面临无法获贷的问题，时刻警醒中小微企业自我约束，从而降低违约概率和减少道德风险行为；第三，征信体系对外宣扬诚信经营的文化和氛围，积极引导企业和个人积极树立征信意识，有效防范违约行为，成为交易双方互惠合作的前提。

第八章　中国大数据征信与企业信用画像的实证研究

第一节　大数据征信背景下中小微企业信用画像的理论基础

信用画像作为中小微企业的身份标签，直接决定中小微企业在市场中的信用配给，对中小微企业发展至关重要，因此中小微企业信用画像的全面精准刻画成为影响中小微企业乃至整个市场健康发展的重要环节之一。以往依赖于人工线下的信息收集与整合的方式一方面难以全面刻画中小微企业信用画像，另一方面难以追踪中小微企业信用画像的动态变化。大数据征信模式的出现为全面精准刻画中小微企业信用画像提供助力，因此研究大数据征信背景下中小微企业信用画像刻不容缓。

大数据征信通过互联网以大数据技术帮助人们记录和判断信用价值，对信用主体进行全面刻画（吴晶妹，2015）。中小微企业作为市场主体，其信用画像更值得关注。有学者指出，大数据征信使得中小微企业信用画像更具灵活性、动态性和精准性。中小微企业信用画像的灵活性体现在，与传统企业信用画像依赖金融借贷的结构化数据相比，大数据征信将中小微企业社交网络、人脉关系、交易数据、企业行为偏好等非结构化数据纳入征信数据的范畴，在多维度数据融合的基础上，通过大数据分析技术评判中小微企业信用主体的经济实力、行为特征等，以进一步分析中小微企业信用行为，且数据的多样性可以根据需求的不同灵活调整，从而实现对中小微企业的信用评估与预测（贾拓，2018；孔德超，2016）。中小微企业信用画像的动态性体现在，传统的企业信用画像主要利用离线数据进行事后分析，导致传统的企业信用画像缺乏时效性，而在大数据背景下，对中小微企业信用画像的刻画转移到实时在线数据上，实时记录与刻画，之后通过对数据进行全面建模分析，对中小微企业信用画像相关信息进行全方位的信息挖掘与评判，动态分析企业信用画像，具有较高的时效性，解决了时间滞后的问题。中小微企业信用画像的精确性体现在，传统的企业信用画像模型分析单一，且信息时代企业碎片化的非结构信息特征较强，传统的数据分析技术已不能够满足信息处理需求，大数据技术的发展使得海量数据存储与分析成为可能，大数据征信中，中小微企业信用画像可以纳入更多的变量，为中小微企业信用量化提供更全面、更精准的保证，从而促使中小微企业更高效地适应互联网金融时代的发展。

大数据征信对中小微企业信用画像的影响不仅体现在信用画像的结果发生转变上，还体现在结果呈现过程中大数据征信对中小微企业信用画像的渠道影响上。学者对此有以下三个观点。①大数据征信能够及时共享企业信用信息。数据孤岛的现象一直是企业信息不对称的重要原因之一，互联网各平台之间信息闭塞，企业信用信息可能散落在不同的平台，大数据征信在一定程度上使得不同平台形成统一的信息共享标准，各个平台通过互相合作，可以对企业信用画像产生一定的影响（王庆顺，2019）。②大数据征信将中央征信与市场征信融合。中央征信机构数据规模大，主要适用于大中型企业，由于数据缺失，小微企业就会面临被动局面。市场征信服务范围广，涉及中小微企业层面，其与能中央征信互补使中小微企业的信用信息更完整。比如，企业是否在税务局的白名单或是黑名单，市场征信可以从中央征信机构得知；企业供销存情况，中央机构可以从市场征信处得知，进而对企业信用画像产生影响。③大数据征信促使企业完善信用风险管理。大数据征信最重要的特点之一是速度，企业信用在某方面出现问题，可以立即查出，大数据征信又是动态的，企业一旦出现信用风险，可以采取规避措施，那么企业的信用画像也会随之改变（胡倩倩，2020），表 8-1 总结了大数据征信对中小微企业信用画像的影响。

表 8-1　大数据征信对中小微企业信用画像的影响

渠道影响	参考文献	度量方式	参考文献
及时共享信息，打破平台壁垒	王庆顺（2019）；胡倩倩（2020）	由企业硬信息向软信息转变，将结构化数据与非结构化数据结合	徐鑫（2016）
将中央征信与市场征信融合，突破企业限制		由单一维度指标向多维度指标转变，应对市场需求，采取不同模型进行计算	
完善企业信用风险管理方式，提高企业信用画像质量			

大数据征信促使企业信用管理方式发生转变，传统的企业信用管理偏向于企业硬性信息：一是注重企业基本信息，如企业财务管理情况、企业基本信息等；二是注重企业借贷关系，这样的信用管理方式适合传统信用画像的刻画。在大数据背景下，企业信用管理更加注重软信息，如企业交往诚信度、企业行为偏好等。大数据征信背景下，企业信用管理方式的变革，带来企业信用画像度量方式的改变。信用画像的度量不再是单一维度指标，而是多维度指标融合，指标的选取不再具有随意性，而是根据研究目标，从企业杂乱无章的数据中挖掘出合理的数据资源，且具有一定的全面性与可操作性。在大数据的加持和应用场景的多样化的前提下，信用画像的度量不再是"一个模型吃遍天下"，需要根据中小微企业信用画像指标数据情况，灵活选择模型，以满足中小微企业各种场景下的不同需求（徐鑫，2016）。

中小微企业创新是引领中国经济结构调整的供给侧结构性改革的重要推动力。当今世界，新一轮科技革命和产业变革方兴未艾，而经济全球化遭遇逆流，国际贸易摩擦加剧，当前我国要形成以国内大循环为主体，国内国际双循环相互促进的新的发展格局，这使得创新驱动发展比以往任何时候都重要，这也要求我国进一步提升自主创新能力。因此将中小微企业创新作为刻画中小微企业信用画像的代表，具有重要的现实与理论意义。

虽然我国目前中小微企业创新环境有所改善且整体的科技水平大幅提升，但是依然存在很多问题，如我国中小微企业原始创新能力还不够强、创新体系整体效能还不高、科技创新资源整合还不够、科技投入产出效益较低等。这些问题映射出中小微企业创新活动难度较大且成果具有不确定性，中小微企业进行创新活动面临着巨大挑战，究其原因主要是存在创新不均匀的情况，表现在资金、市场、关系网络等方面。资金方面，中小微企业创新具有高融资成本和高调整成本（Hall，2002），资金需求量大，企业可能会面临较大的融资约束，导致研发投入不足，企业创新活动无法推进，因此不同中小微企业进行创新活动所获的资金支持不同，创新活动的推进也会不同。企业在市场竞争中需要保持锐度，随时调整创新方向以适应市场需求变化，如果企业没有把握住方向，即使进行创新活动也将是一场空。市场方面，金融市场的健康发展对企业创新同样重要。健康的金融市场可以降低借贷双方的信息不对称，为企业提供良好的融资环境，从而促进企业创新，在创新方面会存在差异。关系网络方面，企业创新不是单打独斗，而是需要依靠合作的，合作方包括政府、上下游企业、投资者等，企业所在的关系网络在一定程度上会对企业创新决策产生影响。创新不均匀的根本原因之一是企业征信问题，如果企业信用良好，征信数据齐全，创新所需要的资源可以从不同渠道获取，就可以推动企业创新。随着云计算、区块链等出现，大数据征信应运而生，企业征信模式改变，信用数据可查度提升，进而可以促进企业开展创新活动。

由此得出企业信用是企业生存之基，无信不立，企业信用在中小微企业创新活动中发挥着重要作用。因此，本章从企业创新视角，探讨大数据征信是否能够对中小微企业创新的信用画像产生影响。

第二节　大数据征信背景下中小微企业信用画像的理论机理

一、中小微企业信用画像与企业创新绩效

通过上述理论分析和文献回顾可知，中小微企业信用画像与企业创新绩效之间存在一定的联系，学者对企业信用的刻画因研究需求不同也各不相同，本章结合前人的研究和企业结构化与非结构化数据，从合规度、履约基础、信用信息显性度三个方面，对中小微企业信用画像进行多维度勾勒，并探讨这三个因素对中小微企业创新绩效的影响。

（一）中小微企业合规度与企业创新绩效

"没有规矩，不成方圆"这句话道出合规的重要性，企业合规即企业各项经营管理活动必须遵守所有的要求，包括法律法规、行业标准、道德准则等。在经济快速发展的背景下，中小微企业需要建立相关的规章制度约束自身经营和管理行为，确保企业在经营合法合规的情况下稳步前进。换句话说，依规经营是企业立业之基、经营之本。中小微企业违规经营会产生不利后果，企业不仅需要承担民事责任，还有可能面临行政处罚甚至刑事责任。对中小微企业而言，不论哪一种后果，都会使企业价值下降、竞争力减弱，创新绩效自然而然也会下降，企业经营是否能够长远发展也将是一个问题。此外，中小微企业违规经营会损害企业形象，企业诚信、守法文化、财务等均会受到市场质疑，也很难获得同行业、合作伙伴、投资者的信任，而企业在创新过程中，需要有稳定的资源，包括合作伙伴间的知识流通、投资者的投资等。企业违规经营、声誉受损、诚信度下降，可能会使企业面临资源不足的问题，企业创新绩效也将会下降。

随着经济全球化发展，中小微企业面临的竞争压力越来越大，企业想要长久发展，需要不断地进行创新。一方面中小微企业合规经营可以维护企业形象，增加市场和投资者的信心，银行或是金融机构也会对企业进行重新评估，减少企业不必要的融资成本，促使企业将更多的资金投入到研发当中，提高创新绩效；另一方面中小微企业合规经营可以促使企业内部管理质量提高，员工合规意识提高，坚持诚信做人、踏实做事的原则，员工会更加信任彼此，从而提高合作创新效率，促使企业提升创新绩效，保障企业经营有序稳定前进。由此，本章提出以下研究假设。

H8.1：中小微企业高合规度利于提高企业创新绩效。

（二）中小微企业履约基础与企业创新绩效

在市场经济中，契约是最重要的元素之一，所有的市场参与者均是通过签订不同形式的契约来实现互动的。中小微企业作为市场的参与主体，自然也是一系列契约的结合体。因此，中小微企业良好的履约基础是保障企业高质量发展的重要因素，也是保障企业在当下激烈的竞争环境中实现持续发展的重要因素。中小微企业履约基础承载着企业需要向外传达的有效信息，当利益相关者或是新的投资者无法知晓企业类型与实际情况时，良好的履约基础就会传达企业积极发展的信号，而利益相关者或是投资者可以依靠该信号，对企业进行判断，从而做出与企业有关的行为决策，而该决策可以为企业创新带来所需的资源，进而提高企业创新绩效。

此外，中小微企业长久良好的履约基础会无形中提高企业形象与口碑，可以增加合作双方的信任度，合作方自然愿意以较低的成本为企业提供商品与服务，投资者对企业也更加关注，进而企业可以预留更多的资金，优化资源配置，提升企业创新绩效。若企业信用较差经常无法履约，利益相关者将会对企业实行严厉的声誉惩罚，这不仅会终止与企业的合作关系，给企业造成经济损失，促使企业无法继续创新活动，而且会向市场中传达企业履约基础较差的信息，增加企业未来与市场中其他参与者的合作难度与成本，使企业在市场中难以获得持续的交易，企业创新活动的市场开拓成为难点，导致企业创新积极性减弱，创新绩效下降。据此，本章提出以下研究假设。

H8.2：中小微企业良好的履约基础利于提高企业创新绩效。

（三）中小微企业信用信息显性度与企业创新绩效

市场经济中，信息不对称的现象长久存在且一直没有解决，这也是困扰市场参与主体的一个重要问题。信用信息显性度可以有效缓解信息不对称，保障市场有序稳定发展，同时它也是衡量中小微企业信用的重要工具。在市场参与主体的互动中，外部投资者对中小微企业信息的识别与获取是有限的，并且成本较高，在投资者做出投资决策之前，为降低投资失败率，需要主动收集企业的各种信息与资料，保障未来可以获得投资回报，企业与投资者之间的信用信息显性度较低会使得双方之间形成屏障，投资者无法通过企业现有的信息对其进行评估，那么投资者就不会轻易地对企业进行注资，继而影响企业的创新活动。但是如果企业提高信用信息显性度，披露企业评估中外部人员所需的更多的有效信息，一方面可以减少投资者收集信息的成本，增加投资者的好感度，提高合作概率；另一方面有利于塑造良好的企业形象，获得市场更广泛的认同，促进企业商业信用的提升，既可以获得投资者的信赖，又可以获得合作方给予的让利空间，促使企业将资源用在真正的研发活动中，钻研创新之道，提高创新绩效。

此外，信用信息显性度高可以使小微企业内部管理者或是股东获得更加详细的信息。企业创新活动有成有败，企业管理者在推进创新活动时承担着创新失败与离职的风险，企业开展创新活动的目的是获得长期的利润来源，当效益短暂下降时，企业管理者面临是否继续推进创新活动的抉择，信用信息显性度可以展示出管理者在创新活动中的努力程度，可以同时显示管理者管理成效与以往创新的效率，降低管理者离职的风险，使管理者没有后顾之忧地进行创新活动，管理者投入精力越多，企业创新绩效越有保障。据此，本章提出以下研究假设。

H8.3：中小微企业高信用信息显性度利于提高企业创新绩效。

二、大数据征信的调节作用

众所周知，大数据征信的发展打破了市场中信息不对称的局面，使信息不对称问题有了更好的解决方式。大数据征信将"大数据"与"征信"相结合，应用范围广，覆盖更加全面。信息时代，互联网处于快速发展阶段，中小微企业之间的交易可以依靠互联网平台实现，企业经营管理活动也越来越趋向于数字化。因此，互联网保留着企业参与活动的数据，可以为每一个企业提供详细的记录，在大数据中可以找到企业一对一的线索信息。大数据征信依靠大数据技术，为中小微企业外部人员考察或评价企业拓宽了渠道，提供了更加丰富的数据资源。多维度的企业信用信息使得利益相关者不再依赖传统的信用信息来评价或预测中小微企业违约风险，新的投资者可以综合企业相关信用信息，弱化企业传统信息的影响，进而对企业进行创新投资。

此外，大数据征信在征信中强调的是企业总体性，而不是局部性，强调信息之间的联系性，而不是因果性。中小微企业各维度的信用信息一般存在一定的关联性，企业基础信用信息的缺失，会暴露企业其他方面的信用管理问题，所以大数据征信会加强企业基础信用信息的管理，从而促使外部人员凭借基础信用信息，评价企业形象，做出投资或合作决策，进一步促进企业创新活动的开展，提高创新绩效。

大数据征信最重要的作用之一就是提高了信用信息显性度，将中小微企业很多隐性信息暴露在社会公众之中，市场中的其他参与者依靠大数据征信可以分析企业管理水平、盈利能力等，进一步对企业信用进行深度评价，确定企业类型，做出相关决策，进而影响企业创新活动。据此，提出以下研究假设。

H8.4：大数据征信减弱中小微企业合规度对企业创新绩效的正向影响。

H8.5：大数据征信增强中小微企业履约基础对企业创新绩效的正向影响。

H8.6：大数据征信增强中小微企业信用信息显性度对企业创新绩效的正向影响。

三、研究模型构建

依据上述理论分析与文献回顾，本章在研究假设的基础上，构建了以下研究模型。

其中企业层信用画像分为三个维度，分别是合规度、履约基础、信用信息显性度，区域层变量也是调节变量为大数据征信，被解释变量为创新绩效，具体见图8-1。

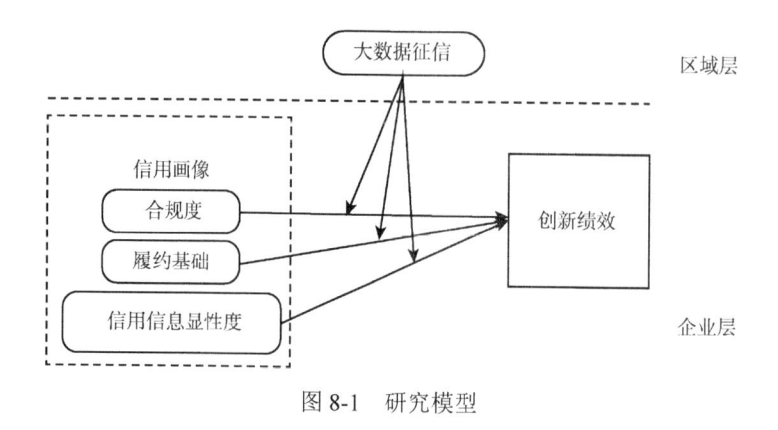

图 8-1 研究模型

第三节 大数据征信背景下中小微企业信用画像的实证研究

一、研究样本选取与数据来源

本书选取2015—2019年中国中小微企业板和创业板中高新技术企业为研究样本，并手工整理相关数据。区域层样本数据主要来源于《北京大学数字普惠金融指数》《CEI蓝皮书》《中国高技术产业统计年鉴》；企业层样本数据主要来源于国泰安金融数据库、企业年报与企业官网。

为确保样本的规范性和准备性，本书对数据进行了清洗与处理：①剔除西藏和青海两个省份，西藏主要是区域层数据缺失，和企业层数据难以匹配，青海主要是企业层数据缺失，与区域层无法匹配，故剔除这两个省份；②剔除ST（特别处理，即该上市公司股票存在投资风险）及*ST（*表示有退市预警）企业；③剔除核心变量数据缺失的企业。经过上述处理后，本节的研究共获得29个省份787家企业5年的数据，并利用Stata 15.1、SPSS 22.0和HLM软件进行数据分析。

二、变量选取与说明

（一）被解释变量

本章的被解释变量为创新绩效。关于企业创新绩效的衡量学术界尚未有统一的指标，根据研究需求与研究目的的不同，有学者直接选用企业研发投入，认为从企业研发投入可以直接看出企业对创新活动的投入程度。也有学者认为企业创新绩效不能单看研发投入，认为新产品的销量额能直接体现出企业创新活动成功与否。此外，更多的学者认为企业创新成果是最为重要的，认为企业专利申请数量能直接展示企业创新活动的有效成果。本章则选取企业年度专利申请数量来衡量创新绩效。

(二)解释变量

本章的解释变量为企业信用画像。关于企业信用画像的构建问题,学术界没有统一的指标体系。根据研究角度与研究背景的不同,学者多选取财务指标与非财务指标相结合的方式,财务指标属于企业显性信息,可以直观体现企业信用状况,而非财务指标则是企业隐性信息,两者结合可以综合构建企业信用画像。分析学者以往选取的指标体系,发现财务指标主要包括企业四大能力即企业盈利能力、营运能力、偿债能力与发展能力四个方面。非财务指标侧重点各有不同,主要有两个方面,一是企业内部财务指数,二是企业外部财务指数。企业内部财务指标主要涉及内部控制、管理效率等,企业外部财务指数主要涉及行业因素、政策环境等。本章结合前人的研究,考虑企业各方面因素,将隐性信息与显性信息相结合,综合结构化数据与非结构化数据,从合规度、履约基础和信用信息显性度三个维度,构建3个一级指标和12个二级指标,将结构化数据与非结构化数据结合,多维度勾勒企业信用画像,具体如表8-2所示。

表8-2 企业信用画像指标体系

一级指标	二级指标
合规度	违规次数
	法律诉讼次数
履约基础	净资产收益率:企业净利润/企业净资产×100%
	总资产报酬率:(利润总额+利息支出)/平均总资产×100%
	应收账款周转率:营业收入/平均应收账款余额×100%
	存货周转率:营业收入/存货平均余额×100%
	速动比率:企业速动资产/流动负债×100%
	资产负债率:企业年末总负债/企业年末总资产×100%
	营业收入增长率:企业本年营业收入增加额/上年营业收入总额×100%
信用信息显性度	是否是著名或驰名商标
	获得的荣誉:国家级5分、国家下属机构4分、省级3分、市级2分,其余的1分
	是否存在对外担保
	是否存在违约行为

(三)调节变量

本章的调节变量为大数据征信。大数据征信的概念是依据大数据技术对数据进行收集、处理、分析和挖掘,并向用户提供信用产品。目前学术界关于大数据征信的研究主要在理论建设方面,定量研究较少。本章在大数据征信的概念界定的基础上,结合大数据征信特点和前人研究,参考数字普惠金融指数与中国城市商业信用环境指数,选取覆盖广度、信贷、数字化程度、企业信用管理、征信系统建设、政府信用监管和诚信教育这七个维度对大数据征信进行衡量,具体见表8-3。大数据征信情况综合得分由全局熵值法计算得出,覆盖广度、信贷、数字化程度、企业信用管理、征信系统建

设、政府信用监管和诚信教育的权重分别为 0.176、0.123、0.215、0.121、0.122、0.121
和 0.122。

表 8-3　大数据征信指标体系

变量名称	符号	变量定义
覆盖广度	B1	参考数字普惠金融指数中该指标得分
信贷	B2	参考数字普惠金融指数中该指标得分
数字化程度	B3	参考数字普惠金融指数中该指标得分
企业信用管理	B4	参考中国城市商业信用环境指数中的征信系统这一指标并进行换算，排名 1，赋值 29，排名 2，赋值 28，以此类推
征信系统建设	B5	参考中国城市商业信用环境指数中的征信系统这一指标并进行换算，排名 1，赋值 29，排名 2，赋值 28，以此类推
政府信用监管	B6	参考中国城市商业信用环境指数中的征信系统这一指标并进行换算，排名 1，赋值 29，排名 2，赋值 28，以此类推
诚信教育	B7	参考中国城市商业信用环境指数中的征信系统这一指标并进行换算，排名 1，赋值 29，排名 2，赋值 28，以此类推

（四）控制变量

为排除区域层宏观经济要素与企业层自身其他要素对研究的影响，本章分别选取了区域层和企业层部分指标作为控制变量。

1. 区域层控制变量

（1）人均 GDP。该指标可以反映一个地区的经济发展程度，一个地区经济发展较好相对来说人均 GDP 较高。经济发展较好的地区，企业创新积极性较高，信用建设相对较为完善。

（2）GDP 增速。该指标可以反映一个地区的经济发展速度，地区经济发展速度越快，该地区可发展空间越大，企业创新机会越多，创新资源越丰富，企业创新愿意度越高。

（3）各地区高技术企业政府投资额。该指标可以反映出政府对地区发展的支持程度，政府的支持可以给当地企业带来政府效应，促使资源向该地区流动，提高企业创新成功率。

2. 企业层控制变量

（1）企业年龄。企业在成立初期创新动力较强，随着成立的时间越来越长，企业的精力会越来越分散，创新动力也会越来越小。

（2）企业规模。大企业对比中小微企业来说资源较充足，更有能力进行创新活动。

（3）员工受教育程度。一般来说教育水平越高的员工越有能力胜任企业的创新活动。

（4）CEO 受教育程度。CEO 受教育程度越高越容易接受新思想、新方法，越愿意进行创新。

（5）董事会规模。企业创新、研发项目是否继续、研发投资强度等都需要董事会进行决策，而董事会规模会影响董事会决策。表 8-4 总结了变量的符号及定义。

表 8-4 变量选取及说明

变量名称	符号	变量测度
合规度	DC	依据表 8-2 二级指标按照全局熵值法计算得出
履约基础	TBC	依据表 8-2 二级指标按照全局熵值法计算得出
信用信息显性度	DECI	依据表 8-2 二级指标按照全局熵值法计算得出
企业年度专利申请数量	lnPatent	企业年度专利申请数量加 1 后取对数
大数据征信	BDC	依据表 8-3 中指标按照全局熵值法计算得出
人均 GDP	lnGDPP	人均 GDP 取对数
GDP 增速	GDPG	GDP 增长额/上一年 GDP
各地区高技术企业政府投资额	lnGI	政府投资额取对数
企业年龄	Age	观测年份减去企业成立年份
企业规模	Size	企业员工人数的对数
员工受教育程度	Edu	本科及其以上员工占员工总人数的比例
CEO 受教育程度	Educ	企业 CEO 是否是本科及其以上学历
董事会规模	Board	董事会人数

三、实证分析

（一）描述性统计

为了解样本数据的分布特征，利用 Stata 15.1 软件对本章研究涉及的变量进行统计性分析，结果如表 8-5、表 8-6 所示。从表 8-5 看出，区域层大数据征信主要构成变量中，覆盖广度最小值为 160.980，最大值为 384.660，最值之差为 223.680，可以看出不同区域之间存在明显的差异；信贷最小值为 84.740，最大值为 282.230，最值之差为 197.490，区域差异也非常明显；数字化程度最小值为 293.120，最大值为 462.230，不同区域之间数字化发展差异比较明显。企业信用管理、征信系统建设、政府信用监管、诚信教育平均值分别为 14.634、14.955、14.983、14.762，标准差分别为 8.465、8.144、8.133、8.008，四个变量不同区域间还是存在一定的差异。大数据征信最小值为 0.113，最大值为 0.963，不同区域的大数据征信差异较大；人均 GDP 最小值为 9.108，最大值为 16.572，区域存在显著差异；各地区高技术企业政府投资额平均值为 10.126，最小值为 6.389，最大值为 12.771，表明各地区政府支持力度有所不同；GDP 增速最小值为 –0.025，最大值为 0.110，说明各地区发展速度差异较明显。企业层中主要变量合规度最小值为 0.082，最大值为 1.000，不同企业在合规度上存在一定差异，履约基础平均值为 0.012，标准差为 0.021，最大值为 0.750，企业之间履约情况差异显著，信用信息显性度最大值为 1.000，最小值为 0.001，企业之间的信息获取程度存在显著差异。CEO 受教育程度、员工受教育程度最大值与最小值有较大差值，企业年龄差距明显，企业规模和董事会规模均存在不同程度的差异,企业年度专利申请数量平均值为1.787,最大值为7.476,企业间的创新成果存在明显差异。

表8-5 区域层主要变量描述性统计分析

变量	样本数	平均值	标准差	最小值	最大值
覆盖广度	145	249.455	50.998	160.980	384.660
信贷	145	170.960	37.285	84.740	282.230
数字化程度	145	366.743	39.815	293.120	462.230
企业信用管理	145	14.634	8.465	1.000	29.000
征信系统建设	145	14.955	8.144	1.000	29.000
政府信用监管	145	14.983	8.133	1.000	29.000
诚信教育	145	14.762	8.008	1.000	29.000
大数据征信	145	0.422	0.207	0.113	0.963
人均GDP	145	10.967	0.632	9.108	16.572
各地区高技术企业政府投资额	145	10.126	1.729	6.389	12.771
GDP增速	145	0.071	0.017	−0.025	0.110

表8-6 企业层主要变量描述性统计分析

变量	样本数	平均值	标准差	最小值	最大值
合规度	3935	0.961	0.099	0.082	1.000
履约基础	3935	0.012	0.021	0.001	0.750
信用信息显性度	3935	0.336	0.413	0.001	1.000
CEO受教育程度	3935	0.856	0.351	0	1.000
员工受教育程度	3935	0.299	0.224	0.001	0.946
企业年龄	3935	16.300	5.085	6.000	52.000
企业规模	3935	7.768	0.992	3.045	11.830
董事会规模	3935	8.335	1.457	4.000	15.000
企业年度专利申请数量	3935	1.787	1.511	0	7.476

(二)相关性检验

与普通线性回归类似,分层线性回归要求数据之间不存在严重的多重共线性,因此,本章在进行具体模型分析时,需要先考虑多重共线性问题,如果存在共线性问题,需要进一步对数据与模型进行处理,相关性结果如表8-7、表8-8所示。其中区域层面变量除大数据征信以及其构成指标覆盖广度、信贷、数字化程度、企业信用管理、征信系统建设、政府信用监管、诚信教育之外,其余变量间的相关系数小于0.7,最大为0.644,企业层只有极个别变量存在相关性,且相关性较弱,说明当前模型中不存在多重共线性问题。

表8-7 区域层主要变量相关性分析

变量	覆盖广度	信贷	数字化程度	企业信用管理	征信系统建设	政府信用监管	诚信教育	大数据征信	人均GDP	各地区高技术企业政府投资额	GDP增速
覆盖广度	1.000										
信贷	0.864***	1.000									
数字化程度	0.277**	0.175*	1.000								
企业信用管理	0.325**	0.451**	0.151*	1.000							
征信系统建设	0.297**	0.397**	0.058*	0.577**	1.000						
政府信用监管	0.339**	0.383**	0.103*	0.533**	0.661**	1.000					
诚信教育	0.246**	0.256**	0.104*	0.482**	0.710**	0.712**	1.000				
大数据征信	0.456**	0.567**	0.218**	0.783**	0.870***	0.825***	0.730**	1.000			
人均GDP	0.498**	0.543**	0.210**	0.523**	0.467**	0.468**	0.383**	0.644**	1.000		
各地区高技术企业政府投资额	0.245**	0.483**	0.049	0.454**	0.387**	0.385**	0.318**	0.493**	0.360**	1.000	
GDP增速	−0.272**	−0.132*	−0.032	0.105**	0.014	0.015	0.024	0.040	−0.095	0.021	1.000

***、**、*分别表示相应统计量在1%、5%、10%水平上具有显著性

表8-8 企业层主要变量相关性分析

变量	合规度	履约基础	信用信息显性度	CEO受教育程度	员工受教育程度	企业年龄	企业规模	董事会规模	企业年度专利申请数量
合规度	1.000								
履约基础	−0.018	1.000							
信用信息显性度	−0.002	0.004	1.000						
CEO受教育程度	0.010	−0.007	−0.043	1.000					
员工受教育程度	0.054	−0.006	−0.049	0.166*	1.000				
企业年龄	−0.022	−0.033	0.043	−0.045	−0.037	1.000			
企业规模	−0.008	0.051	0.005	0.003	−0.078	−0.008	1.000		
董事会规模	0.005	−0.006	0.017	0.001	0.018	0.041	0.188*	1.000	
企业年度专利申请数量	0.106*	−0.029	0.053	−0.022	−0.021	−0.006	0.159*	0.076	1.000

*表示相应统计量在10%水平上具有显著性

(三) 模型设定与实证结果分析

根据研究的理论模型,本章采用分层线性回归模型对企业信用画像与企业创新绩

效之间的关系进行研究。将样本数据作为面板数据，主要层-1为年度层变量，对时间具有敏感性，故本章将样本数据分为三层，层-1为年度层，层-2为企业层，层-3为区域层。

1. 空模型

为判断样本是否能够进行分层分析，并且估计在没有协变量情况下区域的差异，本章在进行具体分层研究模型分析前，先构建不含有任一变量的空模型，层-1模型、层-2模型、层-3模型具体如下。

层-1模型：
$$Y(创新绩效) = P_0 + E \quad P_0 \sim N(0, \sigma^2) \tag{8.1}$$

层-2模型：
$$P_0 = B_{00} + R_0 \quad R_0 \sim N(0, \tau_{00}) \tag{8.2}$$

层-3模型：
$$B_{00} = G_{000} + U_{00} \quad U_{00} \sim N(0, \tau_{000}) \tag{8.3}$$

其中，Y为主模型的因变量；P_0为截距项；E为主模型的自变量；B_{00}为层2模型的截距项；R_0为层2模型的自变量；B_{00}为层3模型的因变量；G_{000}为层3模型的截距项；U_{00}为层3模型的自变量。层-1模型的截距项P_0是层-2模型的结果变量，表示该截距项在不同企业中随机变化，层2模型的截距项为层-3模型的结果变量，表示该截距项在不同各区域中随机变化。该模型将结果变量的总差异分解为三部分，具体如下。

层-1方差解释比例：
$$\rho_1 = \frac{\sigma^2}{\sigma^2 + \tau_{00} + \tau_{000}} \tag{8.4}$$

层-2方差解释比例：
$$\rho_2 = \frac{\tau_{00}}{\sigma^2 + \tau_{00} + \tau_{000}} \tag{8.5}$$

层-3方差解释比例：
$$\rho_3 = \frac{\tau_{000}}{\sigma^2 + \tau_{00} + \tau_{000}} \tag{8.6}$$

空模型的检验结果如表8-9、表8-10所示。由表8-9可知，固定效应的截距项的回归系数为1.784，p值为0.000。根据方差分解原理，层-1方差成分，标准误为0.840，方差解释比例为31%，层-2方差成分，标准误为1.255，方差解释比例为62%，区域层方差成分，标准误为0.034，方差解释比例为7%，最大方差解释比例来自企业层，且企业层与区域层的ICC（intraclass correlation coefficient，组内相关系数）均达到最低系数要求0.059，表明区域层与企业层对主要变量存在一定影响，需要在企业层与区域层中加入变量来解释差异。

表 8-9 空模型的检验结果（一）

固定效应	空模型	
	回归系数	p 值
截距项	1.784	0.000

表 8-10 空模型的检验结果（二）

随机效应	空模型	
	方差成分	标准误
层-1	0.706	0.840
层-2	1.422	1.255
层-3	0.153	0.034

2. 随机系数模型

第一，企业信用画像对企业创新绩效的影响分析。为探究企业信用画像对企业创新绩效的影响，本章构建了随机系数模型。在构建三层随机系数模型时，仅考虑因变量受到层-1 自变量的影响，而这些自变量在层-2 的回归效果是随机变化的，用残差表示，由于不用考虑层-3 对层-1 回归效应组间差异的影响，故层-3 中不加入预测变量，基本模型如下。

层-1 模型：

$$Y(创新绩效) = P_0 + P_1(DC) + P_2(TBC) + P_3(DECI) + E \tag{8.7}$$

层-2 模型：

$$P_0 = B_{00} + R_0 \tag{8.8}$$

$$P_1 = B_{10} + R_1 \tag{8.9}$$

$$P_2 = B_{20} + R_2 \tag{8.10}$$

$$P_3 = B_{30} + R_3 \tag{8.11}$$

层-3 模型：

$$B_{00} = G_{000} + U_{00} \tag{8.12}$$

$$B_{10} = G_{100} + U_{10} \tag{8.13}$$

$$B_{20} = G_{200} + U_{20} \tag{8.14}$$

$$B_{30} = G_{300} + U_{30} \tag{8.15}$$

层-1 模型中 Y 为因变量，其实际意义是某企业的创新绩效，DC、TBC、DECI 为企业信用画像的三个维度，即合规度、履约基础、信用信息显著性。层-2 模型未加入新的预测变量，其因变量为层-1 模型的截距和系数，分别用新的截距和系数表示。层-3 模型也未加入新的预测变量，用层-3 模型的截距和残差来表示层-2 模型中的截距。具体运行结果如表 8-11 所示。

表 8-11 层-1 随机效应模型运行结果

固定效应	回归系数	标准误	t 值	p 值
P_0	0.764[***]	0.210	3.633	0.001

续表

固定效应	回归系数	标准误	t 值	p 值
合规度	1.041***	0.178	5.844	0.000
履约基础	−6.819**	2.774	−2.458	0.021
信用信息显性度	0.362***	0.123	2.942	0.007

***、**分别表示相应统计量在1%、5%水平上具有显著性

从表 8-10 可知,合规度的回归系数为 1.041,且在 1%的显著性水平上显著,说明合规度对企业创新绩效具有显著正向影响,假设 H8.1 成立。履约基础的回归系数为−6.819,在 5%的显著性水平上显著,说明履约基础对企业创新绩效具有显著负向影响,即企业履约基础越好,企业创新绩效越低,本章认为结果与假设相反可能是因为履约基础是需要企业花费时间、资金、精力用心维护的,会挤压企业当期财务绩效,挤占企业创新资源,在一定程度上会使得企业创新绩效降低。信用信息显性度的回归系数为 0.362,在 1%的显著性水平上显著,表明信用信息显性度对企业创新绩效具有显著正向影响,即信用信息显性度越高,企业创新绩效越高,假设 H8.3 成立。

第二,控制变量对企业创新绩效的影响。为探究层-2 控制变量对企业创新绩效的影响,采取多层随机效应模型,不考虑层-1 和层-3 变量的影响,仅将层-2 变量纳入研究模型中,具体模型如下。

层-1 模型:
$$Y(\text{创新绩效}) = P_0 + E \tag{8.16}$$

层-2 模型:
$$P_0 = B_{00} + B_{01}(\text{Educ}) + B_{02}(\text{Edu}) + B_{03}(\text{Age}) + B_{04}(\text{Size}) + B_{05}(\text{Board}) + R_0 \tag{8.17}$$

层-3 模型:
$$B_{00} = G_{000} + U_{00} \tag{8.18}$$
$$B_{01} = G_{010} \tag{8.19}$$
$$B_{02} = G_{020} \tag{8.20}$$
$$B_{03} = G_{030} + U_{03} \tag{8.21}$$
$$B_{04} = G_{040} + U_{04} \tag{8.22}$$
$$B_{05} = G_{050} + U_{05} \tag{8.23}$$

具体运行结果如表 8-12 所示。

表 8-12 层-2 随机效应模型运行结果

固定效应	回归系数	标准误	t 值	p 值
B_{00}	−0.545	0.462	−1.177	0.250
CEO 受教育程度	−0.099	0.103	−0.954	0.348
员工受教育程度	0.043	0.279	0.153	0.880
企业年龄	0.017*	0.009	2.035	0.051
企业规模	0.206***	0.069	2.971	0.007
董事会规模	0.061**	0.025	2.418	0.023

***、**、*分别表示相应统计量在1%、5%、10%水平上具有显著性

从表 8-12 可以看出，企业年龄对企业创新绩效有显著正向影响，企业成立时间越久，创新绩效越高；企业规模回归系数为 0.206，在 1%的显著性水平上显著，说明企业规模越大，企业创新绩效越好；董事会规模对企业创新绩效有显著正向影响；但是员工受教育水平和 CEO 受教育程度对企业创新绩效的影响并不明显。

从表 8-13 可以看出，将层-1 和层-2 综合回归时，主要自变量合规度、履约基础和信用信息显性度对企业创新绩效的显著性影响没有发生改变，说明企业信用画像对企业创新绩效存在影响，且较稳定。

表 8-13 随机效应模型汇总

固定效应	层-1 回归结果	层-2 回归结果	层-1 和层-2 综合回归
P_0	0.764***		−1.418***
合规度	1.041***		0.871***
履约基础	−6.819**		−2.185**
信用信息显性度	0.362***		0.311***
B_{00}		−0.545	
CEO 受教育程度		−0.099	−0.101
员工受教育程度		0.043	0.035
企业年龄		0.017*	0.016
企业规模		0.206***	0.210***
董事会规模		0.061**	0.060***

***、**、*分别表示相应统计量在 1%、5%、10%水平上具有显著性

3. 完整模型

将三层所有变量纳入研究模型，进行跨层交互分析，具体模型如下。

层-1 模型：

$$Y(创新绩效) = P_0 + P_1(\text{DC}) + P_2(\text{TBC}) + P_3(\text{DECI}) + E \tag{8.24}$$

层-2 模型：

$$P_0 = B_{00} + B_{01}(\text{Educ}) + B_{02}(\text{Edu}) + B_{03}(\text{Age}) + B_{04}(\text{Size}) + B_{05}(\text{Board}) + R_0 \tag{8.25}$$

$$P_1 = B_{10} + R_1 \tag{8.26}$$

$$P_2 = B_{20} + R_2 \tag{8.27}$$

$$P_3 = B_{30} + R_3 \tag{8.28}$$

层-3 模型：

$$B_{00} = G_{000} + G_{001}(\ln\text{GDPP}) + G_{002}(\ln\text{GI}) + G_{003}(\text{GDPG}) + U_{00} \tag{8.29}$$

$$B_{01} = G_{010} \tag{8.30}$$

$$B_{02} = G_{020} \tag{8.31}$$

$$B_{03} = G_{030} + U_{03} \tag{8.32}$$

$$B_{04}=G_{040}+U_{04} \tag{8.33}$$

$$B_{05}=G_{050}+U_{05} \tag{8.34}$$

$$B_{10}=G_{100}+G_{101}(BDC)+U_{10} \tag{8.35}$$

$$B_{20}=G_{200}+G_{201}(BDC)+U_{20} \tag{8.36}$$

$$B_{30}=G_{300}+G_{301}(BDC)+U_{30} \tag{8.37}$$

从表 8-14 可以看出，完整模型中合规度、履约基础、信用信息显性度对企业创新绩效的影响依旧是高度显著的，但是履约基础对企业创新绩效的影响依旧是负向的；企业年龄、企业规模、董事会规模对企业创新绩效的影响是显著正向的；CEO 受教育程度和员工受教育程度依旧是不显著。完整模型中首次加入区域层变量，人均 GDP 的回归系数为 –0.251，且在 5%的显著性水平上显著，说明人均 GDP 越高，企业创新绩效越低，主要是因为人均 GDP 高，说明该地区发展较好，市场饱和度可能就越高，企业依靠原有的创新就足以在市场上立足，创新积极性降低，另外，市场发展越好，市场可拓展性就越小，企业创新机会就越少，创新意愿度就会下降，创新绩效也随之降低。各地区高技术企业政府投资额对创新绩效不存在显著影响，但是值得注意的是回归系数是负向的，说明各地区政府投资额越高，企业创新绩效越低，表明企业可能会为了获取政府投资，减少创新研发投资，存在一定的机会主义行为，将更少的资源用于创新研发活动。GDP 增速的回归系数为 50.619，在 5%的显著性水平上显著，表明 GDP 增速越快，企业创新绩效越高，主要是因为 GDP 增速越快，说明该地区可发展性越好，创新可发展空间越多，企业创新的机会越多，为了获取新的市场份额和促使企业能够在竞争中长久发展，企业更愿意进行创新活动，创新绩效也随之提高。

表 8-14 完整模型运行结果

固定效应	回归系数	标准误	t 值
合规度	1.017***	0.232	4.387
履约基础	–6.392**	2.396	–2.668
信用信息显性度	0.390**	0.150	2.605
CEO 受教育程度	–0.107	0.096	–1.115
员工受教育程度	0.155	0.354	0.439
企业年龄	0.019**	0.009	2.089
企业规模	0.223**	0.082	2.725
董事会规模	0.059**	0.027	2.165
人均 GDP	–0.251**	0.103	–2.431
各地区高技术企业政府投资额	–0.110	0.108	–1.023
GDP 增速	50.619**	0.284	2.496
大数据征信×合规度	–0.388	3.815	–0.102
大数据征信×履约基础	90.379*	46.722	1.934
大数据征信×信用信息显性度	4.548**	2.205	2.062

***、**、*分别表示相应统计量在 1%、5%、10%水平上具有显著性

根据表 8-14 可以得到跨层交互模型验证结果。可以发现，大数据征信与合规度的交互项并不显著，系数为-0.388，虽然是负向的，但是大数据征信还没有完全弱化合规度对企业创新绩效的影响，说明大数据征信的确对合规度造成了一些影响，但是合规度这一信用维度依旧是外部人员考察的重点，对企业创新绩效的影响还是存在的，H8.4 没有得到验证。大数据征信与履约基础的交互项显著为正，说明大数据征信完善了企业基础信用信息，加强了履约基础对创新绩效的影响，H8.5 成立。大数据征信与信用信息显性度的交互项显著为正，说明大数据征信使企业隐性信息更加透明，加强了隐性信息对企业创新绩效的影响，H8.6 成立。表 8-15 汇总了假设检验结果。

表8-15 假设检验结果汇总

	研究假设	检验结果
H8.1	中小微企业高合规度利于提高企业创新绩效	通过
H8.2	中小微企业良好的履约基础利于提高企业创新绩效	未通过，研究结果相反
H8.3	中小微企业高信用信息显性度利于提高企业创新绩效	通过
H8.4	大数据征信减弱中小微企业合规度对企业创新绩效的正向影响	未通过
H8.5	大数据征信增强中小微企业履约基础对企业创新绩效的正向影响	通过
H8.6	大数据征信增强中小微企业信用信息显性度对企业创新绩效的正向影响	通过

4. 时间滞后模型

区域大数据征信需要一定的时间周期，且区域层变量对企业微观数据会产生一定的影响，即大数据征信及区域其他变量会对企业发展后期产生影响。因此，考虑到研究的全面性，本章建立滞后一期和滞后二期的动态多层分析模型，进一步对上述假设进行验证，具体模型如下。

层-1 模型：

$$Y(创新绩效)=P_0+P_1(\mathrm{DC})_t+P_2(\mathrm{TBC})_t+P_3(\mathrm{DECI})_t+E_t \tag{8.38}$$

层-2 模型：

$$P_0=B_{00}+B_{01}(\mathrm{Educ})_t+B_{02}(\mathrm{Edu})_t+B_{03}(\mathrm{Age})_t+B_{04}(\mathrm{Size})_t+B_{05}(\mathrm{Board})_t+R_{0_t} \tag{8.39}$$

$$P_1=B_{10}+R_{1_t} \tag{8.40}$$

$$P_2=B_{20}+R_{2_t} \tag{8.41}$$

$$P_3=B_{30}+R_{3_t} \tag{8.42}$$

层-3 模型：

$$B_{00}=G_{000}+G_{001}(\mathrm{lnGDPP})_{t-h}+G_{002}(\mathrm{lnGI})_{t-h}+G_{003}(\mathrm{GDPG})_{t-h}+U_{00} \tag{8.43}$$

$$B_{01}=G_{010} \tag{8.44}$$

$$B_{02}=G_{020} \tag{8.45}$$

$$B_{03}=G_{030}+U_{03} \tag{8.46}$$

$$B_{04}=G_{040}+U_{04} \tag{8.47}$$

$$B_{05}=G_{050}+U_{05} \quad (8.48)$$

$$B_{10}=G_{100}+G_{101}(\text{BDC})_{t-h}+U_{10} \quad (8.49)$$

$$B_{20}=G_{200}+G_{201}(\text{BDC})_{t-h}+U_{20} \quad (8.50)$$

$$B_{30}=G_{300}+G_{301}(\text{BDC})_{t-h}+U_{30} \quad (8.51)$$

从表 8-16 可以看出，滞后一期和滞后两期与未滞后的模型相比，合规度、履约基础的显著性没有发生变化，信用信息显性度滞后一期的显著性与未滞后的一致，但是滞后两期的显著性明显加强，说明大数据征信等区域层的变量对信用信息显性度具有一定的影响。大数据征信与合规度滞后一期和滞后两期的交互作用不显著与表 8-13 论证的一致；大数据征信与履约基础滞后一期的交互作用依然是正向显著，但是滞后两期的交互作用不显著，说明大数据征信对履约基础的具有一定的后期影响，但存在时间效应，大数据征信与信用信息显性度滞后一期和滞后两期的交互作用均具有一定的显著性，表明大数据征信对企业隐性信用信息的影响较为强烈，也在一定程度上显示了大数据征信的优越性。

表 8-16 滞后模型汇总

变量	滞后一期	滞后两期
合规度	1.025***	1.027***
履约基础	−6.639**	−6.915**
信用信息显性度	0.340**	0.408***
CEO 受教育程度	−0.121	−0.123
员工受教育程度	0.152	0.148
企业年龄	0.018**	0.018*
企业规模	0.222**	0.222**
董事会规模	0.060**	0.060**
人均 GDP	−0.242**	−0.261**
各地区高技术企业政府投资额	−0.098	−0.097
GDP 增速	42.512**	28.289
大数据征信×合规度	−0.515	−0.830
大数据征信×履约基础	88.711*	85.574
大数据征信×信用信息显性度	4.765*	5.085*

***、**、*分别表示相应统计量在 1%、5%、10%水平上具有显著性

四、稳健性检验

为了保证本章实证研究结果不会因为结果变量指标选取的变化而改变，本章进行了以下稳健性检验。上述实证分析中创新绩效的衡量选取的是年度专利申请数，此处用研发投入的对数来替代专利申请数作为衡量创新绩效的指标。

从表 8-17 中可以看出随机效应模型（6.1）与原模型相比，合规度的显著性有所减弱，履约基础与信用信息显性度的显著性有所加强，虽有显著性的差别，但是也进一步

验证了 H8.1、H8.3 成立，H8.2 不成立，所得结论与原假设相反。完整模型（6.3）的运行结果表明大数据征信与合规度的交互作用依旧是不显著；大数据征信与履约基础的交互作用正向显著；大数据征信与信用信息显性度的交互作用正向显著，均与上述模型结果一致，即 H8.4 不成立、H8.5 成立、H8.6 成立。

表 8-17 稳健性模型当期运行结果

变量	（6.1）	（6.2）	（6.3）
合规度	0.148*		0.263**
履约基础	−9.316***		−7.696**
信用信息显性度	0.202***		0.271*
CEO 受教育程度		−0.227***	−0.215***
员工受教育程度		0.071	0.061
企业年龄		−0.001	−0.003
企业规模		−0.044	0.035
董事会规模		0.015	0.016
人均 GDP			0.385***
各地区高技术企业政府投资额			−0.061
GDP 增速			−19.720
大数据征信×合规度			−2.448
大数据征信×履约基础			56.400**
大数据征信×信用信息显性度			3.663**

***、**、*分别表示相应统计量在 1%、5%、10%水平上具有显著性

从表 8-18 中可以看出，滞后一期和滞后两期的企业信用画像的三个主要指标，即合规度、履约基础和信用信息显性度均具有显著性。滞后一期与滞后两期中，大数据征信与合规度的交互作用与上述模型基本没有区别，大数据征信与信用信息显性度的交互作用只有显著性的区别。但是大数据征信与履约基础的交互作用与上述模型存在差异，其中滞后一期的交互作用虽为正向但是不显著，滞后两期的交互作用变为负向，与上述模型存在一定偏差。

表 8-18 稳健性模型滞后运行结果

变量	滞后一期	滞后两期
合规度	0.286**	0.293***
履约基础	−8.496**	−8.502**
信用信息显性度	0.287*	0.283*
CEO 受教育程度	−0.211***	−0.211***
员工受教育程度	−0.070	−0.070
企业年龄	−0.001	−0.002
企业规模	0.053	0.053

续表

变量	滞后一期	滞后两期
董事会规模	−0.015	−0.015
人均 GDP	0.313**	0.325**
各地区高技术企业政府投资额	−0.076	−0.081
GDP 增速	−21.450	−12.443
大数据征信×合规度	−1.977	−2.031
大数据征信×履约基础	64.445	−78.876
大数据征信×信用信息显性度	4.452**	5.277***

***、**、*分别表示相应统计量在 1%、5%、10%水平上具有显著性

总体而言，各变量系数的正负方向与显著性基本保持不变，本章大部分结论通过稳健性检验。

企业创新是企业发展之根本，很多企业都能够进行阶段性或单次创新，但是进行持续性创新的企业较少，具有持续创新能力的企业可能存在一定的共性，本章延续上文的研究，进一步深入探讨持续创新企业所具有的信用画像。本章从研究样本中筛选出持续创新企业，筛选标准为研发投入逐年增长且每年有专利，共筛选出301家，采用 fsQCA（fuzzy-set qualitative comparative analysis，模糊集定性比较分析）的方法，对企业信用画像三个维度进行组态匹配，得出持续创新企业的信用画像特征。

1. 单个条件的必要分析

在进行具体分析之前，需要进行必要性分析，必要性，就是导致结果发生必须存在的条件。合规度、履约基础和信用信息显性度一致性均低于 0.9，表明没有条件是构成好信用画像的必要条件。

2. 条件组态的充分性分析

进行组态分析时，本章将一致性阈值调到 0.75，遵循主流的符号表达方式，实心圆（●）表示条件存在，含叉圆（⊗）表示条件缺席，空格表示条件可存在可不存在。从表8-19 中可以看出，单个组态的一致性分别为 0.795、0.769、0.753，均高于普遍接受的一致性标准 0.75，组态 2 的唯一覆盖度和原始覆盖度是最高的，表明组态 2 是三组组态中相关性最强的组态。从总体上看，三种组态的总体一致性是为 0.752，高于可接受的一致性标准 0.75，总体覆盖度为 0.647。

表8-19 组态分析

变量	组态		
	1	2	3
合规度	●		●
履约基础	⊗	⊗	
信用信息显性度		●	●

续表

变量	组态		
	1	2	3
一致性	0.795	0.769	0.753
原始覆盖度	0.395	0.492	0.412
唯一覆盖度	0.099	0.197	0.117
总体一致性	0.752		
总体覆盖度	0.647		

组态 1 表明企业合规度条件的存在发挥了核心作用。合规度可以单独构成解释结果的充分条件，表明在持续创新企业中，合规度高可以给企业带来较好的信用画像和口碑。

组态 2 表明企业信用信息显性度条件的存在发挥了核心作用。信用信息显性度可以单独构成解释结果的充分条件，较高的信用信息显性度可以使企业信用画像更加完善与完整，信用信息更具有可信度，从而构成较好的企业信用画像。

组态 3 表明合规度和信用信息显性度共同发挥了核心作用。表明高合规度和高信用信息显性度能够使企业构成好的信用画像，表明企业遵守各种法律规则、完善多种信用信息，有助于提升企业信用。

纵观组态 1、组态 2、组态 3 可以得出，持续创新企业的信用画像偏向于合规度和信用信息显性度，合规度可以对外传递企业的合规管理情况，如是否遵循相关的法律法规、行业规则与道德底线。信用信息显性度可以传递出企业的隐性信用信息，信用信息显性度越高，信用信息越显性化，表明企业信用越值得信赖。相对于合规度和信用信息显性度，企业的基础信用信息作用就并没有那么明显了，持续创新企业需要在长时间内开展创新活动，而基础信用信息的作用并不会长时间持续，相对于基础信用信息，企业利益相关者或外部人员更加看重隐性信息。综上所述，持续创新企业良好的信用画像依赖于高合规度、高信用信息显性度，辅之以完善的基础信用信息。

第四节　大数据征信背景下中小微企业信用画像的进一步讨论

一、研究结论

本节选取 2015—2019 年中小板与创业板高新技术企业为研究样本，探讨中小微企业信用画像与企业创新绩效之间的关系，并将大数据征信作为调节变量纳入研究框架中，通过文献回顾、理论分析、模型构建，采用分层线性回归模型，探讨两者之间的关系，且进一步采用 fsQCA 的方法，深入分析持续创新企业所具有的信用画像特征。本节拓展了中小微企业创新绩效的研究视角，揭示了中小微企业信用画像与企业创新绩效之间的关系，解读企业关于创新决策行为的形成机理，打开了企业创新发展相关理论的"黑箱"，有助于企业进行创新活动，且完善了关于企业信用画像的研究，开拓了研究信用的又一条渠道。根据上述模型验证结果，可以得出以下结论。

（1）合规度作为构成中小微企业信用画像的维度之一，对企业创新绩效具有积极影响。合规度表现出企业内部是否建立相关规章制度来约束自身经营与管理活动。企业合规管理不到位，违规经营，使企业承担相关责任，不仅会造成企业盈利损失，更会损害企业形象。反之，合规度高，经营管理规范，不仅会使企业内部和谐，相互信任，创新效率提高，而且会使企业形象得到进一步提升，对外信任度提高，资源可获取性增强，有利于企业开展创新活动，提高创新绩效。

（2）履约基础作为构成中小微企业信用画像的维度之一，对创新绩效具有负向影响。一般来说履约基础好，会使企业获得好的口碑。但是履约基础不是一朝一夕就可以取得较好的成果的，企业需要花费时间、精力、资金来打造自身的履约形象，而该部分企业资源的流出，会挤压企业当期利润，从而使流向创新活动的资金减少，挤压创新研发投入，继而使企业创新绩效降低。

（3）信用信息显性度作为中小微企业构成信用画像的维度之一，对企业创新绩效具有积极影响。信用信息显性度越高，说明企业隐性信用信息披露得越多，不论是企业利益相关者还是外部人员，都会通过分析企业隐性信用信息，甄别企业较为真实的信用状况，因此企业信用越可靠，企业受外界信任程度越高。不论是企业形象还是企业声誉均会得到提升，无形之中可获得更多的创新资源，企业创新绩效也会随之得到提升。

（4）大数据征信作为中小微企业信用画像与企业创新绩效的调节变量，发挥着明显的作用。首先，虽然大数据征信在合规度与企业创新绩效之间的调节作用不显著，但是在一定程度上说明了大数据征信的存在，弱化了企业传统信息的影响，也说明了大数据征信数据海量性的特点。其次，大数据征信在履约基础和企业创新绩效之间发挥着显著正向调节作用，大数据征信在一定程度上提高了企业基础信用信息的完整度，促进了企业基础信用信息的完善。最后，大数据征信在信用信息显性度与企业创新绩效之间发挥着显著正向调节作用，这也是大数据征信主要的作用之一，挖掘企业隐性信用信息，突出企业隐性信用信息的重要性，强化隐性信用信息对企业创新绩效的作用。

（5）对中小微企业信用画像与企业创新绩效之间的关系进行深入分析，具象到持续创新企业的信用画像特征。通过 fsQCA 研究得出，持续创新企业具有好的信用画像特征，即高合规度和高信用信息显性度，辅之以完善的基础信用信息。高合规度和高信用信息显性度对于持续创新企业来说是不可缺少的，持续创新企业具有创新持久性特征，这两者可以源源不断地为企业带来创新资源，促使企业能够进行持续创新活动，且保持高的创新绩效。虽然合规度和信用信息显性度发挥着核心作用，但要辅之以一定的履约基础，履约基础作用虽小，但是不可忽视。

二、政策建议

基于上述研究结论，本节提出以下几个方面的政策建议。

（1）中小微企业应正确认识企业信用对企业创新绩效的影响，树立诚信理念，把握创新机遇。在信息时代，信用与诚信是企业最大的财富，同时也是社会契约的基础。企业必须大力树立良好的企业信用形象和企业社会声誉，积极履行社会责任，就像保护自己的市场和知识产权一样保护信用，使得量化后的信用成为企业新的资本，以获得更多的资源、机会和资金支持，提高企业价值，促进企业开展创新活动。

（2）中小微企业需要正确认识大数据征信对企业创新活动的影响，积极参与大数据征信建设，促进创新活动的开展。大数据征信可以成为企业对外开展活动的一张"名片"，企业将更多的信息融入大数据征信中，信息多样化更加有利于促成企业合作与创新活动，提高企业研发与市场开拓的能力。

（3）政府要加强中小微企业信用环境建设，加大力度惩罚违法、违规企业，支持诚信经营企业。同时，政府应加快建设企业信用可追溯制度，促使企业增强信用意识。另外，在政府创新项目支持政策方面，不仅需要考察企业创新能力与活力，更需要将企业信用画像归纳为考评指标，促使企业加强信用管理。

（4）政府要加快征信系统的建设与改革，利用大数据、云计算等新兴科技，改变征信方式，全面发挥大数据征信的作用，推出更多且完善的征信产品与服务。全面推进全网信息共享平台，促进信用信息的互联互通，打破数据孤岛局面，提升信用市场的整体效率。另外，企业要积极配合相关征信需求，完善市场信用信息。

第九章　中国大数据征信与中小微企业间信任的实证研究

第一节　大数据征信增强中小微企业间信任的研究前沿

大数据技术的快速发展为征信行业注入了一剂强心剂，不仅极大提高了征信过程中的信息收集、整合归纳、评价评级等关键环节的处理效率（Alam et al.，2020；Chen et al.，2014），还增强了信用信息实时共享、便捷查询等征信产品属性（Swan，2013），故大数据技术与征信相融合的大数据征信模式能全方位提升征信效率（Zhang et al.，2020）。从中小微企业发展角度来看，大数据征信体系建立一方面有利于消除市场信息不对称，增强银行、风险投资等金融机构的信贷分配供给能力，提升企业的外源融资效率（Hung et al.，2020；Irwin and Scott，2010；王剑等，2020）；另一方面大大提高了企业获取信息的能力，降低了企业交易搜索成本（Zhou et al.，2019；Chen et al.，2012），同时也在一定程度上规避了合作方机会主义行为的发生（Salamon et al.，2017；吴晶妹，2016），因此大数据征信为中小微企业发展奠定了良好的基础。但不同中小微企业对大数据征信的应用情况不同，这也导致大数据征信赋能中小微企业的情况也存在差异，故有必要分析大数据征信影响中小微企业发展的内在机理，从而为大数据征信更好地推动企业发展提供建议与指导。

随着外界环境动荡加剧，中小微企业间研发网络不断拓展，企业边界也在不断宽泛和模糊化，不同企业间也趋向分工专业化、协同生态化（Yu et al.，2018）。在网络协同合作化的背景下，中小微企业持续竞争力提升逻辑逐渐由差异化、成本控制等内源个体创造逻辑转化为知识交流、精细分工等内外合作共生逻辑（Levine and Prietula，2012）。作为一种信息提供与服务产品，大数据征信对中小微企业发展的影响更多体现在企业外部信息搜索等方面（Zhang et al.，2020；McAfee and Brynjolfsson，2012），因此大数据征信会在一定程度上对供应链合作网络下的企业间合作行为产生影响，而网络下的合作行为模式是由企业管理战略决策所决定的。同时，在供应链网络背景下，企业间合作的战略决策选择往往取决于企业管理者对网络合作者的信任类型与信任水平（Poppo et al.，2016；洪茹燕等，2020），其中企业间信任（组织间信任）便是企业间合作最常见的表现形式，也是最重要的纽带（Chams-Anturi et al.，2020；Dyer and Singh，1998；Parmigiani and Rivera-Santos，2011）。因此，大数据征信如何影响供应链网络下组织间信任等问题有待进一步解决。

现有关于供应链网络下大数据征信与组织间信任的研究较为割裂，大体上分为三类。第一，针对大数据征信与中小微企业发展的研究，此类研究较多关注大数据征信消除市场信息不对称所带来的信贷供给效率提升优势，从而从融资角度阐述大数据征信对企业发展的资金支持（Wang，2018；Migiro and Wallis，2006；何培育，2017）。较少从供应链合作网络角度关注大数据征信对网络中中小微企业信任战略决策、合作交流等因素的影响，然而中小微企业要想可持续创新发展，仅靠资金支持是远远不够的，还需要更多知识交流与创造才能获得源源不断的知识创新源（Cohen and Levinthal，1990；Chamberlin and Doutriaux，2010）。因此要研究大数据征信对中小微企业创新发展的内在机理，必须要进一步深入分析大数据征信对网络中中小微企业的信任决策的影响。

第二，针对组织间信任的研究。该类文献较多关注组织间信任形成的前因（Gulati and Sytch，2008；Schilke and Cook，2015；Gaur et al.，2011；Barney and Hansen，1994；Faems et al.，2008）、后果（Brinkhoff et al.，2015；Wei et al.，2012）以及情境因素（McEvily and Tortoriello，2011；Schilke and Cook，2015；Brinkhoff et al.，2015；Carson et al.，2003；Ashnai et al.，2016）。且在前因研究中，学者多从交易成本视角（Gulati and Sytch，2008；Schilke and Cook，2015）、社会关系视角（Schilke and Cook，2015；Barney and Hansen，1994）展开分析，将组织间信任形成原因主要分为理性交易与感性认知两类，并由此延伸出基于风险-收益评估的认知信任与以共同情感为基础的认知信任（Poppo et al.，2016）。事实上，大数据征信一方面能够通过降低企业间交易成本、提高交易效率等（Zhou et al.，2019；Hutchinson and Xavier，2006；陈丽汀，2019；张璞，2020）来影响交易层面的信任形成原因，另一方面也可以通过奖惩措施减少合作中机会主义行为的发生来影响情感嵌入方面的信任形成动因（Salamon et al.，2017；Weber and Bauman，2019；Poppo and Zenger，2002）。然而现有关于大数据征信作用于中小微企业合作网络的研究仍然缺乏，因此需要进一步对此展开深入分析。

第三，关于大数据征信与组织间信任的研究。这部分研究较少，且该类研究多从交易成本与不确定角度展开，认为组织间信任在一定程度上能通过多次交易互动来提高企业间信息透明度（Kodish，2017；Lee，2007），是对信息不对称造成的交易成本增加的补救措施。较少从信息不对称本源出发，研究大数据征信对组织间信任的直接作用。事实上，大数据征信系统与组织间信任之间存在关系复杂的理论作用机制。首先，大数据征信系统能大大缓解企业间信息不对称引发的负面效应，一方面能够对以消除信息不对称为目的的信任模式起到信息透明替代作用（Pan et al.，2017），另一方面，它对以风险-收益评估为基础的认知信任模式起到信息增强互补作用（Mujeeb et al.，2021）。其次，大数据征信系统能对企业信用信息进行实时动态评价与查询，这将在极大程度上规避企业间合作的机会主义行为与违规行为的发生对企业发展造成的损失（Chen et al.，2014；姜俊琳，2016），一方面可以在以情感认知为核心的信任模式中有效控制机会主义和关系锁定等问题，另一方面能降低以计算风险收益为中心的信任模式中的道德风险并减少违规行为（Salamon et al.，2017）。因此，需要进一步深入分析大数据征信对组织间信任的内在作用机理，以厘清大数据征信与组织间信任之间错综复杂的关系。

基于此，本章将结合信息不对称、社会资本、网络等相关理论，首先分析大数据征信对中小微企业合作行为造成的影响，按照"主动-被动"机制将其分为大数据征信搜索能力以及大数据征信惩戒能力，按照"理性-情感"框架将组织间信任分为计算信任与关系信任。其次研究不确定环境下大数据征信如何影响组织间信任水平，并按照"市场-技术"框架将不确定环境分为市场不确定与行为不确定。最后运用问卷调查法分析大数据征信搜索能力与惩戒能力对两种不同类型的组织间信任的影响机制,以及不确定环境下这种影响机制的变化,以期明晰不确定环境下大数据征信系统影响供应链网络下中小微企业间合作战略的内在作用机理,为大数据征信体系建设与中小微企业合作战略决策提供理论指导与实践建议。

第二节 大数据征信增强中小微企业间信任的理论机理

正如前文所述,大数据征信对中小微企业的影响主要体现在企业对外合作搜索能力以及规范企业合作行为两方面。同时在中小微企业合作网络中,组织间信任主要分为以情感认同为主的关系信任与以风险收益衡量为主的计算信任。本章认为大数据征信不同能力对企业间的信任关系都具有促进作用,且存在差异性。

一、大数据征信搜索能力与组织间信任

大数据征信是一种以互联网、区块链等大数据技术为核心的征信模式,天生具备实时处理大量数据信息、全方位深入挖掘信用信息、明晰主体信用轨迹、自动智能调整评价体系等优势(Devereaux and Peng, 2020; Wu et al., 2014),能全面刻画企业信用画像全貌以降低企业间信息不对称程度(Mujeeb et al., 2021; Wang, 2018),因此能提高组织间信任程度,具体如下。

首先,由于组织间计算信任是一种以计算合作双方合作中的风险收益为核心的信任方式,所以其关键在于对合作方履行合同能力、未来风险承受能力以及信用状况进行评估,遵循前瞻式决策规则(Poppo et al., 2016; Krishnan et al., 2016),而大数据征信的主要用途之一便是预测企业信用交易风险与偿还能力(Mujeeb et al., 2021),这与计算信任下的前瞻式决策规则不谋而合。大数据征信能够帮助企业快速精确地评估交易收益率,提高企业决策效率,为企业节省大量时间成本与搜索成本(Pan et al., 2017; Alam et al., 2020),从而让企业将更多资源用于创新以提高创新绩效。

其次,组织间关系信任是一种以合作双方情感认同、"一家人"文化为核心的信任方式(Poppo et al., 2016),其关键在于合作过程中双方彼此具有共同"身份"象征,是一种启发式决策规则下的信任模式(Gulati and Sytch, 2008; Lewicki and Bunker, 1996)。但在这种信任模式下,由于资产专用性(Katsikeas et al., 2009)、交易风险(Gaur et al., 2011)等情况的存在,双方信任容易出现不对称情况,从而导致彼此的信任程度难以达到最佳状态。大数据征信的出现降低了双方信任不对称程度。一方面,在大数据征信体系完善的情况下,企业间的信息将会透明化,提高企业交易匹配效率(Pan et al., 2017;李仲飞和黄金波,2016),不需要过度依赖于某个或某些企业,企业可以将更多的精力放在外部搜索方面,因此企业间专用性资产需求方对彼此关系信任的依赖程度减轻,双方信任不对称程度降低。另一方面,大数据征信为企业提供信用调查信息,让企业能够快速获取交易方的各方面信息(Zhou et al., 2019; Zhang et al., 2020),如企业家的性格、企业间的相似度等(Nooteboom et al., 2007),有利于企业间建立情感关系,同时能够帮

助企业预测未来交易风险（Mujeeb et al., 2021；Alam et al., 2020），增强企业抵御交易风险的能力，从而增加对由关系信任带来的风险承担的需求，并一定程度上减少由企业的风险承受能力不同导致的非对称关系信任需求。因此，大数据征信体系越完善，组织间关系信任程度越高。

最后，计算信任遵循一种以核算、预测、评估为中心的前瞻式决策规则（Poppo et al., 2016；Gulati and Sytch, 2008），关系信任遵循一种以情感、依赖、集体为中心的启发式决策规则（Poppo et al., 2016；Lewicki and Bunker, 1996）。大数据征信搜索能力的关键在于通过运用互联网、区块链、云计算等大数据技术对企业交易、财务、生产等信息实时深入挖掘、归类整合、评价分析（Mujeeb et al., 2021）、实时共享从而形成企业信用画像（Wang, 2018），故对以前瞻式决策规则为核心的计算信任而言，能起到直接促进互补作用，而对以启发式决策规则为核心的关系信任的作用在于在一定程度上降低信任不对称程度，继而间接提升双方信任程度。因此，相比之下，大数据征信搜索能力对组织间计算信任的促进作用更大。

基于此，本章提出如下假设。

H9.1a：大数据征信搜索能力将会显著提升组织间双元信任水平。

H9.1b：大数据征信搜索能力对组织间计算信任的提升效应大于组织间关系信任。

二、大数据征信惩戒能力与组织间信任

大数据技术与征信行业的深入融合不仅体现在以大数据技术为基础提升运算评价信用信息能力上，同时大数据技术的实时分析评价功能还赋予征信所固有的信用规诫更强的惩戒能力（张鹏，2013；Weber and Bauman, 2019）。这种非正式制度的信用惩戒规则能够让企业更加规范地完成日常交易合作，防止机会主义与关系锁定行为发生（Pan et al., 2017），从而提升组织间信任程度。具体如下。

对于组织间计算信任来说，计算信任的前提是理性经济人假设与规范机会主义行为，其实现的基础建立在双方签订书面合同等契约形式之上（Poppo et al., 2016），而保障合同履行的基础在于权衡违约成本与履约收益（Krishnan et al., 2016），以往合同违约执行耗时长、信息不透明导致的信息迟滞等引起的企业合同违约执行成本提高以及违约引起的信用评级下降也难以及时得到反馈，这些因素都会很大程度降低组织间计算信任程度。大数据征信通过判断企业可信程度实现对网络主体的信用轨迹和信用行为进行综合描述，从而对企业交易行为起到非正式的制度制约作用（Salamon et al., 2017；Wang, 2018），这一方面能够延长企业间信息公开时效并提高信息透明度（Pan et al., 2017），大大降低合同违约执行成本（Koh et al., 2006；李仲飞和黄金波，2016），可以帮助提高组织间交易的规范性，降低企业交易违约率，不仅能维持企业交易的稳定性，还能提高企业的资金利用率，提升计算信任程度。另一方面，大数据征信具有实时动态评价作用（Mujeeb et al., 2021；Altman and Sabato, 2007），能够根据企业的软硬信息（池仁勇和朱张帆，2020）来评估企业，因此大数据征信能够实时公布企业信用状况，单次交易违约破坏力会影响长期交易，这同样会大大提高企业违约成本，降低企业合同违约率，继而会促使企业管理者更信赖基于合同的合作关系。大数据征信体系不完善的情况下，企业间交易的收益

与惩罚机制都会受阻,组织间计算信任程度便会下降。

对于组织间关系信任而言,关系信任强调的是一种基于共同信念与承诺的启发式或回顾式决策规则(Gulati and Sytch, 2008),但这种由关系情感建立起来的集体主体观虽然能够促进企业间的合作,但也常常因为过度信任而出现能力"刚性"与机会主义行为等问题(王永贵和刘菲,2019),没有计算信任带来的制度规范与理性经济人假设下的稳定收益等优点。关系信任在于合作双方彼此信念一致,在一定程度上脱离了个体利益导向,而秉持彼此集体利益至上原则。在集体利益捆绑下,能极大程度降低企业间合作的交易成本、监督成本,并能培养合作默契,从而提升合作交易效率(Wang et al., 2011)。但这种靠关系维护的交易缺乏有效的监督,因此存在巨大的交易风险(Villena et al., 2019)。在大数据征信不够完善的情况下,集体中的一方为谋取自身利益最大化而损害集体利益所带来的收益极高且风险较低,这给企业间合作带来巨大机会主义行为风险。大数据征信具有实时动态惩戒能力,能够实时为关系信任提供非正式制度保障(Weber and Bauman, 2019),且信用评价信息累积性极大地提高了企业违约、自私等机会主义行为成本,这也防止了企业机会主义行为发生(Pan et al., 2017)。因此,当大数据征信体系建设完善时,企业交易信用信息被实时动态评估,企业机会主义行为将会被有效遏制,在这种情况下,企业会更加相信组织间关系信任。

同时,大数据征信惩戒能力的最大作用在于为企业交易提供非正式制度保障(Wang, 2018),对于书面合同等契约形式的计算信任来说,其本身就已经具备合同违约等正式制度约束,故大数据征信惩戒能力对其起额外补充作用;而对于以集体与情感为核心的关系信任,企业交易行为难以被监管,此时大数据征信惩戒能力对其就更能发挥出互补作用。因此,大数据征信惩戒能力对关系信任的提升作用会明显强于计算信任。

基于此,本章提出以下假设。

H9.2a:大数据征信惩戒能力将会显著提升组织间双元信任水平。

H9.2b:大数据征信惩戒能力对组织间关系信任的提升效应会大于组织间计算信任。

三、不确定性的调节作用

市场不确定性是刻画市场环境波动幅度的标尺,当市场不确定性大时,企业外部生产资料与市场销售情况的变化将会加剧,如产品价格、原料成本、技术变更等要素变化幅度大(Bolli et al., 2020)。此时,企业生产经营决策必须动态调整以适应环境变化才能使企业保持市场竞争力(Jiao et al., 2019)。企业决策变化需要依赖于对外界环境变化的感知(Ndubisi et al., 2020),也就意味着外界市场不确定性使企业增加了对外界环境信息的需求。大数据征信的搜索能力不仅能够快速识别到供应链上下游企业的价格等因素(Huang et al., 2020),还能识别出市场上竞争对手与合作伙伴的技术更新等因素(Pan et al., 2017),能在很大程度上帮助企业获取外界环境动态信息。在外部市场环境平稳的情况下,企业管理者对外界市场环境信息的需求将会减少,也就意味着对大数据征信搜索能力的需求将会减少。因此在市场环境变化幅度大的情况下,大数据征信搜索能力能够促使组织间信任发挥出更大作用。

另外，随着市场环境的不断变化，企业生产销售压力增大（Goel and Nelson，2020），导致企业在合作过程中发生违约、寻租等机会主义行为的风险增大（de Vasconcelos Gomes et al.，2018）。企业是否发生机会主义行为的衡量标准在于其带来的风险与收益，在这种情况下，大数据征信的惩戒机制能够有效遏制机会主义行为，降低企业违规频率，继而提升组织间信任。当外界环境趋于稳定时，企业发生机会主义行为的概率较小，此时大数据征信惩戒能力对组织间信任的促进作用将会大大减弱。

基于此，本章提出以下假设。

H9.3a：市场不确定性越大，大数据征信搜索能力对组织间双元信任的提升效应会越大。

H9.3b：市场不确定性越大，大数据征信惩戒能力对组织间双元信任的提升效应会越大。

行为不确定性是对交易双方对彼此下一步战略意图与行动计划不了解程度的刻画（Schepker et al.，2014），这种不确定性可能是由企业客观战略决策快速变化造成的（Cannon and Perreault，1999；Jung and Kwak，2018），也有可能是由主观战略意图掩饰导致的（Uzzi，1997；Schneckenberg et al.，2017）。当行为不确定程度高时，双方难以掌握对方的生产、销售等计划，对彼此在战略合作过程中的组织间信任造成较大阻碍，企业迫切需要进一步了解合作方行动计划以降低自身合作风险（Wang，2017），而大数据征信体系可以为企业提供合作交易方实时信用、财务、战略投资等多方面综合信息，为企业提供不确定行为合作方的相关实时战略信息数据，从而增进组织间合作信任。在行为相对确定的情况下，企业对大数据征信体系提供搜索能力的需求程度便会降低，此时管理者运用大数据征信搜索能力来增进组织间信任的效果并不会那么明显。

同时，当合作方行为不确定程度高时，对方如若做出一些伤害己方的行为将难以被发现，这将大大助长企业搭便车、机会主义行为的发生（Parkhe，1993），因此，行为不确定程度高会给企业监督行为带来较大压力，提升企业监督成本、交易成本（Goel et al.，2005），不利于组织间信任的形成与培养。大数据征信体系能实时公布深入挖掘的企业信用信息，这给合作中的各方企业一种非正式制度约束（Weber and Bauman，2019），保障企业生产交易的有序进行。行为不确定程度越高，企业管理者对大数据征信惩戒能力的需求就越强烈，此时这种惩戒能力对组织间信任的影响也就越大。相反，当对方行为不确定程度低时，大数据征信惩戒能力的作用也将相应随之下降，对组织间信任的促进作用也将减小。

基于此，本章提出以下假设。

H9.4a：行为不确定性越大，大数据征信搜索能力对组织间双元信任的提升效应会越大。

H9.4b：行为不确定性越大，大数据征信惩戒能力对组织间双元信任的提升效应会越大。研究框架见图9-1。

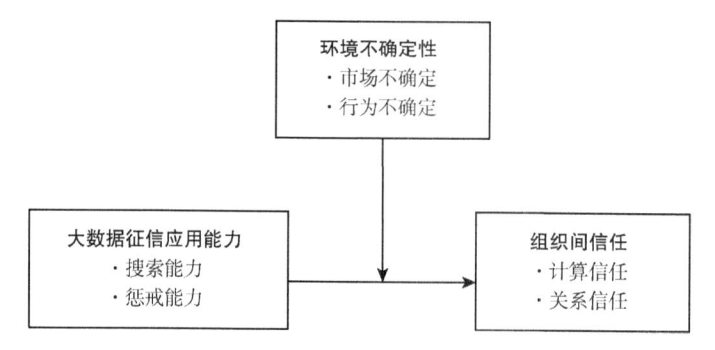

图 9-1　大数据征信应用与双元信任的关系研究框架

第三节　大数据征信增强中小微企业间信任的实证研究

本章的主要内容是分析环境不确定情境下，大数据征信应用能力对组织间信任的影响机制，由于大数据征信应用能力目前没有合适的成熟量表，因此需要对其进行量表开发，且遵循"开放式问卷调研—小规模样本预研—大规模样本验证"思路进行操作，同时对于组织间信任与环境不确定性相关变量采用整合现有成熟量表方式确定。

一、变量设计

（一）解释变量——大数据征信应用能力量表开发

本章基于相关理论文献与实地调查对大数据征信应用能力进行量表开发，以"主动接受–被动规诫"为框架，将大数据征信应用能力分为：企业应用大数据征信进行信息搜索与获取的能力（简称大数据征信搜索能力）、大数据征信对企业行为进行惩戒的能力（简称大数据征信惩戒能力）。

1. 实地调查企业抽样

本书针对 10 家已经使用过大数据征信的企业进行小组访谈（调研企业名单见表9-1），主要选择制造业企业作为调研对象的原因在于：第一，制造业企业的创新需求程度高，与供应链网络上下游企业的联系非常紧密，因此对企业信息需求的要求较高，适合本章的研究问题；第二，制造业属于高端技术行业，容易受市场价格与技术更迭等外界环境波动影响，信息不对称对组织间信任的影响很大，适合研究大数据征信对合作网络下组织间信任的影响机理。

表 9-1　调研企业名单

序号	企业名称	所属行业
1	杭州名立实业有限公司	批发与零售业
2	南京晋恒天望环境科技有限公司	制造业
3	瑞安市裕玺转向系统有限公司	制造业

续表

序号	企业名称	所属行业
4	江苏大全凯帆电器有限公司南京分公司	制造业
5	上海永铭电子股份有限公司	制造业
6	宁波凯波集团有限公司	制造业
7	温州瑞尔金属制造有限公司	制造业
8	瑞安市精密铸造有限公司	制造业
9	浙江双飞无油轴承股份有限公司	制造业

2. 概念界定与操作化

大数据征信是征信行业的一次全面数字化改革，包括信用数据的挖掘、整合、评价、共享等各个方面（吴晶妹，2016），大数据技术一方面为传统征信提供更加强大的信用信息搜索能力，另一方面使征信行业实现动态评价分享，从而增大了企业信用声誉传导效应。基于此，本章从搜索与惩戒两方面来界定大数据应用能力。大数据征信搜索能力是指企业通过应用大数据征信系统进行信息查询、信息搜索等方式来获得更多战略信息的能力。大数据征信惩戒能力是指大数据征信系统的信用信息传导机制对企业行为进行规范的能力。在实地调研访谈过程中，我们从搜索与惩戒两个方向对企业管理者进行深入访谈。

3. 问卷开发结果

1）大数据征信搜索能力量表开发

大数据征信以互联网、区块链等大数据技术为手段，以海量信用数据为样本，全面描述信用主体的信用画像（吴晶妹，2015），故具有评估企业可信度、交易机会以及预测未来交易等功能。因此，本章从企业应用能力角度出发，在访谈时从企业管理者对大数据征信的用途、使用场景以及依赖程度三方面来进行问题设计。具体访谈问题见表9-2。

表9-2 关于大数据征信应用能力的访谈问题

大数据征信应用能力	序号	访谈问题聚焦
大数据征信搜索能力	1	贵公司一般应用大数据征信系统获取哪些信息？比如，对交易对手、合作伙伴等的信用信息会积极主动去搜索吗？
	2	贵公司一般何时依赖于大数据征信系统进行决策？比如，在企业战略设计、交易合作等方面是否会使用大数据征信系统？
	3	贵公司是否对大数据征信系统的信息获取能力比较依赖？具体是哪些方面？
大数据征信惩戒能力	1	大数据征信体系是否让企业感到市场行为更加规范？哪些行为会受到限制？对合作方行为是否也有所限制？
	2	大数据征信体系建设后，贵公司是否更愿意去提升自身的信用水平？主要通过哪些措施来提升？合作方是否也愿意采取更多措施来提升信用水平？
	3	大数据征信体系的黑名单制度是如何影响企业自身行为的？是否会影响合作方行为？如何影响？

通过访谈，我们发现管理者大部分从搜索范围、搜索可信度、搜索频次三个角度来评价大数据征信的应用情况。其中，搜索范围主要从竞争方–合作方两方面考虑，也即关注企业是否会利用大数据征信来搜索潜在的交易对象以及潜在的竞争对手；搜索可信度主要基于企业对对方信用信息的重视程度来考虑，大部分管理者都会在意对方的信用状况，同时在交易前会搜索信用信息数据来决定合作与否；搜索频次主要从企业在合作等交易等过程中对大数据征信的使用程度角度来考虑，访谈企业普遍表示会在合作交易前利用大数据征信技术来调查对方的信用情况，有些企业会设立专门的信用调查小组。基于此，本章设计6个大数据征信搜索能力测量选项，具体如表9-3所示。

表9-3 大数据征信应用能力的测量题项

大数据征信应用能力	序号	测量题项
大数据征信搜索能力	1	企业会利用大数据征信去搜索潜在的交易对象
	2	企业会利用大数据征信去搜索潜在的竞争对手
	3	企业根据合作伙伴的信用情况来决定是否继续合作
	4	企业很关注合作伙伴的信用情况
	5	企业设有专门的技术信息小组，负责调查企业信用情况
	6	企业开展合作前都会利用大数据征信技术来调查对方的信用情况
大数据征信惩戒能力	1	考虑到大数据征信的惩戒措施，我们更加相信合作方不会做出有害我方的行为
	2	考虑到大数据征信的惩戒措施，我们相信合作方不会做出违规行为
	3	考虑到大数据征信的惩戒措施，我们相信双方的关系会更加紧密
	4	考虑到大数据征信的惩戒措施，我们相信合作方会积极履行承诺
	5	考虑到大数据征信的惩戒措施，我们相信合作方会不断提升自身形象
	6	考虑到大数据征信的存在，我们会遵循交易规则
	7	考虑到大数据征信的惩戒措施，我们不会做出伤害合作方的行为
	8	因为大数据征信的存在，我们会努力规范企业行为
	9	因为大数据征信的存在，我们会努力提升企业自身的信用水平
	10	因为大数据征信的存在，我们会更加注意企业的自身形象，提高履约率

2）大数据征信惩戒能力量表开发

对于大数据征信惩戒能力，本章从合作双方角度出发，考虑到双方在合作过程中对大数据征信惩戒能力的感知存在非对称性，故从己方惩戒能力与对方惩戒能力两个维度来考虑。其中，己方惩戒能力是指大数据征信惩戒措施影响企业在合作过程中的行为的能力，而对方惩戒能力则指这些惩戒措施是否能促使合作方遵守规则，从而影响双方的合作稳定性。据此，在访谈过程中要从己方与合作方两个角度展开，且访谈内容围绕大数据征信体系建设是否让企业更加关注自身形象，具体访谈问题见表9-2。

通过访谈，企业管理者在己方行为规诚方面主要关注大数据征信体系下企业遵守规则、规范自身行为等方面，管理者普遍提出考虑到大数据征信的存在，企业会遵守交易规则、不做出危害合作方的行为、努力规范企业行为、改善自身信用状况；在合作方行为规诚方面，主要从合作方主观行为改变、双方合作意愿角度回答，管理者提出考虑到大数据征信惩戒措施，我方相信对方不会伤害我方，对方会遵守合约承诺、双方关系更加紧密。基于此，本章提出 10 个大数据征信惩戒能力测量题项，具体如表 9-3 所示。

通过对大数据征信应用能力的实地调研与深度访谈，本书初步拟定了 6 条题项来测量大数据征信搜索能力，10 条题项来测量大数据征信惩戒能力，其中惩戒己方行为与惩戒合作方行为各 5 条，满足 Schriesheim 和 Hinkin（1990）提出的每个变量的量表开发题项在 6 条及以上的标准规定。为进一步保证设计题项的有效性，本书利用团队例会，请 3 位教授以及 4 位博士生对问卷进行进一步的讨论，对题项中的有关表述进行反复检查讨论，形成初步问卷。

（二）被解释变量——组织间信任的测量

本章通过对现有文献的梳理以及理论推导，将组织间信任按照"理性–情感"框架分为组织间计算信任与组织间关系信任两种。对于组织间计算信任，本章根据 Lewicki 和 Bunker（1996）、Rousseau 等（1998）、Poppo 等（2016）、Wang 等（2020）的相关研究，拟定三个题项来度量合约的奖惩措施力度。对于组织间关系信任，本章借鉴 Lewicki 和 Bunker（1996）、Maguire 等（2001）、Wang 等（2020），以及 Poppo 等（2016）的相关研究，拟定衡量组织间关系信任的具体题项，初步变量设计见表 9-4。

表 9-4 初步变量设计

变量维度	问卷题项
计算信任	基于交易奖惩措施的考虑，合作双方对待对方都是真诚的
	基于交易双方的成本收益考虑，合作双方都按预期行事
	由于违反合同的成本过高，合作双方的行为都是值得信任的
关系信任	企业与供应商的想法一致，因此我们都会让对方来做决定
	企业与供应商所秉持的理念相同，因此我们会非常有效地为对方付出行动
	企业希望能与供应商保持长期合作关系
	企业与供应商是一家人，因此双方会保护共同的利益
市场不确定性	供应市场产品定价变化频繁
	供应市场产品特性及规格变化频繁
	供应市场产品供应变化频繁
	供应商支持服务变化频繁
	供应商使用的技术变化频繁
行为不确定性	我们很难评估供应商是否遵循我们推荐的操作程序
	我们难以获得供应商未来行动的准备报告
职位	您在贵企业的岗位：
工作年限	您的工作年限：
学历	您的学历：
企业年龄	贵企业成立年限：
所属行业	贵企业所属行业：

续表

变量维度	问卷题项
企业规模	贵企业员工人数：
所在地	贵企业所在地：
资产专用性	为了满足供应商的要求，我们会更改产品特性
	为了满足供应商的要求，我们会调整企业的人事安排
	为了满足供应商的要求，我们会改变企业的库存与分销方式
	为了满足供应商的要求，我们会更换主要设备与工具
合同履行	与供应商合作时，我们会规定彼此的角色与责任
	与供应商合作时，我们会规定彼此如何去完成工作
	与供应商合作时，我们会规定突发情况下的紧急处置方案
关系重要性	企业做生意靠的是家人与朋友的支持
	关系对企业发展至关重要
	关系是企业获得成功的必要条件

（三）调节变量——不确定性的测量

本章按照不确定主体将环境不确定性分为市场不确定性与行为不确定性（Poppo et al., 2016）。首先，市场不确定性采用 Cannon 和 Perreault（1999）与 Poppo 等（2016）的成熟量表，分析供应市场中有关定价、产品功能和规格、供应商支持服务、技术和产品供应方面的环境变化。其次，行为不确定性采用 Brown 等（2000）与 Poppo 等（2016）的成熟量表，度量评估供应市场中对方行为活动的难度，初步变量设计见表9-4。

（四）控制变量

本章将一些企业及应答人员的自身特征作为控制变量，如职位、工作年限、学历、企业年龄、所属行业、企业规模、所在地等，同时本章也将资产专用性以及关系重要性纳入控制变量中，主要原因在于以下两点。第一，为了解释交易风险在影响交易信任和绩效方面的潜在重要作用，我们控制了交易特征——资产专用性（Poppo and Zenger, 2002），以评估交易双方在关系中做出特定和不可重新部署的投资的程度。第二，就中国社会的交易而言，关系是影响企业商业决策和行为的重要因素，尤其是在信任方面。因此，在中国语境下，"关系"是我们分析的一个有价值的依据。本章利用 Child 等（2003）开发的三个项目，捕捉了受访者在市场上做生意时对关系重要性的意识，从而测量了关系重要性（买家评估和供应商评估的平均价值），初步变量设计见表9-4。

二、小规模样本发放

通过前期访谈与理论研究，初步拟定变量的问卷测量题项，下一步仍需结合我国企业实际情况，发放小规模样本对相关题项进行验证以及调整修改。

(一) 样本来源与数据收集

1. 样本来源

如同前期对访谈调研样本的选择一样,本章将小规模样本聚焦于制造业企业,涵盖多种行业类型,如纺织行业、文教行业、体育行业、计算机行业、机械行业、化工行业和医药行业等。

2. 数据收集

本书通过关联企业方式发放 98 份问卷,回收 93 份,筛选后得到 86 份,有效率为 87.8%。调查企业均属制造业,大部分来自浙江省杭州市与温州市,以中小微企业为主,且应答人员大部分来自企业中高层、工作年限在 5 年以上,因此对企业应用大数据信用系统情况以及组织间信任决策十分清楚,具体描述性分析如表 9-5 所示。

表 9-5 小规模样本企业描述性分析

企业及应答人员状况	指标	分类	样本数	百分比
企业状况	企业年龄	1—5 年	17	19.77%
		6—10 年	43	50.00%
		10 年以上	26	30.23%
	所属行业	纺织/皮革/服装/鞋类制造业	19	22.09%
		文教/工美/体育/娱乐用品/玩具制造业	4	4.65%
		计算机/电子/机电/机械和其他高端设备制造业	30	34.88%
		化工/化纤/金属/医药制造业	18	20.93%
		非制造业	15	17.44%
	企业规模	300 人及以下	74	86.05%
		301—1000 人	12	13.95%
	所在地	浙江省	67	77.91%
		江苏省	13	15.12%
		上海市	5	5.81%
		其他	1	1.16%
应答人员状况	职位	高层管理人员	42	48.84%
		中层管理人员	41	47.67%
		基层管理人员	3	3.49%
	工作年限	5 年以下	22	25.58%
		5—10 年	42	48.84%
		10 年以上	22	25.58%
	学历	大专及以下	33	38.37%
		大学本科	50	58.14%
		硕士研究生	3	3.49%

(二) 小规模样本探索性因子分析

本章分别对大数据征信应用能力、组织间信任、环境不确定性等主要变量的题项进行初步探索性因子分析（exploratory factor analysis，EFA）。从表9-6中可以看出，变量的KMO（Kaiser-Meyer-Olkin）取样适切性量数都大于0.7，且通过巴特利特球形度检验，说明相关变量都适合做进一步因子分析。

表9-6　KMO和巴特利特球形度检验

检验指标		大数据征信应用能力	组织间信任（先验）	组织间信任（调整后）	环境不确定性
KMO取样适切性量数		0.773	0.732	0.756	0.883
巴特利特球形度检验	近似卡方	708.455	215.970	158.795	598.702
	自由度	45	21	15	15
	显著性	0.000	0.000	0.000	0.000

在采用主成分分析与最大方差旋转法运用SPSS软件对相关变量进行探索性因子分析后，首先，我们发现大数据征信应用能力析出三个因子，其中因子1的几个题项代表的应用能力均与搜索能力有关，因此将其命名为"搜索能力"；因子2的几个题项代表的应用能力均与惩戒己方企业相关，因此将其命名为"惩戒己方"；因子3的几个题项代表的应用能力均与惩戒对方企业相关，因此将其命名为"惩戒对方"。模型累计总解释力度为64.561%，解释效果良好。其次，组织间信任最终析出三个因子，特征值分别为2.411、1.135和0.909，且各因子的负荷值均在0.5以上，累计总解释力度为63.635%。但其中TR4题项形成了单独的因子，且与其他因子之间的偏差过大，因此予以剔除，并对剩下的六个题项做进一步的因子分析，最终析出两个因子，其中因子1的几个题项均与组织间关系程度相关，因此将其命名为"关系信任"，因子2的几个题项均与组织间计算情况相关，因此将其命名为"计算信任"。两个因子的特征值分别为2.233和0.977，负荷值均在0.5以上，累计总解释力度为53.511%，符合要求。最后，环境不确定性最终析出两个因子，其中因子1代表的几个题项均与企业外部市场环境相关，因此将其命名为"市场不确定性"，因子2代表的题项均与企业主体间行为不确定性相关，因此将其命名为"行为不确定性"，两个因子的特征值分别为3.639和0.6254，负荷值均在0.5以上，累计总解释力度为71.059%，符合要求，具体结果见表9-7。

表9-7　变量探索性因子分析结果

变量	题项	因子		
		1	2	3
大数据征信应用能力	BD3	0.876	0.071	0.006
	BD2	0.867	0.058	0.069
	BD1	0.858	−0.023	0.085
	BD5	0.034	0.755	0.152
	BD4	0.026	0.746	0.017

续表

变量	题项	因子		
		1	2	3
大数据征信应用能力	BD7	0.022	0.669	0.402
	BD6	0.043	0.619	0.311
	BD9	0.005	0.120	0.828
	BD10	0.114	0.174	0.760
	BD8	0.050	0.290	0.723
组织间信任（先验）	TR5	0.779	0.115	−0.240
	TR6	0.661	0.236	0.294
	TR7	0.644	0.009	0.499
	TR2	0.029	0.750	0.197
	TR3	0.365	0.679	−0.210
	TR1	0.086	0.624	0.363
	TR4	0.026	0.204	0.851
组织间信任（调整后）	TR5	0.766	−0.041	
	TR6	0.692	0.286	
	TR7	0.662	0.196	
	TR2	0.058	0.790	
	TR1	0.122	0.736	
	TR3	0.385	0.503	
环境不确定性	UC3	0.902	0.156	
	UC4	0.723	0.416	
	UC2	0.592	0.467	
	UC1	0.564	0.492	
	UC6	0.188	0.897	
	UC5	0.441	0.734	

注：题项列按照探索性因子分析结果排序

在因子分析的基础上，本章进一步对相关变量进行信度检验，结果如表 9-8 所示。从表 9-8 中可以看出，大数据征信应用能力的三个维度的 CITC（corrected item-total correlation，校正项总计相关性）均大于 0.4，α 值均在 0.7 以上，且删除任一题项后 α 值下降，说明样本数据能够反映题项间较好的一致性。同样组织间信任的两个维度的 CITC 均大于 0.3，α 值均在 0.5 以上，且删除任一题项后 α 值下降，样本数据基本能够反映题项间的一致性。环境不确定性的两个维度的 CITC 均大于 0.5，α 值均在 0.7 以上，且删除任一题项后 α 值下降，样本数据能够反映题项间较好的一致性。综合以上分析，大数据征信应用能力、组织间信任与环境不确定性的测量题项经检验筛选后可用于大样本调研。

表 9-8 变量测量与信度检验

变量	测量题项	CITC	删减 α	CFA 载荷	α	建构信度
搜索能力	企业会利用大数据征信去搜索潜在的交易对象	0.686	0.792	0.795	0.839	0.859
	企业会利用大数据征信去搜索潜在的竞争对手	0.710	0.769	0.832		
	企业开展合作前都会利用大数据征信技术来调查对方的信用情况	0.712	0.767	0.828		
惩戒己方	考虑到大数据征信的存在，我们会遵循交易规则	0.434	0.696	0.709	0.718	0.871
	考虑到大数据征信的惩戒措施，我们不会做出伤害合作方的行为	0.511	0.652	0.788		
	因为大数据征信的存在，我们会努力规范企业行为	0.490	0.665	0.834		
	因为大数据征信的存在，我们会努力提升企业自身的信用水平	0.588	0.604	0.835		
惩戒对方	考虑到大数据征信的惩戒措施，我们更加相信合作方不会做出有害我方的行为	0.549	0.653	0.801	0.731	0.853
	考虑到大数据征信的惩戒措施，我们相信合作方不会做出违规行为	0.586	0.606	0.832		
	考虑到大数据征信的惩戒措施，我们相信双方的关系会更加紧密	0.531	0.672	0.804		
计算信任	基于交易奖惩措施的考虑，合作双方对待对方都是真诚的	0.343	0.427	0.613	0.529	0.747
	基于交易双方的成本收益考虑，合作双方都按预期行事	0.370	0.385	0.770		
	由于违反合同的成本过高，合作双方的行为都是值得信任的	0.315	0.473	0.724		
关系信任	企业希望能与供应商保持长期合作关系	0.337	0.535	0.747	0.571	0.782
	企业与供应商所秉持的理念相同，因此我们会非常有效地为对方付出行动	0.413	0.394	0.746		
	企业与供应商是一家人，因此双方会保护共同的利益	0.379	0.456	0.720		
市场不确定性	供应市场产品特性及规格变化频繁	0.610	0.782	0.823	0.817	0.828
	供应市场产品供应变化频繁	0.597	0.790	0.762		
	供应商支持服务变化频繁	0.679	0.751	0.689		
	供应商使用的技术变化频繁	0.677	0.750	0.676		
行为不确定性	我们很难评估供应商是否遵循我们推荐的操作程序	0.602	—	0.836	0.749	0.832
	我们难以获得供应商未来行动的准备报告	0.602	—	0.851		

注：CFA 为 confirmatory factor analysis（验证性因子分析）的缩写

三、大规模样本发放

在进行问卷二次修缮后，本书进一步大规模发放问卷来检验研究模型，本次一共发放问卷 829 份，回收问卷 645 份，回收率为 77.8%，剔除问项中少填以及答案均为同一个选项的问卷，剩余有效问卷 563 份，有效率为 67.9%，具体如表 9-9 所示。

表 9-9　大规模问卷发放与回收一览表

序号	对象	形式	发放问卷数	回收问卷数	有效问卷数	有效率
1	学院合作企业	线上	234	201	197	84.2%
2	学术论坛参与学者	线下	65	60	58	89.2%
3	个人社会资源	线上	530	384	308	58.1%
	总计		829	645	563	67.9%

四、实证分析

（一）描述性统计与相关性分析

样本描述性统计分析结果如表 9-10 所示，从企业状况来看，主要分布于四大制造业行业中，且 72.47% 是有 6 年甚至是 10 年以上生存时间的老企业，企业规模在 300 人及以下的占了绝大多数，比例为 70.69%。从应答人员状况来看，65.01% 的应答人员为企业的中层管理人员，高层管理人员数量次之，占到了 26.64%，而基层管理人员数量最少。在所有应答人员中，绝大多数人员在本单位的工作年限不超过 10 年，占据 79.04%；过半的员工拥有大学本科学历，有 19.00% 的人员拥有硕士乃至博士学位。

表 9-10　样本描述性统计分析结果

企业及应答人员状况	指标	分类	样本数	占比
企业状况	企业年龄	1—5 年	155	27.53%
		6—10 年	132	23.45%
		10 年以上	276	49.02%
	所属行业	纺织/皮革/服装/鞋类制造业	71	12.61%
		文教/工美/体育/娱乐用品/玩具制造业	29	5.15%
		计算机/电子/机电/机械和其他高端设备制造业	235	41.74%
		化工/化纤/金属/医药制造业	132	23.45%
		非制造业	96	17.05%
	企业规模	300 人及以下	398	70.69%
		301—1000 人	157	27.89%
		1000 人以上	8	1.42%
	所在地	浙江省	463	82.24%
		江苏省	65	11.55%
		上海市	26	4.62%
		其他	9	1.60%
应答人员状况	职位	高层管理人员	150	26.64%
		中层管理人员	366	65.01%
		基层管理人员	47	8.35%

续表

企业及应答人员状况	指标	分类	样本数	占比
应答人员状况	工作年限	5年以下	188	33.39%
		5—10年	257	45.65%
		10年以上	118	20.96%
	学历	大专及以下	164	29.13%
		大学本科	292	51.87%
		硕士研究生	104	18.47%
		博士研究生	3	0.53%

（二）验证性因子分析

本章利用 SmartPLS 软件构建结构方程，结果如图 9-2 所示，不同题项载荷均大于 0.5，建构信度均大于 0.6。因此，核心变量的拟合指标都满足因子分析的先验要求，表明各个影响因素的测量题项具有良好的内部一致性，研究数据具有良好的结构效度水平。其中 SS、CJM、CJO、JS、GX、MU、BU 分别为搜索能力、惩戒己方、惩戒对方、计

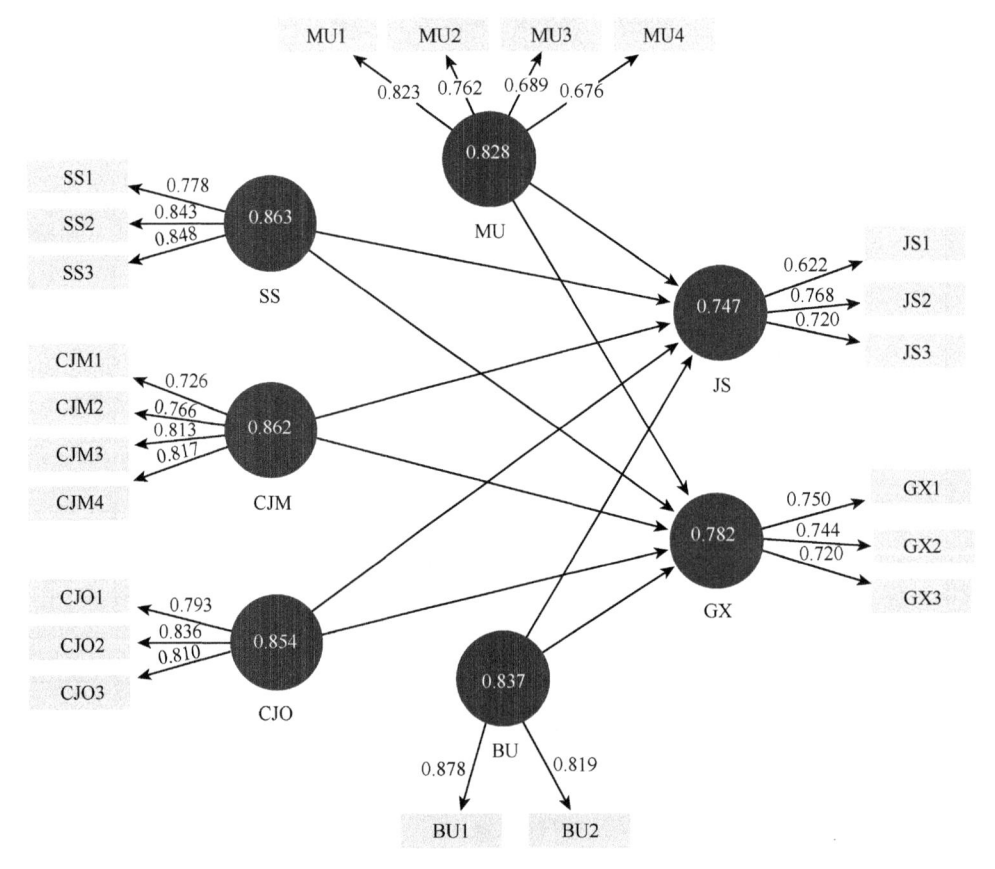

图 9-2 模型 CFA 结果

算信任、关系信任、市场不确定性以及行为不确定性。SS1、SS2、SS3 为 SS 的三个题项。其余以此类推。

对大数据征信应用能力的三个因子维度、组织间信任的两个因子维度以及环境不确定性的两个因子维度进行信度检验，结果如表 9-11 所示，各个因子的克龙巴赫 α 系数值均大于临界值 0.6，平均变异数抽取量（average variance extracted，AVE）值都大于临界值 0.5，组合信度（composite reliability，CR）值均大于临界值 0.7，说明七个因子都有较为良好的信度水平。同时从表 9-12 中可以看到，各变量的 AVE 值的平方根均大于各个变量之间的相关系数，表明本书所使用的测量量表具有较好的区分效度（Fornell and Larcker，1981）。

表 9-11 信度检验

变量	克龙巴赫 α 系数	CR	AVE
搜索能力	0.765	0.863	0.678
惩戒己方	0.787	0.862	0.611
惩戒对方	0.745	0.854	0.662
计算信任	0.604	0.747	0.501
关系信任	0.683	0.782	0.544
市场不确定性	0.731	0.828	0.547
行为不确定性	0.615	0.837	0.720

表 9-12 区分效度检验

变量	搜索能力	惩戒己方	惩戒对方	计算信任	关系信任	市场不确定性	行为不确定性
搜索能力	0.849						
惩戒己方	−0.078	0.782					
惩戒对方	−0.024	0.008	0.814				
计算信任	0.099*	0.285**	0.521**	0.706			
关系信任	0.202**	0.466**	0.455**	0.594**	0.738		
市场不确定性	0.406**	−0.076	0.326**	0.312**	0.354**	0.740	
行为不确定性	0.236**	−0.216**	0.175**	0.198**	0.209**	0.628**	0.823

注：对角线上数字为相应变量的 AVE 值的平方根，其他数字为变量之间的相关系数，若对角线上的数字大于同行同列的其他数字的绝对值，则表示变量之间具有较好的区分效度

*、**分别表示在 10%、5%水平上显著

（三）同源误差、多重共线性检验

在进行多元层次回归检验之前，本书采用哈曼（Harman）单因素检验方法来检验共同方法偏差，在将所有的题项一起做因子分析后发现，7 个因子的解释总变异量为 66.745%，而第一个因子的解释变异量为 18.381%，表明没有一个单一的因子解释大多数的变异，因此本书不存在同源方差问题。同时对模型进行多重共线性检验，利用回归模型，计算方差膨胀因子（variance inflation factor，VIF）发现，搜索能力的 VIF 值为 1.355，

惩戒己方的 VIF 值为 1.597，惩戒对方的 VIF 值为 1.594，市场不确定性的 VIF 值为 1.578，行为不确定性的 VIF 值为 1.615，结果均小于 3，表明本书所有变量间均不存在显著的多重共线性问题。

（四）层次回归结果

1. 大数据征信应用能力对计算信任的影响

本节采用逐步回归分析法，依次放入控制变量、自变量、交互项，且除控制变量使用原始指标外，其他变量均采用标准化指标。为检验所有变量的参数，避免被排除，输入方法均为强制输入法。方差分析结果见表 9-13，结果显示 F 值在 20 至 30 之间，且概率值（p）均小于 0.001，可以认为在 1%水平下的多元回归效果是非常显著的，也即企业的大数据征信应用能力、环境不确定性和组织间计算信任存在显著的影响，同时大数据征信应用能力与环境不确定性的交互项对组织间计算信任也存在显著的影响。

表 9-13　方差分析结果

模型		平方和	自由度	均方	F	p
1	回归	150.013	11	13.638	21.803	0.0001
	残差	344.644	551	0.625		
	总计	494.658	562			
2	回归	217.849	14	15.561	30.806	0.0001
	残差	276.809	548	0.505		
	总计	494.658	562			
3	回归	227.349	16	14.209	29.024	0.0001
	残差	267.308	546	0.490		
	总计	494.658	562			
4	回归	233.404	22	10.609	21.929	0.0001
	残差	261.253	540	0.484		
	总计	494.658	562			

注：模型 1—仅包含控制变量；模型 2—加入自变量；模型 3—加入自变量与调节变量；模型 4—加入自变量、调节变量及二者交互项。部分数据与实际计算结果有出入，为修约所致

回归结果如表 9-14 所示。由模型 2 结果可得，搜索能力正向影响组织间计算信任（$\beta=0.068$，$p<0.1$），惩戒己方的能力正向影响组织间计算信任（$\beta=0.241$，$p<0.001$），惩戒对方的能力正向影响组织间计算信任（$\beta=0.388$，$p<0.001$），说明大数据信用系统三种应用能力都会提升组织间计算信任水平，其中惩戒能力比搜索能力的影响更大，这一方面说明企业管理者认为大数据信用系统能够帮助规范合作双方的交易行为，促使基于成本和收益的计算信任更加透明公开化，有助于双方进行更深层次的合作，但另一方面也说明企业管理者运用大数据信用系统进行信息搜索带来的提升效应不大，大数据信用系统的信息搜索功能仍不完善。

表 9-14 层次回归系数表

变量	计算信任				关系信任			
	模型 1	模型 2	模型 3	模型 4	模型 5	模型 6	模型 7	模型 8
职位	−0.029	−0.028	−0.046	−0.046	0.052	0.044	0.036	0.034
	(−0.703)	(−0.749)	(−1.250)	(−1.239)	(1.439)	(1.366)	(1.143)	(1.080)
工作年限	−0.068*	−0.072*	−0.085**	−0.082**	0.032	0.024	0.016	0.014
	(−1.663)	(−1.962)	(−2.333)	(−2.233)	(0.869)	(0.747)	(0.495)	(0.461)
学历	−0.031	−0.013	−0.010	−0.019	0.059*	0.065**	0.070**	0.061*
	(−0.792)	(−0.344)	(−0.272)	(−0.509)	(1.676)	(2.043)	(2.210)	(1.934)
企业年龄	−0.022	−0.012	0.003	−0.014	0.094**	0.098**	0.088**	0.079**
	(−0.558)	(−0.338)	(0.090)	(−0.373)	(2.660)	(3.173)	(2.754)	(2.453)
所属行业	0.147***	0.074**	0.067**	0.060*	0.109***	0.030	0.026	0.019
	(4.078)	(2.234)	(2.039)	(1.818)	(3.421)	(1.039)	(0.914)	(0.685)
企业规模	0.049	0.013	0.012	0.007	0.038	−0.012	−0.017	−0.023
	(1.279)	(0.381)	(0.336)	(0.197)	(1.107)	(−0.412)	(−0.574)	(−0.786)
所在地	0.129**	0.061*	0.080**	0.104**	0.075**	0.002	0.024	0.011
	(3.206)	(1.672)	(2.159)	(2.733)	(2.114)	(0.066)	(0.738)	(0.324)
资产专用性	0.380***	0.265***	0.229***	0.226***	0.268***	0.181***	0.147***	0.160***
	(8.908)	(6.566)	(5.499)	(5.321)	(7.094)	(5.220)	(4.071)	(4.398)
合同履行	0.099**	−0.002	0.019	0.022	0.240***	0.099**	0.108**	0.090**
	(2.492)	(−0.047)	(0.486)	(0.540)	(6.865)	(2.913)	(3.168)	(2.650)
关系重要性	0.221***	−0.002***	0.075*	0.074*	0.342***	0.190***	0.183***	0.171***
	(5.385)	(2.055)	(1.915)	(1.880)	(9.440)	(5.607)	(5.410)	(5.121)
监督管理	−0.014	0.241	−0.059	−0.062	−0.045	−0.012	−0.072*	−0.068
	(−0.324)	(−0.052)	(−1.272)	(−1.338)	(−1.141)	(−0.347)	(−1.778)	(−1.610)
搜索能力		0.068*	0.063	0.073*		0.101**	0.084**	0.115**
		(1.720)	(1.583)	(1.693)		(2.960)	(2.408)	(3.106)
惩戒己方		0.241***	0.229***	0.202***		0.348***	0.350***	0.339***
		(6.012)	(5.771)	(4.937)		(10.110)	(10.159)	(9.713)
惩戒对方		0.388***	0.395***	0.379***		0.308***	0.299***	0.270***
		(10.625)	(10.765)	(9.799)		(9.801)	(9.373)	(8.178)
市场不确定性			−0.159***	−0.151**			0.126**	0.177***
			(−3.414)	(−3.106)			(3.115)	(4.277)
行为不确定性			−0.061*	−0.046			0.054	0.097**
			(−1.960)	(−1.026)			(1.44)	(2.544)

续表

变量	计算信任				关系信任			
	模型1	模型2	模型3	模型4	模型5	模型6	模型7	模型8
市场不确定性×搜索能力				0.091**				−0.018
				(2.320)				(−0.586)
市场不确定性×惩戒己方				0.048*				0.112***
				(1.893)				(3.262)
市场不确定性×惩戒对方				0.075*				0.082**
				(1.907)				(2.442)
行为不确定性×搜索能力				0.066*				0.017
				(2.053)				(0.545)
行为不确定性×惩戒己方				0.018				0.041
				(0.479)				(1.281)
行为不确定性×惩戒对方				0.073*				0.102**
				(2.007)				(3.162)
常数	−0.328	0.019	0.029	0.021	−1.049***	−0.564**	−0.546**	−0.387*
	(−1.209)	(0.075)	(0.117)	(0.083)	(−4.408)	(−2.596)	(−2.527)	(−1.791)
观察值	563	563	563	563	563	563	563	563
R^2	0.303	0.440	0.460	0.472	0.454	0.586	0.593	0.615

注：括号内的数字是 t 检验值

***、**、*分别表示在1%、5%、10%的显著性水平上显著

由模型3、模型4的结果可得，市场不确定性与搜索能力的交互项（$\beta=0.091$，$p<0.05$）与惩戒己方的交互项（$\beta=0.048$，$p<0.1$）、与惩戒对方的交互项（$\beta=0.075$，$p<0.1$）对计算信任均具有显著的正向效应。行为不确定性与搜索能力的交互项（$\beta=0.066$，$p<0.1$）、与惩戒对方的交互项（$\beta=0.073$，$p<0.1$）对计算信任具有显著的正向效应，但与惩戒己方的交互项对计算信任的影响（$\beta=0.018$，$p>0.1$）不显著，说明当外界市场不确定性较大时，企业对大数据信用系统的使用需求更大，尤其是对其搜索能力的应用。

2. 大数据征信应用能力对关系信任的影响

采用同样的方法检验大数据征信应用能力对组织间关系信任的影响，方差分析结果见表9-15，结果显示 F 值在35至60之间，且概率值均小于0.01，可以认为在1%水平下的多元回归效果是非常显著的，也即企业的大数据征信应用能力、环境不确定性和组织间关系信任存在显著的影响，同时大数据征信应用能力与环境不确定性的交互项对组织间关系信任也存在显著的影响。

表 9-15 方差分析结果

模型		平方和	自由度	均方	F	p
5	回归	220.725	11	20.066	41.666	0.0001
	残差	265.357	551	0.482		
	总计	486.081	562			
6	回归	284.681	14	20.334	55.329	0.0001
	残差	201.400	548	0.368		
	总计	486.081	562			
7	回归	288.199	16	18.012	49.700	0.0001
	残差	197.883	546	0.362		
	总计	486.081	562			
8	回归	298.966	22	13.589	39.218	0.0001
	残差	187.116	540	0.347		
	总计	486.081	562			

回归结果如表 9-14 所示。由模型 6 可得，企业应用大数据征信的三种能力均能够显著提升组织间关系信任的强度，且相对搜索能力而言，两种惩戒能力（惩戒己方和惩戒对方）为企业更看重的能力。与计算信任不同的是，从 β 系数来看，惩戒己方（$\beta=0.348$，$p<0.01$）的效果优于惩戒对方（$\beta=0.308$，$p<0.01$）的效果，搜索能力（$\beta=0.101$，$p<0.05$）的效果最差。说明企业在形成自己与供应链企业之间的关系信任的过程中，更偏重于依据大数据征信的惩戒作用规诫自身行为，同时也相信交易对方是真诚的，并在此基础上使用大数据征信的搜索能力，为形成企业间长期高效的信任关系而努力。

由模型 7、模型 8 可得如下结果。第一，从市场不确定性与大数据征信应用能力三个维度的交互项对企业关系信任的调节效应来看，市场不确定性与搜索能力的交互项负向不显著（$\beta=-0.018$，$p>0.1$），与惩戒己方的交互项正向显著（$\beta=0.112$，$p<0.01$），与惩戒对方的交互项正向显著（$\beta=0.082$，$p<0.05$），说明市场不确定性较大时，企业管理者认为大数据征信的惩戒能力能够显著改善彼此间的信任情况，而不论市场变动情况如何，企业应用搜索能力几乎不会改变关系信任。第二，从行为不确定性与大数据征信应用能力三个维度的交互项对企业关系信任的调节效应来看，行为不确定性与搜索能力的交互项正向不显著（$\beta=0.017$，$p>0.1$），与惩戒己方的交互项正向不显著（$\beta=0.041$，$p>0.1$），与惩戒对方的交互项正向显著（$\beta=0.102$，$p<0.05$），说明当行为不确定性越大时，双方企业的行为都越难以预测，企业越依赖于大数据征信对其他企业的规诫作用来提高企业间的关系信任程度。同时，行为不确定性与搜索能力和惩戒己方的交互项系数为正，虽然在 10% 的统计意义上不显著，但在一定程度上仍能看出，行为不确定性越大，企业也越会依赖大数据征信进行信息搜索并规范自身行为来提升组织间关系信任水平。

3. 结果分析

结合表 9-14 中的 8 个模型，可以得出如下层次回归结果。

首先从主效应来看，大数据征信应用能力的两个维度均会显著提升组织间计算信任水平与关系信任水平，其中惩戒能力的提升效果优于搜索能力，这一方面说明我国大数据信用系统对制造业企业的影响在规诫方面有更多体现，另一方面说明大数据信用系统的不同功能对企业发展的影响并不均衡，而大数据信用系统作为一个技术平台，不仅要发挥数据实时动态共享的惩戒作用，还要发挥大数据技术本身所特有的深入挖掘、收集整合、实时评价分析等数据服务功能，这种"天平倾斜"现象会导致企业在合作过程中不能充分应用大数据信用系统带来的数据红利，因此未来大数据信用系统建设不仅要继续发挥惩戒效应，还要加强大数据征信的信息搜索功能建设，加大系统搜索引擎推广力度。

其次从调节效应来看，第一，市场不确定性增大，大数据征信的搜索能力会增强组织间计算信任的提升效应，而大数据征信的惩戒能力则会增强组织间关系信任的提升效应，这说明当市场环境动荡时，大数据征信的不同应用能力会对不同类型组织间信任产生不同的作用效果，对于组织间计算信任，市场不确定情况下，大数据征信的作用更多体现在信息搜索方面，因为其可以帮助企业在供应链上下游产品价格、技术等要素不断变动的情况下快速精准探知相关信息，从而让管理者能对计算信任进行量化分析与决策。对于组织间关系信任，在市场不确定情况下，大数据征信的作用更多体现在惩戒能力上，因为大数据征信的惩戒能力会使企业发生机会主义行为的风险大大增加，从而降低企业违规行为发生的概率，继而提升组织间关系信任水平。第二，行为不确定性增大，大数据征信惩戒对方的能力会显著增强组织间关系信任的提升效应，但搜索能力对组织间关系信任的作用并未发生显著性变化，这表明在合作过程中，当企业无法清楚掌握对方行动时，更多关注的是大数据信用系统所具有的惩戒规范作用，能够针对合作各方形成一种非正式的制度约束以提升彼此信任水平，而此时企业不太会关注大数据信用系统中定量化的数据搜索功能。研究假设结果汇总见表9-16。

表9-16 研究假设结果汇总表

		假设	是否成立
H9.1	a	大数据征信搜索能力将会显著提升组织间双元信任水平	成立
	b	大数据征信搜索能力对组织间计算信任的提升效应大于组织间关系信任	不成立
H9.2	a	大数据征信惩戒能力将会显著提升组织间双元信任水平	成立
	b	大数据征信惩戒能力对组织间关系信任的提升效应会大于组织间计算信任	部分成立
H9.3	a	市场不确定性越大，大数据征信搜索能力对组织间双元信任的提升效应会越大	部分成立
	b	市场不确定性越大，大数据征信惩戒能力对组织间双元信任的提升效应会越大	成立
H9.4	a	行为不确定性越大，大数据征信搜索能力对组织间双元信任的提升效应会越大	部分成立
	b	行为不确定性越大，大数据征信惩戒能力对组织间双元信任的提升效应会越大	部分成立

第四节 大数据征信增强中小微企业间信任的进一步讨论

一、研究结论

本章通过分层线性回归模型分析了环境不确定情况下大数据征信应用能力与组织间

信任的关系，得出以下结论。

首先，本章通过实地访谈、小规模样本发放、大规模样本验证等方法对大数据征信应用能力进行量表开发，将应用能力分为搜索能力与惩戒能力，且基于对称性考虑，将惩戒能力又分为惩戒己方与惩戒对方。同时，本章运用多层线性回归模型分析发现，大数据征信搜索能力与惩戒能力都能显著提升组织间计算信任水平与关系信任水平，这说明大数据征信在企业合作过程中起到了"润滑剂"作用。此外，无论是计算信任还是关系信任，大数据征信惩戒能力对两者的推动作用都要大于搜索能力。这说明对于企业管理者来说，大数据征信最大的作用是惩戒能力，其次才是搜索能力，因此大数据征信建设在保持目前惩戒作用的同时，还需要进一步推动企业对其搜索能力的使用，包括自身信用信息的全面性、准确性、有效性等数据硬实力，以及为系统中的数据提供服务。

其次，通过分析市场不确定性的调节效应，本章发现市场不确定性加强了大数据征信应用能力对组织间信任水平的促进作用，这说明，一方面，当市场产品定价、供求状态、技术水平变化幅度大时，以计算风险收益为核心的组织间计算信任将很难计算出合同契约的风险收益，从而会导致订单量下降（Bolli et al., 2020），计算信任水平下降，同时，对于以关系情感维系为核心的组织间关系信任，企业间合作搜索成本与沟通成本增大，会使得关系信任水平下降。另一方面，在这种市场不确定情况下，合同等契约形式很难对合作双方起到约束作用，从而导致机会主义行为发生（Goel and Nelson, 2021），造成计算信任水平下降，此时企业会面临更大的竞争压力，更可能造成组织间关系破裂，从而降低组织间关系信任水平。此时大数据征信搜索能力能为其提供信息搜索服务，提高企业的信息计算能力，降低交易成本，帮助企业消除供应市场不稳定带来的负面影响，继而同时提高组织间关系信任与计算信任水平。同时，大数据征信惩戒能力也能为合同契约形式的计算信任额外提供非正式制度保障，且能通过惩戒能力对企业关系信任起到规诫作用，减少不正当行为发生次数，进一步提升组织间计算信任水平与关系信任水平。综上所述，当外界市场不确定性加剧时，合作网络下企业对大数据信用体系的应用需求会更大。

最后，通过分析行为不确定性的调节效应，本章发现行为不确定性加强了大数据征信应用能力对组织间信任水平的推动作用。这说明了，一方面，当企业难以捕捉合作方下一步行动计划时，大数据征信搜索能力能为企业提供对方的交易、生产等重要信息，增进企业对合作方战略意图的了解（Wang, 2018），另一方面，大数据征信惩戒能力也能帮助企业监控合作方行为，使其发生机会主义行为的概率大大下降（Weber and Bauman, 2019），从而提升组织间计算信任水平与关系信任水平。相反，当合作方行为比较明确时，企业对大数据征信的信息搜索能力与惩戒能力的需求便会下降。

二、理论启示

首先，本章以更深入的能力视角探讨大数据征信应用能力的基础与构成，突破长期以来大数据征信理论研究囿于概念性介绍的现状（Jappelli and Pagano, 2002；耿得科和张旭昆，2011；Huang et al., 2020；黄国妍，2020），抓住大数据征信应用能力的本质内涵，以"主动应用-被动惩戒"为分析框架将大数据应用能力分为大数据征信搜索能力以及大数据征信惩戒能力,且基于对称性考虑,将惩戒能力分为惩戒己方与惩戒对方,从而丰富了大数据征信应用能力内涵。

其次,以往研究较多从单一情境关注不确定环境对企业发展的影响(de Vasconcelos Gomes et al.,2018;Ndubisi et al.,2020;翟淑萍和毕晓芳,2016),本章突破这种现状,以"市场环境–行为主体"为框架将不确定环境分为市场不确定与行为不确定,且通过深入研究发现,两种不确定环境下组织间信任的合作创新激励效应具有差异性,可以为企业管理者在不同情境下选择信任方式提供理论指导,从而深化不确定环境下企业发展的理论研究。

最后,本章整合了组织间信任相关理论研究,以"理性计算–情感关系"为框架将组织间计算信任与关系信任整合到统一研究框架中,并识别出两种类型信任的对立与统一关系,推动了大数据理论与组织间信任理论的深度融合。

三、管理意义

首先,本章为大数据征信更好地赋能中小微企业发展提供思路。本章将大数据征信应用能力按照"主动应用–被动惩戒"框架分为大数据征信搜索能力与惩戒能力,通过分析发现,中小微企业应用大数据征信应用能力的两个维度均会显著提升组织间双元信任水平,其中惩戒能力的提升效果优于搜索能力的提升效果,这一方面说明了我国大数据信用系统建设对制造业企业的作用更多地体现在规诫方面,另一方面也说明了大数据信用系统不同功能对中小微企业发展的影响并不均衡,存在一定程度的"天平倾斜",导致中小微企业在网络合作过程中不能充分应用大数据信用系统带来的数据红利,而大数据信用系统作为一个技术平台,不仅要发挥其数据实时动态共享的惩戒作用,还要发挥大数据技术本身所特有的深入挖掘、收集整合、实时评价分析等数据服务功能,故未来大数据信用系统建设不仅要保持对企业行为的惩戒效应,还要继续推广企业应用大数据信用系统进行业务搜索等方面的功能。

其次,本章为中小微企业规避不确定环境带来的影响提供新思路。本章通过探析大数据征信赋能企业合作发展的内在机制,发现大数据征信搜索能力与惩戒能力都能对企业组织间信任起到至关重要的作用。因此,中小微企业应当把握住大数据征信搜索给企业战略管理带来的数字红利,充分利用大数据征信去查询现有与潜在的合作方和竞争方,以保证在战略决策时信息通畅。同时,企业应当积极履约,参加社会公益活动,提升自身实力,努力提升企业信用水平,并利用大数据信用系统发挥出声誉效应,获得更多市场资源。

第三篇

大数据征信赋能中小微企业发展的实证研究与大数据征信平台及数据库建设

第十章　大数据征信对中小微企业融资能力影响的实证研究

当前，我国中小微企业融资难、融资贵问题仍然是社会各界的关注重点（吕劲松，2015）。本书发现63%的企业得到的银行实际批准的贷款金额低于其申请额度的70%，71%的企业仅获得40%的需求资金，98%的企业有过无法得到银行贷款的经历，44%的企业认为其贷款利率比大型企业贵一倍及以上。因此，各级政府部门需采取政策扶持、征信系统搭建、金融市场优化等一系列措施来使中小微企业摆脱融资困境。其中，征信作为解决中小微企业信贷根本问题——信息不对称的关键手段，其建设发展已然成为重中之重（Bennardo et al.，2015）。随着数字经济的迅猛发展，大数据给予传统征信更开放、更透明、更智能的新发展空间。

从外部而言，在信息不对称背景下，大数据征信本质上能够解决由此导致的金融市场失灵问题，其建设发展始终离不开金融市场大环境（白钦先和李士涛，2017；张新宜，2018）。总体上，金融市场化是强化市场主导地位、提升信贷配置效率，进而推动金融改革的重要手段，在很大程度上会对中小微企业信贷可得性产生影响（Neusser and Kugler，1998）。但相对地，金融市场化无法仅仅依靠市场调节来降低失灵风险，政府对基础设施建设的干预不可或缺（王凤荣和王康仕，2018）。大数据征信在实践中的诸多障碍、金融市场化在促进中小微企业融资方面的局限性以及两者内在关联性都突出了两者协同的必要性，单一、过度强调某一领域都可能会导致出现软环境和硬设施耦合效用低下的局面。换言之，探究区域大数据征信建设、金融市场化及其交互效应是解决中小微企业融资难问题的外部需求。

从内部而言，企业信用评价与评级是衡量其融资能力的重要表征。一方面，大量研究表明，中小微企业规模较小，财务数据不全，缺乏银行能够接受的抵押物，这些硬信息是商业银行对企业信用评级的硬性指标（朱冬琴和马嘉应，2012）。然而，中小微企业的成长性、企业家精神、市场灵活性等软信息难以被传统商业银行挖掘，究其原因，一种理论观点认为，软信息调查、甄别成本大，传统商业银行的成本与收益难以对等（Liberti and Petersen，2019）；另一种理论观点认为，软信息变化太快，商业银行无法监控等。随着大数据技术的发展与应用，社会信息越来越充分，信息的收集、甄别费用和监管费用大幅度降低，这就给中小微企业信用评价创造了新的途径。因此，从软硬信息综合层面探讨大数据征信对中小微企业信用评价的影响至关重要。另一方面，在市场金融化与大数据技术突飞猛进协同发展的背景下，以硬信息为基础的传统企业信用评级也面临与时俱进的新挑战，建立更加适应中小微企业发展趋势的信用评级体系势在必行。目前，企业信用评级更关注企业资金投入产出情况，忽略了其融资结构的合理配置对企业经营发展的重要影响。实际上，科学的融资结构能够促进企业资金合理运转，提高企业偿债能力,也是反映企业信用能力的重要因素。因此,在金融市场化的环境下,将企业融资结构纳入中小微企业信用评级体系,通过企业自身融资结构改善来缓解融资难的困境成为学术界的重要议题。

综上所述,本章基于外部和内部两个视角,分别从大数据征信、金融市场化与中小微企业信贷能力,以及大数据征信促进中小微企业信用评价升级、大数据征信改善中小企业融资结构等多个层面进行分析。

第一节 大数据征信、金融市场化与中小微企业信贷能力

一、研究假设

(一)大数据征信对中小微企业信贷的作用机理

综合而言,中小微企业很难获得银行等金融机构的贷款,主要在于信用担保不够以及信息不对称等问题带来的坏账风险。但是,大数据征信以先进的信息技术手段在传统征信基础上优化了信用信息维度和数据分析方法(Pérez-Martín et al.,2018),提升了信息透明度、获得性和解释力,受到学术界和实践部门的广泛关注。

从中小微企业信贷过程上看,大数据征信在信贷市场的活跃度很高,贯穿整个借贷流程,在企业借贷前期、借贷过程中以及借贷后期均产生了显著的影响(Bos et al.,2016),如图10-1所示。首先,在企业融资前期,大数据征信系统提供的信用产品可以协助金融机构及其合作伙伴更全面地了解待授信企业的真实信用情况,从而做出更加科学合理的放贷决策;其次,在企业融资过程中,大数据征信系统将相关信用交易信息反馈至征信系统中,并辅助企业收集其他信用信息,提升企业的信息透明度,降低双方的信息调查成本;最后,在企业融资后期,大数据征信系统将会继续收集相关信用信息,跟踪和反馈企业的还款情况,在此过程中真正发挥监督以及预警作用。

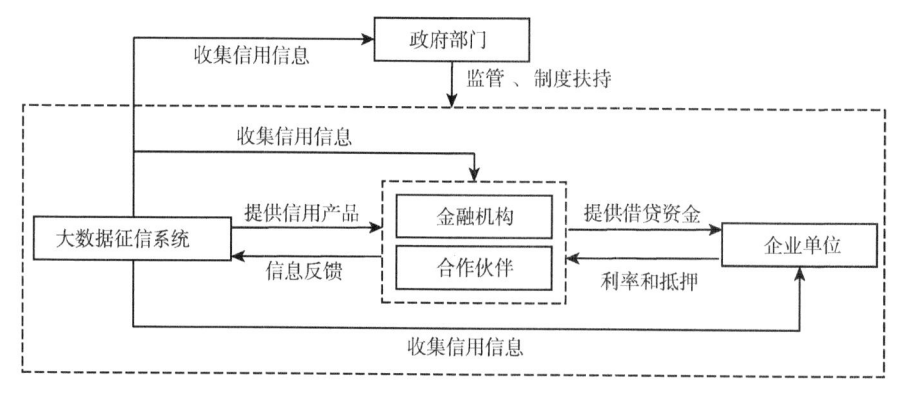

图 10-1 信贷市场中大数据征信作用流程

对于大数据征信作用机理,主要可以从信贷成本和信贷规模两个方面进行分析。首先,大数据征信降低了企业的借贷成本。大数据征信对企业履约和信用信息的全过程持

续追踪，使得违约无处遁形，再辅以高息罚款和"黑名单"制度，在一定程度上抑制企业违约行为，降低信贷市场整体风险溢价，从而降低企业的整体融资成本(de Janvry et al., 2010)。其次，大数据征信实现了借贷双方的信用信息共享，这种共享减少了关系型借贷的寻租机会，客观上避免了金融机构恶性竞争，降低了企业的整体融资成本（尹志超等，2015）。最后，大数据征信扩大了征信规模。海量的大数据动态信用信息解决了信贷双方的信息不对称问题，强大的历史数据库能够帮助银行提前筛选出具有不良信贷记录的企业，避免可能出现的逆向选择问题，同时又能为具有良好信用记录的中小微企业提供佐证并帮助它们及时、长期、有效地获得贷款。

信用投放建设、征信系统建设、政府信用监管建设、制度建设以及大数据技术建设构成了大数据征信建设的五个维度，这五个维度在提升中小微企业信贷能力上均产生了重要影响。信用投放是指金融信贷工具投放以及企业信用赊销，这将影响到借款人和贷款人在信贷市场上的交易；征信系统涵盖了企业和企业主的信用信息数据库，是实现信用信息共享的关键环节；政府信用监管主要是通过行业标准、奖惩工具、基础设施建设等约束市场主体行为，是大数据征信系统的"压舱石"；征信相关制度建设的目的是加强企业征信系统管理，保证数据质量以及信息安全，提升信息收集效率，是整个大数据征信建设的重点；大数据技术具有快速获取有价值信息的能力，其在大数据征信建设中也是重要一环。

因此，本书提出如表10-1所示的假设。

表10-1 大数据征信和中小微企业信贷能力的关系假设

假设	假设内容
H10.1	大数据征信建设能够促进中小微企业信贷能力提升
H10.1a	大数据征信建设中信用投放建设与中小微企业信贷能力呈正相关关系
H10.1b	大数据征信建设中征信系统建设与中小微企业信贷能力呈正相关关系
H10.1c	大数据征信建设中政府信用监管建设与中小微企业信贷能力呈正相关关系
H10.1d	大数据征信建设中制度建设与中小微企业信贷能力呈正相关关系
H10.1e	大数据征信建设中大数据技术建设与中小微企业信贷能力呈正相关关系

（二）软硬信息对中小微企业信贷能力的作用机理

一般来说，软信息和硬信息都会对企业的信贷能力产生影响。硬信息主要指企业规模、企业年龄等基本情况。大量研究表明，企业规模和企业年龄都与企业信贷能力显著正相关（Athey and Laumas, 1994）。根据信号传递理论，企业规模越大，经营时间越长，代表着企业的整体实力越强，拥有更多的抵押物抵御资金危机。同时，规模大和寿命长的企业意味着管理更加规范、披露的信息更多，更有利于帮助信贷机构做出放贷决策，从而降低企业的整体融资成本。因此，大型成熟企业通常更容易受到金融机构青睐，而中小微企业更容易受到信贷歧视。大数据时代，软信息越来越受到关注。企业内部控制能力是软信息的重要内容，通常表现为一种内部治理机制。相关研究表明，内部控制能力薄弱的企业容易过度投资，可能无法抵御未知的经营风险，使贷款人相应地要求更高的利息回报，以补偿道德风险可能带来的更大的违约风险，或者拒绝提供信贷资金，从而增加了企业的信贷成本（Guidara et al.，2016；朱星文，2012）。此外，内部控制能力强的企业提供的信用信息内容丰富，真实性高，贷款人容易理解和信任企业，企业的信贷成功率也会相应提高（Schneider and Church，2008）。

因此，本书提出如表10-2所示的假设。

表10-2 软硬信息和中小微企业信贷能力的关系假设

假设	假设内容
H10.2a	企业硬信息中企业规模与中小微企业信贷能力呈正相关关系
H10.2b	企业硬信息中企业年龄与中小微企业信贷能力呈正相关关系
H10.2c	企业软信息中内部控制能力与中小微企业信贷能力呈正相关关系

另外，大数据征信的快速发展提高了信贷市场的信息透明度，降低了信息不对称程度。贷款方可以利用多维、动态、全面的大数据信用信息，科学合理地做出决策，而不再单纯凭借企业有限的软硬信息进行信贷配给。相较于大型成熟企业，传统硬信息不能为中小微企业提供信贷优势，但是大数据能够通过软信息为其信用背书，即大数据征信能够降低借款方对硬信息的依赖程度，提升软信息的价值判断能力。因此，本书提出如表10-3所示的假设。

表10-3 大数据征信建设影响软硬信息和中小微企业信贷能力关系的假设

假设	假设内容
H10.3a	大数据征信建设能减弱硬信息企业规模对中小微企业信贷能力的影响
H10.3b	大数据征信建设能减弱硬信息企业年龄对中小微企业信贷能力的影响
H10.3c	大数据征信建设能增强软信息内部控制能力对中小微企业信贷能力的影响

（三）金融市场化对中小微企业信贷的作用机理

中小微企业信贷融资离不开国内要素大市场，金融市场化发展必然影响中小微企业信贷融资的方方面面。

首先，金融市场化越明显，金融体系越完善，地方银行等金融机构的自主权越明确，将会使信贷歧视、逆向选择、道德风险等问题得到缓解，一定程度上提升信贷供需配置效率，降低中小微企业融资成本（王永青等，2019）。其次，金融市场越发达，越能促进区域经济发展、扩大信贷规模，使得中小微企业更容易获得信贷资源（王晓彦和张馨月，2019）。最后，不同的金融发展水平会带来不同的市场竞争，具体而言，金融竞争激烈的地区，市场主导银行等金融机构发展，企业与金融机构之间往往具有更加自由的信贷融资关系，中小微企业更加容易得到短期信贷支持（Muscettola，2013）；然而，金融竞争水平过高也会导致过度竞争，这增大了中小微企业鉴别信息的难度，降低了甄别信息的动力，间接提高了中小微企业信贷融资的成本（Rajan，1992）。因此，本书提出如表10-4所示的假设。

表 10-4　金融市场化水平和中小微企业信贷能力的关系假设

假设	假设内容
H10.4	金融市场化水平与中小微企业信贷能力呈正相关关系
H10.4a	金融市场化过程中区域金融业竞争水平与中小微企业信贷能力呈倒"U"形关系
H10.4b	金融市场化过程中区域信贷资金分配效率与中小微企业信贷能力呈正相关关系

大数据征信与金融协同发展、相互协调并实现各自的目标效用，以提升整体运作效率（Iglesias et al., 2011），主要体现为信贷资源配置、金融业竞争、金融科技等与大数据征信互动协调。第一，在金融抑制状态下，信贷资源的配置在大规模企业和小规模企业之间存在显著区别，出现信贷市场分割现象，中小微企业往往会因为"规模歧视"、"所有制歧视"以及"关系歧视"等而在融资过程中遇到各种困难（罗来军等，2016）。在此情况下，一方面，区域金融体系市场化改革可以降低信贷市场分割程度，使得大数据征信帮助中小微企业获得更多信贷资源成为可能；另一方面，大数据征信使得信用信息更加公开透明，降低了信息不对称性，使信贷资源跳出只流向大型成熟企业的旧窠，优化信贷结构，缓解中小微企业融资困境（夏祥谦和范敏，2019）。第二，随着众筹、P2P等新兴金融业态的兴起，金融业竞争愈演愈烈，谁掌握信用信息越多谁越有话语权和灵活性，客观上对征信产品和服务有了更高的要求，促使征信业产生了更大的发展空间（张新宜，2018）。第三，大数据信息技术助力金融机构、征信机构在社交网络、商业平台、企业供应链、政府数据库、新旧媒体等多个领域广泛收集企业信用信息数据，不断提升数据的广度、深度、可靠性、预测力（修永春，2018）。同时，随着大数据清洗处理技术的不断完善，相关机构对目标群体进行数据跟踪、能力评估、发展潜力验证的水平也得到了较大提升。此外，大数据征信也促进信贷供需双方共享交易信息，较好约束了贷款方在关系借贷中获取信用租金的"套牢"行为，促进了金融机构之间的良性竞争，降低了企业借贷成本，提升了整体信贷能力（尹志超等，2015）。但是，金融机构之间过度竞争也会产生一定的消极作用。也就是说，大数据征信应该与金融市场化发展相辅相成。因此，本书提出如表10-5所示的假设。

表 10-5　金融市场化水平与大数据征信建设的交互作用对中小微企业信贷能力影响的假设

假设	假设内容
H10.5	金融市场化水平与大数据征信建设的交互作用，能强化彼此对中小微企业能力的积极效用
H10.5a	适中的区域金融业竞争水平与大数据征信建设的交互作用，能强化彼此对中小微企业能力的积极效用
H10.5b	区域信贷资金分配效率与大数据征信建设的交互作用，能强化彼此对中小微企业能力的积极效用

由此，本书形成的整体研究模型如图10-2所示。

二、研究设计

（一）样本选取与数据来源

本书选取2013年至2017年中国新三板上市公司和创业板上市公司作为研究对象，

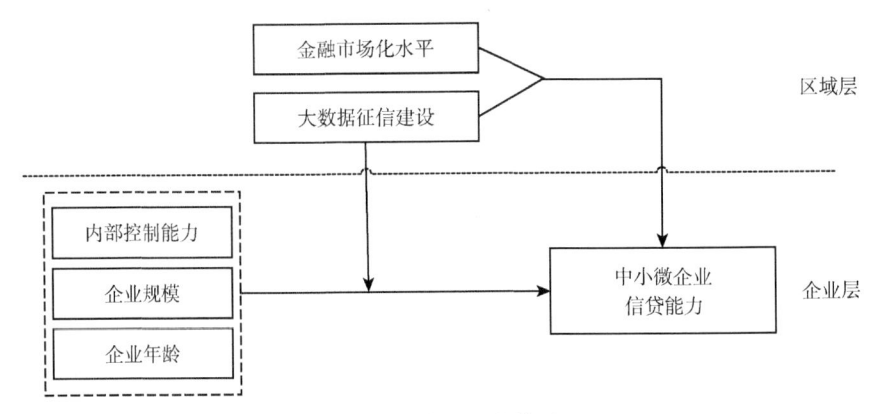

图 10-2 整体研究模型

数据来源为国家统计局网站、《CEI 蓝皮书》、Wind（万得）数据库等权威、官方渠道。本书通过剔除数据缺失的西藏调研数据、ST 及 *ST 企业、金融保险行业的企业，以及关键数据不完整的样本，最终获得 30 个省（自治区、直辖市）616 家企业 5 年的数据。

（二）核心变量选择与描述

1. 被解释变量

被解释变量为中小微企业信贷能力（financing ability，FA）。关于该变量的衡量学术界尚未达成一致，比较常见的做法是选用银行总借款规模进行单一指标衡量，部分学者选取信贷成本、借款期限、信贷方式等构建多指标体系来衡量。本书根据信贷配给理论，借鉴已有度量方法，构建了银行信贷和商业信贷两个一级维度以及银行信贷融资率、银行信贷期限、银行信贷成本、商业信贷融资率、商业信贷成本五大二级维度的评价指标体系（表 10-6），并采用熵值法进行综合评价，具体步骤及公式如下。

表 10-6 被解释变量评价指标体系

一级指标	二级指标	符号	变量定义
银行信贷	银行信贷融资率	TC	（长期借款+短期借款）/总资产
银行信贷	银行信贷期限	TCT	长期借款/（长期借款+短期借款）
银行信贷	银行信贷成本	TCC	利息支出/总负债
商业信贷	商业信贷融资率	BC	（应付账款+预收账款）/总资产
商业信贷	商业信贷成本	BCC	预付账款/（应收账款+预付账款）

第一，数据标准化处理。正向指标：$x_{ij} = \left(x_{ij} - \min(x_{ij})\right) / \left(\max(x_{ij}) - \min(x_{ij})\right)$；负向指标：$x'_{ij} = \left(\max(x_{ij}) - x_{ij}\right) / \left(\max(x_{ij}) - \min(x_{ij})\right)$。

第二，计算各指标熵值：$e_j = \left(-\dfrac{1}{\ln(m)}\right) \sum_{i=1}^{m} x'_{ij} \ln(x'_{ij}), e_j \in [0,1]$。

第三，确定各指标权重：$W_j = (1-e_j) \Big/ \sum\limits_{j=1}^{n}(1-e_j)$。

第四，计算评价主体综合得分：$\mathrm{FA}_i = \sum\limits_{j=1}^{n}(W_j x'_{ij})$。

经计算，银行信贷权重为 0.52，商业信贷权重为 0.48。

2. 核心解释变量

1）区域层核心解释变量

区域层核心解释变量分为大数据征信建设和金融市场化水平。

大数据征信建设指标由本书基于其特点与内容，借鉴《CEI 蓝皮书》中的商业信用环境指数指标体系构建，包含信用投放建设、征信系统建设、政府信用监管建设、制度建设和大数据技术建设五大维度指标体系。依据前文熵值法运算，五大维度权重分别为 0.227、0.226、0.225、0.091、0.231。

金融市场化水平（包括区域金融业竞争水平和区域信贷资金分配效率）参照王昱和安贝（2019）、戴祁临（2019）等学者的测算方法，选用樊纲等《中国分省企业经营环境指数 2017 年报告》中的金融业市场化指标、金融业竞争指标及区域信贷资金分配市场化指标进行衡量，指标数值越大表明地区金融市场化程度越高。

2）企业层核心解释变量

企业层核心解释变量为企业规模、企业年龄、内部控制能力。企业规模是对企业生产、经营等的划分，由企业资产总额的自然对数表示；企业年龄是指企业从成立至 2017 年的运营年数；内部控制是指企业主体为达到既定管理目标，在单位内部实施的相互制约或调节的组织模式和职责分工等，内部控制能力数据源于迪博内部控制指数。

核心解释变量选取及数据来源见表 10-7。

表 10-7 核心解释变量选取及数据来源

	变量名称	符号	数据来源
区域层面	信用投放建设	C1	中国城市商业信用环境指数中信用投放维度排名换算
	征信系统建设	C2	中国城市商业信用环境指数中征信系统维度排名换算
	政府信用监管建设	C3	中国城市商业信用环境指数中政府信用监管维度排名换算
	制度建设	C4	信用中国与中国政府网中大数据征信相关制度统计
	大数据技术建设	C5	中国信息化发展水平排名换算
	大数据征信建设	BDCC	运用熵值法综合 C1、C2、C3、C4、C5 得出
	区域金融业竞争水平	FIC	选用樊纲等《中国分省企业经营环境指数 2017 年报告》金融业竞争指标换算
	区域信贷资金分配效率	CFAM	选用樊纲等《中国分省企业经营环境指数 2017 年报告》信贷资金分配市场化指标换算
	金融市场化水平	MFI	选用樊纲等《中国分省企业经营环境指数 2017 年报告》金融业市场化指标换算
企业层面	企业规模	SIZE	企业资产总额的自然对数
	企业年龄	AGE	企业从成立至 2017 年的运营年数，模型实际运算时取自然对数
	内部控制能力	IC	迪博内部控制指数

3. 控制变量

本书综合考虑了影响中小微企业信贷的微观、宏观两个层次的控制变量，包括企业规模（SIZE）、企业年龄（AGE）、企业属性（SOE）、企业所属行业（INDUSTRY）、内部控制能力（IC）、总资产报酬率（ROA）、企业负债水平（LEV）、企业成长性（GROWTH）8个微观变量，以及固定资产投入（FAI）、人均GDP（GDPPC）、GDP增长率（GDPG）、通货膨胀率（INFL）4个宏观变量。

三、实证结果

（一）研究模型与修正

由于大数据征信建设属于区域层面，企业信贷能力属于企业层面，两者分属不同分析范畴，本书选取精确度更高、拒真率更小的分层线性模型展开研究。同时，考虑到大数据征信建设和金融发展水平均存在一定的时间滞后性（朱培标，2001），本书增加滞后1期和滞后2期的动态多层分析模型，以此提高模型稳健性。综上，本书设定初步模型如下。

层-1（企业层）模型：

$$\text{FA}_{ijt} = \beta_{0j} + \beta_{1j}(\text{SIZE})_{ijt} + \beta_{2j}(\text{AGE})_{ijt} + \beta_{3j}(\text{IC})_{ijt} + \beta_{4j}(\text{SOE})_{ijt} + \beta_{5j}(\text{INDUSTRY})_{ijt}$$
$$+ \beta_{6j}(\text{ROA})_{ijt} + \beta_{7j}(\text{LEV})_{ijt} + \beta_{8j}(\text{GROWTH})_{ijt} + r_{ijt}, r_{ij} \sim N(0, \sigma^2)$$

（10.1）

层-2（区域层）模型：

$$\beta_{pj} = \gamma_{p0} + \sum_{s=1}^{s} \gamma_{ps} W_{sj(t-h)} + \mu_{pj}, \mu_{0j} \sim N(0, \tau_{p0})$$

（10.2）

其中，i、j、t分别为企业、区域和时间；FA_{ijt}为在t时间段从属于第j个区域的第i个企业的信贷能力；W_{sj}为不同的层-2变量，分别包括解释变量BDCC、MFI、FIC、CFAM，解释变量交互项以及控制变量FAI、GDPPC、GDPG、INFL；r_{ijt}为企业层面的随机误差项，并满足$r_{ij} \sim N(0, \sigma^2)$；$\mu_{pj}$为区域层面的随机误差项，并满足$\mu_{0j} \sim N(0, \tau_{p0})$。

在模型初步运算中，本书先运用空模型验证了多层线性模型的适用性以及区域间显著差异存在情况；而后结合张雷等（2003）在多层线性模型应用中关于"变量信度估计较小，组间同质性可能较强"的观点，首先对随机系数模型进行了信度检验，其次将结果显示的SIZE、IC、SOE、ROA、GROWTH这五个系数信度估计远小于截距系数信度估计的变量设定为没有随机成分的固定参数，修正后的层-2模型如下：

$$\beta_{pj} = \gamma_{p0} + \sum_{s=1}^{s} \gamma_{ps} W_{sj(t-h)} + \mu_{pj}, \mu_{0j} \sim N(0, \tau_{p0})$$
$$\beta_{pj} = \gamma_{p0}$$

（10.3）

（二）实证分析与讨论

本书对 BDCC、MFI、FIC、CFAM 等变量先进行中心化处理以防止发生多重共线性，并在此基础上进行模型检验，具体估计结果如表 10-8、表 10-9、表 10-10 所示。

第一，动态时滞模型均显示大数据征信建设正向显著提高了中小微企业信贷能力，H10.1 成立。表 10-8 显示大数据征信建设中政府信用监管建设、制度建设、大数据技术建设与当期中小微企业信贷能力显著正相关，表 10-9 表明信用投放建设、制度建设和大数据技术建设正向影响了时滞 1 期的中小微企业信贷能力，表 10-10 验证了征信系统建设和大数据技术建设正向显著影响了时滞 2 期的中小微企业信贷能力，由此表明大数据征信建设五大子维度均对中小微企业信贷能力提升有显著促进作用，H10.1a、H10.1b、H10.1c、H10.1d、H10.1e 均成立。

第二，企业规模和内部控制能力显著为正，表明内部控制能力越强，规模越大，则企业的信贷能力越强，H10.2a、H10.2c 成立；而企业年龄显著为负，表明随企业年龄的增长，企业信贷能力反而减弱，H10.2b 不成立。

第三，企业规模与大数据征信建设的交互项关系不显著，表明 H10.3a 不成立；企业年龄与大数据征信建设的交互项呈显著负向关系，表明 H10.3b 成立。内部控制能力与大数据征信建设的交互项在当期模型中显著为负，在时滞效应研究中不显著，表明大数据征信在内部控制能力对中小微企业信贷能力作用过程中影响更多的是当期的信贷情况，H10.3c 不成立。

第四，大数据征信建设以及金融市场化水平、区域信贷资金分配效率基本为正向显著，表明大数据征信建设、金融市场化水平以及区域信贷资金分配效率可以提升中小微企业信贷能力，而区域金融业竞争水平与中小微企业信贷能力呈现倒"U"形关系，由此，H10.1 和 H10.4、H10.4a、H10.4b 均得以验证。同时，金融市场化水平、区域信贷资金分配效率与大数据征信建设交互项显著为正，而区域金融业竞争水平也与中小微企业信贷能力的关系在考虑时滞效应前后大致相同，H10.5、H10.5a、H10.5b 验证成立。

第五，在控制变量方面，区域层固定资产投入、通货膨胀率，企业层企业规模、企业属性、企业所属行业、内部控制能力、企业负债水平表现为正向显著影响；人均 GDP、企业年龄、总资产报酬率则表现为负向显著影响。由此再次说明上述变量有必要纳入控制范围以确保整体模型的可靠性。

此外，为进一步检验上述基础模型的稳健性，本章选用被解释变量二分类方式进行验证，即企业信贷能力高于或等于平均水平赋值 1，反之赋值 0。根据新模型估计结果可知，各变量之间的系数方向及显著性基本保持不变，表明本章大部分结论通过稳健性检验。

因此综合而言，H10.1、H10.1a、H10.1b、H10.1c、H10.1d、H10.1e、H10.2a、H10.2c、H10.3b、H10.4、H10.4a、H10.4b、H10.5、H10.5a、H10.5b 均成立，H10.2b、H10.3c 不成立，实证结果与原假设观点相反；H10.3a 不成立，实证结果显示不显著。

表 10-8　当期模型运行结果

变量		(1.1)	(1.2)	(1.3)	(1.4)	(1.5)	(1.6)	(1.7)	(1.8)	(1.9)	(1.10)	(1.11)
截距，β_{0j}	γ_{00}	0.285***	0.538***	0.491***	0.237***	0.362***	0.535***	0.436***	0.5176***	0.540***	0.554***	0.539***
大数据征信建设	γ_{01}		0.059***	0.061***	0.067***	0.053***	0.059***	0.062***		0.059***	0.064***	0.059***
金融市场化水平	γ_{02}		0.003**	−0.000					0.002	0.003**	0.003**	0.003*
区域金融业竞争水平	γ_{03}				0.072***	0.046***						
区域金融业竞争水平²	γ_{04}				−0.004***	−0.02**						
区域信贷资金分配效率	γ_{05}						0.002*	−0.001				
大数据征信建设×金融市场化水平	γ_{06}			0.004*								
大数据征信建设×区域金融业竞争水平	γ_{07}					0.05						
大数据征信建设×区域金融业竞争水平²	γ_{08}					−0.048*						
大数据征信建设×区域信贷资金分配效率	γ_{09}							0.007***				
信用投放建设	γ_{010}								0.000			
征信系统建设	γ_{011}								0.000			
政府信用监管建设	γ_{012}								0.001*			
制度建设	γ_{013}								0.001**			
大数据技术建设	γ_{014}								0.001**			
固定资产投入	γ_{015}	0.016***	0.017***	0.020***	0.015***	0.015***	0.016***	0.021***	0.016***	0.016***	0.015***	0.017***
人均 GDP	γ_{016}	−0.012***	−0.02**	−0.01*	−0.02**	−0.02**	−0.02**	−0.01	−0.02**	−0.017**	−0.018**	−0.017**
GDP 增长率	γ_{017}	0.041	0.010	0.019	0.017	0.020	0.015	0.017	0.000	0.010	0.007	0.009
通货膨胀率	γ_{018}	0.033***	0.043***	0.041***	0.040***	0.042***	0.046***	0.041***	0.038***	0.043***	0.043***	0.043***

续表

变量		(1.1)	(1.2)	(1.3)	(1.4)	(1.5)	(1.6)	(1.7)	(1.8)	(1.9)	(1.10)	(1.11)
企业规模斜率，β_{1j}	γ_{10}	0.005^{***}	0.005^{***}	0.005^{***}	0.005^{***}	0.005^{***}	0.005^{***}	0.005^{***}	0.005^{***}	0.009^{*}	0.005^{***}	0.005^{***}
大数据征信建设	γ_{20}									-0.007		
企业年龄斜率，β_{2j}	γ_{20}	-0.023^{***}	-0.020^{**}	-0.020^{**}	-0.020^{**}	-0.020^{**}	-0.020^{**}	-0.020^{**}	-0.021^{**}	-0.020^{**}	-0.098^{**}	-0.020^{**}
大数据征信建设											0.128^{***}	
内部控制能力斜率，β_{3j}	γ_{30}	$3\times10^{-5**}$	$3\times10^{-5**}$	$3\times10^{-5**}$	$3\times10^{-5**}$	$3\times10^{-5**}$	$3\times10^{-5**}$	$3\times10^{-5**}$	$3\times10^{-5**}$	$3\times10^{-5**}$	$3\times10^{-5**}$	$9\times10^{-5**}$
大数据征信建设												-0.000^{*}
企业属性斜率，β_{4j}	γ_{40}	0.016^{***}	0.016^{***}	0.016^{***}	0.016^{***}	0.016^{***}	0.016^{***}	0.016^{***}	0.016^{***}	0.016^{***}	0.016^{***}	0.016^{***}
企业所属行业斜率，β_{5j}	γ_{50}	0.017^{***}	0.018^{***}	0.017^{***}	0.016^{***}	0.016^{***}	0.018^{***}	0.017^{***}	0.017^{***}	0.018^{***}	0.017^{***}	0.017^{***}
总资产报酬率斜率，β_{6j}	γ_{60}	-0.001^{***}	-0.001^{***}	-0.001^{***}	-0.001^{***}	-0.001^{***}	-0.001^{***}	-0.001^{***}	-0.001^{***}	-0.001^{***}	-0.001^{***}	-0.001^{***}
企业负债水平斜率，β_{7j}	γ_{70}	0.001^{***}	0.001^{***}	0.001^{***}	0.001^{***}	0.001^{***}	0.001^{***}	0.001^{***}	0.001^{***}	0.001^{***}	0.001^{***}	0.001^{***}
企业成长性斜率，β_{8j}	γ_{80}	-1×10^{-5}	-1×10^{-5}	-1×10^{-5}	-1×10^{-5}	-1×10^{-5}	-1×10^{-5}	-1×10^{-5}	-1×10^{-5}	-1×10^{-5}	-1×10^{-5}	$-1\times10^{-5*}$

***表示 $p<0.01$，**表示 $p<0.05$，*表示 $p<0.10$

表10-9 时滞1期模型运行结果

变量		(2.1)	(2.2)	(2.3)	(2.4)	(2.5)	(2.6)	(2.7)	(2.8)	(2.9)	(2.10)	(2.11)
截距，β_{0j}	γ_{00}	0.300***	0.593***	0.529***	0.309***	0.452***	0.589***	0.481***	0.642***	0.594***	0.603***	0.593***
大数据征信建设	γ_{01}		0.064***	0.066***	0.070***	0.053***	0.064***	0.063***		0.064***	0.070***	0.065***
金融市场化水平	γ_{02}		0.003**	−0.000					0.002	0.003**	0.003**	0.003**
区域金融业竞争水平	γ_{03}				0.065**	0.037*						
区域金融业竞争水平²	γ_{04}				−0.003***	−0.002						
区域信贷资金分配效率	γ_{05}						0.002**	−0.001				
大数据征信建设×金融市场化水平	γ_{06}			0.005**								
大数据征信建设×区域金融业竞争水平	γ_{07}					0.077**						
大数据征信建设×区域金融业竞争水平²	γ_{08}					−0.071**						
大数据征信建设×区域信贷资金分配效率	γ_{09}							0.006***				
信用投放建设	γ_{010}								0.001*			
征信系统建设	γ_{011}								0.000			
政府信用监管建设	γ_{012}								0.000			
制度建设	γ_{013}								0.002**			
大数据技术建设	γ_{014}								0.006**			
固定资产投入	γ_{015}	0.017***	0.017***	0.021***	0.016***	0.017***	0.016***	0.021***	0.016***	0.017***	0.016***	0.017***
人均GDP	γ_{016}	0.010**	−0.023**	−0.018**	−0.023**	−0.025**	−0.021**	−0.014**	−0.026***	−0.023**	−0.024**	−0.023**
GDP增长率	γ_{017}	0.049	0.012	0.006	0.042	0.034*	0.008	0.017	0.018	0.012	0.012	0.012
通货膨胀率	γ_{018}	0.032**	0.043**	0.043**	0.042**	0.046**	0.048**	0.044***	0.037**	0.043**	0.044**	0.043**

续表

变量		(2.1)	(2.2)	(2.3)	(2.4)	(2.5)	(2.6)	(2.7)	(2.8)	(2.9)	(2.10)	(2.11)
企业规模斜率，β_{1j}	γ_{10}	0.005***	0.005***	0.005***	0.005***	0.005***	0.005***	0.005***	0.005***	0.008	0.005***	0.005***
大数据征信建设										−0.004		
企业年龄斜率，β_{2j}	γ_{20}	−0.023***	−0.021	−0.020**	−0.020***	−0.019**	−0.020***	−0.020***	−0.020***	−0.021***	−0.086***	−0.020***
大数据征信建设											0.110*	
内部控制能力斜率，β_{3j}	γ_{30}	2×10^{-5}	$3\times10^{-5***}$	$3\times10^{-5***}$	$3\times10^{-5***}$	$3\times10^{-5***}$	$3\times10^{-5***}$	$3\times10^{-5***}$	$3\times10^{-5***}$	$3\times10^{-5***}$	$3\times10^{-5***}$	$9\times10^{-5***}$
大数据征信建设												−0.000
企业属性斜率，β_{4j}	γ_{40}	0.016***	0.016***	0.016***	0.016***	0.016***	0.016***	0.016***	0.016***	0.016***	0.016***	0.016***
企业所属行业斜率，β_{5j}	γ_{50}	0.017***	0.018***	0.017***	0.016***	0.017***	0.017***	0.017***	0.017***	0.017***	0.017***	0.017***
总资产报酬率斜率，β_{6j}	γ_{60}	−0.001***	−0.001***	−0.001***	−0.001***	−0.001***	−0.001***	−0.001***	−0.001***	−0.001***	−0.001***	−0.001**
企业负债水平斜率，β_{7j}	γ_{70}	0.001***	0.001***	0.001***	0.001***	0.001***	0.001***	0.001***	0.001***	0.001***	0.001***	0.001***
企业成长性斜率，β_{8j}	γ_{80}	-1×10^{-5}	-1×10^{-5}	-1×10^{-5}	-1×10^{-5}	-1×10^{-5}	-1×10^{-5}	-1×10^{-5}	-1×10^{-5}	-1×10^{-5}	-1×10^{-5}	-1×10^{-5}

*** 表示 $p<0.01$，** 表示 $p<0.05$，* 表示 $p<0.10$

表 10-10 时滞 2 期模型运行结果

变量		(3.1)	(3.2)	(3.3)	(3.4)	(3.5)	(3.6)	(3.7)	(3.8)	(3.9)	(3.10)	(3.11)
截距，β_{0j}	γ_{00}	0.352***	0.651***	0.570***	0.314***	0.374***	0.623***	0.501***	0.753***	0.651***	0.661***	0.650***
大数据征信建设	γ_{01}		0.064***	0.067***	0.066***	0.053**	0.066***	0.065***		0.064***	0.069***	0.064***
金融市场化水平	γ_{02}		0.002*	−0.001					0.002	0.002*	0.003*	0.002*
区域金融业竞争水平	γ_{03}				0.078***	0.066***						
区域金融业竞争水平²	γ_{04}				−0.004***	−0.004**						
区域信贷资金分配效率	γ_{05}						0.000	−0.002				
大数据征信建设×金融市场化水平	γ_{06}			0.004*								
大数据征信建设×区域金融业竞争水平	γ_{07}					0.067						
大数据征信建设×区域金融业竞争水平²	γ_{08}					−0.055						
大数据征信建设×区域信贷资金分配效率	γ_{09}							0.006***				
信用投放建设	γ_{010}								0.000			
征信系统建设	γ_{011}								0.001**			
政府信用监管建设	γ_{012}								−0.000			
制度建设	γ_{013}								0.001			
大数据技术建设	γ_{014}								0.008**			
固定资产投入	γ_{015}	0.015***	0.016***	0.020***	0.013***	0.013***	0.017***	0.022***	0.011***	0.016***	0.016***	0.016***
人均 GDP	γ_{016}	0.008*	−0.025***	−0.020*	−0.024***	−0.024***	−0.022***	−0.015	−0.031***	−0.025***	−0.026***	−0.025***
GDP 增长率	γ_{017}	0.138	0.001	0.094	0.133	0.124	0.080	0.108	0.062	0.070	0.075	0.079
通货膨胀率	γ_{018}	0.020	0.028	0.005	0.033*	0.038**	0.029	0.030	0.031	0.028	0.028	0.028

续表

变量		(3.1)	(3.2)	(3.3)	(3.4)	(3.5)	(3.6)	(3.7)	(3.8)	(3.9)	(3.10)	(3.11)
企业规模斜率，β_{1j}	γ_{10}	0.005^{***}	0.005^{***}	0.005^{***}	0.005^{***}	0.005^{***}	0.005^{***}	0.005^{***}	0.005^{***}	0.005	0.005^{***}	0.005^{***}
大数据征信建设										-0.007		
企业年龄斜率，β_{2j}	γ_{20}	-0.021^{**}	-0.019^{**}	-0.018^{**}	-0.018^{**}	-0.017^{**}	-0.019^{**}	-0.018^{**}	-0.019^{**}	-0.019^{**}	-0.080^{**}	-0.019^{**}
大数据征信建设											0.101^{***}	
内部控制能力斜率，β_{3j}	γ_{30}	$3\times10^{-5**}$	$3\times10^{-5**}$	$3\times10^{-5**}$	$3\times10^{-5**}$	$3\times10^{-5**}$	$3\times10^{-5**}$	$3\times10^{-5**}$	$3\times10^{-5**}$	$3\times10^{-5**}$	$3\times10^{-5**}$	0.000
大数据征信建设												-0.000
企业属性斜率，β_{4j}	γ_{40}	0.016^{***}	0.016^{***}	0.016^{***}	0.016^{***}	0.016^{***}	0.016^{***}	0.016^{***}	0.016^{***}	0.016^{***}	0.016^{***}	0.016^{***}
企业所属行业斜率，β_{5j}	γ_{50}	0.017^{***}	0.018^{***}	0.017^{***}	0.017^{***}	0.017^{***}	0.017^{***}	0.017^{***}	0.018^{***}	0.018^{***}	0.017^{***}	0.018^{***}
总资产报酬率斜率，β_{6j}	γ_{60}	-0.001^{**}	-0.001^{**}	-0.001^{**}	-0.001^{**}	-0.001^{**}	-0.001^{**}	-0.001^{**}	-0.001^{**}	-0.001^{**}	-0.001^{***}	-0.001^{***}
企业负债水平斜率，β_{7j}	γ_{70}	0.001^{***}	0.001^{**}	0.001^{***}	0.001^{***}	0.001^{***}	0.001^{***}	0.001^{***}	0.001^{***}	0.001^{***}	0.001^{***}	0.001^{***}
企业成长性斜率，β_{8j}	γ_{80}	-1×10^{-5}	-1×10^{-5}	-1×10^{-5}	-1×10^{-5}	-1×10^{-5}	-1×10^{-5}	-1×10^{-5}	-1×10^{-5}	-1×10^{-5}	1×10^{-5}	1×10^{-5}

*** 表示 $p<0.01$, ** 表示 $p<0.05$, * 表示 $p<0.10$

四、研究结论

(一) 主要研究结论

本章以 2013 年至 2017 年 30 个省(自治区、直辖市)为研究样本,运用多层线性模型研究了大数据征信建设、金融市场化水平以及两者协同对中小微企业信贷能力的作用机制,总结得出以下内容。第一,大数据征信借助大数据技术进行信用信息收集和应用,使得信贷市场中信用信息共享效率大幅度提升,进而降低了逆向选择和道德风险发生的可能性,中小微企业信贷可得率由此得以提高,信贷成本得以降低,整体信贷能力也得以提升。第二,软硬信息都显著影响了中小微企业信贷能力,且大数据征信建设在该影响过程中起到部分调节作用。第三,大数据征信建设与金融发展相辅相成,协同影响中小微企业信贷能力。金融市场化发展可以促进金融体系建设,发挥市场主导作用,提升信贷资金配置效率,降低中小微企业信贷成本;同时,大数据征信发展,促使信贷资金更多流向中小微企业,优化信贷资金配置结构。在金融业竞争加剧背景下,中小微企业可以获得更多的短期信贷来满足其信贷需求。然而,过度的恶性竞争会导致金融机构和征信机构甄别力不足,刺激信贷成本上升。此外,大数据征信建设促进了借贷双方的信息共享,在一定程度上约束了贷款方的行为,促进了金融机构之间的良性竞争。

(二) 启示与建议

综合上述研究结论,鉴于大数据征信建设、金融市场化水平以及两者协同对中小微企业信贷能力均有显著积极作用,因此本书提出以下建议。第一,加强大数据征信体系建设顶层设计,充分运用大数据信息技术推进全网信用信息共享平台建设,促进信用信息互联互通。第二,拓展大数据征信应用场景,通过收集不同消费场景下用户的信用需求,健全用户的信用数据库,帮助进行信用分析和风险管理,进而促进大数据征信良性循环发展。第三,加快构建地方性、行业性金融及信用法律法规保障体系,健全制度体系下的监管惩戒机制,规范当地区域征信体系建设工作,引导金融行业良性发展。第四,坚持金融服务、金融科技创新,推动金融业持续优化升级;同时,深化金融体制改革,在顺应市场规律基础上有效提升整体信贷资金配置效率,减少行政性信贷分配干预。

(三) 不足与展望

首先,由于受到数据限制,本书所选样本区间较短,在考察大数据征信建设和金融市场化水平协同时使用了较简单的交互项分析方式,但两者之间可能存在更为复杂的非线性协同关系,未来可以在扩大数据范围的同时细化研究。其次,本书探索建立了大数据征信和中小微企业信贷能力的指标体系,其科学性有待进一步验证。最后,金融市场化还包含金融制度、金融科技等其他维度,本书仅选取了金融业竞争和信贷资金分配两方面进行研究,涵盖面可能较窄。

第二节　大数据征信促进中小微企业信用评价升级的实证研究

一、研究假设

（一）企业软信息和企业硬信息对企业信用评价的影响

根据《中国人民银行信用评级管理指导意见》，工商企业既要提供财务报表和营业执照等结构化硬信息，又要提供反映经营者能力与企业经营管理制度等的非结构化软信息。硬信息是一种结构化信息，一般不会随环境的变化而变化（Ijiri，1975），可储存性、一致性和法律约束性强，可编码化传递，不会造成信息失真，易于监控，因此，被信用评价机构广泛采纳。非结构化软信息主要涵盖个人特质、个体意见、个体行为、管理制度、组织声望、市场反响等（Liberti and Petersen，2019），使用也受到情境的制约。目前理论界关于软信息对企业信用评价的影响可以从三个方面概括。首先，从软信息的本质角度出发，软信息具有私有性以及不可核实性，企业往往从自身利益出发披露软信息，给第三方信用评级机构甄别信息带来不便。其次，从贷款者的角度看，银行会更加信任那些已经和其建立密切借贷关系的企业（Angelini et al.，1998；Degryse and van Cayseele，2000；Lehmann and Neuberger，2000），在借贷时会倾向于选择软信息较丰富可靠的企业，根据信号传递理论，银行和企业间的积极互动会向市场传递该企业信誉良好的信号（郑建华等，2020），这能够有效地减弱信贷市场上信息不对称的影响（陈小梅，2018），缓解企业的"融资约束"。还有学者认为贷款机构做出贷款决策时不仅依赖既定规则，还依赖贷款者的主观判断（Cerqueiro et al.，2011；Gropp et al.，2012；Puri et al.，2011），这意味着银行的信用授信既依赖抵押等硬信息，又取决于可信赖的软信息，关系型借贷是金融机构的普遍做法（贾男和刘国顺，2017）。最后，从信用评估的角度来看，非财务信息是企业信用评级的有益补充和参照，尤其对中小微企业来说，软信息更能反映企业未来成长潜力与信用能力（Altman et al.，2010；Berger et al.，2005）。

综上，本书提出以下假设（表10-11）。

表10-11　企业软信息、企业硬信息与企业信用评价的关系假设

假设	假设内容
H10.6a	企业软信息对企业信用评价具有正向影响
H10.6b	企业硬信息对企业信用评价具有正向影响

（二）企业规模的调节作用

根据资源基础观，大企业的信息资源与中小微企业的信息资源差别显著。大企业由于具备较高的市场地位，其经营情况比较稳定，管理制度较为规范，财务数据会更加可信，结构化硬信息对大企业信用评级作用更大；然而，非结构化的软信息能够弥补中小微企业结构化硬信息不足（特别是缺少不动产抵押物）的缺陷，从侧面佐证中小微企业

的真实情况。根据交易成本理论，软信息在跨层级之间的交流费用更高（池仁勇和朱张帆，2020），而层级较少的中小微企业可以更低的成本传递软信息，有利于将更多的精力投入技术创新与市场拓展等方面，进而提高企业的履约能力，对企业信用评价产生积极的影响。因此，本书提出以下假设（表10-12）。

表10-12 企业规模在企业软信息、企业硬信息与企业信用评价关系中发挥调节作用的假设

假设	假设内容
H10.7a	在企业软信息对企业信用评价的影响中，中小微企业要比大型企业强
H10.7b	在企业硬信息对企业信用评价的影响中，大型企业要比中小微企业强

（三）大数据征信的调节作用

大数据技术是数据对象、技术与应用三者的统一（于晓虹和楼文高，2016），利用人工智能设法收集广泛的任意结构的数据，并进行自动处理分析，形成有价值的信息，是低成本、快速、便利化的数据处理工作，为信用评级机构提供决策支撑。本书运用中国知网中文社会科学引文索引（Chinese Social Sciences Citation Index，CSSCI）子数据库以"大数据"为关键词检索2000—2020年文献共计5501篇，发现已经有大量文献研究大数据、数字技术在金融领域的应用。2015年，大数据征信的概念被正式引入《促进大数据发展行动纲要》，从此，大数据技术在征信领域的应用文献如雨后春笋般不断增加，其在降低中小微企业信用信息不对称程度、促使企业诚信经营方面起到积极作用。本书从大量文献中归纳大数据征信与中小微企业信用评级之间的主要理论观点，如表10-13所示。

表10-13 大数据征信对企业信用评级的影响研究

观点	描述
降低信息成本	大数据技术的发展与应用，极大方便了人们对数据的查询与收集，自动化筛选代替人工审查，减少冗余，避免金融机构间产生恶性竞争，一方面降低了企业借贷融资成本，另一方面降低了征信机构收集信息（如软信息）的成本，提升了中小微企业信用评估准确性
提高信息时效	大数据时代，获取数据更加及时方便，传统的信用体系收集的信息是企业过去的情况，但是企业的经营是动态的、未来的，这种时间差异增大了风险，而大数据技术可以实时动态地监控每一笔交易记录，及时地反馈企业的交易情况，降低了错配风险；企业递交融资申请时，历史信贷交易记录直接被征信系统提取补充，这可以进一步提升信息透明度，降低信息调查成本，更加科学地对企业的信用进行评价
丰富信息内容	传统信用体系存在数据分割较严重的问题，特定的数据只有指定的部门可以查询使用，而大数据的信息量非常大，可以利用大数据技术对跨部门的数据进行收集，并对不同来源、不同结构的数据进行处理，包括：①收集企业的财务报表、历史交易记录等结构化硬信息以及企业管理层变动、参与的社会活动、企业家的个人信用情况等非结构化软信息；②通过网络爬虫技术从互联网、运营商、银行、资信评估机构、税务局、工商局等部门获取更加丰富权威的数据；③收集企业与政府的合作数据，将其传递到市场上，由于信誉传递机制的存在，能更方便地向市场传递企业的信用状况、证明其信用能力
破除信息阻隔	大数据征信基于线上线下联动的动态分析，打破了地域和时间的阻隔，数据量大、模型复杂，提升了征信时效，提高了征信可信度

综上所述，大数据征信使得破除信息藩篱、促进跨部门数据联动成为可能，从而提

升企业信用评价的全面性、及时性。大数据征信在及时获取经营状况、管理层变动、企业家个人信用、金融等部门软信息上尤其具有显著优势。同时，不同于传统征信方式，大数据征信利用网络爬虫技术、数据共享功能和海量数据库等使数据收集、处理全部线上进行，不受时空阻隔，提高了征信的及时性、准确性，有利于全面、准确评估中小微企业的信用等级。随着信用信息透明度的提升，信息不对称程度下降，银企交易成本进一步降低。区块链技术的应用，使得企业信用记录不可被篡改，提高了企业违约机会成本，有利于中小微企业增强诚信主观能动性。

因此，本书提出以下假设（表10-14）。

表10-14 大数据征信在企业软信息、企业硬信息与企业信用评价关系中发挥调节作用的假设

假设	假设内容
H10.8a	大数据征信正向调节企业软信息对企业信用评价的影响
H10.8b	大数据征信正向调节企业硬信息对企业信用评价的影响

为了更加清晰地展示本节的研究脉络，将上述假设进行归纳，形成如图10-3所示的理论分析框架。

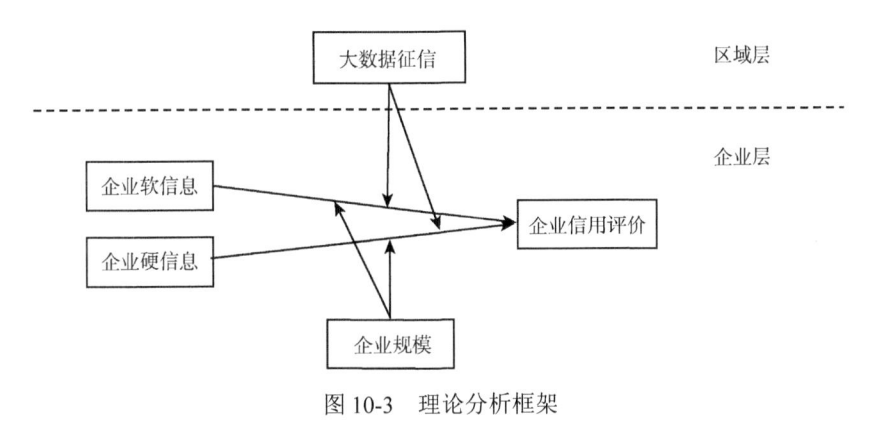

图10-3 理论分析框架

二、研究设计

（一）样本选取和研究方法

本书通过综合分析企业数据和区域数据来验证研究假设。在检验大数据征信的调节作用时，由于大数据征信属于区域层的变量，为了消除不同层次样本之间的误差，采用分层线性回归模型进行分析（池仁勇等，2019）。

本书面向浙江省十个地级市（除舟山以外）的中小微企业高层管理者发放调查问卷，问卷采用利克特量表，对答项赋值形成企业层数据；根据浙江省经济和信息化厅发布的各地级市两化（信息化和工业化）融合指数形成区域层数据，反映企业应用信息技术、大数据技术的融合程度，以及《浙江统计年鉴》上各个地级市的地区生产总值和人均地区生产总值。

（二）变量选取

1. 核心变量

相关核心变量的定义如表 10-15 所示。由于浙江省全面推进"最多跑一次"改革，整合各部门数据入口，实现数据共享，让数据多跑路，让居民少跑路，促进了大数据技术在政府部门和企业中的应用，因此以两化融合指数度量大数据征信，既反映了宏观环境，又反映了微观企业对大数据技术的应用情况，其中两化融合指数包含了三个二级指标，即表 10-15 中的基础环境、工业应用、应用效益。

表 10-15 变量的定义

变量名称	符号	变量定义
自变量		
企业软信息	SOFTINFOR	企业家个人特质多项综合加权得分
企业硬信息	HARDINFOR	企业收入增长率和税前利润增长率的综合指数
控制变量		
企业年龄	AGE	企业成立至 2020 年的时间
所属行业	INDUSTRY	虚拟变量，工业制造业为 1，其他为 0
地区生产总值增长率	GROGDP	地区生产总值增长额/上年地区生产总值
个人地区生产总值	PERGDP	人均地区生产总值
调节变量		
企业规模	SIZE	虚拟变量，中小微企业为 1，大型企业为 0
基础环境	BD1	基础环境指数
工业应用	BD2	工业应用指数
应用效益	BD3	应用效益指数
大数据征信	BIGDATA	浙江省两化融合指数
因变量		
企业信用评价	CREDIT	供应商、客户、消费者对企业评价的综合得分

2. 控制变量

根据以往研究，区域经济发展环境和企业特质都会对中小微企业信用评价产生影响，因此，本节将企业年龄和所属行业以及地区生产总值增长率和个人地区生产总值作为控制变量，如表 10-15 所示。

（三）同源偏差

由于样本来源于调查问卷，而企业层分析不能产生同源的问题，本节首先对问卷数据进行了 Harman 单因素检验（汤丹丹和温忠麟，2020），根据 Podsakoff 和 Organ（1986）的建议，本节对企业层所有题项开展探索性因子分析，结果显示单因子解释的变异度都小于 40%，表明同源偏差不严重，可以做后续分析。

（四）信效度分析

本节对变量进行信效度分析，首先进行效度检验，变量对应的 KMO 值为 0.79，Bartlett 球形检验的显著性结果均为 0.000，问卷的效度检验较好，其次运用 SmartPLS 软件对变量进行进一步检验，结果见表 10-16、表 10-17，每个潜变量的 Alpha 值均大于 0.7，说明变量具有较好的信度；CR 值都大于 0.8，说明变量的内部一致性较高；AVE 值都大于 0.6，表明代表变量的各个指标之间的相关系数很高并且具有较好的收敛效度；区别效度检验结果显示，各个变量之间具有明确的区分度，在 SmartPLS 软件上通过了验证，可以进行下一步的分析。

表 10-16 变量信度与效度

变量	Alpha	CR	AVE
企业软信息	0.7110	0.8372	0.6319
企业硬信息	0.8266	0.9168	0.8466
企业信用评价	0.8724	0.9129	0.7242

表 10-17 区别效度

变量	企业软信息	企业硬信息	企业信用评价
企业软信息			
企业硬信息	0.203		
企业信用评价	0.445	0.069	

三、实证结果

（一）描述性统计

企业层和区域层变量的描述性统计见表 10-18。从企业层可以看出，企业的平均年龄为 8.99 年，总体上运营的时间比较短，企业信用评价的最小值和最大值之间的差距也比较大；从区域层可以看出，浙江省省内的 10 个地级市之间在大数据征信方面具有较大的差异。

表 10-18 变量的描述性统计

变量	最小值	最大值	平均值	标准差
企业年龄	0.00	36.00	8.99	6.80
所属行业	0.00	1.00	0.48	0.50
企业规模	0.00	1.00	0.06	0.25
企业软信息	1.00	5.00	3.40	0.72
企业硬信息	1.00	6.00	4.64	0.97
企业信用评价	1.00	5.00	3.90	0.83
大数据征信	60.55	103.05	84.29	11.98
地区生产总值增长率	0.07	0.11	0.09	0.02
个人地区生产总值	11.06	11.85	11.39	0.29

（二）变量的相关性检验

相关性检验结果显示，在企业层，变量的相关系数绝对值最大的是企业年龄和企业规模，但所有变量的相关系数绝对值都小于0.4，表明企业层变量之间不存在多重共线性；区域层的变量相关系数的绝对值最大的是0.520，小于0.6，且不显著，说明变量之间的独立性较好，可以进入后续分析。

（三）模型设定与检验

1. 企业软信息和企业硬信息的主效应

根据本书的文献综述，首先分析企业软信息和企业硬信息对企业信用评价的影响，模型参数估计和检验结果见表10-19，企业软信息和企业硬信息都与企业信用评价呈显著正向关系，企业软信息和企业硬信息质量越高，企业的信用评价越高，H10.6a和H10.6b成立。

表10-19 模型参数估计和检验结果

变量	模型1	模型2	模型3
企业年龄	0.004 (0.004)	0.004 (0.004)	0.004 (0.004)
所属行业	0.239*** (0.049)	0.238*** (0.049)	0.239*** (0.049)
企业规模	0.069 (0.107)	1.181*** (0.374)	−0.079 (0.467)
企业软信息	0.713*** (0.035)	0.710*** (0.035)	0.710*** (0.036)
企业硬信息	0.175*** (0.028)	0.197*** (0.028)	0.175*** (0.028)
企业规模×企业软信息		0.323*** (0.104)	
企业规模×企业硬信息			0.048 (0.146)
常数	0.502** (0.207)	0.406* (0.208)	0.510** (0.208)
伪 R^2	0.366	0.373	0.365

***表示 $p<0.01$，**表示 $p<0.05$，*表示 $p<0.10$

2. 企业规模的调节作用

将企业规模作为调节变量，检验其调节作用，实证结果见表10-19的模型2和模型3，结果发现，企业规模显著正向调节了企业软信息和企业信用评价的关系，中小微企业的软信息对企业信用评价的影响显著大于大型企业,但并未使得硬信息在大型企业和中小微企业之间的调节作用出现显著差别,这是由结构化硬信息本身具有客观性和独立性属性决定的,H10.7a 通过,H10.7b 没有通过。

3. 大数据征信的调节作用

数据分析结果表明,大数据征信也正向显著调节了企业软信息和企业硬信息与企业信用评价的关系,下文构建的层-1 结构模型反映企业层的影响,层-2 结构模型反映区域层的影响。

1)空模型

为了判断样本数据是否适合采用分层线性模型来估计区域间的差异,在研究之前首先构建了不包含任何变量的空模型。

层-1 结构模型:

$$\mathrm{CREDIT}_{ij} = \beta_{0j} + r_{ij}, \ r_{ij} \sim N\left(0, \sigma^2\right) \tag{10.4}$$

层-2 结构模型:

$$\beta_{0j} = \gamma_{00} + \mu_{0j}, \ \mu_{0j} \sim N\left(0, \tau_{00}\right) \tag{10.5}$$

其中,i 和 j 分别表示不同的企业和区域;CREDIT_{ij} 表示第 j 个城市第 i 家企业的信用评价。采用 HLM 软件对空模型进行分析后,具体结果见表 10-20 的模型 1,截距 τ_{00} 的方差成分为 0.0037 并且在 5%的水平下显著,结果表明各城市之间具有显著差异,可以对样本数据运用分层线性模型进行分析。

表 10-20 分层线性模型参数估计和检验结果

变量		模型 1	模型 2	模型 3	模型 4	模型 5
固定效应						
截距,β_{0j}	γ_{00}	3.9277***	3.9515***	3.9352***	4.1605***	4.0624***
大数据征信	γ_{01}				0.0002	−0.0052
地区生产总值增长率	γ_{02}				1.0900	0.9522
个人地区生产总值	γ_{03}				−0.6346	−0.2295
企业年龄	γ_{10}		0.0033	0.0019	0.0039**	0.0023*
所属行业	γ_{20}		0.0313	−0.0437	0.0078	−0.0802
企业规模	γ_{30}		−0.1018	−0.2297	−0.1090	−0.2597**
企业软信息	γ_{40}		0.6376***		0.5729***	
企业软信息×大数据征信	γ_{41}				0.0043***	
企业硬信息	γ_{50}			0.0251**		0.0700
企业硬信息×大数据征信	γ_{51}					0.0027

续表

变量		模型 1	模型 2	模型 3	模型 4	模型 5
随机效应						
截距	τ_{00}	0.0037**	0.0713**	0.0597	0.3888***	0.2210***
企业年龄	τ_{10}		0.0028	0.0018	0.0021	0.0011
所属行业	τ_{20}		0.2537***	0.2481***	0.2618***	0.2373***
企业规模	τ_{30}		0.1328	0.1953	0.1246	0.1535
企业软信息	τ_{40}		0.0076**		0.0521**	
企业硬信息	τ_{50}			0.0727*		0.1062***

***表示 $p<0.01$，**表示 $p<0.05$，*表示 $p<0.10$

2）随机系数模型

随机系数模型是在空模型的基础上把要研究的企业层变量加入回归方程中，企业层的自变量和因变量之间的关系，随着城市的变化而变化。层-1 结构模型和层-2 结构模型如式（10.6）和式（10.7）所示，系数 β_{pj} 代表企业层各个解释变量和控制变量对被解释变量的影响效果。

层-1 结构模型：

$$\mathrm{CREDIT}_{ij} = \beta_{0j} + \beta_{1j}(\mathrm{AGE})_{ij} + \beta_{2j}(\mathrm{INDUSTRY})_{ij} + \beta_{3j}(\mathrm{SIZE})_{ij} \\ + \beta_{4j}(\mathrm{SOFTINFOR})_{ij} + \beta_{5j}(\mathrm{HARDINFOR})_{ij} + r_{ij}, \quad r_{ij} \sim N(0, \sigma^2)$$

（10.6）

层-2 结构模型：

$$\beta_{pj} = \gamma_{p0} + \mu_{pj}, \mu_{pj} \sim N(0, \tau_{p0}), \quad p=0,1,2,3,4,5 \quad (10.7)$$

对上述模型在软件 HLM 中进行运算，结果见表 10-20 的模型 2 和模型 3，层-1 结构模型的固定效应结果显示企业年龄、所属行业以及企业规模对企业的信用评价不具有显著的影响，企业软信息和企业硬信息对企业的信用评价都有积极的影响，再一次验证了 H10.6a、H10.6b。

层-2 结构模型的随机效应结果显示所属行业、企业软信息和企业硬信息这 3 个变量受到区域层的显著影响，将其确定为随机变量，而企业年龄和企业规模对企业信用评价的影响不受区域层的影响，将其视为固定变量。

3）跨层次调节模型

综上分析，随机效应变量是所属行业、企业软信息和企业硬信息，固定效应变量是企业年龄和企业规模，为了进一步分析区域层变量对企业层变量的影响情况，在区域层交互项中加入大数据征信核心变量，在大数据背景下，分析企业软信息和企业硬信息对企业信用评价的影响，改进模型如下。

层-1 结构模型：

$$\mathrm{CREDIT}_{ij} = \beta_{0j} + \beta_{1j}(\mathrm{AGE})_{ij} + \beta_{2j}(\mathrm{INDUSTRY})_{ij} + \beta_{3j}(\mathrm{SIZE})_{ij} \\ + \beta_{4j}(\mathrm{SOFTINFOR})_{ij} + \beta_{5j}(\mathrm{HARDINFOR})_{ij} + r_{ij}, \quad r_{ij} \sim N(0, \sigma^2)$$

（10.8）

层-2 结构模型：

$$\begin{cases} \beta_{pj} = \gamma_{p0} + \sum_{s=1}^{s} \gamma_{ps} W_{sj} + \mu_{pj}, \mu_{pj} \sim N(0, \tau_{p0}), & p = 0, 4, 5 \\ \beta_{qj} = \gamma_{q0} + \mu_{qj}, \mu_{qj} \sim N(0, \tau_{q0}), & q = 1, 2, 3 \end{cases} \quad (10.9)$$

其中，W_{sj} 为区域层面的变量。将上述模型在软件 HLM 中进行运算，结果如表 10-20 中的模型 4 和模型 5 所示。

表 10-20 中模型 4 和模型 5 检验了区域层大数据征信变量在企业软信息和企业硬信息对企业信用评价的影响中发挥的调节作用。企业软信息和大数据征信交互项显著，且系数为正，表明随着大数据征信的发展，企业非结构化软信息对企业信用评价的影响越来越强烈，也就是说，大数据征信有利于改善中小微企业的信用评价，客观上有利于改善中小微企业的融资困境，从理论上证明了台州市小微企业金融服务改革创新试验区的意义。企业硬信息和大数据征信交互项为正但并不显著，H10.8a 成立，H10.8b 不成立。

中小微企业囿于规模限制，内源融资困难，债券融资和股票融资等外源融资成本较高，只能选择信贷融资，但是由于信息不对称，中小微企业信用评价不高，在借贷时难免存在信贷歧视，而大数据征信扩大了中小微企业的信用画像图，在一定程度上消减了信贷歧视，客观上降低了违约概率对风险溢价的控制，降低了企业的融资成本、缓解了融资约束（Brown et al., 2009），提升了中小微企业的信贷可得性。

为了分析大数据征信在企业软信息和企业信用评价之间的具体影响，本书将大数据征信的三个子维度——基础环境、工业应用和应用效益分别作为调节变量对模型进行进一步检验，参数估计和检验结果如表 10-21 所示。

表 10-21 子维度的调节模型参数估计和检验结果

变量		模型 6	模型 7	模型 8	模型 9	模型 10
固定效应						
截距，β_{0j}	γ_{00}	3.9277***	3.9515***	4.1544***	4.1512***	4.1576***
大数据征信基础环境维度	γ_{01}			−0.0409		
大数据征信工业应用维度	γ_{02}				0.0065	
大数据征信应用效益维度	γ_{03}					0.000023
地区生产总值增长率	γ_{04}			−0.4675	1.6736	1.2693
个人地区生产总值	γ_{05}			−0.4789	−0.5934	−0.6142
企业年龄	γ_{10}	0.0033	0.0040**	0.0040**	0.0042**	
所属行业	γ_{20}	0.0313	−0.0051	−0.0078	0.0064	
企业规模	γ_{30}	−0.1018	−0.1261*	−0.0961	−0.1143	
企业软信息	γ_{40}	0.6376***	0.5840***			
企业软信息×大数据征信 1	γ_{41}		0.0345**			
企业软信息	γ_{50}				0.5946***	
企业软信息×大数据征信 2	γ_{51}				0.0118**	
企业软信息	γ_{60}					0.5835***

续表

变量		模型6	模型7	模型8	模型9	模型10
企业软信息×大数据征信3	γ_{61}					0.0055***
随机效应						
截距	τ_{00}	0.0037**	0.0713**	0.3571***	0.3731***	0.3812***
企业年龄	τ_{10}		0.0028	0.0021	0.0017	0.0016
所属行业	τ_{20}		0.2537***	0.3039***	0.2696***	0.2619***
企业规模	τ_{30}		0.1328	0.1184	0.1319	0.1175
企业软信息	τ_{40}		0.0076**	0.0461**		
企业硬信息					0.0339**	
企业年龄						0.0444**

***表示$p<0.01$，**表示$p<0.05$，*表示$p<0.10$

结果表明大数据征信的三个子维度基础环境、工业应用、应用效益对企业软信息和企业信用评价的关系都有显著的正向调节作用（$\gamma_{41}=0.0345, p<0.05, \gamma_{51}=0.0118, p<0.05, \gamma_{61}=0.0055, p<0.01$）。这意味着基础环境的建设、工业应用的加强、应用效益的提高都有利于提高中小微企业的信用评价，进而缓解中小微企业的融资约束，解决融资贵、融资难的问题。

4. 稳健性检验

在模型分析中，解释变量的时滞性会影响被解释变量（Namer et al., 1975）。大数据征信属于区域层变量，本身处于动态发展之中且具有一定的周期性，此外，经济发展政策环境、地区生产总值等宏观经济要素也会持续对企业产生影响。因此，建立时滞1期的动态分层线性模型开展稳健性检验，结果表明上述假设均成立。

四、研究结论

（一）主要结论

本节以浙江省企业为样本企业，采用调查问卷的方法进行了调研，收集了企业的软信息和硬信息，研究发现企业软信息和企业硬信息都显著正向影响了企业信用评价，并且企业软信息发挥的作用大于企业硬信息发挥的作用，企业规模在企业软信息与企业信用评价之间发挥显著正向调节作用。本书还进一步检验了大数据征信以及构成大数据征信的三个子维度在企业软信息和企业硬信息对企业信用评价的影响中发挥的调节作用，研究发现，大数据征信和三个子维度都显著正向调节企业软信息对企业信用评价的影响，但是大数据征信没有显著调节企业硬信息和企业信用评价的关系。

（二）主要建议

综上，根据研究结果，提出以下建议。第一，由于大数据征信能显著正向调节企业软信息与企业信用评价的关系，中小微企业要主动积累并发布、展示自身发展潜力和履约信用等软信息，重视信息化的管理应用，落实员工的信息化培训，从思想上到行动上都接受并利用大数据技术，要密切关注市场和政策环境发展趋势，拥抱征信体系建设，配合政府和征信机构对信用信息的采集工作，拓宽软信息背书自身信用能力的渠道，增加社会各界了解信用信息的机会，提升信贷可得性，降低融资成本，促进企业成长和发展。第二，对于政府而言，要加强基础环境建设，加大对信息产业的投资力度，让大数据、人工智能等一些信息技术服务于中小微企业，创造有利于中小微企业长远健康发展的环境，大力促进信息化和工业化的融合，将信息技术更好地应用到企业的发展中，推动大数据征信的发展，激发市场活力。同时，政府部门应助长诚信社会的风气，健全信用奖惩机制，严格实施金融失信黑名单制度，严厉打击市场失信行为，净化信用环境，促使市场健康发展。第三，对中央银行而言，其作为大数据征信发展的核心主体，应当推进信用数据要素市场建设、标准体系建设，多维度、跨层级、跨领域实施一体化联动监管。

（三）研究局限和未来展望

尽管本节从企业软信息和企业硬信息角度分析了大数据征信对缓解中小微企业融资约束，促进中小微企业发展所发挥的作用，但是仍然有不足之处。首先，在样本选取方面，采用浙江省十个地级市的样本数据，区域层的样本量较少，未来研究可以扩大研究范围，提高研究结论的推广性。其次，本节重点研究了大数据技术在经济管理领域中发挥的优势，但是大数据也有不利的一面，数据的可用性并不能保证数据的使用是合乎道德的，甚至是合法的，在保证数据具有透明度以及保护用户主体隐私方面是存在问题和矛盾的，这一方面有待进一步研究。最后，大数据的理念是对所有人开放的，但事实是，不同的参与者控制不同的数据库，限定了数据的使用范围，这可能会导致不对称获取，在后续研究中需要多加分析。

第三节　大数据征信改善中小企业融资结构的实证研究

一、研究对象

（一）数据来源

本节将2017年全国中小企业股份转让系统中的11 011家新三板企业作为研究对象，涵盖农业、制造业、服务业等18个细分行业，分析其融资结构与信用评级。系统显示，2013年至2015年，我国新三板企业数量增长迅猛，从356家上升到1572家，年均增长率超过110%。搜集这些企业2013年到2015年的年报，删除指标数据为0、其他相关数据极端或者缺失的企业，得到最终638家样本企业。

（二）2013—2015年新三板企业融资结构状况

从年报数据来看，样本企业的外源性债券融资主要集中在中短期借款和长期借款，其中短期借款占比最大，而应付债券和长期应付款占比最小。同时，样本企业的外源性股权融资以实收资本与资本公积为主，突出表现在盈余公积和未分配利润方面。

表10-22显示，2013—2015年，新三板企业内源性融资占比呈现显著的下降趋势，其平均值从10.43%断崖式下降到4.90%，最大值从51.93%下降到30.64%。与此相对，新三板企业的外源性融资结构呈现结构性变动趋势，其中，债券融资占比下降平缓，平均值三年变化不超过一个百分点，而股权融资占比平均值从29.41%上升到36.77%。由此表明，新三板企业总体运营良好，可以通过减少内源性融资、增加留存收益来提升企业股东回报；同时，全国中小企业股份转让系统拓展了中小企业的外源性股权融资渠道，但囿于固有的风险性，其债券融资占比没有太大变化。

表10-22 2013—2015年新三板企业融资结构分布

年份	指标	内源性融资占比	外源性融资占比	
			债券融资占比	股权融资占比
2013	最大值	51.93%	64.47%	79.83%
	最小值	−72.23%	2.38%	4.25%
	平均值	10.43%	26.02%	29.41%
2014	最大值	30.97%	60.50%	81.58%
	最小值	−39.28%	0.35%	0.12%
	平均值	4.96%	25.96%	32.67%
2015	最大值	30.64%	60.54%	90.00%
	最小值	−29.03%	1.66%	2.28%
	平均值	4.90%	25.15%	36.77%

二、指标设计

建立全面、科学、可操作的中小企业信用评级指标体系是充分了解中小企业信用情况、帮助信用机构科学开展企业信用评级、帮助信贷机构精准放贷的重要依据，主要包括以下六个方面（表10-23）。

表10-23 中小企业信用评级指标体系构成要素

类别	解释	示例
评级要素	狭义信用是指还本付息的能力，广义信用是指资金及信誉；评级要素体现对信用概念的解释	国际上常见的打分法有5C法、5P法等，国内主要从安全性、收益性、流动性及成长性等角度进行分析
评级指标	即评级要素的具体指标，能把该要素从几个指标项里具体展现出来	如企业偿债能力要素，能由资产负债率、流动比率、权益财务倍数等反映

续表

类别	解释	示例
评级标准	即对每一项指标情况的级别进行划分并制定标准，为之后的企业信用评级结果提供等级参照，标准的高低影响企业的等级	如 A/B/C 等级的指标线
评级权重	评级各指标的重要性，信用评级中各指标的重要性并不相同，较重要的指标所占的权重就较大	一般以百分比或者加权系数表示
评级等级	反映资信等级的高低的符号及级别，一般有 5 级、9 级、10 级	常见的级别有 AAA、AA、A、BBB、BB、B、CCC、CC、C
评级方法	可分为自我评议、群众评议、专家评议	一般独立的评级机构的评级方法是专家评议

本书将遵循指标开发指导原则，在借鉴国内外信用评级指标研究的基础上，在中国情境和中小企业语境下，运用科学的数理统计模型计算并筛选指标，以期构建具有中国特色的中小企业信用评级指标体系。

(一) 评级指标初步构建

以标普、惠誉、穆迪为代表的国外信用评级机构主要运用历史财务数据分析企业的盈利能力、偿债能力及发展潜力，利用股市、债市、汇市信息开展企业长期财务指标与短期财务指标分析。国内大部分商业银行习惯以"打分卡"的形式进行企业信用评级，并逐渐开始以大数据建模提高数据分析水平。例如，中国建设银行围绕经营环境、企业主情况、经营财务指标等方面开展企业信用评级，形成了 19 个等级标准。但是，国内外都鲜有针对中小企业的信用评级指标体系，在建的中小企业信用测评工具具有数据可得性差、主观性强、普及性弱等特点（康书生等，2007；贾文荣，2012；姚静，2016）。

本节在充分借鉴已有中小企业信用评级定性指标（姚静，2016）的基础上，增强其定量转化程度，初步形成以下指标体系（表10-24）。

表10-24 中小企业评级指标体系初级指标

一级指标	二级指标	指标出处
偿债能力	资产负债率	贾媚（2013）；姚静（2016）；等等
	流动比率	
	权益财务倍数	
	速动比率	
	现金流动负债比	
盈利能力	销售毛利率	Lussier 和 Pfeifer（2001）；中国工商银行；花旗银行；等等
	净资产收益率	
	销售利润率	
营运能力	存货周转率	李国青（2010）；贾媚（2013）；高希（2014）；姚静（2016）；等等
	应收账款周转率	
	总资产周转率	

续表

一级指标	二级指标	指标出处
成长能力	净利润增长率	中国工商银行等
	主营业务增长率	
	销售额增长率	
现金获取能力	总资产现金回收率	Cantor（2004）；高希（2014）；穆迪公司；等等
	销售现金比率	
	净现金流比率	
行业景气指数	行业景气指数	姚静（2016）
管理水平	资产报酬率	花旗银行；中国建设银行；等等
	贷款本息按期偿还率	

（二）指标的具体含义及要点

本书拟将中小企业评级指标分为七大类：偿债能力、盈利能力、营运能力、成长能力、现金获取能力、行业景气指数、管理水平。具体如下。

1. 偿债能力

偿债能力是指企业按照约定到期偿还债务的能力。偿债能力越强，表明企业信用水平越高。现有反映企业偿债能力的财务指标主要体现在长期偿债能力（资产负债率、产权比率、利息保障倍数等）和短期偿债能力（流动比率、速动比率、现金比率等）两个方面（李国青，2010；贾媚，2013；姚静，2016）。贾媚（2013）认为速动比率对于信用评价不客观，可以去掉。李国青（2010）则认为，需要增加全部资本化率这一指标。本书综合考虑已有研究成果以及中小企业年报数据可得性，提出中小企业偿债能力指标主要包括资产负债率、流动比率和利息保障倍数（表10-25）。

表10-25 中小企业偿债能力指标

指标	公式	含义
资产负债率	负债总额/资产总额	第三方评级机构及银行考察企业偿债能力的主要内容，反映企业是否存在负担过重、资金绷紧等问题。该数据可得性高
流动比率	流动资产/流动负债	企业到期偿债考察的是现金的获得能力和流动资产的变现能力，该比率直接反映企业偿债的变现能力。该指标不是越高越好，越高表示自己的利用率越低。该数据在年报中可得性高
利息保障倍数	息税前利润/利息费用	反映中小企业是否能偿付资金利息和偿还程度。该比率越大，表明企业利息覆盖能力越强，若倍数小于1，企业所获利润将无法支付债务相关利息。该数据可得性高

2. 盈利能力

盈利能力是指企业赢得利润的能力。企业盈利能力较强，表明经营状况较好，可能具有更多的现金流以应对债务,客观上证明了其较高的信用水平。反之,企业盈利能力越差,可能的偿债违约风险越高。现有研究普遍认为中小企业的盈利能力主要体现在资产收益端和利润表现端,前者如资产净利率、净资产收益率等,后者如销售毛利率、主营业务利润率、销售净利率等(康书生等,2007)。本书综合考虑已有研究成果以及中小企业年报数据可得性,提出中小企业盈利能力指标主要包括销售毛利率、净资产收益率、销售净利率(表10-26)。

表10-26 中小企业盈利能力指标

指标	公式	含义
销售毛利率	销售毛利/销售净额	反映企业初始利润,是净利润的起点。该数据在年报中可得性高
净资产收益率	税后利润/所有者权益	是考核企业营利性的核心指标。该比率从所有者和债权人两方面来考察,比率越高代表企业的投资收益越高。该数据可得性高
销售净利率	净利润/销售收入	是企业最终获利能力的指标。该数据可得性高

3. 营运能力

营运能力是指企业的经营能力,反映了企业充分利用各类资金开展采、产、销、储等经营活动的能力,主要表现在资金周转层面的财务指标上,如总资产周转率、存货周转率、应收账款周转率等(李国青,2010;高希,2014)。企业营运能力越强,表明其"回血"速度越快,越能及时偿还债务、提升信用水平。

本书综合考虑已有研究成果以及中小企业年报数据可得性,提出中小企业的营运能力指标主要包括应收账款周转率和总资产周转率(表10-27)。

表10-27 中小企业营运能力指标

指标	公式	含义
应收账款周转率	企业赊销收入净额/应收账款平均额	反映中小企业资金周转能力。应收账款周转越快,及时收回贷款越多,即坏账越少,企业偿债能力越高。该数据可得性高
总资产周转率	销售收入净额/平均资产总额	体现企业资产管理质量和效率,能反映企业收入规模的同比大小,是中小企业反映自我经营能力的指标。该数据可得性高

4. 成长能力

成长能力是指企业未来发展趋势,包括规模、利润、所有者权益等的数量增长和速度提升。企业成长能力越强,表明其在行业中的发展潜力越大,对于中小企业而言,可能意味着"专精特新"的创新能力越强,从而具备更好的信用背书。现有研究一般将营收层面(如营业收入增长率、营业利润增长率)和资产层面(如净资产增长率、总资产增长率)的增长情况来作为企业成长能力的指标(屈新和贺宇路,2011)。

本书综合考虑已有研究成果以及中小企业年报数据可得性,提出中小企业的成长能力指标主要包括总资产增长率、营业收入增长率、净利润增长率(表10-28)。

表 10-28　中小企业成长能力指标

指标	公式	含义
总资产增长率	本年资产增加额/年初资产总额	表示企业一年内的经营规模的扩张，展现企业之后的发展能力，中小企业一般规模较小，具有一定的指标优势。该数据可得性高
营业收入增长率	本年营业收入增长额/上年营业收入总额	反映营业收入增减的变动，是企业经营业务拓展的重要标志。并且营业收入增长率也能判断企业成长周期，营业收入增长率高于10%的公司为成长性公司，增长率为5%—10%的公司为稳定性企业，增长率低于5%的公司则处于衰退期。中小企业在规模上不占数据优势，但营业收入增长率可作为判断企业发展势头和信用程度的重要依据
净利润增长率	本年净利润增长额/上年净利润	是企业经营效果的重要指标，中小企业财务数据可得性高

5. 现金获取能力

现金获取能力是指企业在当期经营活动中获取现金的能力。企业充足的现金流是企业履行偿债承诺的根本保障。一般情况下，中小企业流动现金相对较少，如果现金获取能力相对更高则具有更强的信用评级。贾媚（2013）认为总资产现金回收率和销售现金比率能够反映中小企业的现金获取能力。高希（2014）通过实证分析证明主营业务比率指标可以凸显中小企业的现金流。

本书综合考虑已有研究成果以及中小企业年报数据可得性，提出中小企业的现金获取能力指标主要包括总资产现金回收率和销售现金比率（表 10-29）。

表 10-29　中小企业现金获取能力指标

指标	公式	含义
总资产现金回收率	经营现金净额/平均总资产	比值越高代表企业总资产产生现金的能力越强，是中小企业现金流的重要考察指标。该数据可得性高
销售现金比率	经营现金流量/营业收入	是企业销售能力的体现，能反映出企业现金流情况和资金运用效率。该比率在中小企业财报数据中可得性高

6. 行业景气指数

行业景气是综合利用各项经济指标和企业指标反映不同行业的向好程度的指标，具有一定的前瞻性和预判性。"水涨船高"，在好的行业景气下，中小企业往往更有可能进行良性经营，提升盈利水平和偿债能力，维护企业信用。但是，现有大多学者更倾向于请专业人士打分来定性分析行业景气，主观性较强。部分学者开始探索运用数学建模的方式来进行行业景气的指标分析，如国务院发展研究中心行业景气监测平台，以及姚静（2016）开发的中小微企业景气指数等。

本书在考虑数据简便性的基础上，参考了国务院发展研究中心行业景气监测分析方法，行业景气指数测算公式及含义如表 10-30 所示。

表 10-30　中小企业行业景气测算公式及含义

指标	测算公式	含义
行业景气指数	三年各行业景气监测平均值/总行业景气平均值	将国务院发展研究中心行业景气监测平台 2012—2015 年各行业总景气指数的平均值作为各行业景气指数，并将其占总的平均景气指数的百分比作为行业景气指数指标

7. 管理水平

管理水平是指企业通过对资源的计划、组织、控制、利用等手段实现企业高效运作并得以生存和发展的能力。一般情况下，企业管理水平以管理者特征、经验、能力及资源统筹效能等定性打分为指标，有部分研究将资产报酬率、贷款本息按期偿还率等作为定量指标依据，或者两者兼而有之（如中国建设银行以企业管理水平为企业信用评级一级指标之一，下设定性和定量两个二级指标）。

本书在考虑数据可得性和客观性的基础上，选取资产报酬率作为企业管理水平的指标测度项（表 10-31）。

表 10-31　中小企业管理水平指标

指标	公式	含义
资产报酬率	息税前利润/平均资产总额	企业充分调动资源获取利润

（三）样本选择

本书研究期间，新三板有 11 011 家企业挂牌。《全国中小企业股份转让系统 2017 年市场统计快报》显示，新三板企业主要集中在 18 个行业；截至 2017 年末，制造业与信息传输、软件和信息技术服务业的挂牌企业有 5804 家和 2284 家，占总挂牌企业数的 69.5%，位居第一梯队。采矿业、住宿和餐饮业的挂牌企业数分别为 42 家和 37 家，位列最末。这些企业主要集中在京、沪、浙、苏等地。

本书按照行业企业数量从多至少，均匀选取了制造业，信息传输、软件和信息技术服务业，批发和零售业，建筑业，农、林、牧、渔业，电力、热力、燃气及水生产和供应业，采矿业，居民服务、修理和其他服务业等 8 个行业进行分析。由于 2013 年到 2015 年，新三板挂牌企业数量呈现 3 倍以上暴增的趋势，数据特点相对鲜明，本书搜索并下载该时间段的新三板企业年报数据，对数据取三年平均值以消除其偶然性，并删除缺失数据和极值数据，最终获得样本数量 457 家（表 10-32）。

表 10-32　样本行业数量描述

行业	数量
采矿业	3
电力、热力、燃气及水生产和供应业	5
建筑业	21
居民服务、修理和其他服务业	3

续表

行业	数量
农、林、牧、渔业	28
批发和零售业	10
信息传输、软件和信息技术服务业	52
制造业	335
总计	457

(四)基于层次分析方法权重构建

本书邀请了来自浙江、北京、上海、山东等地的18位中小企业研究领域的专家学者、中国交通银行和中国工商银行的杭州市部分支行信贷经理开展指标评价。受邀专家对本书初步建立的7个一级指标和15个二级指标进行重要程度两两比对和赋值,通过一次性检验后将结果进行均值处理,得到因素评级矩阵,计算各因素权重。

本书设一级指标偿债能力、盈利能力、营运能力、成长能力、现金获取能力、管理水平、行业景气指数为 A_1、A_2、A_3、A_4、A_5、A_6、A_7。根据专家打分构造 1—9 数字矩阵,得出的一级指标判断矩阵表示为 $A=(A_i)_{n\times n}$,如表10-33所示。

表10-33 一级指标判断矩阵

指标	A_1	A_2	A_3	A_4	A_5	A_6	A_7
A_1	1	2	4	4	2	4	7
A_2	1/2	1	3	3	2	4	7
A_3	1/4	1/3	1	2	2	2	4
A_4	1/4	1/3	1/2	1	1	2	3
A_5	1/2	1/2	1/2	1	1	4	4
A_6	1/4	1/4	1/2	1/2	1/4	1	3
A_7	1/7	1/7	1/4	1/3	1/4	1/3	1

将每行元素乘积开 7 次方,得 V_1=2.9158,V_2=2.2032,V_3=1.1504,V_4=0.8203,V_5=1.1041,V_6=0.5298,V_7=0.2820。对 V_i 进行归一化处理,得到一级指标权重指数:W_1=0.3238,W_2=0.2446,W_3=0.1277,W_4=0.0911,W_5=0.1226,W_6=0.0588,W_7=0.0313[①]。通过计算可得 $\lambda_{\max}$=7.3396,根据验证公式 $CI=\dfrac{\lambda_{\max}-n}{n-1}$,$CR=\dfrac{CI}{RI}$,可得 $CR=\dfrac{0.0566}{1.32}=0.0429<0.1$,一致性验证通过,其中,CI 代表一致性指标,CR 代表检验系数,RI 代表随机一致性指标。

设偿债能力的二级指标资产负债率、流动比率、利息保障倍数为 A_{11}、A_{12}、A_{13}。得到偿债能力二级指标判断矩阵 $A_1=(A_{1j})_{n\times n}$,如表10-34所示。

---

① 权重加总不等于1,若无特殊说明,均为四舍五入所致。

表 10-34 偿债能力二级指标判断矩阵

指标	A_{11}	A_{12}	A_{13}
A_{11}	1	2	3
A_{12}	1/2	1	2
A_{13}	1/3	1/2	1

将每行元素乘积开 3 次方，得 V_1=1.8171，V_2=1.0000，V_3=0.5503，该指标的权重指数为：W_1=0.5396，W_2=0.2970，W_3=0.1634。通过计算可得 λ_{max}=3.0092，根据验证公式可得 CR=$\frac{0.0046}{0.85}$=0.0054<0.1，一致性验证通过。

设盈利能力的二级指标销售毛利率、净资产收益率、销售净利率为 A_{21}、A_{22}、A_{23}。得到盈利能力二级指标判断矩阵 $A_2 = \left(A_{2j}\right)_{n \times n}$，如表 10-35 所示。

表 10-35 盈利能力二级指标判断矩阵

指标	A_{21}	A_{22}	A_{23}
A_{21}	1	3	2
A_{22}	1/3	1	2
A_{23}	1/2	1/2	1

将每行元素乘积开 3 次方，得 V_1=1.8171，V_2=0.8736，V_3=0.6270，对 V_i 进行归一化处理，得到该指标的权重指数为：W_1=0.5477，W_2=0.2633，W_3=0.1890。

通过计算可得，λ_{max}=3.1356，根据上文的验证公式可得 CR=$\frac{0.0678}{0.85}$=0.080<0.1，一致性验证通过。

设营运能力的二级指标应收账款周转率、总资产周转率为 A_{31}、A_{32}。得到营运能力二级指标判断矩阵 $A_3 = \left(A_{3j}\right)_{n \times n}$，如表 10-36 所示。

表 10-36 营运能力二级指标判断矩阵

指标	A_{31}	A_{32}
A_{31}	1	2
A_{32}	1/2	1

将每行元素乘积开 2 次方，得 V_1=1.4142，V_2=0.7071，对 V_i 进行归一化处理，得到该指标的权重指数为：W_1=0.6667，W_2=0.3333。

通过计算可得，λ_{max}=2，根据上文的验证公式可得 CR=0<0.1，一致性验证通过。

设成长能力的二级指标总资产增长率、营业收入增长率、净利润增长率为 A_{41}、A_{42}、A_{43}。得到成长能力二级指标判断矩阵 $A_4 = \left(A_{4j}\right)_{n \times n}$，如表 10-37 所示。

表 10-37 成长能力二级指标判断矩阵

指标	A_{41}	A_{42}	A_{43}
A_{41}	1	4	5
A_{42}	1/4	1	4
A_{43}	1/5	1/4	1

将每行元素乘积开 3 次方，得 V_1=2.7144，V_2=1.0000，V_3=0.3684，对 V_i 进行归一化处理，得到该指标的权重指数为：W_1=0.6648，W_2=0.2249，W_3=0.0902。

通过计算可得，$\lambda_{\max}$=3.1522，根据上文的验证公式可得 CR=$\frac{0.0761}{0.85}$=0.0895＜0.1，一致性验证通过。

设现金获取能力的二级指标总资产现金回收率、销售现金比率为 A_{51}、A_{52}。得到现金获取能力二级指标判断矩阵 $A_5 = (A_{5j})_{n \times n}$，如表 10-38 所示。

表 10-38 现金获取能力二级指标判断矩阵

指标	A_{51}	A_{52}
A_{51}	1	2
A_{52}	1/2	1

将每行元素乘积开 2 次方，得 V_1=1.4142，V_2=0.7071，对 V_i 进行归一化处理，得到该指标的权重指数为：W_1=0.6667，W_2=0.3333。

通过计算可得，$\lambda_{\max}$=2，根据上文的验证公式可得 CR=0＜0.1，一致性验证通过。因为管理水平和行业景气指数均只有一个测项，所以直接反映一级指标，不用分析分层权重。

综上所述，中小企业总信用评级的各级指标权重分配如表 10-39 所示。

表 10-39 中小企业信用评级指标体系

一级指标	二级指标	二级指标综合权重
偿债能力（0.3238）	资产负债率（0.5396）	0.1747
	流动比率（0.2970）	0.0962
	利息保障倍数（0.1634）	0.0529
盈利能力（0.2446）	销售毛利率（0.5477）	0.1340
	净资产收益率（0.2633）	0.0644
	销售净利率（0.1890）	0.0462
营运能力（0.1277）	应收账款周转率（0.6667）	0.0851
	总资产周转率（0.3333）	0.0426
成长能力（0.0911）	总资产增长率（0.6648）	0.0606
	营业收入增长率（0.2449）	0.0223
	净利润增长率（0.0902）	0.0082

续表

一级指标	二级指标	二级指标综合权重
现金获取能力（0.1226）	总资产现金回收率（0.6667）	0.0817
	销售现金比率（0.3333）	0.0409
行业景气指数（0.0313）	行业景气指数（1）	0.0313
管理水平（0.0588）	资产报酬率（1）	0.0588

注：部分数据合计不为1，是对原数据四舍五入所致

表10-39表明，资产负债率、销售毛利率、流动比率、应收账款周转率、总资产现金回收率在中小企业信用评级指标体系中的权重较大。

（五）评级模型建立

本书基于企业年报中的财务数据和国务院中小企业监测数据来构建中小企业信用评级指标体系。数据来源可得、可靠、直观，数据量较大，符合多指标综合评价法的适用范围，可以通过线性加权和法开展评级测算。

多指标综合评价法涵盖正向指标、逆向指标和适度指标。正向指标越大，评价越好；逆向指标越小，评价越好；适度指标越接近某个数值，评价越好。现有研究认为，资产负债率、流动比率、速动比率、应收账款周转率、存货周转率等可作为适度指标，现金获取能力指标、盈利能力指标、成长能力指标等可作为正向指标（徐国祥等，2000）。因此，本书确定资产负债率、流动比率、利息保障倍数、应收账款周转率为适度变量，销售毛利率、净资产收益率、销售净利率、总资产周转率等其他评级指标为正向指标。并通过以下三步进行多指标综合评估。

1. 指标正向化

为评估指标的同向性，必须对适度指标和逆向指标进行正向化。本书主要采用叶宗裕（2003）的适度指标正向化方法，具体如下：

$$x'_{ij} = -|x_{ij} - k|$$

其中，x_{ij}为第i个企业的第j项指标；k为各单位该指标的均值。该公式变化不会改变指标数值的分布规律，是比较恰当的正向化方法。

据此，本书首先将457家新三板企业2013年至2015年三年平均资产负债率、流动比率、利息保障倍数、应收账款周转率等指标进行正向化处理。

2. 指标无量纲化

指标的无量纲化能够消除不同指标之间量级差异对综合评价结果的影响。无量纲化的具体操作方法主要包括极差正规化、标准化法和均值化法。

设综合评价模型中，共有n个单位，m个指标，各指标值表示为x_{ij}（$i=1, 2, 3, \cdots, n$；$j=1, 2, 3, \cdots, m$），即第i个单位的第j个指标的原始值，y_{ij}表示经过无量纲化处理的

第 i 个单位的第 j 个指标值。下面将通过不同操作方法比较无量纲化（表 10-40）。

表 10-40 无量纲操作方法比较

方法	公式	比较
极差正规化	$y_{ij} = \dfrac{x_{ij} - \min\limits_{1 \leqslant i \leqslant n}\{x_{ij}\}}{\max\limits_{1 \leqslant i \leqslant n}\{x_{ij}\} - \min\limits_{1 \leqslant i \leqslant n}\{x_{ij}\}}$	公式分母的大小取决于指标最大最小值的差值，若差值较大，则使 y_{ij} 的取值偏小，降低了其权重，反之，将使其权重数值增大。整体来说，极差正规化存在较大的误差性，不能较准确地反馈原指标的分布规律
标准化法	$y_{ij} = \dfrac{x_{ij} - \overline{x_j}}{\sigma_j}$	其中 $\overline{x_j}$ 表示各企业 j 项指标的均值，σ_j 表示各企业 j 项指标的标准差。计算后各无量纲化指标 y_{ij} 均值为 0，方差为 1。目前标准化无量纲法最为常见
均值化法	$y_{ij} = \dfrac{x_j}{\overline{x_j}}$，均值化处理后，各无量纲化指标均值为 1，方差如下：$\operatorname{var}(y_j) = E\left[(y_i - 1)^2\right] = \dfrac{E(x_{ij} - \overline{x_j})^2}{\overline{x_j}^2} = \dfrac{\operatorname{var}(x_j)}{\overline{x_j}^2} = \left(\dfrac{\sigma_j}{\overline{x_j}}\right)^2$	均值化处理后，无量纲化各指标方差为原始数据的方差的平方，较好地保留了原始数据的分布规律，保存了各指标之间的差异性

综上所述，本书将采用均值化法处理评级指标。

3. 综合评估计算

根据建立的中小企业信用评级指标体系，运用层次分析法计算出各指标的权重值 W_{ij}，并通过均值化无量纲化计算出各指标数值 y_{ij}，因此第 i 个中小企业综合信用评级得分为

$$S_i = \left(\sum_{j=1}^{m} y_{ij} \times W_{ij}\right) \times 100$$

（六）信用级别判定

本书依据《中国人民银行信用评级管理指导意见》，将中小企业信用等级划分为 AAA、AA、A、BBB、BB、B、CCC、CC、C 等 9 级。由综合评级结果可得，信用综合排名前 5 位的新三板企业分别为光音网络、拓空信息、风云科技、捷尚股份、浩腾科技，综合评级分数分别为 181.0993、103.7081、103.0015、98.3049、94.6645。其中，拓空信息属于制造业，其余企业皆属于信息传输、软件和信息技术服务业。信用综合排名倒数 5 家新三板企业分别为祥云股份、天合牧科、ST 广通、ST 鑫秋、三宝新材，综合评级分数分别为 –73.9915、–49.1380、–46.1172、–46.1172、–39.5857。其中，祥云股份、三宝新材属于制造业，天合牧科、ST 鑫秋属于农、林、牧、渔业，ST 广通属于信息传输、软件和信息技术服务业。八大行业 457 家新三板样本企业的平均信用评级值为 32.0791，最高值前 5 位与最低值前 5 位平均相差 157.9221，传统 9 级评分和专家打分均

以百分制显示,每级间隔为 10 分,本书对该评分方法进行细微调整,以 15 分为间隔,具体见表 10-41。

表 10-41 信用等级指标

信用等级	综合信用评分 S 范围区间	等级含义
AAA	$S \geqslant 85$	偿还债务的能力极强,基本不受不利经济环境的影响,违约风险极低
AA	$70 \leqslant S < 85$	偿还债务的能力很强,受不利经济环境的影响不大,违约风险很低
A	$55 \leqslant S < 70$	偿还债务的能力较强,较易受不利经济环境的影响,违约风险较低
BBB	$40 \leqslant S < 55$	偿还债务的能力一般,受不利经济环境的影响较大,违约风险一般
BB	$25 \leqslant S < 40$	偿还债务的能力较弱,受不利经济环境的影响很大,有较高违约风险
B	$10 \leqslant S < 25$	偿还债务的能力在较大程度上依赖于良好的经济环境,违约风险很高
CCC	$-5 \leqslant S < 10$	偿还债务的能力极度依赖于良好的经济环境,违约风险极高
CC	$-20 \leqslant S < -5$	在破产或重组时可获得的保护较少,基本不能保证偿还债务
C	$S < -20$	不能偿还债务

(七)评级结果分析与说明

按照上述层次分析法、多指标综合评估法计算出 457 家新三板企业综合信用评分,并划分对应等级。

按行业类别来看,3 家新三板采矿业企业,信用等级分别为 BBB、C、CCC,评级中等偏下。5 家电力、热力、燃气及水生产和供应业企业,信用等级分别为 A 级、A 级、BBB 级、BB 级、BB 级,评级中等偏上。21 家建筑业企业中,A 级占比为 9.52%,BBB 级、BB 级均占比 14.29%,B 级占比 42.86%,CCC 级占比为 19.05%。3 家居民服务、修理和其他服务业企业等级分别为 A 级、A 级、CCC 级。28 家农、林、牧、渔业企业中,获得 AA 级、A 级、BBB 级、BB 级、B 级、CCC 级、CC 级、C 级的企业数量分别为 2 家、2 家、8 家、4 家、7 家、1 家、2 家、2 家,BBB 级,即违约风险一般的企业最多,占比 28.57%。16 家批发和零售业企业中,BBB 级 1 家,BB 级 7 家,B 级 7 家,CC 级 1 家。52 家信息传输、软件和信息技术服务业企业中,获得 AAA 级、AA 级、A 级、BBB 级、BB 级、B 级、CCC 级、C 级的企业数量分别为 7 家、2 家、8 家、9 家、12 家、6 家、7 家、1 家。335 家制造业企业中,AAA 级、AA 级、A 级企业占比分别为 0.89%、3.89%、7.76%,BBB 级、BB 级、B 级企业占比分别为 23.58%、26.87%、22.58%,CCC、CC、C 级企业占比分别为 7.76%、3.88%、2.90%。具体信用等级分布见表 10-42。

表 10-42　457 家新三板企业信用等级分布

信用等级	企业数量
AAA	10
AA	17
A	42
BBB	101
BB	118
B	102
CCC	40
CC	16
C	11

总体而言，457 家新三板企业属于九大信用等级的数量分别为 10 家、17 家、42 家、101 家、118 家、102 家、40 家、16 家、11 家。BB 级占比最大，达 25.82%，BB 级及以上占比 63.02%，BBB 级及以上占比 37.20%。B 级及以下占比 36.98%。

三、实证研究

（一）变量设计

因为本书主要研究中小企业融资结构与其信用评级的关系，所以融资结构是自变量，信用评级是因变量，企业规模等是控制变量。

1. 中小企业融资结构

如第七章所述，本书将中小企业融资结构分为外源融资和内源融资，外源融资又分为股权融资和债券融资，内源融资体现留存收益，具体指标度量见表 10-43。

表 10-43　融资结构内部细分指标

融资结构	细分指标	计算公式
内源融资	盈余公积比率	盈余公积/总资产
	未分配利润比率	未分配利润/总资产
外源股权融资	实收资本比率	实收资本/总资产
	资本公积比率	资本公积/总资产
外源债券融资	短期借款比率	短期借款/总资产
	长期借款比率	长期借款/总资产

2. 中小企业信用评级

如前文所述，由企业偿债能力、盈利能力、营运能力、成长能力、现金获取能力、行业景气、管理水平指数等组成的中小企业综合信用评级得分 S_i，公式为

$$S_i = \left(\sum_{j=1}^{m} y_{ij} \times W_{ij} \right) \times 100 。$$

3. 控制变量

(1) 企业规模。研究表明上市公司规模与资本结构具有相关性（程惠芳和幸勇，2003）。本节以企业规模为控制变量，以资产总计的自然对数来测量，用 SIZE 表示。

(2) 上市时间。根据企业生命周期理论，企业进入资本市场越久，其经营状态和融资状态变化也越大，因此，本节以上市时间为控制变量，以截至 2015 年 12 月 13 日的上市天数为测项（用 AGE 表示）。

(3) 行业属性。社会经济文化的发展，生产和生活方式的转变，都会给不同行业带来不一样的经营环境、购买偏好、发展预期等，不同行业的企业必然存在不同融资结构。因此，本节以行业属性为控制变量，根据中国证券监督管理委员会（以下简称证监会）公布的行业分类标准，将其划分为制造业和非制造业。设置变量 INDUSTRY=0，1，0 代表非制造业，1 代表制造业，变量简写为 I。

(4) 息税前利润。息税前利润是指企业没有扣除利息和所得税的利润。它反映企业的盈利能力和潜在现金流，能影响企业融资结构。因此，本节以息税前利润为控制变量，用 EBIT 表示（表 10-44）。

表 10-44 实证变量名称、符号及定义

变量	符号	定义
被解释变量		
信用评级	S	通过本书建立的评级体系运算
解释变量		
盈余公积比率	SRR	盈余公积/总资产
未分配利润比率	UPR	未分配利润/总资产
实收资本比率	PICR	实收资本/总资产
资本公积比率	CRR	资本公积/总资产
短期借款比率	CLAR	短期借款/总资产
长期借款比率	LDAR	长期借款/总资产
控制变量		
企业规模	SIZE	公司总资产对数
上市时间	AGE	上市天数
行业属性	I	0 表示非制造业，1 表示制造业
息税前利润	EBIT	公司息税前利润实际值（正负）

（二）实证分析

1. 变量描述性统计

本节对所有样本数据取三年平均值，以降低数据偶然性。其结果见表 10-45。

表 10-45 实证描述统计结果

项目	信用评级	盈余公积比率	未分配利润比率	实收资本比率	资本公积比率	短期借款比率	长期借款比率	企业规模	上市时间	行业属性	息税前利润
平均数	32.4	0.02	0.12	0.21	0.13	0.16	0.05	17 076	270	0.73	28 887 910
标准差	25.5	0.01	0.08	0.11	0.09	0.10	0.05	11 616	40	0.44	52 282 413
最大值	181	0.10	0.42	0.64	0.43	0.58	0.35	88 163	2541	1	56 937 253
最小值	−74	0.01	−0.19	0.03	0.01	0.02	0.00	2 974	−855	0	−274 029 876

总体而言，如表 10-46 所示，信用等级为 AAA 级、AA 级的新三板企业，外源融资占比最高，其中股权融资占比最大，分别为 38.44% 和 36.66%，其中 AA 级企业平均内源融资占比最低，为 14.03%。随着信用等级的下降，企业的偿债能力逐渐减弱，平均外源股权融资占比、平均外源债券融资占比都在下降，其中平均外源债券融资占比下降更加明显，从 AA 级到 A 级，直接回落 29.37%。相反，平均内源融资占比逐步上升，从 AA 级到 A 级，平均内源融资占比上涨 39.77%。从 AA 级到 CC 级，新三板企业平均内源融资占比稳步上升，平均外源融资占比，包含平均外源股权融资占比、平均外源债券融资占比，都呈下降趋势。但 C 级企业，偿债可能性为 0，其平均内源融资占比相比 CC 级下降 10.76%，平均外源债券融资占比依旧下降，但平均外源股权融资占比大幅度上升，相较于 CC 级上升 6.69%，与 AA 级几乎持平。可能是该类新三板企业经营状况欠佳，留存收益较少，企业内源融资占比降低。同时，由于负债偿还能力低下，银行等融资机构对该类企业的借款需求大多回绝，企业唯一适合的融资方式为无到期日、无偿还性的股权融资。

表 10-46 样本企业信用等级与融资结构规律

信用等级	平均内源融资占比	平均外源股权融资占比	平均外源债券融资占比
AAA	14.52%	38.44%	17.69%
AA	14.03%	36.66%	19.75%
A	19.61%	34.80%	13.95%
BBB	19.78%	34.56%	14.47%
BB	20.79%	34.16%	14.74%
B	21.72%	34.03%	14.36%
CCC	21.50%	33.95%	14.11%
CC	21.56%	33.93%	14.10%
C	19.24%	36.20%	13.40%

如表 10-47 所示，从行业角度来看，居民服务、修理和其他服务业企业的平均内源融资占比和平均外源股权融资占比最高，达 22.73%、45.50%。信息传输、软件和信息技术服务业企业的平均外源股权融资占比也较高，达 40.90%。农、林、牧、渔业平均外源债券融资占比最高，为 25.50%。居民服务、修理和其他服务业企业的平均外源债券融资占比最低，为 9.26%，远低于八大行业平均外源债券融资占比平均值 18.11%。电力、热力、燃气及水生产和供应业企业的平均内源融资占比为 10.15%，处于八大

行业中最低位。总体来看各行业的外源股权融资占比、外源债券融资占比、内源融资占比都呈现由高到低的排列顺序,整体平均内源融资占比为14.36%,平均外源股权融资占比为33.51%,平均外源债券融资占比为18.11%。

表10-47 457家新三板企业各行业融资结构描述

行业名称	样本容量	平均内源融资占比	平均外源股权融资占比	平均外源债券融资占比
采矿业	3	11.95%	25.76%	20.73%
电力、热力、燃气及水生产和供应业	5	10.15%	28.53%	13.28%
建筑业	21	11.37%	26.80%	18.65%
居民服务、修理和其他服务业	3	22.73%	45.50%	9.26%
农、林、牧、渔业	28	14.83%	38.64%	25.50%
批发和零售业	10	14.86%	28.87%	19.21%
信息传输、软件和信息技术服务业	52	14.78%	40.90%	15.76%
制造业	335	14.21%	33.05%	22.51%
总计(平均)	457	14.36%	33.51%	18.11%

2. 融资结构因子分析计算

现有研究大多通过总资产负债水平、流动负债率、长期负债率、资产负债率来计算企业融资结构。但是内源融资对中小企业至关重要,因为高负债带来高还债、低积累(王晓东,2007)。根据表10-47,制造业、建筑业、批发和零售业等八大行业的新三板企业平均内源融资占比为14.36%,表明中小企业内源融资不可或缺。

本节借鉴姚铮和邵勤华(2005)等学者运用因子分析进行指标权重赋权的方法,对盈余公积比率、未分配利润比率、实收资本比率、资本公积比率、短期借款比率、长期借款比率指标采用因子分析方法并加权构造融资结构综合函数。结果显示,F_1、F_2、F_3、F_4四个主成分的累积总贡献率P为85.491%,各部分贡献率P_1、P_2、P_3、P_4分别为27.990%、20.656%、19.298%、17.547%(表10-48)。该融资结构因子分析具有一定的综合代表性,适合开展回归分析。

表10-48 因子解释原有变量总方差分析情况

主成分	初始特征值 合计	方差	累积贡献率	旋转后的因子载荷量 合计	方差	累积贡献率
1	1.749	29.148%	29.148%	1.679	27.990%	27.990%
2	1.249	20.811%	49.959%	1.239	20.656%	48.646%
3	1.112	18.541%	68.500%	1.158	19.298%	67.944%
4	1.019	16.991%	85.491%	1.053	17.547%	85.491%
5	0.535	8.917%	94.408%			
6	0.336	5.592%	100.000%			

注:1为盈余公积比率,2为未分配利润比率,3为实收资本比率,4为资本公积比率,5为短期借款比率,6为长期借款比率

3. 相关性检验

经过标准化处理的相关结果见表10-49。

表10-49 各变量相关性检验

变量	行业属性	上市时间	企业规模	息税前利润	融资结构	信用评级
行业属性	1					
上市时间	-0.008	1				
企业规模	0.009	-0.031	1			
息税前利润	0.043	-0.043	-0.718**	1		
融资结构	-0.093*	-0.06	0.052*	0.092*	1	
信用评级	-0.063*	-0.047	-0.199**	0.026*	0.115*	1

**表示在0.01的显著性水平下显著；*表示在0.05的显著性水平下显著。

结果显示，融资结构与信用评级存在正向显著相关性。新三板企业行业属性与融资结构、信用评级呈负相关关系，说明制造业企业融资结构综合函数显著低于非制造业企业，非制造业企业信用等级相对制造业企业更好。上市时间与信用评级负相关，企业规模与息税前利润负相关。企业规模与融资结构正相关，与信用评级负相关。息税前利润与融资结构、信用评级正相关。

4. 回归分析

为了验证企业融资结构与信用评级的关系，建立以下两个模型。

模型1：
$$S = a_1 + \beta_1 \cdot SIZE + \beta_2 \cdot AGE + \beta_3 \cdot I + \beta_4 EBIT + \varepsilon$$

模型2：
$$S = a_2 + \beta_1 \cdot SIZE + \beta_2 \cdot AGE + \beta_3 \cdot I + \beta_4 EBIT + \beta_5 \cdot FS + \varepsilon$$

模型1、模型2中，a_i表示截距；β_i（i=1, 2, 3, 4, 5）表示模型回归系数；FS表示融资结构，ε表示随机变量，为影响企业信用评级的其他变量。模型1、模型2全部样本回归结果见表10-50。

表10-50 模型1、模型2全部样本回归结果

变量		模型1	模型2
常数项	T值	15.285	15.228
上市时间	系数	0.068	0.066
	T值	1.536	1.483
行业属性	系数	-0.073*	-0.063*
	T值	-1.636	-1.419
企业规模	系数	-0.449**	-0.446**
	T值	-7.031	-7.009

续表

变量		模型1	模型2
息税前利润	系数	0.353**	0.341**
	T值	5.522	5.341
融资结构	系数		0.125*
	T值		2.314
R^2		0.101	0.118
F		13.781**	12.095**
N		457	457

**表示在0.01的显著性水平下显著，*表示在0.05的显著性水平下显著

结果表明，融资结构通过T检验，整个模型通过F检验，但R^2值并不大，在加入融资结构变量后，整体的解释力度小幅度上升，融资结构对信用评级的解释力度为11.8%。由此说明，信用评级与融资结构正向相关，但信用评级高低受多方面因素影响。

本节按照信用评级等级将457家新三板企业分为A类、B类、C类三大类逐个进行回归。其中A类新三板企业包括AAA级、AA级、A级企业，共69家。B类企业包括321家BBB级、BB级、B级企业。C类企业包括67家CCC级、CC级、C级企业。本节探索不同信用评级企业的融资结构与其信用评级关系是否相同。模型1、模型2的信用评级回归结果见表10-51。

表10-51 信用评级分类回归结果

变量		A类		B类		C类	
		模型1	模型2	模型1	模型2	模型1	模型2
常数项	T值	13.385	13.223	20.604	20.880	−0.456	−0.455
上市时间	系数	−0.164	−0.175	0.046	0.039	0.030	0.032
	T值	−1.417	−1.471	0.955	0.809	0.244	0.255
行业属性	系数	−0.254*	−0.266*	−0.016	−0.003	−0.032	−0.044
	T值	−2.142	−2.179	−0.332	−0.070	−0.254	−0.353
企业规模	系数	−0.719**	−0.750**	−1.562**	−1.519**	−0.267*	−0.270*
	T值	−3.091	−3.080	−10.649	−10.428	−2.156	−2.169
息税前利润	系数	0.656**	0.702**	1.500**	1.444**	0.127	0.146
	T值	2.822	2.761	10.221	9.878	1.010	1.136
融资结构	系数		0.060*		0.142**		0.040*
	T值		0.436		2.934		−0.303
R^2		0.090	0.111	0.255	0.273	0.021	0.016
F		3.126*	2.513*	28.445**	25.026**	1.362	1.213
N		69		321		67	

**表示在0.01的显著性水平下显著，*表示在0.05的显著性水平下显著

由表10-51可知，不同信用评级的新三板企业回归结果有较大的差异。信用评级为

A 类的新三板企业，其融资结构与信用评级显著正向相关，回归模型通过 F 检验，但 R^2 值较全样本低，对信用评级的解释力度较小。信用评级为 A 类的企业依旧呈现行业属性与信用评级显著负相关的状况，即非制造业相对具有更高的评级等级，且企业规模与信用评级也负相关，上市时间变量与信用评级的关系不显著。信用评级为 B 类的企业，占总体样本的 70%，其模型 F 检验最显著，融资结构对信用评级的解释力度最高，达 27.3%。说明信用评级为 B 类的企业更应该注重企业融资结构的组成，对于其信用评级有较大的影响。信用评级为 C 类的企业，企业规模与信用评级负相关，融资结构通过 T 检验，但整体模型未通过 F 检验。本书认为可能是信用评级低的中小企业本身财务状况欠佳，内源融资比例加大，但也可能是内源资金过少，使得其所占比例过小。与此同时，企业运营不善，企业外源债券融资比例下降，为了获得融资，企业外源股权融资率可能出现触底回升的现象，使得整个 C 类等级新三板企业的融资结构与信用评级的关系不够明确，模型不显著。这与描述统计结果一致，当企业评级处于 C 类时，内源融资率由上升趋势开始回落，外源股权融资率由下降趋势骤升到 36%，外源债券融资率依旧呈现下跌趋势。

四、研究结论

（一）主要结论

首先，本节构建了涵盖偿债能力、盈利能力、营运能力、成长能力、现金获取能力、行业景气指数、管理水平七大一级指标和 15 个二级指标的中小企业信用评级指标体系，运用多指标评价均值化方法无量纲化确定指标权重，建立评级模型，并对 457 家新三板样本企业开展信用评级。结果显示，新三板企业信用等级呈类正态分布状态，BB 级占比最大，达 25.82%，BB 级及以上占比 63.02%，BBB 级及以上占比 37.2%。B 级及以下占比 36.98%。

其次，本节分析了中小企业的融资结构，由 457 家新三板企业财务数据描述性统计结果可得，平均外源股权融资占比最高，平均外源债券融资占比与平均内源融资占比的高低随企业信用评级的变化而变化，企业信用等级越低，平均内源融资占比越高，平均外源股权融资占比与平均外源债券融资占比缓慢回落，但在信用等级为 C 的企业中出现平均内源融资占比下降，平均外源融资占比骤升的现象。

最后，本节研究了信用评级为 A 类、B 类、C 类的中小企业融资结构与信用评级的关系。结果显示，中小企业整体融资结构与其信用评级显著正相关，信用评级为 B 类的企业的融资结构对其信用评级模型解释度最强，表明中小企业应重视融资结构的调配，信用评级为 B 类的企业更应该合理调整融资结构。此外，行业属性与 A 类、B 类中小企业信用评级显著负相关，即非制造业拥有相对更高的信用评级；企业规模与其信用评级显著负相关，表明小企业可能是投资的潜力股；企业息税前利润与 A 类、B 类企业的信用评级显著正相关；新三板企业上市时间与其信用评级关系不显著。

(二) 实践启示

1. 中小企业外部环境优化对策

第一，加强中小企业信用评级体系建设。

一是完善法律法规，规范征信行为，加强信用评级监管，促进征信业有序发展；二是完善中小企业信用评级数据标准，推进统一大市场建设，鼓励分行业开展可比性评级；三是深化数字化改革，打破工商、金融、财税、水电煤等数据壁垒，推动大数据征信建设。

第二，完善债权人保护机制。

本书研究表明，新三板企业外源融资占总融资的80%左右，其中外源债券融资占总外源融资的45%左右，因此外源债券融资是中小企业融资的重要途径，债权人对中小企业发展至关重要。一是建立符合中小企业融资规则的破产机制，通过约束经营者，保障投资人权益，降低投资风险，为进入中小企业的债券资本"托底"。二是借鉴美国、日本、法国经验，建立公司债权人会议制度，通过会议磋商利益共同项，防止中小企业管理层滥用职权，侵害投资人利益。三是强调股东的法律义务，降低虚设公司、股东携款潜逃等欺诈行为发生的概率。

第三，推动资本市场多元化发展。

本书研究表明，样本企业外源债券融资结构最高占比为19.75%，并呈现随着企业信用等级的下降而下降的趋势。因此，中小企业债券市场还有较大的发展空间。建议通过建立强制性偿债机制，实施税收优惠政策，鼓励保险、社会基金入债市等方式发展中小企业债券市场。同时，要推进民间融资合法化、正规化发展，拓宽中小企业融资渠道。要加快创业板、新三板、科创板发展，鼓励"专精特新"中小企业更好利用股权融资直接手段进行高效融资。

2. 中小企业内部环境优化对策

第一，根据实际情况优化融资结构。

本书研究表明，新三板企业外源融资率越高，其信用评级越高，其中外源股权融资率远高于外源债券融资率。若企业债务融资风险较小，应争取提高银行贷款、债券融资率；若企业债务融资风险较大，建议通过私募股权、风险投资、增发等方式，提高外源股权融资率。

第二，提高股权治理水平。

本书研究显示，外源股权融资是新三板企业融资结构中占比最大的部分。随着我国资本市场的不断完善，势必有更多人选择直接参与股市。因此，中小企业应当把握时代机遇，不断提升企业盈利能力和管理水平，吸引更多股东参与到企业发展中，特别要吸引理性成熟的机构投资者，提升股权治理水平。同时，加强员工持股和股权激励建设，将企业经营者与受益人紧密捆绑在一起，提升现代化内部治理水平。

(三)研究不足及后续展望

第一,信用评级体系设计有待进一步完善。本书在构建中小企业信用评级指标体系的时候更多考虑数据可得性,并降低信息收集主观性,管理水平、行业景气指数只有一个测项,代表性相对较差。未来,在大数据征信大发展的进程中,可以增加企业家数据画像,丰富指标体系。

第二,数据来源有待进一步拓展。本书考虑到 2013 年至 2015 年新三板企业增速最快、最具特色,就将该三年数据作为样本企业数据来源,大多沿用了历史财务数据,没有信用预测数据,未来可以增强数据获取动态性和时效性。

第三,本书选择行业属性、上市时间、企业规模、息税前利润作为控制变量,未来可以增加宏观政策、金融政策等分析因素。

第十一章　大数据征信赋能中小微企业合作创新的实证研究

第一节　大数据征信赋能中小微企业合作创新的研究前沿

数字经济时代下，高度动态复杂环境使得单个中小微企业难以持续创新，搭建合作创新网络平台成为目前企业创新发展的新趋势（刘洋等，2013）。在这种趋势下，企业发展呈现合作分工化、专业精细化，彼此相互依存度大大提升。然而近年来，随着外界环境不确定程度的提升，中小微企业间信息不对称导致的机会主义行为、逆向选择现象等时常发生（王永贵和刘菲，2019；Goel et al.，2005；Villena et al.，2019），导致中小微企业在合作过程中存在一定信用风险，使其陷入信任危机，大大损害了企业间合作创新绩效，因此企业间信息不对称问题成为症结所在。

与此同时，一种以区块链、互联网等大数据技术为支撑的大数据征信体系应运而生，这种大数据技术与征信行业相融合的大数据征信模式同时具备信息搜索与惩戒规范等作用（Hung et al.，2020；Zakrzewska，2007；吴晶妹，2016），不仅能为供应链网络平台下的企业合作创新提供信息增值服务（Du et al.，2021），还能为企业间有序开展合作事项提供非正式制度保障（Salamon et al.，2017），能在一定程度上减轻中小微企业间的信息不对称程度，但大数据征信体系降低企业间的信息不对称程度，进而提升企业合作创新绩效的内在作用机理尚未得到理论与经验验证，从而难以为企业创新发展提供有效指导。

现有针对大数据征信与企业合作创新能力的研究，主要集中在两个方面。部分学者从借贷方面展开分析，认为大数据征信能够消除信息不对称现象，提高金融市场信贷配给效率（Wang，2018；Migiro and Wallis，2006；何培育，2017），从而为有实力的企业提供融资支持，避免逆向选择现象出现，但企业发展的内在驱动力在于创新能力提升，企业合作创新能力提升不仅需要资金支持，还需要更多外界异质性知识流动，从而创造出具有价值的核心知识创新源，提高企业市场竞争力（Cohen and Levinthal，1990；Chamberlin and Doutriaux，2010）。另外，学者较多从外部宏观角度分析大数据征信对企业赋能的作用，在理论层面提出大数据征信体系通过改善社会信用环境进而改善企业创新环境（Hung et al.，2020；Pan et al.，2017；Beck et al.，2005；李宝伟等，2019；叶征等，2020），但较少从企业认知与战略管理视角分析企业对大数据征信的主观应用能力以及被动惩戒影响，也很少从企业间合作网络视角研究大数据征信与企业合作创新发展之间的内在作用路径，从而不能打开大数据征信赋能企业发展的"黑箱"，同时也不能从企业这一微观创新主体角度为大数据征信体系发展提供建议。

事实上，企业间进行合作创新，组织间信任是基础，对企业间合作谈判、交流学习、业务拓展等行为起到至关重要的作用（Chams-Anturi et al.，2020；Dyer and Singh，1998），是合作创新的润滑剂，但组织间信任水平对信息不对称情况极为敏感，大数据征信能够通过提高信息透明度来提升组织间信任水平，继而促进合作创新项目的顺利开展，因此，组织间信任在一定程度上可以被认为是大数据征信赋能企业合作创新的关键中介机制。然而目前关于组织间信任的文献较多从单方面分析组织间信任与企业发展之间的线性关系（Ouakouak and Ouedraogo，2019；Bromiley and Harris，2006；Lewicki et al.，2006），较少综合考虑组织间信任中的"理性-情感"框架下的计算信任与关系信任对企业合作创新影响的差异性，同时较少分析组织间信任的负面效应，从而不能为企业间战略合作提供理论指导。

基于此，本章将遵循"大数据征信—组织间信任—企业合作创新绩效"这一研究脉络，在对大数据征信与组织间信任等相关概念进行分维度识别后，进一步探究大数据征信对中小微企业合作创新的内在作用机理，并运用结构方程模型（structural equation model，SEM）的分析方法明晰大数据征信赋能中小微企业合作创新的作用路径。

第二节　大数据征信赋能中小微企业合作创新的理论机理

一、大数据征信应用与中小微企业合作创新绩效

中小微企业合作创新不仅受到企业单边行为的影响，更由企业合作双方行为决定（Chen and Jiang，2017；Adner and Kapoor，2010）。中小微企业间合作创新行为常常会受到彼此之间信息不对称的影响，而大数据征信模式作为一种大数据技术与征信行业相结合的新兴征信模式能够在很大程度上消除信息不对称（Du et al.，2021；Hung et al.，2020），且能有效规范彼此之间的合作行为（Salamon et al.，2017；Zakrzewska，2007；吴晶妹，2016），从而促进企业合作创新绩效的提升，具体如下。

首先，大数据征信模式以互联网、区块链、爬虫技术为底层核心技术，对信用评价相关的财务数据、公司组织结构与战略行为变动信息、社会责任等各类数据进行整合收集，并进行动态智能评价（Alam et al.，2020）。在这种情况下，大数据征信一方面能够帮助中小微企业快速锁定良好信用企业，减小企业搜索成本并提高搜索成功率（Zhou et al.，2019；Chen et al.，2012），另一方面能够帮助中小微企业快速找到与自身相似度高、企业战略协同程度高的企业，能有效提高双方在合作中的知识分享、知识吸收整合等能力（Kodish，2017），而这些因素都会显著提升企业彼此之间的合作创新成功率，继而提升合作创新绩效。

其次，大数据征信模式下的大数据技术能赋予传统征信模式以往难以拥有的实时动态分享、实时数据传递等信用时效性特征，而当征信平台具有实时公布信用信息、实时动态调整企业信用评价能力后，中小微企业在日常交易、战略决策、履约等行为中的信息都会被大数据技术征集，从而直接影响其信用评级（Chen et al.，2014；姜俊琳，2016）。在这种倒逼机制下，中小微企业不得不重视日常交易中的行为规范性，故大数据征信惩戒能力会提高企业在合作交易过程中的机会主义行为成本，从而降低合作双方监督彼此

的成本，使得合作双方更加团结一致为同一个目标而努力，提高了中小微企业的合作成功率，企业间合作创新绩效也会更好。

基于此，本章提出如下假设。

H11.1a：大数据征信搜索能力越强，中小微企业间合作创新绩效越好。

H11.1b：大数据征信惩戒能力越强，中小微企业间合作创新绩效越好。

二、组织间计算信任的中介效应

正如前文所述，大数据征信模式具有十分强大的数据信息搜索能力。一方面，大数据征信系统能够借助区块链、数据挖掘等大数据技术为企业提供丰富的市场信息，在很大程度上提高了企业预测与评估信用交易风险的能力（Mujeeb et al.，2021）。因此，大数据征信能够帮助中小微企业快速精确地评估交易收益率，提高企业决策效率，为企业节约大量时间成本与搜索成本（Pan et al.，2017；Alam et al.，2020），而组织间计算信任是一种以风险收益计算为核心的信任方式，其关键在于计算合作方履行合同的能力、未来的风险承受能力以及信用状况，故大数据征信能够帮助中小微企业提高计算信任效率。

另一方面，大数据征信的实时动态信用分享机制能够实现对网络主体的信用轨迹和信用行为进行综合描述，从而对中小微企业交易行为起到非正式的制度制约作用（Salamon et al.，2017；Wang，2018）。第一，大数据征信能够延长企业间信息公开时效、提高信息透明度（Pan et al.，2017），大大降低合同违约执行成本（Koh et al.，2006；李仲飞和黄金波，2016），可以帮助提高组织间交易的规范性，降低企业交易违约率，不仅能维持企业交易的稳定性，还能提高企业资金利用率；第二，大数据征信具有实时动态评价作用（Mujeeb et al.，2021；Ma et al.，2018；Altman and Sabato，2007），能够根据企业的软硬信息（池仁勇和朱张帆，2020）来评估企业，因此大数据征信能够实时公布企业信用状况，单次交易违约破坏力会影响长期交易，这同样会大大提高企业违约成本，降低企业合同违约率。组织间计算信任的前提是理性经济人假设与规范机会主义行为，其实现的基础建立在双方签订的书面合同等契约形式之上（Poppo et al.，2016），而保障合同履行的基础在于权衡违约成本与履约收益（Krishnan et al.，2016），因此，大数据征信的非正式制度制约作用能提升企业管理者的以合同契约为基础的计算信任。在大数据征信体系不完善的情况下，中小微企业间交易的收益与惩罚机制都会受阻，组织间计算信任水平便会下降。

综上，大数据征信系统能够提升组织间计算信任水平，而当组织间计算信任水平提升之后，对于组织间合作，不管是交易次数还是交易质量都会得到显著增加或提升，从而提高中小微企业间合作创新绩效，主要表现在：组织间计算信任是基于合同框架建立的信任方式，因此合作双方考虑到违约或合作失败后的经济损失以及合作完成后的超额收益（Parkhe，1993），都会努力去履行各自的职责（Poppo et al.，2008；Williamson，1993）。故组织间信任的核心是利益激励，其中隐含的前提假设是交易各方都是理性经济人。因此，当大数据征信能够显著降低合作双方的信息不对称程度，降低合作成本，提高合作效率，且能够提升双方违约成本，继而进一步提高合作质量时，合作双方都会努力履行合同，继而通过提升产品竞争力来提高合作创新绩效。一方面大数据征信体系提供的信息服务，使得企业能够获得更多合作伙伴；另一方面大数据征信体系的制度保障还能提高企业与合作伙伴的合作质量，以推动合作过程中的高质量知识分享，继而提升企业间合作创新绩效。

基于此，本章提出如下假设。

H11.2a：组织间计算信任在大数据征信与中小微企业合作创新绩效间起到中介作用。

三、组织间关系信任的中介效应

大数据征信的信息搜索能力能提升以合作双方情感认同、"一家人"文化为核心的组织间关系信任水平（Poppo et al., 2016）。主要表现在：组织间关系信任是一种启发式决策规则下的信任模式（Gulati and Sytch, 2008；Lewicki and Bunker, 1996）。在这种信任模式下，资产专用性（Katsikeas et al., 2009）、交易风险（Gaur et al., 2011）等情况会导致合作双方出现信任非对称现象，从而使彼此的信任程度难以达到最佳状态。大数据征信体系能够降低中小微企业合作双方的非对称信任程度，一方面，在大数据征信体系完善的情况下，企业间的信息将会透明化，企业交易匹配效率将会提高（Pan et al., 2017；李仲飞和黄金波，2016），企业不需要过度依赖于某个或某些企业，可以将更多的精力放在外部搜索方面，因此企业间专用性资产需求方对彼此关系信任的依赖程度减轻，彼此双方信任非对称程度降低。另一方面，大数据征信为企业提供信用调查信息，让企业能够快速获取交易方的各方面信息（Zhou et al., 2019；Zhang et al., 2020），比如企业家的性格、企业间的相似度等（Nooteboom et al., 2007），有利于组织间建立情感关系，同时能够帮助企业预测未来交易风险（Mujeeb et al., 2021；Alam et al., 2020），增强企业抵御交易风险的能力，从而增加承担由关系信任带来的风险的需求，一定程度上减少了由企业的风险承受能力不同导致的非对称关系信任需求。因此，大数据征信体系越完善，组织间关系信任非对称程度就会越低，关系信任程度越会增强。

此外，大数据征信的惩戒能力同样也会提升组织间关系信任水平。主要表现在以下方面。组织间关系信任是以关系情感为基础建立起来的（Gulati and Sytch, 2008），虽然组织间关系信任在集体利益捆绑下，能极大程度降低企业间合作的交易成本、监督成本，并能培养合作默契，从而提升合作交易效率（Wang et al., 2011）。但组织间关系信任不具有计算信任下的制度规范与理性经济人假设下的稳定收益等优点，故这种靠关系维护的交易中缺乏有效的监督，存在巨大的交易风险（Villena et al., 2019），可能会由过度信任而导致能力"刚性"与机会主义行为发生（王永贵和刘菲，2019）。在大数据征信不够完善的情况下，集体中的一方为谋求自身利益最大化而损害集体利益的收益极高且风险较低，这给企业间合作带来巨大机会主义行为风险。大数据征信具有实时动态惩戒能力，能够实时为关系信任提供非正式制度保障（Weber and Bauman, 2019），且信用评价信息累积性极大提高了企业违约、自私等机会主义行为成本，这也在一定程度上防止了企业机会主义行为的发生（Pan et al., 2017）。因此，当大数据征信体系建设完善时，中小微企业交易信用信息被实时动态评估，企业机会主义行为将会被有效遏制，在这种情况下，中小微企业会更加相信组织间关系。

综上，大数据征信的搜索能力与惩戒能力都会提升组织间关系信任水平，而组织间关系信任水平提升，在一定程度上能够促进中小微企业间合作创新绩效提升，但超过合理区间之后，便会抑制中小微企业间合作创新绩效的提升，主要表现在以下方面。首先，当组织间关系信任水平在合理区间时，由于组织间关系信任的核心是交易各方情感认同（Krishnan et al.，2006），它能保有为彼此共同努力的信念，可以减少双方冲突并降低谈判成本（Zaheer et al.，1998），促进合作，允许访问机密信息（Dyer and Chu，2003），提高双方愿意承担更大风险的意愿（Uzzi，1997），故组织间关系信任降低了企业交易成本（Wang et al.，2011；Poppo et al.，2016；潘镇和李晏墅，2008）并提升了企业对合作创新风险的接受能力（Jap，1999；王永贵和刘菲，2019）。同时，组织间关系信任的合作双方都会彼此交换更多的市场情报和需求信息，以及可能服务于现有产品改进和新产品开发的技术和知识，尤其是对隐性知识的转移（Wang et al.，2011；黄中伟和王宇露，2008），因此，组织间关系信任不仅能为企业争取到更多创新资源，而且能够提升企业合作创新失败容忍度、增加企业合作创新源，由此增大创新成功的可能性并提升创新绩效（Dyer and Chu，2003；Dyer and Singh，1998；Zaheer et al.，1998）。

其次，当组织间关系信任提高到较高水平时，可能会抑制中小微企业合作创新绩效的提升，主要表现在以下三方面。第一，在高度的关系信任环境下，买方对供应商的行为与动机的监督将会大大放松，询问的问题也会减少（Gargiulo and Ertug，2006）。较少的监督次数与保护措施将会导致供应商出现机会主义行为（Goel et al.，2005），并降低买方发现供应商违规行为的警惕性，这些都会显著增加企业为消除这种负面影响而进行的资源投入（Villena et al.，2011；王永贵和刘菲，2019），而资源的分散可能会降低企业对创新的资源支持，由此不利于创新绩效的提升。第二，与高度关系信任的供应商合作产生的启发式决策规则可能会有系统偏差，从而可能出现重大交易决策失误（Ferrin and Dirks，2003；McEvily et al.，2003），例如，买方会接收来自其供应商的交易信息，而不会质疑其准确性或完整性（Krishnan et al.，2006），进而降低了供应商对信息和知识的认知与识别能力（Goel et al.，2005；Nahapiet and Ghoshal，1998），而对无效信息和知识的利用将不利于创新的成功，进而削弱创新绩效。第三，随着关系信任水平的提高，买方更倾向于与其供应商建立多种联系。但是，这种多重性可能导致买方承担过多义务，从而束缚其资源使用抉择（Villena et al.，2011；Villena et al.，2019）。由于强烈希望继续与供应商保持现有关系，买方会降低寻找可能带来新鲜资源且更有能力的供应商的力度（Kim et al.，2006；Poppo et al.，2008），由此减少企业获得新颖知识的渠道，从而抑制企业合作创新绩效的提升。

因此，虽然大数据征信体系不仅能够避免组织间关系信任水平由于能力刚性与关系锁定而下降，还能对企业间机会主义行为起到规诫作用，但随着组织间关系信任逐步提升到非常高的水平后，高水平组织间关系信任背后隐藏的信用风险也就会更大，而当这个"泡沫"破碎的时候，损失也就更大。因此，组织间关系信任在大数据征信与中小微企业间合作创新绩效之间起到部分中介作用。

基于此，本章提出如下假设。

H11.2b：组织间关系信任在大数据征信与中小微企业合作创新绩效间起到部分中介作用。

由此，本章形成整体研究框架，如图11-1所示。

```
┌─────────────────┐      ┌─────────────┐      ┌─────────────────┐
│ 大数据征信应用能力 │      │ 组织间信任    │      │                 │
│ ·搜索能力        │─────▶│ ·计算信任    │─────▶│ 企业间合作创新绩效 │
│ ·惩戒能力        │      │ ·关系信任    │      │                 │
└─────────────────┘      └─────────────┘      └─────────────────┘
```

图 11-1　大数据征信应用能力、组织间信任与企业间合作创新绩效研究框架

第三节　大数据征信、组织间信任与企业合作创新

本章将探究供应链合作情境下，大数据征信赋能组织间合作创新的作用路径，由于大数据征信应用情况、供应链企业间的信任情况、合作创新情况等相关数据无法从现有公开数据中直接获取，因此本章主要通过发放调查问卷进行相关数据收集。首先利用 SmartPLS 软件对问卷数据进行模型拟合，其次对模型变量进行信效度分析以及 Bootstrap 显著性检验，最后检验理论模型，验证研究假设。

一、变量设计

（一）被解释变量——企业间合作创新绩效的变量测量

本章对企业合作创新绩效的度量参考李玲（2011）开发的量表中的创新能力部分以及 Hagedoorn 和 Duysters（2002）开发的量表中的新产品开发与知识部分。主要原因如下。首先，李玲（2011）开发的量表已经得到大量研究的验证，包括合作满意度、创新能力以及关系稳定程度三方面，本章分析的是在合作网络下组织间信任对企业间合作开展创新项目的影响，关系稳定程度以及合作满意度则与组织间计算信任与组织间关系信任相关性较高，但与本章关注的创新能力关联性较小，故省去。其次，本章出于聚焦合作网络下知识分享与整合带来的创新能力提升考虑，结合 Hagedoorn 和 Duysters（2002）关于合作创新中产品技术与知识积累的提升方面的题项，将企业合作创新能力分为两方面：合作过程中新产品生产数量、销售数量、市场反馈方面，以及从合作中获得的知识方面。具体变量设计如表 11-1 所示。

表 11-1　变量设计

变量	问卷题项	参考文献
搜索能力	企业会利用大数据征信去搜索潜在的交易对象	Devereaux 和 Peng（2020）
	企业会利用大数据征信去搜索潜在的竞争对手	
	企业根据合作伙伴的信用情况来决定是否继续合作	
	企业开展合作前都会利用大数据征信技术来调查对方的信用情况	
惩戒对方	考虑到大数据征信的惩戒措施，我们更加相信合作方不会做出有害我方的行为	Salamon 等（2017）；Wang（2018）
	考虑到大数据征信的惩戒措施，我们相信合作方不会做出违规行为	
	考虑到大数据征信的惩戒措施，我们相信双方的关系会更加紧密	

续表

变量	问卷题项	参考文献
惩戒己方	考虑到大数据征信的存在,我们会遵循交易规则	Pan 等(2017)
	考虑到大数据征信的惩戒措施,我们不会做出伤害合作方的行为	
	因为大数据征信的存在,我们会努力规范企业行为	
	因为大数据征信的存在,我们会努力提升企业自身的信用水平	
计算信任	基于交易奖惩措施的考虑,合作双方对待对方都是真诚的	Lewicki 和 Bunker(1996);Rousseau 等(1998);Poppo 等(2016)
	基于交易双方的成本收益考虑,合作双方都按预期行事	
	由于违反合同的成本过高,合作双方的行为都是值得信任的	
关系信任	企业希望能与供应商保持长期合作关系	Lewicki 和 Bunker(1996);Rousseau 等(1998);Poppo 等(2016)
	企业与供应商的想法一致,因此我们都会让对方来做决定	
	企业与供应商所秉持的理念相同,因此我们会非常有效地为对方付出行动	
	企业与供应商是一家人,因此双方会保护共同的利益	
市场不确定性	供应市场产品特性及规格变化频繁	Cannon 和 Perreault(1999);Poppo 等(2016)
	供应市场产品供应变化频繁	
	供应商支持服务变化频繁	
	供应商使用的技术变化频繁	
行为不确定性	我们很难评估供应商是否遵循我们推荐的操作程序	Poppo 等(2016)
	我们难以获得供应商未来行动的准备报告	
合作创新绩效	展开合作后,企业与供应商的新产品数量都得到提升	李玲(2011)
	展开合作后,企业与供应商新产品销售增长率得到提高	
	展开合作后,市场对新产品反馈良好	
	展开合作后,企业从合作中学习到的知识应用到新产品中	

(二)解释变量——大数据征信应用能力的变量测量

本章通过对大数据征信应用能力的实地调研与深度访谈,初步拟定了 4 条题项来测量大数据征信搜索能力,拟定了 7 条题项来测量大数据征信惩戒能力,其中惩戒己方行为 4 条,惩戒对方行为 3 条,满足 Schriesheim 和 Hinkin(1990)提出的每个变量的量表开发题项在 6 条以内的标准规定。为进一步保证设计题项的有效性,本章将利用团队例会,请 3 位教授以及 4 位博士生对问卷进行进一步的讨论,对题项中的有关表述进行反复检查讨论,形成初步问卷,具体变量设计如表 11-1 所示。

(三)中介变量——组织间信任的变量测量

本章通过对现有文献的梳理以及理论推导,将组织间信任按照"理性-情感"框架分为组织间计算信任与组织间关系信任两种。首先,对于组织间计算信任,本章借鉴 Lewicki 和 Bunker(1996)、Rousseau 等(1998)、Poppo 等(2016)的做法,利用三个题项来度量合约的奖惩措施力度。对于组织间关系信任,本章借鉴 Lewicki 和

Bunker（1996）、Maguire 等（2001）、Wang 等（2020）的做法，并以 Poppo 等（2016）提出的三个衡量标准——共享身份、共享理解与思维相似性为依据，提出衡量组织间关系信任的四个题项。组织间信任变量设计见表 11-1。

二、样本来源

本章运用问卷调查方法收集数据，对供应链网络下中小微企业之间的合作创新情况进行调研，首先根据成熟量表设计初始问卷，其次对问卷进行预发放，回收 50 份问卷，并对试发放的问卷进行分析和处理，针对出现的问题，借鉴专家的意见对问卷进行修改和优化，确保受访者充分理解每个题项所表达的意思，最后形成正式问卷。

问卷形成之后，通过线上和线下相结合的方式进行问卷发放，问卷填写者大多是企业的高层管理者，对其本企业的生产经营有着比较充分的了解，样本主要聚焦于制造业企业，涵盖多种行业类型，共发放问卷 829 份，回收 645 份，回收率为 77.8%，对无效问卷进行剔除，得到有效问卷 536 份，本章的剔除标准如下：受访者选择"不确定"项过多的问卷，"不确定"项本身是为受访者针对一些无法确定的选项设置的，如果受访者选中的"不确定"项过多，我们可以推断该受访者或许是由于心理原因而"不假思索"地选择该选项，又或许是受其他因素的干扰而随意填写问卷，因此该问卷填写者对其他题项的选择也就变得没有参考价值。问卷发放与回收情况详见表 11-2。

表 11-2 问卷发放与回收一览表

序号	对象	形式	发放问卷数	回收问卷数	有效问卷数	回收有效率
1	学院合作企业	线上	234	201	181	77.4%
2	学术论坛参与学者	线下	65	60	58	89.2%
3	个人社会资源	线上	530	384	297	56.0%
	总计		829	645	536	64.7%

三、描述性统计

本章对样本的详细情况进行描述性统计，统计结果如表 11-3 所示，从应答人员上看，答题者一半以上来自中层管理人员，工作年限在 5—10 年的管理者数量最多，保证我们调查的受访者对公司有足够的了解，此外，受访者的学历大部分在大学本科及以上，表明企业的管理人员的学历水平都较高；从应答企业的角度来看，企业主要分布在四大制造业行业中，并且有一半以上的企业运营超过 10 年，员工人数不超过 300 人的企业占到了 72.39%，这表示所调查的企业规模较小。

表 11-3　描述性统计

应答企业及人员	指标	分类	样本数	百分比
应答企业	企业年龄	1—5 年	139	25.93%
		6—10 年	128	23.88%
		10 年以上	269	50.19%
	所有制	国有	0	0
		私营	536	100.00%
	所属行业	纺织/皮革/服装/鞋类制造业	69	12.87%
		文教/工美/体育/娱乐用品/玩具制造业	28	5.22%
		计算机/电子/机电/机械和其他高端设备制造业	219	40.86%
		化工/化纤/金属/医药制造业	124	23.13%
		非制造业	96	17.91%
	企业规模	300 人及以下	388	72.39%
		301—1000 人	141	26.31%
		1000 人以上	7	1.31%
	所在地	浙江省	446	83.21%
		江苏省	62	11.57%
		上海市	25	4.66%
		其他	3	0.56%
应答人员	职位	基层管理人员	37	6.90%
		中层管理人员	358	66.79%
		高层管理人员	141	26.31%
	工作年限	5 年以下	178	33.21%
		5—10 年	245	45.71%
		10 年以上	113	21.08%
	学历	大专及以下	158	29.48%
		大学本科	279	52.05%
		硕士研究生	96	17.91%
		博士研究生	3	0.56%

四、实证分析

（一）实证模型建立

本章回收问卷 645 份，剔除无效问卷后，得到有效问卷 536 份，使用 SmartPLS 3.3 软件构建结构方程模型，对各个潜变量之间的关系进行分析，对提出的假设进行验证，并建立模型。

使 SS、CJM、CJO、JS、GX、GX2、CXJX 分别表示搜索能力、惩戒己方、惩戒对方、计算信任、关系信任、关系信任 2（关系信任的二次项）、合作创新绩效。对于 SS 的测度项，选择了 SS1、SS2、SS3；对于 CJM 的测度项，选择了 CJme1、CJme2、CJme3、CJme4；对于 CJO 的测度项，选择了 CJother1、CJother2、CJother3；对于 JS 的测度项，选择了 JS1、JS2、JS3；对于 GX 的测度项，选择 GX1、GX2、GX3；对于 GX2 的测度项，将 GX 的各个测度项进行计算，选择 GX1×GX1、GX1×GX2、GX1×GX3、GX2×GX2、GX2×GX3、GX3×GX3；对于 CXJX，选择 CXJX1、CXJX2、CXJX3、CXJX4。所有潜变量（latent variable）的测度项都为反映型（reflective）指标。

（二）模型拟合

将已经获得的数据导入 SmartPLS 3.3 软件获得拟合模型。

结合上述模型，本章对模型的相关报告数据进行整理分析，如表 11-4~表 11-8 所示。

表 11-4 路径系数表

变量	搜索能力	惩戒己方	惩戒对方	计算信任	关系信任	关系信任 2	合作创新绩效
搜索能力	0.000	0.000	0.000	0.194	0.094	0.109	0.000
惩戒己方	0.000	0.000	0.000	0.069	0.351	0.313	0.000
惩戒对方	0.000	0.000	0.000	0.432	0.348	0.361	0.000
计算信任	0.000	0.000	0.000	0.000	0.000	0.000	0.151
关系信任	0.000	0.000	0.000	0.000	0.000	0.000	2.837
关系信任 2	0.000	0.000	0.000	0.000	0.000	0.000	−2.728
合作创新绩效	0.000	0.000	0.000	0.000	0.000	0.000	0.000

表 11-5 因子载荷表

变量	搜索能力	惩戒己方	惩戒对方	计算信任	关系信任	关系信任 2	合作创新绩效
SS1	0.819						
SS2	0.883						
SS3	0.858						
CJme1		0.727					
CJme2		0.792					
CJme3		0.853					
CJme4		0.843					
CJother1			0.803				
CJother2			0.819				
CJother3			0.821				
JS1				0.779			
JS2				0.720			
JS3				0.757			
GX1					0.809		

续表

变量	搜索能力	惩戒己方	惩戒对方	计算信任	关系信任	关系信任2	合作创新绩效
GX2					0.678		
GX3					0.761		
GX1×GX1						0.756	
GX1×GX2						0.916	
GX1×GX3						0.923	
GX2×GX2						0.700	
GX2×GX3						0.896	
GX3×GX3						0.760	
CXJX1							0.698
CXJX2							0.732
CXJX3							0.782
CXJX4							0.737

表 11-6 模型拟合评价表

变量	克龙巴赫 α 系数	rho_A	CR	AVE
搜索能力	0.815	0.825	0.889	0.729
惩戒己方	0.818	0.827	0.880	0.648
惩戒对方	0.751	0.765	0.855	0.663
计算信任	0.619	0.614	0.797	0.566
关系信任	0.619	0.640	0.794	0.564
关系信任2	0.907	0.923	0.929	0.689
合作创新绩效	0.723	0.731	0.827	0.544

注：rho_A 表示相关系数

表 11-7 交叉因子载荷表

变量	搜索能力	惩戒己方	惩戒对方	计算信任	关系信任	关系信任2	合作创新绩效
SS1	0.819	0.326	0.214	0.293	0.217	0.221	0.359
SS2	0.883	0.404	0.261	0.279	0.313	0.313	0.420
SS3	0.858	0.341	0.199	0.293	0.312	0.314	0.400
CJme1	0.309	0.727	0.367	0.283	0.401	0.391	0.285
CJme2	0.331	0.792	0.420	0.331	0.423	0.407	0.298
CJme3	0.377	0.853	0.471	0.311	0.500	0.475	0.306
CJme4	0.334	0.843	0.450	0.304	0.520	0.493	0.350
CJother1	0.152	0.339	0.803	0.401	0.333	0.336	0.157
CJother2	0.195	0.422	0.819	0.422	0.442	0.433	0.204
CJother3	0.274	0.510	0.821	0.441	0.553	0.552	0.159
JS1	0.245	0.283	0.314	0.779	0.296	0.303	0.143

续表

变量	搜索能力	惩戒己方	惩戒对方	计算信任	关系信任	关系信任 2	合作创新绩效
JS2	0.220	0.291	0.469	0.720	0.388	0.405	0.071
JS3	0.293	0.282	0.373	0.757	0.399	0.402	0.173
GX1	0.238	0.553	0.428	0.276	0.809	0.763	0.275
GX2	0.288	0.298	0.419	0.389	0.678	0.713	0.037
GX3	0.240	0.408	0.424	0.467	0.761	0.766	0.113
GX1×GX1	0.237	0.539	0.412	0.266	0.794	0.756	0.261
GX1×GX2	0.328	0.513	0.518	0.422	0.904	0.916	0.157
GX1×GX3	0.271	0.545	0.518	0.449	0.931	0.923	0.184
GX2×GX2	0.283	0.282	0.403	0.387	0.654	0.700	0.005
GX2×GX3	0.330	0.416	0.494	0.518	0.858	0.896	0.044
GX3×GX3	0.227	0.385	0.411	0.464	0.745	0.760	0.081
CXJX1	0.282	0.197	0.125	0.167	0.000	−0.031	0.698
CXJX2	0.279	0.281	0.162	0.098	0.141	0.101	0.732
CXJX3	0.406	0.320	0.175	0.148	0.205	0.163	0.782
CXJX4	0.379	0.322	0.159	0.097	0.230	0.193	0.737

表 11-8 总体效应系数

变量	搜索能力	惩戒己方	惩戒对方	计算信任	关系信任	关系信任 2	合作创新绩效
搜索能力	0.000	0.000	0.000	0.194	0.094	0.109	−0.002
惩戒己方	0.000	0.000	0.000	0.069	0.351	0.313	0.153
惩戒对方	0.000	0.000	0.000	0.432	0.348	0.361	0.068
计算信任	0.000	0.000	0.000	0.000	0.000	0.000	0.151
关系信任	0.000	0.000	0.000	0.000	0.000	0.000	2.837
关系信任 2	0.000	0.000	0.000	0.000	0.000	0.000	−2.728
合作创新绩效	0.000	0.000	0.000	0.000	0.000	0.000	0.000

（三）模型的信效度分析（验证性因子分析）

本章将利用 SmartPLS 3.3 进行验证性因子分析，期望验证筛选的因子的有效性，也试图从两个部分的分析中探索本章的结构方程模型是否具有良好的信度和效度。

对于信度系数的最低门槛值，学者各有不同的要求，有的学者认为数值要大于 0.6，有的学者认为只要大于 0.5 即可，本章克龙巴赫 α 系数以 0.6 为最低指标，CR 值以 0.7 为最低指标，检验结果如表 11-6 所示，每个变量的克龙巴赫 α 系数和 CR 都通过了验证，认为变量的信度较好。

效度包括内容效度和建构效度，本章所采用的量表的大部分测度项均来自前人的研究成果，因此具有一定的内容效度。对于建构效度，其包括了收敛效度和区分效度，收敛效度用 AVE 来测量，AVE 的最低标准为 0.5，从表 11-6 中可以看出，变量的测量具有很好的收敛效度。区分效度使用交叉因子载荷来表示，结果见表 11-7，体现隐含变量的自身测量变量的解释能力高于模型中其他测量变量的解释能力，也即本模型中的各个变量存在显著差异，说明本测量模型具备较好的收敛效度和区分效度。

（四）Bootstrap 显著性检验

本章运用的结构方程模型是在偏最小二乘法（partial least square，PLS）基础上建立的，对计算信任（JS）、关系信任（GX）以及关系信任的二次项（GX2）在模型中发挥的中介作用进行检验，构成多重中介模型，以往研究会将一个多重中介模型拆分成多个简单的中介模型进行分析，但是利用结构方程模型可以构建一个完整的多重中介模型。模型的检验方法是 Bootstrap 方法，该方法是由斯坦福大学布拉德利·埃弗龙（Efron）教授提出的一种不受制于数据分布假设，基于数据模拟的重复抽样参数检验方法，在检验含有多重中介变量的模型中，非参数 Bootstrap 方法的表现效果要优于传统方法。Williams 和 Mackinnon（2008）在包含三个中介变量和两个因变量的多重中介模型的研究中，对传统法、乘积分布法和 Bootstrap 方法的估计效果进行了比较，结果表明偏差校正的非参数 Bootstrap 方法在多重中介效应分析中表现最好，因此本章借鉴以往学者的做法，利用 SmartPLS 3.3 软件中的 Bootstrap 方法对构建的多重中介模型进行检验。

本章针对原始数据选取容量为 500 的重抽样样本，在此基础上检验路径系数的显著性，检验结果见表 11-9 与表 11-10，模型框架如图 11-2 所示。根据表 11-9 和表 11-10 的结果，初始样本（O）值与重抽样样本（Re）值的样本均值（M）在 Bootstrap 方法的检验中是接近的，由此可知用 Bootstrap 方法从初始样本中不断抽取的新样本集合与初始样本数据所携带的信息是一致的，并且模型的 T 统计量大部分都大于 2，只有搜索能力对合作创新绩效以及惩戒己方对关系信任的二次方的影响的 T 统计量小于 2，但其也接近于 2，所以我们认为模型通过了显著性检验。

表 11-9 外部模型载荷

变量	初始样本（O）	样本均值（M）	标准差（STDEV）	T 统计量	p 值
SS1←SS	0.819	0.817	0.022	36.553	0.000
SS2←SS	0.883	0.882	0.014	60.971	0.000
SS3←SS	0.858	0.857	0.018	47.344	0.000
CJM1←CJM	0.727	0.725	0.027	26.838	0.000
CJM2←CJM	0.792	0.792	0.022	35.501	0.000
CJM3←CJM	0.853	0.853	0.015	58.395	0.000
CJM4←CJM	0.843	0.841	0.017	49.913	0.000
CJO1←CJO	0.803	0.802	0.022	36.595	0.000
CJO2←CJO	0.819	0.818	0.018	46.375	0.000
CJO3←CJO	0.821	0.822	0.017	48.662	0.000
JS1←JS	0.779	0.779	0.026	29.634	0.000
JS2←JS	0.720	0.721	0.035	20.574	0.000
JS3←JS	0.757	0.754	0.028	26.832	0.000

续表

变量	初始样本（O）	样本均值（M）	标准差（STDEV）	T统计量	p值
GX1←GX	0.809	0.808	0.020	39.801	0.000
GX2←GX	0.678	0.679	0.034	19.670	0.000
GX3←GX	0.761	0.757	0.026	28.906	0.000
GX1×GX1←GX2	0.756	0.756	0.021	36.886	0.000
GX1×GX2←GX2	0.916	0.916	0.008	109.391	0.000
GX1×GX3←GX2	0.923	0.922	0.008	112.282	0.000
GX2×GX2←GX2	0.700	0.701	0.024	28.972	0.000
GX2×GX3←GX2	0.896	0.896	0.012	72.741	0.000
GX3×GX3←GX2	0.760	0.757	0.021	36.438	0.000
CXJX1←CXJX	0.698	0.694	0.047	14.767	0.000
CXJX2←CXJX	0.732	0.731	0.039	18.931	0.000
CXJX3←CXJX	0.782	0.779	0.027	29.160	0.000
CXJX4←CXJX	0.737	0.738	0.037	19.718	0.000

表 11-10 总体系数表

变量	初始样本（O）	样本均值（M）	标准差（STDEV）	T统计量	p值
SS→JS	0.194	0.194	0.046	4.248	0.000
SS→GX	0.094	0.093	0.038	2.494	0.013
SS→GX2	0.109	0.108	0.039	2.834	0.005
SS→CXJX	–0.002	0.001	0.020	0.080	0.936
CJM→JS	0.069	0.355	0.043	8.185	0.000
CJM→GX	0.351	0.317	0.043	7.355	0.000
CJM→GX2	0.313	0.071	0.054	1.276	0.203
CJM→CXJX	0.153	0.156	0.032	4.759	0.000
CJO→JS	0.432	0.431	0.047	9.177	0.000
CJO→GX	0.348	0.066	0.033	2.073	0.039
CJO→GX2	0.361	0.345	0.041	8.580	0.000
CJO→CXJX	0.361	0.358	0.040	9.108	0.000
JS→CXJX	0.151	0.066	0.033	2.073	0.039
GX→CXJX	2.837	0.152	0.053	2.843	0.005
GX2→CXJX	–2.728	2.897	0.366	7.755	0.000

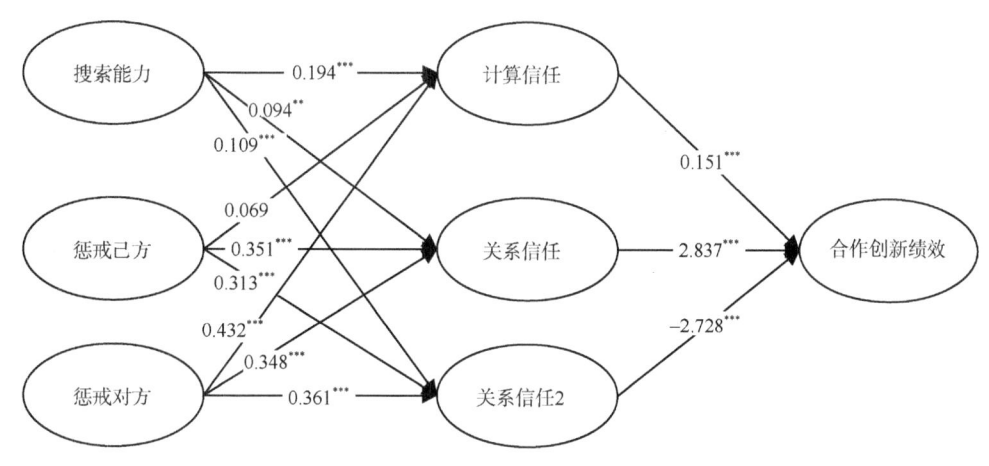

图 11-2 基于 PLS 的结构方程模型框架图

、* 分别表示在 0.05、0.01 的显著性水平下显著

（五）假设检验

根据模型检验报告中的总间接效应表（表 11-11）、路径系数表（表 11-12）和特定的间接效应表（表 11-13），来判断变量之间的相关关系。首先是总的间接效应，大数据征信的搜索能力对合作创新绩效的影响系数为正但不显著（$\beta=0.367$，$p=0.936$），大数据征信能够降低搜索成本，提高搜索效率，提升合同完成度，降低交易双方的信息不对称程度，进而提高企业间的合作创新绩效；大数据征信的惩戒能力对合作创新绩效的影响为正并且显著，具体而言，大数据征信应用能力中惩戒己方的能力的发挥能有效避免企业发生机会主义行为，对合作创新绩效具有正向影响（$\beta=0.234$，$p=0.000$），大数据征信惩戒对方的能力的发挥对合作创新绩效的影响也为正且显著（$\beta=0.001$，$p=0.039$），说明大数据征信更多的是从惩戒己方方面发挥惩戒作用进而促进企业间的合作创新绩效的提升，H11.1a 和 H11.1b 都成立。

表 11-11 总间接效应表

变量	初始样本（O）	样本均值（M）	标准差（STDEV）	T 统计量	p 值
SS→CXJX	−0.002	0.001	0.020	0.080	0.936
CJM→CXJX	0.153	0.156	0.032	4.759	0.000
CJO→CXJX	0.068	0.066	0.033	2.073	0.039

表 11-12 路径系数表

变量	初始样本（O）	样本均值（M）	标准差（STDEV）	T 统计量	p 值
SS→JS	0.194	0.194	0.046	4.248	0.000
SS→GX	0.094	0.093	0.038	2.494	0.013
SS→GX2	0.109	0.108	0.039	2.834	0.005
CJM→JS	−0.002	0.001	0.020	0.080	0.936
CJM→GX	0.069	0.071	0.054	1.276	0.203

续表

变量	初始样本（O）	样本均值（M）	标准差（STDEV）	T统计量	p值
CJM→GX2	0.351	0.355	0.043	8.185	0.000
CJO→JS	0.313	0.317	0.043	7.355	0.000
CJO→GX	0.153	0.156	0.032	4.759	0.000
CJO→GX2	0.432	0.431	0.047	9.177	0.000
JS→CXJX	0.348	0.345	0.041	8.580	0.000
GX→CXJX	0.361	0.358	0.040	9.108	0.000
GX2→CXJX	0.068	0.066	0.033	2.073	0.039

表11-13 特定的间接效应表

变量	初始样本（O）	样本均值（M）	标准差（STDEV）	T统计量	p值
SS→JS→CXJX	0.029	0.030	0.014	2.033	0.043
CJM→JS→CXJX	0.010	0.011	0.010	1.081	0.280
CJO→JS→CXJX	0.065	0.065	0.023	2.826	0.005
SS→GX→CXJX	0.267	0.272	0.117	2.285	0.023
CJM→GX→CXJX	0.997	1.029	0.18	5.543	0.000
CJO→GX→CXJX	0.987	1.003	0.185	5.341	0.000
SS→GX2→CXJX	−0.298	−0.301	0.114	2.610	0.009
CJM→GX2→CXJX	−0.854	−0.884	0.166	5.134	0.000
CJO→GX2→CXJX	−0.984	−1.002	0.192	5.137	0.000

其次是计算信任和关系信任在大数据征信应用能力与合作创新绩效的关系中发挥的中介作用，发现计算信任在大数据征信应用能力和合作创新绩效中发挥中介作用，其中当自变量为搜索能力和惩戒对方时，p值小于0.05，说明影响关系为正并且显著，只有计算信任在惩戒己方和合作创新绩效之间发挥的中介作用不显著，这表明大数据征信能够降低合作双方的交易成本，提升合作效率，促使双方努力完成合同约定任务，提升计算信任水平，继而提升产品的核心竞争力，以此来促进合作创新绩效的提升，因此认为H11.2a成立，也即大数据征信的搜索能力和惩戒能力能通过提高计算信任水平进而提高合作创新绩效；在检验关系信任在大数据征信应用能力和合作创新绩效之间所起的中介作用时，在模型中加入了关系信任和关系信任的二次项，发现中介作用都显著，即大数据征信应用能力能够提高关系信任水平，具体而言，大数据征信的搜索能力能够降低企业合作双方的非对称信任程度，促进交易匹配效率的提升，帮助双方建立情感关系，增强企业抵御风险的能力，提升双方关系信任水平。此外，大数据征信的惩戒能力能够实时动态地为企业间的关系信任提供非正式制度保障，提高企业违约成本以及机会主义成本，进而遏制企业的机会主义行为，促进组织间关系信任水平的提高。在关系信任水平对合作创新绩效的影响中，既存在显著的线性正向影响，也存在倒"U"形关系的影响，关系信任水平的提高能够促进企业合作创新绩效的提升，但是当超过合理区间后，关系信任水平反而会抑制企业间合作创新绩效的提升，其在大数据征信和企业合作创新绩效的关系中发挥着较为复

杂的中介作用，也即大数据征信既可以通过关系信任本身对合作创新绩效产生影响，也可以通过关系信任的二次项效应对合作创新绩效产生影响，因此 H11.2b 也成立。

最后本章进一步比较了计算信任、关系信任、关系信任的二次项在大数据征信应用能力和合作创新绩效中发挥的共同中介作用，其中在搜索能力对合作创新绩效的影响中，计算信任的中介效应占总中介效应的 4.89%，关系信任的中介效应占总中介效应的 44.94%，关系信任的二次项的中介效应占总中介效应的 50.17%，可见关系信任的二次项在该关系中发挥更大的中介效应，大数据征信搜索能力更偏向于降低企业间非对称信任程度，在合理的区间内提升关系信任水平来促进合作创新绩效的提高；在惩戒己方的能力对合作创新绩效的影响中，计算信任的中介效应占总中介效应的 0.54%，关系信任的中介效应占总中介效应的 53.57%，关系信任的二次项的中介效应占总中介效应的 45.89%，关系信任本身在该关系中发挥更大的中介效应，大数据征信的实时动态监督能力能够有效抑制企业的机会主义行为，通过提高企业间的关系信任水平提高企业合作创新绩效；在惩戒对方的能力对合作创新绩效的影响中，计算信任的中介效应占总中介效应的 3.19%，关系信任的中介效应占总中介效应的 48.48%，关系信任的二次项的中介效应占总中介效应的 48.33%，关系信任本身与关系信任二次项发挥的中介效应的强度大致一样。综上所述，总中介效应大部分来自组织间信任的关系信任这一中介变量的贡献。

第四节　大数据征信赋能中小微企业合作创新的进一步讨论

本章对 536 家制造业中小微企业进行问卷调研，运用结构方程模型从网络合作中的信任角度分析大数据征信赋能中小微企业合作创新发展的实现路径，通过验证性因子分析等相关检验后，发现以下结果。

首先，大数据征信应用能力能促进中小微企业合作创新绩效的提升。主要表现在：大数据征信搜索能力与惩戒能力都能显著提升企业间合作创新绩效。这说明，第一，大数据征信模式下信息搜索与服务能力一方面能帮助企业获得更多市场信息，降低搜索成本（Zhou et al.，2019），另一方面能帮助企业寻找到合适的交易对象，不仅能帮助企业获得订单，还能为企业获得知识创新源提供助力，从而提升企业间合作创新绩效（Kodish，2017），这一发现回应了现有研究关于合作网络下信息搜索能力提升合作创新能力的结论。第二，大数据征信模式下信用数据实时动态共享的惩戒机制也能倒逼企业规诫日常交易行为，积极履约，以提升自身信用水平（Chen et al.，2014），因此，在这种机制下，企业间合作监督成本将大大下降，同时，大数据征信惩戒机制能为网络合作提供一个稳定的环境，有利于合作方之间的知识分享与吸收，从而提升合作创新绩效。

其次，组织间计算信任在大数据征信应用能力与中小微企业合作创新绩效之间起到中介作用，也即大数据征信赋能中小微企业合作创新能通过组织间计算信任实现。这条路径的实现过程如下。对于供应链网络下的企业而言，大数据征信体系的出现为企业战略管理带来改变，一方面大数据征信模式的数据搜索功能提升了企业获取战略信息的能力，提高了企业的信息赋能（Mujeeb et al.，2021；Pan et al.，2017；Alam et al.，2020），另一方面大数据征信模式的非正式制度约束提升了对网络下企业合作中违约、机会主义行为的规诫能力（Salamon et al.，2017；Wang，2018），提升了企业的环境赋能，而信息赋能与环境赋能为企业交易提供了"数据池"与"稳定器"，在很大程度上提升了以前瞻式决策规则为主的组织间计算信任水平。当组织间计算信任水平提升之后，企业可以获得更多订单，增加合作次数，且能够通过彼此合作获得学习交流机会，提高合作质量，从而提升企业合作的创新绩效。

再次，组织间关系信任在大数据征信应用能力与中小微企业合作创新绩效之间起到复杂中介作用，也即大数据征信赋能中小微企业合作创新能通过组织间关系信任实现。这条路径的实现过程如下。对于供应链网络下的企业，大数据征信模式提供的信息搜索能力与惩戒能力同样能为中小微企业提供信息赋能与环境赋能，一方面信息赋能能让以启发式决策规则为核心的交易双方获得更多信用信息（Zhou et al.，2019；Zhang et al.，2020），在一定程度上降低彼此信任的非对称程度，继而提升关系质量，另一方面环境赋能能够通过对机会主义行为进行规诫等非正式制度保障为以关系维护为核心的关系信任提供更多保障（Pan et al.，2017），从而增强合作双方为彼此共同努力的信念，可以减少双方冲突、降低谈判成本（Zaheer et al.，1998），促进合作，继而提升关系信任水平。当关系信任水平提升后，在合理区间内，组织间关系信任水平的提升降低了企业交易成本（Wang et al.，2011；Poppo et al.，2016；潘镇和李晏墅，2008）并提升了企业对合作创新风险的接受能力（Jap，1999；王永贵和刘菲，2019），促进了隐性知识的转移（Wang et al.，2011；黄中伟和王宇露，2008），由此提高了创新成功的可能性并提升了创新绩效（Dyer and Chu，2003；Dyer and Singh，1998；Zaheer et al.，1998）。但是，当关系信任突破到一定程度后，买方对供应商的行为与动机的监督将会大大放松，而询问的问题也会减少（Gargiulo and Ertug，2006）。较少的监督与保护措施将会导致供应商做出机会主义行为（Goel et al.，2005），即使大数据征信对这种机会主义行为有一定的惩戒作用，但只是让这种机会行为发生的概率下降，并不能从根本上阻止其发生，从而导致中小微企业间合作创新绩效下降。

最后，通过以上分析，可以发现，大数据征信赋能供应链网络下创新发展的传导路径主要是通过组织间计算信任与关系信任来实现的。但两条路径的实现过程与内在机理并不相同，对于计算信任传导机制来说，其传导过程在于大数据征信为企业间以合同契约为主的交易方式提供信息搜寻匹配以及环境惩戒维护的功能（Pan et al.，2017；Mujeeb et al.，2021；Ma et al.，2018；Altman and Sabato，2007），继而保障企业交易更多更好地完成，不仅能使企业实现盈利，还能提升企业合作创新能力，继而提升交易双方的合作创新能力。对于关系信任传导机制来说，其传导过程在于大数据征信通过为以关系情感为主的交易方式提供信息服务来降低非对称程度，以及通过非正式制度约束抑制机会主义行为与关系锁定来提升关系强度（Mujeeb et al.，2021；Alam et al.，2020；Weber and Bauman，2019），继而让企业间的关系更为紧密，彼此之间组织学习的机会更多，合作新产品项目开发的机会增多，继而使得合作创新绩效提升，但若这种关系强度过高，还是会导致更深的关系锁定以及风险更大的机会主义行为发生（Villena et al.，2019），从而降低合作创新绩效。因此，大数据征信赋能中小微企业合作创新发展不仅需要依赖大数据征信体系的完善来保证数据的实时性、有效性以及动态惩戒措施的及时性，还需要企业管理者自身对合作过程中信任方式进行战略性掌控，合理分配"在商言商"式的计算信任与"一家人文化"式的关系信任，且要将关系掌握在合理区间，否则其将成为企业前进的绊脚石。

第十二章　大数据征信赋能中小微企业包容性创业的实证研究

第一节　大数据征信赋能中小微企业包容性创业的研究前沿

我国乃至全世界的发展经验表明，创业越来越成为各国经济高质量发展的强大动力（Bruton et al.，2008）。特别是改革开放以来，我国以非公有制、个体私营为代表的中小微创业实践高速发展，带活了地区经济。随着国内外创业实践的深入发展，创业理论研究也呈现出"百家争鸣"之势，从多个学科领域、多个理论视角对创业的概念内涵、过程机制、影响因素、作用结果等方面的内容开展了卓有成效的研究（董保宝，2014）。近年来，农民创业、草根创业现象不断涌现，以小超市、小作坊等为典型代表的个体私营活动成为 BOP（bottom of the pyramid，金字塔底层）群体实现发展的重要形式与渠道。特别是在农村地区，常常出现"个人创业—家庭与家族创业—整村创业"的辐射带动效应。当下，数字技术推动农村电商、淘宝村建设取得了长足发展，更是进一步赋能了 BOP 群体的个体私营创业活动。加之包容性增长理念的提出以及"大众创业、万众创新"倡议的深入动员，越来越多的研究和实践人员认识到，个体私营等中小微创业活动对于 BOP 群体共享经济发展成果具有重要作用（Bruton et al.，2013），进而逐步发展出包容性创业的新概念、新思想，以深入探讨和实践如何推动门槛低、易操作的个体私营创业等中小微创业，包容更加广泛的社会群体，使其共享经济发展成果，实现可持续的公平发展。特别是在中国情境下，城-乡二元结构的发展导致城乡发展状况不平衡、资源要素不均衡等农村发展处于弱势的局面，进一步阻碍了农户这一类 BOP 群体的创业发展，他们是否能够与城市居民一样公平享受个体私营等中小微创业活动带来的包容性价值，在衔接乡村振兴发展、推动共同富裕的背景下显得尤为重要。因此，关注个体私营创业问题是对推行中小微企业包容性创业最好的践行。

包容性创业关注创业活动带来的包容性创业绩效，立足于中宏观机制的研究已有一定成果，区域整体的创业活动可以引入新技术、增加就业机会和发展地区经济（池仁勇和金陈飞，2014），但其可持续发展的潜力仍然不清晰，同时还显著增强了当地经济对外部组织的依赖（West et al.，2008）；而微观机制的研究相对缺乏，主要聚焦于"自下而上"的成长路经，创业可以改变 BOP 群体的职业角色，有效缓解其"靠等要"的发展惰性，减少能力匮乏与机会缺失等致贫因素，实现可持续发展的"造血功能"，从而改善生活质量、实现包容性创业绩效（Ghani et al.，2014；Shir et al.，2019）。甚至还有学者提出 BOP 群体在创业中的先天劣势实际上是他们的巨大优势，这迫使他们依靠自有资源并将精力集中在思考如何利用更少的资源获得更多的利益上（Barker，2002），可以采取步步为营（bootstrapping）的白手起家之道。可以看出，包容性创业所产生的包容性创业绩效重点关注降低发展的排斥性、脆弱性与不平等性（Tandon et al., 2006），不仅注重经济层面的内容，也注重教育、健康、居住等多维内容（杜志雄等，2010）。但是，对于BOP群体是否真的可以通过个体私营创业活动实现包容性创业绩效的质疑仍然存在，即对于是否能基于个体私营创业开展包容性创业及其提升机制是什么等问题需要进一步探索。解决上述问题的关键之一在于认识和解决包容性创业所面临的资源短缺问题（Berge et al., 2015；Mair et al., 2012；Chliova et al., 2015），这也正是Sutter等（2019）在 *Journal of Business Venturing*（《商业风险期刊》）上发表的综述文章的观点，他们呼吁今后可以家庭特别是维持生计的家庭为分析单位开展补救观（remediation perspective）研究。基于此，本章立足家庭这一微观层面关注"自下而上"的包容性创业机制，并对比农村家庭和城市家庭的作用成效，从资源短缺的补救观视角回应对包容性创业作用的疑问。

资源问题是创业理论研究中的经典问题（蔡莉等，2019），也是包容性创业的核心问题，主要从资源类型和资源开发利用等方面展开研究，前者包括人力资源、物质资源、技术资源、信用资源等（Barney and Hansen, 1994），后者包括资源识取、资源整合、资源利用等过程（Desa, 2012；蔡莉等，2019），相关学者还发展了资源能力等创业能力概念（Amit et al., 1990）以深化对创业活动中资源配置运用的认识。现代社会是信用社会，市场经济也是信用经济，信用资源的作用愈加重要，对于BOP群体而言尤为关键。但是，鉴于征信成本以及信息不对称现象仍然长期存在，BOP群体缺乏硬信息，其信用信息无法为其他授信主体有效识别，其在创业过程中持续面临的"能不能融到资"和"能不能用好信用"等信用缺失与信用使用问题依然未得到解决，严重影响创业工作。尤其是在个体私营创业情景下，面临创业和发展弱势的双重资源约束压力，"能不能用好信用"成为包容性创业中更为关键的问题，即信用能力具有重要意义。开始有研究关注到各类信用资源的作用（刘雨松和钱文荣，2018），然而现有研究中关于信用资源作用的结论支离破碎，甚至是自相矛盾的（Chliova et al., 2015），这与相关研究缺乏微观层面的检验有关，随着资源基础理论，尤其是最新的动态能力观、创业拼凑观等理论的发展，对创业活动、包容性创业绩效产生作用的认识不仅在于信用资源的存量，更在于基于自身金融素养运用与配置信用的能力（Lusardi and Mitchell, 2014），即"有信用，更要会用信用"，发展有效利用有限信用资源的能力成为包容性创业的关键，这也可能是解决前述问题的路径之一。

进一步认识到，中小微企业BOP群体获取信用、发展信用需要普惠金融的支持（贝多广和张锐，2017），而其中的桥接机制之一在于大数据征信的作用。随着数字技术的发展，区块链技术、云计算技术等数字技术强化了将信用主体行为转化为信用信息的技术能力，提升了信用信息的容量、丰富了多样性、拓宽了获取渠道并提高了经济价值，强化了对征信的支持，即通过大数据技术改造的大数据征信可以更加全面、完整地表达信用主体的信用信息，提供更多的信用使用场景，在信用获取和信用使用的场域下可以更为正式、规范、标准地拓宽融资渠道、推动信用学习、强化信用配置，其使用获益与失信排斥的作用边界不断延伸，强化了对整个发展过程的包容性支持作用。与此同时，数字技术在微观层次上影响人力资本、人机互动（Bajari et al., 2015；Claggett and Karahanna, 2018），更广泛的社会群体乃至BOP群体均可以充分感知大数据征信的作用，在包容性创业的具体情景下采纳与应用大数据征信，使用简单数字设备和简易下沉应用，积累和表现信用状况，能够缓解信用排斥的影响。进一步解析包容性创业中大数据征信的作用有助于进一步认识和推动包容性发展。

因此，在大数据征信、信用能力、创业以及包容性创业绩效的整体框架下科学探讨"信用能力是否能赋能包容性创业？""大数据征信是否能赋能信用能力提升？""大数据征信在包容性创业中如何起作用？"等理论问题，能更好地理解包容性创业问题。因此，本章基于个体私营创业认识包容性创业，从发展排斥性、发展脆弱性以及发展不平等性等三个方面全面考察包容性创业绩效，并基于城乡家庭的作用差异，深入解析包容性创业的机制、信用能力对包容性创业的作用，以及大数据征信在前述机制中如何产生作用，上述研究对于进一步深化对创业管理的认识、更好地开展包容性创业工作具有重要的理论和现实意义。

第二节　大数据征信赋能中小微企业包容性创业的理论机理

一、大数据征信与信用能力

从前文信用能力、包容性创业与包容性创业绩效假设关系的叙述中可以看出，信用能力在包容性创业中的作用并非单纯依赖于信用的多寡，而更关注具体情境下对信用的配置、运用。大数据征信作为数字化的情景变量，不仅充当了风险预测的功能角色，更具有在具体情景下充分感知大数据征信信用获益与失信排斥的作用，在包容性创业的具体情景下采纳与应用大数据征信（黄益平和邱晗，2021），相较于传统征信"优者更优"的资源配置功能，进一步强化了其对整个发展过程的包容性支持作用，也就是说即使受到传统征信信用排斥的 BOP 群体也能有机会融入现代信用社会。从资源基础理论出发，大数据征信不仅提供了更多包容性创业所需的信用产品，也为信用资源拼凑使用拓展了应用场景，表现出顾客拼凑、制度拼凑（李非和祝振铎，2014）等内涵，用以缓解信息不对称和资源约束对于提升信用能力的不良影响。基于此，本节进一步探讨"大数据征信是否能赋能信用能力提升？"，考察区域大数据征信对家庭信用能力的作用，进而提出研究假设、构建研究模型。

本节关注大数据征信对信用能力的作用，就大数据征信与信用能力的作用关系提出研究假设，以进一步考察"大数据征信是否能赋能信用能力提升？"问题。通过数字技术的改造，大数据征信与传统征信的区别，不仅在于隐形信息显性化，也在于推动普惠金融以及更多信用应用在创业活动中的发展（李建军和李俊成，2020），更加丰富的信息接入形式以及应用接口使其对社会的渗透更加广泛，由此产生的大数据征信功能感知也更加深刻，突出"授人以渔"的支持功能。

首先，大数据征信在降低中小微企业 BOP 群体与授信主体间信息不对称程度方面起到重要作用。传统征信关注结构性数据，而大数据征信进一步整合了非结构化信息、非金融信息，前者因授信主体的资源结构产生排斥，而后者因技术门槛产生排斥。诚然，数字技术带来了数字鸿沟并可能产生剪刀差效应，但不能否认的是数字技术仍然为社会各类群体，包括 BOP 群体，预留了发展通道和信用信息收集渠道（关佳，2020），在具体情境下积极、有效的数字参与行为可以帮助 BOP 群体提升信用表征，进而为大数据征信所识别、记录与应用，同样可以丰富信用的圈层表现（Bruton et al., 2015），在一定程度上缓解包容性创业面临的融资约束的信用信息匮乏状况。Jagtiani 和 Lemieux（2018）认为基于区块链技术的大数据征信利用信用数据，实现在消费领域的信用数据整合，通过平台降低数据采集的成本，对个人的消费趋势做出判断并将其存储至数据池中，居民个人也通过大数据征信互补了信息差，在可视化平台中降低了信息不对称程度。

其次，更多的信用应用接口让信用获益与失信排斥的作用实现指数级的增长，上述领域的作用拓展对于提高信用能力很有裨益（赵成国等，2020）。金融是推动经济社会发展、开展创业活动的重要基石，但是传统金融更加关注金融的发展深度而缺乏对发展广度的关注（Claessens and Perotti，2007），普惠金融为传统金融排斥在外的相关群体提供更为公平的金融服务（尹志超等，2015），但普惠金融的发展有赖于金融服务的渗透度和可及性（李建军和李俊成，2020），大数据征信为其提供了载体。也就是说，大数据征信为普惠金融提供更加准确和广泛的信用信息，提升了金融风险预测能力（Dierkes et al.，2013），强化了信用获益与失信排斥的功能，即这种大数据征信的功能感知，突出了对数字参与行为的需求，极大地提升了金融媒介的使用程度（李建军和李俊成，2020），有利于促进受信者对信用资源的有效使用、积极积累，可以进一步补充和完善信用信息，即大数据征信引导家庭特别是 BOP 群体基于自身基础认真审视外部信用社会和信用经济的整体环境，认识自身所处的发展位置以及机会窗口，增加小额信贷、赊销赊购、信用免押、行政信用准入、信任合作等经济、行政、社会领域下的信用应用场景（王晓明，2020），家庭的数字参与行为的使用痕迹会被互联网服务器所记录与储存，经过大数据技术处理可以表征信用情况，这也是在大数据征信背景下针对信用应用场景下需求供给间张力和信用损耗有的放矢地予以信用增强或者修复的基本思路，在此过程中进一步审查自身信用供给与外部信用需求之间的张力，提升信用能力。这也可能是 BOP 群体获得信用记录与信用表征为数不多的场景与渠道。

最后，大数据征信提供了更加广泛的信用使用场景和信用教育场域。数字技术对征信的改造不仅使更多的信用数据接入，同时也带来更多的应用接口（陆岷峰和徐阳洋，2021），在金融、社保、医疗、行政服务等传统领域以及电子商务、共享经济等新兴业态丰富的应用场景中提升了对信用的功能感知和使用频率，可以有效提升"会用信用"的经验，在信用运用与配置过程中丰富授信主体的金融知识并提升其金融素养（宋全云等，2016）。金融知识与金融素养有助于授信主体认识和了解信用工具、信用渠道等（尹志超等，2015；张号栋和尹志超，2016），有利于增进其金融福祉（潘选明和张炜，2020），本书强调了对金融知识的掌握和运用，突出了对信用管理和规划等信用行为的关注（Lusardi and Mitchell，2014；Hizgilov and Silber，2020），显著影响信用资源的拼凑使用效率，进而提升信用能力。同时，在此过程中提供的隐形信用教育有效提升了信用风险认知和管理能力、信息处理能力，Fitz 和 Peiner（2016）、李建军和李俊成（2020）等的研究为上述理论假设提供了实证支持，即区域大数据征信可以提升家庭信用能力。

综上所述，本章认为大数据征信作为区域发展的情景化变量，可以有效提升家庭的信用能力，更倾向于实现"优者更优、劣者淘汰"的信用获取以及"授人以鱼不如授人以渔"的信用教育等作用。故本章提出以下研究假设。

H12.1：区域大数据征信对家庭信用能力产生正向影响。

H12.2：区域大数据征信对家庭信用能力的正向影响强于对信用的影响。

二、信用能力与中小微企业包容性创业

信用是市场主体安身立命之本，而信用对于家庭发展起步与后续发展的能动支持，在于运用信用、配置信用的能力（敬志勇等，2019；），而不仅仅在于给予政策资金与小额授信（江曙霞和严玉华，2006；吴寅恺，2021），应推动由资金直接供给和财政支付向授信管理和信用教育的政策供给转变。也就是说，受到融资约束的 BOP 群体如何运用好手头拥有的、能够接触到的信用资金以适应包容性增长的需要，在仅有的信用信息表征下获得授信、利用资金、提升信用（尹志超等，2015）尤为关键，即要关注"有信用，更要会用信用"的信用能力（Sigalla and Carney，2012）。基于此，本章提出信用能力对包容性创业的作用机制模型。本节深入探讨信用能力对包容性创业的作用机制，进而提出相应假设，以回答研究问题"信用能力是否能赋能包容性创业？"。

本节关注信用能力对包容性创业的作用，就信用能力与包容性创业之间的关系提出研究假设，以进一步考察"信用能力是否能赋能包容性创业？"问题。

第一，更高的信用能力可以帮助解决基于个体私营创业的包容性创业活动的融资约束问题。尽管结构化资产和抵押担保物构筑起一定的进入门槛，但是农村信用社与以小微企业为目标市场的商业银行、小微金融机构业务的发展与改革可以有效缓解家庭的信贷约束问题（Chliova et al.，2015），改善家庭的资金结构，积极支持 BOP 群体家庭的基于个体私营创业的包容性创业活动。在此背景下，更高的信用能力更能够使家庭进一步整合金融机构的信用资源（郁俊莉，2009），有效规避融资风险并降低融资成本（袁国良等，1999），缓解由硬信息等限制带来的融资约束问题。同时，更高的信用能力更能进一步在信用资源的使用过程中产生良性的提升循环机制（郁俊莉和张晓，2013），家庭在金融机构开设账户、产生现金流，从而为积累信用信息、再次授信奠定基础（Barboni and Rossi，2019），以解决过程中的资金紧张问题（Siringi，2011；Khanam et al.，2018），提升授信者个体私营创业的生存、成长、盈利能力以及改善个人财务状况。特别是在包容性创业情景下，小额信贷通常会引导 BOP 群体创建提供基本生活必需品的企业，可以帮助他们认识到自己作为创业者的潜力。将信贷发放、过程监管与帮助、贷款回收等干预措施的重点放在独立、有创业精神的个体身上，不仅是推动经济增长和可持续发展的新途径，而且是对被认为是持续发展不足根源的压抑性社会关系（repressive social relations）的重新调整（Sigalla and Carney，2012；Calton et al.，2013），从而解放创业活力。

第二，信用能力更高的家庭更易做出基于个体私营创业的包容性创业行为。个体私营创业活动相对而言门槛低、易操作，适合 BOP 群体这类在资金等资源上存在局限的群体开展。除了环境背景外，内生能力等主体特质与特征对创业行为具有显著影响（尹志超等，2015）。作为内生能力的重要表现，信用能力对创业行为的影响可以从信息处理、风险态度角度进行分析。就信息处理而言，创业决策的选择和开展有赖于一系列金融信息、市场信息、生产信息以及技术信息等的获取及处理，更强的信用能力可以提升信息

收集的能力、降低信息收集的成本、提高信息处理的效率（姜树广等，2021），从而能够更加准确地把握金融的运行规律和发展趋势，改善授信主体对风险的态度并提升应对能力，促进相关主体参与金融市场，降低经济与金融决策的错误概率（Agarwal and Mazumder，2013），进而有助于创业主体挖掘创业机会、寻找合作伙伴、制订商业计划等（Baron，2006）。就风险态度而言，尽管基于个体私营创业的包容性创业相对而言门槛较低，但仍然是一种具有风险的活动，信用能力更高的主体具有更高的风险偏好和风险容忍程度（Buera，2009），同时也能够更好地认识和处理创业所带来的风险问题。Lusardi 和 Mitchell（2014）、Clark 等（2017）、王正位等（2016）检验了金融能力对金融决策的影响，指出具有更高的金融能力的创业主体可以更加有效地开展金融投资、把握投资机会，进而获得更高的风险投资收益；Christelis 等（2010）、Agarwal 和 Mazumder（2013）、杨虹等（2021）、姜树广等（2021）检验了认知能力对金融决策的影响。可以看出，特别是对于 BOP 群体而言，他们的家庭信用能力越高，越有利于突破信贷约束而从事个体私营创业活动。

第三，更高的信用能力能够显著扩大基于个体私营创业的包容性创业的规模并提高利润。除了前文已经表述的信用能力的作用外，正规金融信用资源的运用依靠正式制度、正式合同约束，在正式的信贷契约约束下，必须用正式合同约定还款事项。作为创业能力和资源能力的重要方面，信用能力体现了应对资本市场风险的能力（郁俊莉和张晓，2013），更高的信用能力可以改善对风险的态度、提高应对风险能力，能够促进相关主体参与金融市场，可以更好地统筹安排授信使用和还款计划，核算信贷成本（Sarkar，2018），降低金融错误的出现概率（Agarwal and Mazumder，2013），能够更好地依据"合适"的发展目标有效提升使用效率，深化家庭对现代市场的认识、提高参与市场的程度，优化信贷资金在整个创业环节中的使用与配置，进而扩大创业规模并提高利润（Siringi，2011；Khanam et al.，2018）。

综上所述，本章认为信用能力在包容性创业中的作用并不单纯依赖于信用的多寡，而是更加关注具体情境下对信用的配置、运用，相较于信用更能有效促进个体私营创业、扩大创业规模并提高利润。故本章提出信用能力与包容性创业间关系的研究假设。

H12.3：家庭信用能力对包容性创业产生正向影响。

H12.4：家庭信用能力对包容性创业的正向影响强于信用的影响。

三、大数据征信在中小微企业包容性创业中的作用机制

根据对研究问题 1"大数据征信是否能赋能信用能力提升？"及研究问题 2"信用能力是否能赋能包容性创业？"这两个理论问题的研究假设，初步构建包容性创业中大数据征信的作用机制。基于此，本章进一步考察"大数据征信在包容性创业中如何起作用？"（研究问题 3），在创业形式、创业者能力以及外部社会经济技术环境的整体框架下认识大数据征信在包容性创业中的链式中介效应，提出如下研究假设。

H12.5：区域大数据征信通过增强家庭信用能力、促进个体私营创业进而提升包容性创业绩效。

由此，形成的整体研究模型如图 12-1 所示。

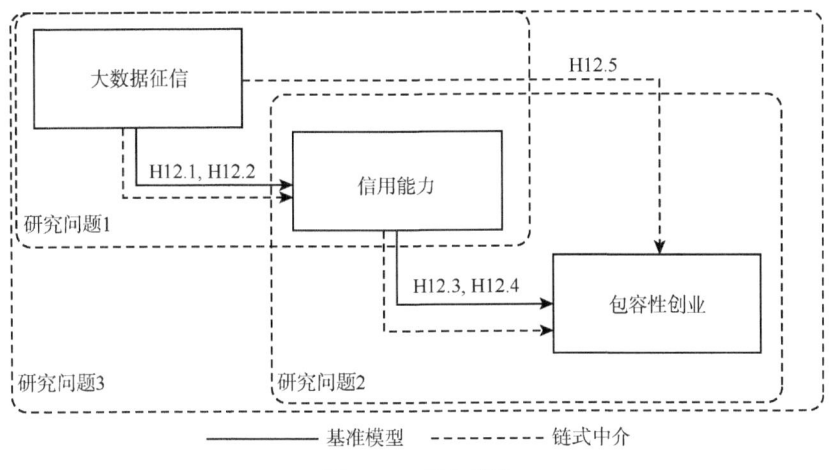

图 12-1 研究模型

第三节 大数据征信、信用能力与包容性创业

本章以家庭为主要分析单位,考察包容性创业中信用能力和大数据征信的作用机制,主要关注大数据征信、信用能力以及包容性创业之间的作用关系,相关变量的测度数据来自研究数据库、研究报告以及统计年鉴。本章主要对上述相关变量的数据来源、变量选取、测度方式进行详细说明。

一、数据来源说明

本章的相关数据分别来自由北京大学中国社会科学调查中心承建的中国家庭追踪调查(China Family Panel Studies,CFPS)数据平台、2010—2020 年《CEI 蓝皮书》、《中国统计年鉴》等。数据来源详见表 12-1。

表 12-1 研究变量来源说明

	变量	指标	数据来源
核心变量	包容性创业	创业行为、创业规模、创业利润	中国家庭追踪调查数据平台
	信用能力	信用资源、金融能力、认知能力、正规金融授信额度、风险偏好、金融资产数量、金融资产获利情况、数学能力、词组能力	中国家庭追踪调查数据平台
	大数据征信	数据业务、电商交易、网络接入	《中国统计年鉴》
		数字普惠金融	郭峰等(2020)
		征信建设	《CEI 蓝皮书》
控制变量	户主层面	年龄、性别、学历、医保、饮酒	中国家庭追踪调查数据平台
	家庭层面	借款拒绝、生活满意度、家庭规模	中国家庭追踪调查数据平台
	区域层面	区域	中国家庭追踪调查数据平台

其中，北京大学中国社会科学调查中心承建的中国家庭追踪调查数据平台从 2010 年起每两年开展一次调研，每次调研目标样本规模为 1.6 万户左右，重点关注中国居民的经济与非经济福利，以及经济活动、教育成果、健康等研究主题，覆盖 25 个省区市，相关数据在社会科学领域得到广泛应用。为保证研究信效度，本章删除了主要变量观察值缺失（包括回答"不知道"与拒绝回答的样本）、家庭户主未成功匹配的样本，最终获得 10 192 个观测值，覆盖 25 个省区市。本章基于该数据平台获取信用能力、包容性创业、包容性创业绩效等变量的数据，以及户主层面、家庭层面和区域层面等控制变量的数据。

中国城市商业信用环境指数从 2010 年开始，独立客观反映国内近 300 个地级以上城市在信用经济发展水平、企业经商环境状况以及城市之间在信用经济发展和商业信用环境方面的差异。本章选取其中的征信建设指标，以此为基础构建大数据征信变量。

《中国统计年鉴》系统收录了全国和各省区市各年度经济、社会各方面的统计数据，以及多个重要历史年份和近年全国主要统计数据，是一部全面反映中华人民共和国经济和社会发展情况的资料性年刊。本章基于《中国统计年鉴》获取数据业务、电商交易等指标数据，构建大数据征信变量。

二、主要变量构建

（一）核心变量

1. 包容性创业

本章以个体私营创业这一类门槛低、易操作的中小微创业形式认识包容性创业的可行性、科学性。本章首先考察个体私营创业是否能够产生良好的包容性创业绩效，如果能够产生良好的包容性创业绩效则认定个体私营创业为包容性创业。基于此，本章借鉴以往研究（柴时军，2017；周洋和华语音，2017），认定中国家庭追踪调查中对"是否有人从事个体私营"回答"是"的家庭样本为创业家庭，对创业行为变量赋值为 1，否则赋值为 0。同时选取创业规模和创业利润作为创业行为的替代变量，考察包容性创业所涉及基准模型的稳健性。其中创业规模根据中国家庭追踪调查家庭经济数据中"从事几项个体私营活动"测量，创业利润根据"该经营的净利润"取对数测量。

2. 信用能力

现有研究更多涉及银行信贷、小微信贷等信用形式（Bruton et al., 2011），信用以及基于此的信用能力的大样本实证研究相对于理论研究与规范分析来说较少，认识并不充分。本章借鉴已有研究（张子豪和谭燕芝，2020；罗荷花和谢晋元，2020），基于正规金融授信额度、金融资产数量及其获利情况、风险偏好、数学能力和词组能力等要素，通过因子分析构建信用能力变量。其中，正规金融授信额度根据中国家庭追踪调查家庭经济数据中"您家待偿银行贷款额"考察；金融资产数量及其获利情况分别根据中国家庭追踪调查家庭经济数据中"金融产品总价""您家金融投资获利"测量；风险偏好变量根据中国家庭追踪调查成人数据"风险测试"结果赋值获得，始终进行保守选择（如"直接获得100元"）的赋值为0，始终进行风险选择（如"扔硬币，如果结果是正面数字则得200元，结果是反面花则什么也得不到"）的赋值为2，兼有两种选择的则赋值为1，始终选择"不知道""不适用"的则赋值为-1，以家庭成员平均风险偏好度量风险偏好；数学能力和词组能力分别根据中国家庭追踪调查成人数据"数学测试题得分""词组测试题得分"测量，以家庭成员的平均值度量。表12-2列示了信用能力因子分析的结果，其中，KMO大于0.5的经验值，Bartlett检验值在0.01的显著性水平上显著，累积贡献率和因子载荷均符合经验值要求，表示相关数据适合开展因子分析。

表12-2 信用能力因子分析

变量	因子载荷			KMO	Bartlett检验值	特征根	累积贡献率
正规金融授信额度	0.023 1	0.216 5	0.703 8	0.501	16 336.147[***]	1.053 93	0.697 6
风险偏好	-0.007 5	-0.183 0	0.676 3				
金融资产数量	0.060 8	0.752 7	0.260 6				
金融资产获利情况	-0.012 3	-0.773 5	0.181 0				
数学能力	0.969 4	0.032 6	0.020 9				
词组能力	0.970 2	0.014 8	-0.007 9				

*** $p<0.01$

3. 大数据征信

关于大数据征信的研究多集中于分析大数据技术对征信工作的改造以及由此带来的功能改善。但是现有研究多基于理论研究与规范分析开展，少数学者开展了案例研究（刘新海，2014）与实证研究（黄益平和邱晗，2021），胡倩倩（2020）从信用投放建设、征信系统建设、政府信用监管建设、制度建设和大数据技术建设五个维度，利用熵值法对大数据征信进行测度并开展大样本实证分析，为本章提供了有效借鉴。有鉴于此，本章利用因子分析，基于各省区市大数据建设情况以及征信建设情况构建大数据征信变量，进一步考察大数据征信的作用。具体要素维度见表12-3。其中，KMO=0.667，大于0.5的经验值，Bartlett检验值在0.01的显著性水平上显著，累积贡献率和因子载荷均符合经验值要求，表示相关数据适合开展因子分析。

表12-3 大数据征信因子分析

变量	平均值	标准差	最小值	中位数	最大值	因子载荷	KMO	Bartlett检验值	特征根	累积贡献率
征信建设	16.5	8.8	2	16.5	31	0.755 5	0.667	21.996[***]	2.036 38	0.678 8
数字普惠金融	301.06	29.89	263.12	295.03	377.73	0.863 9				
网络接入	0.29	0.06	0.20	0.27	0.46	0.848 1				

*** $p<0.01$

第一,征信建设。大数据征信的核心在于征信建设,征信产品设计、风险评估等业务仍然是大数据征信运行的基础,大数据技术并未改变这一业务内核。基于此,本节采用中国城市商业信用环境指数中的"征信系统"来度量征信建设指标。通过"征信系统"排名的反向赋分得到该指标得分,其中未发布数据年份的得分根据前后年份的平均得分测算。

第二,数字普惠金融。大数据征信体现其功能包容性的一个重要方面在于数字普惠金融,依托智能算法、大数据和云计算等创新技术的数字金融模式进一步提高了普惠金融的触达能力并加深了服务深度(郭峰等,2020)。基于此,本节采用各省区市"数字普惠金融指数"来度量该因素,相关数据来自郭峰等(2020)的研究。

第三,网络接入。网络的接入程度是征信机构收集数据以及受众使用的基础,更好的网络覆盖情况可以显著扩大大数据征信覆盖群体以及提升业务范围(李瑞晶等,2017)。基于此,采用"互联网宽带接入用户占人口的比重"来度量网络覆盖指标,相关数据来自《中国统计年鉴》。

(二)控制变量

包容性创业受到多重因素的影响,包括受教育程度、家庭支出、地区经济发展水平等,为进一步提高研究模型的准确性,本章从户主、家庭以及区域层面引入其他会影响因变量的变量作为研究控制变量。

家庭层面选取借款拒绝、生活满意度、家庭规模等控制变量。其中,借款拒绝由"借款被拒经历"赋值获得,选择"有"则赋值为1,否则赋值为0;生活满意度根据家庭成员"对自己生活满意度"取平均值测量;家庭规模由"在家吃饭的人数"表征。

户主层面选取年龄、性别、学历、医保、饮酒等控制变量。由于中国家庭追踪调查2018年的数据并未提供家庭户主信息,本章借鉴以往研究,选取"财务回答人"作为户主。其中,年龄为数据调查时的年龄;性别由男性赋值1、女性赋值0得到;学历由赋值得到,"博士研究生"或"硕士研究生"赋值6,"大学本科"或"大专"赋值5,"高中/中专/技校/职高"赋值4,"初中"赋值3,"小学"赋值2,"不必读书"或"文盲/半文盲"赋值1;医保由户主城镇职工基本医疗保险、新型农村合作医疗、城镇居民基本医疗保险(含"一老一小"保险)等"医疗保险类型"的保险种类加总获得;饮酒由"过去一月每周喝酒超过3次吗"赋值1、0得到。

区域层面选取区域虚拟变量以控制地区发展带来的影响。基于国家统计局的区域划分标准,对样本所在区域进行划分并以虚拟变量赋值,具体为:东部地区包括北京、天津、河北、上海、江苏、浙江、福建、山东、广东、海南10个省(直辖市);中部地区包括山西、安徽、江西、河南、湖北、湖南6个省;西部地区包括内蒙古、广西、重庆、四川、贵州、云南、西藏、陕西、甘肃、青海、宁夏、新疆12个省(自治区、直辖市);东北地区包括辽宁、吉林、黑龙江3个省。

(三)数据描述性统计

变量的描述性统计见表12-4,相关性分析见表12-5。总体而言,变量间相关系数大部分都小于0.4，具体到每个研究问题中变量间相关系数的大小也可接受，表示本章研究模型不存在显著的共线性问题。

表12-4 变量的描述性统计

变量	均值	标准差	最小值	中位数	最大值
1. 大数据征信	0	1.00	−1.39	−0.27	2.13
2. 信用能力	0	0.60	−2.41	−0.02	18.12
3. 创业行为	0.09	0.29	0	0	1
4. 创业规模	0.10	0.32	0	0	3
5. 创业利润	0.91	2.95	0	0	14.22
6. 借款拒绝	0.21	0.41	0	0	1
7. 生活满意度	4	0.78	1	4	5
8. 家庭规模	3.17	1.66	1	3	21
9. 性别	0.53	0.50	0	1	1
10. 年龄	50.2	14.76	14	50	93
11. 医保	0.95	0.33	0	1	5
12. 学历	2.76	1.27	1	3	6
13. 饮酒	0.16	0.37	0	0	1

三、实证分析

（一）大数据征信对信用能力的作用分析

1. 基准模型

针对研究问题1"大数据征信是否能赋能信用能力提升？"，本节构建大数据征信作用信用能力的基准模型，作为被解释变量的信用能力是连续变量，故采用多元回归模型予以分析，构建模型如下：

$$\mathrm{cc}_{iv} = \beta_1 \mathrm{bd}_{iv} + \beta_2 X_{iv} + \sum_{v=1}^{4} \beta_3 \lambda_v + \mu_{iv} \qquad (12.1)$$

其中，cc_{iv}为信用能力；bd_{iv}为大数据征信；μ_{iv}为随机误差项；X_{iv}为控制变量；λ_v为区域虚拟控制变量。本章主要有借款拒绝、生活满意度、家庭规模，以及性别、年龄、医保、学历、饮酒等控制变量。

本章运用Stata 15软件，对样本数据开展多元回归模型分析。表12-6汇报了大数据征信对信用能力控制异方差后的回归结果。

表 12-5　相关性分析

变量序号	1	2	3	4	5	6	7	8	9	10	11	12	13
1	1												
2	0.082***	1											
3	0.016	0.103***	1										
4	0.013	0.101***	0.962***	1									
5	0.022**	0.099***	0.967***	0.939***	1								
6	−0.088***	0.030***	0.057***	0.059***	0.057***	−0.002	0.021**	0.037***	0.018*	0.037***	0.045***	0.063***	−0.003
7	−0.032***	−0.011	−0.005	−0.004	−0.004	0.013	0.013	0.008	0.003	0.008	−0.001	0.035***	0.066***
8	−0.040***	0.115***	0.114***	0.121***	0.115***	−0.002	0.040***	0.062***	0.022**	0.055***	0.054***	0.167***	0.261***
9	0	−0.043***	0.008	0.009	0.012	0.015	0.017*	0.057***	0.025**	0.028***	0.050***	0.001	0.029***
10	0.012	−0.038***	−0.113***	−0.109***	−0.116***	0.206***	0.220***	0.190***	0.187***	0.189***	0.094***	0.237***	0.259***
11	−0.008	0.077***	0.004	0.008	0.005	−0.053***	−0.043***	−0.182***	−0.049***	−0.039***	−0.130***	−0.066***	−0.057***
12	0.119***	0.255***	0.086***	0.085***	0.092***	−0.251***	−0.317***	−0.423***	−0.283***	−0.341***	−0.276***	−0.501***	−0.424***
13	0.010	−0.001	0.008	0.013	0.013	−0.010	−0.018*	0.005	−0.010	−0.011	0.012	−0.017*	0.010

注：变量序号指代变量名称，具体见表 12-4

* $p<0.1$，** $p<0.05$，*** $p<0.01$

表 12-6　回归结果

变量	全样本（133）	城市样本（134）	农村样本（135）
大数据征信	0.051***	0.081***	−0.030**
	(0.013)	(0.020)	(0.012)
借款拒绝	0.064***	0.066***	0.071***
	(0.012)	(0.020)	(0.014)
生活满意度	−0.000	0.002	−0.003
	(0.007)	(0.012)	(0.007)
家庭规模	0.049***	0.069***	0.026***
	(0.003)	(0.006)	(0.004)
性别	−0.090***	−0.109***	−0.032***
	(0.012)	(0.021)	(0.012)
年龄	0.005***	0.009***	−0.001**
	(0.000)	(0.001)	(0.000)
医保	0.091***	0.077***	0.084***
	(0.016)	(0.022)	(0.022)
学历	0.139***	0.157***	0.100***
	(0.006)	(0.010)	(0.006)

续表

变量	全样本	城市样本	农村样本
	(133)	(134)	(135)
饮酒	0.031**	0.037	0.014
	(0.015)	(0.028)	(0.014)
中部地区	0.011	0.060**	−0.052***
	(0.017)	(0.029)	(0.020)
西部地区	0.019	0.038	−0.065***
	(0.020)	(0.032)	(0.021)
东北地区	0.075***	0.111***	−0.002
	(0.022)	(0.038)	(0.024)
截距项	−0.839***	−1.151***	−0.385***
	(0.050)	(0.086)	(0.050)
N	10 192	5 151	5 041
R^2	0.102	0.097	0.115
调整的 R^2	0.101	0.095	0.113

注：括号内的数字为标准误差

** $p<0.05$，*** $p<0.01$

可以看出，全样本、城市样本和农村样本下大数据征信对信用能力的回归系数分别为0.051、0.081、−0.030，前两者的正向影响在0.01的显著性水平上通过检验，而后者的负向影响在0.05的显著性水平上通过检验。这表明，城乡数字化发展水平，尤其是大数据征信的建设水平仍然存在较大差距，同时城乡居民的数字金融使用观念等也存在差距，所以大数据征信对家庭信用能力的影响存在城乡差异，其包容性的作用仍需要进一步开发。

从控制变量来看，借款拒绝、家庭规模以及医保、学历对信用能力产生显著的正向影响，在0.01的显著性水平上通过检验；性别对信用能力产生显著的负向影响，在0.01的显著性水平上通过检验；而年龄产生了异质作用，在全样本和城市样本下年龄产生了显著的正向影响，在农村样本下产生了显著的负向影响。借款拒绝影响了信贷的获取，并进一步激发了"有信用，更要会用信用"的作用效果；家庭规模扩大，一方面增加了信用需求，另一方面为信用决策提供了群策群力的集体智慧；医保作为最基本和简单的金融活动，为信用活动的开展奠定了基础；学历代表了户主基本的发展能力和信息处理能力，学历越高越有利于提升信用能力；年龄产生异质作用的原因可能在于城市居民相对拥有更好的信用环境，随着年龄的增长会提升信用使用的经验，有利于提升信用能力，而农村缺乏相关场域，年龄越大越缺乏信用使用经验，从而对信用能力提升产生不利影响。

综上所述，本节检验了大数据征信对信用能力的影响，总体而言H12.1得到支持，但是在城乡分样本上产生了一定差异化的结论。

2. 基准模型内生性问题的应对

大数据征信对信用能力的作用可能存在反向因果以及样本选择偏差的内生性问题，信用能力更强的家庭可能更易于接入大数据征信系统。针对大数据征信作用信用能力基准模型内生性问题，基于《中国统计年鉴—2018》的统计数据，选取金融投资、数据投资作为工具变量进行处理。相关工具变量选取的合理性在于，大数据征信的发展在于地区金融业固定资产投资规模的扩大，这是区域金融业特别是征信业发展的基础；相关固定资产投资是大数据征信建设的重要基础，直接影响到数据储存、处理与传输的质量。本节采用地区金融业固定资产投资占地区生产总值的比重来度量金融投资，采用通信传输、软件和信息技术服务业固定资产投资占地区生产总值的比重来度量数据投资，相关数据均来自《中国统计年鉴》。

与前述做法保持一致，本节采用工具变量的条件混合过程（conditional mixed process，CMP）估计法。本节在 CMP 的第一阶段和第二阶段模型中控制了前述控制变量，利用 Stata 15 软件对样本数据开展 CMP 模型分析，表 12-7 汇报了相关结果。

表 12-7 CMP 估计结果

变量	全样本	城市样本	农村样本
	（136）	（137）	（138）
第二阶段	信用能力	信用能力	信用能力
大数据征信	0.218***	0.210***	0.261***
	（0.033）	（0.045）	（0.058）
固定效应	是	是	是
第一阶段	大数据征信	大数据征信	大数据征信
金融投资	−229.090***	−323.753***	−84.175***
	（11.418）	（16.363）	（14.831）
数据投资	−20.265***	−17.133***	−22.000***
	（1.651）	（2.350）	（2.096）
固定效应	是	是	是
内生检验参数 atanhrho_12	−0.163***	−0.110***	−0.356***
	（0.031）	（0.035）	（0.066）
N	10 192	5 151	5 041

注：控制变量同基准模型，为节约篇幅本表省略相关变量系数汇报；括号内的数字为标准误差

*** $p<0.01$

模型（136）至模型（138）的 CMP 估计结果显示，atanhrho_12=0 在 0.01 的显著性水平上拒绝原假设，同时第一阶段中金融投资、数据投资与大数据征信显著相关，表明工具变量符合要求。进一步考察将相关结果代入基准模型中的第二阶段的估计结果，大数据征信对信用能力的正向影响在 0.01 的显著性水平上通过检验（回归系数分别为 0.218、0.210、0.261）。对于这里的结果需要注意的是，在处理了可能的内生性问题后，

大数据征信对农村样本信用能力的作用由负向显著转变为正向显著，尽管我们可以认为大数据征信对农村样本信用能力可以产生积极的正向影响，但是相关结论的不一致表明这一结果并不稳健，故 H12.1 的结论在全样本和城市样本上依然成立。同时我们还看到，处理了内生性问题后，大数据征信对信用能力的回归系数有显著提升，表明大数据征信对信用能力的作用被低估了。

3. 基准模型稳健性检验

对于基于因子分析构建的大数据征信变量，前文已经详细地分析了其对信用能力的作用，处理了可能存在的内生性问题后，相关结论仍然成立。为进一步验证研究结论的稳健性，本节进一步改变大数据征信变量的构建方法，利用熵值法构建大数据征信变量开展稳健性检验，网络接入、数字普惠金融、征信建设指标的熵值分别为 0.3289、0.3876、0.2835。利用 Stata 15 软件对样本数据开展稳健性检验，表 12-8 汇报了控制异方差后的相关检验结果。

表 12-8　稳健性检验

变量	全样本	城市样本	农村样本
	（139）	（140）	（141）
大数据征信	0.258***	0.405***	−0.149***
	（0.065）	（0.098）	（0.056）
固定效应	是	是	是
N	10 192	5 151	5 041
R^2	0.102	0.098	0.115
调整的 R^2	0.101	0.096	0.113

注：控制变量同基准模型，为节约篇幅本表省略相关变量系数汇报；括号内的数字为标准误差
*** $p<0.01$

对于将以熵值法构建的大数据征信变量作为替代变量的稳健性检验，模型（139）和模型（140）分别显示了全样本、城市样本下大数据征信对信用能力的正向影响在 0.01 的显著性水平上通过检验，表明 H12.1 在全样本和城市样本下仍然成立且是稳健的。模型（141）显示大数据征信对农村样本信用能力产生了负向影响并在 0.01 的显著性水平上通过检验，本节同前述一样，处理了内生性问题后发现大数据征信对农村样本信用能力产生正向影响，表明该结论是不稳健的。

综上所述，H12.1 的结论得到部分支持，在全样本和城市样本下是稳健的，而在农村样本下相关结论是不稳健的。

（二）大数据征信对信用、信用能力的作用效果比较

本章关注"有信用，更要会用信用"，本节关注大数据征信对信用能力的作用是否强于对信用的作用，进一步深化对"有信用，更要会用信用"的认识。鉴于大数据征信和信用能力、信用均为连续变量，故本节使用近似不相关回归（seemingly unrelated regression，SUR）比较上述作用效果大小。表12-9列示了近似不相关回归结果。

表12-9 近似不相关回归结果

变量	全样本 （142） 信用	城市样本 （143） 信用	农村样本 （144） 信用
大数据征信	0.009 （0.019）	0.038 （0.033）	−0.044** （0.018）
固定效应	是	是	是
R^2	0.012	0.010	0.027
变量	全样本 （145） 信用能力	城市样本 （146） 信用能力	农村样本 （147） 信用能力
大数据征信	0.051*** （0.011）	0.081*** （0.018）	−0.030** （0.012）
固定效应	是	是	是
R^2	0.101 8	0.097 2	0.114 6
N	10 192	5 151	5 041

注：控制变量同基准模型，为节约篇幅本表省略相关变量系数汇报；括号内的数字为标准误差
$p<0.05$，* $p<0.01$

近似不相关回归本质在于联立方程组考察两个模型的估计结果，一方面可以进一步检验模型的稳健性，另一方面可以检验变量间作用关系的大小。由表12-9的检验结果可以看出，一方面，大数据征信对信用能力作用效果的结论是稳健的，全样本和城市样本下大数据征信对信用能力的正向作用在0.01的显著性水平上通过检验，而在农村样本下产生负向影响。另一方面，检验结果显示，大数据征信在全样本和城市样本下对信用的作用并不显著，甚至在农村样本下产生了显著的负向影响，系数大小初步验证了大数据征信对信用能力的作用强于对信用的作用。结合回归系数大小可以判断全样本和城市样本下大数据征信对信用能力的正向作用强于对信用的作用，而农村样本下大数据征信对信用能力以及信用的负向作用均通过显著性检验，但是后者的回归系数的绝对值明显大于前者，这进一步说明了农村地区的数字鸿沟所产生的负向影响。另外，我们更加清晰地认识到，大数据征信的本质在于更加全面地反映授信主体的信用状况，通过更加包容性的指标来表征其信用状况，而非一味地给予信用，结果上更倾向于实现"优者更优、劣者淘汰"的信用获取以及"授人以鱼不如授人以渔"的信用教育等作用。综上所述，本节从影响因素着手，进一步检验了"有信用，更要会用信用"，总体而言该认识仍然是成立的、合理的，即H12.2得到支持。

（三）信用能力与中小微企业包容性创业

1. 信用能力对包容性创业的作用

1）基准模型

针对研究问题 1"信用能力是否能赋能包容性创业"，本章构建信用能力作用包容性创业的基准模型，将创业行为和创业规模、创业利润同时纳入模型之中考察信用能力对其作用，同时也将此作为稳健性检验之一。作为被解释变量的创业行为和创业规模、创业利润分别为 0-1 变量和连续变量，故分别采用 probit 模型和多元回归模型予以分析，构建模型如下：

$$\text{entr}_{iv} = \beta_4 \text{cc}_{iv} + \beta_5 X_{iv} + \sum_{v=1}^{4} \beta_6 \lambda_v + \mu_{iv} \quad (12.2)$$

其中，entr_{iv} 为包容性创业，包括创业行为、创业规模以及创业利润；cc_{iv} 为解释变量信用能力；μ_{iv} 为随机误差项；X_{iv} 为控制变量；λ_v 为区域（region）虚拟控制变量。本章的控制变量主要有借款拒绝、生活满意度、家庭规模，以及性别、年龄、医保、学历、饮酒。

本章运用 Stata 15 软件，对样本数据开展 probit 模型分析和多元回归模型分析。表 12-10 汇报了控制异方差后的回归结果，模型（97）至模型（99）分别检验了全样本下信用能力对包容性创业的作用。

表 12-10 回归结果

变量	（97）创业行为	（98）创业规模	（99）创业利润
信用能力	0.196***	0.042***	0.366***
	(0.043)	(0.008)	(0.080)
借款拒绝	0.154***	0.031***	0.277***
	(0.042)	(0.009)	(0.080)
生活满意度	0.023	0.005	0.055*
	(0.023)	(0.004)	(0.033)
家庭规模	0.092***	0.018***	0.160***
	(0.010)	(0.002)	(0.020)
性别	0.035	0.007	0.090
	(0.039)	(0.007)	(0.063)
年龄	−0.011***	−0.002***	−0.017***
	(0.001)	(0.000)	(0.002)
医保	−0.033	−0.003	−0.052
	(0.054)	(0.009)	(0.093)

续表

变量	（97）创业行为	（98）创业规模	（99）创业利润
学历	0.055***	0.009***	0.087***
	（0.016）	（0.003）	（0.026）
饮酒	0.059	0.014	0.120
	（0.051）	（0.009）	（0.085）
中部地区	0.077	0.015*	0.104
	（0.048）	（0.009）	（0.084）
西部地区	−0.054	−0.009	−0.186**
	（0.048）	（0.009）	（0.077）
东北地区	−0.120**	−0.019**	−0.203**
	（0.058）	（0.009）	（0.082）
截距项	−1.381***	0.073***	0.776***
	（0.146）	（0.025）	（0.229）
N	10 192	10 192	10 192
R^2		0.035	0.035
调整的 R^2		0.034	0.034
伪 R^2	0.055		

注：括号内的数字为标准误差

* $p<0.1$，** $p<0.05$，*** $p<0.01$

表 12-10 中模型（97）至模型（99）分别列示了信用能力对创业行为、创业规模和创业利润的回归结果。可以看出，信用能力对创业行为（系数为 0.196）、创业规模（系数为 0.042）、创业利润（系数为 0.366）的正影响均在 0.01 的显著性水平上通过检验，表明信用能力可以促进创业行为、有效提升创业绩效。总体而言，用好信用很有裨益，有效印证了本章关注的"有信用，更要会用信用"观点。

从控制变量来看，借款拒绝、家庭规模以及学历对个体私营创业产生显著的正向影响，在 0.01 的显著性水平上通过检验。年龄对个体私营创业产生显著的负向影响，在 0.01 的显著性水平上通过检验。可能的原因在于，家庭借款拒绝影响了信贷的获取，并进一步激发了"有信用，更要会用信用"的作用效果；家庭规模越大，一方面家庭的生活压力越大，导致其会倾向于从事更加冒险而收益可能更高的创业活动，另一方面家庭创业劳动力也更多，从而更加有利于开展创业活动；学历代表了户主基本的发展能力和信息处理能力，学历越高越有利于开展创业活动；而年龄越大，则户主的身体机能等方面越差，对创业易产生不利影响。

综上所述，本节检验了信用能力对包容性创业的影响，表明其在 0.01 的显著性水平上产生正向影响，H12.3 得到支持。

在全样本模型的基础上，本节进一步基于城乡分样本考察信用能力对包容性创业的作用。表 12-11 列示了控制异方差后的相关回归结果。

表 12-11 城乡分样本回归结果

变量	城市样本		
	（100）	（101）	（102）
	创业行为	创业规模	创业利润
信用能力	0.140***	0.030***	0.258***
	（0.037）	（0.009）	（0.084）
固定效应	是	是	是
N	5151	5151	5151
R^2		0.043	0.041
调整的 R^2		0.041	0.038
伪 R^2	0.058		

变量	农村样本		
	（103）	（104）	（105）
	创业行为	创业规模	创业利润
信用能力	0.450***	0.075***	0.661***
	（0.069）	（0.014）	（0.110）
固定效应	是	是	是
N	5041	5041	5041
R^2		0.038	0.040
调整的 R^2		0.036	0.038
伪 R^2	0.071		
经验 p 值	0.000	0.002	0.007

注：控制变量同全样本基准模型，为节约篇幅本表省略相关变量系数汇报；括号内的数字为标准误差
*** $p<0.01$

模型（100）至模型（102）和模型（103）至模型（105）分别列示了城市样本和农村样本信用能力对包容性创业的回归结果。从相关结果可以看出，城市样本和农村样本的信用能力对其创业行为、创业规模和创业利润的正向影响均在 0.01 的显著性水平上通过检验。总体而言，H12.3 在城乡分样本下进一步得到支持。

在分样本检验的基础上，本节进一步考察了城市样本与农村样本间的组间差异，以进一步考察处于发展弱势的农村家庭是否能够从用好信用中获益更多。结果显示，一方面，农村样本信用能力对创业行为、创业规模、创业利润的回归系数均大于城市样本的回归系数。另一方面，经验 p 值显示，对创业行为、创业规模以及创业利润系数差异进行检验，其 p 值均通过显著性检验，表明城乡家庭信用能力对包容性创业的回归系数存在显著差异，表明信用能力更高的农村家庭较城市家庭更易推动基于个体私营创业的包容性创业活动，即农村家庭在推动包容性创业活动中能够从信用能力处获益更多。

总体而言，城乡分样本讨论结果表明信用能力对包容性创业的假设是稳健的，同时也

2）基准模型内生性问题的应对

信用能力对包容性创业的作用可能存在反向因果以及样本选择偏差的内生性问题，开展创业的家庭本身可能条件更优，更易获得信用，更能用好信用，家庭资源禀赋的差异会影响信用能力。针对信用能力作用包容性创业的基准模型内生性问题，结合中国家庭追踪调查2018年的数据，选取互联网嵌入作为工具变量进行处理。相关工具变量选取的合理性在于，信用能力的提升与否在于信用使用的场景、机会与能力，在数字技术时代，互联网在该方面提供了更为便捷的渠道和方式，即互联网嵌入可以提升信用能力。尽管互联网嵌入可以便捷地获取各类信息、知识与资源，但是对包容性创业的影响主要通过提高信用效率（Briggeman and Whitacre，2010）、信用决策准确性等间接渠道。对于互联网嵌入变量（包括学习频率、工作频率、社交频率、娱乐频率、商业活动频率），对中国家庭追踪调查成人数据中"使用互联网学习的频率（次）""使用互联网工作的频率（次）""使用互联网社交的频率（次）""使用互联网娱乐的频率（次）""使用互联网开展商业活动的频率（次）"赋值，进而计算家庭成员平均值，通过因子分析得到变量值，其中将各类上网活动频率"几乎每天"赋值为7，"一周3—4次"赋值为6，"一周1—2次"赋值为5，"一月2—3次"赋值为4，"一月一次"赋值为3，"几个月一次"赋值为2，其余赋值为1。表12-12列示了互联网嵌入的因子分析结果，其中，KMO=0.836，大于0.5的经验值，Bartlett检验值在0.01的显著性水平上显著，累积贡献率和因子载荷均符合经验值要求，表示相关数据适合用于开展因子分析。

表12-12　互联网嵌入的因子分析结果

变量	平均值	标准差	最小值	中位数	最大值	因子载荷	KMO	Bartlett检验值	特征根	累积贡献率
学习频率	2.31	1.70	1	1.33	7	0.825 5	0.836	36 090.155[***]	3.629 68	0.725 9
工作频率	2.04	1.78	1	1	7	0.768 5				
社交频率	3.54	2.24	1	3.5	7	0.896 4				
娱乐频率	3.38	2.14	1	3	7	0.884 7				
商业活动频率	2.21	1.53	1	1.6	7	0.862 2				

*** $p<0.01$

采用CMP估计法处理可能存在的内生性问题。本节在CMP的第一阶段和第二阶段模型中控制了前述控制变量，利用Stata 15软件对样本数据开展CMP模型分析，表12-13汇报了相关估计结果。

表 12-13 CMP 估计结果

变量	（106）	（107）	（108）
第二阶段	创业行为	创业规模	创业利润
信用能力	1.400***	0.409***	3.634***
	（0.103）	（0.063）	（0.573）
固定效应	是	是	是
第一阶段	信用能力	信用能力	信用能力
互联网嵌入	0.082***	0.082***	0.082***
	（0.008）	（0.008）	（0.008）
固定效应	是	是	是
内生检验参数 atanhrho_12	−0.901***	−0.618***	−0.604***
	（0.133）	（0.094）	（0.094）
N	10 192	10 192	10 192

注：控制变量同全样本基准模型，为节约篇幅本表省略相关变量系数汇报；括号内的数字为标准误差
*** $p<0.01$

模型（106）至模型（108）的 CMP 估计结果显示，所有模型的 atanhrho_12=0 均在 0.01 的显著性水平上拒绝原假设，同时第一阶段估计中互联网嵌入对信用能力的正向影响在 0.01 的水平上显著，表明互联网嵌入满足工具变量的要求。进一步考察将相关结果代入基准模型中的第二阶段的估计结果，信用能力对创业行为（系数为 1.400）、创业规模（系数为 0.409）、创业利润（系数为 3.634）的正向影响在 0.01 的显著性水平上通过检验，表明前述 H12.3 的结论仍然是可信的。同时我们看到，处理了内生性问题后，信用能力对包容性创业的回归系数有显著提升，表明信用能力的作用被低估了。

在处理了全样本可能存在的内生性问题的基础上，进一步处理基于城乡分样本可能存在的内生性问题。同全样本的内生性处理方式，选取互联网嵌入作为工具变量，在 CMP 的第一阶段和第二阶段模型中控制了与前述控制变量相同的变量，利用 Stata 15 软件对样本数据开展 CMP 模型分析，表 12-14 汇报了相关估计结果。

表 12-14 城乡分样本的 CMP 估计结果

变量	城市样本			农村样本		
	（109）	（110）	（111）	（112）	（113）	（114）
第二阶段	创业行为	创业规模	创业利润	创业行为	创业规模	创业利润
信用能力	0.912***	0.269***	2.307***	2.270***	0.583***	5.271***
	（0.190）	（0.075）	（0.682）	（0.154）	（0.110）	（0.994）
固定效应	是	是	是	是	是	是
第一阶段	信用能力	信用能力	信用能力	信用能力	信用能力	信用能力
互联网嵌入	0.096***	0.096***	0.096***	0.064***	0.064***	0.064***
	（0.013）	（0.013）	（0.013）	（0.008）	（0.008）	（0.008）

续表

变量	城市样本			农村样本		
	(109)	(110)	(111)	(112)	(113)	(114)
固定效应	是	是	是	是	是	是
内生检验参数 atanhrho_12	−0.615***	−0.446***	−0.418***	−1.032***	−0.695***	−0.696***
	(0.197)	(0.131)	(0.131)	(0.180)	(0.129)	(0.129)
N	5151	5151	5151	5041	5041	5041

注：控制变量同全样本基准模型，为节约篇幅本表省略相关变量系数汇报；括号内的数字为标准误差
*** $p<0.01$

模型 (109) 至模型 (111) 和模型 (112) 至模型 (114) 分别列示了信用能力作用个体私营创业城乡分样本的 CMP 估计结果，所有模型的 atanhrho_12=0 均在 0.01 的显著性水平上拒绝原假设，同时第一阶段估计中互联网嵌入对信用能力的正向影响在 0.01 的水平上显著，表明互联网嵌入满足工具变量的要求。进一步考察将相关结果代入基准模型中的第二阶段的估计结果，信用能力对创业行为、创业规模、创业利润的正向影响在 0.01 的显著性水平上通过检验，表明前述 H12.3 的结论在城乡分样本下是可信的。同时，我们还看到，处理了可能的内生性问题后，无论是城市样本还是农村样本，信用能力对包容性创业的回归系数都得到了显著的提升，可见信用能力的作用被低估了。

3）基准模型稳健性检验

前文已经详细分析了基于因子分析构建的信用能力对包容性创业的作用，处理了可能存在的内生性问题后，相关结论仍然成立。在创业规模、创业利润的稳健性检验基础上，为进一步验证研究结论的稳健性，本节进一步改变信用能力变量的构建方法，利用熵值法构建信用能力变量开展稳健性检验。正规金融授信额度、风险偏好、金融资产数量、金融资产获利情况、数学能力、词组能力指标的熵值分别为 0.1218、0.1545、0.1847、0.1781、0.1776、0.1833。利用 Stata 15 软件对样本数据开展稳健性检验，表 12-15 汇报了控制异方差后的相关检验结果。

表 12-15 稳健性检验

变量	(115)	(116)	(117)
	创业行为	创业规模	创业利润
信用能力	1.757***	0.293***	2.801***
	(0.202)	(0.037)	(0.344)
固定效应	是	是	是
N	10 192	10 192	10 192
R^2		0.036	0.037
调整的 R^2		0.035	0.036
伪 R^2	0.059		

注：控制变量同基准模型，为节约篇幅本表省略相关变量系数汇报；括号内的数字为标准误差
*** $p<0.01$

从模型（115）至模型（117）的结果中可以看出，改变信用能力变量的构建方法后，信用能力对创业行为、创业规模、创业利润的正向影响在 0.01 的显著性水平上通过检验（系数分别为 1.757、0.293、2.801），表明 H12.3 的结论仍然是稳健的。

综上所述，H12.3 的结论是稳健的，相关结论成立。

在全样本模型稳健性的基础上，本节进一步考察基于城乡分样本的稳健性。同全样本稳健性检验，本节同样在创业规模、创业利润的稳健性检验基础上，改变信用能力变量的构建方法开展稳健性检验。表 12-16 汇报了控制异方差后的相关检验结果。

表 12-16 城乡分样本的稳健性检验

变量	城市样本			农村样本		
	（118）	（119）	（120）	（121）	（122）	（123）
	创业行为	创业规模	创业利润	创业行为	创业规模	创业利润
信用能力	1.484***	0.280***	2.742***	2.039***	0.275***	2.550***
	（0.247）	（0.051）	（0.487）	（0.363）	（0.052）	（0.466）
固定效应	是	是	是	是	是	是
N	5151	5151	5151	5041	5041	5041
R^2		0.045	0.044		0.033	0.035
调整的 R^2		0.043	0.041		0.030	0.033
伪 R^2	0.061			0.066		

注：控制变量同全样本基准模型，为节约篇幅本表省略相关变量系数汇报；括号内的数字为标准误差
*** $p<0.01$

模型（118）至模型（120）和模型（121）至模型（123）分别列示了城乡分样本的检验结果，改变信用能力变量的构建方法后，无论是城市样本还是农村样本，信用能力对创业行为、创业规模、创业利润的正向影响均在 0.01 的显著性水平上通过检验，表明 H12.3 的结论在城乡分样本下仍然是稳健的。

综上所述，H12.3 的结论是稳健的，相关结论成立。

2. 信用、信用能力对中小微企业包容性创业的作用效果比较

前述研究分析了信用能力对包容性创业的作用，相关结论是稳健的。进一步需要认识到，基于资源基础理论，BOP 群体除了经济上的不富裕，在很大程度上也会受到能力贫困的约束，信用资源的短缺问题无法避免，配置信用的能力也受到限制，单纯从 BOP 群体的信用存量出发考察信用对包容性创业的影响将会有所偏颇。本章始终强调"有信用，更要会用信用"，即信用能力比信用资源更加有效。基于此，本章进一步考察、比较信用以及信用能力对包容性创业的作用效果。鉴于信用能力为因子分析构建的变量，与信用在数据量纲上并不一致，故本章对信用进行标准化处理。同时，由于 probit 模型无法使用近似不相关估计进行比较，所以本章在同一个线性模型中考察信用和信用能力对包容性创业的作用，进而判断两者系数大小，以判断作用大

小。表 12-17 列示了比较结果。

表 12-17 信用、信用能力的作用效果比较

变量	全样本			城市样本			农村样本		
	(124)	(125)	(126)	(127)	(128)	(129)	(130)	(131)	(132)
	创业行为	创业规模	创业利润	创业行为	创业规模	创业利润	创业行为	创业规模	创业利润
信用	−0.016	0.005	0.055	−0.016	−0.002	0.015	0.033	0.036**	0.263**
	(0.021)	(0.007)	(0.067)	(0.019)	(0.006)	(0.058)	(0.035)	(0.016)	(0.111)
信用能力	0.216***	0.039***	0.325***	0.161***	0.032***	0.245***	0.423***	0.057***	0.531***
	(0.038)	(0.007)	(0.076)	(0.036)	(0.009)	(0.087)	(0.075)	(0.011)	(0.099)
固定效应	是	是	是	是	是	是	是	是	是
N	10 192	10 192	10 192	5 151	5 151	5 151	5 041	5 041	5 041
R^2		0.035	0.036		0.043	0.041		0.044	0.044
调整的 R^2		0.034	0.034		0.041	0.038		0.041	0.041
伪 R^2	0.056			0.058			0.071		
testnl 检验	22.96***	9.83***	6.27**	13.98***	7.75***	3.75*	16.86***	1.10	2.77*

注：控制变量同全样本基准模型，为节约篇幅本表省略相关变量系数汇报；括号内的数字为标准误差
 * $p<0.1$，** $p<0.05$，*** $p<0.01$

从比较结果可以看出，首先，无论是全样本还是城乡分样本，信用能力对包容性创业的正向影响始终在 0.01 的显著性水平上通过检验，而信用并未在城市样本中对包容性创业产生积极影响，在农村样本中则有助于扩大创业规模、提升创业利润，表明在农村地区积极推动小额信贷等正规金融信贷发展，增加农户信用资源可以推动包容性创业，但是其回归系数远小于信用能力对包容性创业的回归系数，表明信用能力对包容性创业的作用要强于信用的作用。其次，表 12-17 比较了两者系数是否存在显著差异，testnl 检验行列示了检验结果。结果显示，除了在农村样本中对创业规模的作用系数并无显著差异（$X^2=1.1$，$p>0.1$）外，其他系数存在显著差异，即在城市样本中信用能力对推动包容性创业的作用显著强于信用的作用，而在农村样本中信用能力对推动创业行为、提升创业利润的作用显著强于信用的作用，对提升创业规模的作用相对无显著差异，这与农户的信用约束强而金融知识、金融素养较弱等原因有关。总体而言，信用能力对创业的作用强于信用的作用，所以，我们进一步强调，在包容性创业情境下学会使用信用比单纯获得信用更有裨益，包容性创业应该高度关注 BOP 群体的信用教育，应强化其根据金融资产、家庭资产配置信用的意识和能力，以进一步提升包容性创业的成效。基于此，相关结论支持 H12.4。

第四节　大数据征信赋能中小微企业包容性创业的进一步讨论

一、研究结论

创业研究已呈现出"百家争鸣"之势，学者从多个学科领域、多个理论视角对其概念内涵、过程机制、影响因素、作用结果等开展了卓有成效的研究。微观机制中"自下而上"的包容性创业实践和理论研究愈加受到重视，成为近年来创业研究的热点问题。但是对 BOP 群体是否真的可以通过创业活动实现包容性创业绩效的质疑仍然存在，即对于包容性创业的实现机制与提升机制是什么需要进一步探索，解决该问题的关键之一在于认识和缓解包容性创业所面临的资源短缺问题，尤其是用好资源的能力问题，这也是创业研究特别是包容性创业研究所关注的焦点问题、热点问题。随着现代信用社会的不断发展，包容性创业始终面临"能不能融到资"和"能不能用好信用"等信用短缺和信用使用问题，提高有效利用有限信用资源的能力成为包容性创业的关键，即对信用能力是否能赋能包容性的问题亟须深化认识。特别是随着大数据征信的建设与发展，其使用获益与失信排斥的作用边界不断延伸，强化了对于整个发展过程的包容性支持作用。特别是在我国城乡二元结构的发展格局下，城乡差异的外部环境可能会带来显著影响。故在此背景下，有效认识个体私营创业这一中小微创业类型的包容性发展成效，并整合考察家庭的信用能力以及外部的技术和社会经济环境，能够帮助真正构建起认识包容性创业的框架。

因此，基于大数据征信、信用能力、包容性创业之间的关系探讨，本章响应 Sutter 等（2019）的呼吁，以家庭为分析单位开展补救观研究，构建了家庭信用能力与省域大数据征信变量，并从发展排斥性、发展脆弱性以及发展不平等性等三个方面反向全面考察包容性创业绩效，检验"个体私营创业的包容性创业行为是否能够实现包容性创业绩效？""信用能力是否能赋能包容性创业？""大数据征信是否能赋能信用能力提升？""大数据征信在包容性创业中如何起作用？"等四个理论问题。上述研究有利于我们进一步认识包容性创业的作用机制、信用能力对包容性创业的作用机制以及大数据征信在其中的作用机制，为创业工作提供参考和信用策略，并为进一步完善大数据征信建设提供依据。本章的研究结论主要有以下几个方面。

第一，个体私营创业能够实现包容性创业绩效。

（1）个体私营创业可以产生良好的包容性创业绩效，能够显著降低发展排斥性、发展脆弱性以及发展不平等性。在前文的研究模型中，无论是全样本还是城乡分样本，家庭个体私营创业都可以显著降低家庭当期发展排斥性、发展脆弱性，以及收入不平等性、消费不平等性等发展不平等性，同时在处理内生性问题、开展稳健性检验后，这些结论依然成立，表明个体私营创业在降低发展排斥性、发展脆弱性以及发展不平等性上具有良好的作用。

（2）个体私营创业这类中小微创业形式是 BOP 群体实现发展的重要、有效渠道。总体而言，农村样本个体私营创业对包容性创业绩效的回归系数大于城市样本的回归系数且存在显著差异，表明个体私营创业可以很好地帮助处于发展弱势的农村家庭实现发展。本书认为BOP群体进行低门槛、易操作的个体私营创业很有裨益，为进一步认识包容性创业奠定了基础。

第二，信用能力可以有效赋能包容性创业。

（1）信用能力可以显著促进包容性创业。无论是全样本还是城乡分样本，信用能力均能显著促进基于包容性创业的创业行为、扩大创业规模、提高创业利润。在此基础上，处理了可能的内生性问题之后，这些结论依然成立，并且从系数变化来看，信用能力对包容性创业的促进作用在基准模型中被低估了，开展稳健性检验后结论是稳健的。

（2）信用能力对于弱势群体而言更为重要。总体而言，农村样本信用能力对包容性创业的回归系数大于城市样本的回归系数且存在显著差异，表明农村家庭信用能力的作用强于城市家庭信用能力的作用，即越处于发展弱势地位，越应该"有信用，更要会用信用"，为赋能包容性创业提供资源，该结论进一步加深了对包容性创业的认识。

（3）信用能力对包容性创业的作用强于信用的作用。本章基于信用能力对包容性创业的作用成效，检验了信用能力、信用对包容性创业的作用。信用能力对包容性创业的提升作用大于信用，包容性创业情景下应该尤为关注"有信用，更要会用信用"，仅仅获得信用不一定会产生良好的创业绩效，甚至有可能会产生负向影响。

第三，大数据征信在包容性创业中起到积极作用。

（1）本章确认了大数据征信对家庭信用能力的作用。对于全样本和城市样本，大数据征信能够显著提升其信用能力，处理了可能的内生性问题后这些结论依然成立，并且从系数变化来看，大数据征信对信用能力的促进作用被低估了，利用熵值法改变大数据征信变量的构建方法开展稳健性检验后这些结论也是稳健的。对于农村样本而言，大数据征信对信用能力的作用是不稳健的。

（2）本章进一步探讨了"有信用，更要会用信用"。本章从影响因素着手，检验了大数据征信对信用能力的作用强于大数据征信对信用的作用，这一方面让我们更加清晰地认识到，大数据征信的本质在于更加全面地反映授信主体的信用状况，通过更加包容性的指标来表征其信用状况，而非一味地给予信用，结果更倾向于实现"优者更优、劣者淘汰"的作用，要更加注重用好信用而非简单获取信用。

（3）存在"大数据征信→信用能力→包容性创业→包容性创业绩效"的发展路径。对于全样本和城市样本，在大数据征信降低家庭发展排斥性、发展脆弱性以及发展不平等性的机制中，信用能力和基于个体私营创业的包容性创业存在链式中介作用，利用熵值法改变大数据征信变量的构建方法开展稳健性检验后结论是稳健的。对于农村样本而言，该链式中介作用并不稳健，即大数据征信的链式中介作用存在显著的城乡差异，在实践和理论研究中，需要进一步挖掘和发展大数据征信在农村的包容性作用。

本章分别回答了"个体私营创业的包容性创业行为是否能够实现包容性创业绩效？""信用能力是否能赋能包容性创业？""大数据征信是否能赋能信用能力提升？""大数据征信在包容性创业中如何起作用？"等理论问题，认识到个体私营创业这一门槛低、易操作的中小微创业形式能够产生良好的包容性创业绩效，为BOP群体提供良好的发展渠道和路径，同时在我国城乡二元结构下农村相对而言处于弱势，但是农村家庭能够从个体私营创业中获益更多。进一步地，强化认识"有信用，更要会用信用"

以及采纳和应用大数据征信，对于 BOP 群体而言更为重要。基于以上分析，本章解析并构建了"大数据征信、信用能力与包容性创业"的整体框架：BOP 群体可以充分发挥个体私营创业这类门槛低、易操作的中小微创业形式在微观机制上的包容性发展效能，有效运用与配置信用以缓解信用短缺问题，同时积极融入数字社会，充分感知大数据征信使用获益与失信排斥的作用，在包容性创业的具体情景下采纳与应用大数据征信，以提升信用能力和包容性创业绩效。

二、理论贡献

本章基于"个体私营创业的包容性创业行为是否能够实现包容性创业绩效？""信用能力是否能赋能包容性创业？""大数据征信是否能赋能信用能力提升？""大数据征信在包容性创业中如何起作用？"等四个理论问题开展研究，解析了基于个体私营创业的包容性创业、包容性创业中信用能力的作用、包容性创业中大数据征信的作用，在此基础上构建了"大数据征信、信用能力与包容性创业"的整体框架，相关研究在理论上的贡献和推进之处可能表现在下述三个方面。

第一，对包容性创业研究的理论贡献。

随着研究愈加精细，研究开始在微观层面上解释包容性创业问题（Chliova et al., 2015；单德朋和余港，2020）。但是相关研究更加关注创业绩效的提升而非创业绩效转化为包容性创业绩效的保障，其隐含假设在于创业能够实现包容性创业绩效，但是显然有理由质疑这个假设是否成立，创业有效转化为包容性创业绩效的动力与机制并不清晰。

本章在该方面的理论贡献可能在于以下几点。一是在微观层面深化了对包容性创业绩效的认识。本章以家庭为主要分析单位，基于发展排斥性、发展不平等性，深化了对包容性创业绩效的认识，为推动对"自下而上"包容性创业机制的认识提供了较为完整的认识框架。二是解释了个体私营创业产生包容性创业绩效的传导机制。本章正面考察了包容性创业研究的基础假设，在微观数据上检验了包容性创业的创业行为、创业规模以及创业利润对发展排斥性、发展脆弱性以及发展不平等性的作用，基于个体私营创业认识了包容性创业，在微观机制上从新视角认识了创业特别是中小微创业对包容性创业绩效的作用成效与作用机制，有效回应了对个体私营创业是否能够实现包容性创业绩效的质疑，关注了受忽视的包容性创业假设，明确了个体私创业作为包容性创业载体的合理性。三是验证了影响机制、作用成效以及城乡差异。本章在个体私营创业产生包容性创业绩效的基础上，检验了大数据征信、信用能力对包容性创业的作用机制，并从城乡差异视角指出农村家庭更能从中受益。总体而言，本章对包容性创业研究可能的理论贡献在于在微观层面上基于个体私营创业认识包容性创业，并构建了较为完整的包容性创业绩效考察框架，基于大样本实证研究正面回应与检验了基础研究假设。

第二，对信用研究的理论贡献。

管理学研究对信用的认识，特别是贫困治理视域下对于信用的认识更多地局限于来自小额信贷机构的信贷资源，考察这种信贷资源的存量对于发展、减贫的作用（Cobb et al., 2016）。然而，目前关于这一作用的研究却是支离破碎甚至是相互矛盾的（Chliova et al., 2015），信用资源的存量对创业尤其是包容性创业并不会产生显著影响，甚至会产生负向作用，对于信用有用性始终缺乏微观数据验证。

本章在该方面的理论贡献可能在于以下两点。一是在家庭层面构建了信用能力概念。本章以家庭为主要分析单位，基于从正规金融处获取信用资源并有效开发、运用进而获取信用利益的视角认识信用能力概念，并利用因子分析基于信用资源、金融能力和认知能力等要素构建了信用能力变量，为相关研究奠定基础。二是检验了"有信用，更要会用信用"。本章回应了关于信用作用效果的疑问，检验了信用能力对包容性创业绩效以及个体私营创业的作用，指出信用能力可以有效降低家庭发展排斥性、发展脆弱性以及发展不平等性，可以显著提升包容性创业绩效，拓展了包容性创业情景中对于信用管理的认识。总体而言，本章丰富了包容性创业下对信用的认识，回应了对信用资源作用的疑问，提出"有信用，更要会用信用"，同时这种对于信用短缺和信用使用的认识也在一定程度上呼应了Sutter等（2019）对于补救观的研究。

第三，对大数据征信研究的理论贡献。

大数据征信在一定程度上改变了金融业态，在实践和理论上得到了广泛的关注。但是现有研究多聚焦于大数据征信的概念内容、科技逻辑、发展模式以及作用机制等内容（吴晶妹，2015；Frost et al.，2019），多基于规范分析和案例分析推动相关研究（刘新海，2014），而相对缺乏实证证据。本章在该方面的理论贡献可能在于利用大样本数据构建了大数据征信变量，并进一步拓展了其作用边界。本章基于《中国统计年鉴》、2010—2020年《CEI蓝皮书》、郭峰等（2020）的数据，利用因子分析构建了大数据征信变量，并检验了其在包容性创业中的作用机制，突破了以往研究对大数据征信作用的认识局限，指出作为数字化的情景变量，大数据征信不仅充当了风险预测的角色，更具有充分感知大数据征信信用获益与失信排斥的作用，在包容性创业的具体情景下采纳与应用大数据征信，相较于传统征信"优者更优"的资源配置功能进一步强化了对于整个发展过程的包容性支持作用，也就是说受到传统征信信用排斥的主体也能够有机会融入现代信用社会。同时，在城乡不同情景下也得出了差异化的研究结论，进一步丰富了对大数据征信的认识。总体而言，本章对大数据征信研究的理论贡献可能更在于"提出问题"，旨在呼吁更多的学者关注大数据征信研究，尤其是大数据征信对于BOP群体的包容性意义。

三、政策启示

本章综合分析了大数据征信、信用能力以及包容性创业之间的关系，得出一系列兼具理论价值和实践意义的研究结论。鉴于长期性、复杂性、多维性等特征，包容性创业不仅要关注BOP群体和家庭的自身动力，还需要关注政府的政策驱动，把握这种内生动力和外在驱动在社会市场上的应用与结合。同时必须认识到，信用是理性依据下国家、市场和个人等多维来源的综合沉淀体验。也就是说，考察包容性创业中信用能力的作用，必须在"家庭-市场-国家"的主体框架下进行思考，充分把握不同层次主体在其中的逻辑差异与冲突。结合前述主要研究结论，本章提出以下几个方面的政策建议。

第一，BOP群体可遵循"小农式创业成长"的发展路径，坚持从开展"有什么才做什么"的个体私营创业活动，积累社会资源、发展资源，尤其是提升信用能力，逐步向"想什么就去创造什么机会"转变。

(1) 结合家庭资产和人力资源状况，可积极从事风险低、易操作的个体私营小本买卖。根据本章"大数据征信、信用能力与包容性创业"的整体框架，个体私营创业这类中小微创业形式是 BOP 群体重要的收入渠道。这里需要注意的关键点在于必须基于自身的资源禀赋和能力状况开展创业活动，即坚持"有什么才做什么"的中小微创业，而非好高骛远一味追求高风险、高技能要求的机会型创业，推动力所能及的自营农业活动、个体私营活动等小本买卖，进一步调动发展积极性并积累资产，能动性地取得发展。同时，应利用好创业活动积极融入数字社会，提升数字化技能，提升追求实质自由的能力，提升包容性创业绩效。

(2) 充分把握信用能力在包容性创业中的作用，拓展信用渠道、促进信用运用。本章始终强调"有信用，更要会用信用"，注重信用能力的作用。一方面应积极融入现代信用社会，从正规金融处获取信用资源而着力避免从民间非法机构处获取资金，以推动创业活动、提升包容性创业绩效；另一方面，应积极强化信用学习，着力提升信用能力，在有限的信用资源下实现最大化利用、获取更高的信用利益，强化信用能力对包容性创业的促进作用。

(3) 注重对大数据征信使用获益与失信排斥的功能感知，予以积极应用。随着现代信用社会的发展和金融体系的不断完善，大数据征信可以有效提升包容性创业的作用成效、提升信用能力，BOP 群体尤应关注大数据征信使用获益、失信排斥的功能，基于自身基础认真审视外部信用社会和信用经济的整体环境，把握自身所处的发展位置以及机会窗口，积极应用小额信贷、赊销赊购、信用免押、行政信用准入等大数据征信支持下的信用场景，进一步审查自身信用供给与外部信用需求之间的张力以增强和修复信用，提升信用能力和包容性创业绩效。

第二，科技金融企业应着力发展信用数字平台，推进大数据征信市场化运营，推动大数据征信商用、民用的发展与应用，搭建更多包容性应用场景，丰富信用生态系统，并进一步提升对农村地区的支持作用。

(1) 丰富数据接口、强化数据处理、完善信用评价，支持信用提升与信用修复。由数字技术催生的科技金融企业在平台的支持下发展了芝麻信用、百行征信等大数据信用，相关市场主体应该更加积极地进行数字平台建设，接入更多数据以进一步支持平台开展大数据信用评价，特别是要对 BOP 群体的软信息在信用评价上的转化予以强化，以支持相关 BOP 群体参与市场发展。

(2) 以家庭个体私营创业需求为导向设计信用应用，实现价值共创。相关金融科技企业发展的经验表明，业务的开展必须适应当地条件，而不是让当地人适应引进的技术，必须切实满足 BOP 群体对数字技术简易、廉价的应用需求来创造共同价值，在推动科技金融包容性支持 BOP 群体开展包容性创业活动、实现便捷生活的过程中实现自身发展。特别是鉴于对民用大数据征信的需求，尤应加强大数据征信数字平台建设，促进其在更广泛民用领域中应用。

第三，政府应以包容性发展为社会建设目标，在软件和硬件上推动社会信用体系建设，推动信用生态与共同富裕生态共生共演，着力规避信用排斥带来的 BOP 群体发展困境。

(1) 从信用能力建设、人力资本提升、资金补助等方面支持家庭个体开展创业活动。

鉴于个体私营创业的包容性创业绩效，支持 BOP 群体的工作是政府维护社会稳定的重要工作，更是中国共产党领导下的中国政府坚持全心全意为人民服务、始终代表最广大人民群众根本利益的表现，在不可避免产生剪刀差效应的数字经济下更应如此。政府应全面梳理 BOP 群体开展创业活动在创业技能、信用教育、资金补助等方面的需求，予以全过程、全要素、全方位的政策支持，提升信用再生产、修复和增强的能力。

（2）推动产业数据化、数据产业化的"新融合、新两化"发展。首先，强化大数据基础设施的硬件建设。以新基建为契机，加强对计算机、通信传输、软件和信息技术服务业基础固定资产的投资强度，推进数据接入与传输渠道、数据储存与处理中心等大数据基础设施建设，奠定大数据发展的硬件基础。其次，促进大数据服务开发与应用。支持设立大数据服务企业，进一步研究、设计与开发大数据服务，推动大数据产业建设，进一步增大数据信息服务收入在数字经济中的比重。再次，建设大数据共享平台。进一步拓宽数据源，构建适用于各个产业中产品服务生产制造所需的数据集，同时引入市场化运作机制，探索会员制的数据交换、获取办法，拓展数据应用场景、提高数据应用能力。最后，进一步推动建设政府主导、市场化运作的第三方数据保护中介机构，加强多方位的数据隐私保护。

（3）持续优化金融环境，推动建设多元化的社会信用体系。首先，加强民间金融的社会调解工作，网格化改善关系型信用的环境，避免、缓解、解决由借贷关系纠纷产生的社会矛盾；其次，加强金融牌照管理，保持大数据征信市场的进入开放和质量保证之间的张力，积极引入服务创业家庭，尤其是 BOP 群体的大数据征信平台，提供更多更加精准、有效的商业服务，把公共服务和商业服务结合起来，提升大数据征信服务 BOP 群体开展包容性创业活动的能力和成效；最后，加强金融管理，不断深入发展现代信用社会体系，引导优质信用资源以支持包容性创业工作。

第十三章　中小微企业大数据征信平台及征信数据库建设研究

第一节　大数据征信平台及征信数据库建设的理论基础

一、平台建构的主要模式与方法

学术界对于平台的研究始于如何开发产品这一问题，有学者认为平台是一种能够促进产品分布式创新的技术架构（王凤彬等，2019）。由于分布式创新的设计，平台能够轻易通过生产要素或特征要素的增加、替代或转移实现对产品设计环节的调整（Jacobides et al.，2018）。随着 21 世纪数字经济的兴起，管理学界基于生态系统视角的研究为如何构建平台这一问题提供指导。

现有研究主要认为平台构建是企业对商业模式的一种选择过程（王凤彬等，2019；Hou and Shi，2021；Hou et al.，2020），其中生态系统是最受关注的平台构建模式（Adner，2017；Jacobides et al.，2018）。平台生态系统被视为多边合作伙伴之间的结构形态（Adner，2017），是一种通过互动产生协同效应以共创经济价值的组织集体（Autio and Thomas，2020）。在生态系统中，多边合作伙伴之间需要围绕平台锚定的价值主张进行互动（Autio and Thomas，2020），往往具有依赖性与不可分解性（Hou and Shi，2021）。因此，与交易成本经济学、供应链、价值链、企业联盟和网络这些既往研究所关注的组织结构相比，焦点企业主导的多边互动性成为一种新的经济关系结构（Adner，2017；Davis，2016；Kapoor，2018）。平台内的成员通过合作与共享机制创造衍生或利基价值，而这种价值源自"节点-链条-网络"生态系统内部关系的"非科层控制"（Jacobides et al.，2018）。这一过程呈现了构建平台生态系统的底层逻辑。

基于上述构建逻辑，相关学者开始关注平台生态系统内部的多主体交互过程，即平台的焦点企业可以通过规则制定与接口重构的治理模式变革对参与者进行控制与激励，这为构建平台生态系统提供了两种思路。一方面，焦点企业对参与者采取行为控制归因于其对开放式资源和平台交易系统具有所有权（Thomas et al.，2014），通常通过特定的结构性设计来规范参与者在平台上的行为（Khanagha et al.，2022；Simsek et al.，2018），形成"架构杠杆"（architectural leverage）（Thomas et al.，2014）。因此，出于筛选参与者质量（Song et al.，2018）、保障产品质量（Zhu and Iansiti，2012）、控制核心权益（Siering et al.，2016）以及禁止多栖行为（Cennamo，2021）的目的，平台治理的控制设计对应形成了访问控制、评价控制、行为控制以及垄断控制等四种机制模式（Chen et al.，2022）。

另一方面，焦点企业为了驱动参与者创造价值（如开发产品、服务和技术等），为参与者提供关键性生产资源（Garud et al.，2022），激励性手段能够进一步提高平台模块化的协作效率以实现分布式创新（Cennamo，2021）。根据生产资源赋予的不同种类，焦点企业对参与者的激励治理策略也分为两类：资源赋予与权限赋予（Chen et al.，2022）。根据焦点企业对参与者价值创造环节的阶段干预，前者可分为产品设计阶段的信息供给（Foerderer，2020）、产品生产阶段的价值辅助以及产品销售阶段的收益奖励（Nambisan and Sawhney，2011；Rietveld et al.，2020）。后者是焦点企业赋予参与者平台自主权的过程，例如，Saadatmand 等（2019）发现焦点企业去中心化的放权治理能够显著促进参与者的价值参与，有助于推进平台的模块化建设，使得参与者拥有更强的"主人翁"意识和灵活性（Ye and Kankanhalli，2018）。相对地，过多地将平台决策权进行去中心化处理可能会加剧参与者的机会主义行为并降低焦点企业的绩效水平（Cennamo，2021；Karhu et al.，2018）。因此，焦点企业对于权限赋予的治理模式的看法是"喜忧参半"的（Chen et al.，2022）。

与此同时，还有学者关注到大数据赋能视角下的平台构建过程（孙新波等，2022；Hou et al.，2020）。平台生态系统内的各方参与者能够更加方便、快捷地获取以数据为生产要素呈现的资源、技术及其信息（Chen et al.，2014；姜俊琳，2016），且由数字技术集成的大数据环境强化了这一配置过程。通过深度挖掘、分析多边互动沉积的行为数据，平台生态系统能够精准洞察、捕捉与预测多边主体的交叉融合需求（Senyo et al.，2019），促进形成具备自组织和随机价值涌现特性的动态合作关系体系（孙新波等，2022）。有学者指出，在大数据的驱动下，平台生态系统的多边参与者实现了共谋价值机遇、共创价值产出、共享价值红利（Subramaniam et al.，2019）。由此可见，数字时代的平台生态系统与传统意义上的商业组织的区别在于，其可以以多边价值共创行为克服信息不对称，利用大数据的赋能作用，可以实现按需自由动态匹配，通过集成多方力量创造突破性价值（孙新波等，2022）。

二、数据库建设的技术基础

（一）实时数据库

实时数据库需要具备一系列诸如数据保证可靠、具有海量存储空间、对时间限制性紧急事务进行及时处理等功能，因此，管理维护大量的控制信息和实时数据在生产控制流程中显得尤为重要。实时数据库系统在实践中得到了广泛运用，研究人员也在不断地研究。学术界已经取得了一些成熟的研究成果，涉及实时数据库系统和系统组织结构，对事务按照不同的约束条件进行分类，对事务按照优先级进行分配，算法的优化数据查询处理，维护数据真实性，多并发数据理论算法统一性等领域。

在商业商品方面，实时数据库获得了巨大的成功。有代表价值的产品有 PI（plant information system，工厂信息系统）、InfoPlus.21、eDNA、Historian 等。应用最广泛的产品是美国公司的 PI，其专利技术二次过滤和旋转门压缩在行业内是独有的，在电力行业使用最多。PI 产品 4G（fourth generation of mobile communications technology，第四代移动通信技术）空间可以存储 1 万点一年内的数据，但是其价格比较昂贵。Wonderware 的 Historian 把微软的结构化查询语言（structured query language，SQL）Server 作为内部历史存储工具,需要解决数据存储不足的问题。在数据存储效率方面,PI 的数据存储效率要高于过程历史数据库(process history database,PHD),因为 PHD 内部存在未经压缩的原始数据。国内产品相较于国外产品价格低廉,公司项目的配套软件常采用国内产品,具有代表性的有浙江中控技术股份有限公司的产品 ESP-iSYS,北京力控元通科技有限公司的产品 pSpace 和上海麦杰科技股份有限公司的产品 openPlant。

(二)分布式数据库和数据库集群

分布式数据库产生于 20 世纪七八十年代,是数据库系统在实际应用中催生的新的研究方向。分布式数据库利用当时先进的互联网技术,将不同地理区域的数据库系统通过计算机连接成一个统一的逻辑严密的数据库系统。分布式数据库要解决的难题主要有以下几点:数据的分布及分片、优化查询、分布式事务的并发和统一控制、协调数据的集中与局部控制。实际使用过程中出现的关系数据不断增长而原有的系统存储处理能力难以满足需求的问题可以通过分布式数据库解决。工作原理是将全部数据进行分片,数据库具有支撑动态扩容和数据真实有效的特点。一些具有代表性的分布式数据库系统有美国的 SDD-1、IBM 公司的分布式数据库 R^*、德国的 POREL、加利福尼亚大学的 Ingres。

海量实时数据库中,数据的存储问题是主要需要攻克的一个难关。分布式数据库处理方式与实时数据有很大不同,实时数据的时间特性和非关系型特性要求存储数据的处理方式与分布式数据处理方式不同。分布式数据库将关系数据依据其特性分割成小数据集存储,组织规模随着业务需求规模的实时扩大而扩大。另外,系统持续性工作在分布式数据库扩容时遇到困难,因为数据扩容时会转存重新分布,而实时数据要求系统持续进行在线扩容和平滑升级。

数据库集群技术可以通过网络把多台服务器组为一个大型服务器整体。为了使整个系统得到扩容,集群增加了更多的数据库服务器,企业数据库数据量的快速增长和大量的访问带来的原系统荷载过重的问题得以解决。依据解决问题的侧重点和方向的不同,数据库集群分为高安全性集群、高可用性集群和负载均衡集群。高安全性集群保证数据的恢复性,注重系统容灾;高可用性集群确保数据库长期运转;负载均衡集群保证数据库自平衡性能,侧重数据库横向扩展性。目前实际应用中,商业数据库集群着重解决的一个问题是满足负载均衡或高可用性或者实现高安全性。市场上现存的主流数据库集群品牌有微软、IBM、甲骨文,微软的 SQL Server 数据库集群,侧重数据库的可用性,只有单台机器真正提供服务,另一台机器在系统故障时代替原机器工作,因此系统的总体性能不能得到有效提升。目前不同的数据库集群由于各自的优缺点不同而作用的环境不一样,集合各个数据库集群优点的产品还没有研制出来,前面提出来的海量数据实时动态存储、扩展和均衡事务负载的难题还不能得到有效解决。

(三)云平台数据库

互联网技术的快速发展催生了云计算技术这种新型的商业计算模式,其发展的三个基础是并行、分布式和网格计算。云计算技术有两大优势:①弹性扩展,动态扩展业务需求资源;②高可靠性,数据处理和存储的真实可用与可靠性。

开源云计算平台 Hadoop 是由开源社区 Apache 基金会研发的。许多科研工作者在开放性云计算平台 Hadoop 基础上对数据库技术进行创新和应用。

HBase 是一种数据存储系统，特点是可以处理规模较大的数据集，以 HDFS（Hadoop distributed file system，Hadoop 分布式文件系统）为基础，属于 Hadoop 自带的面向列的数据存储系统。HBase 把行关键字和相应列值作为内部存储，由于一个行关键字对应着多个列值，稀疏和多维的对应关系构建了灵活的数据形式。HBase 可以快速查询一些非结构数据，数据组织形式满足了非结构数据的存储要求，相对于传统关系数据库，其在数据处理速度上有很大的优势。

Ashish Thusoo 代表 Facebook（脸书）公司介绍了 Hive。Hive 是以 Hadoop 为基础开发的开源数据库，也叫作 HiveQL，支持 SQL 一类的查询语言。Hive 并行化数据查询事务，位于底层的语法编译器将用户输进的查询语言转变成 MapReduce 指令，工作中可以实时处理数据计算统计任务。Hive 架设平台为 Hadoop，侧重系统横向扩展性，为长期有效的数据存储提供保证，拥有 Hadoop 本身可以容错机制，此外扩容也可以简单地通过添加更多的集群服务器来实现。

Azza Abouzeid 等代表耶鲁大学和布朗大学展示了 HadoopDB。HadoopDB 是一种新型数据库，结合数据库管理系统和 Hadoop，最早只用于海量数据查询和分析。用户在 HadoopDB 平台上提出查询请求，诸如 Hive 的将 SQL 查询语言转为 MapReduce 指令。HadoopDB 同样拥有 Hadoop 平台的扩展性以及实时反馈平台任务实施情况和调度的方法。Hadoop 作为 HadoopDB 的分布节点通信层和事务调度层平台，连接各个分散的数据点，使其成为一个整体，任务被逐一分解，查询任务实现并行化。

三、征信大数据面临的风险及治理

民营企业是国民经济的重要组成部分，然而，融资难、融资贵成为民营企业尤其是中小微企业发展的瓶颈。如何为民营企业提供便捷的融资服务、降低民营企业的融资成本是当前学术界研究的热点问题。在大数据时代，大数据征信为民营企业融资提供了切实可行的解决途径。但大数据征信同样面临信用风险，信用风险管理成为大数据背景下企业征信面临的最主要的挑战。

（一）信用评价机制尚不完备

互联网是大数据征信采集数据的主要载体，呈现了虚拟化、分散化的特点。在互联网的环境下，大数据征信的数字处理和评分模型属于不予公开的商业秘密，导致信息主体难以监督数据产生的过程，其真实性和透明度难以完全保证（戈志武，2017）。如此一来，征信数据可能并不能作为征信行业的信源补充，进而影响大数据征信的评价贡献（Alam et al.，2020）。同时，不同行业对于征信主体的信用评价模型尚未形成针对性设计，例如，电商行业更加重视信息主体的销售数据，物流行业更加关注运送效率，化工等重工业倾向于关注原材料价格与产量等。在目前多变复杂的市场环境中，如果只以经济能力为参考，即使有大数据技术的赋能也无法做到全面客观地评价与预测。

（二）征信数据存在滥用风险

大数据征信的本质即利用数字技术从海量的企业信息中提取信用信息，并进行实践验证（杨涛，2015）。由于大数据征信需要采集很多用户的财产、经营、交易状况及喜好等信息，涉及侵犯用户隐私，而在以数据为生产要素的基础保障制度且并未完善的当下，征信平台能够无差别地使用各种技术手段，从各个源头获取用户数据，甚至有部分平台会通过非法手段采集、捕获数据以获取超额经济利益（吕耀怀，2014；安宝洋和翁建定，2015；孙锐和罗映宇，2021）。随着征信数据被不良第三方平台滥用，用户及企业的生活、日常运行，甚至人身财产安全极易受到不法侵害。随着数据保护意识的增强，用户对于征信机构的数据采集变得越来越保守，这会对大数据征信的发展造成阻碍（Goel et al., 2005；Villena et al., 2019）。

（三）征信数据的监督体系不完善

随着数字技术的迅猛发展，大数据征信建设配套监督体系方面还存在相当大的改善空间。首先表现在对大数据征信机构的筛选与规制机制不足。鉴于大数据征信本身的开放性和便利性，第三方大数据征信机构采集信息的边际成本很低，很容易就突破了现有信用法律法规的边界，具有法律风险（贾利平，2021）。其次，大数据征信机构的行业与内部治理机制较为落后。大数据征信机构利用自身掌握的数据库开展征信服务，但公司内部治理机制并未设立严格的边界，容易造成操作风险和道德风险（Zhou et al., 2019；Chen et al., 2012），且征信行业尚缺乏相关的行业自律性组织，未能形成良好的奖惩监督机制，这在一定程度上影响了法律法规在监督当局与被监督对象之间的顺利传导（朱颖等，2014；戈志武，2017）。最后，征信平台的反垄断规制不足。作为数字平台市场竞争的新兴业态之一，大数据征信平台之间的竞争是围绕数据展开一系列争夺的活动。在当前反垄断法规尚未完善，仍存在一定的平台寡头的环境下，"赢家通吃"效应会导致出现数据封锁问题，容易让整体的征信体系进入发展瓶颈（孙晋，2021）。因此，数字平台在推动经济发展的同时，给大数据征信平台的竞争秩序与可持续健康发展带来了严峻挑战，亟待建立完善的反垄断监督规则。

第二节　国内外大数据征信平台及征信数据库建设现状与发展趋势

一、国内典型征信平台与数据库

（一）中国人民银行征信系统

中国人民银行征信系统始建于1997年。中国人民银行征信系统的主要使用者是金融机构，其通过专线与商业银行等金融机构总部相连，并通过商业银行的内联网系统将终端延伸到商业银行分支机构信贷人员的业务柜台。中国人民银行征信数据的信息来源主要也是商业银行等金融机构，收录的信息包括企业和个人的基本信息，企业和个人在金融机构的借款、担保等信贷信息，以及企业的主要财务指标。2019年6月，中国已建立全球规模最大的征信系统。2020年1月19日，征信中心面向社会公众和金融机构提供二代格式信用报告查询服务。

1. 企业信用信息基础数据库

中国人民银行企业信用信息基础数据库建于1997年，并在2006年7月份实现全国联网查询。截至2024年3月末，企业信用信息基础数据库累计收录1.3亿户企业和其他组织的信息。

2. 个人信用信息基础数据库

中国人民银行个人信用信息基础数据库始建于1999年，2005年8月底完成与全国所有商业银行和部分有条件的农村信用社的联网运行，2006年1月正式运行。截至2024年9月末，个人信用信息基础数据库收录的11.6亿自然人中，有7.6亿人具有信贷记录。该数据库采集、保存、整理个人信用信息，为商业银行和本人提供信用报告查询服务，为货币政策、金融监管提供统计信息服务。中国人民银行建立个人信用信息基础数据库的目的是帮助商业银行提高风险管理能力和信贷管理效率，防范信用风险，促进个人消费信贷健康发展，为金融监管和货币政策提供服务。同时，帮助个人积累信誉财富、方便个人借款。

（二）绿盾全国企业征信系统与信用体系建设试验区

11315全国企业征信系统始建于2002年，是我国较早采用大数据征信新模式的第三方公众征信平台。11315全国企业征信系统既是政府职能部门的监管信息发布平台，又是消费者投诉维权平台，同时还是企业信用查询平台。

11315全国企业征信系统的第一个特点是信用信息全面性。该系统的信用档案数据涵盖所有政府职能部门的监管信息（归类为企业基本身份信息，行政许可、认定信息，行政奖罚信息，产品质量监测信息，法院判决信息，知识产权信息六项），银行信贷信用信息（包括中国人民银行信贷信用评价信息、各商业银行信贷评价信息、小额贷款公司信贷评价信息、民间借贷信用评价信息），行业协会评价信息（各行业协会评价信息、水电气电信交通等社会公共事业单位评价信息），媒体评价信息，企业运营管理信息，市场反馈信息（消费者、交易对方、合作伙伴、员工等）。

11315全国企业征信系统的第二个特点是全国性、跨行业性。该数据涵盖的各政府职能部门的监管信息、行业协会评价信息、媒体评价信息等达数亿条，是目前中国最庞大的企业数据库、最全的企业信用信息数据库之一，并且信息量还在不断地积累增加中。

11315全国企业征信系统的第三个特点是标准统一、征信规范化。该数据库采用统一征信标准、统一数学模型下的信用分值（信用评级）计算方法，统一数据库、统一查询平台，保证了企业信用档案分值的可比性、通用性和实用性。该系统立足于大范围、多角度、高透明度的公开"征信"，为广大消费者提供免费信用查询服务，在庞大数据基础上开展"信用报告""信用评价"等信用服务,这是该系统提供的与国内外同行业信用机构具有差异性的服务之一。

11315全国企业征信系统的第四个特点是客观、真实、独立。该系统作为第三方征信系统在信息采集渠道的源头设定了严格把关机制和纠错反馈机制,保证了信息的客观性、真实性。11315全国企业征信系统拥有最庞大的中国征信信息数据库。所有信用档案、信用评级、信用评估等信用产品,都是依据数据库的信息记录来评判过去、预测未来。信用产品的价值和公信力,主要取决于所依据数据库信息的"质"和"量"。11315全国企业征信系统的运营机制:政府推动,依法征信,记录真实,市场运营。

同时,为有效提高区域层面金融支持小微企业的融资效率,加快小微企业信用体系建设,由中国人民银行牵头,各区域分行响应,开展了全国范围内的小微企业信用体系建设试验区建设工程。自2014年起,经过两批次的建设及考核后,小微企业信用体系建设试验区的创新实践已然初具成效,显著改善了辖区内的信用环境,为有能力、有潜力、有信用的小微型经济主体的融资发展提供了强有力的服务支撑,对大数据赋能中小微企业征信平台及数据库建设具有重要的启示性意义。因此,本书对全国范围内试验区的建设情况及主要举措进行了回顾与梳理,具体如表13-1所示。

表13-1 全国范围内小微(中小微)企业信用体系建设试验区建设经验梳理

省(自治区、直辖市)	企业类型及建设批次	主要举措
浙江	小微(2014年第一批)	夯实非银信息采集、共享与应用机制;鼓励并推动诚信企业资信评级;加大对失信企业的惩戒力度;加强互联网融资模式的推广应用
上海	中小微(2014年第一批)	市场参与,多方支持;信息采集,综合利用;扩大宣传,加强合作
江苏	中小微(2014年第一批)	搭建小微企业金融服务平台和中小企业信用信息数据库;成立工作领导小组,构建起高效、务实的内外联动机制;建立融资培育和信用信息激励约束机制
江苏	小微(2014年第一批)	开展小微企业转贷方式创新试点;建立小微企业征信体系;出台优惠政策;搭建服务平台;加大宣传力度
北京	小微(2014年第一批)	加大政策引导力度,优化示范区信用环境;建设科技企业信用信息数据库,完善征信体系建设;促进信用服务机构健康发展,加大支持力度;加强培育信用市场,推动使用产品
广东	小微(2014年第一批)	引入第三方机构;提供优惠政策和差别化服务;创新转贷措施;推动跨境金融合作
天津	小微(2014年第一批)	开展信息征集活动,搭建中小企业电子信用档案数据库;建立民营企业信用评价机制,发布信用评价等级A类名单;加强民营中小企业信用宣传培训,提高信用意识
河北	小微(2014年第一批)	稳步进行信息采集与更新;搭建数据库+网络体系
山西	小微(2014年第一批)	搭建数据征集、信用评定、客户培育、评贷对接、信息共享五大平台;创建"三权"*抵押、"AA级担保+贷款"、"政府增信+贷款"、"助保贷"、"差别化利率贷款"以及"社团贷款"模式

续表

省（自治区、直辖市）	企业类型及建设批次	主要举措
内蒙古	小微（2014年第一批）	加快推动信用系统建设；建立和完善信用激励机制；规范各类中介服务；有效提高金融案件执结率；严厉打击非法金融活动；完善金融司法保障机制；加快处置银行不良资产；加快推进企业对接多层次资本市场
吉林	小微（2014年第一批）	建立信息采集与更新机制；建立小微企业信用评价机制；建立健全小微企业信用宣传机制；完善信用支持服务体系
黑龙江	小微（2014年第一批）	"三平台"——大庆市融资服务平台、金助民企在线对接平台、产业金融服务平台；"四结合"——"线上与线下"相结合、"市场化与非市场化"相结合、"服务与引导"相结合、"传统与创新"相结合
青海	中小微（2014年第一批）	搭建金融支持平台；拓宽直接融资渠道；加快信贷产品创新；放宽审批权限
青海	小微（2015年第一批）	建立小微企业信用保证基金；建立金融服务信用信息共享平台；开展商标专用权质押融资试点
安徽	小微（2014年第一批）	强化金融产品创新；强化服务平台建设；强化金融政策宣传
福建	小微（2014年第一批）	建立信用信息共享平台；改善区域金融生态环境；建立多维度的增信体系；创新金融产品和服务方式；发挥配套货币政策引导作用
江西	小微（2014年第一批）	成立小微企业信用体系建设试验区领导小组和工作联络小组；建立试验区建设制度框架和政银紧密合作机制；设立专门的小微企业信贷服务部门，简化小微企业信贷流程；强化信用信息采集机制，搭建数据共享平台
山东	小微（2014年第一批）	建立健全信用信息征集体系；完善信用评级和信息应用制度；推进信用信息服务网络建设；打造小微企业信用体系建设品牌
山东	小微（2015年第一批）	建立小微企业数据库；建立信息共享长效合作机制；树立起信用信息的品牌意识；创建"信用培植+金融普惠"模式
河南	小微（2014年第一批）	成立组织，制订方案；开发中小企业信用信息数据库系统；创新培育方式；建立风险贷款补偿机制
湖北	小微（2014年第一批）	推动信用体系建设；健全评价机制；强化政策支持体系
湖南	小微（2014年第一批）	完善信息征集机制；多方位整合市场主体信息；优化社会信用环境
广西	小微（2014年第一批）	建设双创服务中心；推进"互联网+公共服务"；建设区域小微企业服务机构；设立小微企业发展基金
重庆	小微（2014年第一批）	抓实信息共享平台建设；合力构建协同监管格局；抓牢信用制度建设；抓好信用宣传教育
四川	小微（2014年第一批）	建立1个服务中心+1个信息平台；完善信息采集更新机制；建立小微企业评价机制
四川	小微（2015年第一批）	搭建小微企业信用信息管理数据库；建设小微企业"金融信息服务网"；搭建小微企业信用培育和融资对接平台

续表

省（自治区、直辖市）	企业类型及建设批次	主要举措
陕西	小微（2014年第一批）	印发市场化推进的文件，选取试点；成立专业化的征信机构，签订合作协议；建设小微企业信用信息监测系统
甘肃	小微（2014年第一批）	搭建小微企业信用信息库；构建信用约束机制；建立本地化评价方式；创新金融产品和服务方式
宁夏	小微（2014年第一批）	搭建平台支撑信息查询；签订协议保障信息共享；推进信用服务培训；考核评估，激励服务跟进
新疆	中小微（2014年第一批）	建立中小企业信用档案；开展中小企业信用评价；搭建中小企业信用平台；支持中小企业融资

＊"三权"分别指农村土地承包经营权、农村居民房屋财产权、林权

（三）上海市地方征信平台（上海市联合征信有限公司）

上海联合征信平台通过搭建中小微企业信用数据库以及新型农业经营主体信用数据库，聚焦解决中小微企业和新型农业经营主体融资"难、慢、贵"等现实困境，是上海社会信用体系建设和长三角征信一体化的重要组成部分，是城市数字化转型的重要信息载体，是上海国际金融中心的重要基础设施。

其核心运营模式及特点具体如下。第一，以"政府+市场"为主导，在中国人民银行上海总部、上海市发展改革委、上海市经济和信息化委员会、上海市国有资产监督管理委员会、上海市金融工作局等部门指导支持下，由上海联合产权交易所发起设立上海市联合征信有限公司，是在市场机制下独立运作的国有企业。第二，以公共信用数据和银行等金融机构信贷数据融合为基础，贯彻以"政府+市场"为主导的定位模式，积极服务企业、金融机构和政府部门，建立企业征信报告、信用服务、数据服务以及项目评估定制等综合数据库体系。第三，聚焦多主体数据融合覆盖，推动实现上海市中小微企业和新型农业经营主体全覆盖、地方政府部门和公用事业单位数据来源全覆盖、银行及第三方金融机构信息服务全覆盖，形成政府部门、交易机构和市场第三方机构数据合作共享的多维度、多层次征信数据体系。在此基础上，上海联合征信平台数据库围绕企业基础信息、经营活动信息和风险状况信息三大主体，基于企业身份数据、股东构成数据、社保公积金缴纳数据、财务税收数据和诉讼数据等12类来源打造企业征信报告，有效提高中小微企业和新型农业经营主体画像的精准度。第四，赋能产品注重创新，上海联合征信平台创新性开创由金融超市、农业专版、绿金专版、政策法规、智慧融资等板块构成的信用服务基础设施。该平台围绕金融机构获客筛选、企业融资需求对接、贷前信息材料的自动审核、贷中合法合规的自动审查以及贷后的实时监测等功能的需求，面向中小微企业和新型农业经营主体，提供融资快速便捷申请、信用信息实时查询、融资需求精准动态匹配、政策法规咨询参考等数据查询和定制服务。

（四）台州金融服务信用信息共享平台

作为全国率先接入"长三角征信链"的银企服务一体化区域组织，由中国人民银行

台州市中心支行自主构建并逐步演化形成的金融服务信用信息共享平台已然形成数据归集共享、区域广泛参与以及跨场景应用的"台州模式"。自 2014 年建立以来，平台在重大政策引领下，逐步实现了信息安全与应用落地为一体的双维机制建设，截至 2023 年 1 月末，其数据库覆盖了包含 30 个部门 4 亿余条信息、20 万余家企业以及 118 类 4000 余项细则的有效信用数据，实现了具有高能级融资支持、信用服务和风险管控等功能的 $T+0$[①]信息共享平台。

为有效解决征信行业面对小微企业的信息不对称问题，平台打通了与台州辖内公安、税务、国土、市场监管等 30 个部门内部系统的数据接口，对搜集到的部门信息进行统一标准化的平台整合，打通了各部门间的数据"孤岛"，形成了包含 118 类 4000 余项细则、4 亿余条信息的平台数据库，实现对辖内所有市场主体的信用建档。同时，在形成平台数据库的过程中，平台还搭建了对应的信用评分和诊断预警模块，通过构建风险评估模型与风险矩阵模型，对市场主体赋予动态信用评分与信用画像，能够动态监测市场主体的风险状况并及时向银行推送预警信息，为平台数据库建设提供强有力的技术支持。此外，平台在成立伊始便建立了以政府为核心的完备的组织领导机制，被列入全市数字化改革重点项目，平台还积极采用区块链、前置交换机等数字技术实现数据的动态采集、评估与管理，以数字赋能平台数据库的高效服务。

总体而言，台州金融服务信用信息共享平台具有如下特点。第一，平台边界开放化。与传统征信业及其同类征信平台所不同的是，台州平台降低准入门槛，在以政府机构与银行为主体的基础上吸纳了各类小微金融服务机构，实现了平台的开放式运营。第二，价值主张公益化。相较于其他征信平台的营利性特点，台州平台数据库的使用是免费的，其平台价值主张更具公益属性。第三，服务供给差异化。平台会根据不同企业的特殊性，将评价标准在抵押、资产等硬指标与发展潜力等软指标之间进行动态设计与平衡，实现差异信用服务的有效供给。

（五）苏州地方企业征信平台

苏州地方企业征信平台的运营主体为苏州企业征信服务有限公司（以下简称苏州企业征信公司），作为金融基础设施于 2014 年 4 月在中共苏州市委金融委员会办公室与中国人民银行苏州市中心支行的支持与指导下成立。按照"政府主导、企业运营"的原则，苏州市政府与中国人民银行、苏州企业征信公司合作搭建苏州地方企业征信平台，即政府及中国人民银行负责政策制定、行业监管、数据采集与征信应用过程中的牵头协调等工作，苏州企业征信公司作为征信基础设施的建设者和对口联系单位，负责协调内容的具体实施，落实信息采集、银企数据共享、征信产品开发和推广应用等各项具体工作。

苏州地方企业征信平台主要采用"一库 N 用"的平台架构体系，其中"一库"涉及数据的采集过程，指苏州征信数据库，在获得企业授权的前提下，通过和政府部门及公用事业单位等采集源进行专线连接，实现苏州征信数据库对企业数据的自动采集；"N 用"涉及数据的应用过程，指基础应用系统、增值服务系统、智能应用系统、移动端应用系统、行政应用服务系统等系统，通过和银行、政府部门等使用单位进行专线连接，

---

① $T+0$ 交易允许投资者在同一个交易日内多次买卖同一证券，资金和证券的交割也在当天完成。

实现使用单位在系统中对企业信息的实时查询。

数据主要采集源为政府下属部门、公共事业单位、金融机构，归集的信息共606项，包括企业基本信息和财务信息，用电、用水、用气等企业经营信息，金融领域的借贷信息，正面评价及负面处罚信息，涉诉信息，进出口贸易信息，企业权益信息。同时为提升采集效率，建立了"政府推动+对接主动+协调联动"的长效数据采集机制，实行"有贷企业全覆盖、新开基本户企业全覆盖、产业引导政策企业全覆盖"的采集策略。其中，"有贷企业全覆盖"指的是在商业银行有信贷记录的企业均会被苏州企业征信公司采集征信数据，"新开基本户企业全覆盖"指的是苏州企业征信公司积极向中国人民银行争取支持，在工商注册后的企业需要开立银行账户时，同步授权苏州企业征信公司采集数据，"产业引导政策企业全覆盖"指纳入《苏州市金融支持企业自主创新行动计划》（以下简称《行动计划》）服务范围的企业应授权苏州企业征信公司采集企业相关信息，在授权后，企业将会获得苏州综合金融服务平台的登录账号，享受平台提供的各类金融服务和《行动计划》相关政策。

在征信应用方面，平台主要提供三类产品，分别为基于征信的基础及附加值产品、增值服务系统方面的产品和基于征信的金融产品。基于征信的基础及附加值产品主要为征信报告与风险预警，征信报告指针对苏州市大范围内的法人企业单位，通过采集与查询授权审核流程，对企业信息进行查询的一项服务。征信报告的内容是对企业的经营情况进行直观、客观的展示，不带任何主观评价；风险预警是指对投资、借款、赊销企业进行持续跟踪的服务。通过对企业信息的持续采集，在预警事项发生后，及时推送给用户，帮助用户管理企业信用风险。增值服务系统方面的产品侧重于对企业经营数据进行宏观分析及趋势评价，在对企业的行业、区域、性质等标签进行规范化分类的基础上，结合丰富的可视化图表和定制化表格，将各类企业的经营数据多维度展现，帮助用户了解苏州地区企业发展的总体态势，特别是区域、行业发展的不均衡性与风险性。增值服务系统方面的产品主要包含信息筛选、信用评分和宏观分析三类：信息筛选模块、信用评分模块、宏观分析模块。基于征信的金融产品包括平台协同各家银行开发的各类"征信+金融"产品，如"征信贷""信 e 贴""政采贷""征信保""关助融"等。这类"征信+金融"产品的共同特点是银行通过查询企业存储在苏州地方征信系统的"家底"数据而不是要求企业提供担保与抵押措施，来判断其真实的信用状况与履约能力，以此降低银行的贷款风险，降低中小微企业的融资成本。

二、国外典型征信平台与数据库

（一）美国环联公司数据库

环联公司于1969年首次设计并开发了基于磁带-磁盘的信息数据库，采用计算机自动化的方法为库克县征信局处理成千上万的客户账户数据。截至2020年底，环联公司在美国的企业客户超过10万家，主要涉及金融服务、保险、健康护理和其他领域。例如，美国前十大银行中的九家，前五大信用卡发行商，前二十大汽车贷款服务商，前十五大汽车保险公司，数以千计的健康医疗服务提供者以及联邦、州和当地政府机构，都依托环联公司的数据库开展相关业务。同时，环联公司也为个人消费者提供信用管理和个人信息保护服务，个人消费者客户超过3500万个。除了企业信息外，2013年环联公司还拥有数十亿份美国个人消费者数据档案，包括美国3.15亿人口中85%以上的人口信息、国际业务中的个人信息。

作为以数据为核心资产的征信机构，经过多年积累，2014年环联公司拥有90 000个数据来源和超过30PB（千万亿字节）的数据，在美国50个州的主要城市拥有250个区域性的个人征信业务机构。环联公司的收入达到了13亿美元，截至2020年底，公司雇员为6000人，个人征信服务遍布50个国家，主要涉及北美、非洲、拉美和亚洲地区。环联公司被誉为美国最大的风险和信息方案提供商，既拥有全国的消费信用数据，也拥有综合多样化的公共数据。

（二）美国益博睿征信数据库

益博睿征信数据库始建于1980年，涵盖了全球8.9亿个人消费者的记录，采集并分析超过13亿条个人的信用信息和1.66亿条企业的信用信息，同时也为小微企业提供信用信息服务。益博睿征信数据库中约有1.03亿条小微企业的记录，在全球拥有超过100 000家企业客户；拥有全球28亿人口的市场细分数据。为应对如此庞大的征信数据量，益博睿组建了专门的数据实验室，配备超过700名数据建模师、工程师和科学家。益博睿征信数据库主要开展以下三大业务。

1. 信用服务

信用服务是益博睿征信数据库最基本和最传统的业务，包括为个人消费者和小微企业提供基本信息服务。益博睿征信数据库拥有消费者和小微企业申请、偿还信用贷款的历史信息，运用自己的数据搜索、匹配和分析技术，加工出基本的征信产品（如信用报告等），帮助放贷者快速判断消费者和企业的还贷能力和意愿。

2. 决策分析

益博睿运用数据分析及相关咨询服务帮助消费者理解数据并做出快速高效的决策。通过专注于数字身份验证、申请欺诈防范、账户盗用防范和交易欺诈防范，确保客户免遭身份盗用和欺诈。在决策分析服务方面，益博睿一直是行业领先者，主要竞争对手是费埃哲公司、SAS（赛仕）和其他一些小的专业服务商。益博睿将数据与来自机构客户和第三方的数据结合，应用数据分析模型将这些数据转换为信息和洞察力。益博睿提供了一系列决策分析产品和服务，包括信用评分服务、反欺诈工具、反洗钱和身份鉴定服务等。

3. 精准营销

益博睿提供的营销服务收入占公司年度总营业收入的比重超过了15%。益博睿通过识别并锁定最佳客户来改善营销和销售商机。在大数据时代，益博睿将源源不断地提供机会，将客户数据深度挖掘并转化为宝贵的客户洞察，进而指导客户优化经营策略以提升销售额和可衡量的投资回报率。

（三）美国艾可飞数据库

艾可飞是美国的一家消费者信用报告机构，与益博睿和环联公司被认为是美国的三大信贷机构。2017年，艾可飞公司整理的数据规模超过全球8亿名消费者和8800万家企业，其公司数据库中还有2亿多条雇用记录。艾可飞公司每个月产生1580亿次信用评分更新，每秒对消费者数据进行6万次更新。艾可飞数据库向不同行业领域提供产品和服务，包括银行、电信运营商、批发商、商业征信、零售商、政府和其他部门。其中，银行占比最大，为27%（最传统的业务），其次是房贷和消费者信贷，分别占15%、14%。艾可飞提供资讯解决方案和人力资源事业过程外包服务给企业、政府和消费者。艾可飞开展的国际业务还包括提供资讯服务产品，如信用和金融资讯、信用评估、模型服务、信用及其他销售产品和服务，提供资讯、科技和服务以支持债务收回和回复处理。艾可飞公司基于其强大的商业数据库，还开展人力资源解决方案业务。例如，提供雇用、收入、社会安全码的确认服务，雇用税务和人才管理服务，人力资源解决方案是艾可飞独具特色的服务，收入占比达20%，包括信息验证服务和雇主服务两大业务模块。

此外，艾可飞公司在北美地区还开展个人解决方案业务：通过互联网向消费者直接出售信用资讯、信用监控、身份盗窃保护产品。艾可飞公司服务的客户对象有金融服务、抵押品、人力资源、消费、商业、通信、零售业、汽车业、公用事业、经纪业、健康照护、保险业以及州和联邦政府，相关经营业务遍及美国、阿根廷、巴西、加拿大、智利、哥斯达黎加、厄瓜多尔、萨尔瓦多、洪都拉斯、墨西哥、巴拉圭、秘鲁、葡萄牙、爱尔兰、西班牙、英国等国家和地区。

艾可飞通过提供在线信息服务解决方案、抵押贷款解决方案和金融市场营销解决方案，来帮助不同的消费者和商业机构基于信用进行决策或使决策过程自动化，如消费者和商业信用报告、信用评分、身份管理和验证、欺诈检测和模型服务。Decisions 360°是艾可飞的重要征信解决方案，它将消费者的信用数据、经济数据以及其他数据整理形成消费者完整的金融健康状况视图，以实现对消费者的完整描述。该解决方案可以用于消费者信用管理的全生命周期，如风险管理、欺诈防范、营销和收债等。艾可飞的消费者解决方案既可以基于交易，也可以基于订阅。艾可飞通过电子邮件，将信用监测和身份盗窃保护服务交付给消费者。

（四）德国SCHUFA数据库

SCHUFA是德国领先的企业和消费者信息服务解决方案提供商，与约9500家德国境内企业客户有业务往来。德国SCHUFA数据库始建于2014年，截至2019年底，已经收录了10.52亿条数据，涉及德国境内6800万人和600万家公司。SCHUFA数据库的规模在德国境内首屈一指，其根据真实的数据做出可靠的决策。SCHUFA数据库为数以万计的德国企业和消费者提供服务，为银行、储蓄银行和经销商等私人和商业客户提供有关信誉、身份和欺诈预防的信用相关信息。依托SCHUFA数据库的决策辅助工具，私人和商业客户可以快速、便捷、低成本地签订业务合同。SCHUFA数据库采用fintus自动化流程和数字化平台进行数据交换，这使得在线贷款的数字申请流程变得更快、更高效。fintus自动化流程通过相应的应用程序编程接口（application programming interface,

API)向 SCHUFA 提交有关潜在客户的查询信息,以保证实时生成的信息都是以最高质量传输的。

SCHUFA 通常将个体经营者视为企业家,从而在 SCHUFA 个人数据库中使用小企业主或自由职业者的名字和姓氏进行搜索,得到信用报告。SCHUFA 信用报告提供的信息如下:个人详细信息(姓氏、名字、当前住址、性别、出生日期、出生地、身份证号);关于业务关系建立和合同处理的信息("正面数据");交易的非合同处理数据("负面数据");来自公共目录和官方通知的数据("公共负面数据")。

(五)日本帝国数据银行数据库

帝国数据银行是日本境内最大的企业资信数据库,年销售额超过 500 亿日元,其企业资信数据库建设最早可以追溯至 20 世纪 70 年代,是日本境内最早采用计算机技术进行信用数据获取、收集的征信机构。帝国数据银行主营业务涉及企业信用调查服务、信用风险管理服务、数据库服务、营销服务、电子商务支持服务、出版服务等。

帝国数据银行之所以能够获取完整的企业信用调查信息,离不开其特有的四种策略。策略一:基于本地识别的可靠信息。本地识别是指到现场直接调查,这是开展企业信用调查一个多世纪的帝国数据银行数据库始终坚持的政策。在进行企业信用调查时,调查负责人经常访问调查目的地,并在信用调查报告中汇总通过查看该网站收集的详细信息。策略二:遍布全国快速响应。帝国数据银行在日本所有县设有 83 个办事处。不管调查对象是全国哪个地区的公司,企业调查都将由最近的办事处迅速开展业务。策略三:基于多年积累的知识进行信息分析的能力。除了财务报表等定量信息,帝国数据银行还通过与帝国数据银行数据库独立积累的信息进行比较分析,提供代表行业地位和管理能力等的定性信息。策略四:对海外公司进行信用调查。帝国数据银行可以对全球 100 多个国家和地区的企业开展信用调查,通过与熟悉当地情况的研究公司合作,提供反映各国和地区商业环境的高质量研究报告。由于不同国家和地区的信用评估标准和显示方法各不相同,帝国数据银行数据库有自己的五级信用分类(信用等级),有助于客户轻松地了解信用评估的概况。

(六)韩国 KFB 数据库

KFB 成员均为商业银行,包括韩国境内全国性商业银行 8 家、地方性银行 6 家,外资银行分支机构 35 家,专业银行 5 家(其中存款性银行 3 家,发展银行 2 家)、两只信用担保基金及一家房屋资助公司。作为韩国唯一的中央信用信息集中登记机构,KFB 是韩国征信业发展的支柱。KFB 自 1997 年 11 月 11 日起经韩国财经部授权,开始承担中央信用信息集中登记职责,具体就是依法从银行及其他金融机构收集企业和个人的信用信息,同时收集与信用相关的其他公共信息,如欠税信息,形成基本的信用信息数据库,在此基础上,对外提供信用信息服务,主要包括个人消费者信用信息的收集与信用报告的出具。

KFB 数据库对企业信用信息进行收集,并对其进行电子化处理,出具信用报告,研究部署征信系统的发展与完善计划,向决策部门及金融机构发布统计报告等。为了更加方便金融机构开展信用评估，KFB 还进一步扩大了其服务范围，例如，充实完善信用交易信息，采用动态信息而非静态信息，收集更广泛深入的信息，如支付信息和公共信息等。实践证明，信用信息数据库对于金融机构有效提高信用估计水平及效率发挥了十分重要的作用，同时，有助于政府决策的制定与实施。

韩国法律规定，金融机构有义务在信用交易发生 10 日之内将有关信息报送至 KFB，KFB 数据库涵盖了几乎所有的金融机构，包括国内银行、外资银行分支机构、保险公司、信用卡公司、租赁公司、财务公司、证券公司、中小企业风险投资公司、合作储蓄银行信用社、农渔合作社及社区信用合作社等。金融机构作为主要的信息提供者和使用者，可随时进入该数据库进行查询。KFB 还向中央及地方有关政府部门提供数据信息，如财经部、韩国银行、金融监管部门，以帮助其决策。同时，韩国出口信用公司、信用咨询与修复服务公司也是信息的提供者和使用者。此外，私营征信公司也可完全取得数据库中的信息，进而推动信用市场的发展。

KFB 收集的信息主要有三类，分别为个人身份信息、信用交易信息、公共信息。2002 年 4 月，KFB 针对企业信用信息增设了"信用交易能力"信息。KFB 收集的信用交易信息主要是逾期等负面信息及个人信用信息，并不收集对于评价借款人信用度也同样重要的正面信息。这在一定程度上反映了韩国征信业目前的重点在于通过失信惩罚加强对借款人的行为约束。此外，KFB 还负责有关信用信息重要性及消费者权利的宣传教育，以此推动消费者参与到征信活动中。其内部还设有民事争议办公室，消费者或企业如果对自身信用信息有疑问或争议可向 KFB 或相关金融机构提出核查请求。

本书对国内外同类征信数据库建设运营基本情况的梳理如表 13-2 所示。

表 13-2　国内外同类征信数据库建设运营基本情况梳理

属地	平台/数据库名称	运营主体	数据来源	主要服务内容
中国	个人信用信息基础数据库	中国人民银行征信中心	个人资信、银行和金融机构	个人信用报告查询
	企业信用信息基础数据库	中国人民银行征信中心	系统收录借款企业和金融机构	信用报告及相关信息查询
	11315 全国企业征信系统	第三方公众征信平台	所有政府职能部门监管信息、银行信贷信用信息、行业协会评价信息、媒体评价信息、企业运营管理信息及市场反馈信息	提供大数据的信用档案、信用评级及信用评估等信用产品
德国	SCHUFA 数据库	非政府服务机构	公共征信系统、银行、非银行金融机构、法院、租赁公司、贸易公司及电信公司	信用与风险评估、信誉调查与风险识别、消费者的信用度评估、市场分析与客户管理
	Creditreform	信用改革联合会		快速借款、身份识别及预防欺诈
	中央信用登记册	中央银行	中央银行、银行机构、信用机构、公司、个人及公共部门	贷款决策、信用监控和风险管理

续表

属地	平台/数据库名称	运营主体	数据来源	主要服务内容
德国	欧洲消费信用信息供应商协会	国际非营利性协会	消费者信用参考机构	代表、促进、保护和维护其成员的共同利益
法国	企业信贷登记系统	法兰西银行	所有被法兰西银行监管的单位、非金融渠道及国际机构	企业信贷风险分析、为征信机构提供数据
法国	个人信贷登记系统	法兰西银行	金融机构、法院、媒体	提供北美各地金融服务和保险会议专业人士需求的教育、经验和资源
日本	信用信息网络（Credit Information Network，CRIN）	全国银行协会、日本消费信贷协会和信用产业协会	个人信息、交易信息	识别人员的信息、合同明细信息、付款状态信息、申报内容信息等
日本	金融信息网络（Financial Information Network，FINE）	JICC 和 CIC	个人贷款额度和短期贷款拖欠信息	个人信息；具体信息；用于识别重复成员身份的信息；个人声明评论
日本	JICC	JICC	1337家企业	服务信息的管理；征信服务、企业信息服务；信用信息公开制度服务
日本	日本全国银行协会个人信用信息中心（Japanese Bankers Association Personal Credit Information Center，JBAPIC）	全国银行	登记与贷款、信用卡等相关个人信用信息	个人信用服务
日本	CRD 协会	信用担保协会、政府附属和民间金融机构、评级机构等约180家机构	国内信用信息数据	企业征信服务
日本	TSR	TSR	信用调查数据	企业信用调查、市场调查、各类经济调查；提供互联网信息；开展出版业务
荷兰	全球信用数据（Global Credit Data）	全球信用数据	会员银行	全球范围个人信用评价
韩国	KFB 数据库	财经部授权、KFB 成员运营	金融机构为主要的信息提供者和使用者	收集企业信用信息、出具信用报告
韩国	企业征信数据库：韩国信用担保基金	所有银行机构均从事此项业务	企业简况、企业财务状况、债务偿还情况、经理人背景、金融机构信誉、基金使用及其他各项服务信息	企业征信服务
韩国	个人征信数据库	韩国信用信息服务（Korea Credit Information Services，KCIS）征信公司	主营单位提供信息	信用信息管理与决策参考

续表

属地	平台/数据库名称	运营主体	数据来源	主要服务内容
韩国	国家信息及信用评估公司数据库	私营征信机构	111家数据成员共享单位	个人征信服务
美国	环联公司数据库	环联公司	美国50个州的个人征信局	提供信用管理和个人信息保护服务
美国	益博睿征信数据库	益博睿	全球范围的个人消费者的记录，个人和企业信用信息	信用报告、客户信用调查，高级分析
美国	公共记录信息	律商联讯公司	破产信息、税务留置信息和民事诉讼中涉及钱的判决信息	风险数据检索服务
巴西	信用信息系统	巴西中央银行	具有信用特征的业务和证券，以及在金融机构审核通过之前为每个客户签订的相应担保	专供巴西中央银行信息
印度	商业信用征信局和消费者信用征信局	信用信息局（印度）有限公司	银行、金融机构、个人和企业	从信用数据集到风险评分的商业信用信息报告
印度	印度大数据征信平台	Creditas Solutions	银行、金融机构、个人和企业	基于大数据征信的AI信用分析报告
印度	信用管理公司	花旗银行	信用报告与手机社交媒体数据	出具信用评分
意大利	CRIF（科孚）	科孚公司	征信和数据库、商业信息	征信服务、商业信息、外包与处理服务、信贷解决方案等

第三节　中小微企业大数据征信数据库建设框架

一、实现平台建设的开放性

现行中国人民银行企业和个人征信系统的金融信用信息基础数据库于2006年在全国正式运行，其前身为1997年开始筹建的银行信贷登记咨询系统。传统征信体系下，企业信用信息主要来源于金融机构和政府部门，其有效性受到影响，征信机构可以快速地评估被征信者的还款能力，却难以评估其还款意愿。在大数据时代，企业的自由度和定价能力得到极大提高，近几年来创新征信模式稳步发展，比如，专门针对P2P行业而建的网络金融征信系统和小额信贷征信服务平台等对中小微企业增信都起到了一定的积极作用，但也造成了信用数据的非结构化和碎片化，从而也对征信机构的数据分析和数据挖掘提出了更高的要求。尤其是对于至今尚未接入任何征信系统平台的中小微企业而言，其信用状况仍然是解决融资难、融资贵问题的关键所在。因此，亟须提高征信系统平台建设的开放性，确保中小微企业能够全方位接入，充分保障小额贷款公司管理的规范化和运作的明朗化以及企业信用记录和风险控制的科学化。

依照大数据征信建设体系，应从国家及地方各级政府征信数据交换平台、基于各类传统数据采集终端的数据交换平台、个人征信数据交换平台、基于云服务平台采集的数据交换平台等四个方面提高平台建设的开放性。具体而言，在中小微企业征信数据库的基础上，需加强构建面向互联网金融企业的征信服务平台，实现线上线下数据的整合与共享。中小微企业征信平台应重点针对未纳入中国人民银行征信平台的小额贷公司、融资担保公司、村镇银行的客户及个体工商户等进行信用记录统一管理，从而避免同一企业或个人在多家贷款或多次担保现象以及同一抵押物品多次抵押的现象出现，保证企业和个人信贷交易的安全稳定，税务、工商、海关等政府部门需加大行政执法力度，金融部门需加大对金融风险的控制力度。同时，接入的企业还能通过该平台系统有效地受到监管，通过征信机构接口创新，降低金融风险，提高信用水平。

中小微企业征信平台接口的创新机制如图13-1所示。

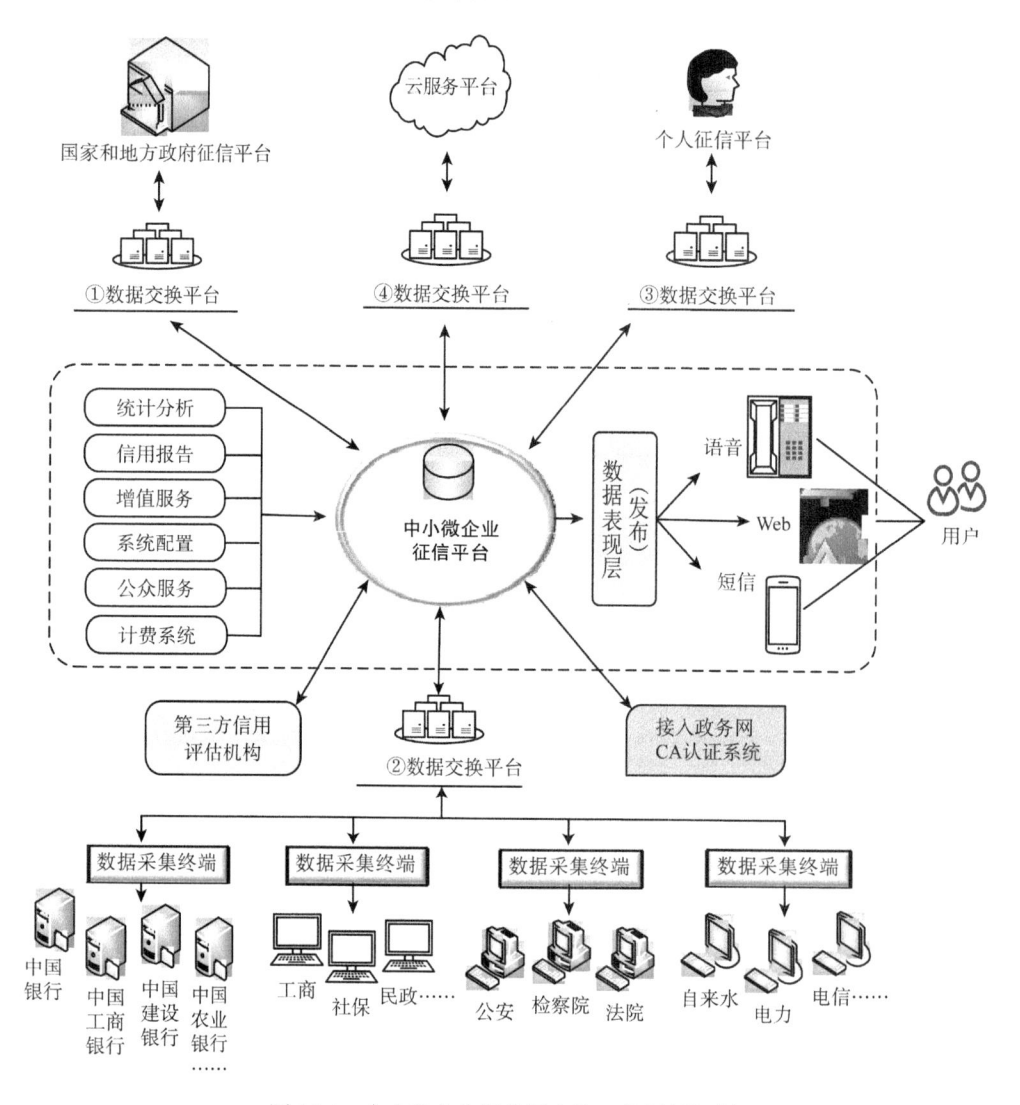

图13-1 中小微企业征信平台接口的创新机制

CA，即certificate authority（认证中心）

二、增强数据采集的精准性

我国征信行业经历了20余年的发展,目前形成了公共征信与商业征信并存、以公共征信为主的征信体系。其中,中国人民银行主导构建了全国性的企业和个人征信系统,即公共征信体系,该系统涵盖了金融信用信息基础数据库,由中国人民银行征信中心负责运营,此外各级政府或其所属部门设立的征信机构亦属于公共征信体系,目前由中国人民银行征信中心负责运营维护。但征信数据源以银行信贷信息为核心,尽管也包括了社保、公积金、环保、欠税、民事裁决与执行等公共信息,但目前占比较小。对于无贷款记录的中小微企业和个人,中国人民银行的征信系统中仅有基本信息。中国人民银行的征信系统属于非营利性质,仅出于运营收取少量费用。目前我国的商业征信主要开展信用登记、信用调查、信用评级等业务,征信机构包括50多家社会征信机构和80家信用评级机构,主要应用于债券市场和信贷市场,量大面广的中小微企业也并未充分纳入现有商业征信体系,凸显了面向中小微企业征信数据采集的边缘化和无效化。因此,需提高中小微企业数据采集的精准性,针对中小微企业征信数据采集难度高、范围广等问题,应充分利用大数据技术和云计算技术,构建全国统一的中小微企业征信基础平台,弥补现有征信机制的缺陷,优化中小微企业征信路径。一方面,确保中小微企业征信基础平台能够有效对接数千个权威数据源,不仅需要对现有企业信用数据进行系统挖掘、组合,而且需要通过大数据抓取技术,在海量数据中以毫秒级别的速度进行多维搜索,提供上百个维度的企业精准信息。以银行风控部门的贷款业务为例,传统征信体系下,每调查一家中小微企业的信贷情况,往往需要浏览数百家网站才能收集到所需的大部分资料。通过中小微企业征信基础平台接入银行的风控系统后,信贷员只需输入企业关键字或法人名称等,就能通过与各金融机构、中小微企业征信机构及企业信用评估机构等共建的基础数据库后台,以毫秒级别的速度进行近百个维度的搜索,搜索结果包含工商信息、征信信息、法院判决、公司新闻等内容,提供企业全景信用服务数据。在缓解银企信息不对称的痛点的过程中,中小微企业征信基础平台有望快速高效地聚合各类信息,提供包含工商证照识别、名片真伪识别、经营权限识别等多项智能甄别服务,为政府、金融机构及各类企业提供精准征信服务。

另一方面,中小微企业大数据动态精准征信基础平台应基于政府发布、实施的相关征信法律法规,由政府授权的金融机构、政府整合成立的中小微企业征信机构及政府监督的各种信用评估机构所提供的相关信用数据建成,同时基于市场机制的推动进行日常运营,为政府、信息数据提供机构和企业等提供中小微企业动态征信信息服务(图13-2)。有效依赖"云托管服务"并实时更新信息,将所展示的信用信息完全和中小微企业征信机构、金融机构、工商照面信息等保持一致。对于所关注的企业,可同时选择开展动态风控服务和全面舆情监控,智能提取关键信息,定期查询企业信用报告,动态把握企业信用状况,及时帮助银行和企业规避风险。确保建设平台的基本理念是帮助中小微企业建立动态信用,保障大众消费安全可信,配合政府治理环境,促进诚信社会的发展。

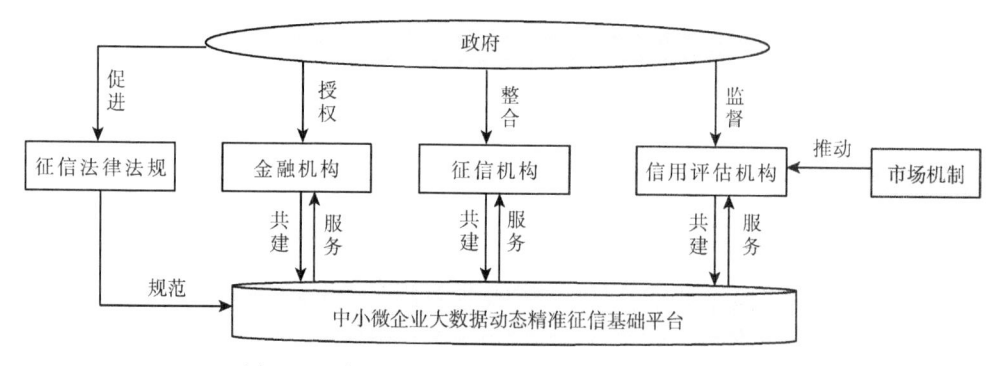

图 13-2 中小微企业大数据动态精准征信基础平台

三、确保数据信息的安全性

多源海量数据经由数据分析处理技术处理后可提炼高价值信息，而其本身复制成本低、环境不易控，存在较大的安全隐患。特别是在平台环境下，中小微企业大数据征信平台不仅涉及平台运营方、数据所有方、金融机构、监管方等多主体，还融合了海量数据存储、云计算、物联网、移动互联、人工智能等多项技术，贯穿大规模边端、云计算设施、大数据中心、智能应用等多方面，数据处于频繁流动的泛开放环境，催生出数据隐私泄露风险高、数据融合安全能力弱、数据流转全程监管难等安全性问题。因此，需要利用新型技术在采集、存储、利用、监管等环节构建有效安全机制，以维持征信平台的稳定性和可续性。

整体而言，基于大数据利用的采集、存储、融合、利用基本流程，平台运营方在"原始数据不出域、流动信息必加密、数据可用不可见"的原则下，利用分布式加密存储、本地化明文计算、平台化密态处理等技术和模式，搭建分布式存储引擎、密文高效检索引擎、密文协同计算引擎，辅以智能监管手段，有效提升平台数据的综合安全性（张帅领等，2022）。

如图 13-3 所示，在平台运营方、数据所有/提供方、金融机构、监管方等多主体共同作用下，中小微企业大数据征信平台数据安全体系可以分为数据采集接入端系统、数据开发利用系统、数据使用接入端系统和数据利用监管系统四个部分。其中，数据采集接入端系统部署于各个数据所有/提供方，发挥数据所有/提供方的数据注册、本地存储、数据分级加密、本地明文计算、本地监管等功能。数据使用接入端系统部署于金融机构等数据使用方，是数据使用方获取数据开发利用的入口，主要具有登录授权、请求发起、结果获取等功能。数据开发利用系统是征信平台的主系统，集成了海量数据的分布式存储系统、大规模密态数据协同计算系统、密态数据高效检索系统等密态处理引擎，并部署了数据资源目录、授权管理、数据处理任务智能分割和柔性调度等模块。主要具有数据安全存储、密文检索、密态计算、访问控制、监管接入等功能，并负责将数据使用者发起的请求进行解析和分割，协调各个数据所有/提供方的计算任务。可以看出，整个数据开发利用系统执行的计算任务为全程密态计算。数据利用监管系统负责对其他系统执行全程透明监管，并提供面向外部的监管接入 API，使得政府、公安等机构能够接入系统实施全程监管。该系统基于智能化技术实现事前授权、事中感知、事后追溯。

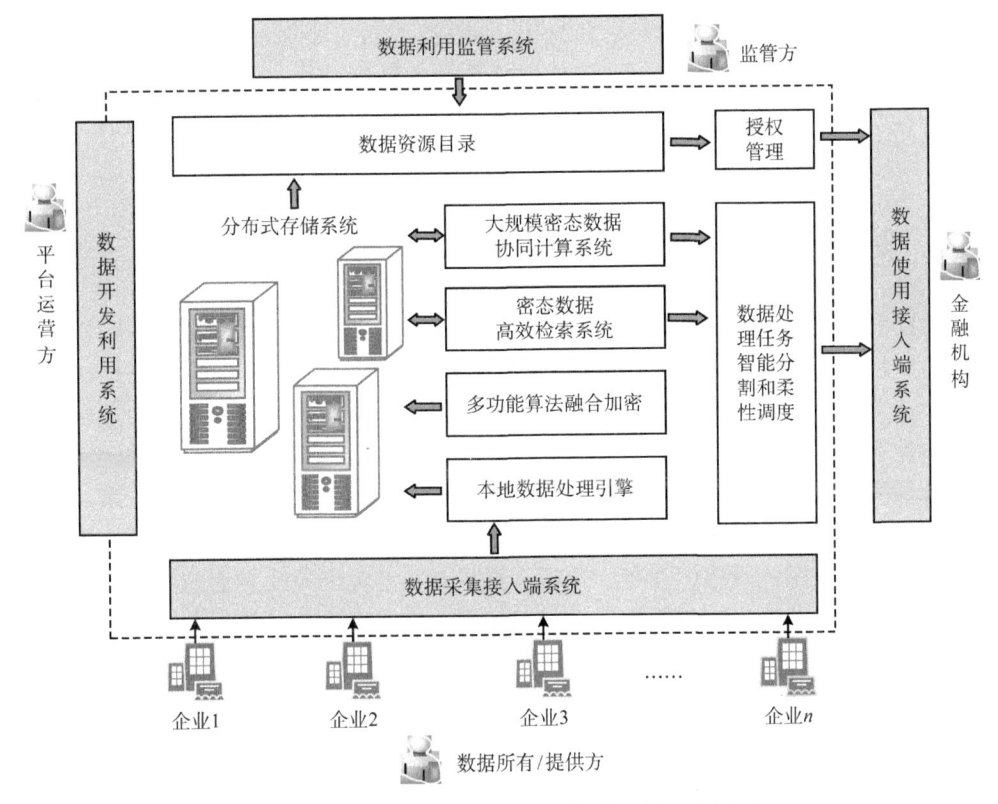

图 13-3 中小微企业大数据征信平台数据安全基础框架

四、形成配套的信用评价体系

相对于大企业，中小微企业具有资金需求急、缺乏抵押物、偿还能力偏低等特征，导致其信用评价体系相应也具有独特性。因此，在完善中小微企业征信平台过程中需建立相应的评价体系，确保平台能够以合理化、科学化以及多样化的方式评价中小微企业的信用水平，做到信用评价有章可依、有法可循。针对中小微企业基础资源不足、承受风险能力薄弱等特点，应从企业基本财务信息、企业家个人信用、企业成长性、融资履约、政府监管、行业评价、交易对方评价、互联网大数据及媒体评价等方面构建"软""硬"信息相结合、具有中国特色的中小微企业多层次的综合信用评级指标体系，以此拓宽中小微企业融资渠道、增加合作机会，同时增强中小微企业的信用意识，改善社会信用环境。

具体而言，在确定评价指标时，既需要通过基于财务数据的定量研究来判断中小微企业的盈利能力、运营能力、偿债能力、成长能力等，又需要基于非财务数据的定性研究去判断中小微企业的企业家素质、人力资源、技术水平及各类风险控制能力，如此形成由一级指标、二级指标、三级指标构成的中小微企业信用评价多层指标体系。其中，大数据征信要运用大数据技术重新设计征信评价模型和计算方法，通过多维度的信用信息分析、整合和挖掘，对包括财务数据在内的结构化数据和地址信息、行为数据、社会关系等非结构化数据进行采集和分析，最终形成对中小微企业的信用评价。此外，与传统征信相比，大数据征信应将注意力从数据的精确性转移到数据的相关性上来，以全样本分析法替代随机抽样法，通过数据"加工"实现信用数据的"增值"，同时也可为中小微企业融资"增信"。

五、拓展丰富的应用场景

一方面，在中小微企业征信建设上，形成中小微企业大数据征信数据库融合形成机制（图 13-4）。通过中小微企业大数据征信系统的结构化数据、非结构化数据、多媒体数据及应用产生的日志数据等数据源与互联网、大数据、云计算等新技术的融合，构建以云端数据挖掘机器人、云信用计算、云结构服务等核心技术为支撑的大数据征信模式，实现企业行为数据采集、行为信用计算的一体化和全自动化。借助该融合体系，不仅能够对中小微企业海量的信用相关数据进行采集和分布式存储，进一步强化对企业的历史经营数据的实时挖掘、筛选、计算、分析，更加真实客观地反映企业的生产经营状况、成长发展状态，以此给出企业的信用状况及信用额度，作为小额贷款公司放款及担保公司提供服务的参考依据；同时，还可针对贷款企业的贷后评审机制，对企业的交易情况进行实时监测，运用数学模型计算信用额度，预测未来企业的发展趋势。此外，运用建立科学的数据分析模型，实时、量化地进行风险跟踪，对中小微企业信用状况及其所处的产业链情况进行持续跟踪、深度运算，及时发现涉嫌违法的市场主体，并对捕捉到的系统性、区域性风险发出预警，实现精准打击的信息化监管，全面提高监管效能。

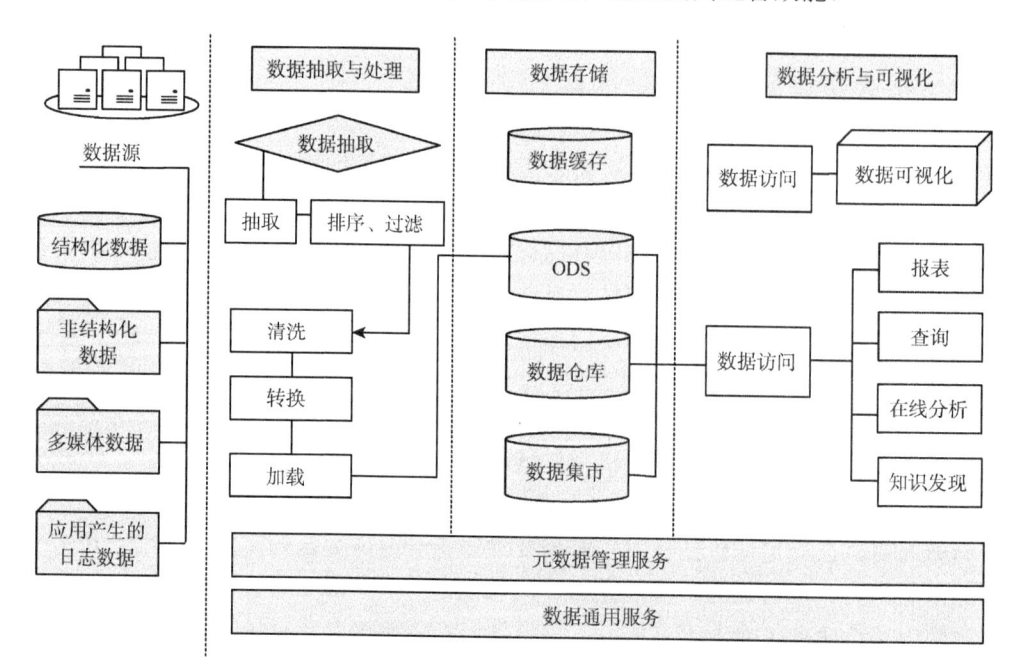

图 13-4 中小微企业大数据征信数据库融合形成机制

ODS，即 operational data store（操作型数据存储）

另一方面，企业在中小微企业大数据征信产品的研发与应用上，形成以信息和方案两大类产品体系、面向机构和个人两大类服务对象的多层次、多样化的征信产品创新研发与应用布局。如图13-5所示，首先对通过银行、政府、企业、交易、行业、媒体及互联网等各个渠道的征信数据源获取的数据进行手动录入、自动录入和批量导入等预处理后进行数据校准与整合，其次完成数据存取与计算，建立结构化关系数据库和基础结果关系数据库，最后基于数理统计开展数据分析和数据挖掘，开发出信用报告、信用评级、信用评分等征信产品，并在身份验证、欺诈监测、风险预警及指数类产品等方面开展增值服务。

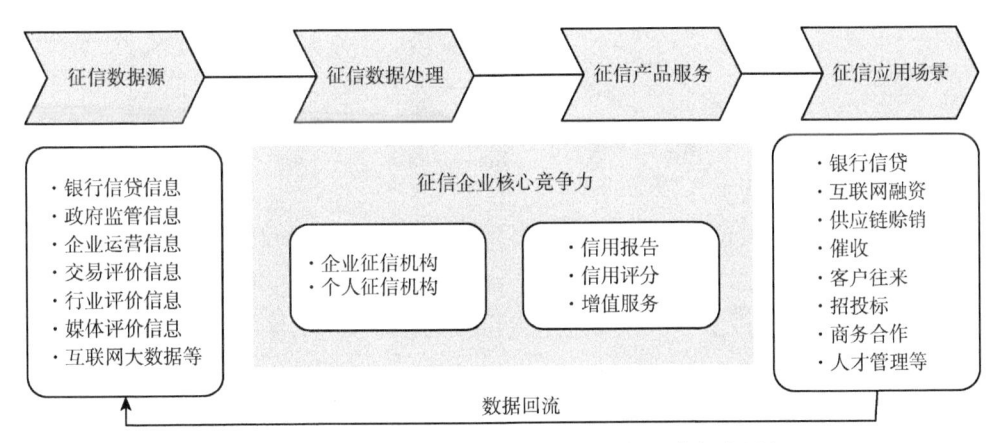

图13-5 中小微企业大数据征信产品的创新研发与应用布局

例如，建立中小微企业大数据事中征信"红黑榜"等动态推送机制。对于中小微企业而言，由于其规模较小、资产较少、资金流动性变化较快等，与其事前的信用承诺和事后的信用评估相比，事中的信用监管显得更加重要，因此可以基于线上和线下两个途径形成中小微企业事中征信动态推送机制。线上推送途径的征信动态信息为来自政府行政机构、金融机构和互联网征信机构的中小微企业征信信息，同时线上推送机制又会将相关综合或专题信用信息向这些机构进行推送；线下推送途径是指将相关综合或特定信用信息向线下客户或系统用户进行推送（图13-6）。此外，中小微企业征信平台，还应加强对守信企业的正面宣传与推广，促进"信得过"企业、百年老店等诚信企业持续健康成长，并且根据失信企业的信用评价降级状况及社会影响，建立"红名单""黄名单""黑名单"等"红黑榜"制度，同时对消费者数据、投诉数据进行分析，并在法律许可的前提下在一定范围内进行及时推送，以健全和完善企业失信行为惩戒机制。对于金融、纳税、环保、食品药品生产、医疗卫生、交通安全等国计民生领域的中小微企业，要重点将其纳入征信平台基础数据库，对于相应失信企业及时进行"黑名单"推送，以起到积极的企业诚信教育和惩戒作用。

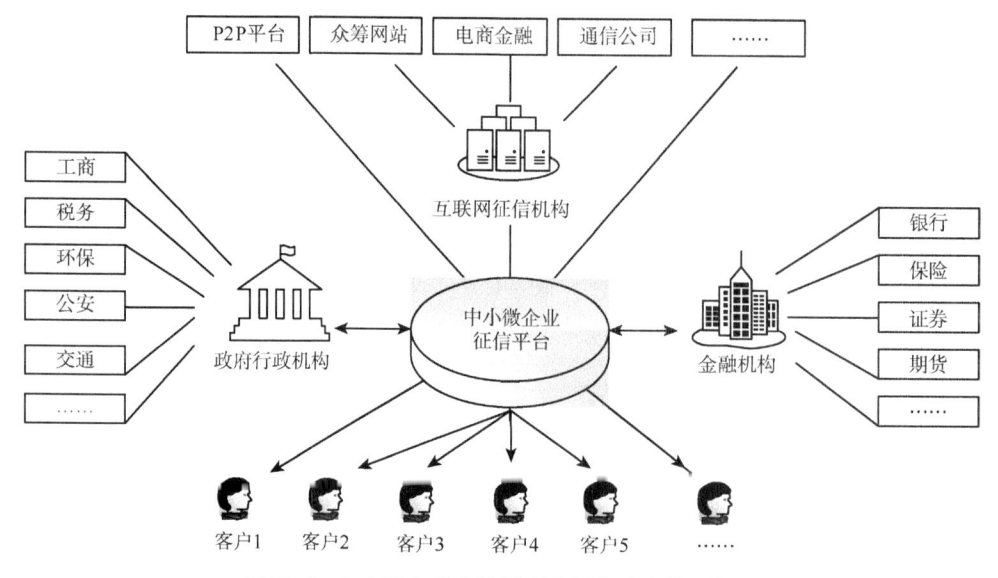

图 13-6 中小微企业大数据事中征信动态推送机制

第四节 中小微企业大数据征信数据库建设的关键措施研究

一、大数据征信数据库建设存在的主要问题

（一）数据归集不到位

目前市场中相对结构化、成系统的企业数据主要集中在上市公司及大中型企业，如官方统计系统只针对规模以上工业企业采集信息，国泰安、巨潮、中国工业企业数据库等也主要收集具备一定规模且有代表性的企业的若干信息，而对在企业群体中占绝大多数的中小微企业关注较少，导致金融机构在授信时缺乏系统性和连续性的权威数据，无法形成有效参考。而且即使存在相对系统的涉企公共信用信息，也是散落在各个部门的，在缺乏共享机制和制度安排的情况下，个体征信机构汇集相关数据存在较大困难。

（二）指标体系不健全

当前尚未形成具有共识性的企业信用评价指标体系，理论与实践相结合的程度还有待进一步改善。指标体系的不完备性在一定程度上造成即使现存少量征信数据库也难以综合反映企业的经营状况和发展潜力等状态。例如，大部分数据主要涵盖了财务报表中的一些基本财务指标，而相对较少从企业非财务信息方面进行数据提取，一定程度上影响了对企业情况的解释程度。

（三）市场供需不活跃

一方面，由于技术、政策、数据源等原因，征信机构发展相对缓慢，至 2022 年 2 月，全国已在中国人民银行完成备案的企业征信机构只有 134 家，而且对中小微企业征信产品缺乏必要的针对性开发，信用描画失真时有发生，无法满足金融机构在中小微信用市场的业务需求。另一方面，征信产品社会需求不足，政府推广的积极性和力度相对有限，大多数金融机构仍依赖于传统信用评价方式，这也是造成我国中小微企业融资难的重要原因之一。

本书整理的全国已在中国人民银行完成备案的企业征信机构情况见表13-3。

表13-3 全国已在中国人民银行完成备案的企业征信机构情况

地域	成立时间分布	机构数量及平均规模	基本业务范围
北京	2014年（16家） 2015年（13家） 2018年（1家） 2019年（3家） 2020年（1家） 2021年（1家）	35家；3 234万元	征信数据信息采集与管理、企业信用认证、信用调查、信用推广等征信服务；大数据平台搭建、大数据征信等服务；技术转让、研发等服务；信用产品开发；管理咨询、培训、会议服务；信用修复；供应链信用管理；智能风控；商业保理、股权众筹、融资租赁等
上海	2014年（4家） 2015年（12家） 2016年（1家） 2017年（1家） 2020年（1家） 2021年（1家） 2022年（1家）	21家；3 825万元	风险管理与预测分析、征信调查、反欺诈与授信、风险与监管咨询、信用管理、贷（投）后监管、中小微企业融资等征信服务；信用大数据、信用监测、企业数据API、数据处理与存储支持等大数据服务；管理咨询及培训辅导业务；企业竞争力分析；咨询和培训业务；资产管理、实业投资等
广东	2014年（1家） 2015年（5家） 2016年（1家） 2019年（1家） 2020年（1家） 2021年（1家） 2022年（1家）	11家；8 335万元	构建数据应用系统、数据库等数字技术支持体系；供应链金融；企业信用管理咨询、企业关系检验等征信服务；企业全息画像、数字服务、信用报告、信用修复等大数据服务；商业账款催收、银行业务处理、信息监管分析、电子商务服务、实地探访服务、商户智能优选；海外报告；个人征信产品等
浙江	2014年（3家） 2015年（2家） 2019年（1家） 2020年（1家） 2021年（1家）	8家；3 213万元	企业全景画像、企业监控、企业实力评分、合作方风险管理、企业信用管理咨询、信息市场咨询等征信服务；风险云图、风险预警、破产模型等大数据服务；企业立信平台、开发平台、数字政务、客户画像等数字技术支持等
江苏	2014年（1家） 2015年（2家） 2019年（2家） 2020年（1家）	6家；14 300万元	信用报告、信用评分、风险监测预警、管理咨询、异议处理、企业社会评论、市场调查等信贷综合服务；征信平台搭建等技术支持；大数据服务方案制订等
四川	2014年（2家） 2015年（1家） 2019年（1家） 2020年（2家）	6家；2 306万元	在线数字风控；管理咨询、信息查询；保险业务、信用卡业务；信用修复等征信服务等

续表

地域	成立时间分布	机构数量及平均规模	基本业务范围
重庆	2015年（2家） 2019年（1家） 2020年（1家） 2021年（1家）	5家；1 569万元	数据处理和存储支持、信息系统集成等数字技术支持服务；信用评价与诊断、档案管理、品牌策划、地方风险评价、市场调查等征信服务等
辽宁	2014年（3家） 2020年（1家）	4家；1 917万元	数据集成报告等大数据服务；企业征信、风控管理等征信服务等
内蒙古	2015年（1家） 2016年（2家）	3家；81万元	企业征信服务、信用信息数据库搭建、社会信用体系建设与征信综合服务等
山东	2014年（4家） 2016年（1家） 2020年（1家）	6家；3 526万元	信用管理及信息咨询、资信评估、信用担保、信用修复等征信服务；信息系统集成服务；金融信息技术外包；软件安装维护等
河北	2015年（1家） 2016年（1家） 2019年（1家）	3家；221万元	信用信息采集及集成处理、管理咨询等征信综合服务；软件开发及外包；金融业务流程外包服务等
河南	2016年（1家） 2020年（1家） 2021年（1家）	3家；3 500万元	企业征信业务；信息技术咨询、开发；商务信息咨询；信息数据处理、储存服务
湖北	2014年（1家） 2019年（2家）	3家；4 025万元	信用的征集、评定、报告等信用综合服务；金融业务流程、知识、信息技术外包服务等
陕西	2014年（2家） 2015年（1家）	3家；677万元	信用数据采集、调查评估、管理咨询、修复等综合征信服务；网络产品开发、推广等
福建	2014年（1家） 2019年（1家）	2家；758万元	金融信息技术、业务及知识流程外包；企业征信咨询、报告、评估等信用服务
贵州	2015年（2家）	2家；1 253万元	企业信用服务；互联网技术服务
湖南	2014年（1家） 2016年（1家） 2020年（1家）	3家；1 845万元	企业征信咨询、报告、评估等征信服务；增值产品研发、数据处理和储存等技术支持服务等
吉林	2015年（1家） 2020年（1家）	2家；1 440万元	信用报告、信用评分、管理咨询、市场调查等征信服务；软件开发、硬件研发等技术支持
江西	2022年（1家）	1家；1 896万元	征信综合服务；信息技术支持服务
天津	2014年（1家） 2016年（1家）	2家；4 238万元	企业征信咨询、报告、评估等信用服务；互联网信息服务与数据处理服务
安徽	2019年（1家）	1家；—	征信综合服务
甘肃	2019年（1家）	1家；3 000万元	征信综合服务
广西	2020年（1家）	1家；740万元	征信综合服务；网络技术服务
青海	2021年（1家）	1家；1 050万元	征信综合服务；网络技术服务
海南	2021年（1家）	1家；5 000万元	征信综合服务；大数据服务
山西	2022年（1家）	1家；2 500万元	征信综合服务
云南	2020年（1家）	1家；200万元	征信综合服务；网络技术服务

（四）协调机制不完善

首先，部分企业信用相关数据涉及企业经营秘密，如没有相对完善的机制进行保障，一方面会给征信机构获取数据增加障碍，另一方面也会增大企业核心信息泄露的风险，而单纯依靠公开数据对金融机构来说又缺乏可靠的参考性。其次，由于缺乏统一的体系，不同机构在采集数据时可能遵循不同的控制标准，使得对同一客体的信用评级存在一定差异，对评价结果的可信度产生不利影响。此外，从全国层面来看，征信平台建设主要由政府主导，银行、担保、保险、企业等主体缺乏利益共享、风险共担的共同参与机制，无法满足实践中持续性、稳定性及普惠性的市场需求。

二、征信数据库建设存在问题的根源

从上述对目前征信平台及数据库建设现状的梳理和总结来看，现阶段征信平台及数据库建设仍存在较多问题，如数据采集渠道的有限性，采集数据的非对称性、非连续性、难以共享性，指标体系建设的不完善性，覆盖对象的局限性，等等。产生这些问题的主要原因就在于没有形成能够反映企业现实发展状况的监控指标，也没有实现数据库的实时性和覆盖性，从而无法及时、准确、连续地监测企业发展情况并预见企业发展潜力，导致已有的征信平台及数据库难以有效满足实际发展的需要，特别是对于中小微企业来说，其分布范围广、整体规模小、财务等信息不健全，使得覆盖面完备、信息精准有效的信用数据库建设、数据采集和利用存在很大困难。对于上述所列的不同类型的企业征信平台及数据库建设问题，主要原因可归结为以下几个方面。

第一，反映企业真实情况的指标体系设计方面的问题。建设征信数据库的核心目标之一就是对企业财务及非财务信息有一个全面、准确的比较和了解，要达到这一目标就必须具备完整、科学、系统的评价体系，设计一整套完备的指标，以此来规范企业信息采集的过程和内容。当前企业征信数据库搭建所依据的指标体系存在片面性、非标性等，而且大多数属于平台的个体行为，导致不同平台之间的数据结构存在一定差异，给相关部门协调数据接口、设计共享机制、提供采集渠道带来障碍。

第二，征信数据质量方面的问题。这方面问题主要包括数据残缺和数据不可靠等。我国中小微企业信息化发展水平整体仍处于起步阶段，尽管随着数字经济的发展以及新冠疫情的催化，不少企业在远程办公及运营流程数字化方面取得了显著进展，但整体成功实施数字化的中小微企业占比仍不到10%。说明我国大部分中小微企业并没有必要的信息化手段，缺乏对企业发展过程中相关信息的采集、处理和应用，从而增大了真实反映中小微企业经营发展状况的各项指标数据统计的难度，建立一个能够反映中小微企业信息的数据库就更加困难。产生这一问题的重要原因在于获取信息的渠道单一，也缺少对所采集的数据进行有效验证的途径等，使得数据的质量不能得到有效的保证，可靠性相对较低，最终导致应用前景有限。

第三，平台及数据库建设缺乏资源整合和管理。要搭建一个完整、可信、覆盖全面的数据库，必须整合各方资源、统一调度，确定归集方法、归集标准，设定共享规则和查询机制。具体来说，一份相对完整并能够体现企业实际经营状况的数据可能涉及市监督管理、税务、经济和信息化、金融、统计、科技、网络安全和信息化等多个部门，如缺乏科学有效的协调机制，势必造成数据的碎片化且无法形成有效信息。而且，信用数据涉及隐私、商业秘密等敏感信息，缺乏必要的维护和监管措施反而将进一步限制其用途。

三、推进中小微企业大数据征信数据库建设的关键措施

（一）推广成功模式突破机制藩篱

大数据征信平台是优化征信体系、破解中小微企业融资难困境的核心载体。建议将建设大数据征信平台作为促进中小微企业成长的重要抓手，借鉴上海、苏州、台州等地企业征信平台建设的成功经验，充分整合行政、司法、税务、金融等多方信息，将财务信息和非财务信息充分融合，科学设计、制定能够反映中小微企业真实经营状况的综合指标体系，全面构建公共部门间横向到边、纵向到底的信用信息共建共享、协同推进机制，从软硬件多渠道实现信用信息的实时收集与实时查询，为中小微企业融资活动创造便利条件。

（二）利用新技术弥补机制缺陷

区块链等新兴数字技术的蓬勃发展，可以赋能大数据征信数据库的建设。新一代数字签名、共识机制、智能合约等加密技术及算法的出现能够实现清晰确权，为降低征信数据泄露风险和保障信息安全提供科技支持，从而推动解决关于利益分配和数据所有权的问题。同时，加强征信数据库基础平台建设，基于征信数据库形成完备的数据管控体系，逐步完善不同行业企业的征信评价算法以形成精准信用画像，并强化大数据征信的过程管理，以"贷前自助审核—贷中自动审查—贷后自动检测"全流程的数据管控提高企业审贷的有效性与便捷性。

（三）降低使用门槛激发广阔市场

一方面，积极妥善推进个体征信机构的市场准入机制，进一步降低金融信用信息基础数据库的使用成本与门槛，加大征信行业整体的开放力度。通过搭建征信数据库、社会信用平台以及第三方征信机构的信息共享机制，提高征信行业的主体多样性与丰富性，形成市场化的大数据征信生态系统，以满足多样化、个性化的信用服务需求，激发征信市场的整体活力。另一方面，相关行政部门应在各自的管理领域主动引导市场，通过招投标、资质审核以及政府采购等活动将征信报告作为准入的必要条件以扩大市场需求。鼓励金融机构积极参照征信数据库的评价报告，创新贷款、担保等金融服务模式，提升使用积极性。同时，围绕实际需要，金融机构可以向参与数据库建设的征信机构有针对性地提出需求，提高大数据征信的信用服务精准性。

（四）引导产品创新扩大应用场景

针对中小微企业资金需求急、偿还能力相对较低、融资周期短等特征，金融机构应

积极建立、调整相应的中小微企业信用融资评价标准和管理体系。在适当调整抵押担保规则和方式的同时，确保与大数据征信平台的实时对接，全面了解中小微企业的需求特征，通过全线上自助贷款流程和自动审批模式，实现中小微企业贷前信息材料的自动审核、贷中合法合规的自动审查以及贷后的实时监测，进一步提高中小微企业贷款的便捷性、金融机构风险控制的有效性以及金融信贷产品的丰富性。

（五）建立长效机制确保持续发展

积极构建多方参与模式，建立政府、银行和市场等多方主体参与的中小微企业信用贷款共同风险分担机制。尤其是要促进政府和银行按占股出资的方式建立中小微企业担保资金池，提高财政代偿比例，增加通过减免税收等优惠政策补偿损失的方式，基于大数据征信平台完善中小微企业免抵押、免担保模式，提高金融机构向中小微企业发放信用贷款的积极性和资金比例，实现中小微企业信用融资和管理的可持续发展。同时，依托大数据征信体系建立政府、保险机构、银行、担保机构四方参与的共同风险承担机制，充分调动社会各方积极性，通过设立中小微企业融资贷款担保基金的方式有效发挥金融机构信用贷款风险补偿作用，确保中小微企业有贷可循、多方主体有款可收的可持续循环发展。

第四篇

大数据背景下加快中小微企业征信体系建设的政策研究

第十四章 国外中小微企业征信体系的建设经验和启示对策

　　国外成熟征信市场已经历经百年，大数据战略全球化更加加速了中小微征信体系的变革。充分了解和掌握世界主要国家和地区的中小微企业征信体系的发展脉络，有助于建立我国特色的中小微企业征信体系。美国、英国、德国、意大利、日本、韩国等发达国家的征信历史可以追溯到19世纪，目前均已经形成了较为完善的国家信用体系；巴西、印度、马来西亚等新兴市场国家借鉴西方发达国家征信体系，快速发展符合本国国情的征信市场。这些典型国家通过大量实践，形成了不同的征信模式，征信理论完善，政策周期较长，为促进中小微企业的发展提供了重要支撑。当前，社会信息化进入了大数据时代，海量数据的产生与流转成为常态，大数据重新定义了各个大国博弈的空间，也为中小微征信体系的创新迭代提供了契机。我国的征信业起步较晚，相关市场经济环境和法制相对落后，但是以大数据技术为显著特征的数字经济的深度应用使得我们可以利用后发优势建设中小微企业征信体系。本章基于对国外中小微企业征信体系建设数据的收集和整理，从国外中小微企业征信体系发展动态及趋势出发，比较发达国家和新兴市场国家中小微企业征信体系的不同发展模式，分析大数据背景下国外中小微企业征信体系的建设和优化问题，为我国构建接轨世界、适应国情、促进发展的中小微企业征信体系提供经验和借鉴。

　　首先，国外先行经验做法为我国中小微企业征信体系的构建提供他山之石。通过梳理国外中小微企业征信体系发展动态与趋势、对比公共征信系统和私营征信系统以及三种典型模式，结合大数据时代特征明晰其发展新趋势。不同国家和地区的中小微企业征信体系建设都带有本国和地区的历史、经济、社会、文化等多方面的烙印，比较分析典型国家和地区中小微企业征信体系的建设经验，可以为我国综合考虑国情因素和世界潮流，完善自身征信体系提供具有适用性的实践指导。

　　其次，大数据技术在征信体系建设中的扩展和迭代作用需要多国样本检验。中小微企业与大企业具备不同特质，信贷信息可能严重不足，如何利用大数据收集非信贷信息数据、通过有效建模来优化征信产品，成为当前中小微企业摆脱征信困境的一个突破口。在大数据背景下对国外中小微企业征信平台和数据库在信息质量提升、应用优化和典型数据库比较等方面进行实践总结，为我国有效利用大数据建设中小微企业征信平台以及设计、开发和建设数据库提供借鉴。

　　最后，基于国外信用体系建设的国别案例分析可为我国的政策优化提供支撑。如何从国外征信体系建设的现状出发，深度挖掘国别案例背后的理论基础并总结模式，形成具有现实可操作性的新鲜经验和启示，对我国出台以及优化相关中小微企业征信体系建设政策具有较强的现实意义。特别是在大数据背景下探讨如何利用互联网、物联网、人工智能、生物技术等新一代大数据信息技术,通过后发优势建立并完善中小微企业征信体系,有必要对国外先进做法做一个科学梳理,通过全面的定性和定量研究相结合的国外比较研究方法,获得世界主要国家和地区中小微企业征信体系建设的新鲜经验。所以,科学建模评价国别效能,并结合国情分析国外经验对我国中小微企业征信体系的适用性以及政策实践与创新具有重要借鉴。

第一节 国外中小微企业征信体系发展动态与趋势

要建设符合世界格局、适应我国国情的中小微企业征信体系,必须首先深入分析当前主要国家和地区的中小微企业征信体系发展历史和现状,深刻理解大数据背景下,互联网和物联网技术对征信体系改革的方向,从而为我国根据实际情况建设中小微企业征信体系提供相关依据与参考地标。

一、国外中小微企业征信体系发展动态

(1)世界各国和地区中小微企业征信机构的区域分布及覆盖情况。当前,世界各国的征信体系主要分为四种情况:一是只有公共征信机构;二是只有私营征信机构;三是公共征信机构和私营征信机构并存的混合类型;四是还没有完整的征信体系。进入21世纪,各类征信机构数量快速增长,其中,增加的私营征信机构主要集中在中东、非洲、中欧与东欧等地区的新兴国家;成长最快的公共征信机构主要集中在拉丁美洲、亚洲与非洲等地区的新兴市场国家(覆盖率详见表14-1)。

表14-1 世界各主要区域的征信机构覆盖率

征信机构类型	OECD成员国	拉丁美洲	欧洲与中亚	东亚、泛太平洋	中东、北非	非洲	南亚
私营征信机构	63.9%	34.2%	29.4%	18.1%	9.3%	5.0%	5.9%
公共征信机构	9.5%	10.1%	16.0%	10.3%	8.1%	3.2%	1.7%

(2)世界各国和地区中小微企业征信数据基础。由于中小微企业量大面广,各类信用信息零散不全,其征信数据基础必然与大企业征信存在显著区别,主要包括:①银行信用信息,如贷款、担保、债务、信用评级等信息;②商业交易信用信息,来自合作伙伴或供应商的信誉财富信息;③公共信息,如纳税、水电气交费,土地、房产抵押,企业用工、法院判决、行政处罚、诉讼、环保等信息;④企业所有者信息,如企业性质、财产性质,股东、股权变化以及个人信用情况等信息。

(3)世界各国和地区中小微企业征信产品。一般情况下,中小微企业由于缺乏抵押物,难以获得银行信贷,进而提高了从其他渠道融资的成本;同时,中小微企业还需要达成自身的营销和发展目标,对供应链上的利益相关者的判断也需要征信作保。所以,中小微企业的征信需求主要包括信贷需求和非信贷经营需求两种。相应的征信产品就分为以信用调查、信用报告为代表的基础类服务,信用评分、信用管理咨询等增值类服务以及包括防欺诈服务、客户跟踪服务和市场营销服务等其他新兴信用信息服务在内的一

揽子的综合解决方案。

（4）世界各国和地区中小微企业征信监管政策。全球征信监管大多以数据保护为核心，但是绝大多数国家都没有设立数据保护法。数据保护涉及保证得到足够的数据以及保护数据隐私不外泄两个方面，世界各国在立法、标准以及其他体制机制方面进行了多方面的探索（表 14-2）。

表 14-2 世界主要地区征信体系特征比较

地区	法律法规依据	标准	体制机制
欧盟	无	超领土原则下，欧盟指引的数据保护水平低于成员国执行的权利和义务水平	协调机制
环太平洋地区	基于不同法、案例法、行政管理法和立法权等	赋予较少的信息财产权，如选择出口的权利、限制数据使用和删除的权利	基于英国立法
亚洲	不一致	提供较低水平的数据保护	以欧洲为模板或者自成体系
拉丁美洲	宪法规定	人身数据保护等级高	参考欧洲或者接受国外援助组织协助
非洲	无	低或无	接受国外援助组织协助
中东	无	低	无

二、国外中小微企业公共征信系统和私营征信系统比较

主要从以下方面对国外中小微企业公共征信系统和私营征信系统开展比较研究。

（1）法律、监管和资金来源。公共征信系统可以由中央银行、监管当局或者合同形式的私营机构运行。私营征信系统大多是营利性的，但是一些非营利性的会员公会、基金会或行业协会承担起信息监管责任。法律通常监管公共征信系统的建立、设计和业务活动。数据保护法主要约束私营征信系统，但是会存在行政部门对于数据使用范围的问题。大多数情况下，公共征信系统由中央银行出资，向少量参与者收费；私营征信系统则由银行业以及所有行业参与者购买服务解决资金问题。

（2）数据报送起点和中小微企业征信服务对象。数据报送起点主要指贷款金额或者借款人负债余额，公共征信系统的数据报送起点一般较高，适用于大企业，私营征信系统可以更多地涵盖中小微企业的信息。由于中小微企业的天然的信贷数据难以获取，私营征信系统更加关注碎片化的信用信息，并考虑非正式放贷与正式放贷的衔接。中小微企业征信服务对象包括金融机构、其他信贷提供者（如供应商、保理公司、赊销企业等）、中小微企业和政府部门，并根据服务对象的不同征信需求提供不同深度和广度的征信服务。

（3）信息采集、传播方式与收费情况。绝大多数公共征信系统采集企业名录、地址、纳税登记号、数据报送机构信息（涵盖企业信贷抵押的具体信息）。私营征信系统则进一步采集欠账、营收、公用事业支付记录、空头支票名录、法院判决和破产程序等信息。

各类数据接口来自互联网、电话线和传真,私营征信系统往往基于商业秘密不会公开具体存储多少数据量。公共征信系统由于强制执行而不收取费用,私营征信系统按照不同服务收取不同费用:①共享的信息类型(正面-负面,或仅负面);②数据传输方式(网络、纸张、电话);③需求量(征信查询需求、征信分析报告需求、综合征信指标需求等)(表14-3)。

表14-3 世界各国公共征信系统和私营征信系统的比较

项目	公共征信系统	私营征信系统
服务目标	用于中央银行和商业银行的政策监管或者信用风险分析	满足商业银行等金融机构、企业和政府等对企业和个人信用信息的需求
信息来源	被监管机构,如银行	来源渠道较多,如商业银行、信用卡公司、企业、租赁公司、财务公司等
参与方式	强制	自愿
信息收集的范围	较窄,主要归集个人和企业在金融机构的贷款规模、贷款等级、抵押品的价值和担保情况等	较宽,主要归集关于个人和企业的一些具体信息,如身份信息、纳税信息、财务状况、交易情况等
信息传播政策	一般仅向信息来源机构开放	向政府部门、金融机构及其他企业或个人有偿出售信息
最低贷款规模	大多数国家仅采集金额超过最低要求的贷款信息	无需求
服务是否收费	不收费或收取保本费,不以营利为目的	收费,以营利为目的
运作的基础	政府的法律法规	合同约束力
消费者权益保护	大部分征信机构缺乏消费者查询、核实以及迅速更正错误信息的机制,对消费者权益关注不够	能够更有效地满足消费者的信息服务需求,拥有消费者投诉处理以及错误信息调查与更正机制
服务范围	较窄,主要提供信用报告	较广,还提供一些信用评分和信用评级等增值产品

资料来源:世界银行(http://www.worldbank.org)

三、国外主要中小微企业征信体系的典型模式比较

基于第五章国外主要发达国家和地区中小微企业征信体系建设的演化及现状,我们根据在征信体系中发挥核心作用的不同主导力量,将国外中小微企业征信体系划分为:市场主导型、政府主导型、混合型(会员制)三种。具体拟研究三种模式的总体运行情况、特征、优缺点等方面的内容(表14-4)。

表14-4 典型征信体系运作模式比较

项目	市场主导型	政府主导型	混合型
代表国家	英国、美国	欧洲国家、拉美国家	日本
运作机构	按照市场化方式运作的征信机构	政府部门或中央银行	行业协会组建的征信机构
设立目的	评估信用风险	进行金融监管	信用分析与信息共享
特征	自愿性、营利性	强制性、非营利性	自愿性、营利性

续表

项目	市场主导型	政府主导型	混合型
数据来源	金融机构、公共服务机构、专业信息服务公司等	商业银行及其他被监管的金融机构	会员机构
优势	信息收集较为全面，能够满足社会的信息服务需求	能够为被监管机构提供信用风险预警服务	提高协会会员间的信息交流与共享程度
劣势	规模较小，业内的过度竞争容易造成信息资源浪费，且对征信监管和法律法规的要求较高	不向社会公开，会降低银行搜集信息的主动性	不向社会公开提供服务，也无法全面汇集和反映企业和个人的信用状况
适用国家（地区）	市场经济体制相对成熟的国家和地区	商业征信机构不健全、在债权人权益保护方面还存在欠缺的小国或转轨国家	行业协会在社会经济生活当中影响较大的国家

四、大数据背景下国外中小微企业征信体系发展新趋势

互联网时代，大数据是征信的核心技术，其既能处理微观信用风险，又能支持宏观金融系统性风险管理、消费市场预测和重大金融决策。大数据为征信活动提供了全新的视角，基于海量、多样、交叉互补的数据，征信机构可以获得中小微企业即时、全方位的信息（图 14-1）。具体包括以下方面。第一，大数据技术新趋势。一方面，从数据采集、数据处理、数据分析和挖掘以及数据服务等方面综合梳理大数据技术的应用；另一方面，结合初创企业主信用信息探讨中小微企业大数据征信典型案例，如 ZestFinance、Upstart 等。第二，信用评分新趋势。基于通用性、相关性、稳定性、易于市场理解性、风险性等几个维度对分 A、B、C 等级的信用评分和多征信机构信用评分等传统评分的最新技术进行评价，并对基于大数据技术的可替代信用评分手段进行比较。第三，信息共享新趋势。分析大数据技术驱动下，中小微企业征信信息共享的机遇和挑战，以及互联网和物联网征信的发展模式和典型案例，包括阿里巴巴"诚信通"、百度"信誉 V"、

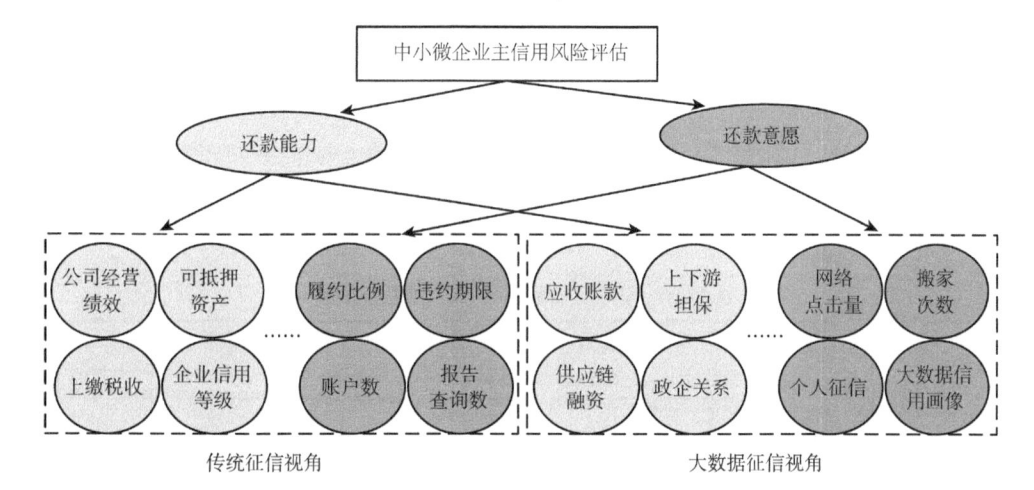

图 14-1 中小微企业信用风险评估中大数据征信视角与传统征信视角的区别

艾可飞"智能设备校验系统"等。第四,全球化新趋势。随着大数据风靡世界,中小微企业征信也面临跨国征信数据难获取、征信需求和技术动态不匹配、信息安全和数据源法律监管的合规性等诸多问题,所以全球化征信管理呈现出越来越重要的发展趋势。

第二节 典型国家和地区中小微企业征信体系的建设经验

由于文化背景、历史传统、意识形态、行为习惯、法律框架、金融制度安排和外来影响等不同,世界各国和地区的中小微企业征信体系在征信法制框架、征信机构设置模式、信息采集范围、信息共享范围及管理模式等方面存在显著差异。因此,研究美国、欧盟、日本、韩国等发达国家和地区的中小微企业征信体系的建设经验,能够为我国建立健全中小微企业征信体系提供有益借鉴和启示。

(一)大数据在征信业发展模式与路径中的作用备受政府和市场关注

随着大数据技术的不断进步,国外发展经验证实会给征信业务从数据处理技术、数据库技术、数据挖掘技术等方面带来新的飞跃。从传统的征信机构到新兴的高科技大数据公司,都纷纷尝试从不同角度、不同环节利用大数据技术解决征信领域的问题,进而提升产品和服务的质量。同时,大数据环境为中小微企业的非信贷信用数据的积累增加了更加广阔的渠道,提升了信贷可能性,增加了经营参照系。研究征信平台与数据库的大数据技术,整合国外情况,能够为后续科学建设我国中小微企业征信载体做好实践引领。所以,国外发展经验已明确指向以大数据获取和分析为基础的中小微企业征信体系变革方向。

(二)政府在大数据征信中的有关公共信息、隐私数据保护等的作用不断凸显

西方国家对于征信信息保护的重视程度很高,国外征信管理法律法规更新频率也不断加快(表14-5)。因为信息质量是保证数据增值利用的基础,数据增值利用反过来又促进信息质量提升。政府出台相关法律法规保障征信信息的客观性、实用性和完整性。在政务诚信驱动下,政府加强对原始征信信息质量的审查,监管活动促使数据增值,即在政府公共信息无版权使用、制定政府"成本回收"的适宜补偿模式以及企业征信利用合作初期考虑质量申诉和权利救济等方面提高数据质量。

表14-5 国外征信管理法律法规更新频率

年份	国家	监管当局的数量	法律的数量	法律修改的次数	每年法律修改的比率	管理规定修改的次数	每年管理规定修改的比率
1970—2003年	美国	5	3	20	0.61	18	0.55
	英国	2	3	2	0.06	22	0.67
	法国	2	2	2	0.06	14	0.42
	德国	1	1	5	0.15	0	0

续表

年份	国家	监管当局的数量	法律的数量	法律修改的次数	每年法律修改的比率	管理规定修改的次数	每年管理规定修改的比率
1990—2000年	美国	5	3	14	1.4	10	1
	英国	2	3	1	0.1	15	1.5
	法国	2	2	2	0.2	7	0.7
	德国	1	1	3	0.3	0	0

（三）大数据征信体系建设是政府和市场之间的均衡的系统工程

大数据作为一门新兴技术，在中小微企业征信数据来源渠道拓展以及数据综合评价等方面具有很大的赋能作用。近年来，欧洲、美国、日本等发达国家（地区）中小微企业征信体系建设的经验显示，无论是政府还是市场第三方征信机构，都已在传统财务数据基础上叠加了企业供应链数据、订单数据、企业主个人信用数据、历史违约数据、政商关系数据等多渠道数据源，并通过大数据分析技术有效实现多维度数据的综合评价。政府端拥有开发多渠道征信数据的能力，而市场第三方征信机构则具有强烈的综合征信数据开发意愿。所以，国外发展经验已明确显示，政府和市场之间实现深度合作能够推进构建大数据征信体系这一系统工程。

（四）大数据征信体系建设中需凸显龙头企业的带动和引领作用

通过对比国外著名中小微企业征信平台和数据库结合大数据技术的发展情况发现，目前龙头企业在中小微企业征信体系建设中发挥出越来越大的作用。例如，D&B 的大数据征信管理流程（图 14-2），费埃哲、艾可飞和律商联讯利用电信和公共事业缴费大数据开发 FICO Score XD 新模型，环联公司整合传统数据与大数据开发"信用视野连接"系统，美国小微企业金融信息平台联合费埃哲和艾可飞开发费埃哲小微企业评分模型 7.0 等。龙头企业征信机构在大数据获取和分析方面都取得了大量创新成果。例如，Zest Finance 挖掘丢失数据、变废为宝，Upstart 根据智能数据管理和互联网分析技术开发发

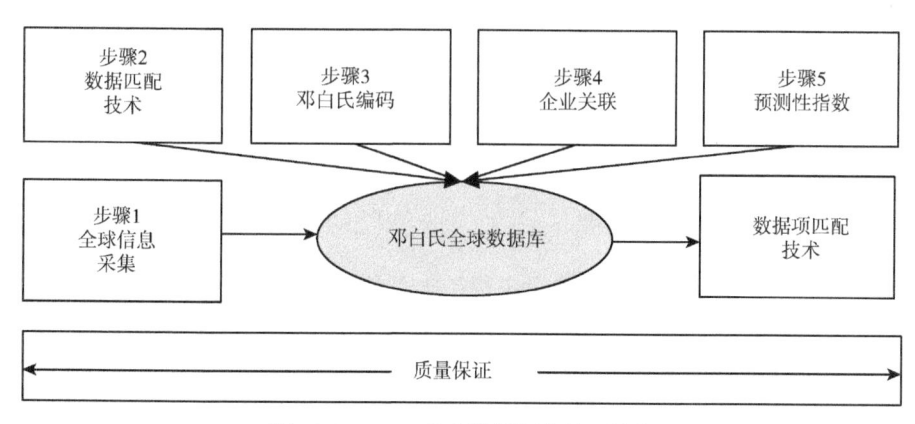

图 14-2 D&B 的大数据征信管理流程

展潜力预测模型,等等,都为中小微企业征信数据的综合分析提供了技术支撑。龙头企业的深度参与也有利于征信大数据在应用端优化流程,产生多元化产品和个性良好体验的数据服务。

(五)全球经营趋势要求征信业发展走向国际化

经营全球化是企业发展的显著特征之一。企业在开展对外贸易、跨国经营、实施全球战略等的过程中,必然对合作伙伴以及竞争对手的全球化征信数据产生很大需求。同时,良好的国际化征信评价也是跨国企业开展业务的重要指标之一。所以,征信全球化成为当前一项显著的发展特征,一方面要求焦点企业在跨国情境下具有良好的征信情况,对跨国业务开展过程中组织信任的产生起到支撑作用;另一方面,也呼唤更多具有多国征信数据收集和评价能力的机构成长起来,并进一步推动征信业国际化的进程。

第三节 大数据背景下国外中小微企业征信体系发展的启示对策

中小微企业是市场经济的基石,中小微企业征信体系是畅通金融渠道、构建社会商业信用、营造良好市场环境的重要载体。世界各国和地区的中小微企业征信体系的发展都与国情、文化、立法、技术等息息相关,研究适应市场经济发展趋势的中小微企业征信体制机制,探讨其顺应技术和信用观念发展的轨迹,对比不同体系在监管、质量、可贷性等方面的绩效,有利于推动我国中小微企业征信体系的完善。

(一)进一步深化对中小微企业大数据征信体系建设重要性的认识

首先,中小微企业征信体系的建设与完善是经济体制发展的历史选择,从贸易环境、市场竞争、银行监管、技术进步等维度出发,中小微企业征信体系建设的重要性需要得到进一步重视,以征信需求和征信机构为基础的中小微企业征信体系建设是我国国情的选择。其次,大数据技术和理念开始深刻影响征信体系的演化,数字经济的技术进步为收集、处理、挖掘海量非信贷信息和定性信息提供了可能,智能技术、生物技术、互联网技术等新一代信息技术使得大数据无限极增长,国外中小微企业征信体系已逐步发生变革,进而会影响中小微企业的商业模式。所以,必须不遗余力地将大数据征信体系的构建作为我国未来中小微企业征信体系建设的重要方向和工作任务。

(二)征信体系建设需按照多层次、分阶段的工作思路有效推进

国外发达国家征信体系的持续建设已经历上百年的演化过程,所以我国中小微企业征信体系建设必须坚持多层次、分阶段的工作思路。首先,要在法律法规等底层监管保护基础之上,从外部特征、市场根源、法律传统、发展趋势、执法修订等多方面,对比以美国和新兴市场国家为代表的专门法征信模式和以欧盟、部分亚洲国家和南美国家为代表的分散法征信模式,结果显示较为系统化、精密化的征信法律法规构成了监管的保

障力量。其次，建设征信体系需要构筑多元市场主体参与下的征信生态系统。广泛吸收国外先行经验，积极探索由政府主导以及市场主导的不同发展模式和路径，有效利用大数据技术和模式赋能征信数据的有效获取和综合分析。最后，征信体系建构的高级形态为信用文化的社会认同，主要发达国家的企业征信体系的建构与稳定运行，大多是宗教文化、契约文化、自由贸易文化等中小微企业征信与社会信用文化相互作用的结果。

（三）中小微企业征信系统建设需要构建科学完整的评价体系

首先，对于核心评价要素指标，综合多个国家的中小微企业征信评价方法，法律设计、征信机构责任、监管当局效能、跨境数据流动、信息财产权、信息提供者的任务、制裁等七个维度是国外主要国家的中小微企业征信评价的主要指标，在此基础上建立征信监管与中小微企业征信活动的关系模型，以此可作为分析征信监管与中小微企业信用市场活力关系的基础方法。其次，面向大数据征信的信息质量评价，基于"双重天赋权信息质量度量体系结构"，建立以"完整性"、"及时性"和"准确性"为可比报告尺度的信息度量模型，分析典型国家和机构中小微企业征信大数据质量。最后，进行可贷性评价，从信贷信息深度指数、私营征信机构覆盖率、征信监管指数等方面建立综合评价模型，比较世界主要国家中小微企业信贷可贷性（表14-6）。

表14-6 世界主要国家征信机构提供的信息深度比较

项目	美国	日本	德国	中国
经营管理信息	覆盖面广、含支付情况	覆盖面广	覆盖面广	缺乏可共享的商品购销与支付信用信息
财务信息	近3年的财务数据并有同行业比较	近6年的财务数据	依托银行记录	近2年的财务数据
社会公共信息	有诉讼记录、客户情况与银行信息	有供应商、银行记录，无诉讼记录	有银行记录，无供应商评价与诉讼记录	只有开户行信息
结论与评级	面向各个级别（包括历史支付、损益表、业务稳定性、法律文档）	有信用评级	有信用评级	没有信用级别

（四）中小微企业征信体系建设需要整合政府端和市场端的双向力量

首先，政府端征信机构需要发挥主导作用。欧洲、美国、日本、韩国等国家和地区的发展经验显示，中小微企业征信数据的采集与管理需要首先建立中央管理部门，如国家银行、信用部门等，统筹管理各商业银行、企业管理部门等上传的企业信用数据。其次，注重公共征信与私营征信的有机结合。越来越多的管理实践表明，单一的公共服务和商业服务均不能也不可能有效地服务好中小企业征信市场。政府设计推出基础公共征信服务时，鼓励市场更多主体进入该领域并提供更多更加精准、有效的商业服务，把公共服务和商业服务结合起来，进而满足中小企业多元化、多层次的征信服务需求。最后，在大数据技术和模式的加持下，政府征信和市场征信需要深度结合。大数据技术为中小微企业形成完整的信用画像提供了可能性，特别是为对以往的一些静默数据进行综合运用提供了可能性，如交易数据、订单数据、生产数据、销售数据、账款数据、个人信用数据等。与此同时，政府部门获取数据具有合法性，而市场机构则更具数据开发的原动力，只有数据开放和数据开发深度结合，才能有效实现中小微企业征信数据的完整刻画和精准匹配。

（五）继续加大龙头征信机构和征信平台的培育建设力度

龙头征信机构以及征信平台能够在多个方面为我国中小微企业征信体系建设提供强有力的支撑。首先，龙头征信机构和平台能够快速消化大数据技术和工具方法，并将其更快速地应用到征信数据采集和后台数据分析等工作模块中。其次，龙头征信机构和平台的培育建设有利于更好地对多渠道企业征信数据进行汇总、集成和评价。最后，龙头征信机构和平台能够完善以征信数据库系统为载体的有效征信市场竞争格局。在当前全球化格局下，也急需跨国性的龙头征信机构和平台快速进入市场提供服务产品。未来将逐步形成国家、行业和私营征信机构协同发展的局面，其中龙头征信机构和平台的建设有利于形成有序竞争氛围，促进大数据征信产品的有效市场化。

（六）进一步研发大数据标准化体系，推进数据要素市场建设

首先，征信数据的标准化需要以法律法规为基础形成制度保障。综合欧美和新兴市场国家的相关立法经验，中小微企业征信体系遵循的法律基本框架主要分为三个层次：个人数据保护（隐私保护）立法、征信立法和征信机构行为准则。我国的当务之急是加快推动征信数据标准化的相关立法工作，尤其是要开展基于互联网的中小微企业数据征信的边界立法研究。其次，征信数据质量需要以数据要素市场建设为基础，提高数据资源的准确性和完整性。为确保中小微企业信用信息数据的准确性和完整性，许多国家加快了数据要素市场的建设进度，通过信息共享约束中小微企业报送非信贷数据信息，协会机构平台在信息补正程序和手段上接受政府监管。最后，基于大数据技术的多渠道征信数据整理分析是数据有效性拓展的方向。国外主要国家的中小微企业信用信息数据来源较为广泛，我国相关数据来源渠道相对比较狭窄，数据无法共享和整合，缺乏监管和全面有效利用。

（七）加大对大数据的监管力度，进一步完善大数据法律法规体系

第一，以提高个人信用意识为标杆营造企业征信文化。诚信和法治是征信业发展的重要前提。较强的信用意识使得市场对征信产品的需求巨大，也使得发达国家的征信制度具备人人维护的文化基础。我国市场经济发展还不完善，尚未完全建立失信惩戒机制，亟待国家立法保障与舆论宣传双管齐下。第二，营造使以加强监管体制为核心的征信行业健康发展的环境。实践表明，监管制度和行业自律机制较为完善的国家，其中小微企业征信体系更加健全。第三，大数据征信变革需要更强有力的征信法律体系保障。大数据征信为征信业的变革注入了新活力，对其要有客观、全面的认识。大数据征信是完善和更新传统征信系统的积极尝试，而不是替代品。基于大数据的数以千计的变量使得对数据的处理和对模型的解释变得异常复杂，模型的透明度、适应性等有待进一步验证。大数据征信技术的发展和应用要与个人隐私保护问题及个人社交网络数据、电商交易数据等的应用形成法律边界。

第十五章　大数据背景下中小微企业征信体系建设的对策研究

第一节　完善大数据征信政策法规体系

随着数字经济的蓬勃发展，数据成为关键生产要素和战略资源，渗透到各行业和各领域，同样地，数据对征信业的影响也是巨大的。"一切数据皆信用"的理念带动中国传统征信业从传统的线下收集征信材料的方式转变为线上数据驱动形式，大数据征信以其在数据来源、类型、覆盖群体和应用领域的先天优势，不仅成为补充和更新传统征信体系的关键性新角色与重要工具，更成为传统征信业的重要战略转型方式。5G等技术的发展与应用则影响了大数据规模、信息获取维度等，保障了大数据征信的全面落地。但在充分考察大数据征信发展现状的前提下，我们发现在目前国内大数据征信发展过程中，仍存在征信监管制度不健全、部门间征信信息共享不畅、数据安全保护力度不足、泛征信化现象严重，以及数据垄断等关键问题，亟须从法律层面、监管制度层面、技术安全规范等层面进行进一步规范与约束，以构建成熟有效的大数据征信体系，保障其良性运转，使其更好地服务于中小微企业高质量发展。本章从以下三个方面对如何完善大数据征信的相关政策法规体系提出对策建议。

一、健全大数据监管法律法规体系

大数据相关产业的发展离不开法律法规的监管与约束，尤其是大数据行业的顶层法律法规，是整个行业发展的指南针与避雷针，对初期行业发展以及后续行业发展的方向起着关键性的指引和规范作用。例如，美国的征信行业为夯实发展基础，在20世纪70年代相继出台了17部与征信相关的法律。我国的征信行业尤其是迅猛发展的大数据征信业的法律仍相对缺乏。《征信业务管理办法》是目前关于大数据产业的基本行动规范，其中有关"依法采集，为金融等活动提供服务，用于识别判断企业和个人信用状况的基本信息、借贷信息、其他相关信息""金融机构不得与未取得合法征信业务资质的市场机构开展商业合作获取征信服务"等的基础内容虽然具有一定的实际价值，但仍然急需进一步对大数据产业管理实施顶层制度，深入实施、实行、实践，重新定义与规范大数据产业业态。由此对大数据产业的商业化运营规范、不同类型的数据库信息共享共生、大数据使用、个人数据采集范围、大数据征信监管主体等方面进行总体界定与规范，并通过制定上位法下的具体法进行进一步限制，从而有效保障大数据征信信息主客体的合法权益，提高数据资源保护能力、安全预警与溯源能力，最终加强个人、企业、行业乃至整个国家的信息安全保障。

本书认为，大数据产业的基本立法是一项具有全国统一性与跨地区、部门、行业特殊性的社会治理系统工程，需要基于统一的立法机制推进，避免立法缺失缺位和越权越位。首先要由全国人大制定基本法，给定上位法依据，厘清与《中华人民共和国民法典》《中华人民共和国反不正当竞争法》《中华人民共和国网络安全法》《中华人民共和国保护国家秘密法》《中华人民共和国个人信息保护法》《中华人民共和国数据安全法》《中华人民共和国国家安全法》《中华人民共和国电子商务法》《网络安全审查办法》等法律法规之间的适用与衔接关系；考虑大数据产业发展的实际需求与实情，参照2021年颁布的《中华人民共和国数据安全法》和《中华人民共和国个人信息保护法》等法律为大数据获取与使用提供基本规范；健全数据产权体系，明确数据提供方、传输方、加工方、交易方、使用方、监管方等多方主体的责任范畴和权利范围，确立数据全生命周期的安全保护机制、全流程的风险防控机制与重点领域数据保障机制，并切实规范法律边界地带，构建统一规范的法律法规体系，以免出现市场经济下各地各板块立法不平衡、不平等、不协调、不开放的状况以及各自为政、破坏全国法治统一的局面。在基本法框架下，各地可以就本地实情进行地方平台建设的立法探索，从治理主体、客体范围以治理程序出发，进一步健全法律法规，从严执法，全面监管，完善不同层面的法律、法规、规则，并将征信业务管理方面的立法与实务活动相匹配，规范大数据产业管理全流程，从而共建兼具法律普遍适用性与我国特色的大数据产业法律保障体系。

二、加强大数据征信监管的政策体系建设

本书经过系统调研后发现，随着大数据技术和海量数据本身在征信体系中的深度应用，从20世纪80年代开始逐步确立的传统征信制度与监管模式已不适用于目前的大数据征信发展格局，亟须用新手段、新工具、新政策、新举措加强政策体系建设，快速衔接行业新发展并对其进行充分监督。

从治理主体上来说，其应尽快出台大数据征信行业管理的顶层法律法规，强调多层次治理，构建全方位多主体的监管格局。首先，在政府治理层面，亟须形成"基本法+具体法+行政法规+规章制度及配套执行规范"一体化的监管政策体系，对大数据征信参与者的权利义务、信息合规、数据安全管理等方面进行全方位规范化监管，中国人民银行征信管理局等部门对信息全链条合规性进行检查、对信息垄断等行为进行督导和治理，在信息主体的权益保护以及信息共享之间进行权衡，鼓励信息合法合规流动。其次，在行业治理层面，亟须以多元力量推动建立行业自律机构，与政府相关监管部门形成监管协同效应，协助共推政策法律法规与行业规范顺利落地；在大数据征信机构层面，亟须推动相关业务机构应用新型技术并建立风控机制，根据自身条件、信用风险程度开展全方位的监控与治理工作，并承担更大的信息数据保护责任。最后，在信息主体层面，亟须通过政策宣导、救济保障等措施，助力信息主体树立数据信息隐私保护意识，使其充分重视与关注自身的合法权益，重视自身信息从采集到被交易的各个环节，从而从源头出发，提升大数据征信监管的内生动力。

在治理程序上，本书认为需加强过程监督、行为监管，应通过综合性的政策举措，充分梳理和完善事先监控、事中监督、事后惩戒和救济程序，协同各利益主体，在改革

探索期和制度模糊期进行制度创新上的积极尝试。例如，开展征信机构合作，组建非现场监督平台，制定统一标准，预防和杜绝监管套利行为；将审查要求及监管行为嵌入对"征信产品和服务的设计与提供—客户触达与服务"的行为监控中，并将算法审计纳入监管，提高算法透明度；形成"政府、行业、企业、市场"等多重监管动力，建立"自律习惯+行业规范+社会规则+法律规制"一体化治理机制，推动搭建真正满足不同层次需求和地方特色的征信信息"归集、公开、共享、评价、使用和保护等"全链处理流程，真正保障信息主体合法利益，预防数据风险，防止数据主体受到"数据垄断""信用滥用"等侵害。

三、拓展大数据征信等新型应用场景

大数据信息技术带来海量、多样化和个性化的征信数据和信息，也构造了多领域的新型应用场景和征信方式。不断涌现的征信数据创新应用正在推进大数据征信建设向纵深化发展，并在酒店、租赁、二手交易、公共事业服务等近百个场景已经得到了良好应用。大数据征信在酒店退房、共享产品租还、个人小额度消费等领域的应用成为成功示范案例。目前，相关政策需要通过大数据征信推动实现信任评级、信任传递，最终实现信任背书和信任变现。

本书将当前大数据征信主要划分为政府、产业、企业、个人四个应用层面。从政府层面而言，大数据征信主要应用于税务、环保、教育、就业等多重治理领域，政府部门可借鉴部分欧美国家征信机构搜集数据的经验，开发征信系统、征信平台、信息支持平台，通过全面引入政务数据，尝试从公共事业服务机构以及其他平台合理合法合规地深挖税务、消费等数据，多维构造企业和个人的信用画像，帮助政府提高决策准确性与服务效率、提升信贷等业务的审批效率；帮助银行缓解银企信息不对称状况，提升对中小微企业融资特别是首贷的风险识别和信用评价判断能力，避免在中小微企业信贷服务过程中对风险不易识别的客户群体进行"掐尖"操作，降低中小微企业的信贷成本。

从产业层面而言，由产业组织牵头设立行业大数据征信管理部门，打造大数据征信业务链条，如农村农产业征信尝试采用会员制，使涉农经济主体上传取得信息主体授权的准确交易信息，使平台积累足够的数据后刻画用户征信画像，进而帮助会员用大数据征信优化与深化业务。

从企业层面而言，运用先进技术手段可以勾画用户画像、预测用户行为、催生服务产品。例如，借助"芝麻信用分"与信用用车相联通开展信用消费，为民众提供便利；连通支付宝花呗、借呗、京东白条等工具获取用户内部信息及个人借贷情况，连通电商平台、互联网企业获取商品交易、个人出行住宿等信息，连通水电、物业等第三方服务机构和金融机构获取各机构内部的客户信息，通过合法合规的信息采集与深度挖掘进行客户信用评级，并通过云平台、云服务满足更个性化、定制化且更高效的消费、融资等服务需求；专业机构则可以连通数据中台，在法律规范下培育与推出更多信用产品，突破传统融资借贷信息共享的范围，推动大数据普惠金融等经济活动，从而实现更高的商业价值。

从个人层面而言，则可通过大数据征信更便利地融入征信使用场景，享受信用共通

的便利，并且可以通过线上线下多种渠道查询自身信用状况，维护自身合法权益。

第二节　建设公共征信数据共享平台

随着大数据征信数据获取渠道的拓展以及应用场景的丰富，我国大数据征信业已初具规模，政府端和第三方机构端的各类征信数据共享平台建设如火如荼。公共征信数据共享平台作为大数据征信发展中至关重要的角色，已经成为大数据征信乃至大数据产业的重要基础设施，成为带动社会信用建设，推动经济社会运行与发展的关键一环。我国目前已经形成国家发展改革委和中国人民银行牵头，中央政府与地方政府共建的公共征信数据共享格局，以及"政府+市场"双轮驱动的征信市场组织格局，并已建成涵盖十亿以上自然人的信用信息与数千万企业及其他法人组织的信用信息的公共征信数据共享平台，信息范围由仅含银行数据扩展为含法院、工商、税务、电信、社保等其他非银行数据，多层次共营、多部门共建。如何进一步推进公共征信数据共享平台的建设，本书提出以下三个方面的对策建议。

一、构建国家层面公共征信数据系统核心库，规范公共征信数据管理

我国公共征信数据共享平台主要由国家发展改革委和中国人民银行牵头协调，由中国人民银行制定顶层设计和总体规划，建立"中央信贷登记系统"，向各部门采集信用信息数据；与多层次政府部门、公共事业服务部门等多部门合作共建公共征信数据共享平台，如中国人民银行征信中心这个国家级征信平台，收集个人和企业的征信报告，一体化记录个人和企业在各领域、各区域、各渠道的不良征信信息，以及行政许可及处罚、资质与认定等信息。

由政府端主导的公共征信数据（库）需要进一步规范公共征信数据采集、入库、调取、分析、应用等链条式系统管理。通过中央指挥及中国人民银行统一领导和指引，可广纳合法合规的公共信息源，收集充分、广泛的一体化的公共征信数据，且保障数据的权威可靠性、多元差异性、互补性和整合性；地方征信系统以及"地方省级分行+地方支行+营业网点"等金融机构网络，结合其他公共事业部门共同构建了具体执行落地的核心枢纽部门和执行部门，上听中国人民银行征信部门指挥部署，下汇聚地方海量征信信息数据，在人工智能、大数据、区块链、云计算等技术工具的广泛应用下发挥地方系统主轴作用，可逐步实现多部门、跨地域、跨领域的更多维度、更高效率的信息联动，从而推动社会信用体系向纵深发展。

二、共建共享公共征信数据平台，打破多部门和地域间的数据壁垒

本书调研发现，我国公共征信数据平台本身有较强的公共性或准公共性特性，具有较高的市场准入门槛，目前形成的多部门"征信信息孤岛"分别散落在市场监管、税务、海关、司法等多部门，且部门间多信息源共联共通较为困难。未来需要协同多部门数据

资源，共同构建与完善公共征信数据共享平台，实现征信信息资源在合法范围内的社会共享。同时，需要加强区域间协同，特别是在成熟的经济区块内要加快先试先行，整合跨地域的公共征信数据，促进互认互通，如加快形成"长三角""珠三角""京津冀"等跨区域征信链等。

多部门、跨地区的公共征信数据管理需在统一领导和制度规范下，发挥各自的资源禀赋与独特竞争优势，有效联动提供全面可靠、更新及时的数据信息，在数据源获取与处理过程中保障信息源的可靠可信性及数据信息的真实性、准确性和数据格式的标准化，确保信息数据的质量；在大数据征信审核过程中实现对不同环节和不同主体的实时监管和审核，如在信息审核阶段需由主管部门或主导机构严格审核银行等金融机构的行为，确保程序得当；在大数据信息共享和利用阶段实现合法合理合规共享信息、在风险期及时介入与协同运作，要在数据合理共享的同时保障数据主体的合法数据权益；而当信息主体出现逾期等恶性行为时，必须及时引入执法、司法部门，实施法律制裁。

三、进一步推进机制体制创新，提高公共征信数据的共享利用效率

在具体管理机制层面，本书提出要构建多层次、标准化、正规化的公共征信数据创新管理机制。首先，由中央政府牵头，推进建立"国家级－省级－县市级"分层分级公共信息管理模式，构建纵贯"国家－各部门－各地政府"的"央地互补"立法执法体系，下级平台对接上级平台，主动上报"双公示"①、红黑名单、债务违约等信息，定时接收上级平台的回流信息，实现互联互通。其次，由中国人民银行指挥，统一信用数据标准，规范管理信息来源，规范挖掘和使用替代数据，规范其范围、内容以及颗粒度，确保其精简、真实、准确、客观，并确保信息主体知情权与完整授权。最后，以公共征信数据共享平台为核心工具，加强正规征信信息系统化、规范化管理，适度"隔离"银行与外部信息机构，"隔绝"网络平台与金融机构之间的直接个人征信信息往来；并通过中国人民银行、证监会、国家外汇管理等管理部门对外部征信机构、金融机构、从事金融等业务的涉及大数据征信的互联网平台企业等组织，提出监管要求、加大监管力度、常规化安全审查、深化依法治理。

本书认为，还需进一步增强多部门的协调配合，如最高人民法院、国家发展改革委等部门；加强社会协调协同守护，共塑良好的社会征信环境；通过宣传教育强化个人征信意识和信息保护理念，加强征信从业人员的整体培训体系构建，从根上推进征信市场信息保护进程，维护信息主体合法权益。通过全流程全环节全部门的多元共存、协同共建，打通数据壁垒和信息孤岛，实现信息资源共享、信息协同共治，使得大数据征信步入正轨。

本书发现浙江台州在小微企业金融服务改革创新试点过程中对大数据征信的管理模式具有一定的借鉴意义。台州市政府自2018年起就已启动涉审中介联合体组建工作，通过部门、业主、中介"多评合一"优选机构入库，在中国人民银行台州市中心支行主导下协同共建台州金融服务信用信息共享平台；率先借助区块链、大数据技术实现"一期申请，快速审核，隔天提现"的目标，从而进一步加强对台州商人在创业金融等方面的

---

① "双公示"是指将行政许可和行政处罚等信用信息自作出行政决定之日起7个工作日内上网公开。

支持；希望以此发挥台州"信用高地"和"资金洼地"效应，并最终构建区域内征信互通的"长三角征信链"。苏州市政府则搭建小微企业数字征信实验区，秉持"一中心三平台"原则，以小微企业为服务中心，以苏州综合金融服务平台、苏州地方企业征信系统与企业自主创新金融支持中心为服务平台，一方面对接十余家政府部门与市县两级多个公共事业单位共计近百家信息源，对入驻的小微企业进行信用评级；另一方面对接金融资源，并为符合条件的企业提供独立的人力资源计划、信贷评审制度、信贷计划等各类政策支持。

第三节 构建多层次的征信机构体系

我国现已培育和形成了以"全国性征信机构、服务于特定区域或领域的地方征信机构与社会第三方征信机构"为特征的征信机构体系。除政府部门与公共事业单位以外，还积极支持已备案的第三方征信机构参与，充分利用其互补性数据资源以及数据挖掘能力，最大化发挥征信数据的使用价值，共同服务于个人征信与企业征信，协助需求方对征信标的进行风险判断。在这一过程中，如何有效平衡征信数据供需关系，如何更好地发挥第三方征信机构的主观能动性与有效管理第三方征信机构的行动，从而进一步补充和完善全国大数据征信体系成为需重点关注的问题，对此本书提出以下三方面对策建议。

一、第三方征信机构需积极发挥"市场补位"功能

第三方征信机构主要是指由社会力量组织的，按照一定规则合法收集和加工整理信用数据信息，根据市场需求整合与输出征信产品和服务，为市场经济良性运转提供有偿的信用信息服务的征信机构。截至2023年2月，从事征信服务的第三方征信机构已达到2000多家，完成全套工商备案的机构有140余家，其中提供企业服务的第三方征信机构较多，主要以银行业金融机构、地方征信机构[如省级地方征信平台上海市地方征信平台、深圳信用（征信）服务平台]、其他第三方持牌机构等为主体，上述机构合力构建系统征信链，最终实现公共涉企数据与内部金融数据的有效结合和数据价值的充分挖掘，以及企业信用画像的整合构建。截至2022年初，宁波银行深圳分行、深圳农商银行等成为深圳征信首批测试银行；深圳征信服务有限公司已完成对政府部门和公共事业单位共37家、5.42亿条涉企信用数据的归集，实现深圳380多万家商事主体全覆盖；提供个人服务且持牌经营的第三方征信机构仅两家，由中国互联网金融协会以及8家开展征信业务准备工作，但未取得征信牌照的公司联合成立的百行征信有限公司，以及2020年成立的以北京金融控股集团有限公司、京东科技控股股份有限公司、北京小米电子软件技术有限公司、北京旷视科技有限公司为核心股东，且具有一定"数据优势"的朴道征信有限公司分别运作。

国外对第三方大数据征信机构的管理也有一些经验模式值得我们借鉴，如以美国为代表的"征信机构独立于政府、基本由市场主导"的私营征信模式。我国的第三方征信

机构一方面基于私营大数据征信平台，如芝麻信用、腾讯信用等，依托自身积淀的海量用户数据，以满足市场需求、实现经济效益为核心目标，以发掘、处理、输出数据为核心手段，开发征信产品与服务，培育征信子平台与子系统，充分满足日益升温的互联网金融借贷、民营借贷等市场需求，通过经济效益的实现发挥其主观能动性，实现内生驱动；另一方面在实现经济效益的同时帮助政企间、企业间和个人间实现信用互通互认，从而实现社会数据流动、交互，最终成为交易的"信息中介"工具，也需发挥一定的社会效益。

因此第三方征信机构也受到政府监管，需要政府、行业、公众及自我监管，规范自身运作运营机制，放大协同补充作用，充分发挥自身资源禀赋与竞争优势，助力连通金融机构获取的中国人民银行征信中心数据、市场化平台获取的市场数据、地方政府获取的公共数据，深度挖掘和输出多重数据，共同刻画信用画像。因此我国第三方征信机构具有两重属性，既需市场化，又需避免完全市场化，还需具备一定的严肃性与严格性，以避免数据失真，影响整体社会征信公信力，影响国内大数据市场健康有序推进与流动。

以上第三方征信机构参与大数据征信系统建设有丰富的发展路径和方向，但总结起来有几点共同的核心要求，也是未来对于我国第三方征信机构建设的要求：第一，第三方征信机构需要在自身可获取的征信数据基础上，系统梳理和筛选有用数据，剔除错误数据和可疑数据，以此提升征信数据真实性；第二，第三方征信机构采集企业和个人征信数据一般通过市场渠道，包括供应链数据、用户使用数据、借贷关系数据、市场调研数据等，数据源渠道应能够与政府端公共征信数据形成有效互补；第三，第三方征信机构需要提高以新型数据分析工具技术为基础的大数据征信分析能力，构建和完善征信评价的指标体系，力求科学性、完整性、时效性等特征的统一。

二、有效实现第三方征信数据的供需平衡和市场价值

征信机构的不断发展，以及征信市场的不断成熟都需要征信数据供求关系之间实现有效平衡，市场和政府这"两只手"也需进一步进行管理。国外较为成熟的征信市场中，原始征信数据可以作为商品进行交易，但目前在我国一方面大量公共征信数据存在在政府端，无法实现市场化交易，另一方面大量第三方征信机构在各自分裂、紊乱的信息采集场景中进行碎片式搜集，把持自身信息源，将其作为自身核心资产，而产生新的数据孤岛。

第三方征信机构通常通过合作、购买等形式获取数据，从有效的场景中获取和整合碎片化数据，如个人消费记录、社交记录等。为企业和个人打造其信用身份证。一方面服务于有各种金融产品的各类银行以及金融机构，政府设立金融超市，银行等金融机构提供信贷产品，企业及个人作为用户在其中定点寻找银行及产品，而银行及政府则可应用自身征信系统结合第三方征信机构提供的数据，进行总体把控以及细化分析，第三方征信机构在其中提供风险判断助力，提供风险报告与融资桥梁。另一方面服务于市场，主要通过数据挖掘与分析，为在评估个人、企业合作关系时提供风险评级。其数据供给方则往往是个人、企业的过往行为数据以及其基本资料、信息等基础画像。主要通

过各种渠道挖掘其基础信用画像、个体行为轨迹，对其信用度以及行动进行评估，从而对其下一步守信行为进行预测，降低在与其合作、对其投资等过程中风险发生的可能性。

本书认为，首先需以获得数据主体授权、确保信息安全为前提，尤其要考虑征信公司的商业价值，强调市场主导，以满足数据市场需求、平衡数据供需关系为核心目标，从而尽可能实现第三方征信机构的经济效益，有效地提高第三方征信机构的主观能动性。其次需满足整体征信市场供需平衡。在需求侧，第三方征信机构需强化自身的功能，基于市场导向提供更多定制化的征信产品和服务，以满足征信市场的个性化需求；可根据市场化定价进行收费，坚持客户导向，提供专业信用评级产品及风控产品以实现其商业价值。在供给侧，需发挥其特殊个性，搜集多元信息，以充分补充大数据征信所需信息，更好地为社会、金融主体服务。最后需满足第三方征信机构自身供需平衡，以及第三方征信机构数据供给与数据保护之间的平衡。在具体执行层面，第三方征信机构需在合法合规的前提下，精细化研发技术，统一化数据格式，规范化数据来源，从简单粗暴的数据"抢夺"演化为数据建模评级评分，实现数据来源从分散到整合，数据本身实现真实性、准确性、适用性、专业性、标准化层面上的整体提质升级。

三、培育由多层次征信机构组成的大数据征信体系

随着社会信用体系的深入发展与大数据征信体系的跨越式发展，我国征信行业的市场需求也在显著增长。调研组在深度调研后发现，国内已在"政府主导、市场引领"的双重机制、双线作用下，以"信用信息提供方、信用报告使用者、公共机构以及公共数据来源、个体消费者、监管机构"为核心参与者，形成公共征信机构与私营征信机构共建共兴格局。其中，公共征信机构属于防范信贷风险的保底系统，以国家层面征信基础设施建设提升信息数据库质量与效率，收集与保管隐私信息，协调其他部门，安全分享战略资源；而第三方私营征信机构则属于创新增值性系统，构建以市场为主导的自由竞争征信体系，有利于数据采集和技术推进。我国征信机构业务也在对国际第三方征信机构发展经验的借鉴中不断细化，本书认为目前我国征信机构主要分为三重，第一重是指全牌照的市场化征信机构，包括目前已获得个人征信牌照、可从事全面征信业务的百行征信有限公司、朴道征信有限公司；第二重是指在消费信贷或者其他某一专业领域有征信服务资质与服务能力的专业化的有限牌照持牌机构，如专门从事小微企业征信业务的机构等；第三重是指大数据征信底层生态汇聚的众多数据服务公司或者风险管理服务商，为整套系统的支撑基底。

本书认为，需协调多层次征信机构间的关系，辨析数据保护范围与机构权责范围，提高不同系统间数据共享意愿与能力，降低协同的风险与成本，实现两者资源优势互补、信息互通共享。合力发挥"核心主体+补充主体"的作用，共建信用数据总枢纽平台，打造大数据资信产业链条；以混合征信模式共同推动现有大数据征信体系可持续、最大效率地运营。

多层次征信机构协同运作，可实现精准化、全口径归集信用信息，并通过"信用查询、目录共享、守信激励、信用修复、安全保护"等资信管理链条上的每一环节实现数

据交流与共享,能够有效避免出现"重复征信提供"、"多头征信刻画"和"征信真空"等问题,避免出现信用数据孤岛,提升征信服务能力,并提高相关执法部门事前、事中、事后监管可能性。多层次征信机构互补效应的发挥,能够实现征信覆盖范围与征信深度的飞跃式发展,能够快速以"正规军+补充力量"的方式挖掘企业、个人信用轨迹,建立其信用地图和信用档案,为个人及企业建立信用"身份证",便于各政府、各产业、各地域、各企业通过统一"信用通行证"实现快速鉴定、快速审核、快速放行,从而加快整个经济体系的流通速度,推动整个社会体系的发展。

在整个大数据征信体系的构建和运作过程中,本书建议应充分讨论分层征信机构体系中各个组成部分的主体地位、利益联结、合作机制以及数据收集与共享的特征,建议借鉴国际经验,结合国内实情,进一步采用累进式数据共享授权等具体操作模式,深化大数据征信产业的供给侧结构性改革,推进产业基础设施建设,增加征信数据共享覆盖方位,形成多层次、全方位、全覆盖的社会征信机构系统。我们认为各家征信机构应根据自身特色优势及资源禀赋在整体行业格局中找准定位,找到自身的盈利方向,放眼于整体市场大环境、大局,以挖掘更多行业有价值的数据、实现经济和社会效益为目标,打破目前可能存在的互相抢夺数据源的局面;我们坚信通过整套系统的构建与运作,可以形成征信数据的有效挖掘、汇集、流动与保护机制,能够实现市场运作的"扩大化"与"规范化"双结合,从而推进其可持续有序发展。

第四节 推进征信市场规范发展

随着大数据征信市场的发展,个人信息泄露、网络欺诈、信息买卖等问题或冲突日益凸显,本书建议不仅要充分构建全方位、全体系、多形式、多层次的征信机构体系,还需制定信息安全与数据管理标准规范,构建市场信息保护机制,提供信息主体合法保障;积极发挥征信系统在"保护市场主体"工作中的作用,充分规范征信评级市场,实现整体征信市场的健康良性运行。

一、提高征信市场信息保护力度和完整性

大数据征信不仅具备公共属性、半公共属性,还具备市场属性;不仅是金融工具、政策工具,还是推动市场发展、保护市场和促进市场流转的市场工具。本书建议从"信息主体防护-过程监管监护-协调协同守护"三个层面全面整理和进一步优化征信市场信息保护机制,平衡国家、社会公共利益与个人信息保护之间的关系,推动多重征信机构的对接,搭建协调合作监督框架,构建征信市场信息保护机制,提升大数据征信风险防控能力,从而推动整个大数据征信行业稳定、健康、可持续发展。

一是需从治理主体上突破现有藩篱,健全市场监管与行业自律协同治理体系,推动政府主管部门与信用服务机构、行业组织、供应链核心企业、平台型企业等机构实现信用信息交换共享、功能互补、风险共担;完善信用信息基础数据库,扩大接入机构范围,升级与构造征信产品,扩展线上线下征信查询服务;强化对信用评级机构异常

业务、重大舆情的监测与处置；加强信息主体权益保护与信息全域全程保护，实现隐私性与公开性的有效平衡；通过综合治理手段推动信息合法合规治理，推进社会信用体系纵深发展。

二是需从信息主体范围上进一步拓展延伸。因大数据征信使得征信市场的覆盖范围从传统金融领域向电信、租赁等多个社会经济领域延展，所以在法律立法和监管方面也需要同步拓宽大数据征信的边界与范围，构建具体行业数据分类分级保护机制。一则注重信息主体数据规范与防护，尤其要关注个人层面的信息保护，根据《中华人民共和国数据安全法》和《中华人民共和国个人信息保护法》等一系列措施和法律法规，充分践行个人信息"断直连"等具体规范要求，采取对个人权益影响最小的方式以明确合理的目的收集和处理个人信息，加大数据使用收集约束和授权约束的力度，提高数据加工透明性，避免数据滥用与过度收集。在此基础上，要持续关注商业领域和国家层次的信息保护问题，构建全面的保护机制，并由专业部门、专业机构、专业团队的人员牵头推进"个体—企业—国家"多维层面的市场信息保护，且须明确大数据征信信息归属权问题，即"谁有权搜集""谁有权拥有""谁有权知情""谁有权授权""谁有权处理"等。二则区分现有信息种类，区分以国家主导为特征的兼具结构化与标准化的正规征信数据、结构化但非标准化的替代性数据、非结构化亦非标准化的互联网平台大数据等征信数据，对于正规数据，着重提升其精简性与公开透明性；而对于后面几种数据类型，则注重激发其积极性并促进其向规范化方向发展。三则深化和拓宽法律法规涉及的领域，区分面向个人、企业、产业、国家的不同层次的数据安全问题，如将大数据治理上升到国家安全高度，积极制定跨境数据流动规则等，提高国家数据安全防护水平；细化具体领域的数据法律法规，如数据流通共享等领域的法律法规，完善数据资源分级治理体系，梳理不同类型的数据属性与安全防护要求，确认数据主体主权以及数据权利义务。

三是着重关注过程监管监护，培育合规有序的数据交易市场，关注数据搜集过程与交易过程，规范数据收集行为以及数据交易行为；制定数据分级分类保护机制及数据安全评估机制、数据出境安全防护机制等细化制度，用法治体系规范市场交易乱象。强化监管责任担当，提高监管密度、强度、力度、频度，从而提高监管有效性，并预防和处理可能涉及的法律问题：现存立法缺乏导致的标准不明确问题，企业数据处理导致的边界模糊问题，数据被窃取、遗漏、滥用、劫持等问题。

四是加大法律法规监管力度与惩处力度，进一步推进大数据犯罪立法，明确数据窃取、滥用等行为的刑事责任。例如，2021年国务院反垄断委员会印发《关于平台经济领域的反垄断指南》并对相关违法主体进行约谈和处罚，维护了大数据市场的正常发展秩序，营造了良好的制度环境，从而提供了顺畅的市场环境。

五是在技术层面，征信机构结合区块链加密计算、分布式账本等计算机技术，加快研发保护信息安全的征信产品，做好数据隔离、密码防护、安全认证等多重信息保护工作，保护数据隐私，防止对数据的任意篡改，构建安全的数据市场。

本书认为，在对大数据市场的整体规范与维护过程中，应首要解决数据安全问题，把数据安全保障放在最核心位置，通过健全大数据监管法律法规体系，有效提升大数据监管能力和数据安全治理能力。在隐私保护方面，苏州地方征信平台作为第三方机构，能够将数据加密，在看不见企业名称的情况下对企业进行客观评价，银行只能在业务端查询企业信息。经过审批，银行通过内网、堡垒机进行查询，数据层层加密，安全稳定可靠。

二、充分发挥债权人保护制度和征信系统的互补作用

根据此前学者的研究和业界的实践，本书发现，征信系统与债权人保护制度在缓解企业融资约束方面具有互补作用。本书认为，在建立健全债权人保护制度以及建设征信系统时，应充分认识两者之间的关系，明晰两者的功能定位以及各自的优势；并立足国情界定两者的界限，通过市场自由决策以及政策引导，充分发挥债权人保护制度和征信系统的互补作用等积极作用。

目前，我国企业融资生态仍未完善，主动融资与间接融资的比例相对仍未达成平衡，通过债权融资等融资形式进行主动融资的比例相对较低，而仍以银行信贷等间接融资为主。建立更完善和完备的信息披露奖惩机制有利于提高企业信息披露质量，从而进一步满足直接融资所需的征信信息需求，进而有利于简化直接融资的审批流程、提升审批效率，继而深入完善债券和股票市场。因此，本书提出，应以政策为先锋，发挥积极引导和示范作用，出台综合性的融资服务政策，推动建立完备的信息披露激励机制，同时运用强有力的监管手段，针对产业、企业收集和使用征信信息的不法手段以及在征信信息中出现的具体问题制定并落实具体的处罚措施；从而推动直接融资市场健康、稳定运行，助力企业从中优化融资结构、拓宽融资渠道，采用更多元、更有利的融资形式。

三、促进征信评级市场的建设与完善

本书认为，大数据征信对传统的征信市场具有打破和重塑效应，这也意味着对原先征信产业信用评级市场的准入标准、评级规范以及业务规则等都需做部分调整，需从征信法律层面新增大量与信用评级相关的基本标准及相应业务规则和执行规范，以便更通畅地规范征信评级市场。本书建议从政府层面、信用评级机构层面、具体评分体系构建层面、整体征信评级市场产业生态层面深入规范征信评级市场。

从政府层面，以市场工具、法治工具和大数据技术等工具或技术为核心统筹工具，着力推进征信评级市场规范整治工作，建立动态更新的地方征信评级市场监管和评估机制，并建立重点关注的企业名单库和分类整治台账。

从信用评级机构层面，深度完善机构自身内部的控制和监督机制，坚持严格完善公司治理结构，健全信用评审委员会制度，加强评级全流程与全人员的合规管理；坚守评级独立性，强化利益防火墙机制，引入独立董事制度以保障监督职能的有效履行；引导扩大付费评级范围，鼓励主动评级与加强信息披露，从而形成更强的市场约束机制；积极推动公司、产业建立内部数据风控制度，提升相关监管部门的数据执法水平，以"系统立法+自律规范+协同监管+严格执法"为指引，充分提升数据安全防护能力，为大数据深度开发与应用营造良好的产业环境。

从具体评分体系构建层面，需进一步优化数据模型和完善评分体系，实现定量和定

性相结合、宏观与微观相结合。以定量的基础类数据，如额度使用类数据、账户类数据和特殊衍生类数据（如消费类等数据）为主，结合规范的替代数据，审查个人与企业的现金流量、资产负债情况，确认信用资产、还款能力，并通过构建有足够风险区分度、可解释性、稳定性的评估模型，给出最后的信用评级评分，为决策评估提供真实有效的参考。

从整体征信评级市场产业生态层面，需将评级需求主导权交还给市场，提高信用评级行业竞争性，积极培育具有国际影响力的本土信用评级机构；并稳步推进评级市场对外开放，支持符合条件的境外信用评级机构参与国内评级业务。另外，发行人、征信机构、中介机构、评级机构、监管部门等市场参与者之间还需加强联合合力，联合制定统一的评级业务标准和评级流程，从而构建和优化评级生态，助力整体征信评级市场实现从"市场信用"到"社会信用"的演化与跃迁。

第十六章　征信体系建设与地区中小型实体经济发展的对策研究

浙江省第十四次党代会明确要求推进社会诚信体系建设，但浙江省量大面广的中小微企业仍然未纳入现行征信体系，导致其在信贷业务中沦为信息孤岛，出现融资难、融资贵、融资繁等信用问题，从而制约了全省中小微实体经济持续健康发展。本书依托理论调研，认为以征信体系建设为突破口，构建普惠性融资体系，既是打造"信用浙江"升级版的重要内容，也是推动全省中小微实体经济充分发展的重要抓手。

第一节　中小微企业发展迫切需要征信体系提供支撑

推进征信体系建设，实现中小微企业信用的准确描述和科学评价，能够有效消除借贷双方的信息隔阂，为授信机构进一步预估风险提供重要参考，从而大幅提升借贷活动的成功率。相关调查显示，浙江省 61%的中小微企业存在资金紧张或者非常紧张的现象，只有 5%的企业表示资金充裕。其主要原因就是浙江省中小微企业征信体系建设落后于现实需求，中小微企业与银行等信贷机构之间未能有效打破信息藩篱，具体存在如下问题。

第一，中小微企业成为征信体系信息孤岛。现行征信评价框架仍未摆脱传统金融机构"重实物轻无形"的风控理念，对中小微企业重视不足，导致绝大多数中小微企业因规模、资产等限制游离于征信体系之外，无法获取相应的金融服务。中国人民银行相关资料显示，截至 2017 年浙江全省在册的征信机构仅有 6 家（北京市有 40 家，上海市有 34 家），其中营业范围涉及中小微企业征信的不到一半，与浙江省庞大的中小微企业基数相比，征信服务存在较大缺口。

第二，征信数据采集缺乏有效途径。目前依靠以中国人民银行征信中心为主体的单一行业体系无法实现对浙江省中小微企业信用数据及信息的有效归集和整理。除去财务等日常运营数据，工商、税务、司法等公共政务相关信息因发布周期、发布格式等存在差异也需要较高的采集成本，数据质量和可持续性维护无法得到保证。

第三，信用指标体系不能反映中小微企业特征。浙江省企业信用数据主要来自中国人民银行征信中心中各金融机构根据统一目录所报送的信贷信息，但中小微企业自身积累少、投入多，业务稳定性不足，资金需求呈现量少、紧急、频繁等特征，与大型企业存在显著差异，固定统一使用同一指标体系不仅导致部分新创企业信用信息空白，还导致中小微企业在信用评价中处于劣势，不能如实、准确反映经营状况，反而加剧了中小微企业的融资困境。

第二节 借鉴浙江省"先行先试"所取得的经验

浙江省历来具有"敢为人先"的优良传统，作为中小微企业大省，部分地区及企业依托自身地域特征及技术优势在推进征信体系建设、破解小微企业融资困境方面做出了诸多尝试，部分做法及经验对全省推进相应工作具有重要参考价值。

一、台州小微金改：系统优化小微企业信用服务

2012年，浙江省委省政府决定在台州设立小微企业金融服务改革创新试验区，经过多年探索与建设，"台州小微金融"品牌在全国已有广泛影响，并于2015年底升格为国家级小微企业金融服务改革创新试验区。其主要经验有以下几点。第一，以打通信用数据为基础。由市政府牵头成立信息平台，实行"政府建设、财政出资、人行代管、免费查询"的运作模式，对分散在公安、财税、法院、国土、市场监管等30个部门的公共信息进行整合，构建T+0的信息共享平台，为台州区域内银行提供接入口，有效提升小微企业信息透明度，金融机构贷前调查、贷中审批、贷后管理等各环节效率均大幅提高。第二，以专营信用机构为主体。积极发展各类小微企业金融服务机构，依托产业集群和商圈设立电商特色银行、科技银行、文化产业银行，重点为电子商务、科技创业、文化创意等专业化小微企业提供个性化服务，2016年全市设立的小微企业金融服务专营机构有200多家，约占新设网点的80%，有效满足了小微企业的多样化需求。第三，以差异信用服务为核心。针对小微企业轻资产、薄积累的发展特征，将信用评价标准从抵押、利润等硬指标向发展潜力等软指标倾斜，产生了如浙江泰隆商业银行的"三品三表"（人品、产品、物品，水表、电表、海关报表）、台州银行的"三看三不看"（不看报表看原始、不看抵押看技能、不看公司治理看家庭治理）、浙江民泰商业银行的"九字诀"（看品行、算实账、同商量）等行之有效的实际操作模式，大幅提升了小微企业融资成功率。

二、蚂蚁集团：基于大数据创新征信模式

互联网技术为信息的归集和处理提供了新的方式和手段，蚂蚁集团依托阿里巴巴所掌握的海量数据，结合大数据和数据挖掘技术对基于互联网的信用描画进行了探索及尝试，为客观反映企业和个人的信用状况提供新渠道。主要做法有以下三种。第一，有效利用信息渠道。蚂蚁集团将自身支付、融资、理财、保险四大平台在开展业务过程保存的用户信息收录进数据库，并依托阿里巴巴业务网络进一步归集诚信通及淘宝中的个人与企业交易数据，从而通过互联网进行实时、高频的数据采集。第二，深入挖掘数据价值。通过应用深度学习（deep learning）等顶尖的大数据技术对所掌握的数据进行分析，实现对个人及小微企业的具体形象进行描画。例如，通过历史交易数据和现金流判断企业实际经营状态，利用沉淀消费数据分析顾客消费习惯和未来行为等。第三，营造多元应用生态。基于大数据获得的信用情况通过"芝麻信用分"直观展示，被广泛应用于贷

款、出行、医疗、租赁等多种场景，为服务机构提供了重要参考，有利于缩短业务流程，提升服务效率。信用主体所产生的交易和行为数据又将被再次收集，用于丰富数据库，以便未来做出更全面、真实、可靠、有效的信用评估。

第三节 完善浙江省中小微企业征信体系建设的几点建议

一、以征信体系建设破解中小微企业融资困境

中小微企业融资难、融资贵、融资繁问题表面上看是缺钱，实质是缺信息、缺信用。国际上无论是发达国家（如美国、英国）还是新兴经济体（如印度、马来西亚），或通过商业盈利驱动，或通过公共部门推动，都将发展小微企业征信服务作为扶持中小微实体经济的主流选择。建议结合"小微企业三年成长计划"和信用"531X"工程，把中小微企业征信体系建设作为重要和长期的任务来推进，在继续深入推进台州小微企业金融服务改革创新试点的基础上，将部分成功经验在杭州、宁波、温州等城市逐步推广，创造便利条件，营造良好氛围，加速打造"信用浙江"升级版。

二、完善公共服务平台，构建信息归集机制

国际经验和省内实践表明，由政府主导的公共部门往往在征信体系中发挥核心作用。建议进一步强化浙江省信用中心的相应职能，强化与中国人民银行征信中心的业务联系，以统一社会信用代码为唯一标识，指导制定中小微企业信用信息采集标准。同时针对台州小微企业金融服务改革创新试点情况所呈现的公共信息共享盲点、痛点，将有关直属部门信息的查询权限向地市下放，全面构建公共部门间横向到边、纵向到底的信用信息共建共享、协同推进机制。

三、借鉴国外成功模式，优化信用评价体系

在现行以银行为主体的信用评级体系中，5A级单位几乎清一色为大型企业，其重要原因之一就是评价指标过于侧重规模、利润等财务数据，导致评价结果与客观事实发生偏差。建议结合中小微企业特征研究建立信用评价模型，借鉴美国小企业评分服务（Small Business Scoring Service，SBSS）系统、日本八千代银行 SOHO 模型等国外较为成功的中小企业信用评价方法，在兼顾体现当前经营状况的同时，重点突出企业主个人特质、质量安全、守法经营情况、社会责任等非财务信息，更为准确地反映中小微企业潜在的风险和盈利能力，为授信机构提供科学参考。

四、协同多种机构资源，丰富信用服务形式

中小微企业量大面广，征信服务需求日益多样化，仅靠公共征信机构无法完全满足。

建议结合商事制度改革简化征信机构的设立流程，培育发展社会征信机构，发挥市场作用，鼓励征信机构通过专业化、精细化手段丰富服务种类、提升服务水平，引导征信服务从信用调查、信用报告等基础类服务向信用评分、信用管理咨询等增值类服务拓展，驱动浙江省小微企业征信服务向多样化、综合化、定制化方向发展。

五、利用信息技术优势，实现征信手段升级

浙江省作为国家信息经济示范区和两化深度融合示范区，具有"互联网+"基因，建议利用阿里巴巴技术优势加速打造标准化企业云平台，推进小微企业和征信机构共同上云，在降低企业信息系统构建成本的同时，为打通征信机构和小微企业的信息传递渠道奠定硬件基础；推广蚂蚁集团征信服务模式，引导征信机构利用大数据技术弥补小微企业财务信息缺失、资产抵押不足等先天缺陷；鼓励征信机构通过互联网提供在线服务的同时，向移动端拓展，营造便捷、友好的征信服务环境。

第十七章 大数据背景下数据要素驱动中小微企业高质量发展的对策研究

数字经济时代,大数据技术的快速发展及其应用环境的改善为激活数据要素、提高生产效率、提供精准服务创造了条件,也将重塑经济发展赛道。数据作为重要生产要素能够促进经济高质量发展,全方位赋能数字化改革,为此,本书通过系统研究欧盟、美国、日本等经济体的经验,并对照北京、上海、广州等兄弟省市做法,提出大数据赋能的政策建议。

第一节 浙江省经济高质量发展迫切需要大数据支持

通过梳理欧盟成员国、美国、韩国、日本以及我国部分省份大数据发展现状,对照浙江省两化融合进展情况,查找出的不足和问题如表17-1和表17-2所示。总之,浙江省大数据赋能总体上走在沿海主要城市前列,但是也暴露了不足之处。

表17-1 主要国家大数据赋能经济的指标比较(2019年)

	指标	丹麦	德国	芬兰	英国	法国	美国	韩国	日本	中国
渗透率[1]	数字经济规模占GDP比重	0.258	0.600	0.347	0.612	0.416	0.602	0.472	0.461	0.348
数据产业化	信息技术产业产值占GDP比重[2]	0.046	0.044	0.049	0.062	0.043	0.091	0.024	0.049	0.031
产业数据化[3]	中小企业电子商务交易情况	0.632	0.241	0.733	0.454	0.187	0.675	0.233	0.380	0.059
	数字化技术企业吸收应用情况	0.667	0.840	0.864	0.765	0.506	0.877	0.370	0.728	0.383
大数据基础建设[3]	移动互联网接入情况	1.000	0.980	1.000	1.000	0.990	1.000	1.000	0.954	0.990
	固定宽度接入情况	0.378	0.344	0.233	0.333	0.389	0.289	0.356	0.244	0.211
数据保护	每百万人拥有加密技术互联网服务器[3]	0.570	0.747	0.450	0.361	0.270	0.872	0.027	0.154	0.006
	国家层面是否有数据保护法案[4]	有	有	有	有	有	有	有	有	有

注:[1][2][3][4]数据分别来源于世界银行、各国2019年统计年鉴、欧盟《2019年数字经济与社会指数》报告、网络资料;鉴于各国数据收集口径与类型不完全一致,对[3]数据经过标准化处理以保证横向可比

表17-2 主要沿海省市大数据赋能经济的指标比较(2018—2019年)

指标		北京		上海		广东		江苏		浙江	
		2018	2019	2018	2019	2018	2019	2018	2019	2018	2019
渗透率[1]	数字经济规模占GDP比重	超50%	近55%	超50%	超50%	近45%	超45%	近40%	超40%	超40%	超40%
数据产业化[2]	信息技术产业产值占GDP比重	0.321	0.339	0.148	0.155	0.110	0.110	0.095	0.098	0.093	0.098

续表

指标		北京		上海		广东		江苏		浙江	
		2018	2019	2018	2019	2018	2019	2018	2019	2018	2019
产业数据化	企业电子商务交易占比②	0.207	0.222	0.107	0.11	0.098	0.108	0.086	0.094	0.119	0.117
	两化融合水平③	57.3	59.5	58.5	59.8	57.9	58.7	58.0	61.4	55.8	60.4
大数据基础建设②	移动互联网接入占比	1.528	1.527	1.251	1.249	1.243	1.233	1.019	1.076	1.367	1.399
	固定宽带接入占比	0.297	0.320	0.319	0.367	0.317	0.330	0.428	0.456	0.531	0.551
	通信传输、软件和信息技术服务业固定资产投资占GDP比重	0.012	0.009	0.004	0.004	0.005	0.005	0.006	0.005	0.006	0.006
数据保护①	有无地方性数据保护法案	无		无		无		无		有	

注：①②③数据分别来源于网络资料、中国以及相关省市统计年鉴、工业和信息化部两化融合公共服务平台；鉴于数据来源不同，国内外指标有差异

第一，工业软件与大数据技术服务业有待进一步发展。与美国、欧洲和日本等发达国家和地区比较，我国信息技术产业产值占GDP比重相对较低；与北京、上海、广东等省市相比，浙江省信息技术产业产值占GDP比重相对较低。全国软件销售100强企业中，北京占31席，广东占20席，上海占10席，浙江和江苏都占9席，可见，浙江需要进一步培育壮大信息技术服务企业，进一步形成以阿里巴巴为龙头的产业生态体系和企业竞合结构，为全方位服务智能制造、提升生产效率提供技术支撑。

第二，产业数据化发展不平衡、不充分。浙江的平台经济、共享经济的发展处于沿海省市前列，但是，大数据、信息技术在工业制造领域的应用进展缓慢，大数据技术与生物医药、生命健康、新材料等战略性新兴产业、未来产业的结合度有待进一步提高。与广东、上海相比，浙江省人工智能龙头企业引领能力不强，在2019年赛迪公布的人工智能企业百强榜中，北京占53家，广东占18家，上海占13家，浙江占6家。浙江是中小企业大省，广大中小企业应用信息技术、大数据和人工智能改造生产制造过程的能力和积极性有待提高。

第三，大数据新基建仍需进一步推进。"新融合、新两化"的重要支撑作用体现在数据传输、数据储存等相关基础设施建设上。浙江在移动互联网的使用与覆盖方面具有较好的基础，社会大众能够较好地接触和传输数据。但是，企业对信息技术相关基础设施的投入力度以及新基建产业的发展力度有待进一步提升，其投入占GDP比重远低于北京、贵州，与数字经济大省要求存在一定距离。

第二节 对标国内外大数据发展的先进经验

一、美国：一以贯之的国家大数据创新生态系统

美国政府将数据定义为"未来的新石油"，高度关注大数据在科技发展、国家安全、

综合国力当中的战略作用，其产业规模和技术水平全球遥遥领先。主要做法如下。第一，高度重视，发展一以贯之。美国克林顿政府及奥巴马政府先后于1993年9月及2012年3月、2016年5月分别推出跨世纪的"国家信息基础设施"工程计划（即"信息高速公路"战略）、《大数据研究和发展计划》以及《联邦大数据研发战略计划》，投入数亿美元一以贯之地深入推动大数据技术的应用发展。第二，科技导向明确。在组织层面，成立专门推进大数据国家战略的"大数据高级指导小组"，其成员来自国家航空航天局、能源部、国防部、国土安全部、国家海洋和大气管理局、国家核安全局、国家科学基金会、国家安全局、国防高级研究计划局、国家标准与技术研究院、国家环境保护局、内政部、美国国际开发署等13个单位的专家或领导。在技术层面，关注大数据的底层技术及其与高新技术产业的结合应用，非常强调大数据基础建设的芯片、高性能计算、通用计算工具、标准等的建设问题。第三，关注数据保护，提升社会信心。美国政府积极建设中央信息交换库（Data.gov）、开放政府平台（Open Government Platform，OGPL）等大数据平台，推动"我的大数据""蓝纽扣""绿纽扣"等行动计划，推动大数据的社会教育和公众使用。同时十分关注数据的隐私与保护问题，发展隐私保护第三方中介机构、修改完善隐私保护法案，在保护隐私的同时为未来的技术与商业模式创新留有足够的空间。

二、欧盟：真正统一的欧盟数据市场战略

欧盟及其成员国高度关注大数据在引领技术创新、开发新工具以及新技术方面的重要作用，构建欧盟统一的数据空间，积极推进数据的共享与保护工作，主要做法如下。第一，搭建欧盟共同数据空间治理的战略和立法框架。推出"欧盟数据战略""地平线2020""数字欧洲计划"等大数据发展战略，先后颁布《通用数据保护条例》《非个人数据自由流动条例》《网络安全法案》《开放数据指令》《数字内容指令》，并进一步推动《数据法案》《数字服务法案》的落地。第二，推动数据联盟建设。在欧洲开放科学会的基础上，推动欧盟工业（制造业）、《欧洲绿色协议》、出行、医疗卫生、金融、能源、农业、公共行政、技能等九大共同数据空间。同时积极倡导建设欧盟大数据契约的合同制公私伙伴关系（contractual public-private partnerships，cPPP）、欧盟大数据价值联盟（Big Data Value Association，BDVA）等大数据联盟建设，以推动数据共享与开放、大数据技术支持与示范推广。第三，开发数据价值链。培育一个连贯的欧洲数据生态系统，促进围绕数据的研究和创新工作，具体包括开放数据、云计算、高性能计算和科学知识开放获取四大战略，以实现数据的最大价值。

三、贵州：基于大数据战略实现经济破壁追赶

2019年GDP规模仅为浙江26.89%的贵州近年来依靠大数据技术及其产业实现了全国第一的发展增速，成为全国大数据人才流入意向最高、全国大型数据中心集聚最多的省份之一，是国家首个大数据综合试验区的落户地。主要做法如下。第一，把大数据发展摆在极其重要的战略地位。颁布全国首部大数据地方法规，发布全国首个省级数字经济发展专项规划、颁布首部大数据安全保护省级层面的地方性法规、发布首个大数据与

实体经济深度融合实施指南,成立全国首个大数据人才发展促进会。第二,引进"外援"建设大数据中心。基于发展大数据的"好生态"以及支持大数据企业的优惠"好政策",积极吸引阿里巴巴、京东、华为、百度、腾讯、科大讯飞、微软、苹果、高通和英特尔等海内外知名大数据企业落户贵州。第三,构建大数据发展框架。设立省大数据产业发展中心、省属国有大型企业云上贵州大数据(集团)、省大数据产业发展应用研究院、省大数据产业专家咨询委员会,连续多年筹备中国国际大数据产业博览会(简称数博会)、大数据商业模式大赛,形成了领导小组、政府机构、技术团队、平台公司、研究智库、项目孵化的发展管理框架。

第三节　推动大数据赋能经济高质量发展的对策建议

第一,打造浙江版"新融合、新两化"。数字经济"一号工程"的重点难点在于大数据服务平台的深度发展。借鉴国内外经验,浙江省应该依托市场力量构建国际大数据港,助推浙江省300多万家中小企业高质量发展。同时,推动建设100家未来智能工厂,持续推进中小企业上云工程,每年新增10万家上云企业。制订浙江省大数据发展的"十四五"规划,着眼于战略性新兴产业与未来产业的下一代技术发展。

第二,深度打造大数据价值链(big data value chain,BDVC)。在大数据新基建、大数据人才培养、大数据服务软件、云计算等方面提供政策性支持,完善大数据基础设施建设,构建数据资源平台群、数据服务商、数据应用企业、大数据安全保障网等。

第三,以全面数字化改革为牵引,出台工业互联网地方标准。产业大数据和工业互联网推广存在两大"梗阻",一是"标准梗阻",二是"数据安全梗阻"。缺乏标准引导,降低了工业互联网的可复制性,广大中小企业应用成本上升,难度增大。同时,商业信息数据保护机制不健全,使得中小企业应用意愿不高。尽快出台中小企业工业互联网指导意见及相应的地方标准,建设产业大数据电子签章与认证系统,促进产业数字化发展。

第四,深度融合大数据与"下一代"产业。以生物医药、集成电路、物联网等未来产业为切入口,解决产业底层技术和核心技术存在的问题,建设未来工厂样板区。

参 考 文 献

安宝洋, 翁建定. 2015. 大数据时代网络信息的伦理缺失及应对策略[J]. 自然辩证法研究, 31（12）: 42-46.
白钦先, 李士涛. 2017. 基于金融发展视角的征信基础理论研究[J]. 金融发展研究, （3）: 3-7.
贝多广, 张锐. 2017. 包容性增长背景下的普惠金融发展战略[J]. 经济理论与经济管理, （2）: 5-12.
蔡莉, 葛宝山, 蔡义茹. 2019. 中国转型经济背景下企业创业机会与资源开发行为研究[J]. 管理学季刊, 4（2）: 44-62, 134.
柴时军. 2017. 关系、家庭创业与创业回报[J]. 现代经济探讨, （9）: 16-24.
常路, 符正平, 顾汉杰. 2011. 中小企业集群信任重建机制研究：基于第三方制度干预的视角[J]. 管理评论, 23（8）: 63-71, 77.
陈超, 李镕伊. 2014. 债券融资成本与债券契约条款设计[J]. 金融研究, （1）: 44-57.
陈丽汀. 2019. 大数据背景下的互联网金融创新的几个趋势分析[J]. 金融经济, （14）: 51-52.
陈萌. 2020. 大数据金融发展面临的困境与应对思路[J]. 财政科学, （12）: 65-76.
陈胜蓝, 刘晓玲. 2018. 经济政策不确定性与公司商业信用供给[J]. 金融研究, （5）: 172-190.
陈为民, 张小勇, 马超群. 2012. 基于数据挖掘的持卡人信用风险管理研究[J]. 财经理论与实践, 33（5）: 36-40.
陈文玲. 2004. 美国信用体系的总体构架[J]. 中国工商管理研究, （6）: 32-34, 1.
陈小梅. 2018. 基于大数据的小微企业信用评级体系研究[J]. 征信, 36（10）: 27-31.
陈英梅, 邓同钰, 张彩虹. 2014. 企业信息披露、外部市场环境与商业信用[J]. 会计与经济研究, 28（6）: 16-26.
陈志. 2016. 我国大数据征信发展现状及对征信监管体系的影响[J]. 征信, 34（8）: 47-50.
程惠芳, 幸勇. 2003. 中国科技企业的资本结构、企业规模与企业成长性[J]. 世界经济, 26（12）: 72-75.
程建国. 2012. 助力小微企业走向发展的春天："金融支持小微企业发展专题座谈会"发言摘录[J]. 中国金融, （14）: 86-92.
池凤彬. 2022. "一带一路"沿线征信数据跨境流动研究[J]. 经济纵横, （4）: 82-86.
池凤彬, 刘力臻. 2018. 日本征信业的历史沿革及运营机制分析[J]. 现代日本经济, 37（5）: 81-94.
池仁勇, 陈洁, 廖雅雅, 等. 2019. 银行业结构影响中小企业信贷能力？——基于分层线性模型实证[J]. 技术经济, 38（11）: 93-99, 124.
池仁勇, 金陈飞. 2014. 中小企业发展对城乡收入差距的影响机制研究：基于劳动力市场分割的视角[J]. 经济社会体制比较, （2）: 221-229.
池仁勇, 石雨露. 2021. 大数据技术赋能下软硬信息对中小微企业融资的差异性研究[J]. 科技与经济, 34（4）: 61-65.
池仁勇, 项靖轩. 2020. 企业商业信用对研发投入的影响：基于企业生命周期视角的实证分析[J]. 科技与经济, 33（2）: 56-60.
池仁勇, 朱张帆. 2020. 软信息与硬信息孰轻孰重：中小企业授信与信用风险视角[J]. 华东经济管理, 34（3）: 112-118.
崔维军, 孙成, 傅宇, 等. 2019. 政策不确定性与企业双元创新行为选择："激流勇进"还是"循序渐进"[J]. 科学学与科学技术管理, 40（11）: 68-81.
崔振国. 2016. 新三板挂牌企业会计信息披露研究[D]. 济南：山东财经大学.
戴加才. 2007. 信用征信体系对交易成本的影响研究[D]. 大连：大连理工大学.

戴祁临. 2019. 金融市场化是否缓解了小微企业融资约束：基于新三板上市公司数据的实证检验[J]. 新金融，（3）：29-34.

丁振辉，孙冉，李星谕. 2015. 台湾地区中小企业金融发展的经验与借鉴[J]. 新金融，（10）：49-52.

董保宝. 2014. 创业研究在中国：回顾与展望[J]. 外国经济与管理，36（1）：73-81.

杜金富. 2004. 加强中央银行人才队伍建设的若干思考[J]. 中国金融，（9）：16-18.

杜志雄，肖卫东，詹琳. 2010. 包容性增长理论的脉络、要义与政策内涵[J]. 中国农村经济，（11）：4-14，25.

范铁光，刘岩松. 2014. 对互联网金融时代征信业发展的思考[J]. 征信，32（8）：37-39.

方增平，叶文辉. 2015. 互联网金融背景下发展新型征信机构的思考[J]. 征信，33（5）：37-40.

冯文芳. 2016. 互联网金融背景下小微企业大数据征信体系建设探析[J]. 国际金融，（3）：74-80.

冯文芳，李春梅. 2015. 互联网+时代大数据征信体系建设探讨[J]. 征信，33（10）：36-39.

冯玉梅，任仪佼. 2019. 流动性监管对我国货币政策的银行风险承担渠道影响研究[J]. 经济与管理评论，35（3）：113-126.

干春晖，姚瑜琳. 2002. 中国发展电子商务的障碍与对策[J]. 首都经济贸易大学学报，4（6）：5-11.

高杰英，杜正中. 2013. 中长期经济背景下国际银行信贷规模比较与实证[J]. 国际金融研究，（8）：60-66.

高希. 2014. 商业银行中小企业信用评级指标体系优化研究[D]. 南京：南京理工大学.

戈志武. 2017. 大数据征信监管研究[J]. 西南金融，（4）：13-18.

葛家澍，杜兴强. 2004. 关于会计信息的相关性和可靠性问题的思考（上）[J]. 财会通讯，（21）：8-10.

耿得科，张旭昆. 2011. 征信系统对银行不良贷款率的抑制作用：基于2004~2008年92个国家面板数据的分析[J]. 上海经济研究，（7）：35-44.

顾群，翟淑萍. 2013. 信息披露质量、代理成本与企业融资约束：来自深圳证券市场的经验证据[J]. 经济与管理研究，34（5）：43-48.

关佳. 2020. 金融精准扶贫的数字普惠面向：核心动力与实现路径[J]. 现代经济探讨，（10）：56-64.

关伟. 2010. 建设金融业统一征信平台的构想[J]. 征信，28（6）：26-28.

郭峰，王靖一，王芳，等. 2020. 测度中国数字普惠金融发展：指数编制与空间特征[J]. 经济学（季刊），19（4）：1401-1418.

郭志刚，李剑钊. 2006. 农村二孩生育间隔的分层模型研究[J]. 人口研究，30（4）：2-11.

何宏庆. 2020. 数字金融助推乡村产业融合发展：优势、困境与进路[J]. 西北农林科技大学学报（社会科学版），20（3）：118-125.

何培育. 2017. 基于互联网金融的大数据应用模式及价值研究[J]. 中国流通经济，31（5）：39-46.

贺妍，罗正英. 2017. 产权性质、投资机会与货币政策利率传导机制：来自上市公司投资行为的实证检验[J]. 管理评论，29（11）：28-40.

洪茹燕，郭斌，于永海. 2020. 组织间信任：收益机制、情境限制及调节策略[J]. 重庆大学学报（社会科学版），26（6）：94-106.

胡倩倩. 2020. 大数据征信建设与中小微企业信贷能力的关系研究[D]. 杭州：浙江工业大学.

胡媛，胡昌平. 2013. 面向用户的跨系统协同信息服务平台构建与定制服务推进[J]. 信息资源管理学报，3（2）：29-35.

黄丰伟. 2013. 中国小微企业征信体系完善研究[D]. 长春：东北师范大学.

黄国妍. 2020. 上海构建金融科技产业生态链研究[J]. 科学发展，（5）：5-19.

黄惠春，王雅婧，秦娟. 2022. 政府功能视角下科技金融政策与扶持路径选择：以江苏省为例[J]. 财会通讯，（20）：153-158.

黄勤，刘素青. 2017. 成渝城市群经济网络结构及其优化研究[J]. 华东经济管理，31（8）：70-76.

黄速建，王钦. 2006. 中国企业发展环境的测评：基于AHP方法合成的指数[J]. 经济管理，28（2）：4-15.

黄益平, 邱晗. 2021. 大科技信贷: 一个新的信用风险管理框架[J]. 管理世界, 37 (2): 12-21, 50, 2, 16.
黄中伟, 王宇露. 2008. 位置嵌入、社会资本与海外子公司的东道国网络学习: 基于123家跨国公司在华子公司的实证[J]. 中国工业经济, (12): 144-154.
贾利平. 2021. 大数据背景下我国信息资产法律价值与征信权益保护路径研究[J]. 征信, 39 (4): 50-55.
贾媚. 2013. 中小企业信用评级指标体系研究[D]. 北京: 中央民族大学.
贾男, 刘国顺. 2017. 大数据时代下的企业信用体系建设方案[J]. 经济纵横, (2): 40-44.
贾拓. 2018. 大数据对征信体系的影响与实践研究[J]. 征信, 36 (4): 17-25.
贾文荣. 2012. 我国中小企业信用评级指标体系构建研究[D]. 天津: 天津财经大学.
江曙霞, 陈玉婵. 2012. 货币政策、银行资本与风险承担[J]. 金融研究, (4): 1-16.
江曙霞, 严玉华. 2006. 中国农村民间信用缓解贫困的有效性分析[J]. 财经研究, 32 (10): 4-16.
姜军, 申丹琳, 江轩宇, 等. 2017. 债权人保护与企业创新[J]. 金融研究, 449 (11): 128-142.
姜俊琳. 2016. 大数据时代的征信创新与发展研究[D]. 杭州: 浙江大学.
姜树广, 韦倩, 沈梁军. 2021. 认知能力、行为偏好与个人金融决策[J]. 管理科学学报, 24 (1): 19-32.
姜延书, 付韶军, 白小伟. 2006. 纺织行业经济增长、出口和内需关系的实证分析[J]. 学术交流, (7): 90-93.
蒋伏心, 周春平. 2009. 交易成本、非正规金融与中小企业融资[J]. 世界经济与政治论坛, (2): 22-26.
杰因茨 N. 2009. 金融隐私: 征信制度国际比较[M]. 万存知, 译. 北京: 中国金融出版社.
金碚. 2006. 债务支付拖欠对当前经济及企业行为的影响[J]. 经济研究, (5): 13-19, 30.
金兵兵. 2021. 区块链技术在企业征信领域的应用[J]. 征信, 39 (1): 54-58.
金鹏辉, 张翔, 高峰. 2014. 银行过度风险承担及货币政策与逆周期资本调节的配合[J]. 经济研究, 49 (6): 73-85.
敬志勇, 赵启程, 王周伟. 2019. 中国科创企业的异质资源、信用能力与投贷联动[J]. 金融经济学研究, 34 (3): 67-82.
琚春华, 邹江波, 傅小康. 2018. 融入区块链技术的大数据征信平台的设计与应用研究[J]. 计算机科学, 45 (S2): 522-526, 552.
鞠卫华. 2017. 大数据征信特点及其风险探析[J]. 金融科技时代, (2): 30-33.
康书生, 鲍静海, 史娜, 等. 2007. 中小企业信用评级模型的构建[J]. 河北大学学报 (哲学社会科学版), 32 (2): 26-33.
孔德超. 2016. 大数据征信初探: 基于个人征信视角[J]. 现代管理科学, (4): 39-41.
赖丽珍, 冯延超. 2016. 内部控制、审计质量与债务融资成本[J]. 财会通讯, (33): 10-14.
雷新途, 林素燕, 祝锡萍. 2015. 民间借贷缓解了中小微企业融资约束吗?——来自温州的证据[J]. 审计与经济研究, 30 (6): 97-105.
雷耀明, 耿丽. 2016. 互联网金融构建银行征信平台降低信息不对称度的研究[J]. 现代商业, (12): 135-136.
雷宇, 杜兴强. 2011. "关系"、会计信息与银行信贷: 信任视角的理论分析与初步证据[J]. 山西财经大学学报, 33 (8): 115-124.
类延村, 李玉玲. 2021. 我国社会征信体系整体性建构与覆盖式发展[J]. 征信, 39 (7): 23-31.
黎四奇. 2021. 社会信用建构: 基于大数据征信治理的探究[J]. 财经法学, (4): 3-22.
李宝伟, 楚燕兰, 张云, 等. 2019. 互联网金融的本质、服务实体经济效率及监管: 基于31个省级面板数据的PVAR模型分析[J]. 西南金融, (6): 45-55.
李辰. 2016. 我国大数据征信发展的现状、困境和经验借鉴[J]. 征信, 34 (9): 32-34.
李丹, 王鸿雁. 2016. 征信体系建设中存在的问题及建议: 基于数据库建设等方面的思考[J]. 征信, 34

（7）：39-41.

李稻葵，刘淳，庞家任. 2016. 金融基础设施对经济发展的推动作用研究：以我国征信系统为例[J]. 金融研究，（2）：180-188.

李德红. 2016. 我国东北地区城市商业银行发展模式研究[J]. 赤峰学院学报（自然科学版），32（14）：121-122.

李非，祝振铎. 2014. 基于动态能力中介作用的创业拼凑及其功效实证[J]. 管理学报，11（4）：562-568.

李国青. 2010. 中小企业信用评级指标体系构建研究[J]. 财会通讯，（14）：41-42.

李昊骅，张晓强，罗鹏飞，等. 2020. 模糊厌恶下关系型借贷定价和最优贷款利率[J]. 中国管理科学，28（10）：36-42.

李后建，刘思亚. 2015. 银行信贷、所有权性质与企业创新[J]. 科学学研究，33（7）：1089-1099.

李慧聪，李维安，郝臣. 2015. 公司治理监管环境下合规对治理有效性的影响：基于中国保险业数据的实证研究[J]. 中国工业经济，（8）：98-113.

李佳硕. 2017. 大数据对会计信息失真的影响研究[J]. 时代金融，（17）：196.

李建军，李俊成. 2020. 普惠金融与创业："授人以鱼"还是"授人以渔"？[J]. 金融研究，（1）：69-87.

李靖华，黄继生. 2017. 网络嵌入、创新合法性与突破性创新的资源获取[J]. 科研管理，38（4）：10-18.

李瑞晶，李媛媛，金浩. 2017. 区域科技金融投入与中小企业创新能力研究：来自中小板和创业板127家上市公司数据的经验证据[J]. 技术经济与管理研究，（2）：124-128.

李士涛. 2012. 我国区域信用体系建设模式及框架研究[J]. 区域金融研究，（12）：41-44.

李曙光，张艳. 2007. 构建我国征信法律框架的探讨[J]. 管理现代化，（2）：9-11.

李双建，李俊青，张云. 2020. 社会信任、商业信用融资与企业创新[J]. 南开经济研究，（3）：81-102.

李双建，田国强. 2020. 银行竞争与货币政策银行风险承担渠道：理论与实证[J]. 管理世界，36（4）：149-168.

李万超，柴尚蕾，张宏燕，等. 2022. 绿色信贷政策下环境信息披露对企业新增银行贷款与债务融资成本的影响研究[J]. 金融理论与实践，（4）：19-28.

李向前，温博慧，袁铭. 2014. 货币政策对中国上市银行资本缓冲逆周期性的非线性影响：基于STAR模型的实证研究[J]. 金融研究，（6）：17-32.

李新功，刘粮. 2014. 完善第三方支付征信平台促进网络信贷发展[J]. 征信，32（3）：23-28.

李雁柯. 2016. 信息透明度、融资约束与企业R&D行为[D]. 南昌：江西师范大学.

李阳. 2017. 基于J2EE的金融征信平台关键技术研究与实现[D]. 贵阳：贵州大学.

李贞彩. 2016. 大数据征信的监管思路：来自《公平信用报告法》的启示[J]. 征信，34（11）：32-37.

李真. 2015. 互联网金融征信模式：经济分析、应用研判与完善框架[J]. 宁夏社会科学，（1）：79-85.

李治，钟俊达，吴晓云. 2015. 基于短期资金市场的高科技企业融资战略及其影响因素：依据台湾1233家高科技企业的面板数据[J]. 财经论丛，（6）：49-56.

李仲飞，黄金波. 2016. 我国小微企业融资困境的动态博弈分析[J]. 华东经济管理，（2）：1-8.

梁坚. 2008. 征信体系建设的国际经验及其启示[J]. 企业经济，（6）：173-175.

梁强，邹立凯，杨学儒，等. 2016. 政府支持对包容性创业的影响机制研究：基于揭阳军埔农村电商创业集群的案例分析[J]. 南方经济，（1）：42-56.

梁斯. 2018. 利率市场化背景下的货币政策利率传导机制研究[J]. 金融监管研究，（7）：82-92.

廖秀梅. 2007. 会计信息的信贷决策有用性：基于所有权制度制约的研究[J]. 会计研究，（5）：31-38，95.

林毅夫，李永军. 2001. 中小金融机构发展与中小企业融资[J]. 经济研究，（1）：10-18，53-93.

刘斌，袁其刚，商辉. 2015. 融资约束、歧视与企业规模分布：基于中国工业企业数据的分析[J]. 财贸经济，（3）：72-87.

刘春志，张雪兰，陈亚男. 2016. 信用信息分享、银行集中度与信贷供给：来自165个国家和地区（2004

—2013）的经验证据[J]. 国际金融研究，（12）：43-53.

刘红柳. 国外企业信用征信模式的启示与联合征信模式在我国的适用性[J]. 学习与实践，（12）：24-29.

刘少波, 梁晋恒, 张友泽. 2020. 大数据技术视阈下银行信贷风险防控研究[J]. 贵州社会科学，（12）：121-128.

刘爽. 2016. "互联网+"背景下普惠金融的发展研究[J]. 中国市场，（21）：50-51.

刘伟林, 李政为, 皮文爽. 2015. 对完善征信系统用户管理的思考：基于落实《金融信用信息基础数据库用户管理规范》视角[J]. 征信，33（6）：37-39.

刘骁. 2007. 信用信息共享模式与激励机理研究[D]. 上海：上海交通大学.

刘新海. 2014. 阿里巴巴集团的大数据战略与征信实践[J]. 征信，32（10）：10-14，69.

刘新海, 丁伟. 2014. 大数据征信应用与启示：以美国互联网金融公司 ZestFinance 为例[J]. 清华金融评论，（10）：93-98.

刘洋, 魏江, 江诗松. 2013. 后发企业如何进行创新追赶？——研发网络边界拓展的视角[J]. 管理世界，（3）：96-110，188.

刘叶婷, 唐斯斯, 梁明. 2016. 信用大数据的形成、应用价值与提升策略[J]. 南方金融，（11）：47-53.

刘音露, 张平, 徐晓萍. 2019. 征信活动、信息技术进步与信贷表现[J]. 国际金融研究，（11）：45-54.

刘瑛, 周浩. 2020. 知识产权信用监管推动商标品牌建设[J]. 中国信用，（9）：115-119.

刘雨松, 钱文荣. 2018. 正规、非正规金融对农户创业决策及创业绩效的影响：基于替代效应的视角[J]. 经济经纬，35（2）：41-47.

刘玉荣, 查婷俊, 刘颜, 等. 2019. 金融市场波动、经济不确定性与城镇居民消费：基于SV模型的实证研究[J]. 经济学（季刊），18（2）：551-572.

刘芸, 朱瑞博. 2014. 互联网金融、小微企业融资与征信体系深化[J]. 征信，32（2）：31-35.

刘征驰, 雷淳, 周莎. 2018. 长尾需求下 P2P 网络借贷平台的职责、工具与手段：基于"拍拍贷"的微观借贷证据[J]. 软科学，32（10）：119-123.

龙海明. 2017. 基于 GPU 的近似最小斯坦纳树算法[D]. 哈尔滨：哈尔滨工业大学.

龙海明, 申泰旭, 吉余道. 2015. 信息信用共享对商业银行风险承担的影响分析[J]. 浙江金融，4：41-47.

龙海明, 王志鹏. 2017. 征信系统、法律权利保护与银行信贷[J]. 金融研究，（2）：117-130.

龙海明, 王志鹏, 申泰旭. 2014. 大数据时代征信业发展趋势探讨[J]. 金融经济，（12）：86-88.

卢芮欣. 2015. 大数据时代中国征信的机遇与挑战[J]. 金融理论与实践，（2）：103-107.

陆岷峰, 徐阳洋. 2021. 互联网金融：运行轨迹、风险溢价与治理启示：以中国网贷行业发展过程为例[J]. 南都学坛，41（1）：116-124.

罗荷花, 谢晋元. 2020. 深度贫困地区农村人口金融能力测评及影响因素分析[J]. 财经理论与实践，41（3）：25-30.

罗来军, 蒋承, 王亚章. 2016. 融资歧视、市场扭曲与利润迷失：兼议虚拟经济对实体经济的影响[J]. 经济研究，51（4）：74-88.

吕劲松. 2015. 关于中小企业融资难、融资贵问题的思考[J]. 金融研究，（11）：115-123.

吕秀梅. 2019. 大数据金融下的中小微企业信用评估[J]. 财会月刊，（13）：22-27.

吕耀怀. 2014. 信息技术背景下公共领域的隐私问题[J]. 自然辩证法研究，30（1）：54-59.

麻文奇. 2016. 大数据征信在企业融资中的应用：以广东省中小微企业信用信息和融资对接平台为例[J]. 金融科技时代，（12）：15-20.

马文曌. 2015. 股票误定价、信息透明度对企业投资效率的影响研究[D]. 杭州：浙江理工大学.

马小林. 2016. 新型企业征信机构发展与监管问题探讨[J]. 征信，34（10）：35-38.

马小琴, 彭基峰, 何键辉. 2018. 中小科技型企业投融资体制创新研究：以东莞为例[J]. 财会通讯，（11）：22-26，129.

迈尔-舍恩伯格 V, 库克耶 K. 2013. 大数据时代[M]. 盛杨燕、周涛, 译. 杭州: 浙江人民出版社.
梅景瑶, 郑刚, 朱凌. 2021. 数字平台如何赋能互补者创新: 基于架构设计视角[J]. 科技进步与对策, 38 (12): 1-8.
米勒 M. 2004. 征信体系和国际经济[M]. 王晓雷, 佟焱, 穆去春, 译. 北京: 中国金融出版社.
苗苗. 2014. 互联网背景下征信业的发展路径分析[J]. 金融发展研究, (9): 86-88.
苗娜娜. 2021. 利率市场化、信息不对称与成本利润率[J]. 财会通讯, (8): 104-107.
牛润盛. 2014. 互联网金融背景下的征信模式选择[J]. 征信, 32 (8): 27-30.
牛勋. 2012. 青岛市企业征信服务平台研究[D]. 青岛: 中国海洋大学.
潘选明, 张炜. 2020. 金融知识有利于农村减贫吗?——来自中国的微观证据[J]. 农村经济, (9): 99-109.
潘镇, 李晏墅. 2008. 联盟中的信任: 一项中国情景下的实证研究[J]. 中国工业经济, (4): 44-54.
彭建刚, 王睿. 2005. 交易成本与地方中小金融机构发展的内在关联性[J]. 财经理论与实践, (6): 17-22.
彭瑞梅, 邢小强. 2019. 数字技术赋权与包容性创业: 以淘宝村为例[J]. 技术经济, 38 (5): 79-86.
彭伟, 符正平. 2013. 基于社会网络视角的多边联盟研究与概念框架构建[J]. 外国经济与管理, 35 (5): 60-71.
钱雪松, 杜立, 马文涛. 2015. 中国货币政策利率传导有效性研究: 中介效应和体制内外差异[J]. 管理世界, (11): 11-28, 187.
秦志华, 林莹, 吴畏, 等. 2018. 软信息对于网络信贷的影响机理研究: 基于中国农业银行数据网贷的探索性案例分析[J]. 管理评论, 30 (11): 275-288.
屈文洲, 谢雅璐, 叶玉妹. 2011. 信息不对称、融资约束与投资-现金流敏感性: 基于市场微观结构理论的实证研究[J]. 经济研究, 46 (6): 105-117.
屈新, 贺宇路. 2011. 企业财务指标体系构建及其应用[J]. 统计与决策, (22): 186-188.
饶大海. 2016. 大数据征信下企业风控模型的现状与发展[J]. 技术与市场, 23 (10): 138.
任兴洲. 2003-02-17. 建立社会信用体系的模式比较[J]. 中国经济时报, (A01).
单德朋, 余港. 2020. 农户创业与贫困减缓[J]. 财贸研究, 31 (4): 52-62.
尚蔚, 李肖林. 2015. 金融抑制对我国中小企业融资的影响及对策[J]. 上海经济研究, (10): 49-54, 86.
申琳, 马丹, 张苏珊. 2019. 金融周期与货币政策交互作用下的银行风险承担渠道: 来自中国微观企业的经验证据[J]. 经济社会体制比较, (3): 39-47.
沈良辉, 陈莹, 王文强, 等. 2014. 征信文化与征信队伍建设研究: 基于福建省三类机构的调查与思考[J]. 福建金融, (S2): 40-45.
石晓军. 2006. 征信体系的关键影响因素: 以巴西为例[J]. 中共南京市委党校南京市行政学院学报, (4): 15-20.
石晓军. 2008. 征信体系的功能模式与国家宏观匹配[J]. 管理世界, (6): 50-60.
石晓军, 张顺明. 2010. 商业信用、融资约束及效率影响[J]. 经济研究, 45 (1): 102-114.
宋全云, 吴雨, 钱龙. 2016. 存款准备金率与中小企业贷款成本: 基于某地级市中小企业信贷数据的实证研究[J]. 金融研究, (10): 64-78.
宋徐徐, 许丁. 2012. 软信息收集在中小企业贷款"信贷工厂"模式中的重要作用[J]. 经济体制改革, (1): 149-152.
孙晋. 2021. 数字平台的反垄断监管[J]. 中国社会科学, (5): 101-127, 206-207.
孙骏可, 罗正英, 陈艳. 2019. 货币政策紧缩环境下风险投资对企业融资约束的影响: 基于我国深交所中小板上市公司的经验证据[J]. 经融评论, 11 (3): 64-79, 125.
孙锐, 罗映宇. 2021. 自我知觉理论视角下消费者隐私悖论行为研究: ERPs 的证据[J]. 南开管理评论, 24 (4): 153-162.
孙伟力, 王萌. 2021. 大数据背景下信用评分业务的合规应用研究[J]. 金融发展研究, (4): 90-92.

孙文娜，苏跃辉，刘晓燕. 2019. 美国征信机构发展模式对中国的启示[J]. 西南金融，（10）：73-80.

孙肖远. 2014. 构建区域信用治理与区域法治建设协同推进机制：以信用长三角建设为例[J]. 现代经济探讨，（9）：59-62.

孙新波，张明超，王永霞. 2022. 工业互联网平台赋能促进数据化商业生态系统构建机理案例研究[J]. 管理评论，34（1）：322-337.

孙志伟. 2013. 不同征信模式的比较与分析[J]. 中国流通经济，27（3）：51-57.

谭伟强. 2006. 商业信用：基于企业融资动机的实证研究[J]. 南方经济，（12）：50-60.

谭之博，赵岳. 2012. 企业规模与融资来源的实证研究：基于小企业银行融资抑制的视角[J]. 金融研究，（3）：166-179.

谭智佳，张启路，朱武祥，等. 2022. 从金融向实体：流动性风险的微观传染机制与防范手段：基于中小企业融资担保行业的多案例研究[J]. 管理世界，38（3）：35-59.

汤丹丹，温忠麟. 2020. 共同方法偏差检验：问题与建议[J]. 心理科学，43（1）：215-223.

唐明琴. 2012. 征信机构建设的国际经验及其启示[J]. 重庆社会科学，（10）：18-26.

唐玮，蔡文婧，崔也光. 2020. "诚信"文化与企业创新[J]. 科研管理，41（4）：11-22.

田丰，夏远航. 2019. 我国征信市场信息披露制度的完善：基于国内金融行业监管比较视角[J]. 西南金融，（3）：71-79.

汪继宁. 2013. 对金融业统一征信平台搭建的思考：基于银行、证券、保险信息共享的探索[J]. 征信，31（3）：43-46.

汪劲. 2002. 市场经济体制下的信用制度及其运行机制：国外信用制度介绍和比较[J]. 经济社会体制比较，（3）：25-30.

王便芳，周燕. 2019. 从数字到数据：征信系统数据化转型研究[J]. 征信，37（8）：21-25.

王凤彬，王骁鹏，张驰. 2019. 超模块平台组织结构与客制化创业支持：基于海尔向平台组织转型的嵌入式案例研究[J]. 管理世界，35（2）：121-150，199-200.

王凤荣，王康仕. 2018. 绿色金融的内涵演进、发展模式与推进路径：基于绿色转型视角[J]. 理论学刊，（3）：59-66.

王海妹. 2005. 美国个人信用信息体系的特点及启示[J]. 金融会计，（6）：41-43.

王佳致，陶士贵. 2022. 苏州模式：数字征信体系的创新与完善[J]. 征信，40（4）：52-56.

王剑，贺晨，陈俊良. 2020. 金融科技创新，助力小微信贷业务破题[J]. 人工智能，（6）：106-118.

王念新，仲伟俊，梅姝娥. 2010. 信息技术、核心能力和企业绩效的实证研究[J]. 管理科学，23（1）：52-64.

王庆顺. 2019. 基于社交网络大数据的个人征信研究[D]. 杭州：浙江大学.

王秋香. 2015. 大数据征信的发展、创新及监管[J]. 国际金融，（9）：60-66.

王斯坦，王屹. 2016. 我国互联网征信发展现状与征信体系构建[J]. 经济研究参考，（10）：89-92.

王霞，刘红宇，杨梦秋. 2020. 应用云平台构建小微企业信用评级体系的研究[J]. 技术与市场，27（10）：123-125.

王晓东. 2007. 集群中小企业融资结构研究[D]. 哈尔滨：哈尔滨工程大学.

王晓明. 2015. 征信体系构建：制度选择与发展路径[M]. 北京：中国金融出版社.

王晓明. 2020. 增信助力中小微企业融资[J]. 中国金融，（Z1）：165-167.

王晓彦，张馨月. 2019. 省际金融发展水平与企业绩效的阈值效应研究：基于融资约束的视角[J]. 学习与实践，（5）：23-32.

王永贵，刘菲. 2019. 信任有助于提升创新绩效吗：基于B2B背景的理论探讨与实证分析[J]. 中国工业经济，（12）：152-170.

王永青，单文涛，赵秀云. 2019. 地区金融发展、供应链集成与企业银行债务融资[J]. 经济经纬，36（2）：

133-140.

王勇, 王蒲生. 2016. 大数据征信的隐私风险与应对策略[J]. 自然辩证法研究, 32 (7): 118-122.

王昱, 安贝. 2019. 金融发展、政府干预对企业R&D投入的异质性影响[J]. 管理工程学报, 33 (2): 10-17.

王韵. 2011. 浅析"区域限批"制度的法律规制. 法制与社会, (10): 154-155.

王正位, 向佳, 廖理, 等. 2016. 互联网金融环境下投资者学习行为的经济学分析[J]. 数量经济技术经济研究, 33 (3): 95-111.

魏明海, 刘峰, 施鲲翔. 2001. 论会计透明度[J]. 会计研究, (9): 16-20, 65.

魏强. 2015. 大数据征信在互联网金融中的应用分析[J]. 金融经济, (8): 11-13.

魏亚平, 宋佳. 2013. 企业内源融资能力和外源融资约束对投资支出的影响: 以文化创意上市公司为例[J]. 软科学, 27 (10): 74-77.

温忠麟, 叶宝娟. 2014. 中介效应分析: 方法和模型发展[J]. 心理科学进展, 22 (5): 731-745.

吴晖, 韩海庭, 屈秀伟, 等. 2020. 大数据征信算法的可解释性研究[J]. 征信, 38 (5): 44-51

吴晶妹. 2015. 从信用的内涵与构成看大数据征信[J]. 首都师范大学学报 (社会科学版), (6): 66-72.

吴晶妹. 2016. 对2016年我国征信业发展的一些期盼[J]. 征信, 34 (1): 1-6.

吴楠. 2018. 新金融背景下互联网征信体系与传统征信体系比较研究[J]. 时代金融, (20): 68, 76.

吴培新. 2008. 货币政策分析中的货币供应量和信贷规模[J]. 经济科学, (5): 5-14.

吴晓波, 姜雁斌. 2012. 包容性创新理论框架的构建[J]. 系统管理学报, 21 (6): 736-747.

吴寅恺. 2021. 农村商业银行数字化转型研究[J]. 时代金融, (7): 72-73, 79.

夏祥谦, 范敏. 2019. 融资歧视、银行信贷配置与资本回报率: 来自省级企业贷款数据的再检验[J]. 上海金融, (6): 33-43.

肖文, 刘莉云, 潘家栋. 2014. 两岸银行业小微金融合作模式探讨: 基于路桥的案例分析[J]. 台湾研究, (2): 31-38.

肖兴志, 韩超. 2008. 中国银行业监管效果的实证研究[J]. 产业经济研究, (4): 29-36.

修永春. 2018. 金融科技与普惠金融: 征信业的变革与挑战[J]. 新金融, (10): 52-55.

徐国祥, 檀向球, 胡穗华. 2000. 上市公司经营业绩综合评价及其实证研究[J]. 统计研究, (9): 44-51.

徐珊, 黎洁婷. 2022. 非金融企业金融化、货币政策宽松度与就业[J]. 工业技术经济, 41 (4): 76-84.

徐寿福, 邓鸣茂, 陈晶萍. 2016a. 融资约束、现金股利与投资–现金流敏感性[J]. 山西财经大学学报, (2): 112-124.

徐寿福, 贺学会, 陈晶萍. 2016b. 股权质押与大股东双重择时动机[J]. 财经研究, 42 (6): 74-86.

徐鑫. 2016. 大数据征信"大有可为"[J]. 上海信息化, (10): 29-33.

徐盈之, 吴海明. 2010. 我国钢铁行业发展水平、产业关联特征及影响因素: 基于投入产出法的动态研究[J]. 经济问题, (5): 36-41.

徐玉德, 李挺伟, 洪金明. 2011. 制度环境、信息披露质量与银行债务融资约束: 来自深市A股上市公司的经验证据[J]. 财贸经济, (5): 51-57.

薛冬辉. 2012. 政治关联对中国民营企业融资能力影响研究[D]. 天津: 南开大学.

闫先东, 朱迪星. 2020. 货币政策影响商业银行经营决策的国外前沿文献评述[J]. 金融与经济, (6): 45-53.

杨畅, 庞瑞芝. 2017. 契约环境、融资约束与"信号弱化"效应: 基于中国制造业企业的实证研究[J]. 管理世界, (4): 60-69.

杨德勇, 代海川. 2020. 从金融科技视角看中小微企业融资问题: 以地方金融服务平台为例[J]. 甘肃金融, (11): 36-39.

杨光. 2016. 征信体系降低融资约束功能的实证研究: 基于2011—2014年90个国家面板数据的分析[J]. 海南金融, (7): 60-63, 79.

杨虹，王乔冉，张柯. 2021. 中国数字普惠金融、教育水平与农村贫困问题探析[J]. 江汉学术，40（3）：41-52.

杨怀印，曲国丽. 2009. 我国自主创业群体的扶持与鼓励策略研究[J]. 经济管理，31（6）：11-15.

杨柳. 2012. 刍议金融业统一征信平台建设：以融资融券业务为例[J]. 金融与经济，（1）：81-83.

杨冕，袁亦宁，万攀兵. 2022. 环境规制、银行业竞争与企业债务融资成本：来自"十一五"减排政策的证据[J]. 经济评论，（4）：122-136.

杨沛璋，李英. 2022. 战略激进度与融资约束：兼论管理者伪装行为的中介作用[J]. 财会月刊，（8）：53-60.

杨涛. 2015. 互联网征信的挑战[J]. 中国金融，（21）：52-54.

杨文礼. 2013. 信用哲学引论[D]. 北京：中共中央党校.

杨亚仙，庞文静. 2020. 我国大数据征信行业的发展现状、问题与对策[J]. 征信，38（2）：49-52.

姚洁. 2010. 长三角区域信用体系建设研究[D]. 上海：华东师范大学.

姚静. 2016. 中小企业信用评级指标体系研究[D]. 北京：中国社会科学院研究生院.

姚铮，邵勤华. 2005. 商业银行竞争力评价指标选择及其权重确定[J]. 科技进步与对策，（1）：60-63.

叶宝娟，温忠麟. 2013. 有中介的调节模型检验方法：甄别和整合[J]. 心理学报，45（9）：1050-1060.

叶燕斐，洪卫. 2020. 加大文旅业小微企业信贷支持扩大消费需求促进经济高质量发展[J]. 清华金融评论，（10）：23-25.

叶征，田昆，黄丹阳. 2020. 市场化征信助力小微发展[J]. 中国金融，（4）：77-78.

叶治杉. 2021. 我国征信体系建设发展障碍与战略对策：基于美国经验的考察与借鉴[J]. 西南金融，（5）：89-96.

叶宗裕. 2003. 关于多指标综合评价中指标正向化和无量纲化方法的选择[J]. 浙江统计，（4）：25-26.

尹丽，罗威. 2016. 互联网金融征信发展的模式选择：基于普惠金融视角[J]. 会计之友，（13）：99-102.

尹志超，钱龙，吴雨. 2015. 银企关系、银行业竞争与中小企业借贷成本[J]. 金融研究，（1）：134-149.

于晓虹，楼文高. 2016. 基于随机森林的P2P网贷信用风险评价、预警与实证研究[J]. 金融理论与实践，（2）：53-58.

郁俊莉. 2009. 中小企业信用资本形成机制及对融资支持的研究[J]. 中南财经政法大学学报，（5）：122-126.

郁俊莉，张晓. 2013. 中小企业融资中的信用能力建设机制研究[J]. 武汉理工大学学报（社会科学版），26（6）：887-892.

袁国良，郑江淮，胡志乾. 1999. 我国上市公司融资偏好和融资能力的实证研究[J]. 管理世界，（3）：150-157，220.

袁宏伟. 2015. 基于征信数据库的我国保险与P2P网贷合作研究[D]. 南宁：广西大学.

翟光宇，张博超. 2017. 货币政策、公司债务融资与会计信息透明度：基于2004—2014年中国上市公司数据的实证分析[J]. 国际金融研究，（5）：36-45.

翟胜宝，陈紫薇，刘亚萍. 2015. 银企关系与企业成本费用粘性[J]. 系统工程理论与实践，35（4）：928-938.

翟淑萍，毕晓方. 2016. 市场压力、财政补贴与上市高新技术企业双元创新投资[J]. 科学决策，（6）：16-33.

湛维明，王佳. 2017. 科技型中小企业征信数据采集与整合方法探索[J]. 产业与科技论坛，16（9）：215-216.

张博，胡金焱，范辰辰. 2015. 社会网络、信息获取与家庭创业收入：基于中国城乡差异视角的实证研究[J]. 经济评论，（2）：52-67.

张成思，张步昙. 2016. 中国实业投资率下降之谜：经济金融化视角[J]. 经济研究，51（12）：32-46.

张栋浩，尹志超，隋钰冰. 2020. 金融普惠可以提高减贫质量吗？——基于多维贫困的分析[J]. 南方经济，（10）：56-75.

张海燕，倪凤玥，韩振亮. 2020. 利用征信系统缓解小微企业融资难的对策[J]. 河北金融，（1）：24-26.

张海云，陆本立. 2021. 应进一步提高资产证券化市场透明度[J]. 清华金融评论，（6）：82-84.
张号栋，尹志超. 2016. 金融知识和中国家庭的金融排斥：基于CHFS数据的实证研究[J]. 金融研究，（7）：80-95.
张红娟，谭劲松. 2014. 联盟网络与企业创新绩效：跨层次分析[J]. 管理世界，（3）：163-169.
张红历，周勤，王成璋. 2010. 信息技术、网络效应与区域经济增长：基于空间视角的实证分析[J]. 中国软科学，（10）：112-123，179.
张捷. 2002. 中小企业的关系型借贷与银行组织结构[J]. 经济研究，（6）：54-94，32-37.
张捷，王霄. 2002. 中小企业金融成长周期与融资结构变化[J]. 世界经济，（9）：63-70.
张九春，孟繁博，张雯多，等. 2021. 征信平台建设破解中小微企业融资难题的思考：以吉林省为例[J]. 征信，39（1）：46-49.
张雷，雷雳，郭伯良. 2003. 多层线性模型应用[M]. 北京：教育科学出版社.
张亮，孙兆斌. 2006. 麦克米伦缺欠、中小企业融资困境与政府支持[J]. 求索，（1）：17-20.
张路. 2019. 基于大数据的小微企业信用体系建设研究[J]. 时代金融，（19）：85-86.
张璐昱，王永茂. 2018. 电商大数据金融下小微企业融资模式研究：基于蚂蚁金服与京东金融的比较[J]. 西南金融，（7）：53-59.
张鹏. 2013. 金融监管体系的变迁历程及其对中国的启示[J]. 南方金融，（4）：36-40.
张璞. 2020. 破局小微金融服务：成于风控[J]. 现代商业银行，（3）：85-88.
张强，乔煜峰，张宝. 2013. 中国货币政策的银行风险承担渠道存在吗？[J]. 金融研究，（8）：84-97.
张燃. 2014. 我国房地产企业征信体系的构建研究[D]. 重庆：重庆大学.
张世林，才国伟. 2012. 债权人保护能促进私营信贷发展吗？——来自133个国家或地区的经验证据[J]. 南方经济，（4）：43-55.
张帅领，汤殿华，胡华鹏. 2022. 开放环境下大数据安全开发利用的挑战和思考[J]. 信息安全与通信保密，（5）：59-72.
张蔚，陈燕. 2018. 大数据征信背景下个人隐私保护问题探讨[J]. 金融经济，（24）：132-133.
张心月. 2017. 大数据征信对中小企业融资的作用机制研究：以金电联行为例[D]. 郑州：河南财经政法大学.
张新. 2019. 货币政策、内控质量与投资效率研究[J]. 会计之友，（2）：74-81.
张新宜. 2018. 金融科技与征信业创新[J]. 中国金融，（16）：62-63.
张一林，樊纲治. 2016. 信贷紧缩、企业价值与最优贷款利率[J]. 经济研究，51（6）：71-82.
张一林，郁芸君，陈珠明. 2021. 人工智能、中小企业融资与银行数字化转型[J]. 中国工业经济，（12）：69-87.
张玉利，李雪灵，周欣悦，等. 2020. 商业模式创新过程："从无到有"与"从有到新"[J]. 管理学季刊，5（3）：113-118.
张悦玫，张芳，李延喜. 2017. 会计稳健性、融资约束与投资效率[J]. 会计研究，（9）：35-40，96.
张云起，孙军峰，冯漪. 2017. 信联网商务信用体系理论与实践：概念、理论与技术架构[J]. 中央财经大学学报，（5）：81-87.
张兆国，刘亚伟，杨清香. 2014. 管理者任期、晋升激励与研发投资研究[J]. 会计研究，（9）：81-88，97.
张子豪，谭燕芝. 2020. 认知能力、信贷与农户多维贫困[J]. 农业技术经济，（8）：54-68.
章和杰. 2013. 中国金融可持续发展的若干问题思考[J]. 企业经济，（12）：5-8.
赵成国，江文歆，庄雷. 2020. 区块链数字货币信用创造机制研究：基于货币价值属性视角[J]. 财会月刊，（9）：156-160.
赵海蕾，邓鸣茂，汪桂霞. 2015. 互联网金融中的大数据征信体系构建[J]. 经济视角（上旬刊），（4）：18-21.

赵怀勇. 2002. 我国企业征信业发展的现状、问题与政策建议[J]. 经济研究参考,（17）: 10-17.
赵美. 2020. 浅谈大数据背景下商业银行信贷风险管理[J]. 现代金融,（6）: 23-25.
赵雯. 2016. 我国互联网征信法律制度研究: 以"芝麻信用"为例[D]. 成都: 四川省社会科学院.
赵小凡. 2005. 社会征信体系建设: 国际借鉴与国内考察: 兼论我国两类征信体系的整合[J]. 财经理论与实践, 26（2）: 110-113.
赵小风, 黄贤金, 钟太洋, 等. 2012. 江苏省开发区土地集约利用的分层线性模型实证研究[J]. 地理研究, 31（9）: 1611-1620.
赵志勇. 2018. 企业大数据征信: 困境与超越[J]. 上海金融,（2）: 92-95.
郑建华, 黄灏然, 李晓龙. 2020. 基于大数据小微企业信用评级模型研究[J]. 技术经济与管理研究,（7）: 22-26.
郑威, 陆远权. 2019. 金融市场分割的研发效应及企业差异[J]. 研究与发展管理, 31（1）: 109-117.
中国人民银行征信中心与金融研究所联合课题组. 2014. 互联网信贷、信用风险管理与征信[J]. 金融研究,（10）: 133-147.
钟春平, 徐长生. 2006. 我国商业银行发展中间业务的误区[J]. 上海金融,（2）: 37-41.
钟原. 2018. 大数据时代垄断协议规制的法律困境及其类型化解决思路[J]. 天府新论,（2）: 66-75.
周聪, 张宗新. 2021. 信息挖掘还是噪声交易: 债券特质风险如何影响信用利差[J]. 统计研究, 38（6）: 86-101.
周杰, 薛有志. 2008. 公司内部治理机制对R&D投入的影响: 基于总经理持股与董事会结构的实证研究[J]. 研究与发展管理,（3）: 1-9.
周雷, 顾瑞鹏, 邢雪, 等. 2022. 大数据征信前沿研究综述与展望[J]. 征信, 40（1）: 36-44.
周洋, 华语音. 2017. 互联网与农村家庭创业: 基于CFPS数据的实证分析[J]. 农业技术经济,（5）: 111-119.
周中胜, 陈汉文. 2008. 独立审计有用吗?——基于资源配置效率视角的经验研究[J]. 审计研究,（6）: 49-58.
朱冬琴, 马嘉应. 2012. 信用贷款、金融发展与企业家声誉的信号传递[J]. 上海经济研究,（5）: 36-47.
朱健齐, 林泽兰, 苏志伟. 2018. 关于中小企业"融资难"问题的对策研究: 基于台湾经验和启示[J]. 中国海洋大学学报（社会科学版）,（1）: 77-89.
朱培标. 2001. 财政支出拉动经济增长的惯性分析[J]. 中央财经大学学报,（9）: 5-7.
朱晓光. 2017. 我国中小企业融资现状及对策研究[J]. 商业经济,（2）: 101-103.
朱星文. 2012. 论企业信用风险及其控制[J]. 江西财经大学学报,（6）: 27-33.
朱秀梅, 刘月, 李柯, 等. 2019. 创业学习到创业能力: 基于主体和过程视角的研究[J]. 外国经济与管理, 41（2）: 30-43.
朱颖, 刘洋, 朱建军. 2014. 区域征信体系成熟度评价指标体系构建研究[J]. 管理科学与工程,（2）: 33-38.
朱永亮. 2007. 美日两国征信体系及其对我国的启示[J]. 日本问题研究,（1）: 25-28.
庄毓敏, 储青青, 马勇. 2020. 金融发展、企业创新与经济增长[J]. 金融研究,（4）: 11-30.
曾颖, 陆正飞. 2006. 信息披露质量与股权融资成本[J]. 经济研究, 42（2）: 69-79, 91.
曾铮. 2014. 中国医药产业发展概况及其趋势研究[J]. 经济研究参考,（32）: 4-38.
左锐, 马晓娟, 李玉洁. 2020. 企业诚信文化、内部控制与创新效率[J]. 统计与决策, 36（9）: 154-158.
Acquisti A, Brandimarte L, Loewenstein G. 2015. Privacy and human behavior in the age of information[J]. Science, 347（6221）: 509-514.
Abor J, Bokpin G A. 2010. Investment opportunities, corporate finance, and dividend payout policy: evidence from emerging markets[J]. Studies in Economics and Finance, 27（3）: 180-194.
Abreu M, Oner O, Brouwer A, et al. 2019. Well-being effects of self-employment: a spatial inquiry[J]. Journal

of Business Venturing, 34 (4): 589-607.

Adner R. 2017. Ecosystem as structure: an actionable construct for strategy[J]. Journal of Management, 43 (1): 39-58.

Adner R, Kapoor R. 2010. Value creation in innovation ecosystems: how the structure of technological interdependence affects firm performance in new technology generations[J]. Strategic Management Journal, 31 (3): 306-333.

Agarwal S, Mazumder B. 2013. Cognitive abilities and household financial decision making[J]. American Economic Journal: Applied Economics, 5 (1): 193-207.

Ahlin C, Jiang N. 2008. Can micro-credit bring development? [J]. Journal of Development Economics, 86 (1): 1-21.

Akerlof G A. 1970. The market for "Lemons": quality uncertainty and the market mechanism[J]. The Quarterly Journal of Economics, 84 (3): 488-500.

Alam T M, Shaukat K, Hameed I A, et al. 2020. An investigation of credit card default prediction in the imbalanced datasets[J]. IEEE Access, 8: 201173-201198.

Alexopoulos M, Cohen J. 2009. Uncertain times, uncertain measures[J]. University of Toronto Department of Economics Working Paper 2009.

Alloway T. 2015. Big data: credit where credits due[J]. Financial Times, 662.

Altman E I, Sabato G. 2007. Modelling credit risk for SMEs: evidence from the U.S. market[J]. Abacus, 43 (3): 332-357.

Altman E I, Sabato G, Wilson N. 2010. The value of non-financial information in SME risk management[J]. The Journal of Credit Risk, 6 (2): 95-127.

Alvarez S A, Barney J B. 2014. Entrepreneurial opportunities and poverty alleviation[J]. Entrepreneurship Theory and Practice, 38 (1): 159-184.

Amit R, Glosten L, Muller E. 1990. Entrepreneurial ability, venture investments, and risk sharing[J]. Management Science, 36 (10): 1233-1246.

Amore M D. 2020. Innovation disclosure in times of uncertainty[J]. Journal of Economics, Management Strategy, 29 (4): 792-815.

Anderson C, Card K. 2013. Effective practices of financial education for college students: students' perceptions of credit card use and financial responsibility[J]. College Student Journal, (1): 77-84.

Angelini E, di Tollo G, Roli A. 2008. A neural network approach for credit risk evaluation[J]. The Quarterly Review of Economics and Finance, 48 (4): 733-755.

Angelini P, di Salvo R, Ferri G. 1998. Availability and cost of credit for small businesses: customer relationships and credit cooperatives[J]. Journal of Banking & Finance, 22 (161718): 925-954.

Ashnai B, Henneberg S C, Naudé P, et al. 2016. Inter-personal and inter-organizational trust in business relationships: an attitude-behavior-outcome model[J]. Industrial Marketing Management, 52: 128-139.

Athey M J, Laumas P S. 1994. Internal funds and corporate investment in India[J]. Journal of Development Economics, 45 (2): 287-303.

Atuahene-Gima K, Li H Y, de Luca L M. 2006. The contingent value of marketing strategy innovativeness for product development performance in Chinese new technology ventures[J]. Industrial Marketing Management, 35 (3): 359-372.

Autio E, Thomas L D W. 2020. Value co-creation in ecosystems: insights and research promise from three disciplinary perspectives[C]//Nambisan S, Lyytinen K, Yoo Y. Handbook of Digital Innovation. Cheltenham: Edward Elgar Publishing: 107-132.

Aysan A F, Disli M, Ng A, et al. 2016. Is small the new big? Islamic banking for SMEs in Turkey[J]. Economic Modelling, (54): 187-194.

Bain J S. 1956. Barriers to New Competition, Their Character and Consequences in Manufacturing Industries[M]. Cambridge: Harvard University Press.

Bajari P, Nekipelov D, Ryan S P, et al. 2015. Machine learning methods for demand estimation[J]. American Economic Review, 105 (5): 481-485.

Baker H K, Mansi S A. 2002. Assessing credit rating agencies by bond issuers and institutional investors[J]. Journal of Business Finance & Accounting, 29 (9/10): 1367-1398.

Baker T, Nelson R E. 2005. Creating something from nothing: resource construction through entrepreneurial bricolage[J]. Administrative Science Quarterly, 50 (3): 329-366.

Baley I, Blanco A. 2019. Firm uncertainty cycles and the propagation of nominal shocks[J]. American Economic Journal: Macroeconomics, 11 (1): 276-337.

Barker E. 2002. Start with nothing[J]. Inc. Management, (2): 66-72.

Barboni G, Rossi C. 2019. Does your neighbour know you better? The supportive role of local banks in the financial crisis[J]. Journal of Banking & Finance, 106: 514-526.

Barney J B. 1986. Strategic factor markets: expectations, luck, and business strategy[J]. Management Science, 32 (10): 1231-1241.

Barney J. 1991. Firm resources and sustained competitive advantage[J]. Journal of Management, 17 (1): 99-120.

Barney J B, Hansen M H. 1994. Trustworthiness as a source of competitive advantage[J]. Strategic Management Journal, 15 (S1): 175-190.

Barney J B, Ketchen D J, Jr, Wright M. 2011. The future of resource-based theory[J]. Journal of Management, 37 (5): 1299-1315.

Baron R A. 2006. Opportunity recognition as pattern recognition: how entrepreneurs "connect the dots" to identify new business opportunities[J]. Academy of Management Perspectives, 20 (1): 104-119.

Baron R A. 2006. Opportunity recognition as pattern recognition: how entrepreneurs "connect the dots" to identify new business opportunities[J]. Academy of Management Perspectives, 20 (1): 104-119.

Barro R J. 1976. The loan market, collateral and rates of interast[J]. Journal of Money, Credit and Banking, 8 (4): 439-456.

Beck T, Demirgüç-Kunt A, Maksimovic V. 2005. Financial and legal constraints to growth: does firm size matter? [J]. The Journal of Finance, 60 (1): 137-177.

Behr P, Sonnekalb S. 2012. The effect of information sharing between lenders on access to credit, cost of credit, and loan performance: evidence from a credit registry introduction[J]. Journal of Banking & Finance, 36 (11): 3017-3032.

Benmelech E, Dlugosz J. 2010. The credit rating crisis[J]. NBER Macroeconomics Annual, 24 (1): 161-208.

Bennardo A, Pagano M, Piccolo S. 2015. Multiple bank lending, creditor rights, and information sharing[J]. Review of Finance, 19 (2): 519-570.

Berg T, Burg V, Gombović A, et al. 2020. On the rise of FinTechs: credit scoring using digital footprints[J]. The Review of Financial Studies, 33 (7): 2845-2897.

Berge L I O, Bjorvatn K, Tungodden B. 2015. Human and financial capital for microenterprise development: evidence from a field and lab experiment[J]. Management Science, 61 (4): 707-722.

Berger A N. 2009. Comments on bank market structure, competition, and SME financing relationships in European regions by Mercieca, Schaeck, and Wolfe[J]. Journal of Financial Services Research, 36 (2/3):

157-159.

Berger A N, Bouwan C H S. 2017. Bank liquidity creation, monetary policy, and financial crises[J]. Journal of Financial Stability, 30: 139-155.

Berger A N, Frame W S. 2007. Small business credit scoring and credit availability[J]. Journal of Small Business Management, 45 (1): 5-22.

Berger A N, Miller N H, Petersen M A, et al. 2005. Does function follow organizational form? Evidence from the lending practices of large and small banks[J]. Journal of Financial Economics, 76 (2): 237-269.

Berger A N, Udell G F. 1995. Relationship lending and lines of credit in small firm finance[J]. The Journal of Business, 68 (3): 351-381.

Berger A N, Udell G F. 2002. Small business credit availability and relationship lending: the importance of bank organisational structure[J]. The Economic Journal, 112 (477): F32-F53.

Berger A N, Udell G F. 2006. A more complete conceptual framework for SME finance[J]. Journal of Banking & Finance, 30 (11): 2945-2966.

Berkowitz J, White M J. 2004. Bankruptcy and small firms' access to credit[J]. The RAND Journal of Economics, 35 (1): 69-84.

Bharath S T, Dahiya S, Saunders A, et al. 2011. Lending relationships and loan contract terms[J]. The Review of Financial Studies, 24 (4): 1141-1203.

Bhattacharya U, Daouk H, Welker M. 2003. The world price of earnings opacity[J]. The Accounting Review, 78 (3): 641-678.

Bhuiyan M F, Ivlevs A. 2018. Micro-entrepreneurship and subjective well-being: evidence from rural Bangladesh[J]. Journal of Business Venturing, 34 (4): 625-645.

Bolli T, Seliger F, Woerter M. 2020. Technological diversity, uncertainty and innovation performance [J]. Applied Economics, 52 (17): 1831-1844.

Bongaerts D. 2014. Alternatives for issuer-paid credit rating agencies[R]. ECB Working Paper 1703.

Boot A W A. 2000. Relationship banking: what do we know? [J]. Journal of Financial Intermediation, 9 (1): 7-25.

Borio C, Zhu H. 2012. Capital regulation, risk-taking and monetary policy: a missing link in the transmission mechanism? [J]. Journal of Financial Stability, 8 (4): 236-251.

Bos J W B, de Haas R, Millone M. 2016. Show me yours and I'll show you mine: sharing borrower information in a competitive credit market[J]. SSRN Electronic Journal: 1-58.

Bowman A W. 2018. Big questions, informative data, excellent science[J]. Statistics & Probability Letters, 136: 34-36.

Bozic B, Siebert S, Martin G. 2019. A strategic action fields perspective on organizational trust repair[J]. European Management Journal, 37 (1): 58-66.

Brabazon A, O'neill M, Dempsey I. 2008. An introduction to evolutionary computation in Finance[J]. IEEE Computational Intelligence Magazine, 3 (4): 42-55.

Brasil V C, Salerno M S, de Vasconcelos Gomes L A D. 2018. Valuation of innovation projects with high uncertainty: reasons behind the search for real options[J]. Journal of Engineering and Technology Management, 49: 109-122.

Briggeman B C, Whitacre B E. 2010. Farming and the internet: reasons for non-use[J]. Agricultural and Resource Economics Review, 39 (3): 571-584.

Brinkhoff A, Özer Ö, Sargut G. 2015. All you need is trust? An examination of inter-organizational supply chain projects[J]. Production and Operations Management, 24 (2): 181-200.

Bromiley P, Harris J. 2006. Trust, transaction cost economics, and mechanisms[C]//Bachmann R, Zaheer A. Handbook of Trust Research. Cheltenham: Edward Elgar Publishing: 124-143.

Brown J R, Der C S, Lee D J. 2000. Managing marketing channel opportunism: the efficacy of alternative governance mechanisms[J]. Journal of Marketing, 64 (2): 51-65.

Brown M, Jappelli T, Pagano M. 2009. Information sharing and credit: firm-level evidence from transition countries[J]. Journal of Financial Intermediation, 18 (2): 151-172.

Brown M, Zehnder C. 2007. Credit reporting, relationship banking, and loan repayment[J]. Journal of Money, Credit and Banking, 39 (8): 1883-1918.

Bruton G D, Ahlstrom D, Obloj K. 2008. Entrepreneurship in emerging economies: where are we today and where should the research go in the future[J]. Entrepreneurship Theory and Practice, 32 (1): 1-14.

Bruton G D, Ahlstrom D, Si S. 2015. Entrepreneurship, poverty, and Asia: moving beyond subsistence entrepreneurship[J]. Asia Pacific Journal of Management, 32 (1): 1-22.

Bruton G D, Ketchen D J, Jr, Ireland R D. 2013. Entrepreneurship as a solution to poverty[J]. Journal of Business Venturing, 28 (6): 683-689.

Bruton G D, Khavul S, Chavez H. 2011. Microlending in emerging economies: building a new line of inquiry from the ground up[J]. Journal of International Business Studies, 42 (5): 718-739.

Bryant R E, Katz R H, Lazowska E D. 2008. Big-data computing: creating revolutionary breakthroughs in commerce[J]. Science, and Society, 8: 1-15.

Buera F J. 2009. A dynamic model of entrepreneurship with borrowing constraints: theory and evidence[J]. Annals of finance, 5 (3): 443-464.

Calton J M, Werhane P H, Hartman L P, et al. 2013. Building partnerships to create social and economic value at the base of the global development pyramid[J]. Journal of Business Ethics, 117 (4): 721-733.

Cannon J P, Perreault W D, Jr. 1999. Buyer-seller relationships in business markets[J]. Journal of Marketing Research, 36 (4): 439-460.

Cantor R. 2004. An introduction to recent research on credit ratings[J]. Journal of Banking & Finance, 28 (11): 2565-2573.

Cantor R, Packer F. 1997. Differences of opinion and selection bias in the credit rating industry[J]. Journal of Banking & Finance, 21 (10): 1395-1417.

Cantor R, Packer F, Cole K. 1997. Split ratings and the pricing of credit risk[J]. The Journal of Fixed Income, 7 (3): 72-82.

Carson S J, Madhok A, Varman R, et al. 2003. Information processing moderators of the effectiveness of trust-based governance in interfirm R&D collaboration[J]. Organization Science, 14 (1): 45-56.

Carson S J, Madhok A, Wu T. 2006. Uncertainty, opportunism, and governance: the effects of volatility and ambiguity on formal and relational contracting[J]. Academy of Management Journal, 49 (5): 1058-1077.

Cennamo C. 2021. Competing in digital markets: a platform-based perspective[J]. Academy of Management Perspectives, 35 (2): 265-291.

Cerqueiro G, Degryse H, Ongena S. 2011. Rules versus discretion in loan rate setting[J]. Journal of Financial Intermediation, 20 (4): 503-529.

Chakravarty S, Shahriar A Z M. 2015. Selection of borrowing partners in joint liability-based microcredit: evidence from framed field experiments in Bangladesh[J]. Entrepreneurship Theory and Practice, 39 (1): 129-144.

Chamberlin T, Doutriaux J. 2010. Sourcing knowledge and innovation in a low-technology industry[J]. Industry and Innovation, 17 (5): 487-510.

Chams-Anturi O, Moreno-Luzon M D, Escorcia-Caballero J P. 2020. Linking organizational trust and performance through ambidexterity[J]. Personnel Review, 49 (4): 956-973.

Cheah B C. 2009. Clustering standard errors or modeling multilevel data? [EB/OL]. https://statmodeling.stat.columbia.edu/wp-content/uploads/2009/08/RevisitMoulton_21.pdf[2021-04-29].

Chen G G, Åstebro T. 2012. Bound and collapse Bayesian reject inference for credit scoring[J]. Journal of the Operational Research Society, 63 (10): 1374-1387.

Chen H, Chiang R H L, Storey V C. 2012. Business intelligence and analytics: from big data to big impact[J]. MIS Quarterly, 36 (4): 1165-1188.

Chen L, Tong T W, Tang S Q, et al. 2022. Governance and design of digital platforms: a review and future research directions on a meta-organization[J]. Journal of Management, 48 (1): 147-184.

Chen M, Mao S W, Liu Y H. 2014. Big data: a survey[J]. Mobile Networks and Applications, 19 (2): 171-209.

Chen W K, Jiang Y. 2017. Effects of organizational trust on organizational learning and creativity[J]. Eurasia Journal of Mathematics, Science and Technology Education, 13 (6): 2057-2068.

Child J, Chung L, Davies H. 2003. The performance of cross-border units in China: a test of natural selection, strategic choice and contingency theories[J]. Journal of International Business Studies, 34 (3): 242-254.

Chliova M, Brinckmann J, Rosenbusch N. 2015. Is microcredit a blessing for the poor? A meta-analysis examining development outcomes and contextual considerations[J]. Journal of Business Venturing, 30 (3): 467-487.

Christelis D, Jappelli T, Padula M. 2010. Cognitive abilities and portfolio choice[J]. European Economic Review, 54 (1): 18-38.

Chu Z F, Xu J H, Lai F J, et al. 2018. Institutional theory and environmental pressures: the moderating effect of market uncertainty on innovation and firm performance[J]. IEEE Transactions on Engineering Management, 65 (3): 392-403.

Cifuentes A, Pagnoncelli B K. 2014. Demystifying credit risk derivatives and securitization: introducing the basic ideas to undergraduates[J]. The Journal of Derivatives, 22 (2): 110-118.

Claessens S, Perotti E. 2007. Finance and inequality: channels and evidence[J]. Journal of Comparative Economics, 35 (4): 748-773.

Claggett J L, Karahanna E. 2018. Unpacking the structure of coordination mechanisms and the role of relational coordination in an era of digitally mediated work processes[J]. Academy of Management Review, 43 (4): 704-722.

Clark R, Lusardi A, Mitchell O S. 2017. Financial knowledge and 401 (k) investment performance: a case study[J]. Journal of Pension Economics and Finance, 16 (3): 324-347.

Cobb J A, Wry T, Zhao E Y. 2016. Funding financial inclusion: institutional logics and the contextual contingency of funding for microfinance organizations[J]. Academy of Management Journal, 59 (6): 2103-2131.

Cohen W M, Levinthal D A. 1990. Absorptive capacity: a new perspective on learning and innovation[J]. Administrative Science Quarterly, 35 (1): 128-152.

Connelly B L, Miller T, Devers C E. 2012. Under a cloud of suspicion: trust, distrust, and their interactive effect in interorganizational contracting[J]. Strategic Management Journal, 33 (7): 820-833.

Copestake J. 2002. Inequality and the polarizing impact of microcredit: evidence from Zambia's copperbelt[J]. Journal of International Development, 14 (6): 743-755.

Cornée S. 2019. The relevance of soft information for predicting small business credit default: evidence from a social bank[J]. Journal of Small Business Management, 57 (3): 699-719.

Covin J G, Slevin D P. 1989. Strategic management of small firms in hostile and benign environments[J]. Strategic Management Journal, 10 (1): 75-87.

Crosman P. 2012. Zest finance aims to fix underbanked underwriting[J]. American Banker, 177 (177): 7-16.

Czernich N, Falck O, Kretschmer T, et al. 2011. Broadband infrastructure and economic growth[J]. The Economic Journal, 121 (552): 505-532.

Davis J P. 2016.The group dynamics of interorganizational relationships: collaborating with multiple partners in innovation ecosystems[J]. Administrative Science Quarterly, 61 (4): 621-661.

de Janvry A, McIntosh C, Sadoulet E. 2010. The supply-and demand-side impacts of credit market information[J]. Journal of Development Economics, 93 (2): 173-188.

de Vasconcelos Gomes L A, Salerno M S, Phaal R. 2018. How entrepreneurs manage collective uncertainties in innovation ecosystems[J]. Technological Forecasting and Social Change, 128: 164-185.

DeBoskey D G, Gillett P R. 2013. The impact of multi-dimensional corporate transparency on us firms' credit ratings and cost of capital[J]. Review of Quantitative Finance and Accounting, 40 (1): 101-134.

Degryse H, van Cayseele P. 2000. Relationship lending within a bank-based system: evidence from European small business data[J]. Journal of Financial Intermediation, 9 (1): 90-109.

Dempster A P, Laird N M, Rubin D B. 1977. Maximum likelihood from incomplete data via the EM algorithm[J]. Journal of the Royal Statistical Society. Series B (Methodological), 39 (1): 1-38.

Demsetz H. 1973. Industry structure, market rivalry, and public policy[J]. The Journal of Law and Economics, 16 (1): 1-9.

Desa G. 2012. Resource mobilization in international social entrepreneurship: bricolage as a mechanism of institutional transformation[J]. Entrepreneurship Theory and Practice, 36 (4): 727-751.

Devereaux A, Peng L N. 2020. Give us a little social credit: to design or to discover personal ratings in the era of Big Data[J]. Journal of Institutional Economics, 16 (3): 369-387.

Diamond D W, Verrecchia R E. 1991. Disclosure, liquidity, and the cost of capital[J]. The Journal of Finance, 46 (4): 1325-1359.

Dierickx I, Cool K. 1989. Asset stock accumulation and sustainability of competitive advantage[J]. Management Science, 35 (12): 1504-1511.

Dierkes M, Erner C, Langer T, et al. 2013. Business credit information sharing and default risk of private firms[J]. Journal of Banking & Finance, 37 (8): 2867-2878.

Djankov S, Mcliesh C, Shleifer A. 2007. Private credit in 129 countries[J]. Journal of Financial Economics, 84 (2): 299-329.

Dong P M, Cannon J P. 1997. An examination of the nature of trust in buyer-seller relationships[J]. Journal of Marketing, 61 (2): 35-51.

Du G S, Liu Z X, Lu H F. 2021. Application of innovative risk early warning mode under big data technology in Internet credit financial risk assessment[J]. Journal of Computational and Applied Mathematics, 386: 1-11.

Du J A, Williams C. 2017. Innovative projects between mne subsidiaries and local partners in China: exploring locations and inter-organizational trust[J]. Journal of International Management, 23 (1): 16-31.

Dyer J H, Chu W J. 2003. The role of trustworthiness in reducing transaction costs and improving performance: empirical evidence from the United States, Japan, and Korea[J]. Organization Science, 14 (1): 57-68.

Dyer J H, Singh H. 1998. The relational view: cooperative strategy and sources of interorganizational competitive advantage[J]. Academy of Management Review, 23 (4): 660-679.

Elkhoury M. 2008. Credit rating agencies and their potential impact on developing countries[J]. UNCTD Compendium on Debt SustainabilityNo. 186.

Elyasiani E, Jia J J, Mao C X. 2010. Institutional ownership stability and the cost of debt[J]. Journal of Financial Markets, 13 (4): 475-500.

Faems D, Janssens M, Madhok A, et al. 2008. Toward an integrative perspective on alliance governance: connecting contract design, trust dynamics, and contract application[J]. Academy of Management Journal, 51 (6): 1053-1078.

Fazzari S M, Petersen B C. 1993. Working capital and fixed investment: new evidence on financing constraints[J]. RAND Journal of Economics, 24 (3): 328-342.

Ferrin D L, Dirks K T. 2003. The use of rewards to increase and decrease trust: mediating processes and differential effects[J]. Organization Science, 14 (1): 18-31.

Fitz N S, Peiner P B. 2016. Perspective: time to expand the mind[J]. Nature, 531. 89.

Foerderer J. 2020. Interfirm exchange and innovation in platform ecosystems: evidence from Apple's Worldwide Developers Conference[J]. Management Science, 66 (10): 4772-4787.

Fornell C, Larcker D F. 1981. Evaluating structural equation models with unobservable variables and measurement error[J]. Journal of Marketing Research, 18 (1): 39-50.

Francis B B, Sun X, Weng C H, et al. 2013. Managerial ability and tax aggressiveness[J]. China Accounting and Finance Review, 24 (1): 53-75.

Freedman S M, Jin G Z. 2011. Learning by doing with asymmetric information: evidence from Prosper.com[R]. NBER Working Papers NO. 16855.

Frost J, Gambacorta L, Huang Y, et al. 2019. BigTech and the changing structure of financial intermediation[J]. Economic Policy, 34 (100): 761-799.

Gambacorta L, Huang Y P, Qiu H, et al. 2019. How do machine learning and non-traditional data affect credit scoring? New evidence from a Chinese fintech firm[R]. BIS Working Papers No 834.

Gargiulo M, Ertug G. 2006. The dark side of trust[C]//Bachmann R, Zaheer A. Handbook of Trust Research. Chelternham: Edward Elgar Publishing: 165-186.

Garud R, Kumaraswamy A, Roberts A, et al. 2022. Liminal movement by digital platform-based sharing economy ventures: the case of Uber Technologies[J]. Strategic Management Journal, 43 (3): 447-475.

Gaur A S, Mukherjee D, Gaur S S, et al. 2011. Environmental and firm level influences on inter-organizational trust and SME performance[J]. Journal of Management Studies, 48 (8): 1752-1781.

Ghani E, Kerr W R, O'Connell S D. 2014. Political reservations and women's entrepreneurship in India[J]. Journal of Development Economics, 108 (5): 138-153.

Goel R K, Nelson M A. 2021. How do firms use innovations to hedge against economic and political uncertainty? Evidence from a large sample of nations[J]. The Journal of Technology Transfer, 46 (2): 407-430.

Goel S, Bell G G, Pierce J L. 2005. The perils of Pollyanna: development of the over-trust construct[J]. Journal of Business Ethics, 58 (1): 203-218.

Gounopoulos D, Pham H. 2016. Credit rating impact on earnings management around initial public offerings[J]. Journal of Business Finance and Accounting, 44: 1-42.

Griffin J M, Tang D Y. 2011. Did credit rating agencies make unbiased assumptions on CDOs? [J]. American Economic Review, 101 (3): 125-130.

Gropp R, Gruendl C, Guettler A. 2012. Does discretion in lending increase bank risk? Borrower self-selection and loan officer capture effects[J]. CentER Discussion Paper.

Guidara A, Achek I, Dammak S. 2016. Internal control weaknesses, family ownership and the cost of debt: evidence from the Tunisian stock exchange[J]. Journal of African Business, 17(2): 148-166.

Gulati R, Nickerson J A. 2008. Interorganizational trust, governance choice, and exchange performance[J]. Organization Science, 19(5): 688-708.

Gulati R, Sytch M. 2008. Does familiarity breed trust? Revisiting the antecedents of trust[J]. Managerial and Decision Economics, 29(2/3): 165-190.

Gustafson C R, Pederson G D, Gloy B A. 2005. Credit risk assessment[J]. Agricultural Finance Review, 65(2): 201-217.

Hájek P. 2012. Credit rating analysis using adaptive fuzzy rule-based systems: an industry-specific approach[J]. Central European Journal of Operations Research, 20(3): 421-434.

Hall B H. 2002. The financing of research and development[J]. Oxford Review of Economic Policy, (18): 33-51.

Harhoff D, Körting T. 1998. Lending relationships in Germany: empirical evidence from survey data[J]. Journal of Banking & Finance, 22(10/11): 1317-1353.

Hauswald R, Marquez R. 2006. Competition and strategic information acquisition in credit markets[J]. The Review of Financial Studies, 19(3): 967-1000.

He F, Ma Y M, Zhang X J. 2020. How does economic policy uncertainty affect corporate Innovation? evidence from China listed companies[J]. International Review of Economics & Finance, 67: 225-239.

Healy P M, Palepu K G. 2001. Information asymmetry, corporate disclosure, and the capital markets: a review of the empirical disclosure literature[J]. Journal of Accounting and Economics, 31(1/2/3): 405-440.

Heckman J, Stixrud J, Urzua S. 2006. The effects of cognitive and noncognitive abilities on labor market outcomes and social behavior[J]. Journal of Labor Economics, 24(3): 411-482.

Helfata C E, Raubitschek R S. 2018. Dynamic and integrative capabilities for profiting from innovation in digital platform-based ecosystems[J]. Research Policy, 47(8): 1391-1399.

Hirk R, Hornik K, Vana L. 2019. Multivariate ordinal regression models: an analysis of corporate credit ratings[J]. Statistical Methods & Applications, 28(3): 507-539.

Hizgilov A, Silber J. 2020. On multidimensional approaches to financial literacy measurement[J]. Social Indicators Research, 148(3): 787-830.

Hoofnagle C J. 2013. How the fair credit reporting act regulates big data[R]. Washington, DC: Big Data and Privary: Making Ends Meet.

Hou H, Cui Z Y, Shi Y J. 2020. Learning club, home court, and magnetic field: facilitating business model portfolio extension with a multi-faceted corporate ecosystem[J]. Long Range Planning, 53(4): 101970.

Hou H, Shi Y J. 2021. Ecosystem-as-structure and ecosystem-as-coevolution: a constructive examination[J]. Technovation, 100: 102193.

Hrebiniak L G, Snow C C. 1982. Top management agreement and organizational performance[J]. Human Relations, 35(12): 1139-1157.

Huang Z H, Li Z H, Wang Z Z. 2020. Utility indifference valuation for defaultable corporate bond with credit rating migration[J]. Mathematics, 8(11): 1-26.

Hung J L, He W, Shen J C. 2020. Big data analytics for supply chain relationship in banking[J]. Industrial Marketing Management, 86: 144-153.

Hutchinson J, Xavier A. 2006. Comparing the impact of credit constraints on the growth of SMEs in a transition country with an established market economy[J]. Small Business Economics, 27(2): 169-179.

Idris A J, Agbim K C. 2015. Micro-credit as a strategy for poverty alleviation among women entrepreneurs in

Nasarawa State, Nigeria[J]. Journal of Business Studies Quarterly, 6 (3): 122-144.

Iglesias G, del Río P, Dopico J Á. 2011. Policy analysis of authorisation procedures for wind energy deployment in Spain[J]. Energy Policy, 39 (7): 4067-4076.

Ijiri Y. 1975. Theory of Accounting Measurement[M]. Sarasota: America Accounting Association.

Irwin D, Scott J M. 2010. Barriers faced by SMEs in raising bank finance[J]. International Journal of Entrepreneurial Behavior & Research, 16 (3): 245-259.

Jacobides M G, Cennamo C, Gawer A. 2018. Towards a theory of ecosystems[J]. Strategic Management Journal, 39 (8): 2255-2276.

Jaffee D M, Russell T. 1976. Imperfect information, uncertainty, and credit rationing[J]. The Quarterly Journal of Economics, 90 (4): 651-666.

Jagtiani J, Lemieux C. 2018. Do fintech lenders penetrate areas that are underserved by traditional banks? [J]. Journal of Economics and Business, 100: 43-54.

Jap S D. 1999. Pie-expansion efforts: collaboration processes in buyer–supplier relationships[J]. Journal of Marketing Research, 36 (4): 461-475.

Jappelli T, Pagano M. 2002. Information sharing, lending and defaults: cross-country evidence[J]. Journal of Banking & Finance, 26 (10): 2017-2045.

Jappelli T, Pagano M, di Maggio M. 2013. Households' indebtedness and financial fragility[J]. Journal of Financial Management, Markets and Institutions, (1): 23-46.

Jasra J M, Khan M A, Hunjra A I, et al. 2011. Determinants of business success of small and medium enterprises[J]. International Journal of Business and Social Science, (2): 274-280.

Jasra J M, Khan M A, Hunjra A I, et al. 2011. Determinants of business success of small and medium enterprises[J]. Internationl Journal of Business and Social Science, 20 (2): 274-280.

Jaworski B J, Kohli A K. 1993. Market orientation: antecedents and consequences[J]. Journal of Marketing, 57 (3): 53-70.

Jean T. 2001. Corporate governance[J]. Econometrica, 69 (1): 1-35.

Jiao H, Yang J F, Zhou J H, et al. 2019. Commercial partnerships and collaborative innovation in China: the moderating effect of technological uncertainty and dynamic capabilities[J]. Journal of Knowledge Management, 23 (7): 1429-1454.

Jin P Z, Wu H Y, Yin D S, et al. 2021. Macroeconomic uncertainty and the spatiotemporal evolution of innovation networks: evidence from China's urban technology supply chain[J]. Journal of Enterprise Information Management, 34 (1): 598-623.

Jung S, Kwak G. 2018. Firm characteristics, uncertainty and research and development (R&D) investment: the role of size and innovation capacity[J]. Sustainability, 10 (5): 1668.

Kalshoven K, den Hartog D N, de Hoogh A H B. 2011. Ethical leadership at work questionnaire (ELW): development and validation of a multidimensional measure[J]. The Leadership Quarterly, 22 (1): 51-69.

Kaplan S N, Zingales L. 1997. Do investment-cash flow sensitivities provide useful measures of financing constraints? [J]. The Quarterly Journal of Economics, 112 (1): 169-215.

Kapoor R. 2018. Ecosystems: broadening the locus of value creation[J]. Journal of Organization Design, 7 (1): 12.

Karhu K, Gustafsson R, Lyytinen K. 2018. Exploiting and defending open digital platforms with boundary resources: android's five platform forks[J]. Information Systems Research, 29 (2): 479-497.

Katsikeas C S, Skarmeas D, Bello D C. 2009. Developing successful trust-based international exchange relationships[J]. Journal of International Business Studies, 40 (1): 132-155.

Khanagha S, Ansari S S, Paroutis S. et al. 2022. Mutualism and the dynamics of new platform creation: a study of Cisco and fog computing[J]. Strategic Management Journal, 43 (3): 476-506.

Khanam D, Mohiuddin M, Hoque A, et al. 2018. Financing micro-entrepreneurs for poverty alleviation: a performance analysis of microfinance services offered by BRAC, ASA, and Proshika from Bangladesh[J]. Journal of Global Entrepreneurship Research, 8 (1): 8-27.

Khanna T, Palepu K. 2000. Is group affiliation profitable in emerging markets? An analysis of diversified Indian business groups[J]. The Journal of Finance, 55 (2): 867-891.

Kim P H, Dirks K T, Cooper C D, et al. 2006. When more blame is better than less: the implications of internal vs. external attributions for the repair of trust after a competence- vs. integrity-based trust violation[J]. Organizational Behavior and Human Decision Processes, 99 (1): 49-65.

Klein D. 2004. Credit information reporting: why free speech is vital to social accountability and consumer opportunity[J]. The Independent Review, 5 (3): 325-344.

Kodish S. 2017. Communicating organizational trust: an exploration of the link between discourse and action[J]. International Journal of Business Communication, 54 (4): 347-368.

Koh H, Tan W C, Goh C P. 2006. A two-step method to construct credit scoring models with data mining techniques[J]. International Journal of Business and Information, 1 (1): 96-118.

Koopman S J, Lucas A, Monteiro A. 2008. The multi-state latent factor intensity model for credit rating transitions[J]. Journal of Econometrics, 142 (1): 399-424.

Kor Y Y, Mesko A. 2013. Dynamic managerial capabilities: configuration and orchestration of top executives' capabilities and the firm's dominant logic[J]. Strategic Management Journal, 34 (2): 233-244.

Kreps D M, Milgrom P, Roberts J, et al. 1982. Rational cooperation in the finitely repeated prisoners' dilemma[J]. Journal of Economic Theory, 27 (2): 245-252.

Krishnan R, Geyskens I, Steenkamp J B E M. 2016. The effectiveness of contractual and trust-based governance in strategic alliances under behavioral and environmental uncertainty[J]. Strategic Management Journal, 37 (12): 2521-2542.

Krishnan R, Martin X, Noorderhaven N G. 2006. When does trust matter to alliance performance? [J]. Academy of Management Journal, 49 (5): 894-917.

Kronimus A, Schagen C. 1999. Credit quality dynamics: implications for credit risk assessment and management[R]. Company Research Working Paper.

La Porta R, Lopez-de-Silanes F, Zamarripa G. 2003. Related lending[J]. The Quarterly Journal of Economics, 118 (1): 231-268.

Lamont O, Polk C, Saaá-Requejo J. 2001. Financial constraints and stock returns[J]. The Review of Financial Studies, 14 (2): 529-554.

Lang M H, Carolina U O N, Lundholm R J, et al. 2000. Voluntary disclosure and equity offerings: reducing information asymmetry or hyping the stock? [J]. Contemporary Accounting Research, 17 (4): 623-662.

Larsen V H. 2017. Components of uncertainty[J]. International Economic Review, 62 (2): 769-788.

Lee D Y, Dawes P L. 2005. Guanxi, trust, and long-term orientation in Chinese business markets[J]. Journal of International Marketing, 13 (2): 28-56.

Lee F. 2001. Recombinant uncertainty in technological search[J]. Management Science, 47 (1): 117-132.

Lee J, Xu J H. 2019. Tax uncertainty and business activity[J]. Journal of Economic Dynamics and Control, 103: 158-184.

Lee Y C. 2007. Application of support vector machines to corporate credit rating prediction[J]. Expert Systems with Applications, 33 (1): 67-74.

Lehmann E E, Neuberger D. 2000. Do lending relationships matter? Evidence from bank survey data in Germany[J]. Journal of Economic Behavior & Organization, 45 (4): 339-359.

Levine S S, Prietula M J. 2012. How knowledge transfer impacts performance: a multilevel model of benefits and liabilities[J]. Organization Science, 23 (6): 1748-1766.

Levitt C J. 1996. Federal financial aid regulations: their mission, and how they affect postsecondary institutions[D]. Flint: Baker College.

Lewicki R J, Bunker B B. 1996. Developing and maintaining trust in work relationships[C]//Kramer R, Tyler T. Trust in Organizations: Frontiers of Theory and Research. Thousand Oaks: SAGE Publications: 114-139.

Lewicki R J, Tomlinson E C, Gillespie N. 2006. Models of interpersonal trust development: theoretical approaches, empirical evidence, and future directions[J]. Journal of Management, 32 (6): 991-1022.

Lewis J D, Weigert A. 1985. Trust as a social reality[J]. Social Forces, 63 (4): 967-985.

Liberti J M, Petersen M A. 2019. Information: hard and soft[J]. The Review of Corporate Finance Studies, 8 (1): 1-41.

Lichtenthaler U, Ernst H. 2007. External technology commercialization in large firms: results of a quantitative benchmarking study[J]. R&D Management, 37 (5): 383-397.

Linna P. 2013. Bricolage as a means of innovating in a resource-scarce environment: a study of innovator-entrepreneurs at the bop[J]. Journal of Developmental Entrepreneurship, 18 (3): 1350015.

Love I. 2003. Financial development and financing constraints: international evidence from the structural investment model[J]. The Review of Financial Studies, 16 (3): 765-791.

Love I, Martínez Pería M S. 2015. How bank competition affects firms' access to finance[J]. The World Bank Economic Review, 29 (3): 413-448.

Lusardi A, Mitchell O S. 2014. The economic importance of financial literacy: theory and evidence[J]. Journal of Economic Literature, 52 (1): 5-44.

Lussier R N, Pfeifer S. 2001. A crossnational prediction model for business success[J]. Journal of Small Business Management, 39 (3): 228-239.

Ma X J, Sha J L, Wang D H, et al. 2018. Study on a prediction of P2P network loan default based on the machine learning LightGBM and XGboost algorithms according to different high dimensional data cleaning[J]. Electronic Commerce Research and Applications, 31: 24-39.

Maguire S, Phillips N, Hardy C. 2001. When 'Silence = Death', keep talking: trust, control and the discursive construction of identity in the Canadian HIV/AIDS treatment domain[J]. Organization Studies, 22 (2): 285-310.

Mair J, Martí I, Ventresca M J. 2012. Building inclusive markets in rural Bangladesh: how intermediaries work institutional voids[J]. Academy of Management Journal, 55 (4): 819-850.

Manela A, Moreira A. 2015. News implied volatility and disaster concerns[J]. Journal of Financial Economics, 123 (1): 137-162.

Martens D, van Gestel T, de Backer M, et al. 2010. Credit rating prediction using Ant Colony Optimization[J]. Journal of the Operational Research Society, 61 (4): 561-573.

McAfee A, Brynjolfsson E. 2012. Big data: the management revolution[J]. Harvard Business Review, 90 (10): 60-66, 68, 128.

McEvily B, Perrone V, Zaheer A. 2003. Trust as an organizing principle[J]. Organization Science, 14 (1): 91-103.

McEvily B, Tortoriello M. 2011. Measuring trust in organisational research: review and recommendations[J].

Journal of Trust Research, 1 (1): 23-63.

McEvily B, Zaheer A, Kamal D K F. 2017. Mutual and exclusive: dyadic sources of trust in interorganizational exchange[J]. Organization Science, 28 (1): 74-92.

Migiro S O, Wallis M. 2006. Relating Kenyan manufacturing SMEs' finance needs to information on alternative sources of finance[J]. SA Journal of Information Management, 8 (1): 1-12.

Milesi-Ferretti G M, Moriyama K. 2006. Fiscal adjustment in EU countries: a balance sheet approach[J]. Journal of Banking & Finance, 30 (12): 3281-3298.

Miller D, Friesen P H. 1983. Strategy-making and environment: the third link[J]. Strategic Management Journal, 4 (3): 221-235.

Miller M L. 2003. Credit Reporting Systems and the International Economy[M]. Cambridge: MIT Press.

Milliken F J. 1987. Three types of perceived uncertainty about the environment: state, effect, and response uncertainty[J]. Academy of Management Review, 12 (1): 133-143.

Mohammadi N, Zangeneh M. 2016. Customer credit risk assessment using artificial neural networks[J]. International Journal of Information Technology and Computer Science, 8 (3): 58-66.

Moro A, Fink M. 2013. Loan managers' trust and credit access for SMEs[J]. Journal of Banking & Finance, 37 (3): 927-936.

Morris M H, Santos S C, Neumeyer X. 2020. Entrepreneurship as a solution to poverty in developed economies[J]. Business Horizons, 63 (3): 377-390.

Mujeeb S M, Sam R P, Madhavi K. 2021. Adaptive Exponential Bat algorithm and deep learning for big data classification[J]. Sādhanā, 46 (1): 1-15.

Muscettola M. 2013. Leverage risk. The weight of borrowed capital distinguishes the solvency of firms: an empirical analysis on a sample of 4500 Italian SMEs[J]. International Journal of Economics and Finance, 5 (12): 24-39.

Myers S C, Majluf N S. 1984. Corporate financing and investment decisions when firms have information that investors do not have[J]. Journal of Financial Economics, 13 (2): 187-221.

Nahapiet J, Ghoshal S. 1998. Social capital, intellectual capital, and the organizational advantage[J]. Academy of Management Review, 23 (2): 242-266.

Nambisan S, Sawhney M. 2011. Orchestration processes in network-centric innovation: evidence from the field[J]. Academy of Management Perspectives, 25 (3): 40-57.

Namer G, Merton R K, Storer N W, et al. 1975. The sociology of science. theoretical and empirical investigations[J]. Revue Française De Sociologie, 16 (1): 144.

Naminse E Y, Zhuang J C, Zhu F Y. 2019. The relation between entrepreneurship and rural poverty alleviation in China[J]. Management Decision, 57 (9): 2593-2611.

Ndubisi N O, Dayan M M, Yeniaras V, et al. 2020. The effects of complementarity of knowledge and capabilities on joint innovation capabilities and service innovation: the role of competitive intensity and demand uncertainty[J]. Industrial Marketing Management, 89: 196-208.

Neusser K, Kugler M. 1998. Manufacturing growth and financial development: evidence from OECD countries[J]. Review of Economics and Statistics, 80 (4): 638-646.

Ngoasong M Z. 2018. Digital entrepreneurship in a resource-scarce context[J]. Journal of Small Business and Enterprise Development, 25 (3): 483-500.

Nonaka I. 1994. A dynamic theory of organizational knowledge creation[J]. Organization Science, 5 (1): 14-37.

Nooteboom B, van Haverbeke W, Duysters G, et al. 2007. Optimal cognitive distance and absorptive capacity[J]. Research Policy, 36 (7): 1016-1034.

Ortiz de Guinea A, Raymond L. 2020. Enabling innovation in the face of uncertainty through IT ambidexterity: a fuzzy set qualitative comparative analysis of industrial service SMEs[J]. International Journal of Information Management, 50: 244-260.

Ouakouak M L, Ouedraogo N. 2019. Fostering knowledge sharing and knowledge utilization[J]. Business Process Management Journal, 25 (4): 757-779.

Padilla A J, Pagano M. 1997. Endogenous communication among lenders and entrepreneurial incentives[J]. The Review of Financial Studies, 10 (1): 205-236.

Pagano M, Jappelli T. 1993. Information sharing in credit markets[J]. The Journal of Finance, 48 (5): 1693-1718.

Paladino A. 2008. Analyzing the effects of market and resource orientations on innovative outcomes in times of turbulence [J]. Journal of Product Innovation Management, 25 (6): 577-592.

Pan H F, Kang M S, Ha H Y. 2017. Do trade area grades really affect credit ratings of small businesses? An application of big data[J]. Management Decision, 55 (9): 2038-2052.

Parkhe A. 1993. Strategic alliance structuring: a game theoretic and transaction cost examination of interfirm cooperation[J]. Academy of Management Journal, 36 (4): 794-829.

Parmigiani A, Rivera-Santos M. 2011. Clearing a path through the forest: a meta-review of interorganizational relationships[J]. Journal of Management, 37 (4): 1108-1136.

Paulson A L, Townsend R. 2004. Entrepreneurship and financial constraints in Thailand[J]. Journal of Corporate Finance, 10 (2): 229-262.

Pérez-Martín A, Pérez-Torregrosa A, Vaca M. 2018. Big Data techniques to measure credit banking risk in home equity loans[J]. Journal of Business Research, 89: 448-454.

Petersen M A, Rajan R G. 1995. The effect of credit market competition on lending relationships[J]. The Quarterly Journal of Economics, 110 (2): 407-443.

Philip Chen C L, Zhang C Y. 2014. Data-intensive applications, challenges, techniques and technologies: a survey on Big Data[J]. Information Sciences, 275: 314-347.

Pinto M B. 2005. Information learned from socialization agents: its relationship to credit card use[J]. Family and Consumer Sciences Research Journal, 33 (4): 357-367.

Podsakoff P M, Organ D W. 1986. Self-reports in organizational research: problems and prospects[J]. Journal of Management, 12 (4): 531-544.

Poppo L, Zenger T. 2002. Do formal contracts and relational governance function as substitutes or complements? [J]. Strategic Management Journal, 23 (8): 707-725.

Poppo L, Zhou K Z, Li J J. 2016. When can you trust "trust"? Calculative trust, relational trust, and supplier performance[J]. Strategic Management Journal, 37 (4): 724-741.

Poppo L, Zhou K Z, Zenger T R. 2008. Examining the conditional limits of relational governance: specialized assets, performance ambiguity, and long-standing ties[J]. Journal of Management Studies, 45 (7): 1195-1216.

Prahalad C K. 1998. Managing discontinuities: the emerging challenges[J]. Research-Technology Management, 41 (3): 14-22.

Prahalad C K, Fruehauf H C. 2010. The forune at the bottom of the pyramid: eradicating poverty through profits[J]. Revista Eletrnica De Estratégia E Negócios, (2): 85-100.

Puri M J, Rocholl J, Steffen S. 2011. Rules versus discretion in bank lending decisions[J]. SSRN Electronic Journal: 1-43.

Rajan R G. 1992. Insiders and outsiders: the choice between informed and arm's-length debt[J]. The Journal of Finance, 47 (4): 1367-1400.

Rietveld J, Ploog J N, Nieborg D, 2020. The coevolution of platform dominance and governance strategies: effects on complementor performance outcomes[J]. Academy of Management Discoveries, 6 (3): 488-513.

Rindova V P, Kotha S. 2001. Continuous "morphing": competing through dynamic capabilities, form, and function[J]. Academy of Management Journal, 44 (6): 1263-1280.

Rothwell R. 1994. Towards the fifth-generation innovation process[J]. International Marketing Review, 11 (1): 7-31.

Rousseau D M, Sitkin S B, Burt R S, et al. 1998. Not so different after all: a cross-discipline view of trust[J]. Academy of Management Review, 23 (3): 393-404.

Rumelt R P. 1984. Towards a strategic theory of the firm[J]. Competitive Strategic Management, 26: 556-570.

Saadatmand F, Lindgren R, Schultze U. 2019. Configurations of platform organizations: implications for complementor engagement[J]. Research Policy, 48 (8): 103770.

Saka H M, Orhan M. 2018. Are sovereign ratings by CRAs consistent? [J]. Panoeconomicus, 65(1): 95-115.

Salamon T, Milfelner B, Belak J. 2017. Ethical culture as a predictor of late payments[J]. Kybernetes, 46(4): 621-637.

Sarkar S. 2018. Grassroots entrepreneurs and social change at the bottom of the pyramid: the role of bricolage[J]. Entrepreneurship & Regional Development, 30 (3/4): 421-449.

Schepker D J, Oh W Y, Martynov A, et al. 2014. The many futures of contracts: moving beyond structure and safeguarding to coordination and adaptation[J]. Journal of Management, 40 (1): 193-225.

Schilke O, Cook K S. 2015. Sources of alliance partner trustworthiness: integrating calculative and relational perspectives[J]. Strategic Management Journal, 36 (2): 276-297.

Schneckenberg D, Velamuri V K, Comberg C, et al. 2017. Business model innovation and decision making: uncovering mechanisms for coping with uncertainty[J]. R&D Management, 47 (3): 404-419.

Schneider A, Church B K. 2008. The effect of auditors' internal control opinions on loan decisions[J]. Journal of Accounting and Public Policy, 27 (1): 1-18.

Schriesheim C A, Hinkin T R. 1990. Influence tactics used by subordinates: a theoretical and empirical analysis and refinement of the Kipnis, Schmidt, and Wilkinson subscales[J]. Journal of Applied Psychology, 75 (3): 246-257.

Senyo P K, Liu K C, Effah J. 2019. Digital business ecosystem: literature review and a framework for future research[J]. International Journal of Information Management: the Journal for Information Professionals, 47 (C): 52-64.

Shir N, Nikolaev B N, Wincent J. 2019. Entrepreneurship and well-being: the role of psychological autonomy, competence, and relatedness[J]. Journal of Business Venturing, 34 (5): 105875.

Siering M, Koch J A, Deokar A V. 2016. Detecting fraudulent behavior on crowdfunding platforms: the role of linguistic and content-based cues in static and dynamic contexts[J]. Journal of Management Information Systems, 33 (2): 421-455.

Sigalla R J, Carney S. 2012. Poverty reduction through entrepreneurship: microcredit, learning and ambivalence amongst women in urban Tanzania[J]. International Journal of Educational Development, 32 (4): 546-554.

Simsek Z, Heavey C, Fox B C. 2018. Interfaces of strategic leaders: a conceptual framework, review, and research agenda[J]. Journal of Management, 44 (1): 280-324.

Siringi E M. 2011. Women's small and medium enterprises for poverty alleviation in Sub-Saharan Africa[J]. Management Research Review, 34（2）: 186-206.

Slater S F, Narver J C. 1994. Does competitive environment moderate the market orientation-performance relationship?[J]. Journal of Marketing, 58（1）: 46-55.

Slevin D. 1997. Strategy formation patterns, performance, and the significance of context[J]. Journal of Management, 23（2）: 189-209.

Song P J, Xue L, Rai A, et al. 2018. The ecosystem of software platform: a study of asymmetric cross-side network effects and platform governance[J]. MIS Quarterly, 42（1）: 121-142.

Stiglitz J E, Weiss A. 1981. Credit Rationing in Markets with Incomplete Information[J]. The American Economic Review, 71（3）: 393-410.

Subramaniam M, Iyer B, Venkatraman V. 2019. Competing in digital ecosystems[J]. Business Horizons, 62（1）: 83-94.

Sutter C, Bruton G D, Chen J Y. 2019. Entrepreneurship as a solution to extreme poverty: a review and future research directions[J]. Journal of Business Venturing, 34（1）: 197-214.

Swan M. 2013. The quantified self: fundamental disruption in big data science and biological discovery[J]. Big Data, 1（2）: 85-99.

Tandon A, Zhang J Z, Chatterji S. 2006. Inclusiveness of economic growth in the People's Republic of China: what do population health outcomes tell us?[J]. Asian Development Review,（2）: 53-69.

Teece D J, Pisano G, Shuen A. 1997. Dynamic capabilities and strategic management[J]. Strategic Management Journal, 18（7）: 509-533.

Thomas L D W, Autio E, Gann D M. 2014. Architectural leverage: putting platforms in context[J]. Academy of Management Perspectives, 28（2）: 198-219.

Tsai C F, Chen M L. 2010. Credit rating by hybrid machine learning techniques[J]. Applied Soft Computing, 10（2）: 374-380.

Uzzi B. 1997. Social structure and competition in interfirm networks: the paradox of embeddedness[J]. Administrative Science Quarterly, 42（1）: 35-67.

Villena V H, Choi T Y, Revilla E. 2019. Revisiting interorganizational trust: is more always better or could more be worse?[J]. Journal of Management, 45（2）: 752-785.

Villena V H, Revilla E, Choi T Y. 2011. The dark side of buyer-supplier relationships: a social capital perspective[J]. Journal of Operations Management, 29（6）: 561-576.

Wang F P. 2018. Research on application of big sata in internet financial credit investigation based on improved GA-BP neural network[J]. Complexity, 2018（1）: 1-16.

Wang J T. 2017. Structuring innovation funnels for R&D projects under uncertainty[J]. R&D Management, 47（1）: 127-140.

Wang L W, Yeung J H Y, Zhang M. 2011. The impact of trust and contract on innovation performance: the moderating role of environmental uncertainty[J]. International Journal of Production Economics, 134（1）: 114-122.

Wang Y, Chen Y, Wang X, et al. 2020. Impact of the strategic role of IT on explorative and exploitative innovation activities: the role of environmental uncertainty[J]. Decision Sciences, 51（3）: 542-574.

Weber L, Bauman C W. 2019. The cognitive and behavioral impact of promotion and prevention contracts on trust in repeated exchanges[J]. Academy of Management Journal, 62（2）: 361-382.

Wei H L, Wong C W Y, Lai K H. 2012. Linking inter-organizational trust with logistics information integration and partner cooperation under environmental uncertainty[J]. International Journal of

Production Economics, 139 (2): 642-653.

Weidner K L, Rosa J A, Viswanathan M. 2010. Marketing to subsistence consumers: lessons from practice[J]. Journal of Business Research, 63 (6): 559-569.

Wernerfelt B. 1984. A resource-based view of the firm[J]. Strategic Management Journal, 5 (2): 171-180.

West G P III, Bamford C E, Marsden J W. 2008. Contrasting entrepreneurial economic development in emerging Latin American economies: applications and extensions of resource-based theory[J]. Entrepreneurship Theory and Practice, 32 (1): 15-36.

Whited T M, Wu G J. 2006. Financial constraints risk[J]. The Review of Financial Studies, 19 (2): 531-559.

Wierenga M. 2019. Uncovering the scaling of innovations developed by grassroots entrepreneurs in low-income settings[J]. Academy of Management Proceedings, (1): 11835.

Williams C C, Martinez-Perez A, Kedir A M. 2016. Informal entrepreneurship in developing economies: the impacts of starting up unregistered on firm performance[J]. Entrepreneurship Theory and Practice, 41 (5): 773-799.

Williamson O E. 1993. Calculativeness, trust, and economic organization[J]. The Journal of Law and Economics, 36 (1, Part 2): 453-486.

Woodson T S. 2016. Public private partnerships and emerging technologies: a look at nanomedicine for diseases of poverty[J]. Research Policy, 45 (7): 1410-1418.

Wu X D, Zhu X Q, Wu G Q, et al. 2014. Data mining with big data[J]. IEEE Transactions on Knowledge and Data Engineering, 26 (1): 97-107.

Xing H P, Sun N, Chen Y. 2012. Credit rating dynamics in the presence of unknown structural breaks[J]. Journal of Banking & Finance, 36 (1): 78-89.

Yan M L, Hall M J B, Turner P. 2014. Estimating liquidity risk using the exposure-based cash-flow-at-risk approach: an application to the UK banking sector[J]. International Journal of Finance & Economics, 19 (3): 225-238.

Ye H J, Kankanhalli A. 2018. User service innovation on mobile phone platforms: investigating impacts of lead userness, toolkit support, and design autonomy[J]. MIS Quarterly, 42 (1): 165-188.

Yu M C, Mai Q, Tsai S B, et al. 2018. An empirical study on the organizational trust, employee-organization relationship and innovative behavior from the integrated perspective of social exchange and organizational sustainability[J]. Sustainability, 10 (3): 864.

Zaheer A, McEvily B, Perrone V. 1998. Does trust matter? exploring the effects of interorganizational and interpersonal trust on performance[J]. Organization Science, 9 (2): 141-159.

Zaheer S, Zaheer A. 2006. Trust across borders[J]. Journal of International Business Studies, 37 (1): 21-29.

Zakrzewska D. 2007. On integrating unsupervised and supervised classification for credit risk evaluation[J]. Information Technology and Control, 36 (1A): 98-102.

Zhang J, Tan R, Su C H, et al. 2020. Design and application of a personal credit information sharing platform based on consortium blockchain[J]. Journal of Information Security and Applications, 55: 102659.

Zhang W Y, Yang D Q, Zhang S, et al. 2021. A novel multi-stage ensemble model with enhanced outlier adaptation for credit scoring[J]. Expert Systems with Applications, 165: 113872.

Zhou H J, Sun G, Fu S, et al. 2019. A big data mining approach of PSO-based BP neural network for financial risk management with IoT[J]. IEEE Access, 7: 154035-154043.

Zhu F, Iansiti M. 2012. Entry into platform-based markets[J]. Strategic Management Journal, 33 (1): 88-106.

附录 A 总体研究思路

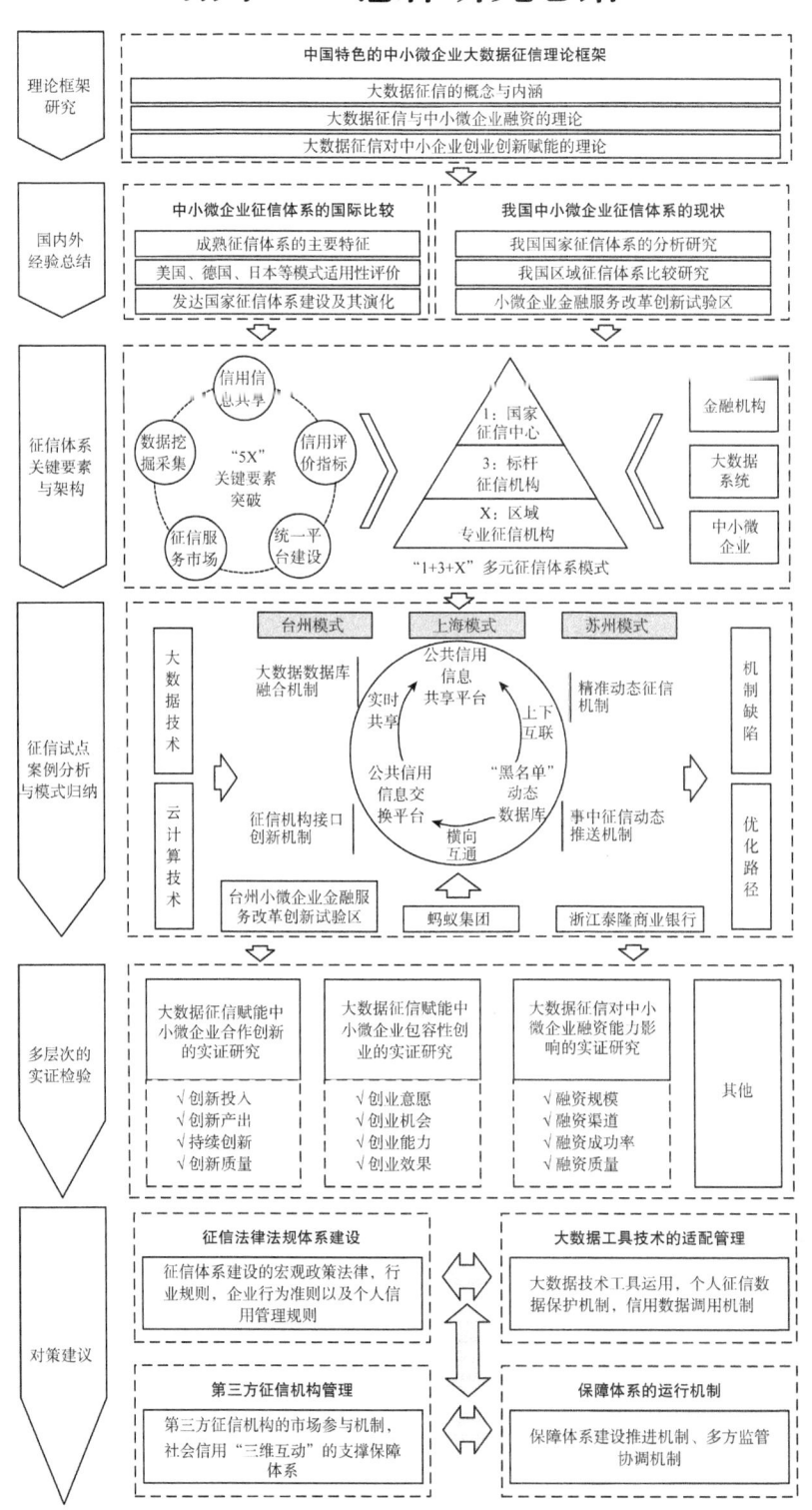

附图 A-1 总体研究思路图

附录 B 欧美日征信机构

1. 德国征信机构

德国中小企业征信体系是"政府+市场"混合型征信模式，主要包括三种征信模式：以政府、中央银行、金融监管机构为主体的公共征信模式，以私营机构为主体的市场征信模式以及以行业协会为主体的会员制模式。

附表 B-1 德国征信机构表

主要机构	发展历程	规模	业务	服务对象
Creditreform	1. 1879 年 8 月 9 日，25 位小商人和工匠成立了"防止有害信用给予信用改革协会" 2. 1883 年，在德国已有 15 个俱乐部，俱乐部合并组成"俱乐部信用改革协会"，并在地区层面建立地区协会 3. 1885 年，商业杂志逐渐成为中型公司的领先专业杂志 4. 1928 年，成为第一家统一信息方案的征信机构 5. 1979 年开始数字化 6. 1999 年，第一家 Creditreform 保理公司成立 7. 2002 年 Creditreform AG 成立 8. 2017 年至今从对有关公司和个人的信息、对业务合作伙伴的监控到对信息和收债活动的透明概览	他们管理着大约 131 000 家各种规模和行业的成员公司——包括工业集团、银行和保险公司以及手工艺企业和初创企业。该机构的专家共同帮助评估业务风险、识别客户潜力并减轻客户监控和执行收款的负担。全球约有 160 000 名会员依赖他们的解决方案并利用其每天完善和更新的庞大数据库	检查信誉、识别风险、评估消费者信用度、市场分析和客户数据分析	机构、个人、企业
SCHUFA Holding AG	1. 1927 年 SCHUFA 理念初具雏形 2. 1931 年成立了 REICHS-SCHUFA，确保对信息和报告过程进行统一的技术处理，并将 SCHUFA 设在帝国的其他城市 3. 1952 年，BUNDES-SCHUFA 成立。 4. 1965 年，SCHUFA 几乎覆盖了整个信贷市场，信息量突破 1000 万大关。从那时起，几乎整个银行业都在使用 SCHUFA 5. 2000 年 SCHUFA Holding AG 成立，SCHUFA 公司现在由 SCHUFA Holding AG 控制 6. 2014 年至今 SCHUFA-FraudPool 使信贷机构能够在互惠原则的基础上就涉嫌欺诈的具体案件交换信息。它有助于阻止欺诈并避免对信贷机构、消费者和整个经济造成损害	作为德国领先的企业及消费者征信和信息服务解决方案提供商，SCHUFA 拥有超过 10.52 亿条数据，涉及 600 万家企业和 6800 万自然人。每天平均向公司提供 490 000 条信息，从而支持快速、简单的商业交易	信用评估、信用评级、信用调查、风险管理、商账追收	企业、消费者

2. 美国征信机构

附表 B-2　美国征信机构表

主要机构	发展历程	规模	业务	服务对象
益博睿	1. 1985 年，开始了市场营销业务 2. 1996 年，益博睿正式成立 3. 1996—2006 年，将其业务从金融服务业拓宽到其他商业领域 4. 2006 年，益博睿成为一个独立的公司并在伦敦交易所上市 5. 2006 年，收购位于加拿大魁北克的北方信用局 6. 2007 年，益博睿收购全球第四大征信机构——巴西最大的征信机构瑟拉萨（Serasa） 7. 2013 年，益博睿在澳大利亚开始了消费者征信业务	1. 在全球 44 个国家开展业务，覆盖全球 12 亿个人和 1.45 亿家企业信贷数据记录，全球员工约 17 200 名 2. 2021 年益博睿跻身国际数据公司（International Data Corporation，IDC）全球金融科技百强榜单，排名第 11 位	信用风险咨询、决策分析、市场营销	机构、个人
艾可飞	1. 成立于 1899 年，最初名称为零售信用报告公司 2. 1920 年，业务机构已经遍布了美国和加拿大 3. 20 世纪 60 年代，该征信机构成为美国最大的征信机构之一，拥有了数百万的美国和加拿大消费者信息 4. 1961 年该公司开始将征信记录信息化，从而使个人信息更加具有普适性 5. 1997 年，以综合损失审批数据为基础成立了 ChoicePoint 公司 6. 2007 年，收购了人力资源解决方案公司（TALX Corporation） 7. 2011 年，收购了 eThority（商业智能公司）	1. 在全球 19 个国家拥有 7000 名员工 2. 覆盖全球 6 亿消费者和 8000 万家企业	信用风险评估	机构、个人
环联公司	1. 1968 年成立铁路车辆租用组织下属公司 2. 1969 年收购库克郡征信局 3. 1988 年个人征信服务覆盖全美 4. 1989 年开展海外征信业务 5. 20 世纪 90 年代收购个人决策分析技术 6. 21 世纪初直接进入为消费者提供服务的市场 7. 2015 年在纽交所上市	在全球 35 个国家拥有分支机构；覆盖全球 5 亿多消费者 已进入中国香港	提供信用信息和信息管理服务	企业客户、个人消费者
D&B	1. 1841 年成立了第一家征信事务所 2. 1900 年出版了全球第一本证券手册 3. 1975 年建立美国商业信息中心 4. 2011 年推出 Paydex 付款指数 5. 2015 年收购 NetProspex	在全球拥有 375 个分公司或办事处，员工有 8 万多人，年产值达 50 多亿美元	信用风险咨询、决策分析	机构、个人

3. 日本征信机构

附表 B-3 日本征信机构表

主要机构	发展历程	规模	业务	关联机构
TDB	创立帝国光信社（1900）→更名为帝国信用社（1902）→全国企业破产制表月度公示启动（1964）→数据库服务启动（1972）→更名为TDB（1981）→企业信息在线服务启动（1983）→开始营销服务（1990）→在美国纽约成立 TDB AMERICA, INC（1992）→成立 TDB 业务服务（1998）→开始电子商务服务（1999）→成立 TDB Net Communication（2000）→开始破产预测价值提供服务、为个人提供企业信息、电子投标的电子认证服务（2001）→开业趋势调查公告（2002）→互联网财务业绩公告服务启动（2003）→成立 TDB Fusion（2005）→企业价值评估服务开始（2006）→帝国数据库历史博物馆开幕（2007）→建立帝国数据库轴（2010）→客户管理服务 BIMA 服务启动；COSMOS1 公告服务启动（2011）→TDB Axis 与 TDB Fusion 合并（2014）→帝国数据库信息系统开始运作（2016）	1990年亚洲最大的企业资信数据库；销售额达513亿日元；2023年在职员工人数为3300名，全国有83个办事处	企业信用调查；信用风险管理服务；数据库服务；营销服务；电子商务支持服务；出版	帝国数据银行商业服务公司；帝国数据银行网络通信公司；TDB Axis Co., Ltd.；TDB Information System Co., Ltd.；创文社株式会社；帝国数据银行美国分布公司；韩国 TDB 信用信息株式会社
日本风险数据银行	大型银行、大型地区金融机构等22家企业共同投资，成立数据库联盟，同年10月开始提供"商业公司数据库"服务（2000）→开始提供"个人业务数据库"服务（2002）→与 S&P 合作推出中小企业专用的"日本中小企业评级"服务（2005）→推出"RDB 大公司模式"，"评分模型系统介绍服务"服务启动（2008）→"地方政府数据库"服务、"动态监控"服务启动（2014）→推出首个利用共有云的"DynaMIC-SMART"服务（2020）	销售额：8.8亿日元（截止到2015年3月）国内信用信息数据：85万家企业	各类信用、操作风险、地方政府数据库、动态监控系统、RDB C-Voice 的建设、运营、维护；中小企业金融评级服务；提供评分、模型构建、验证服务；提供各种与风险管理相关的分析、咨询服务；提供企业财务评估表、信用风险管理咨询	Mega Bank（兆丰银行）；S&P；Data Forevision Co., Ltd.；ForeVision Group
CRIN	由日本银行协会、消费信贷协会和日本信用产业协会联合成立		交换信息内容： 1. 识别人员的信息 2. 合同明细信息 3. 付款状态信息 4. 申报内容等信息	CIC、JICC 国家银行个人信用信息中心
FINE	是由 CIC 和 JICC 两个组织运营的网络。FINE 分摊贷款余额和短期拖欠		交换信息内容： 1. 个人信息 2. 具体信息（假名、查询对象分类等） 3. 用于识别重复成员身份的信息 4. 正在调查的笔记 5. 部分个人声明评论	JICC、CIC

续表

主要机构	发展历程	规模	业务	关联机构
CIC	成立 CIC（1984）→创业、征信服务出现（1985）→设立"信息披露咨询角"（1986）→完整的在线查询业务（1988）→用自己的主机操作 CIC 系统中心（1992）→CPU 连接信用信息查询网站 IP，信用信息拥有量超 3 亿条（2003）→	在职员工人数：180人 会员人数：901家企业	与消费信贷交易相关的征信信息的收集、管理、提供和披露	JICC、KSC
JICC	成立消费金融行业首个信息中心（1972）→成立全国征信中心联合会（1976）→成立 JICC（1986）→三个信息机构的信息交换 CRIN 开始（1987）→接管 JIC 旗下 33 个信息中心的信用信息业务（2009）→与日本跨行业信用信息中心合并（2009）→根据《放债事业法》获得首相指定信用信息机构，指定信用信息机构之间开始相互交换 FINE（2010）	2023 年 12月会员人数：1337家企业	1. 信用信息的收集、登记、管理和提供以及交换 2. 会员企业服务：征信服务、企业信息服务、电话号码搜索服务 3. 消费者服务：信用信息公开制度、个人申报制度	CIC、KSC
TSR	成立商工企业（1892）→改名为东京商工株式会社（1993）→更名为"Tokyo Shoko Research，Ltd"，开始企业信息数据库服务（1974）→开始在线服务（1978）→开始向 Nikkei Telecom 提供 TSR 公司信息（1987）→开始向 G-Search 提供 TSR 公司信息（1991）→与 D&B 开展业务合作，与北京华同锦市场信息有限责任公司开展业务合作（1994）→开始关联 TSR 公司代码和 DUNS 编号（1996）→开始向全球最大的公司信息数据库 D&B WorldBase 提供 TSR 公司信息（1997）→与韩国信用信息株式会社开展业务合作（1998）→开始互联网公司信息"tsr-van2"服务（1999）→增资至 4188 万日元，与 RiskMonster 开展业务合作，获得 Dan Report 的独家销售权，开始在线提供 Dan Report（商业信息报告）（2000）→增资至 6600 万日元，开始新的会员系统 TSR 积分系统（2001）→委托 D&B 国内企业调查工作（2002）→邓白氏全球网络（D&B Worldwide Network）联盟由 D&B 及其关联公司成立，D&B Worldwide Network 提供的企业信息量达到 1 亿条（2005）→成立新公司 D&B TSR 有限公司，通过在 TSR 提供的企业信息中添加 DUNS ® Number 提供，与 GCA 有限公司开展业务合作（2007）→总公司从港区新桥迁至千代田区大手町 JA 大厦（2009）→D&B Worldwide Network 提供的企业信息量达到 2 亿（2011）→接受 D&B 的日本国内业务、建立数据库并接手所有顾客（2012）→开始在 TSR 报告上发布分数历史和风险分数历史（2017）→D&B Worldwide Network 提供的企业信息量达到 3 亿（2018）→与东京大学经济咨询株式会社的资本和商业联盟，D&B Worldwide Network 提供的企业信息数量达到 4 亿（2020）	在职员工人数：1953（截至 2021 年 3 月）全国 81 个办事处	1. 企业信用调查、市场调查、各类经济调查 2. 数据库业务：互联网信息服务 3. 出版业务	D&B Worldwide Network

附录 C 欧美日征信法律及行政监管

1. 德国征信法律及行政监管

附表 C-1 德国征信法律表

属性	名称	内容
规范信用信息公开的法律	《德国商法典》	成立公司时要以公证的形式在地方法院进行商业登记注册，包括公司工商注册号、注册资本、法人代表等详细内容。地方法院提供商业登记簿的公开查询服务
	《特定企业与企业集团账目公布法》	对超过一定规模的企业如何公布账目做了明确的规定。若企业满足 2 个及以上要求，必须在年终决算报表日的第 3 天主动公开集团账目：①年末资产总额大于 6500 万欧元；②全年营业收入大于 1.3 亿欧元；③企业员工数量大于 5000 人
	《德国破产法》	该条例明确了企业和个人申请破产的相关要求和流程，破产法院审核通过后，会将破产企业和个人记录到破产目录（insolven-zverzeichnis）当中。每个州须建有破产目录中心
	《德国民事诉讼法》	该条例第 915 条详细规定了债务人名单（schuldnerregister）相关流程，包括列入和取消名单的条件。被列入债务人名单的信息维持 3 年，个人 3 年内不得进行信用消费
保护个人隐私的法律	《联邦数据保护法》	对征信机构获取、使用个人信息等方面都有严格的规定。征信机构必须合法使用个人和企业的数据信息。消费者有权了解征信机构收集、保存的本人信用资料。
	《信息和通信服务法》	信息处理机构必须在合法条件下，或者经个人同意之后，方可提供个人的信用信息，且负有保密义务。不得在提供的信息中罗列个人收入、存款及已失效的个人负面信息等
	《个人数据保护比例原则指南》	一、对数据的收集、处理和使用要求：任何数据的收集、处理、使用都要遵循一定的数据保护原则。具体包括以下内容。 1. 减少和规避个人数据原则，数据处理系统必须经过精心设计并且采集数据要遵循尽可能少地采集个人数据的原则，只采集特定的信息数据。 2. 目的限制原则：个人信息应在事前指定的范围内被收集，并只能在收集时指定的范围内使用。 3. 数据秘密：数据管理员和处理员无论是在内部还是在外部都要保守数据秘密，只授权给有工作需要的人员查询，并且不能对第三方披露数据秘密。所有工作人员都必须保守数据秘密。 4. 透明化：数据处理必须对数据主体透明公开。数据主体必须知悉其数据被采集、处理和使用，以及其目的、数据控制人的身份、任何预期的传递和接收者。数据主体的同意必须在信息完备情况下自愿做出，数据主体有权查询和校正数据信息。 二、数据主体的同意权。收集、处理和使用个人数据必须在取得数据主体的同意，或取得法令许可，或达成工作协议后才具有合法性。 三、出于自身目的所进行的数据采集、处理和使用。法令规定了数据控制人出于商业目的进行数据采集、储存、编辑和转移的一般准许情况

续表

属性	名称	内容
规范催账程序的法律	《反不道德支付法》（Gesetz gegen schlechte Zahlungsmoral）	客户在账单到期30天后依旧未结清，债权人有权向客户收取超过银行贷款利率5%的滞纳金。债权人向客户连续发出3次催账警示后依旧没有成功，可向当地法院申请强制执行
关于信用监督的法律规定	《联邦数据保护法》	联邦政府及各州政府都必须开展个人数据保护工作，建立个人数据保护机构，对征集和使用个人信息的相关机构（包括政府和私营机构）开展监督和审查
信用业法	《信用业法》	当联邦金融监管局（BaFin）、该局在执行任务时雇用的人员和机构以及德意志联邦银行提出要求时，信用机构和其组织的成员必须回答关于所有业务事宜的征询并提供资料。联邦信贷监督局甚至可以在没有特别理由的情况下对信用机构进行稽核。联邦信贷监督局、该局在实施稽核时雇用的人员有权在通常的营业时间内进入金融机构的营业和经营场所参观。当事人需对根据第2句和第3句所采取的措施持宽容态度
		如被要求，第10a条第2款至第5款所称的下属企业、第10a条第3款所称的金融控股集团顶端的金融控股公司以及类似企业机构的成员，必须向联邦信贷监督局、该局为了执行任务而雇用的人员和机构以及德意志联邦银行提供资讯和资料，以便审查资讯或提供的数据的正确性。该资讯和数据是在汇总的基础上进行监管所需要的或根据与第25条第3款第1句相关的法令的规定必须提供的。联邦信贷监督局甚至可以在无特别理由的情况下对这些企业进行检查。第1句至第3句相应适用于未包括在汇总范围内的子公司和混合型企业及其子公司
		如被要求，包括在汇总范围内的驻所在外国的企业必须允许联邦信贷监督局进行该法允许的稽核，特别是审查报送的用于根据10a条第6款和第7款、第13b条第3款和第25条第2款和第3款进行汇总的数据的正确性，只要数据对于联邦信贷监督局履行其职责有必要，并且其他国家的法律亦允许。这一点也适用于未包括在汇总范围内的驻所在外国的子公司
		联邦信贷监督局可以向股东大会以及法人形式的信用机构的监事会机构会议派遣代表。该代表可以在大会或会议上发言。当事人必须对根据第1款和第2款采取的措施持宽容态度
		经联邦信贷监督局要求，以法人形式设立的信用机构必须召集第4款第1句所载明的大会、确定管理机构和监事机构会议的日期以及拟做决议的对象。联邦信贷监督局可以向根据第1句确定日期的会议派遣代表。该代表可以在会议上发言。当事人必须对根据第2句和第3句采取的措施持宽容态度。第4款的规定不受影响
		若某些征询的答复可能会对其本身或《民事诉讼法》第383条第1款第1项至第3项规定的家属造成刑事追诉或可能产生《违反秩序法》所定的诉讼危险时，告知义务人可拒绝回答
	第44a条 跨国界的征询和稽核	妨碍报送数据的法律规定不得适用于信用机构、金融企业、金融控股企业、提供与银行相关的辅助性服务的企业或未包括在汇总范围内的企业和驻所在国外、直接或间接持有企业至少20%的资本份额或投票权、是母公司或可施加决定性影响的企业之间报送数据，或混合型企业和其设在外国的子公司之间报送数据，如果报送数据是有必要的，需要符合有关设在外国的企业的并表准则监管要求。联邦信贷监督局可以禁止信用机构向第三国报送数据

续表

属性	名称	内容
信用业法	第44a条 跨国界的征询和稽核	应主管对设在欧洲经济区其他国家的企业实施监管的部门的请求，联邦信贷监督局必须审核由本条第1款第1句所称的企业，根据并表准则提供的数据的正确性，允许发出请求的部门、审计师或内行人士对数据进行审核。《行政程序法》第5条第2款关于官方协助的界限的规定相应适用。第1款第1句要求企业必须对审核持零容忍态度。银行监管当局根据国家间协议授予的权力不受影响
		联邦信贷监督局可要求设在欧洲经济区其他国家的存款信用机构、有价证券交易企业或金融控股公司提供资讯，以方便对属于此类企业的子公司的信用机构、其他国家的主管部门出于符合第31条第2款第2句或第4句规定的原因不能将其纳入汇总基础上的企业进行监管
	第52条 特别监管	如果信用机构处于其他国家的监管之下，则该监管与联邦信贷监督局的监管同时存在
	第53条 驻所在外国的企业的分支机构	驻所在外国的企业在国内设有经营银行业务或提供金融服务的分支机构，分支机构应视作信用机构或金融服务机构。该企业设有多家第1句所称的分支机构，分支机构视作一家信用机构。 对于第1款所称的信用机构，根据下列规定适用该法。第一，企业必须至少任命2名住所在国内的自然人。他们有权在信用机构的业务范围内领导业务和代表企业，只要该信用机构从事银行业务或提供金融服务，有权在提供金融服务时从客户处获得财产或者占有金钱或有价证券。这类人员应视作业务经理。他们必须申报并在商业登记簿上登记。第二，该信用机构有义务就它所经营的业务和企业用于经营的财产建立专门的账簿，并向联邦信贷监督局和德意志联邦银行报账。《商法典》关于商务账簿的规定相应适用。由企业提供给信用机构使用的营运资本额和为信用机构充实资本金而保留的企业盈余额需在年度财产一览表的负债方单独列示。负债科目超过资产科目的数额或资产科目超过负债科目的数额需在财产一览表的结尾作为整体单独列示。第三，根据第2项在每一营业年度终了列出的财产一览表、损益表和附件视作年度决算表（第26条）。对年度决算表的审计相应适用《商法典》第340k条，并规定，审计师由总经理挑选和任命。同一营业年度的企业年度决算表应与信用机构的年度决算表一起递交。第四，信用机构的自有资金是指依据
	第53a条 驻所在外国的信用机构的代表机构	第25条财务月报表上所示的由企业提供给该信用机构使用的营运资本和为充实资本金而保留的企业盈余的总额，减去可能的资产结算差。此外需计入信用机构资本的还有，以给予利权为对价或者根据承受长期次级负债或短期次级负债而投入的资本和作为承担责任的资本金或三级资本的纯利（第10条第2c款第1句第1项），根据第10条第5款、第5a或第7款的相关规定，这些条件适用于整个集团。第10条第1款、第2b款第2句和第3句、第2c款第2句至第5句、第3b款、第6款和第9款的规定相应适用，并规定，将第1句的自有资金视作核心资本。对于衡量自有资金具有决定意义的是最后一个月的月报表。第五，企业的每一个分支机构开业均须得到许可。如未根据国家间协议保证互惠，许可单位可拒绝颁发许可证。如主管该企业监管的外国当局吊销了该企业经营银行业务或提供金融服务的许可证，并以此为限，分支机构的许可证也必须被吊销。第六，适用第36条第1款时，视信用机构为法人。对于本法与信用机构为驻所在外国的企业的子公司相关联的规定，分支机构被视作驻所在国外的总机构的全资附属子公司

续表

属性	名称	内容
信用业法	第 53a 条 驻所在外国的信用机构的代表机构	对于本条第 1 款所称的分支机构的经营之诉,不得通过合同排除《民事诉讼法》第 21 条规定的分行所在地法院的管辖权。如果第 2 款和第 3 款,与立法机关以联邦法律的形式表示同意的国家间协议相抵触,则不适用。
		当驻所在国外的信用企业在其来源国有权经营银行业务或提供金融服务,并且在来源国没有总部时,可以在国内设立或续办代表处。信用企业必须就设立代表处的意图和类似意图的实施立即通知联邦信贷监督局和德意志联邦银行。收到通知后,联邦信贷监督局向信用机构确认。只有得到联邦信贷监督局的确认后,代表方可开始业务。信用机构的代表处迁址或关闭时,需立即通知联邦信贷监督局和德意志联邦银行
	《金融市场稳定基金法》	当出现管理分析需求时,赋予德国中央银行进行额外数据审查和获取的权力
	《存款担保和投资人补偿法》	为政府干预金融市场的措施提供了合法性依据
	《德国银行法案》	从法律层面限定了储蓄银行只能从事当地居民和中小企业的金融业务,防止其偏离主营业务而追求高风险收益
	《有价证券交易法》	对证券和衍生市场进行监督。明确禁止利用内部信息进行交易的行为,以增强投资者公平交易的信心,防止任何形式的内部交易

附表 C-2 德国征信行政监管表

属性	监管主体	监管职能
行政监管	德国中央银行	负责德国国家层面的宏观审慎管理,居德国金融监管的中心地位,对金融稳定委员会的建议对策可以行使否决权,监管和指导财政部、德国联邦金融监管局的相关工作。基于强大的数据集成网络向德国联邦金融监管局报送银行的各类数据。全面负责与欧盟层面机构的日常沟通与联系
	德国联邦金融监管局	德国联邦金融监管局是针对银行、金融服务机构的统一监管组织,各类金融机构需接受监管局的日常经营检查,定期报送各类规定的统计报表。监管局设有信贷登记中心,用以监控和评估银行业内部的信用风险等级
	财政部	负责宏观层面和微观层面的金融监测,加强与德国中央银行的沟通,管控影响金融运行的不稳定因素,确保金融系统稳定运行
	金融稳定委员会	主要职能是加强系统性金融风险管理和风险预警,每年在德国议会上进行一次工作汇报
	社会审计机构	对各类金融机构的经营和核算的真实性、合规性进行全面审计

2. 美国征信法律及行政监管

附表 C-3 美国征信法律表

属性	法律领域	法律条款	核心内容
法律法规	授信机构相关	《信用卡发行法》	不可向未提交申请的个人发卡,明确限定信用卡被盗刷后损失的承担额度
		《住房抵押贷款披露法》	金融机构具有报告和公开披露相关抵押信息的义务,并需要对信息进行日常更新维护

续表

属性	法律领域	法律条款	核心内容
法律法规	授信机构相关	《电子资金转账法》	规范电子转账信息,明确各方需要承担的责任的范围,充分确保账户持有者的相关权益
		《公平信用和贷记卡披露法》	详细规范信用卡使用条件,明确借记卡和信用发行机构需在特定条件下进行信用信息披露
	消费者权益保护相关	《诚实信贷法》	授信机构具有说明和公开信用发放额度、贷款成本相关信息的义务,使借款人可以相互比较
		《公平信用结账法》	禁止授信机构提供不精准的收费说明和存在不公平条款
		《信用修复机构法》	禁止授信机构通过模糊和不实的信息误导消费者,强调披露真实信息
		《公平债务催收法》	明确债权方催收账目的第三方机构进行相关催收活动的相关要求

附表 C-4 美国征信行政监管表

属性	监管主体	监管职能
行政监管	美国联邦贸易委员会(Federal Trade Commission,FTC)	全面负责征信立法相关工作,负责制定征信流程、执行征信调查,监管和评估征信报告
	消费者金融保护局(Consumer Financial Protection Bureau,CFPB)	接收消费者投诉,帮助维护消费者合法权益,并存档记录;预防信用卡诈骗;约束收债企业职权滥用,防止过度侵权
	国家信用合作社管理局(National Creditunion Administration,NCUA)	监管信用联邦组织的相关信用活动,负责调查与信用相关的投诉事件,负责监管全国信用社股份保险基金
	货币监理署(Office of the Comptroller of the Currency,OCC)	负责全面监管美国国民银行以及联邦注册的外资银行分支机构,确保银行提供的服务和产品合法合规

3. 日本征信法律及行政监管

附表 C-5 日本征信法律表

属性	法律领域	法律条款	核心内容
法律法规	授信机构相关	《中小企业信用保险法》(1950年)	建立中小企业债务担保的保险制度,促进中小企业的发展,便利中小企业经营资金的流动
		《长期信用银行法》(1952年)	建立长期信用银行制度,为长期融资提供便利,并针对其业务的公共性,进行适当监管,通过银行业务的差异化,完善金融体系
		《信用保证协会法》(1953年)	建立信用担保协会制度,其主要作用是为中小企业等从银行和其他金融机构获得贷款等提供担保

续表

属性	法律领域	法律条款	核心内容
法律法规	授信机构相关	《长期信用银行法》（1952年）	设立合作组织信用合作社制度，为促进金融服务的普及，增加群众储蓄，结合金融业务的公共性，合理监管。有助于维持信用和保护存款人等
		《贷金业规制法》（1983年）	规定如何收集和使用个人信用信息，对信用信息的使用限于对个人支付能力的调查
		《关于中型企业向破产金融机构贷款的信用保险特别规定的临时措施法》（1998年）	鉴于日本因一系列不良贷款问题导致金融功能大幅下降的情况，中型企业为了方便企业资金向作为贷款人的中型企业提供便利，暂时减产金融机构等。通过采取特殊措施提供公共信用保险为个人债务提供担保，目的是防止中型企业信用收缩，从而促进国民经济健康发展
		《金融工具及交易法案》（修订案）（2009年）	首次通过立法明确将信用评级纳入日本金融服务局的职责，引入评级注册制
	政府部门相关	《与行政机关保有的计算机所处理的个人信息保护有关的法律》（1988年）	对行政机关保有的由计算进行处理的个人信息提供法律保护
		《行政改革委员会行政信息公开法纲要》（1993年）	为政府相关部门收集和保存信用信息提供法律支持
		《内阁府令》（2009年）	进一步就评级管理体系的若干重要事项做出强调。主要包括：评级过程质量控制、轮换制、管理委员会及合规管理等内容

附表C-6　日本征信行政监管表

属性	监管主体	监管职能
行政监管	总务省	①完善行政管理、地方行政和财政、选举、消防和防灾、信息和通信、邮政管理等与国家基本结构有关的各种制度，以及基础设施；②支持人民的经济和社会活动
	金融厅	①维护金融体系的稳定性；②金融中介功能；③用户保护/便利性；④在金融环境急剧变化的情况下维护市场公平性；⑤财务管理
	法务省	①维持基本法制；②制定法律；③维护国民权利；④统一处理与国家利害有关的诉讼以及公正管理出入国事务
	财务省	①确保健全的财政；②实现适当且公平的课税；③妥善营运关税业务；④妥善管理国库；⑤维护货币信用并确保外汇稳定
	个人情报保护委员会	①制定与推进个人信息保护基本方针；②对个人信息等进行处理和监督；③开展与授权的个人信息保护组织相关的工作；④对特定个人信息处理进行监控和监督；⑤开展特定个人信息保护评估相关工作；⑥开展投诉调解相关工作
	消费者厅	①推进消费政策；②防止造成消费者财产损失的事件发生；③相关组织间共享调查获得的信息，同时对消费者、企业、政府机构等收集的信息进行登记和保护；④进行消费者安全调查

附录 D 机构名称中英文对照表

附表 D-1 机构名称中英文对照表

缩略词	外文全称	中文全称
FICO	Fair Isaac Corporation	费埃哲公司
	Goldman Sachs	高盛集团
	Standard & Poor's	标准普尔
	U.S. Bancorp	美国合众银行
IBM	International Business Machines Corporation	国际商业机器公司
	Morgan Stanley	摩根士丹利
	J.P.Morgan Chase & Co	摩根大通公司
	PNC Financial Services	PNC 金融服务集团
	Bank of America	美国银行
SAS	Statistical Analysis System	统计分析系统
	Wells Fargo Bank	富国银行
	Experian	益博睿
	Herland Bank	赫兰银行
	Solera	索莱拉
PIRGs	Public Interest Research Groups	公共利益研究组织
	Kabbage	卡贝其
D & B	Dun & Bradstreet	邓白氏
	Equifax	艾可飞
NCLC	National Consumer Law Center	国家消费者法律中心
	Savings and Loans Association	（美国）联邦储蓄贷款协会
FTC	Federal Trade Commission	美国联邦贸易委员会
	Citibank	花旗银行
	Credit Union	信用合作社
FDIC	Federal Deposit Insurance Corporation	美国联邦存款保险公司
CFPB	Consumer Financial Protection Bureau	消费者金融保护局
	Vantage Score	万事达评分
	Capital One Financial Corporation	美国第一资本投资国际集团
FRS	Federal Reserve System	联邦储备系统
	Truist Financial	信任金融公司
	Charles Schwab	嘉信理财

续表

缩略词	外文全称	中文全称
	Mutual Savings Bank	互助储蓄银行
	Moody's	穆迪公司
	TransUnion	环联公司
FFIEC	Federal Financial Institutions Examination Council	美国联邦金融机构检查委员会
OCC	Office of the Comptroller of the Currency	货币监理局
	Fitch Ratings	惠誉国际评级
	Life Insurance Company	人寿保险司
NCUA	National Credit Union Administration	全国信用协会管理局
NCA	National Credit Association	全国信用管理协会
PRBC	Payment Reporting Builds Credit	支付信息征信公司
EJR	Egan-Jones Ratings Company	伊根-琼斯评级公司
DBRS	Dominion Bond Rating Service	道琼斯评级服务公司
	HR Ratings	人力评级公司
KBRA	Kroll Bond Rating Agency	克罗尔债券评级公司
	Verisk	威瑞斯克
GAO	Government Accountability Office	美国政府问责局
	IMS Health	艾美仕市场研究公司
TFRS	Taiwan Financial Reporting Standards	台湾金融报告准则
CDIA	Consumer Data Industry Association	消费者数据行业协会
	Dominion Bank	道明银行
	Bank of New York Mellon	纽约梅隆银行
	First Capital	第一资本
	HSBC Bank USA National Association	美国汇丰银行
	State Street Bank	道富银行
	Fifth Third Bank	五三银行
	ADP Screening & Selection Services	ADP筛选及选拔服务有限公司
	Backgroundchecks.com	背景检查网
CIC	Credit Information Corporation	信用信息中心
	Experian RentBureau	益博睿租赁局
	First Advantage Corporation Resident Solutions	首优咨询公司
	Real Page	真实页面
MIB	Medical Information Bureau	医疗信息局
	LexisNexis Risk Solutions	律商风险
	SageStream	萨格数据流公司
	National Consumer Telecom & Utilities Exchange	全国消费者电信与公用事业数据交换中心
	A.M. Best	贝氏评级公司